云 间 游

——松江旅游文化史

娄建源 著

文汇出版社

图书在版编目（CIP）数据

云间游：松江旅游文化史 / 娄建源著 . -- 上海：文汇出版社，2024. 10. -- ISBN 978-7-5496-4306-6

Ⅰ. F592.751.3

中国国家版本馆 CIP 数据核字第 2024JG9158 号

云 间 游
—— 松江旅游文化史

著　　者 / 娄建源
责任编辑 / 甘　棠
装帧设计 / 薛　冰

出版发行 / 文匯出版社
　　　　　上海市威海路755号
　　　　　（邮政编码200041）
经　　销 / 全国新华书店
照　　排 / 上海歆乐文化传播有限公司
印刷装订 / 启东市人民印刷有限公司
版　　次 / 2024年10月第1版
印　　次 / 2024年10月第1次印刷
开　　本 / 720×1000　1/16
字　　数 / 540千
印　　张 / 28.75

书　　号 / ISBN 978-7-5496-4306-6
定　　价 / 98.00元

序 一

随着人民经济生活水平的提高和生活理念的提升,旅游,从少数人的奢侈性消费逐渐成为普通人家的普通生活方式,从单一的观光游览走向追求一种更高层次的综合性的文化休闲,人们越来越追求个性化旅游的需求,越来越关注旅游过程的文化体验。

所以,对什么样的旅游是我们所需要的旅游,人们也开始有新的理解,做出新的诠释。2010年上海世博会期间,上海的旅游业提出一个很好的旅游口号,叫做"发现更多、体验更多"。我很欣赏这个口号。旅游于每个人,其实也就是追求"更多发现",享受"更多体验"。这种对"发现"和"体验"的追求,从马斯洛的人的"需求层次理论"来说,就是人在满足基本生存需求后的一种文化上的追求和精神上的满足。

从这个意义上来说,旅游的内核就是感受文化、体验文化。对于任何一个旅游者和任何人的旅游活动,无论中国人去外国、外国人来中国,南方人去北方、北方人来南方,城里人去乡村、农村人逛城市,都是在追求和体验一种不一样的文化。正如我在拙著《旅游文化学》中所提出的,旅游从本质上说,"就是感受和体验一种不一样的文化背景的生活方式"。没有这种"不一样",缺乏这种"不一样的文化",就没有旅游,至少也就没有了旅游的意义。

所以,我们讲"旅游文化",从某种意义上来说,"旅游"和"文化"从来就不是孤立的存在;"旅游"作为一种"生活方式",从来就是和"文化"合为一体的:"文化"是"旅游"的内核,旅游者通过旅游是要体验文化;吸引旅游者来旅游的也是文化(即使自然山水风光,也是"人文化的自然"或者"自然的人文化")。"旅游"和"文化"的关系主要表现在三个方面:其一,旅游地的文化个性和特色,包括自然和人文历史两个方面;其二,旅游者的活动及其文化体验、文化感悟;其三,旅游地吸引旅游者的产业建设和活动开展。对于前两者,"旅游"和"文化"本为一体是显而易见的;而第三方面的产业建设,就是我们现在着力强调的"文旅融合"。"文旅融合",是从产业发展的角度,就"旅游"和"文化"作为两个产业的发展来讲的。旅游业,作为一个产业,它既是服务性产业,又是一种文化产业,它既先天具有文化产业的许多特质属性,又有不同于文化产业的自身的特点和服务特性。有一种说法,"旅为载体,文为核心""以旅彰文,以文促旅",也是从产业角度讲的"融合发展"。

回到"旅游文化"的本题上来,什么是"旅游文化"呢?它所包含的内容应该有,环境(自然和人文)对人(旅游者)的吸引,旅游者对不同地域文化的欣赏、体验和追求,旅游目的地对环境和旅游产业的着意打造。因而,旅游文化史一般都会体现出这样一些特点:

人地互映。旅游是人的活动,是人对不同地域文化的体验和感悟的追求。没有人(旅游者)的活动,就没有旅游。一个地方的旅游文化,离不开这个地方本地的和外来的人的活动。写旅游文化史必定是围绕着一个个鲜活的人的旅行活动来写他们旅行过程中所见所闻所感,写他的观察和体验,写地域文化留给游子的感想和影响。

古今一线。旅游是一个动态过程,文化是一种时间的积淀。山水也好,人文也好,人们的记忆也好,都是一脉相承、继往开来的。遗迹遗址对后人的吸引,当然成为一种旅游的资源;前人的活动,成为后人津津乐道的文化典故和寻访的胜迹。旅游文化,成为串起古今的一条丝带。

虚实兼备。有人说,文化是虚幻的,一种理念、一种精神、一种传统、一种风俗,看不见、摸不着,只能用心来感悟。但也有人说,文化是很实在的,衣食住行也好、琴棋书画也好、声色犬马也好,都是实实在在的文化。旅游文化,既有可观可感的物质资源和旅游活动,也有旅游理念的变化、风俗活动的变迁。旅游文化的内容,虚中有实、实中有虚,虚虚实实,虚实兼备。

文旅一体。旅游与文化的一体性,既表现在旅游行为本身的文化属性上,也表现在旅游业的产业属性上。正因为"旅游"和"文化"不是两张皮,所以我们讲"旅游文化",是从文化的视野看旅游,要在旅游的实践中发掘文化的本义,围绕旅游的过程,时时、处处绽现文化的内涵。

所以,旅游文化书籍要对"旅游"有全面、深刻的理解和把握,其作者也要有"文化"的丰富学养和研修。

娄建源先生的力作《云间游——松江旅游文化史》就是这样一部著作。作者说,他的这部文稿起草于2021年5月19日,初稿成于2022年5月19日,后又修改增删了一年,花费了整整两年的时间。但我知道,这仅仅是他厚积薄发、诉诸文字的两年。建源先生是一位"老松江",他在松江生活、学习、工作数十年,植根松江,深耕松江,深深挚爱这块土地;他又担任松江旅游部门的领导十多年，熟悉松江，熟悉松江的文化旅游。建源先生这20多年的工作、学习、生活是和松江的旅游业发展紧紧联系在一起的。他不但是松江旅游发展的见证人，也是松江旅游一路走来的践行者。讲起松江的历史、文化和旅游，他总是娓娓道来，如数家珍。我经常这样想，由建源先生来写松江的旅游文化，恐怕是"无出其右"的。可以这么说，这部著作是建源先生20多年心血的结晶。

特别要提到的是，以松江为底色的这样一部旅游文化著作，固然与作者生活于兹、工作于兹、熟悉松江旅游发展全过程有关，更在于解剖松江的旅游文化对于上海的都市旅游具有着典型的意义。松江是上海之根、江南的缩影，而且松江的九峰与青浦的淀山湖、金山的农民画一起合称为"上海山水画"，长期作为上海乡村旅游的名片，松江还是上海第一批建成的国家全域旅游示范区。选取松江为对象来写旅游文化，最能反映上海旅游文化的个性和特色。作者独具慧眼，积累了极其丰富的文献典籍和扎实的第一手资料，以一个亲历者的眼光完成的这部松江旅游文化史，确实做到了人地互映、古今一线、虚实兼备和文旅一体，对于指导松江的旅游业发展，乃至对于推进上海都市文化旅游的发展，都有积极的指导意义。

读建源先生的这部旅游文化史是一种享受。不过，以我个人的感受，在读这部著作时，似有些意犹未尽。本书的"上篇"和"中篇"，从文化学者的视野，通过一个个具体的历史人物和生动的历史场景，写出了松江文化旅游的"源"和"流"，酣畅洒脱、鲜活灵动；"下篇"笔锋一转，更多的是从旅游业管理的角度，着力叙述了松江当代的文化旅游产业的发展。产业的管理和发展自然也属于"文化"的范畴，作者的资料厚重翔实，分析也全面透彻，但和"上篇"及"中篇"连起来读，写作风格似乎有着较大的反差，多的是材料的汇集，少了点鲜活的人的活动串连。这可能是作者还没有完全走出旅游行业管理者的角色，也可能是写当代的人事毕竟受到诸多的约束，这是我们很难苛求作者的吧。

姚昆遗

2023年6月10日于沪上景华新村

（作者为上海外经贸大学会展传媒学院教授）

序 二

2021年，在我撰著的《松江简史》审定出版时，听说了老朋友娄建源在写一本松江旅游文化史。我本想《松江简史》算是最小行政单位的史书了，没想到有人还会从松江的百业中选一旅游业来写一部"史"，甚为少见。想想我写《松江简史》时，已深感史料的缺门缺类很难处理，有时缺行政史料，有时缺经济史料，写作中每每碰到史料断线，甚感头痛。由此而论，写《松江旅游文化史》也就更难了。据我近50年来对松江的历史研究，深知古、近代松江旅游史文献是最少见的。另外，松江在新中国成立初至"文化大革命"这20多年的旅游之事，几乎也是白纸一张。

所以，初次听说建源要写松江旅游文化史时，我着实是为他担着心的。谁知仅两年的时间，洋洋洒洒38万多字的一大本《云间游——松江旅游文化史》书稿，已摆在了我的案前，待我看了书稿后很是惊讶！他的书稿分引言和上、中、下三篇共40章，篇目完整，思路清晰，书中畅述旅游，如数家珍，下笔不休，如有神助。时尚的旅游竟从远古记起：从最早先民从北方迁徙来此，上海第一代移民出现在松江广富林；到秦朝"秦皇驰道"和吴越"会稽道"的帝王之旅、再到吴王临五茸"行猎嬉游"等等，数千年前的松江旅游历史就这样被一页页地翻了出来。记那唐宋元明清的名人游迹，从唐代的刘禹锡、钱起、陆龟蒙，宋代的唐询、范仲淹、梅尧臣、苏轼、黄庭坚，元代的赵孟頫、杨维桢、陶宗仪、钱惟善，明代的邵亨贞、王世贞、宋克、徐霞客，清代的袁枚、方薰、元璟、石涛等，一朝也没有拉下。写到清末和民国时期，又是吴昌硕、张大千等寓居松江，又是巴金两度游松江，写的那些人物也都一时翘楚，名气很大。写到新中国成立后的20年旅游，也挖掘出了不少史料。可见建源的研究是认真深入的，学问是严谨扎实的，写作是极为细致的。我对他敢于写一部松江旅游文化史，而且能写出资料如此翔实的大作深为敬佩。

对松江旅游，很早时我就有很多想法。记得在20世纪80年代中期，中共松江县委宣传部组织讨论松江地区古文化资源和旅游资源如何开发利用问题时，我在参与主编《文化旅游资源开发和利用》一书中，写过一篇《长期以来松江旅游文化资源未能得到综合开发的原因探讨》的文章。松江古代历史悠久，松江的"九峰三泖"很早就出名了，特别是元、明、清时期为松江的辉煌时期，大批文人雅士，大量经商人士旅居松江，北方和周围大量名人流寓松江。当时松江是江南沿海著名的城市，很多方面的发展是接近或超过苏州府的，城内高官、名人豪宅数以百家，著名的私家园林也有百余家。当时旅游资源是极其丰富的，是一个非常吸引人游览的地方。遗憾的是，到了近代鸦片战争以后，上海成了开埠口岸，松江政治、泾济、文化的重要地位逐渐东移，进而被上海都市所取代，松江走向了衰落。接着是严重的战争破坏。1880年三打松江城，太平军与洋枪队在城内炮战，激战数日，松江古建筑古文物损毁极大。1937年侵华日军从金山登陆后，日机对松江城狂轰滥炸，城市中心区大半化为焦土，大量古建筑、古园林毁于一旦，松江城的古迹文物损失惨重。新中国成立后相当长的一段时间内，由于极左思潮的干扰，认为"游山玩水"是资产阶级消极的东西，对旅游资源保护开发建设很不重视，相反还损毁一些重要文物。1958年"大跃进"中初建于唐朝的著名的超果寺一览楼被毁，一尊规模甚大的千手观音佛像被毁。1965年江南著名的东岳庙被毁，正殿上江南罕见的三尊铜胎泥塑座像被毁。由于"文化大革命"的冲击，1960年代设计的开发九峰的规划也付之东流，九峰风景区被几十个单位占用，主要山林都成了军事禁区和防空设施。当时松江古代府城遗迹遭到了很大破环，城墙、城门被拆，湖泊、城河被填，很多古桥、园林被毁。回顾这些令人痛心，可以说，新中国成立后20多年间松江一直没有重视旅游资源问题，失去了恢复和开发建设的大好时机。

　　痛定思过，以往鉴今。改革开放后，松江旅游事业发展终于迎来了大转机。从修复文物古迹到开发风景区，这一时期松江人在旅游事业发展上是铆足了劲、大胆地闯。首先以佘山为首的九峰山林展开了全面的开发建设，建立了国家森林公园和国家级旅游度假区。以广富林古文化遗址为基础建立了极具规模、特色的遗址文化公园。以江南最著名的北宋方塔为标志建成了上海方塔园。以车墩影视基地为基点建起了国内影响极大的上海影视乐园。在旅游思路上更是大胆构想，连续举办了十九届"松江——上海之根文化旅游节"和佘山兰笋文化节。生态旅游方面更是大手笔，上海佘山国家旅游度假区数十年基础建设，中心任务就是在64平方千米上展开大规模的环境建设，重点抓住绿化建设，建成了一流的生态环境，为日后月湖雕塑公园、欢乐谷、辰山植物园等一大批重量级旅游项目落地奠定了重要基础。松江新城建设，确定的重中之重也是绿化建设，城中央建起了长2千米、宽300米，总面积为66万平方米的绿化大走廊，众多的商业、文化设施建设无不相融于绿化丛中，松江新城由此一跃成为国际花园城市。松江古城又以府城、仓城、泗泾下塘三个历史文化风貌区，精心打造以历史文化为主题的特色旅游区。这一切都显示出了在旅游发展中的大思路与大建设，真正创造出了松江旅游的大格局和特色品牌。

关于1980年代后这一时期松江旅游大发展，建源在他的这部《云间游——松江旅游文化史》中写得特别丰满。这十几年中，他一直在松江区旅游部门的领导岗位上工作，曾亲自策划了各种旅游文化活动，并组织实施，如此这般，写时当然更是得心应手。如"古迹重生"这一章：详细写出了方塔园、唐经幢、清真寺等一批国内著名古迹修复和开放情况。写"通向景区"一章：清晰构划了公交线与旅游线、高速公路高铁与轻轨线等立体式的交通网。写"佘山起步"一章：详尽地叙述了佘山国家旅游度假区从规划到建设，从景区建设到文体之旅的面貌。写"旅游业态"一章：清楚地写了景区景点、旅游饭店、旅行社的发展、以及旅游公共服务中心等建设。写"节庆活动"一章：真实地反映了松江"上海之根"文化旅游节，上海旅游节松江区活动，松江"四季节庆"活动等。写"乡村旅游"一章：奇妙地写了一大批多姿多彩的休闲农庄和乡村特色旅游。书中还专门写了"松江36景"和"华亭新百景"、旅游风景道、流动风景线等。主题游线更是写出了松江的特色：分一日游线路、主题游线、跨区域游线、长三角G60科创走廊九地市乡村旅游线路等。书稿中有关旅游建设从决策到实施，对项目开发从招商到落地，对旅游活动从展开到结果，都写得非常详细。可见建源对松江的旅游发展历史确实了如指掌。从书中可以清楚地看到，如今松江的旅游事业已跨入了时代的前列，其中的上海佘山国家旅游度假区、上海方塔园、松江新城、欢乐谷、辰山植物园、广富林文化遗址、深坑秘境、"云间粮仓"、G60科创走廊等，哪一处不是国内旅游的名牌，哪一景不是当前旅游的网红打卡地。

眼前这部《云间游——松江旅游文化史》资料翔实，论述精当，是一部很有价值的学术著作，同时这又像一部带你走入松江的导游书。我读着这部书，已完全沉浸于文化深厚、特色鲜明、热闹非凡的松江旅游天地之中。松江旅游资源丰富、旅游发展惊人，作为首批国家全域旅游示范区，地位已相当高。建源嘱我为《云间游——松江旅游文化史》写篇序，我甚感荣光。

不久前，我写的《松江简史》已由上海辞书出版社出版发行了，但书中记述的松江千年旅游，仅千余文字而已，不免挂一漏万。今见到建源的这部《云间游——松江旅游文化史》，心中甚喜。我想如果今后有更多人写出松江地方的各专业史书,以弥补我那部《松江简史》史料有限之不足,我就更欣慰、更高兴了。为此,今借为《云间游——松江旅游文化史》作序之际,除表示祝贺之外,也要特向建源兄致以诚挚的谢意!

何惠明

2023 年 6 月 18 日

(作者为原松江区史志办、党史办主任,副研究员)

目 录

序 一 ··· 姚昆遗 1
序 二 ··· 何惠明 4

引 言 ·· 1
  一、关于松江 ·· 1
    1. 上海地区地理变迁 ·· 1
    2. 华亭县"六析其境" ······································· 2
    3. 松江旅游阶段划分与特征 ································ 4
  二、关于旅游文化 ·· 6
    1. 旅游与旅行 ·· 6
    2. 旅游业及基本特征 ·· 7
    3. 文化旅游与旅游文化 ····································· 7
  三、编写中的几点说明 ··· 9

上篇　松江古代旅游

第一章　迁徙富林 ·· 13
  第一节　古文化遗址 ··· 13
  第二节　先民迁徙广富林 ······································· 16

第二章　驰道寻觅 ·· 18
  第一节　秦皇驰道 ·· 18
  第二节　吴越"会稽道"寻觅 ·································· 19
  第三节　《华亭十咏·秦皇驰道》 ···························· 20

第三章　行猎嬉游 ·· 23

第四章　九峰三泖 ·· 27

第一节　松郡九峰……27
　　第二节　昔日三泖……36
第五章　鹤鲈记忆……42
　　第一节　华亭鹤……42
　　第二节　松江四鳃鲈……49
第六章　经幢寺塔……54
　　第一节　唐代经幢……54
　　第二节　寺庙佛塔……55
　　第三节　古城遗迹……59
第七章　华亭留痕……62
　　第一节　唐代名人游踪……62
　　第二节　宋代名人游踪……64
　　第三节　元代名人游踪……68
　　第四节　明代名人游踪……73
　　第五节　徐霞客与佘山……75
　　第六节　清代名人游踪……83
第八章　近游远行……85
　　第一节　近游峰泖……86
　　第二节　城外有城……88
　　第三节　远行四方……90
第九章　园林山庄……95
　　第一节　园林发展……95
　　第二节　园林分布……98
　　第三节　筑园高手……113
　　第四节　园林被毁……114
第十章　康熙莅松……116
　　第一节　康熙初莅松江……116
　　第二节　康熙再巡松江……118
第十一章　华亭百咏……121
　　第一节　南宋《华亭百咏》中的景点……121
　　第二节　清代《续华亭百咏》中的景点……122
　　第三节　南宋与清《华亭百咏》的选题比较……124
第十二章　名人游记……126
　　第一节　松江人的游记……126

  第二节 松江人的游历诗词 ……………………………………… 135
  第三节 游历与"松江画派" …………………………………… 135
  第四节 别称溯源 …………………………………………………… 137

中篇 松江近、现代旅游

第一章 昔日街景 ………………………………………………………… 143
  第一节 东外街景 …………………………………………………… 143
  第二节 县城街景 …………………………………………………… 144
  第三节 岳庙街景 …………………………………………………… 146
  第四节 城西街景 …………………………………………………… 148
  第五节 佘山山前街 ………………………………………………… 149
第二章 名菜名点 ………………………………………………………… 150
  第一节 古代松江美食 ……………………………………………… 150
  第二节 名菜名点制作 ……………………………………………… 152
  第三节 名师品尝"冷盆三绝" …………………………………… 157
  第四节 岳庙肉翻烧 ………………………………………………… 158
第三章 名特土产 ………………………………………………………… 160
第四章 西风东渐 ………………………………………………………… 163
  第一节 教派教堂 …………………………………………………… 163
  第二节 科普场馆 …………………………………………………… 168
  第三节 西式建筑 …………………………………………………… 169
  第四节 西学为用 …………………………………………………… 170
第五章 交通更替 ………………………………………………………… 173
  第一节 沪杭铁路 …………………………………………………… 173
  第二节 水上客运 …………………………………………………… 174
  第三节 公路客运 …………………………………………………… 175
第六章 松江闲游 ………………………………………………………… 177
  第一节 外国人游松江 ……………………………………………… 177
  第二节 弘一大师游松江 …………………………………………… 179
  第三节 侯绍裘携教师秋游 ………………………………………… 180
  第四节 胡山源走遍茸城内外 ……………………………………… 181
  第五节 巴金两度游松江 …………………………………………… 183
  第六节 佘山风景区 ………………………………………………… 185

第七章　名人寓松 ····· 186
- 第一节　吴昌硕寓松知音多 ····· 186
- 第二节　洪野的《我之旅行写生观》 ····· 187
- 第三节　张大千与松江的"梅" ····· 188
- 第四节　戴望舒居松写《雨巷》 ····· 189

第八章　游录散记 ····· 191

下篇　松江当代旅游发展

第一章　决策定位 ····· 201
- 第一节　决策定位 ····· 201
- 第二节　体制探索 ····· 204
- 第三节　政策奖励 ····· 206

第二章　佘山起步 ····· 210
- 第一节　管理体制 ····· 210
- 第二节　规划 ····· 212
- 第三节　环境整治 ····· 215
- 第四节　基础设施建设 ····· 216
- 第五节　旅游项目建设 ····· 217
- 第六节　文体旅活动 ····· 218

第三章　古迹重生 ····· 221

第四章　通向景区 ····· 232
- 第一节　区与区间公路和公交线通车 ····· 232
- 第二节　区内公路和公交线通车 ····· 233
- 第三节　佘山度假区公路和公交线通车 ····· 234
- 第四节　旅游1号线与双层观光巴士 ····· 235
- 第五节　高速网与轻轨、高铁的通达 ····· 235

第五章　文化体验 ····· 237
- 第一节　文化展示 ····· 237
- 第二节　"非遗"项目传承 ····· 241
- 第三节　民俗特色 ····· 246
- 第四节　荣誉称号 ····· 248

第六章　旅游业态 ····· 250
- 第一节　景区景点发展 ····· 250

第二节　旅游饭店发展 ··· 252
　　第三节　旅行社发展 ··· 254
　　第四节　旅游企业"三品"建设 ······································ 255
　　第五节　旅游公共服务中心 ··· 256
　　第六节　松江区旅游协会 ·· 257

第七章　六项要素 ··· 258

第八章　景区景点 ··· 265
　　第一节　1959—1990 年建成的景区 ····························· 265
　　第二节　1991—2007 年建成的景区 ····························· 272
　　第三节　2008—2023 年建成的景区 ····························· 286
　　第四节　红色旅游 ·· 294
　　第五节　工业旅游 ·· 297

第九章　乡村旅游 ··· 301
　　第一节　休闲农庄 ·· 301
　　第二节　乡村旅游 ·· 307

第十章　三十六景 ··· 316
　　第一节　松江十二景 ·· 316
　　第二节　松江新十二景 ··· 322
　　第三节　松江新新十二景 ·· 327

第十一章　景在全域 ··· 333
　　第一节　松江地标 ·· 334
　　第二节　华亭新百景 ·· 336
　　第三节　旅游风景道 ·· 338
　　第四节　流动的风景线 ··· 339
　　第五节　区域联动 ·· 342

第十二章　旅游饭店 ··· 348
　　第一节　1990 年代的酒店宾馆 ····································· 348
　　第二节　2000 年代的酒店宾馆 ····································· 353
　　第三节　2010 年代的酒店宾馆 ····································· 358

第十三章　四季节庆 ··· 365
　　第一节　松江"上海之根"文化旅游节 ························· 365
　　第二节　上海旅游节松江区活动 ··································· 368
　　第三节　松江"四季节庆"活动 ··································· 370

第十四章　旅游宣传 ... 384
第一节　主题口号与标志 ... 384
第二节　形象宣传片 ... 386
第三节　旅游歌曲与网站 ... 388
第四节　宣传手册 ... 390
第五节　宣传广告与纪念品 ... 393
第六节　评选活动 ... 394

第十五章　旅游文创 ... 401
第一节　旅游地图与手绘地图及明信片 ... 401
第二节　"松江风光"绘画创作 ... 404
第三节　景区取名配楹联 ... 404

第十六章　阅读松江 ... 406
第一节　有关部门和个人出版的旅游书 ... 406
第二节　旅游部门和个人出版的旅游书 ... 409
第三节　旅游部门编印的内部发行旅游书 ... 412

第十七章　推介营销 ... 415
第一节　参加旅游交易会 ... 415
第二节　"走出去"推介活动 ... 416
第三节　"请进来"推广会 ... 416
第四节　推介接待与踩线考察 ... 417
第五节　旅游主题活动 ... 418

第十八章　主题游线 ... 421
第一节　一日游线路 ... 421
第二节　主题旅游专线 ... 423
第三节　跨区域旅游线 ... 427

第十九章　旅游统计 ... 428

第二十章　诗与远方（代结束语） ... 434

注　释 ... 436

参考书目 ... 439

后　记 ... 440

引 言

一、关于松江

说起松江旅游的纵横，必定会涉及到关于松江历史和地理的一些基础问题，如：今日上海是如何形成的？今日的松江区与历史上的松江县、松江府、华亭府、华亭县和华亭在行政区划上和管辖范围是怎么演变的？相互之间是什么关系？松江旅游历史发展的阶段该如何划分？具有那些特征？前三个问题似乎与旅游没什么多大关系，其实是旅游学的基础问题，即它的历史与地理基础。第四、第五个问题是了解松江旅游发展的基本问题。我们先用地理思维来厘清松江的历史和文化的脉络，先从下面这两幅地理变化图说起。

1. 上海地区地理变迁
——从上海地区海岸线的东移看上海东扩的变迁

上海地区是我国东部的一块冲积平原，位于长江三角洲的最东端。其地理位置北枕长江、东临东海、南贴杭州湾、西依太湖。上海市现有面积为 6340.5 平方千米。可在 6000 年前，并不是这样的。我们可从以下图一、图二[注1] 所示来看上海地区的地理变化。

这二幅地图有助于我们直观形象地了解上海地域的变迁。从图中可见，从上至下、从左到右排列有 5 条竖线，最左侧的白线是 6000 年前的古"冈身"（今江苏太仓—嘉定娄塘、外岗、方泰、安亭、南翔—青浦蟠龙—闵行的诸翟、俞塘—奉贤邬桥和胡桥—金山漕泾和大金山一线），时间大约在新石器时代前期。这古"冈身"其实就是古海岸线。考古挖掘发现"冈身"

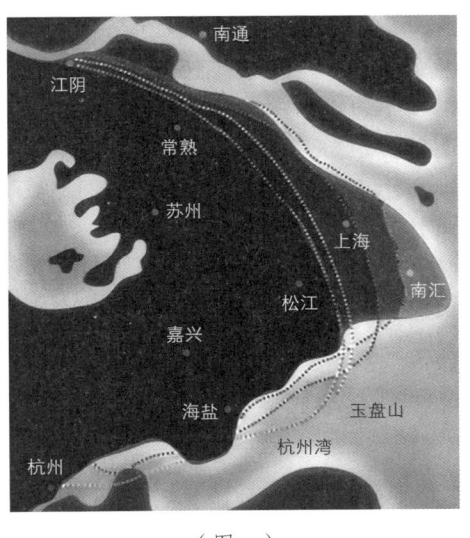

（图一）

（图二）

是一条稍稍隆起的沙带，下面都是些本该生长在海里的成片成堆的牡蛎、海螺、贝壳等。紧靠白线右侧的白色虚线上段是6000年—3000年前北段的海岸线，下段是3000年前的海岸线（今嘉定外冈和方泰—闵行马桥—奉贤江海和柘林—金山大金山一线），时间约在商周时期。其右侧按地面实际距离约20千米左右的淡灰线为1300年前的海岸线（今宝山盛桥和月浦—浦东北蔡、周浦、下沙和航头—金山大金山一线），时间约在唐代初中期成型。再右侧成半弧形的深灰线为800年前海岸线（今浦东顾路和川沙—祝桥—南汇和大团—奉贤奉城和柘林—金山漕泾和戚家墩一线），图中可见其中东南侧的一部分已陷入海中，时间为南宋时期成型。最右侧的黑线是今日之海岸线。

也就是说，6000年前的上海地区有一大半区域还在海里，上海真的是一个"从海里长出来"的城市。明弘治《上海县志》中记载："其名上海者，地居海上之洋也。"6000年来，这海岸线是不断地向东移而使西侧成陆，东西距离约有50千米，新增面积足有1600多平方千米。也有陷入海中的，如大、小金山原与杭州湾北岸是相连的，据考古发现，此处西北侧有周代时建的前京城遗址，也称"康城"。南宋时期，这些遗址也脱离了海岸，陷入了海中，大、小金山也成了海上岛屿，距陆地有6.2千米。图中的第3—4条海岸线便可看出其变化。

在距今6000年前的新石器时代，古"冈身"西侧已经成陆。并已有来自今浙江、江苏和其他地区的先民在此劳动生息。这里，有一片就是今日松江的地方。

2. 华亭县"六析其境"

——从华亭行政区域沿革与变迁看松江的变化

松江这块地方，从行政区域划分来看，最早要追溯到春秋时期，此地属吴。战国初吴亡属越。中期后属楚，楚考烈王十五年（公元前248），战国四君子之一的楚国春申君黄歇徙封于吴，今松江属其封域。秦始皇统一六国后，在全国设三十六郡，（后又增设到四十八郡）。这块地属会稽郡（郡治在原吴城，今苏州。郡辖24县，辖区相当于今上海、苏南、浙北浙东和皖南一部分）的长水、海盐、娄县三县所辖之地。是长水县（秦三十七年，公元前210年改为由拳县）的东境、海盐县的北境和娄县的南境。由拳县的东境大约是辖今松江的西中部地区，娄县的南境大约是辖吴淞江以南和以东的地区。海盐县的北境大约是在今松江城以南一线，据编纂于明代的《海盐县图经》中记载："唐华亭，今松江（府）全郡也。东西广一百六十里，南北袤一百七十三里……""今华亭南门，有甃井石刻'海盐县'字，至今未泐，松治城之为盐地，尤证也"注2。

《三国志·吴志·陆逊传》中记载："东汉末，建安二十四年（219），吴陆逊以从吕蒙，克蜀公安、南郡功，迁进，领宜都太守，封华亭侯。未几，又连破蜀兵，斩获万计，进封娄侯。"这块地才有了自己的名称，得以称"华亭"，是"华亭"首次作为地名见诸史籍。三国、西晋、东晋、南北朝时华亭均属吴郡。

到了唐天宝十载（751），吴郡太守赵居贞奏割昆山南境、嘉兴东境、海盐北境置华亭县，属苏州。当时的华亭县县境是北依吴淞江、东临北蔡—周浦—航头—大金山一线的海岸线、南贴杭州湾，西靠苏州、嘉兴界，面积约有3000多平方千米。

元至元十四年（1277），按当时元朝政府的规定，凡县满5万户即可升为州，华亭县此时大约有13万户，已远远超过"州"的规定，就由县直接升为府。辖华亭1县。翌年改松江府，仍辖华亭1县，隶属嘉兴路。至元二十九年（1292），割华亭县东北五乡置上海县。可以说，在这之前，华亭县是"大华亭"的概念，从分置后，华亭县则是一步步缩小成为"小华亭"的概念。这是为"六析其境"中的"第一析"。

明嘉靖二十一年（1542），割华亭西北2乡、上海西3乡置青浦县，这为"第二析"。

到了清顺治十三年（1656），分华亭县枫泾、胥浦2乡及集贤、华亭、修竹、新乡4乡部分土地建娄县（1912年1月，又与华亭县合并）。雍正二年（1724），割华亭县云间、白沙2乡之半建奉贤县，这为"第三析"。

同年，割华亭县枫泾、集贤、仙山、修竹4乡部分土地及娄县胥浦1乡建金山县，这为"第四析"。

雍正四年（1726），划上海县长人乡和华亭县下沙盐场建南汇县，属江苏省，这为"第五析"。嘉庆十年（1805）设川沙抚民厅。嘉庆十五年（1810）

划界分管，隶属江苏布政使司松江府。1911年辛亥革命改厅为县，置川沙县公署，仍隶属松江府。1912年1月，撤销松江府，华亭、娄两县合并为华亭县，隶属江苏省。1914年1月，华亭县易名松江县。

新中国成立后，曾一度称为松江市和松江专区。1958年3月，松江专区撤消，划归苏州专区。同年11月，划归上海市。1966年10月，松江县的枫泾、亭林2个镇，枫围、亭新、朱行、漕泾、山阳5个公社以及张泽公社的2个大队划归金山县，金山县的泖港公社划归松江县，这为"第六析"。1998年2月27日，国务院批准松江撤县建区，改名为松江区。

从上述主要沿革与变迁看，松江区的前身是华亭县和松江县，在唐代建县时，华亭县的区域约有3000多平方千米，而当今的松江区只有604.67平方千米。所以说，华亭自建县1270年以来，其中在1292—1966年的674年中"六析其境"，最早的县域面积中有五分之四被划归到了新设置的县。

而松江府的前身也是华亭县。自升府以来，海岸线的不断东移所新增加的土地和华亭县分割出来的诸个新置县，共有"七县一厅"，到清末时，大多是属松江府所管辖的范围（除今嘉定、宝山、崇明之外），从3000多平方千米增加到了4800多平方千米。

这里，还有一处地方的沿革也需要简要交代一下，就是辰山、佘山以北地区。在唐代华亭建县时属华亭县，宋时华亭县辖13乡，辰山、佘山以北地区属华亭县集贤乡。明嘉靖二十一年（1542）从华亭、上海两县北境划出部分土地分置出青浦县，辰山、佘山以北地区属松江府青浦县集贤乡。民国二十四年（1935），辰山、佘山以北地区分属青浦县八区干山镇、陈坊镇、凤凰乡、佘山乡、广富乡和辰山乡"两镇四乡"。新中国成立后，该地区属青浦县佘干区。1954年12月3日，江苏省调整松江县、青浦县行政区划，将佘干区的辰山、陈坊、佘山、干凤4个乡划归松江县。1955年上半年划归就绪。也就是说，该地区在明代中后期、清代、民国时期及1954年前的412年中属青浦县辖区。故辰山、佘山以北地区的古代名人中青浦籍名人也不在少数。他们中有隐居的、建别业的、著书研究的、建设景点的等等，也深爱着这片山林土地。这也许在当今的年轻人当中是少有知晓的。

3.松江旅游阶段划分与特征

——从一张表看松江旅游的阶段划分与特征

如何看待松江旅游发展的阶段划分及特征，本文试图从"旅游"这个视角来加以说明，并以本文阐述其理由。且先用下表一进行归纳。

表一　松江旅游发展的阶段划分及特征

历史阶段	主要时期	时间	阶段划分	特征
古代旅游活动	史前文化	约 3800—3300 多年前	萌芽阶段	集体迁徙
	春秋时期	约 2200 多年前	雏形阶段	行猎嬉游
	唐宋时期	约 1300—750 多年前	成形阶段	鹤鲈寻觅 宗教寺塔
	元明清时期	约 750—160 年前	鼎盛阶段	文人游历 园林观赏 帝王巡游 名人游记
近、现代旅游活动	晚清时期	1840—1911 年	颓败阶段	昔日街景 佘山旅游
	民国时期	1912—1949 年	萧条阶段	名菜名点 交通更替
当代旅游业发展	中华人民共和国	1949—1977 年	复苏阶段	古迹重生 修建道路 筹备植物园
		1978—1990 年	起步阶段	古迹重生 修建道路 举办活动
		1991—2007 年	成形阶段	形成旅游业 旅游节庆
		2008—今	发展阶段	新建项目 旅游文化 文旅融合

　　松江旅游活动的起始，远古可追溯到新石器时代良渚文化后期广富林文化的"集体迁徙"和春秋时期的"行猎嬉游"。唐代建县后至今也有 1270 多年的历史，唐宋元明清，史料中也有些记载，只是旧史志记述中还未从"旅游"这个视角去加以整理和编纂。

　　松江的近代（1840—1911）和现代（1912—1949）旅游活动也经历了百余年历史，遗憾的是，由于晚清政府和民国政府的腐败和连年战乱，无力也无心修史编志，有记载的旅游活动资料少之又少，旅游活动在近、现代的记载似乎成了空白。

　　松江的当代旅游发展已走过了 70 多年，1949 年新中国成立后至 1977 年间和 1978 年至 1990 年间的 41 年中，做了一些与旅游相关的基础工作，修复了一些文物古迹建筑，修筑了多条通往旅游景区的道路，开辟公交线路，筹备佘山植物园和佘山风景区等，这个时期还没有"旅游业"这个概念。为此，在这之前，只能将"旅游"称为"游历"或"旅游活动"。真正意义上的旅游业发展只能从1991年算起，迄今（至2021年）不过30来年，时间并不长。

松江旅游发展的阶段划分是反映这个地区旅游行业历史的重要特征，这个划分也是中国旅游发展史的一个缩影。其发展过程按照我国对历史阶段的划分，同样也经历了古代游历活动（1840年前）、近、现代旅游活动（1840—1911、1912—1949）和当代旅游业发展（1949年新中国成立后至今）这三个大的历史时期。

二、关于旅游文化

这里先要说明何为旅游与旅行？何为旅游业及它的基本特征？再来理解文化旅游与旅游文化的不同等几个问题。

1. 旅游与旅行

"旅游"从字意上很好理解。"旅"是外出旅行，即为了实现某一目的而在空间上从甲地到乙地的行进过程；"游"是外出游览、观光、娱乐。即为达到这些目的所作的旅行。二者合起来即为旅游。

我国在4000年前，就有古人在"迁徙"或"游移"。在春秋战国时代、秦汉时代、晋代就有一些名人在从事"游历"活动了，秦始皇的五次巡游多少可以说明了这一点。1500年前，"旅游"一词在我国已经出现。在南朝梁代时，诗人沈约（441—513）就写有《悲哉行》诗云："旅游媚年春，年春媚游人。徐光旦垂彩，和露晓凝津。时嘤起稚叶，蕙气动初蘋。一朝阻旧国，万里隔良辰。"这是迄今为止我国最早的有关"旅游"一词的出处。到了唐代以后，"旅游"一词开始被广泛运用。比如唐初王勃在《涧底寒松》中说："岁八月壬子，旅游于蜀，寻茅溪之涧。"韦应物在《送姚孙还河中》诗中写道："上国旅游罢，故园生事微。风尘满路起，行人何时归。"张籍的《岭表逢故人》中有"过岭万余里，旅游经此稀。相逢去家远，共说几时归"之句。白居易的《宿桐庐馆同崔存度醉后作》中也有："江海漂漂共旅游，一尊相劝散穷愁。夜深醒后愁还在，雨滴梧桐山馆秋。"再如明代著名小说家吴承恩在他的《杂著》中也提到了"旅游"一词："东园公初晋七帙，言开曼龄，是日高晏……会有京华旅游淮海浪士，闻之欢喜"等。可见，自南朝起我国历代文献中就有"旅游"这一词汇了。但其含义相对较窄，随着社会历史的不断发展，研究的不断深入，人们赋予"旅游"的概念便有了更深、更广泛的含义[注3]。另外，"游历"一词也是古人使用比较多的，与"旅游"一词有异曲同工之处。

"旅行"则偏重于行，在"行"的过程中，更在意的是沿途的风景，是用脚步和相机去"丈量"风景，更加追求一种心灵的体验，跟随内心去感受自然，收获视野和经历。

2.旅游业及基本特征

旅游业，国际上称为旅游产业，是凭借旅游资源和设施，专门或者主要从事招徕、接待游客、为其提供交通、游览、住宿、餐饮、购物、文娱等六个环节的综合性行业。旅游业务有三部分构成：旅游业、交通客运业和以饭店为代表的住宿业。他们是旅游业的三大支柱。

由于旅游业主要通过劳动服务的劳务形式，向社会提供无形的效用，即特殊的使用价值，以满足旅游者旅行游览的消费需要。其行业的基本特征是非生产性的，所以又称无烟工业。旅游业从整体上看，它不是实现商品流通的经济部门，而是凭借旅游资源，利用旅游设施，提供食、住、行、游、娱、购的劳务活动，去满足旅游者旅行游览消费的需要。所以也称为无形贸易。

3.文化旅游与旅游文化

文化旅游泛指以人文资源为主要内容的旅游方式，包括鉴赏异地或异国的传统文化、追寻文化名人遗踪或参加当地举办的各种文化活动、鉴赏历史遗迹、建筑、民族艺术和民俗、宗教文化等方面为目的的旅游。

寻求文化享受已成为当前旅游者的一种风尚。在形式多样的文化旅游中，以亲身体验虽已消失但仍然留在人们记忆中的某些生活方式为主题的怀古文化旅游，是当今颇为风行的专题游览项目之一。如松江醉白池、方塔园、佘山国家森林公园、广富林文化遗址、仓城历史文化风貌区、西林禅寺、清真寺、颐园、泗泾下塘历史文化风貌区、上海影视乐园、月湖雕塑公园等都同属文化旅游范畴。

文化旅游既不是一种产品，又与旅游文化大不相同，所谓文化旅游，关键在文化，旅游只是形式。文化旅游之"文化"应解释为对旅游之效用及旅游之目的所作的定性。故文化旅游定义为：通过旅游实现感知、了解、体察人类文化具体内容之目的的行为过程。

文化旅游，是最近几年才出现并流行的一个名词，它的出现与游客需求的转变密切相关。还有说法认为文化旅游属于专项旅游的一种，是集政治、经济、教育、科技等于一体的大旅游活动。

综上所述，文化旅游就是以旅游经营者提供的观赏对象和休闲娱乐方式为消费内容，使旅游者获得富有文化内涵和深度参与旅游体验的旅游活动的集合。

中国文化旅游可分为以下四个层面，即以文物、史记、遗址、古建筑等为代表的历史文化层；以现代文化、艺术、技术成果为代表的现代文化层；以居民日常生活习俗、节日庆典、祭祀、婚丧、体育活动和衣着服饰等为代表的民俗文化层；以人际交流为表象的道德伦理文化层。

在我国，发展旅游业，开展文化旅游是相当重要的，它不仅可以增强产品吸引力，提高经济效益，还可大力弘扬中国文化，让世界了解中国，同时也可改变目前不少的国人不懂中国文化这一状况。

文化旅游的核心是创意。文化旅游的概念明晰之后，"创意"是文化旅游的核心便顺理成章了。创意的本质在于寻求特色和差异，与旅游的本质一致。一般旅游主要是从资源的角度出发寻找差异和特色，不管其挖掘过程是否考虑了市场需求和竞争关系，着眼点仍不能脱离资源。文化旅游则在一定程度上摆脱了资源的束缚，它能够综合各种因素，包括资源、环境、市场、社会背景等诸多方面进行创造，亦即创意。离开了创意，文化旅游亦将失去生命力。

旅游行为的综合性、时间空间的延展性、景观意态的趣味性、旅游内容的丰富性，以及满足游客文化需求多样化的客观规定性，促使旅游业必须具有适合自身发展需要的文化形态，这就是旅游文化。任何一种新的文化形态的产生、发展和完善，都是社会生产力和社会文化发展到相当水平的结果。随着旅游业在经济领域地位的不断提高，它对社会文化发展的需求和依赖也越加明显。

旅游文化可分为传统旅游文化和现代旅游文化，前者主要包括旅游者和旅游景观文化；后者则增加了旅游业文化和文化传播。换一个角度说，一是古代旅游是文人墨客、达官贵人、僧侣道士、商贾旅人等少数人的活动，文化也是反映少数人的生活方式；而现代旅游则越来越成为了大众旅游，文化也是各种阶层的多层次文化。二是古代旅游除了客栈旅舍外，严格地说，还没有形成旅游产业，更鲜有商旅融合之说；而现代旅游，旅游作为产业逐渐成熟，产业文化是旅游文化的重要组成，世界旅游史的划分，也是以托马斯·库克创办旅行社为标志的。三是一些旅游理念也产生了较大的变化[注4]。

旅游文化建设乃是当代旅游业发挥最大效益效能的新型经营管理方式。旅游文化绝对不是那种抽象的、形而上学的东西，而是包括旅游者、旅游从业者、旅游资源、旅游生活设施和接待地环境等在内的物质和精神的总和。它一方面包括具体的、客观的内容，如：人、财、物等；另一方面还包括不可见的文化成分，如旅游者如何使用他的钱、财、物，旅游业如何开发资源、增添设备、提高质量以满足旅游者的各种心理动机和需求，这种从酝酿到实施完毕的过程，莫不带有文化传统、民族习惯之直接或者间接的影响和制约。而旅游者游、购、娱的结果以及从中可以看出的明显动向，旅游从业者为旅游者开发的旅游资源、提供的各种服务设施本身，则更物化地体现了种种民族文化心理的影响和制约。

旅游文化作为一种特定的文化形态，有其特定的内涵和相应的外延。广义的理解，旅游文化是人类过去和现在所创造的与旅游有关的物质财富和精神财富的总和。它是以一般文化的内在价值因素为依据，以旅游诸要素为依托，作用于旅游全过程的一种特殊文化形态。

作为一种新的文化形态，旅游文化的理论基础是那些鲜明地反映着旅游经济和旅游活动特殊需要的部分，如旅游学、旅游经济学、旅游心理学、旅游教育学、旅游社会学、旅游文学、旅游美学、旅游营销学、旅游管理学、旅游资源学、旅游发展史、旅游服务艺术、导游艺术以及各种复合旅游特点的娱乐形式等。除理论基础之外，旅游文化还有更广泛的外延成分。它涉及文学、艺术、哲学、博物学、考古学、民俗学、宗教学、体育学、饮食学、建筑学、生态学、园艺学、色彩学、公共关系学等学科中与旅游相关的部分；它更体现在旅游浏览、旅游娱乐、旅游食宿、旅游服务、旅游购物、旅游环境，以及旅游专业队伍建设等具体的旅游诸形态中。一言以蔽之，旅游文化渗透在与旅游有关的食、住、行、游、购、娱诸多要素及相关的服务各方面。

三、编写中的几点说明

1. 本文的记述在古代部分是按各历史时期发展的脉络，选择各个时期一些重要的旅游文化元素、特征或事件来记录的，也兼顾它的纵向。近、现代部分是以一些与旅游文化相关的元素进行记录的，也兼顾到它的前因基础。当代部分则是按旅游业的发展和分类来记录的，从中叙述旅游文化活动。本文的记述偏重于文化旅游与旅游文化方面，以旅游文化为主，即以旅游文化和旅游文化传播的各种方式为主。

2. 本文的记述范围以华亭县、松江县、松江区为主要，古代，特别是唐宋时期华亭县范围较大，还未分治，故会涉及到之后分置出的周边县。元代华亭升府后，因府治、县治为同一城，故也会出现少量的是从"府"的角度叙述，也有少量涉及到分置出的周边县，但不作展开。1912年之后，则以松江县、松江区为主。

3. 文中所涉及的人物，其籍贯按当时所在地作介绍，如唐宋时期标注为"华亭人"，因当时还未分置新的县。元代升府后，除上海县另作标注外，其它还是为"华亭人"，明代分置出青浦县后，则另作标注。清代分置出娄、奉贤、金山等县后，也另作标注。有的入籍松江府所辖县的，就以该县人标注。

4. 本文记述的内容和时间，截止至 2023 年 6 月底。在此特加说明。

上篇　松江古代旅游

　　文化旅游资源需要有厚重的历史文化作积淀和支撑，人们在谈及文化旅游时都注重挖掘、追溯它的历史渊源。松江的文化旅游历史可追溯到史前文化的新石器时代，据考古发现，早在距今6000年前，就有先民在九峰一带生活。这也不是特例，就古太湖地区而言，已发现的古文化遗址也不在少数，如嘉兴的马家浜古文化遗址、余杭的良渚古文化遗址、湖州的钱山漾古文化遗址等有几十处，由此证明早在五六千年前就有先民在这一带生活。

第一章　迁徙富林

在距今6000年前的新石器时代,这里有一片土地就是今日松江的九峰。20世纪五六十年代至21世纪初,在九峰一带先后发现了一批原始社会文化遗址,有广富林、汤村庙(即"汤庙村",指同一地,下同)、平原村、姚家圈、钟贾山、北竿山、佘山、辰山等8处遗址,出土了石镰、石斧、石刀、陶罐、陶盘、陶壶、陶鼎和网坠、稻谷等数以千计的遗物,由此证明早在6000年—3000年前,已有先民就在九峰一带繁衍生息,从事耕耨、渔猎、饲养家畜、制作用具等农业生产。考古发现这些遗存与先民的迁徙活动有关。

第一节　古文化遗址

1950年代至2000年代,在松江区境内发现古文化遗址有8处,它们是:

一、北竿山古文化遗址

位于佘山镇北竿山南麓。1957年,在该处挖土时发现地下有古代的陶鼎、陶罐等残器。1961年,上海市文管会组织考古调查,又发现一些遗物,采集到的有西周时代的绳纹、叶脉纹、网格纹、回字纹、米筛纹等印纹陶片,经对采集遗物中各种印纹陶片的考证,证明为西周时代和春秋战国时代吴越文化的遗址,距今约3000—2500年。

1985年7月18日,北竿山古文化遗址公布为松江县文物保护地点。现为松江区文物保护单位。

二、平原村古文化遗址

位于佘山镇天马山街道小机山东侧山脚附近。1958年,当地农民在掘土时发现有古代遗物,经上海市文管会专家确认,这些遗物,主要属于晚期印纹陶文化亭林类型,有石凿、灰陶三足盘和弦纹圈足簋、夹砂陶圆锥足鼎、黑衣灰陶、镂孔高把豆和夹砂红陶鼎及各种纹饰的印纹陶残器等古代残器等。1979年夏，在小机山附近的公社农机厂金工车间内约 0.8 米的地下黑土层内，掘土时发现大量石斧、石刀、石犁、石镰、陶罐、陶盘、陶杯等古代农具遗物共15 件。经探明分属新石器时代晚期崧泽文化、良渚文化类型和春秋吴越时期文化，距今约 5000—2500 年。

1977 年 12 月 7 日，平原村古文化遗址公布为上海市文物保护地点。

三、广富林古文化遗址

位于原佘山镇广富林村辰山塘东岸附近（今属广富林街道）。1958 年 7 月，当地农民在掘土时发现有古代遗物，后经市文管会专家确认是一处规模较大的古文化遗址。1961 年进行试掘，揭开面积 73 平方米，地层概况分为三层，出土一批石器和陶器，有石锛、石斧、石刀、陶罐等，同时出土两座良渚文化时的墓葬。并从遗存中探明了这一片古文化遗址的范围有近万平方米以上。据考证，遗址包含新石器时代晚期良渚型文化和春秋战国时代的吴越文化两层，距今约 4500—2500 年。之后的几十年中又进行过多次挖掘。2000 年，又在遗址处发现了崧泽文化、广富林文化等遗物，发现了从黄河流域来此居住的移民遗物。遗址历史推前 1000 多年。1958 年至 2015 年间，共进行过 15 次发掘。确定遗址范围 10 万平方米，文化层厚 2 米。

2006 年 6 月 16 日，由 50 多位中外考古学者参加的"环太湖地区新石器时代末期文化暨广富林遗存学术研讨会"上，广富林文化遗址被正式命名为"广富林文化"，而成为考古学上的专用词，并决定申报国家级保护遗址。

广富林文化遗址于 1977 年 12 月 7 日公布为上海市文物保护单位。2013 年 5 月，被国务院公布为第七批"全国重点文物保护单位"。

四、钟贾山古文化遗址

位于佘山镇钟贾山南麓。1960 年，当地居民在掘土时发现有古代遗物，面积约 1000 平方米。采集到的遗物有黑衣陶高把豆、泥质灰陶等残器和回字纹、网络纹等印纹陶片及残石器等，为新石器时代晚期文化遗址和西周吴越文化遗存，距今约 2500 年。

2016 年 1 月，钟贾山古文化遗址公布为松江区文物保护地点。

五、佘山古文化遗址

1961 年 8 月，在佘山镇东佘山的山坡上，发现了东周时代晚期的一座古墓。1962 年，在东佘山西北山脚下的一片竹林里的水沟断面和耕土内采集到斜线方格纹、米筛纹、米字纹以及小方格纹等陶片，考证为戚家墩类型陶片，距今约2800年。

2016年1月，佘山古文化遗址公布为松江区文物保护地点。

六、汤村庙古文化遗址

位于小昆山镇西南汤村庙及其四周区域。1962年3月，松江博物馆会同上海市文管会在考古中发现华田泾两岸及田野里暴露出的晋代陶、瓷片等，还采集到新石器时代的灰黑陶片、丁字形鼎足和石刀、石斧、石锛、石镞等。并发现崧泽文化墓葬和西周、汉代水井4座，商、周、春秋战国、晋、唐、宋各时代文物78件。为探明汤村庙遗址内涵，1980年12月至1982年，市文管会考古人员对该遗址进行了多次试掘。从采集到的陶器、石器等遗物发现该遗址内有早、晚两期文化遗存，早期遗存属崧泽文化与马家浜文化，距今6000—5500年；晚期遗存属于印纹陶文化、马桥类型文化，距今3500—2800年。清理4座古墓葬，发现石斧、石犁、陶罐等40件随葬品。其中一件石犁为国内出土年代最悠久的两件古石犁之一。遗址占地面积约10万平方米，文化层厚1—1.5米。

1977年12月7日，汤村庙古文化遗址公布为上海市文物保护地点。2014年调整为上海市文物保护单位。

七、姚家圈古文化遗址

位于今小昆山镇附近山前大队姚家圈东北侧。1980年3月，当地社员在田野翻地时，发现一口古井，经考证，古井为唐、宋时期遗物。但从井的下层和附近新开河两岸断面上，采集到数十件古代陶器遗物。其中有一类是崧泽文化型、崧泽文化到良渚文化过渡段及商周时期的各式夹砂陶鼎足，如刻划直条纹的扁方足，有指捺纹的凹弧足及扁凿足，以及灰陶罐的器底等，经证实属于新石器时代遗物，其年代与崧泽文化相似，距今约5500年。另一类是早期印纹陶马桥类型的文化遗存，有段石锛和拍印叶脉纹、回字纹的印纹陶片等。

1985年7月18日，姚家圈古文化遗址公布为松江县文物保护地点。现为松江区文物保护单位。

八、辰山古文化遗址

位于佘山镇辰山南麓市河两侧。2009年2月，辰山植物园在施工时，在现场采集到周代印纹陶。经证实属于新石器时代晚期遗物，距今约有3000多年历史。

2014年4月4日，辰山古文化遗址公布为上海市文物保护单位。

通过以上考古发掘可见，这8处古文化遗址中，新石器时代遗址包含了3个古文化时期，就是崧泽遗址下层的马家浜文化，距今6000年左右，在汤村庙遗址下层有所发现。崧泽文化遗址距今5000年左右，是马家浜文化的继续，在汤村庙、平原村、姚家圈等处均有丰富的发现。大约在距今4000年前，崧泽文化开始逐渐演变为良渚文化，这类文化遗址在九峰地区已知有广富林、汤村庙、平原村、姚家圈等。为3800—3300年前良渚文化后期的广富林文化。还有3000年前的马桥文化等。由此证明早在6000—3000年前，就有迁徙在此的先民在九峰一带繁衍、生息，从事耕耨、渔猎、饲养家畜、制作用具等农业生产。

第二节　先民迁徙广富林

据考古发掘，广富林遗址出土的文物最多，规模也最大。发现了别具特点的干栏式建筑和地面式建筑两种类型的原始社会房址。这种"干栏式建筑"，既可防潮又能防野兽侵袭，是我国南方传统木构建筑的祖源。并初步发现这里在周代已有城镇聚落，这为研究上海城市的形成提供了重要材料。

更重要的是发现了出土的陶片陶器上的绳纹、篮纹、叶脉纹和陶罐的样式大小和罐体上的花纹图案与河南王油坊遗址发现的陶罐极为相似，不同于良渚文化的特征。经分析比对，这些器物经鉴定属于北方的龙山文化类型，带有河南王油坊文化特征，反映了当时的黄河文明。从而判断出，这是一支从黄河流域来此居住的移民和早期农耕文化遗物及陶罐等。这一时期居住在此的部落，处于原始经济蓬勃发展的时期，同北方的大汶口和河南龙山文化属同一时期。当时，在交通十分原始的情况下，出现了一个值得研究的问题。上海博物馆原馆长陈燮君先生曾提出："黄河文明为什么悄悄而来又悄悄而走？到底是什么吸引它来，又是什么力量驱走了它？"远古时期人类的"集体迁徙"和"游移"往往是因躲避战争或瘟疫而引起的，广富林遗址中反映出的黄河文明究竟是何因？现在还是一个谜。上海博物馆专家张明华先生则认为：他们的再次离去，是因为广富林遭受了水灾侵袭而迫使他们离去的。

"集体迁徙"和"游移"，大多是因躲避战争或瘟疫为主要原因。是否还有其它原因？如部落为生活所迫，为了寻找芳草地，从高山上下来，到平原、到江河边，寻找肥沃的土地、丰富的食物、充足的水源、能有一处狩猎捕鱼的地方等是否也是原因之一呢？

"集体迁徙"和"游移"并非是个别现象。在上古时期的某一段，这"某一段"可称之为新石器时代的良渚文化时期。如4000年前，在中原一带生活着大大小小无数个部落，不停的战争不断地兼并，产生了三个大的部落和首领。一个是轩辕氏，首领是黄帝；另一个是神农氏，首领是炎帝；还有一个是九黎部落，有九个氏族，首领是蚩尤。黄帝打败了炎帝，两大部落最终合并在一起，这就是华夏族的雏形，我们也因此被称为"炎黄子孙"。黄帝带着炎黄联盟继续向九黎部落发起进攻，蚩尤战死。九黎部落大部分融入了华夏族。九黎部落中一部分南逃到了汉水一带，建立了三苗部落。尧帝时，三苗作乱，尧发兵征讨，三苗部落逃到了洞庭湖和鄱阳湖一带；舜帝时，三苗不服，又打了一场历时70天的大仗，最终还是败了。一部分三苗留在了当地，融入了后来的楚国，另一部分继续南逃，钻入了云贵高原的崇山峻岭之中，形成了现在的苗族。

　　又如1400多年前，6000多哈尼族的祖先，为恶劣的气候、瘟疫和生存条件所迫，离开了他们原先生活的青藏高原，开始了漫长而艰辛的大型迁徙。为了找到一块适宜生存的乐土，一步步走到云贵高原西南的哀牢山，终于将根扎在了那里。从海拔4000多米的青藏高原迁徙到了海拔2000米的哀牢山山坡。为了生存，他们利用山体开筑出层层梯田。才堆砌起如"元阳梯田"那样如此壮观恢宏的气势。原先的游牧民族竟蜕变成了农耕稻作的高手。

　　从旅游学的角度讲，"集体迁徙"和"游移"，远走他乡，集体迁徙，游走移居，也是人类最早的"旅行"方式。或许3800年前，黄河一带有先民"集体迁徙"来到广富林的发现，后又或许因遭受了水灾侵袭而离开了广富林。这可能是发生在松江历史上最早的"旅行"，可追溯到良渚文化晚期的"广富林文化"，可以说是松江古代旅游的萌芽阶段。

第二章 驰道寻觅

在游历过程中,道路的建设和通达性是十分重要的。2200多年前,古人就已很重视道路修筑。秦始皇统一六国后,在公元前220年就开始建直道,公元前214年在全国修建驰道。其目的有三:一是为了巡视全国需要,使政令传递能快速到达,以加强对地方的控制;二是为了国防需要,有战事时便于调兵遣将,物质运输快速便捷;三也是为了自己出游的方便,是他出行的"高速公路",驰道并非是给老百姓用的。《史记·秦始皇本纪》中记载了秦始皇的五次巡阅,其中四次是属游玩的,就足以说明这一点。

第一节 秦皇驰道

秦皇驰道共有八条,分别是:咸阳到朔方郡(今内蒙古北黄河南岸)和九原郡治所(今内蒙古包头附近)的秦直道;高陵通上郡(现今陕西榆林东南)后向东北延伸到原燕国之地的上谷、右北平和东北辽东郡(今辽阳市)的上郡道,也称"北边道";咸阳到甘肃临洮的西方道,也称"陇西北地道";咸阳经汉中到巴都的汉中巴蜀道。再延伸至原蜀地和乐山的秦栈道,也称"五尺道";咸阳经洛阳、南阳、南郡至长沙后再到南海的武关道,也称"南郡道"和"新道";咸阳经三川到原赵魏之地邯郸和保定的临晋道,也称"邯郸广阳道";咸阳经河内、东郡至原齐鲁之地临淄的东方道,也称"川东海道"。这七条驰道都是从咸阳为起点,向东西南北辐射的。

唯独有一条不是从咸阳出发,而是由北向南的沿海驰道。它是从辽西经临淄、胶东、琅邪、东海、高邮、扬州、会稽(即吴城,今苏州)、钱唐(即钱塘,今杭州)至今宁波地区的,叫滨海道,也称"辽西会稽道"和"并海道"(注:"并"有"傍"的意思),是由北向南沿海岸线通向吴越之地的。滨海道在今淮阴、高邮、扬州的驰道也叫"邗沟道"(注:"邗"古国名,"邗沟"是古运河淮扬段的旧名),基本上是沿古运河线走的。过了长江后的今镇江、无锡、苏州、嘉兴、杭州、宁波的驰道叫"会稽道",基本上也是沿古运河线走的。这"会稽道"据传还与松江这块地方有关。

这八条驰道在历史上是联系中国版图的重要纽带。《汉书·贾山传》云:"秦为驰道于天下,东穷燕齐,南极吴楚,江湖之上,濒海之观毕至。道广五十步,三丈而树,厚筑其外,隐以金椎,树以青松"。以秦代六尺为一步计,其宽度可想而见。路两旁又筑围墙,墙上又有铁栏(金椎),两旁又植松树,道路宽大笔直,禁止路人行走,可见十分威风。如同今日的"高速公路"[注5]。

第二节　吴越"会稽道"寻觅

秦始皇南巡到吴越之地,《史记》的记载是:

"三十七年十月癸丑,始皇出游……十一月,行至云梦,望祀虞舜于九疑山。浮江下、观籍柯,渡海渚、过丹阳、至钱唐。临浙江、水波恶,乃西百二十里从狭中渡。上会稽、祭大禹、望于南海,而立石刻颂秦德。……还,过吴,从江乘渡、并海上,北至琅邪。"

这段记载可理解为:秦始皇南巡,出咸阳后过南郡,到达云梦(注:江汉平原),再到九疑山望祀虞舜,后乘船沿湘江、长江而下,观看沿江的田地改革。过丹阳(注:西汉时设丹阳郡,今安徽宣城)后至钱唐,面临浙江(注:古称,即今钱塘江),因水面宽、波浪大而向西移了60千米,在江面狭窄处过江为诸暨。到会稽山,祭拜大禹,后来到句章(注:秦置县,今余姚东南,后废)海边"望于南海"(注:实为东海),刻石颂秦德……然后,"还,过吴。"在回归途中渡海经过吴地。《舆地志》中"渡海经此"也证实了这一点。经海盐秦望山(今金山张堰)和由拳县东段驰道(今松江境西)到达会稽郡(吴城,今苏州)。这是按《史记》的记载来理解的,是先到浙东,后到吴地。再"从江乘渡,并海上"。即渡过长江,沿滨海道北上至琅邪。

司马迁写《史记·始皇本纪》,时间上已与秦始皇相隔了一百多年,故有的资料也不齐全,又吝惜笔墨,对秦始皇经过吴地仅用了三个字"还,过吴"。《太平寰宇记·嘉兴县》中有"始皇碑"一条,提到始皇东游时过长水,见人乘舟,水中交易,怕应了土人的"水市出天子"之谣,遂改县名为"由拳"(今嘉兴)。对照长水县改由拳县的时间上是吻合的。文中也提到了始皇南巡时是经过由拳县的。

另有一种记载："为使越族中心地区名副其实地成为秦国东南一角，秦始皇于公元前210年亲自南巡会稽。他过长江后，经溧阳（今宣城）、过乌程（今湖州。湖州城北有一山，名仁皇山，据传为秦始皇路过时取名）、到由拳，再从由拳经水道到余杭，改由陆路到钱唐。因浙江水急浪高，于是西行60千米再渡过浙江，经诸暨到大越（今绍兴）。然后，登会稽山，祭大禹。望南海，刻石颂秦德。"[注6] 从这段文字记叙来看，似乎比《史记》记载更为详细，秦始皇南巡时沿长江下，经溧阳、乌程，再到钱唐。由拳县应该是"还，过吴"时经过的。

这秦皇驰道的"会稽道"，在吴越的走向现已不得而知，是否有这两种可能？

一是驰道北通吴城南接钱唐，走向是沿今苏嘉杭古运河而筑的，与滨海道淮扬段相似，也与当今展出于高邮盂城驿内的"秦始皇时代主要交通线示意图"中的"邗沟道"相同。秦始皇在由拳坐船经秦时的古运河至余杭，在余杭走"会稽道"至钱唐。

二是驰道西北通吴城南接海盐（注：当时的海盐县治旧城在今金山区东南甸山柘湖边，后海盐县治陷入柘湖之中。柘湖现已为平地），过秦望山至海边（注：当时的海边在大小金山一线以南，据文献记载，西周时期大小金山西北侧约五里处建有前京城，也叫"康城"。南宋时因海岸线塌陷而陷入海中），或渡海，或沿海向西南。据《海盐县旧经图》示：秦皇驰道是从今金山向西沿海而筑经秦驻山至澉浦。不幸的是，这段驰道在南宋时也陷入了杭州湾，旧迹难觅。但在明代，澉浦曾发现秦时想在此建跨海大桥所留下的11根打桩用的石柱，都已被淹没在海沙中了，唯有一根还部分裸露在海滩上，尚能辨认[注7]。这与《史记》中的记载也相吻合。《舆地志》云："秦始皇至会稽、句章，渡海经此"。也说明秦始皇南巡至浙东后，在返回时"还，过吴"、"渡海经此"，是经过这段驰道的。

第三节 《华亭十咏·秦皇驰道》

秦王朝仅维持了16年，秦文化在上海地区的遗存已很难确认，能与秦朝扯得上边的恐怕只有相传中的古华亭之前的"秦皇驰道"（现为松江区境内古浦塘岸）和"秦望山"（现为金山区张堰镇西北）了，但纯为碎片。

在松江的历史记载中，对"秦皇驰道"最早的记载是南宋绍熙年间（1193）编纂的《云间志》中，在卷一《古迹》中记载："秦始皇驰道，在县西北,昆山南四里。相传有大冈路,西通吴城,即驰道也"。秦时建驰道为公元前221—前210年,至南宋已相隔了1400多年,由于时代久远,史迹湮没,故《云间志》中对"驰道"也是用"相传"而记之。

元至元《嘉禾志》记载与前志同。明正德《松江府志》载:"(小)昆山南四里,即古浦塘,驰道即塘之岸,山北又有秦皇走马塘",没说明是北岸还是南岸。《大清一统志》云:"在娄县西"。《嘉庆松江府志》卷七十四中记载:"顾炎武亦谓驰道即古浦塘岸。然中隔一泖,不能西通吴城。疑筑驰道时,由拳县(注:秦置县,在今松江西境,后陷入长泖中)还未陷为谷也"。《上海风物志》载:"秦始皇东巡,驰道在今青、松一带的横山、小昆山、三泖通过。"

而华亭"昆山南四里"处,这一带在2200多年前还有一条河泖相连的东江(又名"谷水")之地,华亭西境的驰道"西至吴城","驰道即古浦塘之岸",古浦塘为东西走向河道,驰道可能会沿东江向南延伸至秦望山或金山海边。或沿东江向西北经由拳县至苏州。当时的"三泖"还不是很大,否则,在小昆山"山北有秦皇走马塘"又能说明什么呢?当然,这仅是一种推断。

此外,嘉庆《松江府志》卷八《三川志·水》载:秦山"在(松江)府东南六十五里,高二十八丈,周围一里九十步,俗呼为秦望,谓始皇曾登此望海,故名。"这里的秦望即指今金山区张堰镇西北的秦望山。此处考古证明,有夏商、春秋战国遗物,但是否与秦朝有关,尚缺乏确凿的证据。

在松江的历史记载中,对"秦皇驰道"最早的记载,是北宋景佑二年(1035)华亭知县唐询(1005—1064)所作的《华亭十咏》中对"秦皇驰道"的诗句:"秦德衰千祀,江滨道不修。相传大堤在,曾是翠华游。"梅圣俞唱和《秦皇驰道》:"秦帝观沧海,劳人何得修。石桥虹霓断,驰道麋鹿游。车辙久矣没,马迹亦无留。骊山宝衣尽,万古空冢丘。"王安石唱和《秦皇驰道》:"穆王得八骏,万事得其修。茫茫千载间,复此好远游。车轮与马迹,此地亦尝留。想当治道时,劳者尸如丘。"南宋淳熙年间华亭人许尚(1195年前后在世)诗曰:"叹息秦皇帝,何年此逸游。迢遥大堰路,千古为嗟羞。"

元时王艮唱和《秦皇驰道》:"秦皇混六合,荒诞殄厥修。求仙望蓬莱,驱车乃东游。道毙杂鲍鱼,腥风久弥留。徐福竟不还,何处营丹丘?"段天祐唱和《秦皇驰道》:"嬴政大狂惑,轮蹄无阻修。驰道弥六合,此身能几游?何曾悔心起,祇有恶名留。长城一千里,不解障沙丘。"注8

而宋元时期的多篇唱和唐询《华亭十咏》中对"秦皇驰道"的诗咏多为讽刺和贬言。诉说秦始皇建驰道,劳民伤财,劳者尸堆成丘。巡游讲排场,兴师动众,有骏马拉的专车—铜车马。纯属游玩,为寻长生不老之仙丹。驰道无车痕马迹,空闲无用。出游死在途中,还被左右人隐瞒实情,并篡改继皇位者。

七月天，尸体发臭，每车都装上鲍鱼，用鲍鱼的腥味来掩盖尸体的臭味。徐福人也不见，何处有仙丹。用驰道来统一六国，一生能出游几次等等。

以上为松江史料中的记载，罗列了多种史志和古诗，但对秦皇驰道的记载都只有片言只语，基本上是后志引用前志，后诗追和前诗。

总之，在 2200 年前，古人就想到了要夺取战争的胜利，就必须快速调谴军队和运送物资；要使政令快速到达，减少途中的耽搁，也必须修建驰道、开挖运河。无论是政治因素也好、还是军事需要也罢，或是为了巡游观光，这在当时还是有相当超前意识的。

第三章　行猎嬉游

东汉末建安二十四年（219）吴孙权封陆逊（183—245）为华亭侯（注：秦汉时期以郡统县，县以下设乡、亭。十里一长亭，十亭一乡，万户以上或不满万户为县），松江这块地才有了自己的名称，得以称"华亭"。此为"华亭"首次作为地名见诸史籍。也就是说，"华亭"这地名的出现比"三国"元年早了一年。

在南朝宋刘义庆《世说新语·尤悔》《八王故事》等书中都提及"华亭"："华亭，吴由拳县郊外别墅也。有清泉茂林。吴平后，陆机兄弟共游此十余年。"此处所提到的"华亭"在当时吴郡由拳县境内。清乾隆《重修海盐县图经》在叙述秦汉时期海盐县的四至范围时记载："以《汉志》旁县互考之：南钱塘，北娄，西由拳"。更详细和间接地说明了华亭的地理位置，海盐县南面抵达"钱塘"（即钱塘江出口杭州湾），北面是娄县，西面则是由拳县。《云间志·封域》有："昆山，即汉娄县，梁大同初，易今名。"原来，娄县之南境与华亭相邻。陆逊"进封娄侯"，"盖自亭侯进县侯也"[注9]。就是在原来华亭封地的基础上，再继续向北延伸，使之连成一片，进一步扩大了陆氏家族的封地范围。

在唐代华亭县设立之前，"华亭"是作为一个自然区域。那么，当时的"华亭"究竟有多大的范围呢？史料上没有明确记载，但可从带有"华亭"的古地名推知，仍以华亭县城为中心，南部的今金山区有海盐县的县城；东南部有盛产华亭鹤的今南汇下沙；东北部有华亭海（《同治上海县志》卷一疆域："华亭县其东北有华亭海，即今'上海'县治也）；西部青浦区有华亭谷（《元和郡县图志》："华亭谷，在县西三十五里"）、在嘉定境东北部至今还有华亭镇，东与宝山县相邻；南与曹王、徐行接壤；西与唐行、北与江苏省太仓市浏河镇毗邻相望。由此可见，华亭是一片非常广袤的地域[注10]。

当时的华亭还是一片山水相依、河湖港汊、水草肥美之地。人烟稀少，是动物禽鸟的栖息之地。古人在生活中也有休闲，春游、秋游、捕鱼、围猎等。于是，华亭就成了帝王行猎嬉游的地方。

有一种说法是，"华亭"名称的出现要比东汉末早800年左右。据明正德《松江府志》记载："松江（指吴淞江）古扬州之域。春秋为吴地，吴子寿梦，始筑华亭，盖停留宿会之所也……"寿梦于公元前585年就位吴王，这个"寿梦筑亭说"在松江历史上曾广为相传，说吴王寿梦筑华亭，为行猎宿会之所，华亭之始名，阖闾时有华亭乡……这故事，虽无从考证，但相传至今。其实，陆逊所封华亭侯之"华亭"是乡亭之亭，并不是一个国君在郊外所建的"造池亭华丽，故名"华亭的亭馆。

关于吴王来五茸行猎宿会的故事，除"寿梦说"外，还有另一种说法。

清初，太仓人、明国子监司业、清国子监祭酒吴伟业，字梅村（1607—1672），写有《茸城行》七言长歌一首，其中有三联道：

君不见，
　　夫差猎骑何翩翩，五茸春草城南天；
　　雉媒飞起发双矢，西施笑落珊瑚鞭。
　　湖山足纪当时胜，歌舞犹为后代传。

他还写有云间《九峰诗》七律九首，第一首《凤凰山》云：

　　碧树丹山千仞冈，夫差亲猎雉媒场；
　　五茸风动琅玕实，三泖云沈沆瀣浆。
　　鸟听和鸣巢翡翠，花舒锦翼照文章；
　　西施醉唱秦楼曲，天半吹箫引凤凰。

这二处诗里，均出现了过去史志中从未见过记述的"吴王夫差偕同西施东临五茸行猎嬉游"的故事，并把猎场定在凤凰山脚下。凤凰山曾出土青铜尊，为吴越争战早期贵族狩猎宴乐的遗物。虽诗句未出现"筑华亭"之字句，但隐喻宿舍之意也应是指筑亭馆。此二者，应存在内在影映。

旧《图经》云：吴王猎所有五茸，茸各有名，在华亭谷东，相传东汉末吴王孙权曾在此行猎。南宋绍熙《云间志》"吴王猎场"条载："吴王猎场在华亭谷，东吴陆逊生此，子孙亦尝所游猎，后人呼为陆茸。其地后为桑陆。"也就是说，陆逊的儿子陆抗（226—274）、孙子陆机（261—303）和陆云（262—303）等都在这一带生活和游猎过。今松江城东南，皆猎场遗址。据唐代陆龟蒙（？—881）《吴中即事》诗云："五茸春草雉媒娇"，注谓："五茸者，吴王猎所。茸各有名，今所谓陆机茸，岂其一耶？"故"五茸"也成了松江的别称。

另据北宋大中祥符间（约 1010 年稍前）纂修《华亭图经》佚文中曾提及为东汉末吴王孙权。北宋景祐元年（1034），钱塘人唐询在任华亭知县后曾作《华亭十咏》中就有《吴王猎场》，诗曰：

  昔在全吴日，从禽耀甲戈。百车尝载羽，一目旧张罗。
  地变柔桑在，原荒蔓草多。思人无复见，落日下山坡。

嗣后，宋代宣城人、国子监直讲、尚书都官员外郎梅尧臣，字圣俞（1002—1060），在唱和唐询《华亭十咏·吴王猎场》诗作中写到：

  孙氏有吴国，四海未息戈。猎以耀威武，平野万骑罗。
  英雄魏与蜀，貔虎一何多？世事异莫究，但见桑麻坡。

宋代宰相王安石（1021—1086）在唱和唐询《华亭十咏·吴王猎场》的诗中也写到：

  吴王好射虎，但射不操戈。匹马掠广场，万兵助遮罗。
  时平事非昔，此地桑麻多。猛兽亦已尽，牛羊在田坡。

诗中都明指孙权。元代淮东道宣慰副使王艮（1483—1541）与浙江儒学提举段天祐（生卒年不详）在追和唐询《华亭十咏·吴王猎场》的诗中也明指孙权。故存在可能性，而亭馆之筑，当符实际。

明代嘉靖举人、华亭人、奉化令徐献忠（1469—1545）所作的《吴王猎场》诗曰：

  昔日吴王猎骑归，五茸久已烧痕微。
  沙头雁鹜犹成坯，天外桑麻似合围。
  十里孤城连落日，几家秋思动征衣。
  江南不愧称名郡，祇觉风烟净可依。

也道出了华亭这块地作为猎场的风光景色。

这样一来，就有了三个版本，出现了三个人物，即春秋吴王寿梦和吴王夫差、东汉末吴王孙权。这三人是否都在华亭"行猎嬉游"过？这或许是旧方志的修撰者一般都好将乡邦事物托始于远古，认为历史越长越光彩，而忽视了古文献的依据。历史上，这几位君王是否都来过华亭，还是其中一人来过？这在此已不重要了，而华亭这地方是"行猎嬉游"的好地方，三个版本却是一致的。也均因缺少佐证，只能当作民间故事来叙说了。

以上可见，松江在春秋战国、秦汉、三国时期，九峰一带是山水相依、树林茂盛、冬暖夏凉、雨量充沛、气温湿润、土地肥沃、水草肥美、兽禽出没之地，再加上古时松江城区和城东城南的一大片区域，都已是"行猎嬉游"的皇家猎场了。这也许是春秋战国、秦汉、三国时期，松江最早的"旅游休闲活动"之地了，也是松江古代旅游的雏形阶段。

第四章　九峰三泖

旅游的基础是要有旅游的资源，这资源不管是山水风光的、自然生态的、历史人文的，还是人工制造的、偏重美食的、突出休闲的等等，总要有一个或若干个吸引物。自古以来，古人们对"山"与"水"有着极度的热爱和赞美，总喜欢将"山"与"水"连在一起，山水唇齿相依，为互补。故我们就先从松江的山水说起。

第一节　松郡九峰

"松郡九峰"是指上海市西南、松江区境内西北诸山峰的总称，为九峰十二山。从西南至东北依次为小昆山、横山、机山、天马山、钟贾山、辰山、西佘山、东佘山、薛山、厍公山、凤凰山、北竿山等，"点缀于平畴绿野间"。早先有15座山，其中小横山和卢山，后因采石已将山体挖成了深坑，山已消失；陆宝山本身海拔就不高，加之人工挖掘取土，到了明末时也夷为了平地。而佘山原为一山两峰，明清时期将其分为西佘山和东佘山，故现为九峰十二山。

"九峰"是泛指松江境内的诸个山峰，按"九"为数之尽，九峰之数是约指多数，是个虚数，而"十二山"则是有具体指向的。诸山断续起伏，连绵13.2千米，海拔高不过百米，山体总面积约400公顷，为浙西天目山余脉。

文献上最早记及山名者，为晋陆机《赠从兄车骑》诗中"婉娈昆山阴"之"昆山"（今称为"小昆山"）；南宋许尚《华亭百咏》中只提及：昆山、凤凰山、陆宝山、佘山四峰。"九峰"之名，始见于元代凌岩（生卒年不详。字山英，号石泉，南宋华亭人。宋亡隐居九峰间不出）所著《古木风瓢集》，其中有《九峰咏》，是为最早。他所拟"九峰次第"为：凤凰、陆宝、佘、细林（辰、神）、薛、机、横云、干（天马）、昆山等，人称"山史之初志"。元末钱惟善（1310—1381）寓华亭，写有《九峰诗》山名与凌岩同。对这些山名，明代董其昌（1555—1636）曾作此概括："吾松之山，机、云以古贤名；钟贾、卢、佘以姓名；干山以干将名；北竿以竹箭名；凤凰、天马以鸟兽名；辰山在诸山之东南，次于辰位，今作神者（注：指'神山'）讹也。"董其昌尝拟以北竿山补列为第十峰，未见后人认列。清初吴伟业屡践松地，亦写有《九峰诗》，次第稍有不同，计为：凤凰、库公、神、佘、薛、机、横云、天马、小昆山。由于陆宝山在明末已夷为平地，故代以库公山称之。

古人名之为"云间九峰"，或"松郡九峰"。正如元代倪瓒在诗歌所咏的"莲开九朵峰"；元末钱惟善的"芙蓉九朵秀娟娟"；元末杨维桢（1296—1370）《游干山记》云："华亭地岸海，多平原大川；其山联络于三泖阴者十有三，名著海内者九。"明代钱福曰"五茸西来横九峰"，是突兀回环之状。明万历三十一年（1603）周翰（别署华亭主人）为明璩之璞《九峰三泖图》所作引中云："自钟贾至天马，大小凡十有四，而其九朝高出，因称九峰。"明正德《松江府志》记山云："俯境诸山，皆自杭天目而来，累累然隐起平畴间，长谷以东，通波以西，望之如列宿，排障东南，涵浸沧海，烟涛空翠，亦各极其趣焉。而九峰之名特著，故首列之。"

一、九峰的形成

据地质与考古专家研究分析，"松郡九峰"是长江三角洲最早的地质标志之一。早在中生代后期约7000万年前，这里还是一片大海，岩浆沿着今松江区西南至东北走向的地下断裂线涌出海面，并高高耸起，经过风化侵蚀，形成了岩石山体，加之长江流域冲下来的泥沙堆积，海水的东退，周遭便逐渐成为陆地，形成了今上海地区在陆地上仅有的山丘群，后人称之为"云间九峰"、"松郡九峰"和"九峰十二山"等。

九峰地区属亚热带季风性气候，温和湿润，四季分明，雨量充沛，年平均温度为14.6度，年降雨量为1101毫米，相对湿度为82.5%。无霜期为338天，其土壤为浅丘型棕壤，呈酸性反应，适宜亚热带植物生长。其森林覆盖率高达79.44%，主植被为阔叶林、针叶林、针阔混交林，毛竹林和灌木，地被植物丛生，长势旺盛。这些自然山林营造了上海绝无仅有的森林"氧吧"，空气质量在上海首屈一指，生态环境在市郊无出其右。九峰地区自然风光优美，环境幽静，动植物资源丰富，其中低等植物104种，高等植物788种，涉及216科578属。一些在平原地区已经绝迹的如灵芝、六月雪、明党参等植物，在九峰地区仍然能够找得到踪迹，有的还保持着一定数量的群落。竹林更是遍及各个山头。茂盛的树木和青翠的竹林，除了营造一个清幽雅致的环境外，也给野生动物提供了良好的栖息乐园。

九峰一带至今还保留着一定数量的野生动物种群。这里有腹蛇、赤练蛇、竹叶青、四脚蛇和青蛇等毒蛇与无毒蛇类；有野兔、黄鼠狼、松鼠和獾等小型走兽；还有白鹭、灰鹭、鹧鸪、黄鹂、白头翁、黄八郎和喜鹊等多种飞禽；九峰地区的留鸟与候鸟达250多种，这里是鸟类和谐、自由，生息繁衍的天堂。

今九峰地区拥有数量众多的古树名木及后续资源，总计250株，占到松江区总量的57%，上海市总量的9%，有香樟、白栎、榉树、二乔玉兰、银杏、茶花、桂花等十多个品种。其中树龄最长的是生长在天马山顶上的一颗古银杏，已经拥有700多年的历史。

九峰在古时，是树林茂盛的自然生态山地。林木深秀，有众多奇石名泉，自然风光秀美，各朝文人墨客留恋于此，除留有大量文学作品外，自宋以后，山上建起了寺庙庵院、塔坊亭轩、曲径小道，有了民居和隐居之舍，还命名了峰泖间的许多景观，每座山上都有"十景""八景"之说。这些名胜与历史名人如陆机、陆云、杨维桢、陶宗仪（约1329—1417）、陈继儒（1558—1639）的联系，使九峰旅游胜地沉积了丰厚的人文资源。成了人们的游历胜地。可惜的是，这些景都已湮没在了历史的沧桑岁月之中。

二、九峰十二山

下面，我们按照九峰诸山的走向，由西南向东北依次作一介绍。

1. **小昆山**　位于松江新城西侧小昆山镇，与松江经济技术开发区（西部）仅隔一条G1503高速公路。小昆山海拔55.5米。山地面积12.76公顷（约191亩）。因位于"九峰十二山"的西南端，按天目山余脉在松江隆起的走向来看，它是九峰的第一山。晋代著名文学家陆机曾作诗曰："仿佛谷水阳，婉娈昆山阴"，可见"昆山"之名由来已久。后人因山名与江苏昆山之名重复，故在山名之前谦加了"小"字。其山形呈东南向西北走向，有南北两峰，南高北低，整座山略呈"8"字状，又因北峰酷似卧牛之首，故当地有俗名称"牛头山"。

旧志称秦始皇南巡时，曾在小昆山一带作逗留，"山北有秦皇走马塘"，即今日的横山塘。南宋《云间志》记载："秦始皇驰道在县西北，昆山南四里，相传有大冈路，西通吴城，即驰道也。"虽是"相传"，也是最早的记载。

小昆山为西晋著名文学家陆机、陆云的故乡。旧《图经》云："华亭谷水东，有昆山，相传即其宅。"山北坡曾有二陆故居，山腰间有二陆读书台。前人将二陆比作"美玉"—"昆冈玉片"，《千字文》用"玉出昆冈"赞誉陆机、陆云。唐宋时期，有多少名人贤士寻觅到此，伫立沉思，作诗唱和，感慨万千。

小昆山又是一座在中国儒学、释界颇具名望的历史名山。据史料记载，唐高宗龙朔元年（661）西域僧伽大师来中国，在泗洲（注：今江苏西境与安徽东境交界处一带）建伽蓝（注：有保护神的寺庙及僧房），掘得古香积寺铭记及金像。高宗闻名，谴使迎入道场。僧伽在江南传道时，在华亭小昆山北巅建慈雨塔。因僧伽晚年定居泗洲，号泗洲和尚，故慈雨塔又名"泗洲塔"，这是佛塔建于华亭最早的记载。南宋乾道三年（1167），佛学大师释心古因敬仰泗洲和尚，在小昆山北峰傍慈雨塔建泗洲塔院，故用此名。泗洲塔院又名九峰寺，在江南禅林中颇有声望，明清时期达到鼎盛，为江南一时之名刹。在"松郡九峰"众多寺院中唯有泗洲塔院在清顺治十七年（1660），顺治帝赐小昆山泗洲塔院住持本月"乐天知命"四字，对联两幅："一池荷叶衣无尽，数亩松花食有余"和"天上无双月，人间本一僧"。后又受过清康熙帝御书的匾额"奎光烛影"。后来，泗洲塔院特建御碑亭供奉钦赐匾额。使寺院声名远扬，慕名而来者甚众。

历代志书中还有陶宗仪、陆树声、徐阶、董其昌、陈继儒、陈子龙等名人在此活动的大量记载，并留下不少诗文。据清嘉庆《松江府志》记载：明代山上曾有白驹泉、涌胎、神虎穴、红菱渡、杨柳桥、紫藤径、乞花场、玉光亭、楫山楼、七贤堂等十景。原位于小昆山北麓的乞花场，为明代王世贞（1526—1590）（一说是山西太原人王辰玉）、徐孟孺和陈继儒联手买地辟建花场来祭祀"二陆"，约6亩地。场内有湘玉堂、蕉室、花麓亭，颇擅幽胜，杂莳花卉，要求前来赏花亲友，买花捐钱资助修建二陆草堂，故取此名。万历二十五年（1597）十月，适逢陈继儒在小昆山北新建的婉娈草堂告竣，董其昌前去祝贺，便创作了《婉娈草堂图》赠于陈继儒。后人在此祀"二陆"和陈继儒。清代诸嗣郢（1623—1682）在此筑堂，并增加了祀"三高士"——杨维祯、钱惟善和陆居仁（1306—1374）及陆应阳（1542—1624，青浦人，万历进士，官至右政使，书法名家，喜游历，晚年迁居松江府城），名曰"七贤堂"。鸦片战争后，泗洲塔院渐毁，民国三十年（1941），被侵华日军占据，两年后，寺院被夷为平地。

新中国成立后，对小昆山实行封山育林，实施绿化培育。1984年建成1500米的绕山石墙，以保护山上诸多遗址。1990年建成200多米长、1.5米宽的小道，便于人们至读书台拜瞻"二陆"和上山进香。1990年代，在北坡山腰原二陆读书台旁崖壁上缘，游客发现有石刻，为"夕阳在山"四字，每字20厘米见方，楷书，笔力雄健，字迹工整，下署"子瞻"两字。据考证，疑为宋代大文豪苏轼书迹。石刻左方石壁上，镌有明代名人、华亭人钱师周作诗一首："千年陆氏有遗灵，又见尚书志刻成。每借双松亭下榻，恍闻清夜读书声。"

1998年，佛教界在泗洲塔院旧址复建九峰寺，庙宇俱全，晨钟暮鼓。小昆山开发于1998年，累计投资250万元。2002年10月在山上储水池旧址修缮成"二陆草堂"和华亭等。小昆山林木郁郁葱葱，山色圆秀朗润，幽静清新，满山绿树中露出了九峰寺的飞梁翘角。2004年9月29日对外开放。

小昆山北有明末抗清义士、著名文学家夏允彝（1596—1645）、夏完淳（1631—1647）父子墓。西侧（3000米处）有新石器时代的汤村庙遗址；均为市级"文保"单位。还有500年树龄的古银杏等景观。

1991年9月，全国人大常委会副委员长费孝通为小昆山的行政所辖地昆冈乡（今小昆山镇）作"玉出昆冈"题词。"华亭鹤影"为"松江十二景"之一。小昆山园现为国家AAAA级景区佘山国家森林公园的一分园。

2. 横云山　位于佘山镇西南，松江经济技术开发区（西部）北侧，佘天昆公路过天马山南2000米处。因横卧在天马山和小昆山之间，故称"横山"。唐天宝六年（747）为纪念陆云，改称"横云山"。横云山海拔62.22米，山地面积26.33公顷。

史载，横云山在九峰中水、洞、泉等自然景观最为丰富和秀丽。南宋《云间志》载："白龙洞，在（横云）山顶之西南隅（洞口阔三丈），其深不可计。山下有祭龙坛。"民间传说白龙洞下通淀山湖，这可能是指昔日的淀山湖之南的圆泖，在横云山西侧。据清嘉庆《松江府志》记载：明代山中有联云嶂、丽秋壁、碧岩、三泠涧、只怡堂、来谷潭、忠孝祠、黄公庐、得月塔、小赤壁等十景。今皆难觅其踪。山中段南侧有清代书画家张祥河书写的"横云"摩崖石刻。在横云山与小横山之间有横山塘穿过并折向西。另外，在旧时逢重阳节，江、浙、沪三地有游人到此山"登高望远"的习俗，延续多年。横云山至今还未对外开放。

横云山东侧原有"小横山"。据旧史记载：小横山"中限一水，蓬然而兴。上多叠石，多万年松，俗呼'仙人浇酒石'。由绝顶至东北皆峰峦隐起，壁立数仞，色尽赭，游人呼为'小赤壁'。尽壁斩然一罅，如虎丘度剑石状。前有石，可踞而坐。下瞰小涧，亦九峰奇绝处也。"在这"小赤壁"处，相传宋苏轼在此游历过，也留下了许多文人雅士的诗赋和唱和作品。后因长期采石，至1950年代末，山丘无存，变成直径约600米、深80多米的大坑。2018年，在此坑沿悬崖绝壁建成了佘山世茂洲际酒店，为世界建筑史上一大奇迹。

3. 机山　又名小机山，位于天马山西侧，山高为40.21米，山地面积6.37公顷，与天马山隔路相望，因小巧玲珑又名小机山，也因西晋大文学家陆机而得名。山下有平原村，以陆机曾任平原内史而得名。平原村有文化古遗址，距今约6000年。据清嘉庆《松江府志》记载，明代机山曾有坎离泉（旧名"光眼潭")、双蛟壑、鸡鸣岭、绿云河、真珠浦、吕公祠、吏部园、醉眼石、醉花阁、平原村等十景，现已无存。因长期开山采石，山体已削去三分之一。机山至今还未对外开放。

4. 天马山 天马山位于佘山镇西南，松江城西北约11千米处。海拔100.23米，高冠九峰。周长2.5千米，山地面积约48.32公顷。山势陡峻，山有两峰，状如首昂脊弓行空天马，故名。相传春秋时吴干将铸剑于此，据元末杨维桢《干山志》记"世传夫差冢干将其山"，又据旧《图经》记，"有干姓者居此"。故又名"干山"。

天马山多梵宫寺观，较著名的有上峰寺、中峰寺、半珠庵，朝真道院等寺观。每逢阳春三月，松郡乡民纷纷登山进香，香火极盛，明清时俗称此山为"烧香山"。

天马山植被丰厚，林木茂盛，山南多黑松，黄檀及油桐、北坡多毛竹，全山树色前然深秀，在护珠宝光古塔东20米，有一古银杏树，树龄700多年，至今仍生机盎然。

在山之南坡，据旧志载：有二陆草堂，一说是魏晋时陆机、陆云兄弟于战乱时，在此堂闭门读书10年。五代后晋时所建兴国长寿寺，原址在县治西，后晋天福年间（936—943）迁移至天马山东南山麓即为草堂旧址，改称圆智教寺，后遭火灾而毁。

护珠塔，初建于北宋元丰三年（1080），由横山乡人、华亭县令许文全在天马山圆智教寺大殿佛前，东南之偶，建阿育王塔像，名护珠塔。宣和元年（1119），塔颓重建，更名中阳塔。据《干山志》记载：中阳塔即干山圆砖塔，在圆智寺二门内，左砖塔四级，高可三寻。"登览者极江海之观。"南宋绍兴二十七年（1157），招抚使周文达在天马山圆智教寺后半山建七级八面宝塔，塔身挺秀，砖木结构，残高18.8米。奉高宗赐五色佛舍利藏于此塔，时显宝光，故名护珠宝光塔。据《干山志》及一些史料记载，每值天气晴朗，凌晨或日落时分，由于阳光透过带水气的云层，护珠塔边时显光环，状如七色彩虹，称"天马山佛光"。

护珠塔因长年无人管理，损坏严重。清乾隆五十三年（1788），寺里演戏祭神，燃放爆竹，因而起火，烧去塔心木及扶梯、楼板等，塔梯、腰檐、平座也都毁坏，仅剩砖砌塔身。后人在砖缝中发现元丰钱币，遂拆砖觅钱，当地居民争相效仿，致使底层西北角形成了一个直径约2米的窟窿，之后塔身日益倾斜。岌岌可危，民间称之为斜塔。1982年，上海市文物部门对该塔进行勘测，结果表明：护珠塔已向东南方向倾斜了6°51'52"，塔顶中心移位2.27米。上海市相关部门成立天马山护珠塔研究修缮组，并于1983年着手修缮，修塔工程耗费30万元，历时3年，工程确立"按现状加固，保持斜而不倒"的风貌，以传统工艺和现代科技将塔身加固定型。这也成了天马山最为引人注目的奇特风景。2014年，最新勘测结果表明，护珠塔倾斜度达到了7°10′。因其斜度远远超过意大利比萨斜塔，故被称之为"世界第一斜塔"。

"三高士墓"，元末著名文人杨维桢、钱惟善、陆居仁3人为生前好友，相约故后同葬于天马山。明万历十二年（1584），华亭知县陈秉浩为三墓封土修墓，并立三高士碑于其上，后日渐荒芜。现已按原墓址修葺，并扩建为三高士文化纪念园，为天马山又一人文景观。

据清嘉庆《松江府志》记载：明代曾有三高士墓、看剑亭、夕霞馆、八仙台、雷公壁、二随堂、半珠庵、双松台、一柱石、濯月泉等十景。诸嗣郢在清初曾又取天马山十景：二陆草堂、三高碑、看剑亭、八仙坡、半珠庵、留云壁、餐霞馆、双松台、一柱石、濯月泉。今仅存三高士墓。

与天马山相关的历史名人有陆机、陆云、许文全、周文达、黄公望、倪瓒、王蒙、杨维桢、钱惟善、诸嗣郢等。杨维桢的《干山志》作于元至正二十三年（1363）。清乾隆五十一年（1786），松江府华亭人周厚地也重新编纂了《干山志》。

天马护珠塔于1980年被列为上海市文物保护单位。"斜塔初雪"为"松江十二景"之一。天马山园现为国家AAAA级景区佘山国家森林公园的一分园。

5. **钟贾山** 又名中介山、寿安山。位于天马山东北，与卢山对峙。山高海拔39.97米，占地约8.37公顷，周围约1000米。相传唐代钟姓和贾姓人隐居于此山，故名。山南旧有玉清观和寿安寺，寿安寺内有栖云楼、半云亭、心远堂等胜迹，甚著名。今俱毁。明代著名书法家张弼（1425—1487）曾赋《钟贾山观梅诗》，印证钟贾山古时曾为探梅佳处。钟贾山旧时多杂木，望之蔚然。农人在山东南取土，已被挖成一数丈深潭。

在辰山和天马山之间原有卢山，与钟贾山相对峙，东北远望佘山。据清嘉庆《松江府志》载，此山以卢姓得名，后讹称"罗山"。原为一小丘，山地面积仅0.23平方千米。旧志载其古迹曾有明孝廉陆万言别业畸墅，内有竹阁云房、兰香飘逸、松篁荫翠、鸥鸟临亭，时人慕之，多有题咏。山下有水一泓，清澈如泉，明万历年间，僧人在泉边建甘露亭，向路人施饮水和姜汤。山下还有一路，是连接松江府城与青浦县城的重要路径。1930年代开始炸山采石，至1950年代末，整个山丘已荡然无存，形成一个直径约200米、深约60米的大坑，成了一小湖。

6. **辰山** 位于佘山镇西南。古时本名叫秀林山，唐天宝六年（747）更名为细林山，意思是长满细长森林的山。相传古有神仙寄迹山中，故也称"神山"和"仁山"。位于佘山西南,在九峰中因在天干地支的排位中列于"辰"位,故名辰山,明清时期则多称辰山。辰山高70.86米,山地面积约21.71公顷。

据清嘉庆《松江府志》记载:明代辰山曾有洞口春云、镜湖晴月、金沙夕照、甘白山泉、五友奇石、素翁仙冢、丹井灵源、崇真晓钟、义士古碑、晚香遗迹等十景。古时胜迹易为悬崖峭壁、空谷回音奇景。

近百年来开山采石,近半山体已成削壁。辰山四周,2010年已建成上海辰山植物园。为国家AAAA级旅游景区,全国科普教育基地,"辰山探花"为"松江三十六景"之一。

佘山 位于松江区城西北约10千米处,佘山度假区核心区内。据南宋绍熙《云间志》记载:古代有佘姓者居住,故名佘山。佘山多竹,所产竹笋,有兰花香味,史载清康熙帝南巡,品尝佘山竹笋后大为赞赏,赐名"兰笋山"。佘山今分东、西二山,外青松公路穿行于两山之间。

据清嘉庆《松江府志》记载:明代佘山曾有白云晴麓、青溪古径、标霞峻阁、昭庆幽居、道人遗踪、宣妙竹林、罨黛旧院、洗心灵泉、征君旧隐、慧日双衣等十景。与佘山有关的历史名人有凌岩、莫如忠、陈继儒、徐霞客、施绍莘、莫是龙、王祖晋、姚椿、沈荃等。

7. 西佘山 又名西霞山,海拔100.87米,方圆0.6平方千米,占地52.5公顷,西佘山正门在山北坡,上山沿途古木参天,树龄在百年以上的枫杨、香樟、桦树等有百余株,名木古树占佘山度假区总数约90%。在1950年代曾大量种植毛竹、黑松、香樟等,如今蔚然成林。

位于西佘山东半山腰的秀道者塔,又名修道者塔、月影塔,建于北宋太平兴国年间(976—984),塔高20米,楼阁式砖木结构,七层八面。曾遭火灾,塔檐、平座及围廊均已残破缺损,砖身及部分塔刹尚存。1998年,松江区政府拨款修缮。为上海市文物保护单位。太平兴国三年(978),僧弘庆在西佘山建中庵慧日院(遗址在今佘山天主教中堂处),即古沐堂。宋治平二年(1065)赐额。僧弘庆还在西佘山南麓建西庵宣妙讲寺(遗址在今佘山神学院处)。在西佘山巅,还建有弥陀寺(遗址在今天主教圣母大殿处)等。

西佘山顶有天主教堂,又称佘山圣母大殿,清同治十三年(1874)由法国传教士始建,1925年重拆翻建,1935年建成。占地4.7公顷,建筑面积约1400平方米,大堂呈十字型,罗马风格的平面尖塔城堡式建筑,结构严谨,华丽壮观,融中西建筑特色于一体,称"远东第一大教堂"。西佘山南侧有一系列与山顶天主教大堂为同一时期所建的天主教建筑:佘山中山堂、三圣亭、经折路(苦路),山园祈祷"进教之佑"山门等。

佘山天文台，清光绪二十五年（1899）由法国人始建，后曾多次扩建，是我国天文科研中心之一，为全国重点文物保护单位。山南麓的佘山地震台，为全国科普教育基地。

史料记载，佘山自古产茶，名本山茶，色淡味清，堪称茶中佳品。后颓荒。清初叶梦珠（1624—1705）的《阅世编》中提到佘山产茶，色香味形俱佳，质如松萝茶（注：安徽名茶，产地在休宁县），但产量每年仅数十斤，非至亲好友，轻易不可得，即便赠人，也仅以两计，"一两难求"。1969年引进西湖龙井良种，在西佘山西坡有茶园1.7公顷，年产优质茶300—350公斤，原名为佘山绿茶，又名"上海龙井"，后改名为佘山兰茶，为上海土特产中的特色品牌。

"佘山修篁"为"松江十二景"之一，"佘山拾翠"为"上海新八景"之一。西佘山园现为国家AAAA级景区上海佘山国家森林公园的一分园。

8. 东佘山　又名兰笋山，海拔71.58米，山地面积46.83公顷。寺庙庵观有太平兴国三年（978），聪道人在东佘山骑龙堰下建东庵普照教院（遗址在秀道者塔东附近）；宋治平二年（1065）赐额，内有月轩、虎树亭等诸胜。绍兴二年（1132），在东佘山建有中庵灵峰庵，后称慈云昭庆禅院。东佘山南麓还建有华严庵，后改名潮音庵。为秀道人修禅习静之处。慧日寺、明三峰静庵、弥陀殿等，皆为当年江南名刹，现俱无痕迹。名胜古迹现存有聪道人虎树亭、眉公钓鱼矶、骑龙堰、沸香泉、黄巢洞、洗心泉、木鱼石等。

"佘山修篁"为"松江十二景"之一，"佘山拾翠"为"上海新八景"之一。东佘山园现为国家AAAA级景区上海佘山国家森林公园的一分园。

9. 薛山　又名玉屏山，位于佘山之北，凤凰山之西，海拔70.79米，山地面积11.82公顷。因唐代高僧薛道约居此，故名。史载，曾掘地得石，上刻"玉屏"二字，而山形似屏风，故又名玉屏山。

据清嘉庆《松江府志》记载：明代薛山曾有景华桥、学士亭、苦节碑、兴云岭、宜晚堂、紫芝岩、仙人床、梅花峰、薛老庵、青莲池等十景。和薛山相关的历史名人除薛道约外，还有沈度（1357—1434）、沈粲（约1360—？）两学士及其父沈易。另有号称薛山怪才的前清才子倪蜕（1668—1748）。

10. 库公山　位于凤凰山之南，山高15.34米，山地面积0.63公顷，周围约0.5千米，为九峰中最小的山丘。但林木茂盛，葱翠玲珑。据传此山是秦代道人亢桑子库公隐居之处。据清嘉庆《松江府志》记载：明代库公山曾有旗杆石、洗鹤滩、藏书岭、鼓琴矶、览德坡、采药径、白雪庵、放鹿亭、聚星崖、陆宝村等十景。库公山曾为陶宗仪隐居之处。

11. 凤凰山　在佘山以北，东枕通波（塘），西连玉屏山（薛山），山体略呈十字形，宛如凤凰，故名。山高 54.43 米，山地面积约 17.19 公顷。全山林木苍郁，景色清秀。山南坡残存宋代佚名墓、石兽、石刻以及明代名臣张弼墓。山有二泉，一曰陆宝，一曰凤凰。据清嘉庆《松江府志》记载：明代凤凰山曾有南村居、三星阁、来仪堂、且止园、梅花楼、芙蓉庄、山月轩、锦溪桥、摩霄崖、东海亭等十景。寓居凤凰山的历史名人有陶宗仪、徐阶、陈继儒、莫如忠、俞允、张弼等。

陆宝山，原为陆氏家山，位于凤凰山与薛山之间。山低而多土少石，而土尤美，人争取之，明代中叶，已夷为平陆。另一说是因人工挖掘传说中的"寻宝"才夷为了平地。后人遂以厍公山代之。

12. 北竿山　又名竿山、竹山。元代有余瑾居此山，自号苛隐山人，故又称苛山。位于今松江区与青浦区交界处，是九峰区域内最北面的一座山。山高 42.15 米，山地面积 9.91 公顷。因环境安静，是白鹭、灰鹭等鸟类栖息地，且数量众多，成为北竿山一大景观。山中盛产箭竹。北竿山旧时胜迹有玉窦泉、雨华洞、试剑石等。

历史上，许多文人墨客在游历了九峰后写下了不少诗篇，留存于世的有元代凌岩的《九峰诗》（组诗）、钱惟善的《三泖九峰》十一首、清代吴伟业的《九峰诗》等等。至于写九峰诸山中的某一座山的，那就不计其数了，这里就不再一一赘述了。

第二节　昔日三泖

在自然景色中，"水"是不可或缺的。《管子·水地篇》中说："水者，地之血气，如筋脉之流通者也……"而《老子》曰："上善若水，水善利万物而不争，处众人之所恶，故几于道。"前者说的是水充满生机和活力，后者则说的是水的魅力。水是人与自然和谐的组成部分，人类赖以生存的"三件套"之一。

一、"三泖"的形成

与九峰相比，"三泖"的形成也许要晚些。在春秋战国时期至汉代，华亭境内有一条名叫"东江"的古河道，也称谷水、谷泖。东晋庚仲初作《扬都赋》自注云："今太湖东注为松江（注：即吴淞江的古名。宋以前称松江）下七十里有水口分流，东北入海为娄江，东南入海者为东江，与松江而三也。"东江向东南入海。东江故道上游为白岘湖群，中游有淀泖湖群，下游分散为许多分支入杭州湾。淀泖湖群的"三泖"原为东江主流河道。"谷水"之词，初见于晋陆机（士衡）《赠从兄车骑》诗中"仿佛谷水阳，婉娈昆山阴"句。北魏郦道元《水经注》曰："一江东南行七十里入小湖，为次溪，自湖东南出，谓之谷水，南接三泖，士衡诗所云即此水也。"这句话的意思是说：松江（后称吴淞江）自出太湖后，向东南七十里时分流入小湖（注：即澄湖），在澄湖东南出口后便是陆机所说的谷水，谷水又称泖谷、华亭谷，向南接三泖。《云间志》引《通典》及《太平寰宇记》的记载："华亭县地有华亭谷，因以为名。华亭谷，也称长谷，流经谷中之河流曰谷水。"《云间志》引《大中祥符图经》："华亭谷水东，有昆山。"这谷水，它的前身便是古东江。东江在今淀山湖（古称薛淀湖）南侧分成"人"字形两条河流，均沿今松江小昆山西侧向南，通向杭州湾。一条在今平湖市又分成"人"字形两条河流，左边的一条在今乍浦东入海，右边的一条在今平湖东入海。另一条穿过今金山区朱泾与亭林之间，过今张堰镇西入海，全长约150千米[注11]。

太湖以东，是一片扇型低洼平原，在其出水口和海岸线里面，自然形成了一片长期承受洪水泛滥之淤地，形成了由河道与湖泊的水乡泽国。当时，薛淀湖还未成大湖泊，仅是古东江的中游段的泖湖群。大约到了南北朝至唐代，由于泥沙在东江下游的几个出海口段大量堆积，加之海潮的倒灌，东江便淤塞了。这也堵塞了太湖水东去入海的去路，薛淀湖才慢慢地形成了周围100千米这样的大湖泊。比现在的淀山湖周围35千米要大好几倍。故在九峰的西侧，才有了一大片湖区，属古淀山湖的一部分，呈南北向。这"三泖"的前身就是东江的古道。《青浦县志》中有《三泖图》，亦可略见三泖之昔日景观。古代泖水极宽广，流域颇长，经流今青浦、松江、金山，并达浙江平湖境。它北接淀山湖，为圆泖，也称上泖；中为大泖，也称中泖；南为长泖，也称下泖；合称为"三泖"。前者名是按湖荡的形状分，后者名是按水流位置分。据崇祯《松江府志（卷之一）》图经所示：三泖相连，北起淀山湖，南至浙江平湖的当湖（注：今当湖基本已成平地，仅剩平湖城东的东湖，为古当湖的一小部分）相连的大湖荡。"又东至捍海塘而止"。"三泖"南北长约100千米，宽约3—9千米不等，宽处有"共阔十八里"，最窄处仅"八十丈"。

"三泖"之词，初见于陆机对晋武帝语："三泖冬温夏凉。"唐陆龟蒙诗有"三泖凉波鱼苑动"之句。宋何蘧《春渚纪闻》引陆龟蒙诗注云："江左人目水之停藩不湍者为泖。""三泖"中圆泖的东岸由北向南贴着淀山、机山、横云山、小昆山、沈泾塘、古阳汇、北钱市（今石湖荡）等；西岸由北向南贴着山泾、金泽镇、金泽塘、小岑塘、章练塘和泖岛。大泖的东岸由北向南贴着李塔汇、秀州塘、西塘湾等；西岸由北向南贴着小蒸塘、大蒸、大蒸塘、兴塔寺、秀州塘等。长泖的东岸由北向南贴着吕巷市、胥浦等地；西岸由北向南贴着泖桥、界泾、当湖等地。

另一种说法是，据《海盐县旧境图》所示："三泖"中的长泖南并未接至当湖，而是转向西面的由拳县，后由拳县治陷入了长泖湖底。《松江府志》载："三泖乃古由拳县沉没。"光绪《青浦县志》又载："长泖为由拳旧地，每天色晴明，则水底城址街道历历可见。"之后，由拳县治也就迁到了嘉兴，今嘉兴城东南有一条公路取名为"由拳路"，也许是为了纪念那里曾是古由拳县治的地方吧。

"三泖"与周敬王六年（注：一作十年）设置的长水县有关联。此县名之由来，即从水道而起，那末在置县以前应早存在此水道。到了秦末，长水县（后改名为由拳县）陷为湖，后称泖湖或谷水，也有谷泖、泖水、泖河等称。康熙《松江府志》记："谷水即三泖"，可为同水异名证。唐乾符中在泖中洲上建澄照禅院，并建宝塔，院名一称长水塔院，也可窥长水与泖水即同一河道之异名。

二、"三泖"的变迁

在古时，太湖及浙西山区的泻洪排涝，主要是靠吴淞江水系。史书《尚书·禹贡》中记载夏禹治水："三江既入，震泽底定"。"三江"指吴淞江、娄江和东江，"震泽"指太湖。意思是说：有三条大江将太湖之水导入大海，太湖也就稳定有保障了。

宋以后，由于泥沙淤积，吴淞江江面逐渐淤塞，日益缩小，至明初，已失去了泻洪排涝的功能。再加之海塘堤坝的坍塌损坏，海潮倒灌，造成太湖泄洪的水流不畅，大量的湖水集蓄在太湖下游的湖泖之中，使淀山湖与"三泖"水面开阔，水患不断。古河道逐渐淤塞，变迁甚大，今存之河道，已较狭小。民国十五年（1926）孙鸿熙编纂的《峰泖记》中言："后陵谷变迁，（三泖）合而为一，夷为狭小河道，即今黄浦江上游之一。"

自明代起，在100多年时间里，曾每隔十年对黄浦江进行了共9次大规模的治理疏浚，把原来并不起眼的名为"黄浦"的河道与范家浜、南跄浦疏通，深挖拓宽，将原仅"阔尽一矢之力"的小河道，拓宽成了"阔二里余"的大江。后又再加宽，达1.2万丈。它上接太湖、浙西来水，解决了水患问题，也演变成了"黄浦夺淞"。之后，黄浦江成了太湖泄洪的主要通道。东西向的黄浦江不断地疏浚，引洪入海，使北南向的三泖、白牛荡等泖荡也逐渐淤塞，成为平畴，风光不再。

有着2000多年历史的三泖，在沧海桑田的变迁中已湮没，成为平畴。仅剩下圆泖中的泖河（即上段为今拦路港，中段为泖河，下段为斜塘），它北接淀山湖，西迎太浦河、太湖来水，中间环流泖岛、小独圩岛（小泖岛），东南达黄浦江，成了黄浦江的主要支流之一。另一条主要支流为大蒸港和圆泄泾，承接着浙西来水。这两条主要支流也是航运的主要水道。黄浦江成了上海的母亲河和黄金水道。其中，黄浦江的0—29千米上游主流段在松江境内，被誉为"浦江之首"，"浦江烟渚"为"松江十二景"之一。

这里，有必要说说关于黄浦江疏浚开通的事。据历史记载，春申君黄歇（？—前238）自公元前248年从淮北改封于今天苏州一带的吴地，上海地区便成为其辖区之一。据民间传说，上海的黄浦江就是春申君率领民众疏浚开通的，所以黄浦江又名"申江"、"春申江"、"歇浦"和"黄浦"，而上海的简称"申"也渊源于此。当然，这仅是个传说而已。既无资料可循；又因年代落差相距甚远，无从稽考。其实，这种传说最初是从宋代水利家单锷《吴中水利书》的一段有关"春申浦"的记载而来，说"春申浦"是西起蟠龙塘，经莘庄入黄浦江。即使战国时期春申君对"春申浦"有治水的业绩，那不过是一条连接吴淞江支流的古河道，并以此冠以黄歇之名为"春申江"。后来就越传越离谱了，将"春申江"与黄浦江重叠了。这与明代开凿黄浦江根本就是两码事。其实，春申江并非是黄浦江。我国著名历史地理学家谭其骧先生曾这样直白又幽默地评说："战国时期黄浦江还在海里，春申君为何要在海里开凿一江？"注12

三、名人与"三泖"

想当年，这泖湖远眺薄雾袅袅、九峰隐约、浑然天成；近观湖面如镜、渔翁撒网、景色秀美。三泖冬暖夏凉，故古时有许多文人雅士愿住在这泖湖边，或泖东、或泖西、或泖湾、或荡边，择地居住，吟诗作画，会客邀友。如泖湖中有宋代朱朴的隐居处"天和堂"，成了许多文人雅士的瞻访之地。元代大画家倪瓒也曾居住于泖湖边。还有元代园林"石湖一曲"，为元代州通判吴益之的闲居之所。吴弃官而隐居华亭石湖荡东北岸处，购一地建圃，种上树木花草蔬果，中间筑居所。吴与陆居仁为好友，陆居仁为其所题写"石湖一曲"匾额。其兄吴辅之陪老母，从钱塘来此栖隐。石湖荡东岸，还有明代吴文瑞、吴文仪兄弟的居所"雍睦堂"，吴氏兄弟"读书、燕乐、觞咏于斯"。明代施绍莘建别业于南泖之西，名"泖上新居"。还有田茂遇的"水西草堂"。明代徐献忠的"太和亭"和"泖泾别业"等园，可惜今都已无存。

唐宋以来，文人为"三泖"题咏诗词歌赋的也不少。如北宋黄庭坚（1045—1105）来华亭时，挥毫写下了《过横云山渡长谷》的诗篇："云横疑有路，天远欲无门。信矣江山美，怀哉谱逐魂……"对华亭的峰泖景色大为赞扬。南宋末元代初有林景熙（1242—1310）的《三泖》，元至正年间有欧阳玄（1273—1357）的《乐全堂》、杨维祯的《泛泖》、钱惟善的《三泖》、张昱的《过泖湖》，明代有邵亨贞（1309—1401）的《三泖二首》、王袆的《过泖》、顾清的《三泖》、张承宪的《月夜游泖湖》、王世贞的《三泖》、冯行可的《泛泖》、张其惺的《泛泖遥望九峰》、林景旸的《泛泖》、董其昌的《过泖看九峰》、陆彦章的《泛泖》，清代有黄霆的《澄照禅院》、唐天泰的《泖塔》、高不骞（1615—1701）的《泖口村居得鲜鲈以馈张明府》、包尔纯的《泛泖》、陈凤业的《泖湖采莼歌》、孙鸣盛的《过泖湖》、叶锦的《渡泖》等等。从这些诗篇名来看，"泛泖""过泖""渡泖"都是直接点出了水上游览的主题，是很悠闲、闲情雅致的游历活动。这也许是松江有记载以来最早的"水上旅游"了。在此，我们一起来欣赏陈继儒的《渡泖》诗：

秋老江萍漾夕空，萧萧枫叶挂疏红。
那知三泖清秋思，偏寄芦花一寺中。
泖上空波叠乱沙，寺门桥断半兼葭。
何从一借风帆力，醉挟飞鸥拍浪花。
斜阳约略水西头，余景还能上竹楼。
无际蘼芜半窗绿，钓蓑归处起双鸥。

诗中展现的连绵景致与情思，勾画出一派寄情山水、清静灵空、浮想联遍、惬意爽舒的休闲意境。

还有多篇佚名诗歌，如有反映历史的，"由拳城西水拍天，近桥长泖近山远。闻说女墙湖底见，那教沧海不桑田"。有描写渔民劳作惬意的，如"长泖湖边柳孕春，圆泖湖里水浪翻。三篙两篙浪花碧，郎打鱼儿侬采莲"等等。

四、九峰犹在

"三泖"已湮没，九峰犹在野，被誉为"沪上之巅"，这是大自然赐给松江的宝贵资源。今已成了佘山国家旅游度假区的主要自然资源。"佘山拾翠"为"上海新八景"之一，"佘山修篁"、"斜塔初雪"、"华亭鹤影"均为"松江十二景"之一。

在我们通常的旅游活动中，一般包括自然景观与人文景观。它们虽然属于不同的旅游资源，但两者的关系并不是一成不变的。有些名山大川，原先并不为世人所知，属于纯粹的自然生态山地，但由于有了名人的游踪，文人墨客留下的辞赋、诗句、吟咏、题记、碑刻、勒石和传说，它就从自然景观转化为人文景观。有些本不知名的小山丘，就因名人的题咏而名扬后世；有些雄伟的高山，却因名人未到而无法扬名，甚至连名字都没有。这种情况非常普遍，诚如刘禹锡在《陋室铭》中所说："山不在高，有仙则名；水不在深，有龙则灵。"注13

就松江而言，自古便是水乡泽国，并没有什么特别雄奇高峻的山峰。所谓的"松郡九峰"，也不过是百米之下的12座小山丘，与浙江的天目、天姥、雁荡、仙霞等诸峰，不可同日而语。一般的文人游侠也不可能来刻意寻访。佘山九峰之所以吸引人，并非是它的雄奇高峻。人们虽喜欢它的苍翠郁葱、清新幽静，其实更主要的却是它有独特的人文景观。

第五章　鹤鲈记忆

　　有知名的特色风物，是一个地方吸引人们前去旅游的重要缘由之一，概莫能外。四川的四姑娘山和雅安，为大熊猫自然保护区和大熊猫繁殖基地；黑龙江齐齐哈尔扎龙是丹顶鹤自然保护区；江苏盐城大丰为麋鹿自然保护区。特色风物是旅游资源，也是旅游吸引物。华亭自古以来就是著名的旅游胜地，江南有名的鱼米之乡，有发达的经济基础和深厚的文化底蕴。这里有良好的自然条件，山水相连，土地肥沃，水草丰腴，天然造就了"九峰三泖"，风光极其秀丽，也"出产"特色风物。说起华亭的名特产，人们就会自然想起莼菜、四鳃鲈鱼、香粳稻、兰花笋等，可是对很早就闻名的"华亭鹤"，却鲜为人知。我们不妨走近松江地方风物"华亭鹤"和"四鳃鲈鱼"领略其不凡的风采。

第一节　华亭鹤

　　丹顶鹤俗称仙鹤，裸露的朱红色头顶似小红帽，故得其名。这种大型涉禽的鸣声超凡不俗，《诗经》中就有"鹤鸣于九皋，声闻于野"的描述。它因生活于沼泽或浅水地带，又有"湿地精灵"的美称。据统计，我国的鹤类有丹顶鹤、白鹤、灰鹤、黑颈鹤、赤颈鹤等9种；华亭鹤（属丹顶鹤中名贵的一族），体态丰满，美妙动人，被誉为"仙种"。在历代画家的一些作品中也能看到它的英姿。现在主要产于我国黑龙江、辽宁以及俄罗斯西伯利亚东部和朝鲜半岛。

　　作为禽鸟越冬的迁徙地，古华亭曾经是它们的第二故乡。所产的华亭鹤曾名扬天下。古诗云："云间有数鹤，高翔众鸟稀。"古代的华亭，不但出鹤，而且出名种鹤。华亭鹤，在《松江府志》《华亭县志》中都有较详备的记载。

一、陆氏家族与华亭鹤

　　华亭鹤，据史传，被人视为吉庆、长寿的仙鹤，十分受人喜爱。早在三国两晋时代，在华亭还未建县前，就已有名士驯养。

陆逊很欣赏鹤的特殊气质，早年曾养鹤于华亭境东侧海滨的鹤窠村。那时，华亭东面有着一望无际的滩涂，芦苇丛生，分布着大片湿地，是仙鹤的乐园。清代王韬的《瀛壖杂志》谓："晋时，曾有白鹤一双自东海飞来，憩于鹤沙古柏，久乃生雏，相与冲霄而去。后百余年，复来二鹤徘徊村落间，或栖树杪，或宿坟园。村民聚观，则延颈长鸣，游行自若，其声嘹亮，远闻二十余里，羽毛似雪，朱顶黑尾，足高二尺余。数日后，逸翮凌霄，渺然烟灭。疑即前之雏鹤也。自后常有鹤至……"

最早向世人提到"华亭鹤"的是西晋大文学家陆机。陆机是东吴名将陆逊的孙子，青少年时期就已声名远播，与弟弟陆云被誉为江东"二俊"，史称"二陆"。西晋太康元年（280），晋灭吴。二陆在故乡华亭隐居十年，发奋读书。陆机作《辩亡论》《文赋》。《文赋》是中国古代著名文学理论著作，奠定了陆机在中国文学史上的重要地位。其草书《平复帖》，9行86字，为我国最早的名人手迹。明代陆蓉的《菽园杂记》提及："（小）昆山在松江府华亭界，晋陆机兄弟生其下，皆有文学，时人比之'昆冈玉片'。"《松江县志》记载："小昆山上有二陆读书台遗址，山后有二陆故居。县城内普照寺旧址原为陆机旧宅。"《上海地名志》有"晋陆机放鹤处，古称鸣鹤桥"的记载，说的是当年陆机曾受友人荀隐之邀去东乡（今属闵行区颛桥镇），与友人荀隐饮酒赋诗。后将携带的鹤放飞，那鹤一出笼，便在俞塘木桥上长鸣三声，直冲云霄。陆机养鹤多年，还从未听到如此美妙动听的鹤鸣声，他十分高兴，便出资把木桥扩建为宽4米、长30米的石桥，起名为"鸣鹤桥"。

"二陆"兄弟直到太康十年（289）才去洛阳为官。两人一到洛阳，就无意中卷进了"八王之乱"。开始，陆机受到成都王司马颖的赏识重用，后来司马颖听信卢志的谗言，派人去捕杀陆机。陆机从容赴死，他在罹难时想到的还是家乡的华亭鹤，临刑前长叹："华亭鹤唳，岂可复闻乎？"南朝·宋刘义庆的《世说新语·尤悔》中记载："陆平原（即陆机）河桥败，为卢志所谮，被诛。临刑叹曰：欲闻华亭鹤唳，可复得乎？"这悲怆的呼唤足以证明陆机是用"华亭鹤"来借喻对家乡华亭的思念。陆机遇害后，小昆山的乡亲们在二陆"读书台"附近建起"鹤鸣亭"，以志纪念；2010年，松江区已对小昆山"二陆草堂"重新修缮。2021年，又在规划建设"二陆文化园"。游客能藉此回想先贤读书养鹤之趣。而这位文学家、书法家的临刑一叹，成就了"华亭鹤"这一重要方物。从此，"华亭鹤"风传士林，"华亭鹤唳"作为"思乡"的代名词，成了著名典故，史不绝书。

二、鹤窠村与华亭鹤

古时的鹤窠村究竟在今日的哪里呢？北宋沈括曾对华亭鹤作过研究，他在《梦溪笔谈》中提及："华亭鹤窠村所出为得地，余皆凡格。盖自东海飞集于下沙，驯养久，乃生雏。其体高俊，绿足龟纹，翔薄云汉，一举千里……今沙涌平畴，去海凡百里，下沙已无种矣。"鹤窠、下沙均在浦东，古代皆华亭县属。唐以前下沙一带还是海滩湿地，水草丰盛。鹤是候鸟，每年由北方飞来，在此停留繁殖。当地人捕得野鹤驯养后，下蛋生雏，供人饲养、观赏。年深月久，知识增加，从中发现"其体高俊，绿足龟纹"者最为珍稀。至宋代，海岸线东去，下沙一带已距海百里，成为沙涌平畴，人烟众多的地区，不再适于鹤类栖息，华亭鹤也就极少见了，故"下沙已无种矣"。

明代文震亨的《长物志》也记载："华亭鹤窠村所出，其体高俊，绿足龟文，最为可爱。"这二段话既说明华亭鹤的品种之优，又点出其所在地。南宋《云间志》中对鹤窠村的方位有：在"县之东，地名鹤窠"和"云间，唳鹤之乡也"的记载。清代毛祥麟《墨余录》断定："鹤窠，即今之下沙也。"清末黄报延《南沙杂识》谓："鹤坡，一名鹤窠，相传陆逊养鹤处，旁有鹤坡塘。"清末民初倪绳著《南汇县竹枝词》云："仙禽产自下沙乡，叔道栖迟几十霜。招鹤轩前风景好，鹤窠村里鹤坡塘。"《南汇县志》记载："下沙镇又名鹤沙镇，是本县古集镇之一。相传这一带，原为盛产丹顶鹤的鹤窠村所在地。"现为浦东新区航头镇，其牌楼村十三组，就是下沙，又称是鹤沙古镇的策源地，即旧时的鹤窠村。其西端有条长着芦苇的小河，村民们皆称之为鹤坡塘。如今，浦东新区航头镇，仍流传着陆逊早年在鹤坡塘边逗鹤的生动传说；相邻的闵行区浦江镇召稼楼，则建有纪念其孙陆机、陆云幼时在"鹤坡塘畔观鹤怡游"的"机云亭"注14。

三、《瘗鹤铭》与华亭鹤

在江苏镇江焦山碑林，有被誉为"仙迹"和"大字之祖"的著名石刻——《瘗鹤铭》，碑文是由5块石刻残片拼接而成。该铭文书写"存字虽少却气势宏逸，结字率真自然，萧疏澹远，简约古拙，浑朴厚重，沉毅中含逸致，雍容处显苍茫"，被称之为"其胜乃不可貌"、"大字无过《瘗鹤铭》"。堪称我国六朝时期摩崖书法艺术的瑰宝，为隋唐以来楷书典范之一。"北有《石门铭》，南有《瘗鹤铭》"的说法，在中国书法史上由来已久，被称作"南北二铭"。

《瘗鹤铭》是给鹤写的墓志铭（"瘗"意为"埋葬"的意思），上书"华阳真逸撰，上皇山樵正书"。有人认为，"华阳真逸"是南朝·梁代学者陶弘景

（456—536），这"上皇山樵"是谁？就众说纷纭了。有的说是东晋大书法家王羲之所书；而宋代的欧阳修、沈括等人则认为是唐代顾况所作；另外还有王瓒说、皮日休说等等。而更多人则认为是陶弘景的墨迹，争议不断。"铭"中说，那里埋葬的"鹤"是"鹤寿不知其纪也，壬辰岁得于华亭"。陶弘景生存时代，距西晋仅相隔200来年，这一石刻可证明"华亭鹤"在当时的确是十分珍贵的一种禽鸟，否则不至于鹤死了还要为之埋葬，树碑勒铭了。也就是因华亭鹤的缘故，才有了这篇《瘗鹤铭》，因铭的书法艺术魅力，特别是在我国书法艺术界引起了极大的关注和轰动。这篇铭文到底是谁撰文的，又是谁书写的，是哪个年代的作品，这至今还无定论，成了千年之谜。

唐代孙处元（玄）的《润州图经》认为，《瘗鹤铭》系东晋大书法家王羲之的墨迹。相传王羲之曾得友人赠送的两只华亭鹤，后来鹤死了，他很是伤心，故撰文并书写了《瘗鹤铭》。又有相传，说是王羲之的妻子是镇江人，他曾趁走亲访友到焦山游玩，见寺院附近有一对华亭鹤在盘旋起舞，姿态优美，不禁感叹："要是写字像仙鹤这样灵动就好了。"寺院住持见状，就表示愿意赠鹤与他，并要王羲之回家前来取。然而，待王羲之再次到焦山时，那对鹤已死去，于是他伤感地写下了这《瘗鹤铭》。

北宋李石则判定，《瘗鹤铭》系南朝医学家陶弘景所书。陶弘景一生经历南朝宋、齐、梁三个朝代，他博学多才，通晓山川、地理、医药、天文、历算等，晚年辞官退隐句容曲山（今江苏镇江茅山）华阳洞，自号"华阳隐居"（又一说是北宋学者黄伯思认为陶弘景晚年自号"华阳真逸"）。据说，陶弘景早年曾在镇江觅得一只华亭鹤，因极喜欢而常伴左右，谁知它突然患重病，他虽是名医却无法救治，只能眼睁睁地看着它死去；陶弘景痛惜之余，在焦山风景秀丽之处埋葬了这只华亭鹤，并撰写下了《瘗鹤铭》。时间大约在南齐天监十三年（514），但均为推测，未成定论。

《瘗鹤铭》成文之后，被摹刻于焦山西麓栈道上的摩崖石壁上。此石刻大约在唐代后期遭雷击，全碑巨石崩裂碎成十多块掉入长江之中。北宋初年（1048）冬季水枯时，镇江郡守钱子高（彦远）发现了两块残碑，惊为天书，仍置于原处，不料仅隔数十年又落入水中。清康熙五十二年（1713），居镇江的苏州知府陈鹏年募工再度耗时三月从江中打捞出5块残碑，移放山上。南宋至清代，零星打捞从未间断，捞得残石10余块，有字近200个。如今陈列于焦山碑林的《瘗鹤铭》残碑，共计93字；据说目前流传最广的《金山唐人抄本》的《瘗鹤铭》，全文为180字。也有较多的一说是160多字。如清代张弨《瘗鹤铭辨》录一文。

《瘗鹤铭》石刻崩裂落水后，原文内容至今无法考证，但对原文内容的推定代不乏人。北宋刁约晚年归乡，曾在金山寺经度中得唐人于经后书《瘗鹤文》，传于世，即《金山唐人抄本》。据《解放日报》2010年6月4日第五版"相关链接"中，《瘗鹤铭》的全文如下：

瘗 鹤 铭

鹤寿不知其纪。壬辰岁得于华亭，甲午岁化于朱方。天其未遂，吾翔寥廓也，奚夺余仙鹤之遽也？廼裹以元黄之币，藏之兹山之下。故立石旌事，篆铭不朽。词曰：

相此胎禽，仙家之真。山阴降迹，华表留名。
真惟仿佛，事亦微冥。西竹法里，宰耳岁辰。
鸣语解化，浮邱去莘。左取曹国，右割荆门。
后荡洪流，前固重扃。我欲无言，尔也何明。
爰集真侣，瘗尔作铭。宜直示之，惟将进宁。

丹阳仙尉、江阴真宰立石

笔者在网上又查得高清版的《瘗鹤铭》一文，在此转载，可供读者作一比较：

瘗 鹤 铭

鹤寿不知其纪也，壬辰岁得于华亭，甲午岁化于朱方。天其未遂，吾翔寥廓耶？奚夺余仙鹤之遽也。乃裹以玄黄之巾，藏之兹山之下，仙家无隐晦之志，我等故立石旌事篆铭不朽。词曰：

相此胎禽，浮丘之真。山阴降迹，华表留声。
西竹法里，幸丹岁辰。真惟仿佛，事亦微冥。
鸣语化解，仙鹤去莘。左取曹国，右割荆门，
后荡洪流，前固重扃。余欲无言，尔也何明。
宜直示之，惟将进宁。爰集真侣，瘗尔作铭。

《瘗鹤铭》拓本有水前本、水后本之分，各种版本的字数也不尽相同，内容也略有差异，孰是孰非至今还难下定论。

镇江曾于1997年和2008年时打捞出了四片残石，上面只有5个字。当时发现水下还有四块重达700多吨的巨石。为尽力搜寻散布在江中的《瘗鹤铭》

残碑。2010年6月，镇江方面请来了上海打捞局1000吨级大型浮吊船"勇士号"准备打捞起全部残石，然而第一块重300吨的石块刚出水又断裂落水，后又打捞起分别是重60吨、10吨、450吨的石块。最后，碎裂的巨石也被成功吊起。当然，打捞的目的是要搞清楚《瘗鹤铭》究竟是谁书写的？原文究竟是如何的这千年之谜。可惜至今还未看到结果的公布。

四、唐宋名人与华亭鹤

在唐宋时代，由于华亭鹤品格高雅，不少名人都喜欢它。

山西人白居易（772—846），很早就听说华亭鹤特别可爱，却无缘观赏。长庆二年（822）白居易来到江南出任杭州刺史，这里距华亭不算太远，自然有机会目睹华亭鹤英姿，故一见钟情。在职三年里，白居易常以华亭鹤为伴；他的《求分司东都，寄牛相公十韵》中自况："三年伴是谁？华亭鹤不去，天竺石相随。"宝历元年（825），白居易调任苏州刺史，此乃华亭郡城。他精心饲养了一只华亭鹤，从此与之朝夕相伴；他在《郡西亭偶咏》中倾诉："常爱西亭面北林，公私尘事不能侵。共闲作伴无如鹤……"那年寒冬，白居易养的一只华亭鹤突然失踪了，"三夜不归笼"，他难过地写下《失鹤》叹息："郡斋从此后，谁伴白头翁。"不久，他外出时幸运地觅得两只幼小的华亭鹤，这才不再郁闷。翌年底，白居易因病自请卸任北归，他在《自喜》中吐露："身兼妻子都三口，鹤与琴书共一船"；途经扬子津与刘禹锡巧遇，他便高兴地在船舱向好友展示了随行的一双雏鹤。会昌二年（842），白居易以刑部尚书致仕，离开京师长安（今西安），闲居于洛阳。他所住的宅园景物以水、竹为主，仍饲养着华亭鹤。在白居易的暮年生活中，华亭鹤扮演着重要的角色，几乎形影不离，诚如他的《自题小草亭》云："伴宿双栖鹤，扶行一侍儿。"他的《家园三绝》云："何似家禽双白鹤，闲行一步亦随身"。

刘禹锡在宝历二年（826），于扬子津初次看到白居易携带的两只华亭鹤，也是一见倾心，他在《鹤叹》诗小序中说："白乐天罢吴郡，携双鹤维以归，翔舞调态，一如相书，信华亭之尤物也。"这首诗不但进一步证明了古代华亭产鹤，而且出的是名种尤物鹤。更为有趣的是，那时还有专门"相"鹤的书，说白居易养的这两只鹤是名种，完全符合"相书"的要求。

翌年春，刘禹锡回洛阳，虽白居易应召去长安，但为探视华亭鹤仍赴其府第，他的《鹤叹》诗引记述："余入门，问讯其家人，鹤轩然来睨，如记相识，徘徊俯仰，似含情顾慕"。大和五年（831），刘禹锡出任苏州刺史；他在供职华亭郡城期间，对华亭鹤的兴趣更浓，办理公务之暇常四处寻访。不久，宰相裴度作《白二十二侍郎有双鹤留在洛下，予西园多野水长松可以栖息，遂以诗请之》向白居易索讨那对雏鹤。白居易作《答裴相公乞鹤》和《送鹤与裴相公临别赠诗》后忍痛割爱；刘禹锡闻讯，分别作《和相公寄白侍郎求双鹤》《和乐天送鹤上裴相公别鹤之作》唱和。他为了消除白居易的失落感，特意从数千里以外的苏州给好友寄送了一只华亭鹤。白居易在收到刘禹锡赠给他的那只豢养的华亭鹤后，心中十分高兴，挥笔书写了《刘苏州以华亭一鹤远寄，以诗谢之》一诗：

老鹤风姿异，衰翁诗思深。素毛如我鬓，丹顶似君心。
松际雪相映，鸡群尘不侵。殷勤远来意，一只重千金。

晚唐诗人皮日休（834—883）同样深爱着华亭鹤，但所养的一只鹤却在一年后死去，他悲痛不已，专门作《悼鹤》诗表达思念："池上低摧病不行，谁教仙魄反层城。阴苔尚有前朝迹，皎月新无昨夜声。蔬米正残三日料，筠笼休碍几霄程。不知此恨何时尽，遇着云泉即怆情"。此诗序谓："华亭鹤，闻之旧矣。及来吴中，以钱半千得一只养之，殆经岁，不幸为饮啄所误，经夕而卒。悼之不已，遂继以诗。"化五百文钱买一只鹤，在当时大概也不算便宜。可见华亭鹤在读书人心中所喜爱的程度有多浓。

还有一些诗人也都曾关注华亭鹤，如李白的《行路难》云："华亭鹤唳讵可闻，上蔡苍鹰何足道"；胡曾的《听鹤亭》云："惆怅月中千岁鹤，夜来犹为唳华亭"；钱起（722—780）的《送陆贽擢第还苏州》一诗中曰："华亭养仙羽，计日再飞鸣"；南朝孔德绍的《赋得华亭鹤》云："华亭失侣鹤，乘轩宠遂终"；齐己的《放鹤》曰："华亭来复去芝田，丹顶霜毛性可怜"。北宋梅尧臣曾多次抵华亭，他屡见大批华亭鹤自由翱翔，所以在《过华亭》中吟出"晴天唳鹤几千只"之隽句。还有林景熙的"白鹤久已寂，黄犬谁能呼？"至于明末李延昰的《南吴旧话录》中记载，明代内阁首辅徐阶的儿子喜欢华亭鹤，一次就养了数百只，这就不知是真是假了。

五、游人与丹顶鹤

古往今来，从游人角度去欣赏丹顶鹤，也许各有各的视角，各有各的感叹。有的说丹顶鹤傲然卓立，步履优雅，行止有节，仪态大方；有的说丹顶鹤举止之间，让人觉得它有一种若有所思的深沉，是不卑不亢的潇洒；也有人说丹顶鹤鸣声如松涛、似雷鸣，一鹤长啸，引发百鹤齐鸣，有道是"鹤鸣九皋，声闻于天"；还有人说丹顶鹤是长寿珍禽，一般能活到40多岁，最长的可活到60岁；有说丹顶鹤是"爱情"忠贞的象征和典范，一生结伴，终生不离；

又有说丹顶鹤是国家重点保护珍禽，无价之宝，不许买卖，仅有少量的用于友好城市间的馈赠等等。

华亭鹤在文人墨客凭吊"二陆"的诗文中不断再现，是否是割不断的情结。且华亭鹤的影响也是长远和值得记忆的。松江、浦东、闵行、青浦、嘉定等地有不少以"鹤"命名的地名街名、堂名厅名和人名等。如浦东新区的鹤鸣路、鹤楼路，闵行区的鹤庆路、鹤放路、鹤坡路，松江区的鹤诸路、鹤溪街，青浦区的鹤祥路、鹤吉路，嘉定区的鹤霞路、鹤旋路等；至于带"鹤"字的人名和企业名，更是不胜枚举，这是先贤"二陆"的余韵和人们对华亭鹤难以忘怀的情结，这些都折射出了这"鹤"文化现象。尤为可喜的是，近年来，崇明东滩出现了成群的越冬仙鹤，浦东新区沿海也有过仙鹤踪迹。仙鹤重新光顾沪郊海滨，证明上海生态环境改善、湿地保护取得了实质性成效。

第二节 松江四鳃鲈

一、"松江"之名与四鳃鲈

首先需要特别指出的是，本节所提到的"松江四鳃鲈"之"松江"，是江名，是指吴淞江，它是吴淞江的古名。陆广微《吴地记》曰："松江一名松陵，又名笠泽也。"吴淞江古时除了称"松江"之外，还有分段的称呼为松陵江、笠泽江、沪渎江等称呼。宋以前称吴淞江为"松江"。在元代以前，只有吴淞江这条江名，没有"松江"这个地名。元初设立松江府的"淞"字是带有三点水，就是用了"吴淞江"这江名，后因常闹水灾，不吉利，明初时省去了"三点水"，改"淞"为"松"。成为了"松江府"。《通志》载："松江，府因以名，旧名吴淞江，后以水灾，去水从松"。而"松江之鲈"，在宋以前就出名了，所以说那时的"松江"是泛指吴淞江，而不是松江府。至于松江县，那是1914年才出现的，与古代的"松江之鲈"就更"不搭界"了。但松江与"松江之鲈"也不是绝无关系，当初设淞江府就是因境内有吴淞江，既然吴淞江在淞江府境内，境内有鲈鱼，把"松江之鲈"与后来的松江府、松江县联系起来，也不完全算是错的[注15]。

故古代名人咏"松江四鳃鲈"的文章和诗歌，大多是指吴淞江流域，仅有部分是单指华亭县的。如，清初嘉兴人朱彝尊特为松江境内四鳃鲈写的诗：

微露一夜泖河东，杨柳丝黄西岸风。

不兴轻舟来往疾，筠篮验取四鳃红。

二、四鳃鲈的特点

说起松江名特产，松江人无不首推四鳃鲈。的确，松江四鳃鲈不同寻常，它在历史上曾给松江人带来光彩。松江四鳃鲈鱼，历代编志时，都把它列为"鳞之首"。因此，不论《松江府志》还是《华亭县志》，都有详细记载有关四鳃鲈的介绍。

松江鲈，又名花鲈、鲈板、真鲈等，俗称鲈鲛，沪苏浙一带称四鳃鲈，是一种在海水中繁殖、孵化，在淡水中生长育肥的降海洄游型鱼类，喜栖息于河口咸淡水交汇处和淡水中。属于肉食性鱼类，习惯于夜间活动，以甲壳类、小鱼小虾类等为主要食料。松江鲈鱼名声很大，却其貌不扬。形状与塘鲤鱼差不多，头大而宽扁，头的长度要占到整个体长的三分之一；嘴阔，满口毛糙细齿；体色黄褐，其中还夹杂深色斑点；体形不大，长约一虎口，一般500克有五六尾。松江鲈鱼虽然形象丑陋，但肉质洁白似雪，肥嫩鲜美，少刺无腥，食之能口舌留香，回味不尽，富含蛋白质和维生素，营养价值极高，为野生鱼类之首。松江鲈还可入药治病，是一种珍贵的滋补品。明代医学家李时珍在《本草纲目》中称："松江鲈鱼，补五脏，益筋骨，益肝肾，治水气，安胎补中，多食宜人。"被誉为"诸鱼之上""名鱼之首"。松江鲈盛产于松江（即吴淞江），宋人范成大《吴郡志》记："鲈鱼，生松江，尤宜鲙。洁白松软，又不腥，在诸鱼之上。"在上千年的历史中，一直为这一地区传统的珍贵名产，其名称也正式被科学家定为"松江鲈鱼"，用"松江"之名来命名已知动物的，仅此一种鱼类。所以在旧时，曾把松江四鳃鲈与黄河的鲤鱼、松花江的鲑鱼、兴凯湖的鲌鱼共誉为我国的四大名鱼。

历史记载可说明我国人民食用鲈鱼历史的久远，但从动物生态学来研究，旧时记载有许多不科学之处。现代生物学研究告诉我们，松江四鳃鲈属鲈形目，杜父鱼科，明《正字通》："鲈；巨口细鳞，似鳜，长数寸，有四鳃，俗称四鳃鱼，以七、八月出吴江，松江尤盛，天下之鲈皆两鳃，惟松江四鳃。"说它四鳃，是一种误解，同其他鱼类一样，也是两鳃，不过松江鲈鱼鳃骨后方有一道鳃状凹陷，长有4枚尖棘，向后延伸一小截肉质软膜，称鳃盖骨。膜的上面左右各印染着两条鲜艳夺目的桔红色条纹，很像外面长的鳃片，特别在生殖季节，鳃呈橙红色。人们以为松江鲈鱼里面长着两个鳃，外面也有两个鳃，就称它为"四鳃鲈"。"松江四鳃鲈"由是广闻。

国内外学者研究证明，松江鲈鱼是降河入海产卵的鱼类，而且是近海浅水食肉性的小型鱼类。它的分布地区很广，除长江三角洲地区外，南到福建厦门,北到辽宁营口,通海河流都有发现。但过去以吴淞江流域为最多。通常是6月—12月在通海河流中生长、育肥,12月起,降河入海作生殖性回游。来年4月,幼鱼从海中流入淡水河成长。平时,喜栖在清洁水流的底部,昼伏夜动。松江鲈鱼虽属小型鱼类,但以其鲜嫩洁白的肉质,驰誉古今中外,成为鱼中珍品。

三、古代名人与松江四鳃鲈

自古以来,松江受江湖之惠,饶鲈鱼之产,"鲈乡"之名在历史上曾闻名遐迩。历代文人墨客、帝王将相对四鳃鲈褒奖备至,为美丽的鲈乡和美味的鲈鱼所倾倒。使四鳃鲈名扬天下,影响至今。

据旧志载,最早提出松江四鳃鲈的是《续韵府》,书中有:"天下之鲈皆两鳃,惟松江鲈鱼四鳃。"西晋葛洪的《神仙传》中有:"松江出好鲈鱼,味异他处。"的记载。干宝的《搜神记》也有记载。

南朝宋范晔的《后汉书·左慈传》对松江鲈鱼作了生动的介绍。说是有一天,曹操大宴宾客,张灯结彩,满堂喜气洋洋。曹操对众宾客说:"今日高会,珍馐略备,所少惟松江鲈鱼耳。"曹操因为餐桌上缺少松江之鲈,所以觉得美中不足,有点遗憾。这时,有一位既善于奉承拍马,又有特异功能善于魔术的"异人"左慈,一听丞相想吃四鳃鲈,便毛遂自荐,说自有妙法。他向曹操许下诺言后,就命人取来一个大铜盆,盛了一盆水,再拿出钓竿,竟从中真的钓起一条四鳃鲈鱼来。鲈鱼献众,满堂喝彩,尤其是曹操,乐得敞怀大笑。曹操是中原地区人,竟对出于江南的鲈鱼这样珍重,可见当时松江鲈鱼知名之广。曹操特别喜欢吃鱼,他认为松江四鳃鲈鱼可以为四大名鱼之魁。所以,"松江之鲈"蜚声宇内已有2000多年之久。

更为深远影响的是《晋书·张翰传》里的故事,说吴郡人张翰在洛阳为官,见秋风萧瑟,因思故乡吴中的雉尾莼菜和四鳃鲈脍的美味,曰:"人生贵得适意尔,何能羁宦千里以要名爵",就弃官回乡了。张翰《思吴江歌》堪称绝唱:"秋风起兮佳景时,吴江水兮鲈鱼肥。三千里兮家未归,恨难得兮仰天悲。"后世以此创造出"莼羹鲈脍"、"莼鲈之思"这两个典故,以抒思乡之情或隐归之意。至今还被当作思乡的代名词,在历朝历代的诗坛曲苑中被广泛运用。

于是,四鳃鲈和莼菜一起被诗人词客缀入诗行曲拍,流传千古。唐代杜宝所撰《隋大业拾遗记》也有一段关于四鳃鲈的记载。隋炀帝游江南时,吴人献莼菜、鲈鱼供隋炀帝品尝,并介绍了烹调方法。《南郡记》中载:松江脍鲈献于隋炀帝,帝品出了奇妙的鲜味后,大加赞赏:"金齑玉鲙,东南之佳味也！"对四鳃鲈评价极高。

松江鲈鱼名不虚传，历代名人凡品尝过松江鲈鱼，都留下了脍炙人口的诗句，如唐代杜甫有诗曰"东去无复忆鲈鱼，南飞觉有安巢鸟"、白居易有诗曰"水鲙松江鳞"、韦应物有诗曰"松江献白鳞"、罗隐有诗曰"鲙忆松江满箸红"等等。

使"松江之鲈"名扬天下的，恐怕还是苏东坡的《后赤壁赋》，赋中写到："今者薄暮，举网得鱼，巨口细鳞，状似松江之鲈。"旧时这篇文章是学生必读的范文。还有"金橙从复里人知，不见鲈鱼价自低，须是松江烟雨里，小船烧薤祷春荠"、"得句会应缘竹鹤，思归宁复为莼鲈"等诗句。因其文章在社会上的广泛流传，使松江鲈鱼蜚声士林。苏东坡在任湖州太守时，曾因吴中秀士李引中之邀来到吴淞江南岸支流青龙江边。李知道苏东坡对四鳃鲈情有独钟，故特备三道鲈鱼菜：油爆红烧鲈鱼、鲈鱼雪菜鲜菇汤和鲈鱼火锅。两人对饮于李引中所筑的醉眠亭，不知不觉，苏东坡已醉倒了。一阵秋风吹来，苏东坡睁开双眼，他让李引中取过纸笔，微醉中写下了"京洛归来真梦醒，秋风无复忆鲈鱼"的佳句。

还有陆游的"故乡归去来，岁晚思莼鲈"和"莼菜鲈鱼都弃了，只换得青衫尘土"等。宋人范仲淹赞美鲈鱼："江上往来人，但爱鲈鱼美。君看一叶舟，出没风波里。"范成大的"细捣枨韭卖脍鱼，西风吹上四鳃鲈。雪松酥腻千丝缕，除却松江到处无。"等名句，都是讲的松江鲈鱼，于是，"松江之鲈"就传遍天下士人，历来吟咏不衰。

对松江鲈鱼，描写最生动的是南宋诗人杨万里（1124—1206），他有形象至极的诗曰：

鲈出鲈乡芦叶前，垂虹亭下不论钱。
买来玉尺如何短，铸出银梭直是圆。
白质黑章三四点，细鳞巨口一双鳍。
春风已有真风味，想得秋风更迥然。

乾隆皇帝游江南时，当然也绝不会放过吃鲈鱼的机会，待他细细品味以后，龙颜大悦，欣然评价为"江南第一名菜"。这些所谓的"金口玉言"，就成了最有轰动效应的"御制"广告词，四鳃鲈也就身价百倍了。这要感谢先人们把江南鲈鱼之美的千古吟咏流传至今。

就这样，四鳃鲈搧动着鳍尾，悠悠地从古游弋至今，游进了文人的诗文里，游进了美食家的食谱中，游进了百姓家的餐桌上，更游进了世世代代松江人引以为豪的记忆之中。

四、今日松江四鳃鲈

松江四鳃鲈鱼在1950年代，捕获量仍很大。历史上最高年产量可达百担。松江各饭店酒家都有供应，并不是什么稀罕物，价格也不贵。秋季汛期，遇丰年，松江鲈鱼的捕获量可达上万斤，市民可天天在菜场上买到它，把它当作一般鱼食用。后来因为不断地建闸筑坝，破坏了鲈鱼的回游线路，加上水环境不断恶化，日益严重的污染使松江鲈鱼不能生存，产量越来越少，到1970年代，捕获松江四鳃鲈鱼已是相当困难了。相传四鳃鲈鱼原生长在松江秀野桥至大仓桥市河及沈泾塘中。早些年，在松江秀野桥下市河中还有四鳃鲈。有人认为这是秀野桥扩建后，"鱼窝"被破坏了的缘故。这也是误解。根本原因，是由于工业、交通的发展，造成江河污染。再加机动船只的增多，扰乱了水面安宁，破坏了松江鲈鱼的生态环境，幼鱼不能沿江河上溯。产量也就逐年降低。再则，松江鲈鱼也不是只出在秀野桥下，它是回游动物，习性与螃蟹差不多，幼鱼每年春天从长江与东海交汇处游向内河，在淡水河中育肥，到秋天，性成熟后再游到江海交汇处产卵，繁育后代。

1972年2月，美国总统尼克松访华时到上海，周恩来总理曾在上海锦江饭店用松江四鳃鲈招待过他，受到尼克松的赞赏。1979年11月，美国前国务卿基辛格访华，荣毅仁设家宴欢迎基辛格，主菜是一品大砂锅，锅内仅有四条松江鲈鱼，全部夹给了四位客人。

因水质污染，1980年代后已不见四鳃鲈鱼踪迹。1986年，英国女王伊丽莎白到上海，市政府专门派人到松江要四鳃鲈鱼，准备招待英国贵宾。松江水产部门派人四处捕捉，但没有捕到一条四鳃鲈，终为憾事。

国家主席李先念为养殖和发展松江鲈鱼，曾作了重要批示。从1973年起，松江水产部门就开始与上海科技单位联合进行松江鲈鱼的人工养殖试验。到了2000年代，复旦大学的课题研究部门已在松江、青浦等地培育繁殖成功，大部分鱼苗放生于长江口和一些河道中，仅有少量四鳃鲈供应几家合作的饭店。2021年，就有一万多尾四鳃鲈苗放生于长江口。松江的精灵—四鳃鲈，一定会有重上人们餐桌的日子。

1998年，松江在命名"松江十二景"时，理所当然地将"华亭鹤影"、"鲈乡遗韵"列为十二景之一，而且是松江历史上最早的观赏景点遗迹，也是松江具有代表性的风物特产区。

第六章　经幢寺塔

古时，游历名山大川、江河湖泊、寺庙和城池、名人故地也许是普遍现象。华亭，在唐宋时期，已是很成形的旅游胜地了，主要是有吴淞江、九峰三泖、华亭鹤和四鳃鲈、陆机陆云、唐经幢、众多的寺庙佛塔和华亭县城等。

第一节　唐代经幢

自唐天宝十载（751）华亭建县，华亭初期的繁华始于盛唐时期。经济文化也迅速发展，并已相当发达。

至今遗存下来的唐代建筑的主要标志是位于县治通衢处（今中山东路西司弄43号中山小学内），兴建于唐大中十三年（859）的"佛顶尊胜陀罗尼经幢"，因刻有《佛顶尊胜陀罗尼经》并序，故有此名，简称"唐经幢"，俗称"石幢子"。相传"立幢之地有涌泉，谓海眼，故在此立一石塔镇之"。民间传说华亭因黑鱼精作祟而多发水灾，故设幢以镇之。其实经幢是由先人为追思亡母养育之恩及祈祷已故亲人早升天界而发起建造的。幢身上刻录捐款造幢者有150余人的姓名。

经幢由大青石雕刻垒砌而成，幢高9.3米，幢身8面，分21级。通体雄伟、秀丽，造型和谐优美，各层的组合、束腰的配置等都十分匀称；遍布幢身的浮雕图案生动形象，雕刻技术洗炼圆熟。表现手法与同时代中原地区著名石刻十分接近，层次清楚，相互呼应。基石刻有海水纹座，线条细腻、柔和，图案逼真：观其正面，清波涟涟；观其侧面，又似波浪溢出石外。水纹座上为山龙束腰，八面刻有山岩云窟，云窟中有一条蛟龙盘旋于山岩之间，时隐时现，风格粗犷。再向上是云岩，莲瓣卷云台座，台座外侧四周刻有山崖石窟，有佛寺、佛像，上斜面刻有莲花，此表现为云外天堂。三层一组特征鲜明的实物图案，组成地下、地上、云间景观。向上托幢身的那一级，是八角形，八面有勾阑。托座之间有三重"束腰",刻的是盘龙、蹲狮和菩萨。蹲狮雄健有力,菩萨跏趺,神态自若、面型圆满。幢身上面的十级,有华盖、腰檐、联珠、托座、圆柱束腰、八角攒尖盖等,刻的是卷云、还有横眉怒目的四天王,口衔缨珞的狮子头。其中,四天王浮雕坐像,横眉怒目,肌肉发达,孔武有力,极富写实意义,或立,或蹲,或动,或静,形态各异。在整个经幢浮雕中,神态变化最集中的是顶部圆柱浮雕,刻16个佛像、菩萨和二女官扶持下前去礼佛的图案。人物神态虔诚,栩栩如生,充分表现了唐代佛教造像的艺术水平。幢身刻有《佛顶尊胜陀罗尼经并序》及建幢题记。据题记中有"立于通衢"等语,可见立幢之处,原为通衢大道。

这座经幢,历史悠久,体量之大,全国少见,被称为"全国经幢之冠"。是上海地区最古老的地面建筑之一。它也是古研工作者的专爱,在一些全国性的重要文物书籍中,经常会看到介绍它的文章和资料。唐经幢为全国重点文物保护单位。

第二节 寺庙佛塔

佛教传入华亭大约可追溯到三国时期,唐代是佛教盛行的时代。据史料记载,唐龙朔元年(661)西域僧伽(泗洲和尚)来中国,在江南传道时于华亭小昆山北巅建慈雨塔,又名泗洲塔,这是华亭有记载的最早的佛塔。华亭当时还是很不起眼的江南海隅,但在隋唐五代,也已兴建了许多佛寺。

一、寺庙

华亭自唐代建县以来,受李氏王朝崇尚佛教的影响,到五代时华亭属"吴越国"。"吴越王"钱镠对佛教更是崇拜有加,他在都城杭州,到处建庙修塔,大兴佛事,如现在杭州的灵隐寺、保俶塔、六和塔、白塔等,大都是那时的建筑。

华亭经这两个时期的提倡,追求和平安宁,大兴土木,也大建佛寺。当时佛教盛况空前,唐乾元年间(758—759),在华亭城中建起了规模"独步浙西"的大明寺(原址在普照路北原自来水厂范围内)。寺内有陆将军祠,传为原陆机园亭处。还有北方天王祠,吴越王加封"护国"两字。还有秀朵轩、涵晖室、香水海、静观堂等诸胜景。宋大中祥符三年(1010),易名普照寺,后毁。唐咸通元年(860)于县治西门外南建长寿寺,寺内有见远亭、瑞光井、一览楼、雨华殿、天王殿、四贤祠等诸胜景,为诗人墨客觞咏、栖息之处。北宋治平元年（1064）改称超果寺（遗址在今松江一中范围内，后毁。寺内仅剩的一览楼，于1958年拆除）。北宋时兴建的有无碍浴院及善应庵，还有兴国长寿寺，后改称圆智教寺，原址在县治西，五代后晋天福年间（936—943）迁移至天马山东南山麓，改称圆智寺（后遭火灾，已毁）。唐乾符元年（874）在县西南300步筑宝相寺，原为清禅尼寺，后为夏周二公祠（后毁）。五代后汉乾祐二年（949）在县治东南建有兴圣教寺（遗址在今方塔园内，后毁）……等一批寺院。

宋室南渡后，华亭县也加快了庙宇的修建，最多时华亭城内有佛寺48座。据南宋绍熙《云间志》载："浙右喜奉佛，而华亭为甚，一邑之间，为佛祠凡四十六，缁徒又能张大其事，亦可谓盛矣。"

人们到华亭进香，其中八座大寺是一定要去的，当时也叫"八寺香火"，即宝胜禅院，后称东禅寺；西禅寺，又称白龙潭寺；北禅寺，又名"马耆寺"（遗址在邱家湾东北处）；演教禅院，后称南禅寺；普照寺、超果寺、兴圣教寺、龙门寺（在县治东五十里）等。

宋代及以后，在九峰地区也建造了许多寺庙庵院。

太平兴国三年（978），聪道人在东佘山骑龙堰下建东庵普照教院（遗址在秀道者塔东附近）；宋治平二年（1065）赐额，内有月轩、虎树亭等诸胜。绍兴二年（1132），在东佘山建有中庵灵峰庵，后称慈云昭庆禅院。东佘山南麓还建有华严庵，后改名潮音庵。为秀道人修禅习静之处。

太平兴国三年（978），僧弘庆在西佘山建中庵慧日院（遗址在今佘山天主教中堂处），即古沐堂。宋治平二年（1065）赐额。僧弘庆还在西佘山南麓建西庵宣妙讲寺（遗址在今佘山神学院处）。在西佘山巅，还建有弥陀寺（遗址在今天主教圣母大殿处）。

乾道元年（1165），释心古在小昆山北峰傍慈雨塔建泗洲塔院，又名九峰寺，因尊泗洲和尚（西域僧伽），故名。在凤凰山，有建于北宋宣和年间的贻庆庵。庵内藏有南宋状元卫泾先祖"朝散四大夫创庵手笔一纸"为卫氏家庵。在北竿山，有建于北宋嘉熙年间的福圣教寺等。

古时，尤其是天马山，上山进香的人摩肩接踵遍山皆是，明清时又称其山为"烧香山"。这些寺庙的影响远及今浙江、江苏。香火之阜盛，远非他处可比，当时浙江平湖广陈一带的百姓都划船到华亭来烧香，这就形成了华亭特有的宗教进香游历。每逢宗教节日，各寺庙处都是人山人海，过去华亭多以水上小舟为便，此时华亭的纵横河道中，小舟首尾衔接达数十里，彩流笑浪终日不绝。可惜的是，这些寺庙大多没有保存下来。

如今日在徐汇区的龙华寺，应是晚唐五代吴越王钱弘俶（钱镠之孙）时所建。静安寺，初名沪渎重元寺，也应建于唐或唐以后。唐代华亭青龙镇的佛寺颇有名气。唐天宝二年（743），青龙镇建造了报德寺；长庆元年（821），又建国清院。后称报德寺为南寺，国清院为北寺。其时仅青龙镇内便建有三亭、七塔、十三寺院。报德寺内的宝塔，至今仍保存着，系北宋庆历年间重建，砖木结构，七级八角，甚为美观[注16]。

在唐宋时期，华亭地区的道教也已兴盛。有记载最早的要算唐玄宗先元二年（713）建在华亭西门外聚奎里的李塔明王庙。宋代兴建有道观六七十处。如位于华亭城门西闹市的东岳行宫，北宋右丞朱谔曾对其"始大而新之"，千年来一直香火旺盛。还有玄西道院、温公庙、东阳道院、仙鹤观等一批庙观。北宋天禧二年（1080），华亭县重修孔庙。规模宏伟，气象壮观，元初后名曰"府学"。南宋淳祐七年（1247）县令杨瑾在位于兴圣塔院后建华亭城隍庙为郡庙，立神位于庑间。

这里罗列出唐宋时期华亭境内所建的各座庙宇，是因为：首先，有庙宇必有香客。其次，庙宇是唐宋文人、墨客或其他游客最喜欢观光游览的地方之一。再次，民间还有这样的说法："有塔必有庙"。由此可见，庙寺院塔在唐宋时期已成为游客非常喜欢游览的处所，也是古代旅游文化中一道亮丽的风景线。

二、佛塔

在今上海地区，现存的唐宋元明时期的古塔有13座之多，其中松江就存有5座。它们是：

1. 秀道者塔 位于西佘山东麓。初建于北宋太平兴国三年（978）的秀道者塔，又称"月影塔"。北宋庆历年间（1041—1048）重建，又名"聪道人塔"。塔为七层八角楼阁式，砖木结构，高约29米。塔身细长，外形轮廓秀美，远望如杭州保俶塔。塔的围廊柱础为青石覆莲式，各层四面设壶门。每层皆有南北小门相通。相传当时山上有一庵，名曰"潮音"，传说夜深人静之际，可闻太湖涛声，故名。后废。建塔时，有一位道者名"秀"，亲自参与筑塔，塔建成后以为功德圆满，焚火而亡，故名"秀道者塔"。明代后期也修葺过。该塔是松江现存最早的古塔，经历千余年风雨雷电、地震和兵火侵袭，依然巍然屹立。著名古建筑大师陈从周（1918—2000）曾评赞其："挺秀玉立，上海诸塔中以此为最美"[注17]。

2. 护珠塔 位于天马山中峰。初建于北宋元丰二年（1079），由横山乡人、华亭县令许文全在天马山圆智教寺大殿佛前东南隅，建阿育王塔像，名护珠塔。宣和元年（1119），塔颓重建，更名中阳塔。据《干山志》记载：中阳塔即干山圆砖塔，在圆智寺二门内，左砖塔四级，高可三寻。"登览者极江海之观。"南宋绍兴二十七年（1157），招抚使周文达在天马山圆智教寺后半山建七级八面宝塔，塔身挺秀，砖木结构，残高18.8米。奉高宗赐五色佛舍利藏于此塔，时显宝光，故名"护珠宝光塔"。塔因长年无人管理，损坏严重，清雍正七年（1729）时已很破落。清乾隆五十三年（1788），寺里演戏祭神，燃放爆竹，火星飞溅塔身，烧去塔心木及扶梯、楼板等，塔梯、腰檐、平座也都有损坏，仅剩砖砌塔身。后人在砖缝中发现元丰钱币，遂拆砖觅钱，当地居民争相效仿，致使底层西北角形成了一个直径约2米的窟窿，之后塔身日益倾斜。岌岌可危，民间称之为斜塔。这也成了天马山最为引人注目的奇特风景。

3. 兴圣教寺塔　建于北宋熙宁至元祐年间（1068—1093）的兴圣教寺塔，位于今方塔园内中心位置。因塔身呈方形，俗称"方塔"，清代又称"吉云塔"。方塔四面九层，高42.65米。原四周为兴圣教寺，后寺废，塔仍存。

方塔塔形秀美玲珑、砖木结构，楼阁式，十分精巧。如斗拱、壶门上的月梁及砖身上的檐枋等，都设置得十分匀称合理。方塔的斗拱中，自古代保留至今的共有177朵，其中宋代原物111朵，占62%，在古建筑中罕见。第三层西壁上，至今保留着两幅宋代佛像壁画。顶部塔刹高达8米，由复盆、相轮、宝瓶等组成，四根铁索，称作浪风索，从尖顶拖向第九层的檐角，线条优美。塔檐四角均系有铜铃，名"警鸟"，风吹铃响，悦耳动听。故被誉为江南地区造型最美的塔，成为松江地面文物的标志。清代黄霆在《松江竹枝词》中赞："巍巍楼阙梵王宫，金碧名兰香霭中。近海浮屠三十六，怎如方塔最玲珑。"古建筑大师陈从周曾评赞方塔说："宋塔中难得的遗构"[注18]。方塔现为全国重点文物保护单位。

4. 李塔　又称"礼塔"。位于石湖荡镇李塔汇小镇李塔街130号的延寿寺内。建于何年不详，考证为宋代。据清嘉庆《松江府志》引黄之隽在《延寿院记》中记载："相传唐太宗子曹王明为苏州刺史，故以姓其塔。盖塔先于院云。"其形制近似宋代的方塔，塔为楼阁式，七层四面，砖木结构，高40.94米。塔身四周有大小不同的砖雕佛像约200尊。宋代曾翻修重建。元、明时期又多次大修。明天顺元年（1457）重建，今存塔体基本上为宋代建筑。

5. 圆应塔　位于松江城区中山中路666号西林寺内。始建于南宋咸淳年间（1265—1274），名崇恩塔。僧圆应睿建。塔有七层。明洪武二十年（1387），僧淳厚于其址建西林精舍和重建圆应塔，以纪念宋圆应睿禅师。俗称西林塔。明正统九年（1444），僧法惼将塔从佛殿移至殿后今址，明正统十三年（1449）竣工。因寺赐额"大明西林为西林禅寺"，又名西林塔、崇恩塔。塔高46.5米，砖木结构，塔身七层八面，砖壁夹墙中砌有砖梯。经考证，现存塔身围廊、斗拱、平座为明代式样，外檐斗拱用砖砌部分为宋代式样，为明建宋式古塔。塔身上嵌有精美的砖雕佛像，塔形美观，结构匀称。古建筑大师陈从周认为：:"西林塔结构谨严，可作江南明塔之典型实例"[注19]。

现遗存的唐代陀罗尼经幢、宋代的秀道者塔、天马护珠宝光塔、兴圣教寺塔、望仙桥等都是唐宋的建筑原型。到了元明清时期，华亭的寺庙又继有发展，有寺庙、道观、庵院等100多座。这些古塔的存世，也为松江旅游增添了"翘首"的雄姿靓影和美丽景观。

第三节　古城遗迹

唐天宝十载（751）华亭建县后，初期的繁华始于盛唐时期。经济文化也迅速发展。华亭的政治、军事地位日显重要。

1963年，考古工作者在唐经幢西数米外，离地表深1米处，发现有宽约2米的元代以前的石板路面，有规整的下水道，在幢身1.6米以下唐代文化层中发现有砖铺地面，八角形，直径6米。同时还有大量唐宋时期遗存的陶瓷残物。1972年，考古工作者在唐经幢西侧的通波塘河中发现唐代石羊，多处唐代水井、越窑瓷器、钱币等。现中山中路普照路口北侧是唐代普照寺遗址。2000年4月，在今中山二路龙潭苑住宅工地还发现有唐代墓葬。

1981年，松江在建造方塔园时，在南侧挖土造湖时，在两米左右深处，先后发现了大量的唐宋时期的壶、瓶、罐等瓷器残物。同时在现场还发现古河道驳岸痕迹。经考证，这里应是宽度约50米，东西间贯通的华亭唐代市河。

20世纪八九十年代，在唐经幢东面，沿今日的中山东路数百米间，每逢建设工程挖开路面，就会发现有大量的以唐宋越窑瓷器为主的遗物。这充分证明唐代华亭县城内已是街巷交织、市河横贯、房屋栉比、商肆喧嚣，"七十二桥街连街、铺连铺，二十七坊巷纵横交错"，城市已形成规模，居民除分居于通衢大道两侧以外，较多店舍傍水而建，形成商市[注20]。

云间第一楼　据南宋《云间志》记载："唐之置县，固有城矣。"只是当时的县城并不像明清时期府城那么大，城墙长度也仅只有一百多丈，这也许是官署的内城墙吧。《三国志·吴志》记载：建安二十四年（219）十一月，吴孙权封右都督陆逊为华亭候。相传云间第一楼是陆逊的点将台遗址。据南宋《云间志》记载，松江城内最早建成的是华亭县官署，云间第一楼始建于宋代，先为华亭县衙门楼，后为元、明、清时期松江府署谯楼，又称门楼、鼓楼。

1985年7月18日，云间第一楼公布为松江县文物保护单位。

望仙桥 位于松江方塔园内，为单跨石梁平桥，建于南宋绍熙年之前，在南宋编纂的《云间志》中有记载。是当时松江城内南北通衢大街上跨古市河的一座桥梁。该桥造型和结构非常独特，外形朴实，结构简练，桥面为武康石梁，略呈弧形，刻有莲花纹图案。石梁下有木梁垫承，巧妙地利用木梁的拉力弥补了石梁拉力的不足，用较少的材料，科学地造出这座独特而又承载较多的民间小桥。现木梁已腐朽，但桥墩、石柱、梁眼仍清楚可见，它是上海地区现存最古老的桥梁之一，它的存在说明了松江古代造桥工匠的聪明才智和松江当时文化底蕴的深厚。

1985年7月18日，望仙桥公布为松江县文物保护单位。

十鹿九回头 松江醉白池内陈列的一块"十鹿九回头"浮雕石刻，呈正方形，高1米，宽0.9米。画面上是十只雄健的梅花鹿在奔走，造型优美，形态生动，深含意趣。据传，该石刻最初置于宋代华亭城普照寺前面的石桥左沿上，桥毁之后搬到了"云间第一楼"。清嘉庆《松江府志》记："十鹿九回头，在普照寺桥左侧，刻十鹿于上，阳纹隆起，头角峥嵘，其一顺向，余俱反顾。故松人以作事不全者谓之十鹿九回头"。光绪《华亭县志》也有相同的记载。但都没有说明这件石刻的来龙去脉，也不知其意。且嘉庆以前的府、县志均无记载。

说十鹿是"其一顺向，余俱反顾"是有误的，其实是"其三顺向，余俱反顾"，应是"十鹿七回头"。说"十鹿九回头"是不符合事实的。但不知为何因？出名的是"十鹿九回头"。对其的理解也很多：有的认为此石刻的含意是贬义，如："松人以作事不全"；有的将其看作是"小富即安，不思进取"的表现；也有的认为可能与佛教教义有关，如佛教有一种《本生经》，其中包括"鹿本生"的内容；清代著名文人王韬在《淞隐漫录》中曾有一篇专文《十鹿九回头》，他不同意以"松人以作事不全"来解释这件石刻，而认为"鹿者，禄也，迩日诸贤，却禄鸣高，其迹类是"。

流传最广的是把浮雕上的鹿比喻为华亭人，意思说古时华亭是江南富饶的鱼米之乡，历来很多外出做官或行商的华亭人，因留恋家乡，十人中有九人都会返回家乡。这种热爱家乡、故土的情感和传说，当地人是引以为豪的。所以不少祖籍松江的海外侨胞和许多在外地工作的"老松江"，来醉白池游览时，看到这块著名的"十鹿九回头"浮雕并理解其中的这层含意时，都甚感欣慰。

新中国成立后，石刻搬迁至醉白池，有轩专放置该石刻。石刻在"文化大革命"中遭到破坏，图像已不完整，后多处被修补过。

当时的旅行方式主要是宗教游历、山水游历、城市游历和寻访名人故居。

故唐宋时期的游历活动已进入古代华亭旅游的成形阶段。

　　1998年，松江在命名的"十二景"中，除前二景反映三国两晋时期之外，"唐幢流云""方塔风铃""斜塔初雪""跨塘乘月"等均反映了唐宋时期松江的建筑遗存和风光的。

第七章　华亭留痕

　　华亭的地理位置北枕长江，东濒大海，南临杭州湾，西襟吴越，在古时为偏安一隅，非战略争夺要地。也许，华亭是江南水乡，土地肥沃，水草丰腴，为富庶之地。也许，是华亭人的"海纳百川、开明睿智、大气谦和、热情好客"，"有朋自远方来，不亦乐乎"。更也许，华亭自古以来就是一个景色秀丽的游历胜地，其美丽的山水风物和著名的先人豪杰，为文人贤士提供了观赏的美景和吟咏的气氛，更为战乱中的文人贤士提供了安宁无忧的栖居之地。外省籍的名人贤士纷至沓来，或游历访友，或客居寓居，或任官教授，或写诗作画，留下了不少赞誉松江山与水、人与物的美诗佳文。

第一节　唐代名人游踪

　　自唐代华亭建县以来，唐人陆广微在《吴地记》云："华亭县，在郡东（注：指今苏州）一百六十里，地名云间，水名谷水。"文人游侠刻意来华亭寻访，大多是因敬仰和缅怀陆机、陆云兄弟而来的；也有是来寻觅华亭鹤与四鳃鲈的。

　　就在华亭建县后的第四年，即唐天宝十四年（755），发生了"安史之乱"。"安史之乱"使北方的许多官宦和文人纷纷南下，平静的江、浙一带便成了许多文人贤士的避难之地。据不完全统计，中唐以后，许多著名的诗人如刘长卿、张继、秦系、于良史、皇甫冉、戴叔伦、孟郊、施肩吾等，都曾到浙江一带去避难；而白居易、元稹、韦应物、刘禹锡、李绅等则分别到吴、越一带来担任过地方官。他们中有几位在途经华亭或特地绕道华亭时，都曾留下过一些诗篇，其中有许多诗篇描写了华亭当时的一些景色与风情。

　　如刘长卿在"安史之乱"后曾自洛阳避难江东，漫游江南，路过华亭时曾写下《松江独宿》（注：这"松江"是指华亭县北境的吴淞江。下同）一诗：

> 洞庭叶初下，孤客不胜愁。明月天涯夜，青山江上秋。
> 一官成白首，万里寄沧州。久初浮名系，能不愧海鸥。

刘禹锡在任苏州刺史时，华亭县属他所管辖的地区，在闲暇之余，悠游九峰三泖，挥洒性情，在山水间也留下了他首创的竹枝诗。他曾写了《松江送处州奚使君》一诗：

> 吴越古今地，沧波朝夕流。从来别离地，能使管弦愁。
> 江草带烟暮。海云含雨秋。知君五陵客，不乐石门游。

咸通西川节度使幕僚、邵阳人胡曾，在游历华亭后，目睹着华亭这片水草肥美、华亭鹤翩翩起舞之地，借对华亭鹤的赞誉，抒发咏史之情，寄托着对"二陆"的追思和怀念。挥笔书写了《听鹤亭》：

> 陆机西没洛阳城，吴国春风草又青。
> 惆怅月中千岁鹤，夜来犹为唳华亭。

"大历十大才子"之一、翰林学士、湖州吴兴人钱起（722—780），与友人陆贽（754—805）在游历华亭后，与陆贽告别前，写了《送陆贽擢第还苏州》一诗：

> 乡路归何早，云间喜擅名。思亲卢桔熟，带雨客帆轻。
> 夜火临津驿，晨钟隔浦城。华亭养仙羽，计日再飞鸣。

杭州和苏州刺史、刑部尚书、山西人白居易借获赠得到了一只豢养的华亭鹤，心中十分高兴，挥笔书写了《刘苏州以华亭一鹤远寄，以诗谢之》一诗。

湖州苏州二州从事、姑苏人陆龟蒙来华亭了，苏州刺史、翰林学士、晚唐诗人、襄阳竟陵人皮日休（834—883）也来了。他俩在当时齐名于文坛，人称"皮陆"。在华亭游历时，他们分别写下了《吴中即事》和《夏首病愈，因招鲁望》，诗中有"三泖凉波鱼蘵动，五茸春草雉媒娇"和"明朝早起非无事，买得蒪丝待陆机"的诗句。赞颂松江的景和物，人和事。皮日休还写有《华亭鹤》《松江早春》诸诗，在《吴中苦雨，因书一百的寄鲁望》一诗中又写道："全吴临巨溟，百里到沪渎。海物竞骈罗，水怪争渗漉。狂虡吐其气，千寻勃然蹙……"

在这些唐代诗人留存至今的一些诗中，可看出，无论是胡曾、钱起、还是白居易、皮日休等，他们是借华亭鹤来缅怀对陆机、陆云兄弟的敬仰，对先人的思念之情也跃然诗中。另外，无论是刘长卿诗中的"青山江上秋"，刘禹锡笔下的"沧波朝夕流"，或是陆龟蒙的"三泖凉波鱼蒉动"，还是皮日休诗句中的"巨溟"、"海物"、"水怪"等，我们不难发现其中的一个共同特点，这就是：这些诗所描写的景色大抵都与水有关。也就是说，三泖、凉波、鱼蒉、海鸥、沧波、江草、海云、巨深、海物、水怪等，已经构成了当时华亭的基本风光。

第二节　宋代名人游踪

到了宋代，流寓至华亭或在华亭驻足游览的名人就更多了。像唐询、范仲淹、梅尧臣、王安石、苏轼、黄庭坚、杨万里、范成大、林景熙等官吏和名人贤士，都曾来过华亭，并在此留下了优秀的诗文。

唐询，字彦猷，钱塘（今浙江杭州）人。宋仁宗天圣年间赐进士及第，宋景祐元年（1034）八月起曾担任华亭县令，还出任过杭州、苏州、青州等地的知府，拜翰林学士。他去世以后，朝廷赠礼部侍郎，有诗文集传世。他在华亭任职期间，曾因办案等工作走遍了华亭各处，听到了不少对华亭历史的遗传叙说，也曾写有不少描绘华亭风光的诗篇。而他的《华亭十咏（组诗）》，所咏的景为：《顾亭林》《寒穴》《吴王猎场》《柘湖》《秦始皇驰道》《陆瑁养鱼池》《华亭谷》《陆机宅》《昆山》和《三女冈》，大多是华亭前史的遗传。同时代的梅尧臣、王安石等均唱和过《华亭十咏》。

《秦始皇驰道》和《吴王猎场》，我们在第二章、第三章中已叙述过，本节说说唐询等人的其它"八咏"。

当时华亭东南有顾亭林（今金山区亭林镇）一地，唐询曾写有《顾亭林》一诗，其中有诗句："平林标大道，曾是野王居。旧里风烟变，荒凉草树疏……"此诗主要写顾亭林的树林，并借古今的变化而抒发情怀。"野王"即顾野王（519—581），与陆机同乡，是南朝梁代著名的画家与科学家，对天文、地理、占候诸学无所不通。据传此处有顾野王的读书墩，也传顾曾于此修《舆地志》。在顾亭林西面，又有柘湖（注：后成平田），唐询又曾作《柘湖》诗："……柘山标观望，玉女见威神。渺渺旁无地，滔滔孰问津……"在顾亭林的东南还有三女冈，相传是吴王葬三女于此，唐询也曾作《三女冈》诗。还有如《寒穴》："绝顶千云峻，寒泉与穴平。还同帝台味，不学垅头声……"说得是金山岛上的寒穴泉（后因农人在此提水解渴，被复土，水渐枯）。在华亭城西门外，有一湖，称瑁湖，是谷水的尾闾，陆瑁曾住此，相传有宅基存在。唐询又作《陆瑁养鱼池》诗："代异人亡久，滤池即旧居。未移当日地，无复古时鱼……"从诗中的有些描写来看，当时的华亭一带仍是湖河为多，少有人烟。

据北宋大中祥符间《华亭图经》佚文有"华亭谷水，东有昆山"句。史书《太平寰宇记》中有："二陆宅在长谷……谷水下通松江（注：指吴淞江），昔陆凯居此谷。"又据《元和郡县图志》载："华亭谷，在县西三十五里"。唐询在《华亭谷》诗中写道："深谷弥千里，松陵北合流。岸平迷昼夜，人至竞方舟……"而《昆山》是陆家的祖地，陆机、陆云兄弟的出生地，《陆机宅》也在机山脚下的平原村。

下面，再来寻觅其他的几位名人来华亭的足迹。

那位曾写下千古名句"先天下之忧而忧，后天下之乐而乐"的文学家、参知政事、苏州人范仲淹（989—1052）来游华亭了。以一首《江上渔者》道出了松江的地产特色——四鳃鲈。

与欧阳修、苏舜钦齐名的北宋著名诗人、尚书都官员外郎、宣城人梅尧臣曾一度寓居华亭。由于梅尧臣的叔父梅询曾任苏州知府，他也就常来往于苏州与华亭青龙镇之间，曾撰写过《青龙杂志》（已佚）。庆历四年（1044）在华亭游历时，写下颇有沧桑感的《过华亭》诗：

晴云嗥鹤几千只，隔水野梅三四株。
欲问陆机当日宅，而今何处不荒芜？

诗中简略地描述了自己路过华亭所见之景，并写到了想寻觅陆机旧宅的念头，陆机旧宅一时找不到。可是有一次在华亭坐船，却意外遇到了自己多年未见的老朋友谢师道，写下了《逢谢师道》一诗："昔岁南阳道中别，今向华亭水上逢。把酒语君悲且喜，流光冉冉去无踪。"在梅尧臣写华亭风光的诗中，最值得一提的还是《青龙海上观潮》一诗。诗人一方面写了对海潮的观赏，一方面却以更大的篇幅，写到了当时青龙镇一带捕鱼业的繁忙、兴盛和"弄潮儿"的艰辛劳作。他在华亭欣赏之时还写下了《泖湖》一诗：

断崖三百里，萦带松江流。深非桃花源，自有渔者舟。
闲意见飞鸟，目共泛鹓鸰。何当骑鲸鱼，一去几千秋。

他还以《华亭谷水》《陆瑁养鱼池》和《怀陆机》为题作诗抒发了自己的情感，流露出的是忆史之情，感慨万千。

太常奉礼郎、钱塘人沈辽在华亭为官期间，写下了《题干山圆智寺》《云间》和《陆机云碑》等诗。

那位行新法，谋改革，提出"变法"的北宋神宗熙宁年间两度任相、著名的文学家、临川人王安石，平生游踪很广，所到之处，有写诗作文的习惯，故今所传《王文公文集》中纪游诗不少。他在辞相退隐江宁（南京）时，曾专程来华亭，伫立深思在读书台，并留下了感叹的诗章："悲哉世所珍，一出受欹倾。不如鹤与猿，栖息尚全生。"又如《陆机宅》诗曰：

> 古物一已尽，嗟此岁月深。野桃自着花，荒棘徒生箴。
> 竿竿谷水阳，郁郁昆山阴。俯仰但如昨，游者不可寻。

陆机被成都王司马颖杀害后，其家乡人民为了纪念他，曾在华亭九峰之一的横山为其筑坟，与陆逊、陆瑁之坟靠在一起。又保存了陆机的故居，从梅尧臣到王安石都曾先后来寻访，可见陆机旧宅在宋时已成华亭的一处风景名胜，只因年代久远，旧宅"古物"已尽，荡然无存，只剩野桃荒棘而已。

他曾写过多首与华亭有关的诗。还有如《昆山》："玉人生此山，山亦传世名。崖风与穴水，清越有余声。悲哉世所珍，一出受欹倾。不如鹤与猿，栖息尚全生。""玉人"系指陆机，据史载，陆机身材高大英俊，是位美男子，故有"玉人"之称。王安石在吟咏华亭昆山之美的同时，主要还是表达了对陆氏兄弟文才的赞美与被害的感慨。王安石还留下了《怀陆机》和《二陆读书台》的诗篇，追忆心中的"二陆"。

王安石另写有《松江》二首，也是描写华亭景色的，其一云：

> 宛宛虹霓堕半空，银河直与此相通。
> 五更缥纱千山月，万里凄凉一笛风。
> 鸥鹭稍回青霭外，汀州时起绿芜中。
> 骚人自欲留佳句，忽忆君诗思已穷。

从诗中的诸句看，当时华亭的生态环境还是极好的。其二云："来时还似去时天，欲道来时已惘然。只有松江桥下水，无情长送去来船。"诗中虽然有着送人借别之情，却以清淡的笔调，勾勒了当时华亭北境吴淞江的风貌。

今金山区的大金山岛上，早在北宋年间，这里便有一风景旅游点叫寒穴泉。宋代张邦基《墨庄漫录》载："华亭有寒穴泉，与无锡惠山泉味相同，荆公尝有诗云。"王安石写了题为《和唐询华亭十咏·寒穴泉》的诗："神泉冽冰霜，高穴与云平。空山泻千秋，不出乌咽声。山风吹更寒，山月相与清。北客不到此，如何洗烦醒。"

据宋人吴聿《观林诗话》记载："华亭并海有金山，潮至则在海中，海退乃可游山。有寒穴泉，甘冽与惠山相埒。穴在山麓，泉钟其间，适与海平。"从记载所言，当时的大、小金山已在慢慢地脱离海岸线，只不过是"潮至则在海中，海（潮）退乃可游山"。而王安石的这首诗，也正是写出了寒穴泉的方位特点与泉水的甘冽。

据《松江府志》载：文学家、书画家、杭州通判、翰林学士、礼部尚书、眉山人苏轼（1037—1101）曾与秦观等5人来华亭游历，有诗曰："吴越溪山兴未穷，又扶衰病过垂虹。浮天自古东南水，送客今朝西北风。绝境自忘千里远，胜游难复五人同。舟师不会留连意，拟看斜阳万顷红。"苏轼还拜谒了小昆山的"二陆"读书台，挥笔写下了"夕阳在山"四个大字和"子瞻"的落款，刻石于崖壁之上。他还以一首《松江鲈鱼》道出了华亭的风物特色——四鳃鲈。

鄂州知府、洪州人黄庭坚（1045—1105）来华亭时，挥毫写下了《过横云山渡长谷》的诗篇，对华亭的峰泖景色大为赞扬。宝谟阁学士、吉水人杨万里游华亭时写了《莼菜》《读笠泽丛书》《松江鲈鱼》等诗篇，将莼羹和鲈脍这两道华亭最为著名的历史名菜描写的入木三分。

还有，资政殿大学士、吴郡人范成大（1126—1193）来华亭游历后，对瑁湖上的云间胜处风月堂等，作诗《湖光亭》；平江府教授、休宁人朱之纯书写了《谷阳园湖斋》和《思吴堂》；都官郎中、湖州人张先书《松江》诗；明州知府、丹阳人蔡肇在游历了华亭城西南瑁湖后写了《谷阳园》；浙江於潜人僧道潜写了《华亭道中》；太常少卿、楚州人张耒在游了干山（即天马山）和凤凰山后，留下了《玉窦泉》和《寄题华亭竹堂》等诗篇；建康教授、浙江奉化人戴表元在赡观了淀湖东谢士安隐处后，写了《瓢湖小隐》；还有朱伯虎的《佘山月轩》、胡松平的《顾亭林》、朱长文、王之道等文人贤士都有游历华亭时后作诗留世。

两浙提点刑狱、安徽无为人杨杰在瞻访泖湖中朱朴隐居处后留下了《天和堂》。以《天和堂》为题作诗的还有：吏部尚书、福建莆田人徐铎；礼部尚书、福建南平人黄裳；尚书右仆射、山东诸城人赵挺之；御史中丞、浙江鄞县人丰稷等。

泉州教授、温州平阳人林景熙在游历华亭后，书写了《三泖》和《访二陆故居》诗。在《访二陆故居》诗中写道：

> 风流怀二陆，才名动三吴。斯人不可作，千载埋烟芜。
> 当时骋俊笔，万象争先驱。有如明月璧，美价倾洪都。
> 世运无反覆，韫卖真良图。惜哉去就乖，毁此千金躯！
> 人生皆有死，百年同须臾。独遗文字芳，乃与天壤俱。
> 凄凄昆山寒，冉冉谷水枯。白鹤久已寂，黄犬谁能呼？
> 荒祠挂夕阳，扁舟入菰蒲。采莼荐秋水，庶以明区区。

读来让人心涌崇敬之情，悲怆万分，唏嘘不已。

由此可见，早在千年前的唐宋时代，已有不少名人到华亭游历，在此留下了他们的踪迹。二陆遗址、华亭鹤、四鳃鲈与莼菜、九峰三泖、《华亭十咏》、瑁湖中洲、天和堂等都是他们游历的主要去处。尽管目前所存的遗迹并没有他们留下的石刻或墨宝，许多风景名胜早已不存，他们留下的这些诗篇，仍能证明华亭在唐宋时期已被人观光游历的这一事实。

第三节　元代名人游踪

元代是华亭经济发展的重要阶段。这不仅是因为元代至元十四年（1227）朝廷将华亭县升格为华亭府，次年改为松江府，随后在松江府、华亭县以外另设上海县，使其在行政区域的位置和重要性上大大上升，而且重视海运，港口贸易迅速拓展。与此同时，元代的文化也得到大大发展。明代华亭人何良俊（1506—1573。今奉贤区柘林人）曾十分自豪地说："我松文物之盛莫甚于元，浙西诸郡皆为战场，而我松僻峰泖之间，以及海上，皆可避兵，故四方名流汇萃于此，熏染之功为多。"

元代名人游松中比较著名的人士有以下几位：

赵孟頫（1254—1322），字子昂，号松雪道人，浙江湖州人。为宋宗室，宋亡，仕元为翰林学士、著名书画家，著有《松雪斋集》。曾寓居华亭，因其族兄赵孟侗出家在松江府城中的本一禅院内，赵孟頫经常来看望他，故与松江关系特别密切。他每来松江，便在本一禅院内讲学授艺，或在松江游览，留下了不少诗文、书碑记、钟铭及云间名胜画。当时华亭文士以书法知名的，如王坚、王默、俞庸、章弼等，无不以赵孟頫为宗。赵孟頫还受元帝之命，特赴松江抄写陆机的《文赋》，赵孟頫曾写有行书《千字文》《前赤壁赋》行草书法刻石于华亭，共40多块。此外，像《华亭长春道院记》《松江宝云寺记》（注：遗址在今金山区亭林镇）等碑刻，也是他寓居松江时所书写的，惜今不存。他在鹤沙镇也有过短暂停留，故近镇寺院碑记，也皆留其手书真迹。松江有普照寺，赵孟頫与其住持僧相友善，互有来往，曾以楷书抄陆机的《文赋》相赠。有《松江》一诗留世。

这里，要讲个小插曲。1981年2月，在松江镇药棉加工厂基建工程中，从一米深的地下出土一块元代著名书画家赵孟頫的自画像石刻。画像逼真，神情洒脱，在艺术上很有特点。明末华亭著名画家孙克弘（1533—1611）在画像旁题："其秀颖奇特，足令观者解颐，宜其翰墨之妙，绝天下也。"我国历代书画家自画像传世极少，赵孟頫临镜自画石刻，极为难得（注：在今湖州赵孟頫纪念馆里还能看得到）。他在古代写真艺术作品中占有重要位置。

回过头来，再说其他几位虽然没有留下什么遗迹，但他们在游览或寓居松江时，却写下了一些与松江风光有关的诗篇。如溧阳教授、钱塘人仇远写了《此山中》；松江知府、邯郸人张之翰的《黄浦》《检荒租》；台州路总管府治中、临海人陈孚作《望华亭》：

　　　　燕子穿帘水荇开，故家犹有读书堆。
　　　　平时双耳松风里，又向华亭听鹤来。

（注："读书堆"在亭林，传说是南朝梁陈间顾野王在此写《舆地志》的地方。1966年划归金山）。

另外，侍讲学士、浙江义乌人黄溍作有《松江舟中二首》和《秋圃》诗；宁国路推官、杭州人杨载的《竹所》；翰林学士承旨、吉州人欧阳玄的《乐全堂》；陆鹏南的《晚凉湖上》、许景迁的《咏茭白》、高唏远的《钟贾山心远堂》、傅汝砺的《方壶》。南台监察御史、山东聊城人周驰的《松江鲈鱼》。行枢密院判官、庐陵人张昱的《过泖湖》。淮东道宣慰副使、诸暨人王艮和浙江儒学提举、天封人段天佑还追和了《华亭十咏》，并写有《怀二陆》等诗。这都是在游历或任官华亭时写下的。

历史走到元末，由于朝廷不稳，社会动荡，战事不断。正因为松江当时地理位置偏东，非兵家必争之地，显得僻静安宁，所以引来四方许多知名人士到此，或避难，或漫游，或寓居。行迹所至，遂成古迹胜地。

杨维桢，字廉夫，号铁崖，又号东维子。天台尹、诗书大家、浙江诸暨人。著述甚富，以诗文为主。为避战乱，元末携家眷迁至松江。领玄圃蓬台于吴淞江，往来于华亭、上海二县之间，遍游名山胜水，交结文士，名声极大。

杨维桢初迁华亭时，先在迎仙桥堍建拄颊楼、草玄阁，住了一段时间，又在东禅寺附近百花潭筑室居住，号"小蓬台"。由于他精于诗文音律，又擅长书画，因而四方文人，皆纷至沓来，与他交往。《明史·杨维桢传》载："徙居松江之上，海内荐绅大夫与东南才俊之士，造门纳履无虚日。酒酣以后，笔墨横飞。或戴华阳巾，披羽衣坐船屋上，吹铁笛，作《梅花弄》。或呼侍儿歌《白雪》之辞，自倚凤琶和之。宾客蹁跹起舞，以为神仙中人。""又常携妓，置酒，乘画舫，遨游于九峰三泖间，对客横吹铁笛；或命侍儿唱曲，自弹凤琶和之，宾客蹁跹起舞"。当时华亭九峰、三泖之间，经常出没他的身影。石湖荡有其手植罗汉松一株，号"江南第一松"（注：该松树于1972年枯死）。

他曾写下了《泛泖》：

> 天环泖东水如雪，十里竹西歌吹回。
> 莲叶筒深香雾卷，桃花扇小采云开。
> 九朵芙蓉当面起，一双鸂鶒近人来。
> 老夫于此兴不浅，玉笛横吹鹢浪堆。

他还写了《丹凤楼》《玄霜台》《来青览晖二楼》《绫锦墩》和《云间竹枝诗》等游历诗和他的游记《干山志》。

贡师泰（1298—1362），字泰甫，安徽宣城人。曾任礼部郎中、平江路总管、两浙都转运盐使、户部尚书等职。元末曾流寓华亭、松江等地，著有《玩斋集》。贡师泰曾写过七律《风泾舟中》，是写他在松江风泾（今金山区枫泾镇）舟中思念友人的。其中写道："白发飘萧寄短蓬，春深杯酒忆曾同。落花洲渚鸥迎雨，芳草池塘燕避风。烽火此时连海上，音书何日到山中？"在思念友人的同时，客观上也描绘了他在风泾舟中所见之景。

倪瓒（1301—1374），初名珽，字元镇，号云林子、幼霞子、荆蛮民等。无锡人。他是元代的著名画家，也喜欢写诗，著有《倪云林先生诗集》等。在元惠宗至正初年（1341），他忽发奇想，把钱物分送亲戚朋友，乘一叶扁舟漂泊于震泽与华亭三泖之间，流寓于松江华亭、青浦一带，自得其乐，长达20余年。倪瓒擅长山水，其有不少山水画是以松江为题的，或以松江风景触其灵感，今已难详考。但他有不少诗却都是描绘到华亭景色的，如他所作的《泖山图》诗：

> 华亭西畔路，来访旧时踪。月浸半江水，莲开九朵峰。
> 酒杯时可把，林叟或相从。兴尽泠然去，云涛起壑松。

诗中有画，尽显其与世无争的超脱潇洒之情。

又如他的《三月一日自松陵过华亭》一诗云："竹西莺语太丁宁，斜日山光澹翠屏。春与繁花俱欲谢，愁如中酒不能醒。鸥明野水孤帆影，鹊没长天远树青。舟楫何堪久留滞？更穷幽赏过华亭。"再如他的《垂虹亭》也写到了当时吴淞江的景色："虚阁春城外，澄湖莫雨边。飞云忽入户，去鸟欲穷天。林屋青西映，吴松碧左连。登临感时物，快吸酒如川。"诗中的"吴松"即吴淞江。垂虹亭在其岸边，当时还有一座垂虹桥，后坍塌（遗址在今苏州吴江区松陵镇）。"澄湖"为古东江与吴淞江衔接处。

钱惟善（1310—1381），字思复，自号心白道人，别号曲江居士。副提举、钱塘（今杭州）人。后寓居华亭，与杨维桢、陆居仁等相唱和，著有《江月松风集》等。钱惟善写松江风光的诗篇最多，如《三泖》诗中有"天环泖东水如雪，十里竹西歌吹回"等句。而《九峰》又由九首七绝组成，每首一题，即《凤凰山》《陆宝山》《佘山》《神山》（即细林山，辰山）《薛山》《机山》《横云山》《干山》《昆山》和《平原村》等诗篇。其中《机山》和《横云山》是咏陆机、陆云兄弟的。《机山》云："烟景云林树色昏，千寻乔木见名门。横峰亦有尚书墓，只酹平原内史魂。"《横云山》云："兄弟词华不世逢，青山相对若为容。洞门深锁烟岚湿，犹指空坛祭白龙。"钱惟善面对"九峰三泖"的美景，见景抒情，缅怀二陆。我们不仅可以看到他对这两位西晋诗人的怀念，而且也可以看到陆氏兄弟的陵墓在元末的存在情况。

王逢（1319—1388），字原吉，自称席帽山人，江苏江阴人。因父亲为松江库司，他也常来游松江，被青龙江、泖湖一带秀丽景色所吸引，就在江边筑屋名"梧溪精舍"。元至正二十六年（1366），又迁居乌泥泾，住在宋代官宦张骥的故宅，题其堂为"俭德堂"，名其园为"最闲园"。他在此赋诗授业，门生众多，著有《梧溪集》8卷。有《黄道婆祠》《游淀山》《乐静山房》《书声斋》《绫锦墩》《怀静轩》《山舟辞并记》和《游干山诗并记》等诗文留世。

陶宗仪，字九成，号南村，浙江黄岩人，曾节录前人的小说史志《说郛》。因他后来迁居华亭南村，故所撰诗集定名为《南村诗集》，所著笔记为《南村辍耕录》。他在华亭定居时间长达半个多世纪。他"与孙道明友善，尝共泛舟南浦。宗仪制词，道明倚洞箫吹之，极鸥波缥缈之思"。陶宗仪也以《芸阁》《南村十咏》《南村对雨》《登超果寺一览楼》《乐静山房》《过锦溪桥》《横云草堂》《与友游佘山分韵得"船"字》《晓发松江》《钟贾山采薪》和《机山怀古》等诗篇赞颂松江各处的田园风光、山水景色和怀念先人。在《干山访曹雪林刘深云周云隝看菊》诗中有"干山盘曲带诸峰，与客寻花向此中"的美丽诗句。在松江，完成了他的著作《南村辍耕录》《书史会要》和《说郛》等，故后葬于松江。

　　来松客居寓居的众多文人贤士，也写了不少游历松江的诗文。如户部尚书、常州武进人谢应芳，钱塘人张雨，苏州昆山人顾瑛，南京秦淮人马琬，江阴人蔡训，扬州人成廷珪，浙江天台人赖良，浙江处州人林公庆，山东大名人秦裕伯，苏州吴江人陶振……在松江都留下了游历的足迹。

　　当时文化名流主要是以上诸位。这些有身份、有地位、名重一时的作家学者、书画诗人在松江的流寓或漫游，无疑大大增加了松江的知名度，也大大丰富了松江地区的人文景观，为后人留下了大量的旅游文化资源。

　　客观地说，以唐代建县、元代升府的松江，其人文底气和文史渊源，是无法与西北面的苏州和西南面的嘉兴相比的。即使在唐宋时代，也根本无法相比，惟独到了元代，大量知名文人到此漫游寓居，或聚会酬唱，使这里的旅游资源大为世人所发现，而人文景观也大大增多，与苏州、嘉兴的差距开始有了缩小。如明代名臣、上海县人陆深（1477—1544）曾说："在胜国（注：指元朝）时，浙西人士沿季宋晏安之习，务以亭馆相高，而吾松尤号乐土，四方名硕咸指为避影托足之区，故衣冠文献为江南冠。"（注：陆深《俨山集》卷八十九）。"衣冠文献"主要也是就松江府的人文景观而言。陆深的意思是说：元代松江府的人文景观在整个江南地区已堪称第一。这种说法也许值得商榷，但肯定有他的依据和理由，至少说明在元代时，松江府的人文景观在江南地区已名列前茅。

　　比陆深稍后一点的明代文学家华亭人何良俊，也对元代松江府的人文景观作过评价，他在《四友斋丛说》卷十六中写道："吾松不但文物之盛可与苏州并称，虽富繁亦不减于苏。胜国时，在青龙则有任水监家，小贞有曹西云家，下沙有瞿霆发家，张堰有杨竹西家，陶宅有陶与权家，吕巷有吕璜溪家，祥泽有张家，干巷又有一侯家。"

　　苏州历来为东南胜地，园林豪宅誉满天下。但是，到元代，松江的园林豪宅也逐渐增多，可与苏州相媲美了。所以，何良俊这里所罗列的一些"家"，实际上都是元代一些富有艺术观赏和游览价值的园林宅地。而园林，也正是旅游文化中一个公认的亮点，人文景观的一个重要组成部分。也正因为元代的园林建筑有了明显的增多，才使明代松江的园林景观有了一个更大的发展。这是后话，将在本篇第九章中再专门叙述。

　　除此以外，在唐宋寺院、道观的基础上，到了元代，松江府也新建了一些庙宇，元大德八年（1304），宣抚使周显在天马山建东岳行宫。元皇庆二年（1313），宝月和尚建造了明圣庵。元延祐年间（1314—1320），在松江府真如（今上海普陀区）建造了真如寺，又名万寿寺，俗名大寺。元天历二年

（1329），有个名叫了心的和尚建造了长庆庵。元至元三年（1337）道士沈仲宽建造了元元观。在松江松隐镇（今金山区松隐镇）东北，元时又创建了松隐禅院等。

这个时期，伊斯兰教也传入松江府。元至正年间（1341—1367），松江建有清真寺，又名真教寺、清慎寺、云间白鹤寺。位于松江城区中山中路365号，原缸甏巷内。是东南沿海地区著名清真寺之一，上海地区最古老的伊斯兰教建筑，今仍保存完好。到元至正末年（1368），松江府有道教宫观76处。

总之，无论是名人游踪、诗文题赋，还是园林名宅、寺院庙宇，这些在元代产生的人文景观，都大大地丰富了松江地区的旅游文化资源，并为明、清两代所传承，使松江的旅游文化在明、清两代仍有较大规模的发展。

第四节　明代名人游踪

元末明初，松江本土的名人贤士能排得上号的有三四十人，而外籍来松游历、访友和客居寓居、迁居的人数，远远超过本土排得上号的名人贤士数，并在知名度上盖过松江。有了这么多贵客的融入，极大地提升了松江在"吴中"地区乃至全国的文坛地位。松江的游历胜景"九峰三泖"的名声也广为传播。

城郭何年号五茸？盘回十里控吴淞。
旌旗晓障芙蓉日，鼓角寒生苜蓿风。
云起北山连雄蝶，波澄南海熄狼烽。
登高一望民风厚，楼阁重重烟雨中。

这是明崇祯十年（1637）进士、兵部右侍郎、华亭人章简描绘当时松江府风貌的精彩诗篇，诗人笔下的明代松江城是何等壮观繁华！

由于有了元代的发展，到了明代，松江府已成了天下名郡，用今天的话来说，也就是成了全国有名气的城市了。"松郡棉布，衣被天下"，"苏松税赋半天下"。随着棉粮的富庶、航运的发达、商贸的繁荣和经济的发展，这里的文化也进一步活跃兴盛，其中也包括了旅游文化。

明太祖朱元璋系农民出身，又当过和尚，故对宗教持宽大怀柔态度。这使明代的宗教文化以及由此带来的人文景观进一步增多。明洪武时起，松江府有城隍庙、东岳行宫、火神庙、钱明宫、玉皇阁、谷水道院等陆续兴建。

西林禅寺　位于松江区中山中路666号，华亭老街西端北侧。相传："唐咸通十三年（872），在县治西建西林精舍"，此为西林禅寺前身。据明《松江府志》记载：由僧睿圆应禅师始建于南宋咸淳元年（1265），当时占地数十亩，初名"云间接待院"，又名崇恩寺（宋代由官府或经官府批准建在交通要道上用于接待僧侣或来往官员及商旅的寺院）。寺前建有宝塔一座，名为"崇恩塔"，亦名"延恩塔"。前塔后寺，是典型的寺塔合一的佛教标志性建筑群；"崇恩塔"，是为纪念南宋云间接待院创始人高僧圆应禅师而建。元初毁于兵燹。明洪武二十年（1387），当时的住持淳厚法师重建寺塔，于明洪武二十五年（1392）竣工，改名为"西林禅院"，为纪念圆应禅师，将新建的宝塔取名"圆应塔"，故又称"圆应宝塔"，俗称"西林塔"。立《西林禅院圆应塔记碑》。塔身七层八面，高46.5米，砖木结构，后因"圆应塔"身斜倾，明正统年间（1436—1449）淳厚的徒孙法蹒重修该塔，并将塔移至寺内大殿之后。据有关碑记，称"塔势峥嵘庄严，三吴诸塔无出其右者。"明正统十二年（1447），英宗朱祁镇赐额"大明西林禅寺"。明景泰三年（1452）建毗卢殿于塔后，明时僧众多达600余人，晨钟暮鼓，法音梵呗，盛极一时，延至清代。清顺治十七年（1660）僧成行重修。清康熙二十年（1681）昭武将军杨捷捐资修建大殿和山门。清乾隆三十二年（1767），住持佛铭募资大修。清嘉庆十一年（1887），住持寄亭重建毗卢阁并修圆应塔，增建湖亭、法喜堂、詹葡林等。清同治四年（1865）住持普信重建方丈室。清光绪三年（1877）住持海州重建山门，十九年（1893）重修毗卢阁。此时方丈室前有古松两棵，老干龙盘，故名"双松丈室"。清末起香火渐少，民国时期寺渐败落。至1949年，寺内主要建筑仅剩圆应塔和毗卢阁。

洪武二十四年（1391），建于宋代的东佘山中庵灵峰庵得以重建，后称昭庆寺。永乐年间，上海知县张守约又将原金山庙改建为城隍庙，保存至今。正统六年（1441）秋，又将建于宋代的西佘山宣妙讲寺进行重建。在华亭松隐镇（今金山区松隐镇）建造松隐塔。成化年间（1465—1487），在天马山南高峰建上峰寺。正德十六年（1521），小昆山九峰寺内大钟铸成。万历年间，枫泾建造有性觉寺，真如建有白塔庙。崇祯年间，还建造有永宁禅寺、关王庙（现改名为报国寺）。一时颇为兴盛。另外，到了明代中叶以后，天主教也传入了松江。

松江府训导、浙江淳安人、后迁居松江的邵亨贞写下了《三泖二首》《贞溪初夏》和《息影亭》诗；国子监助教、嘉兴崇德人贝琼在松寓居期间，写了《偕鲁道源马文璧集漪澜堂》《过竹岗》《读书堆》和《干山夜泊》等；还有江南儒学提举、南康府同知、浙江义乌人王祎的《过泖》诗；吏部尚书、婺源人詹同的《饮柱颊楼》诗；户部尚书、文渊阁大学士、苏州吴县人王鏊的《莼菜》诗；山西按察使、苏州吴县人杨基的《九峰二首》诗；宜阳训导、钱塘人瞿祐的《过风泾》诗；户部尚书、江西德兴人夏原吉作《松江夜迫遇同乡谢景文》和《登一览楼并序》诗；"景泰十子之一"、四川富顺人晏铎的《九峰行》诗；修撰、太仓人张泰的《昆山》诗。胡宗宪记室、明州鄞县人沈明臣的《泖上》诗；吏部主事、明州鄞县人屠隆作《采花泾篇》与《游天马山》诗；刑部尚书、太仓人王世贞作《嘉树林》《三泖》和《送顾舍人使金陵还松江》等诗；编修、苏州太仓人王衡的《回澜台》和《题陆孝廉万言卢山畸墅》诗；松江府知府、聊城人许维新的《望天马山》《小赤壁诗并序》和《元宵》诗；浙江永嘉人孙华的《山歌三首》；江阴人王稚登的《黄浦夜泊》诗等。之外，明初大书法家、长洲人宋克，台州人李孝光，诸暨人王冕，嘉兴崇德人宋旭，书画家沈周、徐渭等名人也先后来到了松江，游历于峰泖山水间。

以艳情诗著称的王彦泓，江苏金坛人，崇祯时以岁贡来华亭任华亭训导，以艳情诗《疑雨集》而闻名当时与后世。他曾在松寓居多年，或游览风光，或题诗作赋，或筑室闲居，不仅与当地的文化交融互动，而且大大充实和发展了松江的旅游文化和人文景观，扩大了松江旅游文化在吴中地区及江南的影响。

第五节　徐霞客与佘山

徐霞客（1587—1641），本名徐弘祖，字振之，号霞客，南直隶江阴（今江苏江阴）人。22岁时始游，之后足迹踏遍21个省、区、市。他是中国国土考察的先驱，游历中国山河的鼻祖，著名的地理学家、大旅行家和文学家，自幼"特好奇书，博览古今史籍及舆地志、山海图经"，及长，不愿涉足明末腐朽的官场，矢志远游，探究山川奥秘。这位"千古奇人"以30年的"奇游"，为后人留下了"千古奇书"、60万字的《徐霞客游记》。因其"奇游"和"奇文"，而后成为"奇人"、"游圣"。

徐霞客曾五次到松江佘山，与佘山、与"忘年交"陈继儒结下了不解的情缘。这情缘要从他的先祖与华亭名人亦师亦友和他的晴山堂石刻说起。

一、徐霞客的先祖

江阴徐氏是一个饶有赀财的江南大族，也是一个敦诗说礼的书香门第。

徐霞客的一世祖徐锢，原籍为河南新郑人，北宋末年任开封府尹，扈从高宗南迁临安（今杭州）。二世徐克谊官至浙江文安县尉。三世徐允恭为明州录事。四世徐守诚，庆元年间做了吴县尉，其家便由浙迁吴。五世千十一，南宋末年做过承事郎。千十一具有强烈的民族气节,南宋灭亡后,他告诫子孙"誓不仕元",携家由吴县迁到江阴,在梧塍里过着"其居田园,其业诗书"的隐居生活。千十一实际上是江阴梧塍徐氏的始祖。六世伯三、七世亨一均恪守父祖之训,隐居不仕。

  八世徐直,生于元末明初,能诗善画,与倪云林友善。后随明军远征,客死云南。九世徐麒(1362—1445),生于明初,是徐氏家族转盛的关键人物。徐麒青年时曾拜文学家宋濂为师,他治学只讲究经书大意而不拘泥于章句。明太祖时应诏出使巴蜀,招抚西羌,功成返京。朝廷欲授其显职,他以"料理浩繁家业以富国用"为由推辞归里。在乡,徐麒率督亲族垦荒辟田,从事农桑开发,且告诫子孙"务农重谷",被推为万石粮长。徐家田产猛增到近十万亩,成为江南首富。晚年,筑心远书斋,谢绝宾朋,读书修行。十世徐忞(1393—1476)号梅雪,徐麒长子。正统年间,与弟徐念奉父命出谷四千斛赈灾,景泰年间再次"上粟公庾",又"进鞍马助边",抗击瓦剌南侵,先后两次受旌,拜为"义官"。徐忞生活节俭,注重读书修身。晚年,也作一书斋,内陈经史,外植梅花,以示高洁。徐忞与文人骚客相聚,赋诗作文,优游田里,笑傲林壑,怡然自乐。十一世徐颐(1422—1483),徐忞长子。少习《周易》,壮年时游学北京,从太常寺少卿黄蒙(字养正)学书法。英宗时因善书而入中书科,升为中书舍人,因被牵涉王振之党,以疾告归。事后,朝廷欲复用,徐颐用赡养高堂之由加以拒绝。他希望儿子登科入仕,在僻静之处建筑书房,督课儿子甚严,往往夜半才罢,且以重金聘请状元钱福(松江华亭人)、翰林张泰为塾师。徐颐可称是霞客先祖中的第一个文人。从此以后,徐家不仅有富名,而且有了文名,后世代代有著作。十二世徐元献(1454—1481),徐颐长子。元献从小聪颖,十岁能赋诗,来宾叹慕,都说:"徐氏有子。"以钱福、张泰为师,好学不倦,承其家学,除攻读《周易》之外,对经史子集广加涉猎。成化十六年(1480)中应天乡试经魁举人。次年会试落第,后因苦读夭亡。其父徐颐亦悲伤而病死。元献著有《达意稿》。十三世徐经(1473—1507),元献独子,霞客高祖。徐经性格内向,一生唯书是乐,对六经、诸子百家之文很有研究,在江南颇具文名,与吴中唐寅、文徵明、祝允明等互相推崇。弘治八年(1495)中应天府乡试举人。弘治十二年(1499)与唐寅同舟北上会试,结果被诬以"贿金得题",酿成科场大案,革去功名,废锢终身。正德年间,作北上旅行,客死京师,年仅35岁,著有《贲感集》。徐元献和徐经父子因科场事相继夭折。徐氏遭此打击,从此转向衰落。十四世徐洽(1497—1564),徐经次子,霞客曾祖父。17岁即由县学选入国子监,在国子监生中颇有名气,但科场不利,七次会试,七次落第,不得不捐资为官。后升鸿胪寺主簿,在职九年,辞归故乡。

十五世徐衍芳（？—1563），徐洽长子，霞客祖父。衍芳自幼在其父严督之下，终日埋头书斋，他最擅长古文辞，有《柴石遗稿》。与先辈一样，衍芳兄弟五人中，有三人因科场失意而夭折，徐洽也因连丧三子悲痛而亡。徐洽、徐衍芳父子生活在嘉靖年间，时值东南沿海倭寇猖獗，江阴也遭骚扰，徐洽、徐衍芳在家乡积极发动绅民进行抗倭斗争。他们颂扬宋末抗元英雄文天祥和江阴抗倭知县钱錞的民族气节和爱国精神，出资修城，训练乡兵，多次要求官府派兵前来。徐洽父子的抗倭言行，是霞客先祖爱国主义精神的表现，对霞客有很大影响。

十六世徐有勉（1545—1604），徐衍芳三子，霞客父。是个洁身自好、自负亢直的布衣之士。父亡时有勉才19岁，鉴于父祖科场悲剧和明末社会政治腐败，不再应试，摈绝仕途之念。也不希望儿子醉心功名，他既无意功名利禄，也"不喜冠带交"，兴趣在于园林与山水。中年后遭盗身受重创，不久病故，年60岁。有勉去世之时，霞客年仅17岁，家庭的不幸遭遇铭记在他的心中，父亲的性格爱好也深深地影响着他。

徐霞客的祖上是江南大族，书香门第，家史上，为官者甚少，隐居乡里以田园山水自娱者甚多。上辈的民族正气和无意功名利禄、厌恶达官贵人、不与权贵交往的祖风，徐父的性格情趣和为人处事，徐母的谆谆教诲和全力支持，对霞客舍弃功名、隐居不仕，以身许山水的性格、情趣及爱国主义思想的形成，矢志于地理考察事业有着至关重要的影响和作用。先祖对文人墨客的敬仰和崇拜也影响了徐霞客的交友选择。先祖与华亭名人亦师亦友，到了徐霞客这一代，发扬光大。

二、晴山堂石刻

徐弘祖成年后，其母王氏为兄弟三人分析家产。长兄徐弘祚居崇礼堂，幼弟徐弘禔出居冶坊桥别墅，徐霞客则居老屋，徐母与霞客生活在一起。徐母所居房屋潮湿昏暗，霞客准备为她建造新居，她坚决推辞，并对霞客说：与其用钱给我造新房，不如将先祖留下的墓碑文物保护起来，以表彰先德，教育后代。

霞客遵照母训，以三亩田的代价，赎回了关于十一世祖徐颐的一批文物，包括李东阳撰、文徵明录的墓志铭，祝允明、文徵明写的像赞、石刻。整理修缮了祖上的传志、碑刻。明泰昌元年（1620），在所居院内增建了"晴山堂"。晴山堂的建筑和得名有其来历：霞客35岁时，徐母身患重病，长久不愈。霞客四处求医，又到福建九鲤仙祠求签，问母病势，求得一签语："四月清和雨乍晴，南山当户转分明。"不久果然灵验，徐母病愈。霞客"为娱寿母"，兼以保存明代倪瓒、宋濂、李东阳、米万钟、文徵明、唐寅、祝允明等文人名流为其先祖所书的题赠序记、墓志碑铭，便取"晴转南山"之意，筑了晴山堂。堂成不久，适逢其母80大寿。天启四年（1624），霞客又邀四方文人墨客如黄道周、高攀龙、王思任、张大复、陈继儒、陈仁锡、陈函辉等题诗作图。徐霞客在旅行探究的同时用了13年时间收集整理后，连同有关先祖的墨迹，请良工一并勒石藏于堂内。共庆母寿。这便是后来"拓本流传"、"人争宝贵"，被视为"与唐碑宋碣并重"的《晴山堂石刻》。晴山堂石刻中有明代263年间，90位诗文书法大家用隶、楷、行、草为徐霞客及其先祖所题的95篇诗文墨宝，共有石刻76块。

在这90位诗文书法大家中，单从书法艺术而论，明朝一代13位公认的书法代表就占有8位，他们是：宋广、宋克、沈度、文徵明、祝允明、董其昌、米万钟、张瑞图。可谓集明代书法之大成。如此规模的书法精品能集于一堂，且保存至今，实为不易。《晴山堂石刻》的价值体现在石刻原件，体现于它的历史文献和书法艺术（注：石刻与松江方塔园内其昌廊中的董其昌临怀素帖大小相同、风格一致）。石刻中的这些内容，今天已成为了解徐霞客及其家世的重要文献，也是探索徐氏百年树人及徐霞客成才的珍贵史料。现《晴山堂石刻》已列为全国重点文物保护单位，它的历史价值、文献价值、艺术价值都是无可比拟的。这也是徐霞客除了《游记》之外鲜为人知的又一大贡献，为中华文化宝库中增添了又一璀璨夺目的文化遗产。

在这90位诗文书法大家中，原松江府华亭人就有8位，他们是与徐霞客先祖有关的杨维桢（迁居）、陈壁、沈度和钱福；与徐霞客本人有关的陈继儒、杨汝成、范允临（后迁居吴县）和董其昌。

三、华亭八名士墨宝

杨维桢他所处的年代与徐霞客的八世徐直同时代，因徐直与倪云林很要好，倪云林于洪武三年（1370）为徐霞客的九世徐麒，绘了《本中书屋图》，当时徐麒仅9岁，杨维桢与倪云林是好友。杨在晚年（1370）对应八世祖徐直和九世祖徐麒以白衣应诏，出使西蜀，招抚羌人，功成身退为题，赋诗《本中书屋图》。

陈壁（生卒年不详，活动于十四世纪后期），字文东，号谷阳生，松江华亭人，洪武间（1368—1398）秀才，任解州判官，调湖广，学书者争事之。以文学知名，曾受教于杨维桢门下，尤善篆、隶、真、草，流畅快健。宋克游松江，陈壁曾从其受笔法。然陈多正锋，而宋多偏峰。此名士《松江县志·人物卷》中无记载。从"洪武间秀才"和"宋克（1327—1387）游松江"的记载来看，他应比宋克年少。陈璧对应九世祖徐麒，诗赞出使西蜀功成身退，写诗"送徐本中"。

沈度（1357—1434）字民则，号自乐，松江华亭人。少时刻苦力学，工篆、隶、楷、行和八分书，笔法婉丽，雍容矩度，其"台阁体"独领风骚。成祖初即位，诏简能书者入翰林，给廪禄，后迁侍讲学士，沈度深为帝所赏识，称为"我朝王羲之"。沈度晚年时对应十世祖徐忞，家称素封，不以财富炫耀、隐迹农村，诗书自娱，出谷赈灾，进鞍马助边，表现了高风亮节，在《晴山堂石刻》中有诗一首，是沈度为徐忞而作梅雪轩序。

钱福，字与谦，所居近鹤滩，因以"鹤滩"为号，松江华亭人。弘治三年（1490）进士第一名及第（状元），授翰林修撰。诗文以敏捷见长，远近以牋版乞题者无虚日。有《鹤滩集》。钱曾任徐霞客十二世徐元献、十三世祖徐经（系霞客高祖）的塾师。在晴山堂留下的墨宝为《与薛章宪、徐经早起联句》。

陈继儒，天启四年（1624），受徐霞客之邀，为徐母八十大寿写寿文。之外，陈继儒还在天启五年（1625）给徐霞客父母亲写了一篇传记《豫庵公徐公配王孺人传》。

这篇传文中后面有一句十分感人又耐人寻味的话："弘祖之奇，孺人（徐母）成之；孺人之奇，豫庵公（徐父）成之。"这正是对徐霞客一家人最为客观又贴切的评价。

另外，还有一篇是陈继儒作跋的文稿。

杨汝成（生卒年不详，活动于十七世纪前期），字元玉，号云间史氏，松江华亭人。天启五年（1625）进士，与徐霞客族叔徐日升为同科进士。该名士在《松江县志·人物卷》中无记载，天启四年（1624）在晴山堂石刻中留有《秋圃晨机为徐太君赋》。

范允临（1558—1641）字长倩，松江华亭人。原居泗泾，天启元年（1621）定居吴县，万历二十三年（1595）进士，官至福建参议。工书，与董其昌齐名。善山水，自跋其画云："余胸中有画，腕中有鬼。"在晴山堂石刻中留有《为振之兄题晴山堂卷》。

董其昌，天启五年（1625），受徐霞客之邀，为徐父母作墓志铭。这里，还需补说一件重要史料，现存唯一的一幅徐霞客遗像原为董其昌所绘，后由清咸丰壬子夏日吴俊摹董其昌原作并存世。

徐霞客为庆母寿，以《秋圃晨机图》为中心，广请四方名士的题咏之作"。陈继儒、杨汝成、范允临、董其昌对应十七世徐弘祖，有徐母八十寿叙、十一世徐颐墓志铭跋、秋圃晨机为徐太君赋、题晴山堂卷、弘祖父母合葬墓志铭等。石刻中的这些内容，对松江来说，则是了解本地历史人物，特别是将散落在各地的本地历史名人真迹墨宝收集起来、补充史料的一个重要渠道。

四、徐霞客与陈继儒的忘年交

《徐霞客游记·浙游日记》中有400多字记载了徐霞客三次到松江佘山，二次拜见陈继儒的过程。其实他曾五次到佘山，四次拜见陈继儒。前两次是因请陈继儒为他母亲八十寿辰撰写寿文和为他父母写合传，故并未在《游记》中记载。如没有这两次见面作铺垫，就不可能有后面的再次见面。也不会有两人12年的友谊交往。

1. 徐霞客与陈继儒的初次交往

天启四年（1624）五月小暑日，徐霞客在福建籍学者王畸海引荐下结识了陈继儒。因仰慕陈继儒大学问家之名，前去请他为母亲八十寿辰撰写寿文。

一个是声震朝野的名士，一个是不为人知的布衣。这一年徐霞客39岁，陈继儒已68岁。徐霞客初次造访是拘礼的。不料恰恰相反，倒是陈继儒被这位"墨额雪齿"、面容清瘦的后生深深吸引了，陈赞徐为"奇男子"，倒过来"叩"敬霞客。因为，霞客所谈"磊落嵯峨，奇游险绝"的探险故事和他掩藏在清瘦仪表后的过人"胆骨"，令其折服、钦佩。陈继儒又了解到徐霞客母亲虽已年逾古稀，却因丈夫早亡20年独立撑持家庭，卓具见识，鼓励霞客远游，实在是位"奇母"。当霞客受"父母在，不远游，孝子不登高，不临深"的古训束缚时，徐母鼓励霞客："有志四方，男子事也。"她对圣人所谓"父母在，不远游"作了新的解释，认为只要父母儿女相互理解信任，远游未尝不可，不必牵挂自己，这种精神境界是非常不易的。而且徐母为了鼓励儿子远游，以80岁的高龄"偕游"善卷、铜官诸绝胜处。其母王氏以偕子同游来表示自己身体无恙，不必挂念。从而使陈对霞客母亲更生敬意，欣然同意为徐霞客母亲写寿文。寿文中对霞客父亲去世后，徐母独撑二十年，勤劳持家、鼓励霞客远游等大加赞颂。

仅仅是初次相会，徐霞客就与陈继儒结成了深厚的忘年之谊，他称陈继儒为"眉公"，陈继儒则因他酷爱旅行，经常餐霞宿露于山林野泽之间，乃烟霞之客，为他起了"霞客"的别号，这个十分贴切又富有诗意的雅号从此便遍传天下。在这以后，陈继儒逢人便讲徐霞客母子，"极心力以彰之"，并且成为徐霞客远游的热心宣传与支持者。

就在徐为母求寿文的次年，既天启五年（1625），徐霞客母亲终因积劳成疾病故。据记载，徐霞客在此时未忘记那位热情而十分推崇敬重他们母子的前辈陈继儒，特地至佘山登门约请他为父母写合传。

2.《徐霞客游记》中的记载

崇祯九年（1636）秋，徐霞客西南之游前，第五次来到松江佘山。《徐霞客游记》中的《浙游日记》中记载了他到佘山的情况：

> "丙子九月……二十四日　五鼓行。二十里至绿葭浜，天始明。午过青浦，下午抵佘山北，因与静闻登陆，取道山中之塔凹而南，先过一坏圃，则八年前中秋歌舞之地，所谓施子野之别墅也。是年，子野绣圃征歌甫就，眉公同余过访，极其妖艳。不三年，余同长卿过，复寻其胜，则人亡琴在；已有易主之感。（已售兵郎王念生。）而今则断榭零垣，三顿而三改其观，沧桑之变如此。越塔凹，则寺已无门，唯大钟犹悬树间，而山南徐氏别墅亦已转属。因急趋眉公顽仙庐。眉公远望客至，先趋避；询知余，复出，挽手入林，饮至深夜。余欲别，眉公欲为余作一书寄鸡足二僧，（一号弘辩，一号安仁。）强为少留，遂不发舟。
>
> 二十五日　清晨，眉公已为余作二僧书，且修以仪。复留早膳，为书王忠纫乃堂寿诗二纸，又以红香米写经大士馈余。上午始行。盖前犹东迂之道，而至是为西行之始也。三里过仁山。又西北三里，过天马山。又西三里，过横山。又西二里，过小昆山，又西三里，入泖湖。绝流而西，掠泖寺而过。寺在中流，重台杰阁，方浮屠五层，辉映层波，亦泽国之一胜也……注21。

《浙游日记》中这400多字的记载采用了"倒叙"的方法。日记中记叙了"八年前中秋歌舞之地"，指的是"崇祯元年"（1628）中秋，43岁的徐霞客闽游归来，第三次来到陈继儒结庐隐居的松江东佘山。在"顽仙庐"里，徐霞客谈到了三年来的情况，尤其是居丧期满后的浙、闽、粤之游，他与黄道周的结识，以及他决定择日西游、献身于山水地理考察的志向……他时而栩栩神动，时而激昂慷慨，本来有些寡言的徐霞客竟然滔滔不绝、一反往常。陈继儒对他的叙述十分感兴趣，对他的大志也许诺大力帮助。乘兴他又邀霞客到西佘山的另一位有山水之好的隐居者施子野（绍莘）处，三人诗酒相对，歌舞助兴，同叙山水情，共赏中秋月，在施的"西佘草堂"度过了美好的夜晚。显而易见，霞客8年后的西南万里行的大愿，是与陈继儒的鼓励和帮助分不开的。"不三年，又同长卿过，复寻其胜，则人亡琴在。"也就是三年以后的崇祯四年（1631），徐霞客第四次来到松江佘山。先去访问施子野居宅，此时施子野的"西佘山居"已易主，施也迁居别处，徐只得败兴而归。按常理与霞客交友的特点，对陈继儒他不会过门不入，两人是否见面？可惜无记载。"三顿而三改其观",则说明他三次来到施子野居宅,每次的面貌都不一样。

陈继儒主动为徐霞客写了好几封给西南友人的信札,分别写给丽江土司木增、鸡足山僧侣弘辩、安仁、云南晋宁学者唐泰(字大来)等人,而且是写两份,一份寄出去,一份让霞客随身带去,考虑得十分周备。这封封信函都为了一个目的:为了让徐霞客在远游途中能得到种种方便,使霞客一旦遇到困难可以获得帮助。正如陈继儒所耽心的那样,徐霞客在游到湖南湘江时,遭遇行李被盗,随行李中的银两、信函全部失去。好在云南的这些友人均已收到陈寄来的信件,早已恭候霞客的到来。霞客西行到昆明后很快结识了滇中名士唐泰(字大来),从而在游资告罄之际得到大来的帮助。他在《游记》中深有感慨地写道:"大来虽贫,能不负眉公厚意,因友及友,余之穷而获济,出于望外如此!"而且得知"丽江守相望已久"(《游记·滇游日记四》),都说明陈继儒曾另外写信为徐霞客作了介绍安排。如陈继儒在给唐泰的信中说:"良友徐霞客,足迹遍天下,今来访鸡足并大来先生,此无求于平原君者,幸善视之。"(《游记·滇游日记四》)在崇祯十一年(1638)十月二十三日日记中,旅途中的徐霞客深深感激陈继儒的帮助,说他"用情周挚,非世谊所及"。对已81岁高龄的陈继儒来说,这是他所能给予徐霞客最大的帮助了,而对霞客来说也恰恰是最珍贵的、最有价值的帮助。

3. 徐霞客将"西南万里行"的起始点定在佘山

从上述日记中可见,这是徐霞客西南之游前到松江佘山,是特地向陈继儒拜别的。在徐霞客西南之游前两个月,他曾与陈继儒有过书信来往,既徐霞客的《致陈继儒书》和陈继儒的《答徐霞客》;徐霞客自江阴出发,经无锡、苏州、昆山、青浦至佘山,并非由江南运河直达杭州,而是迂道东行到佘山,拜访了陈继儒,徐霞客钟情于九峰,赞赏佘山"佘坞松风,时时引入着胜地也",为了感谢陈继儒对他的帮助和支持,他把佘山作为此次西行的起始地,"前犹东迁之道,而至是为西行之始也"。经辰山、天马山、横云山、小昆山后下泖河、过章练塘(注:即练塘镇)、入浙江,开始了他长达4年之久的"西南万里远游"。徐霞客此去西南路遥日久,陈继儒也年过八十,对他们来说几乎已是最后一见了(注:三年后霞客在云南鸡足山考察时,陈继儒病逝)。这五次到佘山,可见徐霞客对陈继儒多年来的关切和帮助是非常感激的。将佘山定为"西行之始地"以为感谢和回报。另外,《游记》百分之八十的内容是从此次西行开始记录的。

第六节　清代名人游踪

在宋、元时代，华亭可供参观的名人故居和墓地还不多，也许只有陆机、陆云、顾野王等少数几处地点。到了清代，元明两代一些文化名人在松江的活动和行踪，以及留传下来的一些遗址、故居或墓地，反倒成了清代新增长的旅游文化景点。

例如，元代文学家杨维桢去世后，埋葬于天马山东坡。钱惟善去世以后，当地百姓感念他和杨维桢以及松江府青浦籍著名文学家陆居仁的道德文章，就把他们三人合葬于天马山（也有一说是三人生前曾相约死后葬在一起）。明正统五年（1440），松江知府为他们竖墓碑。明万历十二年（1584），华亭知县陈秉浩为三墓封土修墓，并立三高士碑于其上，人称"三高士墓"。"三高士墓"就成了当地的名胜古迹和人文景观之一，后人慕名而来凭吊者甚多。

清代有不少诗人如方蔼、元璟等游览松江时，都曾来寻觅或凭吊、赋诗。方蔼就有《吊铁崖墓》一诗，诗云："先生不可见，遗冢自斜晖。无复携红袖，还闻葬白衣。才销明主忌，老幸故人依。铁笛吹云起，犹疑踏月归。"元璟的诗名为《过杨铁崖故里》，诗云："玉削群峰抱一村，甘泉如乳出云根。负薪伐木扶犁叟，多是杨家十叶孙。"杨维桢当年亲手种植的罗汉松，有"江南第一松"的美誉，后来，就是松江著名的旅游景点之一。

陈继儒是知名隐士，居住东佘山，曾筑室，名"白石山房"，房前有河，河中有奇石，他生前常坐石上钓鱼，至今仍有"陈眉公钓鱼矶"古址可寻。

清初青浦人诸嗣郢筑于华亭小昆山的七贤堂，即供奉了陆机、陆云、杨维桢、陆居仁、钱惟善、陆应阳（伯生）、陈继儒七名士的塑像，供后人瞻仰，可惜今已无存。

清顺治十七年（1660），顺治帝赐小昆山泗洲塔院（今九峰寺）住持本月"乐天知命"四字，对联两幅："一池荷叶衣无尽，数亩松花食有余"和"天上无双月，人间本一僧"。康熙四十四年（1705）三月，泗洲塔院又受清康熙帝御书的匾额"奎光烛影"。使寺院声名远扬，慕名而来者众。

这些文化名人遗迹的留存，使清代的旅游文化景观显得更为丰富精彩。如果说明代旅游文化景观的发展主要体现在园林建筑上，那么文化名人遗迹留存的积累与增多，无疑是清代旅游文化景观的一个新的增长点，也是清代旅游文化景观发展的一个重要现象。而且这种现象一直延续至今。

著名山水画家石涛（1642—1718），本名朱若极，字石涛，因慕高僧本月法师，于康熙元年（1662）至康熙三年（1664）间来华亭小昆山九峰寺（泗洲塔院）出家剃度，拜临济宗名僧旅庵本月为师。这三年里，石涛获益匪浅，对书法绘画技艺的基础和发展有极大影响。三年后，他离开松江去了宣城。

翰林庶吉士，历任溧水、沭阳、江宁等县县令的钱塘人袁枚（1716—1798），对游历华亭7天的感受有这样的描述："甲寅三月，余游华亭，张梦喈先生饮余古藤花下……"他将一路上收录的华亭人和事及诗作，编写成29则短文，收入他的名著《随园诗话》之中。

国子监祭酒、太仓人吴伟业来华亭写了《厍公山》《凤凰山》和《茸城行》等。翰林院检讨、与王士禛齐名文坛的嘉兴秀水人朱彝尊有《松江鲈鱼》和《汪舍人以丁娘子布见赠赋寄》诗。还有浙江"永嘉四灵"之一的翁卷作《送薛子舒赴华亭船官》，浙江天童寺侍僧、平湖人僧元景的《一览楼》等等。

来华亭的古代名人贤士之多，他们留下了许多游历华亭的诗篇和美文。这里罗列的仅为唐、宋、元、明、清各朝代中的一部分。当然，这还不包括松江本土的、众多名人贤士的诗文书画作品，这部分放在下一章再叙。

当时的松江，除了寺庙盛行、府城繁荣、经济发达（为全国33个工商业重要城市之一）、文化底蕴深厚，"九峰三泖"更是山清水秀、风光旖旎，吸引了众多文人士大夫到松江游历，同时也吸引了一批弃官隐居者、文人雅士在松江定居。正如明代华亭人何良俊所言，松江能使"四方名流荟萃于此"皆因"熏陶渐染之功为多"。就是松江本土的名士乡贤拥有宽大的胸襟，虚怀若谷，热情好客，海纳百川，尊重并善于吸纳各种外来文化，共同发展。所以说，元末至明、清代前中期，华亭的游历活动已进入了古代的鼎盛时期。

古代文人游历，往往结合读书交友、访古抒怀、考察名物、讲学讨论，在观赏自然风光的同时，更注重对蕴涵其中的人文精神的感受。

这里，需要说明的是，古时，外出游历，游山玩水，似乎是达官贵人、文人雅士的专利，非一般平民所能。百姓的"出游"似乎只是去寺庙道庵，烧炷香，拜个佛，乞求菩萨或神仙保佑平安健康、风调雨顺。不像现在，旅游已成为人们的"刚性"需求，进入了大众时代。

第八章　近游远行

元明清时期，对松江"九峰三泖"的赞美词句，突出的，要数"九点芙蓉"与"山骨水肤"这两词了。

将"九峰三泖"中的九峰比喻成"芙蓉"散落在碧波荡漾的泖湖边，在古人的诗中曾多次出现。元末寓居松江的几位外省籍名人，如天台尹、诸暨人杨维桢《泛泖》中的"九朵芙蓉当面起"；副提举、钱塘人钱惟善《三泖》中的"芙蓉九点秀娟娟"；黄岩人陶宗仪《乐静山房》中的"屋绕芙蓉九叠屏"等。

明代华亭人陆润玉《九峰环翠》中的"芙蓉湿烟岚，帘栊翠光泻"；南安知府、华亭名人张弼《西潭夜月》中的"芙蓉洲冷露华多"；状元、翰林院修撰、华亭人钱福《小赤壁歌》中有"吐出一点青芙蓉"；华亭人董宜阳《西霞山诗并序》中的"翩翩蹑紫烟，芙蓉宛如昨"；刑部尚书、太仓人王世贞《三泖》中的"面面芙蓉镜，层层薜荔冠。一泓鹜眼碧，九点鹭头丹"；南京太仆寺卿、华亭人林景旸《泛泖》中的"九点芙蓉隔暮烟"；青浦知县、鄞县人屠隆《采花泾篇》中的"朵朵芙蓉信可餐"；礼部尚书、华亭人董其昌《过泖看九峰》中的"九点芙蓉堕森茫"；罗源知县、华亭人章简《松江城》中的"旌旗晓障芙蓉日"等。

清代处州知府、华亭人周茂源《咏金沙夕照》中有"芙蓉木末秋光丽"；天河知县、华亭人曹洪梁《登佘山》中的"云间名胜数九峰，天然瘦削青芙蓉"；华亭人胡昶《小赤壁歌》中有"青天撑出红芙蓉"；华亭人纽沅《机山怀古》中有"九点青芙蓉，兹山次居六"；华亭人孙鸣盛《过泖湖》中的"九点芙蓉隔岸横"；娄县人姚翱《玉玲珑石歌》中有"插此一朵青芙蓉"；还有佚名的诗句："茸城北望翠痕浓，屏障玲珑列九峰。雨后天开图画好，参差朵朵碧芙蓉"等等。

这些文人雅士在诗词中都用了"芙蓉"这词，是巧合？还是共识？也许是后人受前人的启发吧，但写诗一般不会去重复使用别人用过的词，那只能理解是大家一致认同这样的比喻是无可替代的吧。

芙蓉花开时淡雅美丽，高尚纯洁。它也可比喻女子的美貌，且一天三变色。"水边无数木芙蓉，露染胭脂色未浓"。

明代松江名人施绍莘，在他的《西佘山居记》开篇中写道："吾松水肤而山骨，而林木修美，更为之衣裳毛羽焉。盖分秀于天目得其骨，借润于震泽得其肤。"山能仰视，骨为正气，水滋润养育了生命。于是，就有了后人常用的誉词：松江——"山骨水肤"。施绍莘的比喻与钱惟善、董其昌等众人的诗句有着异曲同工之妙，将松江比作美丽的少女，天目山"分秀"的余脉——松郡九峰是"她"的窈窕体形，"借润"太湖之水滋养着松江的泖湖、江河、泾塘，是"她"白嫩的皮肤，而茂盛修美的山林更是"她"的衣领毛羽，显得婀娜多姿，楚楚动人。这真是两个绝妙的比喻，令人想往。

自古以来，"九峰三泖"就是松江的游历胜地，多少文人贤士来松江游赏山水风光。而本土的文人贤士更是因其景近在咫尺而"捷足先登"。

第一节　近游峰泖

面对这"山骨水肤"的华亭，宋景祐二年（1035），华亭知县唐询作了《华亭十咏》。所咏的是当时华亭的历史遗迹。南宋本土名人许尚踏遍华亭古迹名胜，诗性大发，每一景为一绝句，写下了洋洋洒洒的《华亭百咏（组诗）》。相隔800年后的清代，本土名人唐天泰步其后尘，重新创作了《续华亭百咏（组诗）》。元代凌岩有《九峰》组诗留世。清代松江诗人黄霆则作《松江竹枝词百首（组诗）》，"将风土人情，述之吟咏"，再现了松江府的风俗美图。这些都是松江的历史人文和山水景色的魅力所在。

"九峰三泖"，为云间胜迹集中区域，亦今日旅游之胜地。自古迄今，有多少人士，或托身此间，或印踪其地，或撰辑专书，以志史地人文，或题咏诗篇，以赞扬其胜景之秀丽，可谓美不胜收。明华亭人何良俊曾道："登柳上浮图，见九峰环列，带以长林，与波光相映发，帆樯凌乱，交横空碧中，隔岸蒲苇，点缀如染，回塘曲浦以百数，湖山风景，秀丽天成，令人想见有悠然不尽之感焉。"

这一段话，已点出了"九峰三泖"包涵无限的风光丽景，令人遐思无尽。

清初吴伟业写有《茸城行》长歌，开头一段道：

　　朝出胥门塘，暮泊佘山麓，
　　旁带三江襟沪渎，五茸城是何王筑？
　　泖塔霜高稻叶黄，淀湖雨过莼丝绿。

百年以来今胜事，丹青图卷高珠玉。
学士挥毫清閟楼，征君隐几逍遥谷。
前辈风流书画传，后生贤达声华续。
给事才名矫若龙，山公人地清如鹤。

歌行尽显松江的胜迹特征，如登塔正霜高稻黄，泛淀湖见雨过莼绿，数文艺名人有董其昌、陈继儒诸辈，仰抗清人物，有陈子龙、夏允彝的流芳青简。还提出"五茸城是何王筑？"，供后人思考。

本地名人袁凯，元、明间松江华亭人，"性诙谐，常背戴乌巾，倒骑黑牛，游行九峰间"。明代何良俊"厌俗傲世，芒鞋竹笠，放情峰泖间"。

明代松江本土名人曹时和、曹时中（1432—1521）兄弟及张弼，喜交各地文友，热情好客。曾邀请华盖殿大学士、宜兴人徐溥，钱塘人王逵，监察御史、永宁知府、浙江嘉善人姚绶，沭阳典史、浙江嘉善人周鼎，户部郎中、江阴人卞荣，汀州知府、海盐人张宁来松，共游松郡九峰，并以辰山上的"义士古碑、素翁仙冢、洞口春云、西潭夜月、丹井灵源、金沙夕照、崇真晓钟、晚香遗址"这八景为题，"次第咏之"，徐溥作序，其他8人每人作一景一诗，共作《细林八咏（组诗）》，互相间以文会友、同游赏景、作诗切磋，其乐融融。

明代华亭名人董其昌，在他29岁那年，便偕著名书画大家莫如忠、莫是龙父子和冯子潜、宋克等友人西游长泖。34岁时与友人游龙华寺。42岁那年冬，他暂返江南，游览了松江小赤壁（即小横山）。43岁时，他从江西南昌回松，十月时，适逢陈继儒在小昆山新建的婉娈草堂告竣，他便创作了《婉娈草堂图》。十月七日，坐船游了龙华浦。45岁时，他离京还乡养病归故里，与陈继儒常作汪宅之游。子月，与陈继儒泛舟春申之浦。52岁时，在十一月十二日，偕陈继儒、林符卿同至青溪（注：今青浦）。54岁那年十一月十三日，舟行在朱泾道中。万历四十年（1612）深秋，他58岁时，泛舟悠游三泖九峰，在舟中绘了《九峰秋色图》。

62岁时，子月，再次泛舟在青溪。万历四十五年（1617），他63岁那年二月十九日，他夜宿松江凤凰山麓。天启六年（1626）他72岁那年，画了《佘山游境图》，此画题跋云："丙寅四月，舟次龙华道中，写佘山游境。先一日，宿顽仙庐"（注：陈继儒东佘山居所中的一屋）。

晚明时期的松江大家陈继儒，善书画，与董其昌齐名，三吴名士争着要和他结为师友，他"就筑室东佘山，闭门著述"，"闲时与僧道等游尽峰泖胜迹，吟唱忘返"。

明末清初，辛丑年（1661）进士、松江府青浦人诸嗣郢，未去朝廷"廷对"，旋即南归省亲。长期居住在辰山，建有"九峰草堂"，人称"九峰主人"、"九峰先生"。《明斋小识》载其："放情山水，无用世意"。绝意仕进之后，痴情于九峰山水，足迹走遍九峰。又倾其全部家业，对九峰十二山进行改造治理，并疏通平原地带沼泽。他还出资在佘山构筑三峰静轩、陈亭、山月亭、之沐堂、宣妙讲寺、万佛阁，修复古香庭院（祠祀陈征君），修聪道人墓。在凤凰山筑一峰梧馆、费亭、拜石堂、东亭、陶亭，修三星堂、芙蓉庄、且止园。在厍公山筑二峰啸亭、放鹿亭、厍公庵、陆宝村屋。在薛山筑五峰吟阁、曹斋、学士亭、梅花庵。在辰山修筑四峰隐庐、招隐堂、鲈鱼亭、点易台、钵堂、勿庵、蠡庵、秋水庵、芭蕉庵、镜湖草堂、净土庵、长生庵、放生亭、万佛万仙廊、友堂及九峰草堂。在机山的六峰琴斋、万花庵、平原村屋。在横云山的七峰雪堂、自怡堂、醉花吟月堂、常清静室、高视亭。在天马山的八峰竹楼、半珠庵。在小昆山的九峰弈圃、玉山雪堂、玉光亭、涌月台书屋、七贤堂及疏柴草堂等共达50多处。闲暇时，诸嗣郢他常邀请友人来辰山作客游玩。因辰山又称"神山"，故众人称："上山又做了一回神仙"。一时九峰地区成为文人雅士集聚之胜地。

可以说，诸嗣郢倾其家产，凭一己之力，对九峰诸山的人文景点进行全方位的开发、修筑和建设，是为第一人。可敬可颂。

第二节 城外有城

早在宋代，华亭县城西（后称仓桥地区）就是邮驿大道和水运航道的一个节点，是华亭县城西通秀州（今嘉兴，宋时华亭属秀州管辖）的必经之地。当时就建有安就桥和问俗亭，问俗亭似取"入境问俗"之意，宋时来华亭的官员一般均从秀州起程前来，故问俗亭是官员入城前的休憩驿所。到了明清时期，已被祭江亭和小普陀所取代。

水次西仓 仓桥地区的兴起主要是因水次西仓的建造。明宣德八年（1433），江南巡抚周忱来苏松地区，目的是设法解决民间拖欠赋税的问题。而择定在府城西大仓桥南创建水次西仓，府城东南五里建水次南仓。水次西仓城墙周长一千米，高1丈8尺，有陆上城门4座，墙外有城濠环绕，宽6丈深3尺。远远望去，雉堞岿然，长虹卧波，顿成一方胜处。

水次西仓，是靠近市河以接运漕粮的粮仓。水次，即交兑漕粮的沿河码头。城内有小街以仓城为名，故称仓城。仓城从明代开始就是松江府漕粮的重要储藏地，是漕运的始发地，也成了松江府城外的又一座"城"。漕舟云集，船主船工上岸采购游乐，促进了商业的兴盛。"处商必就市井"，商业的发达，居民日多，镇市随之形成了以仓城、大仓桥为中心的居民集聚区和商业圈。自秀野桥以西至包家桥段，以民宅为主。包家桥至大仓桥段，大街两侧有少量店铺。这一段中，大街两侧有巷弄数十条，建筑密布。大仓桥至跨塘桥一段，沿街商贾杂沓，店铺林立。南北杂货店、绸缎棉布庄、中药店、旅馆客栈、饭店酒楼、包子铺、点心摊、茶馆、典当、煤碳店等夹街排列，几无隙地。每日人潮涌动，摩肩接踵，交易十分活跃，是当时著名的以米业、棉纺织业产品交易为主的商业中心之一。

从仓桥的地理位置看，它既是交通要津，又是仓城的门户，而且它处于该地区商业的中心。所以，明代以后人们往往把其作为重要的地理标志，并称大仓桥及四周区域为"仓桥地区"。

大仓桥 位于松江城西，原名永丰桥，又名西仓桥。据《云间据目钞》卷五称："西仓桥，旧以木为之。自万历癸酉元年（1573），同知岳维华放粮，饥民站立桥顶，堕水死者六十二人，故文贞公（徐阶）命家人汤显一力建造。"旧志记：西仓桥在钱泾西，明天启六年（1626），知县章允儒重建大仓桥。桥全长54米，宽5米，高约8米，南北向，五拱不等跨，中拱最高，依次递减，纵联分节并列起券青石砌筑桥身，青石护栏，花岗石石级，共有92级台阶。横跨古浦塘，大桥拱券为青石材质，桥面采用花岗石。桥额刻"重建永丰桥"五字。因桥南有松江府粮仓水次西仓，故俗称大仓桥、西仓桥。新建的五孔石桥"水门旋具，石道亦平，高敞坚实，视昔有加"。董其昌撰并书有《西仓桥记》记载："自隆庆时，甃石易木，开广五环，延亘三十余丈。""未逾五十年而圮"。他还认为重建的大仓桥"蓄风气，壮瞻视，莫此为伟"，赞美有嘉。随着历史变迁，市河变浅变狭，该桥两端两孔下的河道逐渐淤积成岸，五孔桥至今变成三孔还在通水。

灌顶禅院 又名"水次仓关帝庙"。位于玉树路2336号，大仓桥南岸。始建于明代天启二年（1622），在清乾隆年间易名为"灌顶禅院"。修建这座关帝庙，供奉着漕工及工商人士信仰的关公神像，偏殿供关平、周仓。现仅剩大殿与北偏殿。在大殿南山墙前廊、步柱间嵌有明代青石碑刻二方，一方为明天启二年（1622）陆应阳撰《水次仓新建关帝庙碑记》，另一方为崇祯十七年（1644）王元瑞撰《关帝庙买田重修廊房碑记》。民国二十年（1931）起，关帝庙被改为大仓桥警察分驻所。新中国成立后，庙产收回国有，用作大仓桥粮站仓库。现已恢复为灌顶禅院。

禅院总面积约1035平方米。禅院北枕市河，东、西两侧各有一门出入。现有主殿供奉关帝菩萨及二十一财神，文殊普贤殿供奉文殊、普贤菩萨，观音地藏殿供奉观音、地藏菩萨,山门供奉韦驮、关公二大护法,还有功德禅廊等建筑。殿宇布局紧凑、合理、庄严、典雅。

灌顶禅院现已公布为松江区文物保护单位。

由于战争的破坏和焚掠、海运的兴起和漕运的停止、商业的歇业和搬离等因素,到了清末,仓桥地区已有盛转弱而破败不堪,陷入了萧条。当时有一个家居仓城附近的文人在笔记中记载:"碎瓦颓垣,接触于目者,无非荒凉凄寂之境"。旧时仓廒早已毁圮无存,遗址大都成为打线的场所,一部分辟作菜园。城角"尸棺纵横,雨淋日灸,极多朽败",还不时可看到牛羊在废墟上觅食。周围居民生活贫困,住房低矮潮湿,仓城已成为社会底层百姓聚居的场所。到了民国八年(1919)12月11日,松江县官产处招标出售仓城城砖,明代所建的仓城被拆除,这样,水次西仓这一方胜景便再也看不到了。

第三节 远行四方

当时松江与各地的交流也明显增多,许多人或因仕宦、或因游学,或因旅游,纷纷走出松江,走南闯北,远行四方,与各地的名人学士交往。松江名人去外地游历也不在少数。

明代松江府上海县人陆深,自成进士后,长期在外任官,去过许多地方,如山西、福建、四川等名山大川,都留下了他的足迹。他自己在《雁山图记》一文中也说:"余性喜登临,中岁四方行万里,而胜处必往。"到了晚年,告老还乡,仍在黄浦江边造了一座园林,即著名的后乐园,终日与自然水树为伴。

明代的著名学者、华亭人何良俊,著有《四友斋丛说》等。曾长期在南京、苏州一带游历,与赵贞吉、唐顺之、薛应旂、王维桢、朱曰藩等交往,关系密切。

明代侯继高(1533—1602),字龙泉,祖籍南直隶盱眙人,后因祖父官迁居华亭金山卫,遂为金山卫人。嘉靖二十七年(1548)袭祖职金山卫指挥同知,后历任吴淞把总、惠州参将、漳潮副总兵、狼山副总兵、浙江、广东总兵官。侯继高身为武将,但工于诗书,在任职期间,除了履行其巩固边防、防倭抗倭的职责之外,还写下了《游普陀洛迦山记》、《普陀山志》、《全浙兵制考》和《日本风土记》等著作。其中《日本风土记》较为详细地记述了日本当时的地理环境、政治、经济、文学、风俗、人情、爱好等方面,内容极为丰富。他的书法笔力苍劲,用墨饱满,很有气势。在普陀山上,有他的题字"海天佛国",他的落款是"云间侯继高"。题字意味深长,从此普陀山以"海天佛国"

之名，称誉四海。他还有"磐陀石""白华山"等题字，苍劲有力。在嵊泗枸杞岛上题写了"山海奇观"，据传是他在率部全歼盘据岛上倭寇后乘兴而写下的。

明代的松江，最有代表性的游历者要算是华亭人董其昌了。

华亭名人董其昌的一生，专攻书法绘画，其造诣誉满天下。他一生交游甚广，游历了许多地方。"读万卷书，行万里路"是他的信条。其许多书法绘画作品都是在旅途中书写或绘制而成的。据《董其昌年表》[注22]记载，在此将他的出行和游历情况叙述如下：

董其昌23岁那年三月，他去了镇江访张覲宸，这是他第一次出游。25岁时的秋天，赴南京参加乡试。31岁时，五月，坐舟过武塘。秋时，自南京乡试落第归家。九月底，去游杭州西湖。33岁时，到平湖冯氏馆会友。34岁时，春，他与太仓人王衡一起入京都，这是他第一次远游。冬，又入南京乡试，名列第三。35岁时，他中了二甲一名进士，选庶常，拜馆师田一俊、韩世能为师。万历十九年（1591）三月，37岁的董其昌，毅然陪他的老师、馆师田一俊的灵柩，一路行走千余里，回到田一俊在福建大田县的故里安葬。这也是董其昌的第一次壮游，途经的地方有徐州、镇江、杭州、桐庐、衢州、福建大田、沙县等地。返回时已秋日，游武彝（注：即武夷山）。这一路沿途中，也兼收到旅行赐给他的眼界。他饱览了各地的风景名胜。他在《画禅室随笔》（卷三）中写道：

"洞天岩在沙县之西十里，其山壁立，多松樟。上有长耳佛像，水旱祷，著灵迹。其岩广可容三几二榻，高三仞余，滴水不绝，闽人未之赏也。余创而深索之，得宋人题字石刻十余处，皆南渡以后名手诗歌五章。岩中有流觞曲水，徐令与余饮竟日，颇尽此山幽致。"[注23]

从中可见他对山形、树木、岩洞、溪流、石刻等观察仔细，这为他的绘画创作提供了很好的素材。38岁那年，他到羊山驿。二月，又偕友人游无锡惠山。三月再北上，在广陵舟中作画。四月四日，在吕梁道中。九月，回松后又与陈继儒同去嘉禾（即嘉兴）。39岁时再上京师，后在淮北与友人会晤。

40岁时，他再次入都。那年冬，逢程可中于姑苏卜宅。41岁时，到长安。42岁时那年七月二十八日，道出武陵。三十日，渡钱塘，到武林。八月，舟行池州道。奉使长沙，浮江归，道出齐安。后至东林寺。43岁时，那年三月十五日，在苏州。六月，在长安。秋，主考江西。九月二十一日，在龙游舟中作画。二十二日，还自江右于兰溪舟中。冬，在燕山道上题诗驿楼。45岁时，又离京还乡养病归故里。46岁时，谷雨日，在三山道中。七夕，去姑苏。47岁时，那年春，在虎丘山居住。49岁时，邀王衡、陈继儒游畸墅。九月，至南京作主考官，并游栖霞山。

50岁时，那年六月三日，他过南湖。十二月下旬，辞归松江。51岁时，那年正月，取道嘉兴赴楚，并游南湖。至鼎州。八月底，在湘江舟中作画。52岁时，那年春，过洞庭湖。53岁时，春，受邀去西湖会友人。55岁时，那年仲春，游黄山。56岁时，那年春，自福建归，舟行湘江道中作画题字。三月初三，又偕陈继儒游塘栖，又同朱大辉泛栖舟水。58岁时，在避暑山庄。那年九月八日，同范允临、朱君采、董斯张在西湖泛舟。

60岁那年七月，舟行昆山道中作画题字。腊月廿三日，同赵左（华亭人）游洞庭湖。62岁时，发生"民抄董宦"事件，董其昌避地苏州，往来于京口、吴兴之间。67岁时，那年三月在西湖舟中。秋，偕赵希远至京口访张觐宸。十月八日，游武林。68岁时，那年三月，应召北上。八月初五，前往南京。后又取道河洛过睢阳。

71岁时，那年正月，拜南京礼部尚书。五月，自长安归。九月，自宝华山庄还。73岁时，那年春，去太仓王时敏的鹤来堂。四月七日，又与陈继儒走访王时敏的南园绣雪堂。75岁时，那年仲春，去西湖昭庆禅林。77岁时，那年子月，赴詹事之召，北上，过广陵。78岁时，留长安者三载。80岁时，那年仲夏，还故里途中舟船再过淮扬。崇祯九年（1636）仲冬十二日逝。时年82岁。

从《董其昌年表》的记载来看，董其昌的一生走过了许多地方。《年表》中摘录的每一前句，主要是说叙述他外出任官、或拜客访友、或游历到过的地方和时间。而后面的一句"在某某道中"或"舟行某某地"后，都有他的诗、书、文、画，或题字、或题跋、或作序的内容，并每到一处，都写有诗歌，均收入他的《容台集》（在此作省略）。在他的游历过程中，不仅创作了许多书画，还在当地留下了他的许多墨迹。今日仅江南一带能看到他在各地的题字，如杭州西湖、上虞曹娥庙、平湖、江苏太仓、江阴徐霞客故里、安徽歙县……

明末清初山阴（今绍兴）文学家、史学家张岱（1597—1684），所著的《陶庵梦忆》中对华亭名人陈继儒的出游，有过这样一段描述——

明万历三十二年（1604），钱塘（今杭州）有一位老郎中，驯养了一只大角麋鹿。这麋鹿，角像鹿，尾像驴，蹄像牛，颈像骆驼，故民间有"四不像"之称。老郎中用铁钳修剪其趾，用鲨鱼皮制成的腹带固定了麋鹿背上的坐鞍，给麋鹿头上套有笼头缰绳，可乘人骑行。老郎中还在麋鹿角上挂着葫芦药瓮，行走四方给人看病出药，病人服了他的药，便病愈了。

张岱的祖父张汝霖也是一位晚明时期的名人，看见后非常喜欢这头麋鹿，便要将这头麋鹿买下。老郎中听了欣然答应，且愿将此麋鹿赠送给张汝霖。最后，张汝霖出了30两黄金购得此麋鹿。这样看来，现在只能在动物园里才能看到稀罕的麋鹿，在400年前也已是很珍贵了。那年五月初一，是张汝霖43岁的生日，身材高大健壮的张汝霖竟骑上大角麋鹿，走了数百步，之后，大角麋鹿就站立不动了，直喘粗气。张汝霖便令仆人要好好饲养这头大角麋鹿，以便携它出游时骑坐。

第二年，张汝霖携麋鹿到云间（即松江）拜访知心好友陈继儒，可能是因自己体重而不忍心骑行，便将大角麋鹿赠送给了陈眉公。时年47岁的陈眉公体形较瘦，坐在麋鹿背上可骑行二三里地，眉公获赠后非常高兴。随后，陈眉公受张汝霖之邀，便携此麋鹿去钱塘游西湖，骑行于六桥三笠之间，往来于长堤深柳之下，头顶竹帽身穿道士服装。看见的人都啧啧称其为"谪仙"，似被谪而降人世的神仙。

张岱在他的另一部名著《快园道古》中还记载了一则与陈眉公及大角麋鹿有关的趣事：1605年张岱当年只有8岁，祖父张汝霖带他游西湖。陈继儒受邀作客在钱塘，出行时骑着这只大角麋鹿。一天，陈继儒对张汝霖说："你的孙子很会答对联，我要当面考考他。"说完便指着客栈画屏上的《李白骑鲸图》道："太白骑鲸，采石江边捞夜月。"张岱便出口回答："眉公跨鹿，钱塘县里打秋风。"陈继儒很是赞叹，抚摸着张岱的头说："这孩子怎么会这样灵敏极致？是我的小友啊。"这两则故事也引出了陈继儒的别号"麋公"的由来。

华亭人倪蜕，在康熙三十四年（1695）27岁那年，离开故乡松江薛山外出，以游幕为生。从他后来写的词作中可看出，他先后到过苏州、淮安、宿迁、京城、武昌、汉口、西安、兰州、商洛、建宁、福州等地。康熙五十四年（1715），47岁的倪蜕随出任云南巡抚的甘国璧入滇，在巡抚衙门当师爷。倪蜕居云南30余年，走遍滇云各地，作了大量实地考察。乾隆二年（1737），年近70岁的倪蜕完成了《滇云历年传》专著。全书共12卷，他是中国最早编纂《滇云历年传》的作者，也是一位为云南史编写与研究作出重要贡献的清代学者。

清代松江府娄县人顾柱，字竹坡。能写诗作画，特喜游山水，曾频繁出游于大梁、齐、鲁、燕、赵等古国之地间。竹坡与弟石坡、翁春、葛维嵩、吴钧同为"云间五布衣"。廖景文，字觐扬，娄县人。乾隆十二年（1747）举人，曾任合肥知县，兴学救荒，多善政。后以参案而去官。筑小檀园于清溪桥畔，时复出游闽、粤等地。

清代书画家、工部尚书、左都御史、太子太保、娄县人张祥河（1785—

1862），在为官期间，在广西独秀峰留下了摩崖石刻榜书"紫袍金带"，在灵渠、酒壶山留下了行书诗石刻。

　　古时的名人在旅游风景区等地所写的诗作、散文、书画、题字、碑刻等，用现在的话说，其实就是在做旅游文化。也就成了后人的文化旅游之地。

第九章　园林山庄

早在一千多年前的唐代，在华亭小昆山脚下，有一片占地约200公顷的园林，据上海同济大学古建筑系教授陈从周所言："这是中国有记载的最早的，也是最大的对外开放的园林"。那时的淀山湖面积比现在大一倍以上，它的东南边沿直达现在的小昆山西麓，"三泖"就是当时古淀山湖的一部分，这一带是当时江南有名的风景区，有山有水，风光秀美。

园林建筑是中国居住文化的一个重要组成部分，在中国有着十分悠久的历史。早在隋唐时代，中国的园林建筑便有了很大发展。像一些有身份、有地位的高官名人，几乎都有自己的私家园林。在唐代，许多高官告老还乡后，或隐居山林，饮酒作诗，安度晚年；或选择购地置屋，设计自己心仪的园林别墅，居住者甚多。一时传为佳话，史书或民间史料中均有记载。

第一节　园林发展

松江自唐以后，造园活动便陆续发展起来。

早在北宋年间，进士、平江府教授、华亭人（一说是徽州休宁人）朱之纯从官位上退休以后，便在华亭县城西南的西湖畔筑私家宅园"谷阳园"居住。此园又名"滨水园"，有湖斋、文澜堂等建筑，并种植树木蔬果，是借水景的园林。他在另处建造的园圃谷水园，与当时的名胜仙鹤观相邻，风景颇佳，如同一处"桃花源"。较早的还有北宋元祐六年（1091）进士、尚书右丞朱谔宅，在城西朱家巷，宅地建有圣与庵。清康熙年间改为天后宫，后废。另有北宋大观年间进士、户部侍郎、华亭人柳约（？—1145）（《宋史》有传）在府治西北柳家巷筑有柳园，内有读书台等。明代时归在陆树声的适园内。

到了南宋，有绍兴年间（1131—1162）进士、资政殿大学士、华亭人钱良臣（1126—1189）告老还乡，在钱家巷（里仁弄）筑钱园，又名"云间洞天"，以自适。因他在宋孝宗时曾任参知政事，官位很高，故钱园的占地面积也很大,"第宅连亘,广轮数里。"钱府有御书"云汉昭回之阁"匾。主厅名为兴庆堂,园内景色自然多趣,以石景著称于世,除巫山十二峰之外,还有假山东岩、观音岩、桃花洞等石景,另有雪窗、云榭、来禽渚、流杯亭、龟巢、桃蹊、杏村、桔鸥、明月湾、蒼卜林、围绣、香风、露香、笼锦等景观。此园当时颇有名气,不少人都曾前来游览观赏。元时废。

随着宋都的南移,人们对园林建筑和艺术的了解就更加深入了,园林建筑与地理方位、气候条件诸多关系的认识也相应提高,江南园林渐渐胜出,苏州历来为东南胜地,园林豪宅誉满天下、饮誉四海。华亭本属吴郡,自元代独立成为府地以后,文化方面仍多受苏州影响,园林建筑也是其中之一。

到了元代,尽管不足百年,华亭的园林建筑也未曾中断过,园林豪宅逐渐增多,一些富有艺术观赏和游览价值的园林宅地可与苏州相媲美了。这时华亭的旅游文化与人文景观已不再是以寺院庙宇为主,而是涌见出一道新的文化风景线,这就是千姿百态、富有艺术价值的园林建筑。而园林,也正是中国传统山水文化的缩影,旅游文化中一个公认的亮点,人文景观的一个重要组成部分。也正因为元代的园林建筑有了明显的增多,才使明代华亭的园林景观有了一个更大的发展。

元末杨维桢初来华亭,先在城内迎仙桥堍建挂颊楼、草玄阁,为东吴胜概。后又在东禅寺附近百花潭筑室居住,号"小蓬台",四方文人慕名而来,宾客如云。又如王逢,因父亲为松江府库司,他也常来游松江,被青龙江、泖湖一带秀丽景色所吸引,就在江边筑屋名"梧溪精舍",精舍内有月山房、冥鸿亭、小草轩等构筑,住此吟诗自娱。元至正二十六年(1366),又迁居乌泥泾。住在宋代官宦张骥的故宅,题其堂为"俭德堂",名其园为"最闲园",并加扩建,更添风景。园中有藻德池、怀湘坡、乐意生香台、幽贞谷、濯风所、卧雪窝、流春石、海曙岩等名胜。又辟园东荒地,种菜自给,名为青园。取山名为"先民一丘",沟名为"先民一壑",自号"最闲半丁",饶多情趣。

松江园林的全盛时期主要在明、清两代。

到了明代,松江的园林建筑更是得到了快速发展。当时,松江府成了全国棉纺织业中心,经济迅速发展。明代中叶至末季,在松江府郡的名人富商、官宦雅士有兴建园林的爱好,城里城外,大兴土木,建宅造园,境内涌现出一大批私家园林,数量相当可观,约有百多座。

无怪乎明代华亭人范濂在《云间据目抄》(卷五)中曾感慨地说:"予年十五,避倭入城,城多荆棘草莽。迄今四十年来,士宦富民,竞而兴作。朱门华屋,峻宇雕墙,下逮桥梁、禅观、牌坊,悉甲他郡。比之旧志所载,奚啻径庭。"范濂的这段话中至少透露了两个信息:一是明中叶以后松江所兴建的

"朱门华屋"和园林住宅，乃至"桥梁、禅观、牌坊"之类，比周边其他府郡在质量、外观上更为讲究；二是即使与松江府之前，即宋元时期的华亭住宅、园林、桥梁、禅观、牌坊比较起来，也是大相径庭，质量上也要超过许多。清人曹家驹在《说梦》中言："吴中士大夫宦成而臕，辄构园居"。由此可见，明代松江地区的官僚士大夫得了高官厚禄以后，多喜构园建第，蔚成风气。

所以，明代是松江园林建筑的一个高度发展阶段。尽管那些达官贵人、大姓巨族当初建造这些园林豪宅的起因，只是为了自身的安逸享乐，显示自己的财富和地位，甚至不惜耗费巨额财产来争门面，互相攀比炫耀。但在客观上，却也大大地增多了该地区的人文景观。不仅在当时就吸引无数游客，即使从今天的眼光来看，仍是相当丰富的旅游文化资源。

明代首辅、华亭人徐阶乃三朝元老，其弟及几个儿子都在朝廷中担任高官。他告老还乡以后，朝廷赐宅第于松江府城之南，园林规模宏敞壮丽，徐家子孙百余年间都住此处。明末清初华亭人叶梦珠在《阅世编》卷十中曾描述过："故相徐文贞公以三朝元老，赐第于松城之南，三区并建，规制壮丽，甲于一郡。"又如华亭人顾正谊宅，门宇宏敞，内建书斋禅阁数百椽，专辟诗廊、韵廊等，以便骚人墨客题咏，并陈列许多奇石图史，连同莲池亭榭，供人观赏。再如华亭人顾正心，因家庭富裕，曾与弟顾正伦择地数十亩，建造西第朴庵。此外，顾正心又在华亭东郊外明星桥左建造大型园林熙园，也就是后人所说的"顾园"。叶梦珠在《阅世编》卷十中曾这样描述过：

  顾园，在东郊之外，规方百亩，累石环山，凿池引水，石梁虹偃，台榭星罗，曲水回廊，青山耸翠，参差嘉树，画阁朦胧，宏敞堂开，幽深室密，朱华绚烂，水阁香生，禽语悠扬，笙歌间出，荡舟拾翠，游女缤纷，度曲弹筝，骚人毕集，虽平泉绿野之胜，不是过也。

后来，这里成了名人雅士集聚之地，即使南来北往的过客，也都慕名寻来，游览观光者络绎不绝。

自从园林建筑在明代的松江崛起以后，很快便吸引了无数游客，成为当地十分亮丽的一道旅游风景线。从明代中期到清代中期，是松江构园建宅的高潮，这也是松江园林建筑的繁荣发展期。因为江南一带气候宜人，草木葱茏，再加上河渠纵横、大小湖泊星罗棋布，很适合于园林建筑的发展。明王沄《云间第宅志》载："崇祯末，松江府城内'庐舍栉比，殆无隙壤'"。明崇祯《松江府志》载："郡内外第宅园林，雕峻诡壮，力穷而止。"府城内外，居民稠密，商铺棋布，宅第园林建筑众多。

到了清代，除了苏州、杭州这些园林建筑的重镇、风景宜人的园林般城市被越来越多的人所熟知以外，像无锡的寄畅园、梅园，常州的近园、海宁的遂初园等也声誉日隆。作为名郡之一的松江府，其园林建筑自不甘落后，在清代仍有发展与变化。如顾大申的醉白池等，至今仍是松江标志性的旅游景区，闪射出传统文化的光芒。

《中国旅游史》中提到："乾隆以后，苏州私人园林开始转盛，无锡、松江、南京、杭州等地亦不少。"[注24] 刘敦桢主编、由中国古建筑专家合力撰写的经典著作《中国古代建筑史》中写到："明朝除首都北京和陪都南京以外，苏州、杭州、松江、嘉兴四府是当时园林荟萃地点，""松江园林第宅数量之多，技艺之精美与苏州、杭州、嘉兴府齐名。"可见，当时的松江园林能与苏、杭、宁、锡、嘉相提并论。这也证明了松江园林建筑在明清时期的蓬勃发展。

第二节 园林分布

从松江史料中明确记载的著名私家园林和第宅大院的特征来看，房屋建筑为外部高墙围筑，内部纵轴交错。从门厅、轿厅到仪门、正厅、楼厅等，一般为三四进，规模大的有七八进之多。左侧或右侧建有园林及花园。主要分布在松江府城及四周、泗泾地区和九峰地区。本节就以明清时期华亭私家园林和部分第宅大院的分布，按东、南、西、北地理方位，由东向西、有南向北，以"块状"和旅游线路的方式为顺序叙述，不再按条目来介绍。从松江城东门外东外街、城内东西向的郡治大街南北及城南门外和北门外、城西门外的郡治大街南北、秀野桥以西周边及包家桥钱泾桥一带、泗泾地区和九峰地区作一叙述。

一、城东门外

府城东门外东外街，这里居住的官宦富室、士大夫人家不少。在此由北向南叙述。

东门外果子弄底、俞塘之北有明代延平知府、太守、华亭人孙衍和官为礼部尚书的儿子孙承恩（1485—1565）及官至汉阳知府、书画家的孙子孙克弘（1533—1611）居住的别墅孙园。孙克弘为明代著名书画家，隶、篆直追秦汉，山水、花鸟师法唐宋，更善水墨写生。孙克弘罢官归故里后，修建了孙园，"筑室北俞塘，称'东皋草堂'，列所藏名家作品于秋琳阁，觞咏其间，客至如归"。孙园有大池，水阔百丈，临水建楼阁，有长廊相连。有听雨轩、美女峰、东皋草堂、敦复堂、赤霞阁、苍雪庵、秋琳阁、期仙蹬、老圃、茅斋等十胜景。民国初年已荒芜成一片菜地，但菜圃中尚存一湖石立峰，俗称美女峰，亭亭玉立，高近7米，旁有老梅数株，此为唯一遗存。1975年，美女峰迁入松江方塔园。孙克弘还在辰山筑有别业"孙氏山庄"。另外，其父孙承恩在车墩旧镇东一里还建有别墅"东庄"，内有潜斋、读书堂、丛桂亭、吸月亭、悠然亭、联璧池、玉虹轩、翠云屏、香雪林等诸景。

俞塘之北，还有吴益之之孙吴稷的隐居处。吴稷，字舜鼎，号石湖。明正德甲戌（1514）进士，官至荆府左长史。吴稷隐居后，在养浩楼读书，该楼为王守仁题额，园内有石湖精舍、自得园、阅耕轩等诸景。果子弄里，还有宋存标的四志堂。

濯锦园在东门外东外街北果子弄底、北俞塘边。系明代中书舍人顾正谊别业，该园与熙园并称为顾氏两园。顾正谊号亭林。能诗、工画，为明代松江画派创始人之一。濯锦园占地虽不及熙园一半，但因顾正谊擅长点缀竹石，有亭台花木之美，邱壑点之半缀之幽却胜过熙园。有敞闲堂、天琅阁等。此园毁于清军进军松江的战火中。清代为钱氏所得，改为宗祠，后再次毁于抗日战争中。新中国成立之初，尚存水池一泓、三曲石桥一座，以及著名立峰——五老峰。1975年，五老峰迁入松江方塔园。

东外街马弄口西侧有原为明代南京吏部尚书钱溥（1408—1488）的钱家花园（一说是孙衍的别墅），内有"白鸥池"称著。夏月荷花，清香袭人。清初为翰林院待诏、诗人高不蹇家园，植树凿池，人称"高家园"。至清后期，由金山钱圩钱子馨来松购得。修葺后改名"复园"，俗称"钱家花园"。占地6600平方米。园内竹丝墙门、亭台楼阁，花坛树石、林峦起伏，布置得宜。园中有桂花亭，四周古桂树多株，皆百年以上。亭旁一古松，高数丈。叠石颇具匠心，有泉石之胜。假山有穴，穴可容席。洞旁水池，上架曲桥。洞门横额"最难风雨古人来"。游廊上嵌有石刻多种。并有藏书楼、四面亭等。民国时前主人已故，园已改观。今仅存400多平方米一角。

东门外马巷内还有元初时园林陈家园。春暖花开时，"府人犹多游宴于此"。在学士里，有明太仆卿林景旸的林家花园和玉兰宇、陈继儒的别业藻野堂等。南俞塘明星桥东与东西杨家桥之间有明代刑部郎中、华亭人杨忠裕的杨园。占地20亩，三面环水。内有招鹤台、湖石峰峦区、花湖、花草树木等。1999年10月，杨园遗址中的两块太湖石峰"矶石阿"和"如意"迁至区博物馆。还有元代陆景舟的东园（注：遗址不详），园内有耕雪堂、志壹斋、水天清意轩、梧下鉴泉、蕉石书房、钓鱼处、汎月舟、芙蓉村、方畦、梅花坞、竹溪、看云阁、候农桥等13处景观。元明时期有多位名人曾对东园之景有诗记之，书名为《东园隐居十三咏》，现藏于北京故宫博物院。

东门外1.5千米处的积善桥左侧，有明代光禄寺署丞、华亭人顾正心别业熙园。占地有百亩，有"园池甲天下"之称。明代张赞臣有《熙园记》称：园内"商周之鼎彝，唐宋之图画，纷披阗骈其中"，可见文物收藏不少。园内有四美亭、大士阁、听莺桥、芝云堂、五溪洞、与清轩、齐青阁、龙湫、步虚廊、小秦淮、流觞曲水、五溪洞、有菌阁、罗汉堂诸胜景。特别是太湖石主峰一万斛峰，冠绝江南。清顺治、康熙年间，顾氏家败，致"园无拳石，菊为茂草"。乾隆年间为浙商以万斛米价购去，故称"万斛峰"，置于杭州西湖孤山文澜阁乾隆行宫，至今尚存于浙江博物馆文澜阁。清末诗人顾孟游熙园旧址时，感叹"寂寂名园尽落红，小秦淮水冷东风，已无万斛石峰影，花草楼台在梦中"。新中国成立后，还存有石桥小池，今已无遗迹可寻。顾正心还将城内东马桥（今邱家湾）南祖屋宅地，将其扩之数十亩，修梧绿柳，掩映河桥，并建有书云阁、红霞阁等，西第朴庵号称为"江南第一精舍"。清代时为松江府试院。今无存。

东门外张塔桥西北，有东皋园，为宋代钱知监别业，元代时废。在明代御史袁凯墓侧，有明代麻城知县、华亭人单恂的白燕园，俗称"单家园"。还有张九如堂、礼部尚书张骏宅等。再往东华阳街今162弄3号，有始建于明末的宅院，清代乾隆年间（1736—1795）重修。清末民初归朱季恂（1888—1927）为宅。院子里有石狮、假山、花园、小石桥诸景。至今仍保存完整。再往东，在东禅寺附近，有"小蓬台"，为元末杨维桢隐居处，有"籍景轩"等。车墩三里汀（今三里桥），有王陶居所，内有听雨篷、吉羊馆、两席园、冬养斋等景观。在三里汀东，还有杨汝谐的"话雨斋"和"崇雅堂"等。

二、府城内及南北门外

明清时期松江府城内因府治衙门、华亭县治衙门和清代重治的娄县衙门都设于城内，且各种机构众多，再加之寺庙道庵、学府书院等，空间已显狭小，故府城内大户人家的园林并不多。而主要是向西城门外发展。

在城东门内起云桥侧，有明嘉靖八年（1529）进士、湖广参政、太仆少卿、华亭人沈恺的真率园。园东侧曲水环带，有环溪草堂（原为吕樾故居）、清节轩、镜光池、采诗楼、萃景楼、先春亭、可山亭、浣花亭等诸胜景。郡治大街南侧、慧登庵桥西（今方塔新村）有明代文学家、书画家、华亭人陈继儒宅园，宅北门有额曰"山中宰相"。望仙桥东北侧有明代千户杨溥宅院。杨溥掌漕运事务20年，恪守清介，因以"雪筠"名轩且自号。宅内种植花卉树木，建有富春堂、雪桧亭等。方塔东南迎仙桥处有元代杨维桢的拄颊楼和草玄阁。

府城隍庙西有何良俊的四友斋和望洋楼。集仙街西，有明代浙江按察使司知事、华亭人张之象（1496—1577）居处，院内有听玉斋等。张晚年居辰山，有宅院。

罗神庙（今松汇东路与松金公路交接处西北侧）处有明嘉靖进士、南京御史、华亭人冯恩（约1496—1576）宅院忠训堂，占地广饶，院内多亭榭竹石之胜。后归大学士钱龙锡。清代为前营游击署。仙鹤观西侧、旧西湖边，有明代内阁首辅、华亭人徐阶（1503—1583）的院宅，规模很大。有雨观楼，"东西北三面皆不凿牖，惟南则六窗洞然，目与湖接"。宅基原为济农仓，建有章赐堂、御书楼、世经堂、思道轩等，门额书"三赐存问"。此处清代改为江南提督署。民国二十九年（1940）被拆卖。

南门内龙门寺西侧有礼部尚书董其昌宅院，内有元赏斋、戏鸿堂、画禅室等。据《旧抄董宦事》记载："董宅数百余间，画栋雕梁、朱栏曲槛、园亭台榭、密室幽房"。东侧有董祖和宅、董祖京宅。龙门寺旧址之半有庆元知县、华亭人冯大受筑的竹素园。园内有玉立厅、广成阁、梓潼阁等，颇得城市山林之趣。后竹素园分为三块，易归他人。城南城壕陆家桥东、坐化庵右侧，有明嘉靖进士、南京太仆寺卿、华亭人范惟一（字临中，北宋范仲淹十六世孙）的宅院。相传此处原为侍御张祚的双鹤园。范惟一居后，扩其址，并建两第于坐化庵右侧。后归张以诚之子安苞，名"酌春堂"。范惟一另有别业在邱家湾范家巷，名"啸园"。

城南门外城壕上有明正统十三年（1448）进士、南京兵部尚书、华亭人张鏊宅，内有却金堂、终慕堂、宝日堂等。附近还有明天顺四年（1460）进士、太子太保、华亭人张悦宅。故松江民间有"城河一湾两尚书"之谚。城南门外阮家巷有明右佥都御史、华亭朱家角人陆树德所筑的南园。园中有梅花草庐、读书楼、濯锦窝等诸胜。后归南京吏部主事彦祯所有。明代崇祯年间（1628—1644），几社同仁常汇集于此，也就是崇祯十一年（1638）陈子龙、徐孚远等人合编《皇明经世文编》的地方。

城内西南沙家桥（今普照路西南侧）有明嘉靖二十年（1541）进士、南京礼部尚书、华亭人陆树声宅。宅内有天寿堂、麟庆堂，有"天恩存问"门额。旁有其子少司寇、陆彦章宅，宅内有大椿馆。后一并归清朝昭武将军杨捷。府城西门内南隅原有千户费雄宅，徐阶之子徐璠将其改为水西园，堰城内旧西湖残渚为蓄鱼池。

郡治大街北，邱家湾南有清代著名人物画家、华亭人改琦（1773—1828）的住宅玉壶山房，其画著有《红楼梦图咏》。邱家湾北，有范惟一的啸园（原教师进修学校内）。园中有振文堂、天游阁等胜景。"亭台花石，花木深秀，池馆竹石，倩蔚幽丽，使人坐啸忘归。"极一时绮丽之盛，被时人誉为"王摩诘《骊山应制》一作也"。清初归徐阶曾孙、锦衣卫徐有庆所有，称"徐氏东西园"。乾隆年间（1736—1795）为松江著名巨富、藏书家沈虞扬（古心）所得，称"沈氏花园"，与古倪园并称为沈氏两园。后为沈虞扬次子沈慈所居。作为清代著名诗社"泖东莲社"觞咏之所。廊壁间存大量石刻，其中有著名的董其昌《戏鸿堂法帖》。太平天国战争中淮军李鸿章将此处的异石筑垒，啸园石刻大部分流失。战后，《戏鸿堂法帖》被李鸿章运去合肥。据说，部分因船只失事沉于长江中。咸丰年间（1850—1861），为忠王李秀成王府以及洋枪队华尔公馆所在地，均曾设在啸园。后沈氏家道中落，东部割卖给徐光启孙女许甘第大，捐与东邻的天主堂，西部为天马张氏住宅。今园已不存，仅存部分明代建筑。

邱家湾北还有明代南京国子监司业、华亭人朱大韶的别业。朱去职而归后，在已故御史苏恩的废宅上修建大司成第，并将宅后的卜氏坟地改造为"文园"。园内多朱楼华屋，掩映丹霄，花石亭台，有经术堂。他曾用冬米百担从南京翰林院孔目何良俊处换石峰一座，名"青锦屏"，四面玲珑，并特建青锦亭。极一时绮丽之胜，"壮丽甲江左"。他喜收藏古玩，园中有熊祥阁安放他的藏品。朱在此招文人雅士，留连杯酌，极声乐饮馔之好。朱无子，死后家业破碎。宅第归都运陆从平、徐阶曾孙徐有庆所有。清顺治十五年（1658）被改建为娄县县署。太平天国时期遭破坏，今已无存。

邱家湾东北马嗜寺左有明代绍兴府推官、华亭人何三畏的芝园。芝园为旧第改建，占地数十亩。园中种植灵芝、黄芝、紫芝等，故名"芝园"。内有采芝厅、观濠堂、歌风馆及亭台竹木之胜景。何三畏在凤凰山还筑有别业"拜石堂"。

府城北门内柳家巷有明代嘉靖二十年（1541）会试第一名、吏部尚书、华亭人陆树声（1509—1605）的适园。起意于"于此将超然而自适"，故名。园内有亭、池、楼、石、竹、木、茶寮、御史读书台等，萧疏淡雅。时人称此园"可当唐绝，然寂寞短章，直五言耳"。陆树声90岁时，其子陆彦章在适园旁又辟地建台池，植树木。遇风日晴美，花晨灯夕，彦章便陪父亲游走，观者谓之神仙。在其边上，有董其昌别宅。柳家巷里还有宋代华亭人柳约的住宅和元代著名画家黄公望的隐居处，名"一峰小隐"。县治北朱家巷有宋代朱彦美宅第燕超堂，其为官50年，尊显三朝，光宠一时。

北城门外市河西有明代桂林府通判、上海县人倪邦彦的倪园。园内垒石凿池。后卖给了董其昌。清代顺治年间归朱轩所有。康熙六十一年（1722）归姚培谦，改名为"北垞"。乾隆年间归太学生、奉政大夫沈虞扬所有，改称"古倪园"。沈虞扬长子沈恕，号绮云，江南名士，倡泖东莲社，一时名流汇集，如改七芗、张祥河、高崇瑚、冯承辉、何其伟等，时相过从。太平天国战争中毁于战火。同治三年（1864），松江府重修试院，购拆古倪园旧厅 90 余间。上海愚园建造时，太湖石皆选购于此。至此，园中遗物大多已流散，园废。北门外，还有元代园林"北花园"等。

普照寺东有明代建筑沈霁宅院。有山石花竹之胜，亭台间之，面山有东老堂。普照寺西有明代兵科给事中、华亭人陈子龙宅。宅内有平露堂，黄石斋题榜。1960 年代曾被用作城中饭店，1967 年拆除。

景德路太平书院北有明代四川龙安知府、华亭人林有麟（1578—1647）的素园（今机关幼儿园处）。清初，素园遗址归处州知府、华亭人周茂源所有。道光年间（1821—1850）为兵部主事、江西及山东道御史、华亭人钱以同宅。宅存东西两轴线，占地 2000 平方米，建筑面积 1400 平方米。现存。

三、西城门外南北

府城西城门外沿郡治大街向西至秀野桥段的两侧民宅大院密集，约有巷弄 48 条。

清初，华亭人王鸿绪、王顼龄、王九龄三兄弟均登进士第，在清廷中任职，颇有名望。癸丑榜眼、户部尚书王鸿绪的赐金园位于岳庙东南、郡治大街南竹竿汇。康熙玄烨两次南巡均临幸此园，赐御书"松竹"两字。顿时使这座私家园林声誉鹊起，驰名江南。可惜到了清代末年，因战事纷呈，沧桑变化，这些园林都已湮没了，更为今人所陌生。

梅园位于松江金沙滩吉丽桥南（原松江纸浆厂的位置）。明代为参政任勉之的故宅"光节堂"。清顺治时为诗人姚宏启所得。陆应阳为书"飞鸿堂"额。姚手植玉蝶梅一株，枝繁叶茂，覆阴达一亩以上，为邑中之胜。清乾隆三年（1738），为张景星购得。辟为园池，在古梅边筑"看梅楼"，更园名为"梅园"。后毁于太平天国战火中。黄之隽有《飞鸿堂记》。金沙滩西、超果寺南有明弘治六年（1493）进士、南京礼部尚书、华亭人顾清的别业鹤泾田舍。园内有鸿范堂、遗善堂、芳兰小室、观稼楼、来鹤楼、小东山、东奥堂、南亭、天香室、绿净室、静观轩、锦石池、碧寒亭、鱼乐桥等诸景。顾清在为自宅撰记中写道："循阶而下，花竹隐翳。俯而东出，石山对峙焉，曰'小东山'，山皆古石，多得之水际及土中。"在瑁湖边，有徐献忠宅院和明代沈文系的"瑁湖精舍"。

西门外郡治大街南侧市河南，诸行街艾家桥东，有建于明万历年间的状元唐文献府第。唐为万历十四年（1586）状元、翰林院编修、华亭人，原居住在府城北门外总管弄，后在此建宅院，内有大花园、花厅、祠堂、长廊等。

长桥街南、榆树头西侧有醉白池。醉白池曾几易园主。清顺治年间，工部主事顾大申见松江府西南有一座明代的旧园遗址，便在此建造了一座园林，面积约 26 亩，布局以一泓池水为主，环池三面都是曲廊亭榭，无论晴雨天气，均可凭栏赏景。宋代宰相韩琦慕唐代诗人白居易晚年以咏诗饮酒为乐，曾筑醉白堂，苏轼撰有《醉白堂记》。顾大申也追慕白居易晚年的生活态度，故将此园林取名为"醉白池"。除苏轼文章以外，与韩琦"醉白堂"之名的化用也不无关系。可说有双重含意。

郡治大街西林寺南，景家堰庆云桥（陶行桥）南侧，有明成化年间进士、南安（今江西大余）知府、著名书法家、华亭人张弼（1425—1487）的庆云山庄。山庄内有绿汇堂、宗训堂、丽文堂等。有凌霄石一尊，较为珍奇（其后人将此石赠与了醉白池公园）。

西门外郡治大街北，在西北有白龙潭，潭东有董其昌书园楼"抱珠阁"和尚书坊。白龙潭北压鞯浜有明代华亭人唐文涛筑的拙园，4 亩见方，古雅秀丽，随其地高下广窄列植奇花名卉。有大树隈、堞萼堂，清冷异常。夏日涤暑，客常坐而忘归，时人戏名之曰"水磨园"。潭边还有明天启二年（1622）进士、华亭人张昂之宅。岳庙西侧有莫家弄，明正德、崇祯《松江府志》均作"槐安坊，名清安，俗称莫家弄"。明嘉靖十七年（1538）进士、浙江布政使、华亭人莫如忠（1508—1588）和著名书画大家、其子莫是龙居此的别业莫园。百岁坊在高家弄西，为陆树声的园宅。明崇祯《松江府志》、清康熙年间《松江府志》均记载："百岁名臣坊为陆树声立。陆树声系嘉靖二十年（1541）辛丑进士，官至南京礼部尚书，卒年 97 岁。"

在马路桥西北，有清嘉庆二十五年（1820）进士、工部尚书、娄县人张祥河（1785—1862）于道光二十六年（1846）在里馆驿西侧筑成张氏宅园。占地 10 亩，九进屋宇。院内叠有湖石假山，峰峦起伏，错落有致。有四铜鼓斋，"四铜鼓"是两年前他赴广西任布政使时，得汉代伏波将军的四只铜鼓，喜不自胜。故建此斋，"纪君恩也"。园内还有松风草堂（又名"遂养堂"）、小天瓶斋、总宜船、平台、鸥墨廊、漱月池、花径、石丈、钓屿、豆篱、滕架等 12 景。许多文人骚客游于张宅园中，并组织"松风诗社"，唱和于此。当时的诗社社员张尔鼎曾作《松风十二景》诗，描写了张宅的 12 景色。雷补同又作《张氏园林补咏各景》诗。民国初年，南社松江籍诗人姚鹓雏、朱鸳雏、费龙丁、杨了公、耿伯齐、吴遇春、沈雪泥、朱叔建等亦为松风草堂之常客，使张氏宅园充满了诗情画意。1997 年 11 月 24 日，张氏宅园中的松风草堂、四铜鼓斋迁往李塔汇镇李塔附近。鸥墨廊中 18 方法书碑刻移至松江博物馆碑廊展出。寺基弄后有叶珪的自怡园。还有施氏依园等。

郡治大街北侧有华亭人瞿继康宅、清太常寺卿袁昶宅、始建于明末的宅院，后为清乾隆年间湖北宜昌知府、华亭人王冶山宅，跨院和杜氏厅四栋明清建筑改建而成，占地2541平方米，现改为程十发纪念馆。

塔射园位于松江西林寺东塔弄青松石南，原系明代园林，此园为明代著名叠石家张南垣的作品，初名西园。清康熙年间为云南按察使许缵曾别业。许缵曾在吴三桂事发后，倾40万家资报效清廷，得免追究。其子不事生产，家道中落。西园半为李氏购去，半为举人张维煦所有。雍正五年（1727），张氏改建西园，浚池立石，建墨亭、山房。因园临近西林寺圆应塔，"倒影涵空塔印尖"、"水面萍廻皱塔尖"，浮图嘉影相射，更名为"塔射园"。太平天国战事中，东部房屋被毁。民国二十年（1931）遭火灾，又毁去大部。现仅存部分驳岸。

侍郎王顼龄的秀甲园位于西塔弄底。原系明代嘉靖进士、南京刑部和工部侍郎、华亭人徐陟（1513—1570）（徐阶之弟）别业，名"竹西草堂"。后徐陟之孙徐尔铉扩而建之，并更名"宜园"，为郡中一时之名园。其子存承、汲臣皆以诗文为几社社友，几社雅集大部结集于此，极一时之盛。清初为大学士王顼龄别业，更名"秀甲园"。康熙两次南巡松江，均临幸该园，曾御书"蒸霞"二字赐予。又传康熙在此闻鸡犬之声，曰："此间安乐。"乾隆年间为张氏研斋购得。道光年间张氏家道中落，东部卖去，改建为陈化成祠，有小九峰诸胜景。民国元年（1912）中华民国临时大总统孙中山来松江时，曾宿于陈化成祠东檀斋中，松人于此设宴欢迎。西部为宁绍会馆所得。后为上海市工业技校所在地。西侧还有元代园林秀野园，位于秀野桥东、听鹤亭西侧。

四、秀野桥至大仓桥一带

秀野桥以西及包家桥四周、钱泾桥及大仓桥周围一带，特别是秀野桥以西四周、包家桥四周，明清建筑相当集中，巨宅相望，雕楼画栋、大宅深院、大户园林鳞次栉比。大街两侧巷弄有数十条之多。

明嘉靖三十八年（1559）进士、兵部主事、山东按察使、华亭人张仲谦宅在秀野桥旁。刑部尚书张照宅在秀野桥西，中有世泽堂，为康熙五十一年（1712）赐额。张照是松江历史名人，曾总理苗疆事务，官至刑部尚书，尤擅书法。乾隆皇帝认为他的书艺已超过宋代的米芾和明代的董其昌，称"羲之后一人，舍照谁能若"，推崇备至。明代许富所葺的"竹溪别业"，在秀野桥西北。其特色是植竹万株，远望绿荫一片，林中有其子南京通政司使许乐善添筑"适志斋"等。当年，曾任内阁首辅的华亭人徐阶前往游憩，在《竹溪记》中曰："烟霏之状交乎前，风雨之声交于耳"，并感叹："乐哉是居乎，吾所愿徙而家也。"今无存。

秀野桥西，有明成化五年（1469）进士、翰林院编修、华亭人丁溥（1428—？）的居所"诒谷堂"。清道光六年（1826）杭州知府、藏书家、华亭人张允垂（1773—1836）宅在秀野桥西蒋泾桥与秀南桥之间，为著名的"南埭三家"之一。中有传砚堂，藏书三万余卷。张又有别宅在原永丰路部队区域的西部，自中山西路直至北面围墙，为"十埭九庭心"格局，今后人尚有居于此者，但原宅已毁。蒋泾桥南埭有清代外务部参议、出使奥国大臣的雷补同（1860—1930）第宅，现存两进厅堂原迁于李塔汇小镇李塔边，2013年又回迁至思鲈园内。

状元戴有祺故宅原在钱泾桥，堂名"浩然"。后他又在蒋泾桥临河筑"慵斋"，人称"状元庐"。小园中翠竹成林、古树成荫、假山水池、四季花香，环境幽雅清静。戴有祺是康熙三十年（1691）状元，也是清代松江府唯一的状元。后因经济拮据，将此园卖与上海一位刘姓商贾了。

颐园，位于松汇西路1172号，秀南桥西南（今上海第四福利院内）。始建于明代万历年间（1573—1619），占地仅2亩（约3000平方米），是上海现存最小的迷你园林，享有"上海十大名园之一"的美誉。当时，松江正值"衣被天下"的鼎盛时期，大量的纺织业豪商汇集于此，购置家产、选地造园。最早为布商赵氏在此建宅园，名"因而园"。清道光年间易为罗姓，称"罗氏园"，又称"罗氏怡园"。清光绪初年又转让给浙江归安知县许威，易名"颐园"。民国时，军阀混战，兵祸连累松江城。孙传芳部下的残兵败将进驻颐园，园林惨遭践踏，亭台破损，花木凋零。北伐胜利后，军阀撤走，但许家子孙染上鸦片恶习，家道败落，颐园也无力修整。民国二十六年（1937），许威后人便半卖半送给高君藩，时人称此为"高家花园"。高君藩购入颐园，还有一个重要用途，便是作为南社成员的松江集会场所。颐园以假山、水池为中心景物，池上架有三曲小石板桥。西边为黄石小山，南北两侧黄石突出中成矶状，小中见大，别有一种气势。假山有石洞、小径，池边古树葱郁，石上青苔斑驳。水池四周绕以廊屋，梁檐下配有形状各异、十分别致的挂饰。从扶梯、过廊、栏架、楼窗等建筑结构上，可见明代园林的幽雅精巧的风格。颐园虽小，但叠山垒石、小桥流水、亭台楼阁、廊榭轩道、花草树木、书斋茶楼等园林要素齐全。南面有仿宫殿式的楼阁，名"观稼楼"，为"戏楼"，戏台檐出四角，十分美观。北面的楼为"看楼"。当年，登楼远望，西南皆田，故园主人取名为"观稼楼"。观稼楼上北面的十扇长窗，可随意装卸，拆卸下来后便可充当戏楼，而与戏楼相对的北楼则可凭栏观戏。松江旧志记该园建于明代，是当时著名的十园之一。

今中山西路沿街北侧的葆素堂，为清代平湖知县许嘉德宅，许曾是著名的"杨乃武与小白菜"的第一审县官。包家桥东还有明代建筑兰瑞堂，清初曾为广西巡抚、左都御史朱椿宅第中的正厅，曾名"好古堂"。清章焕友《石居杂识》记载：清高宗乾隆帝称朱椿"好古如是""椿遂以好古名其堂，记君恩也"。张祥河为此堂题匾"兰瑞堂"。兰瑞堂建筑风格简朴，为松江地区典型的明代风格民宅，因部分梁柱、中柱、扁作梁、圆木檩条、方木椽等均采用上等木材金丝楠木，故民间称之为"楠木厅"。1984年，兰瑞堂、仪门迁至方塔园内。

包节、包孝（明嘉靖十四年进士，官至南京御史）兄弟与包氏世居长居在包家桥的"包家弄"，故名。著名第宅还有按察使王叶滋宅，在包家桥。宅有后园，中筑龙香书屋、浣笔泉、草坪诸胜景，为袖珍园林，王叶滋欣赏之余，特地为之写了一篇记文。嘉靖年间御史徐宗鲁的别宅也建在包家桥，规模较大，宅后有同野园。清代第宅还有张氏三宅。张氏三宅是指户部侍郎、娄县人张集宅，在包家桥西，有寿恺堂。其子桂林知府、太仆寺少卿张棠宅在包家桥北，有宝翰堂，宅内有静园，园中有水池一泓，池畔立一石名"仁寿峰"，为明代故家遗物，据称"得之沙蔓中"，石上镌刻明嘉靖年王屋山人张之象的题赞共80字，当时陆荣作文记其事。张棠的孙子张隆孙还专门为"仁寿峰"画图留影。故静园能获得与颐园、养真园同为秀野桥以西最佳园林的美誉。

包家桥西沿街有杜氏雕花楼，位于中山西路266号，占地面积约611.20平方米，是在明代旧宅基础上建成的清代中后期建筑。雕花楼现存四进，前三进为走马楼，第四进为杂院。该楼豪华富丽，腰檐枋木雕有穿枝二龙戏珠图案。其它外露的木构件和门窗隔扇，其独特之处就是雕刻艺术。厅堂内雕梁画栋，槛窗、格扇均是用进口玻璃和蛤蜊镶嵌。栏杆、挂落、雀替、斗拱等装饰小构件，均施花卉、云纹、人物、鸟兽等，精美木刻浮雕、通雕，具有很高的文物欣赏价值。其结构为砖墙立柱、穿斗式木构架，榫卯组合，圆木柱承重；屋顶为硬山式马头山墙，小青瓦白粉墙，色调素雅，典型的江南水乡民间古宅。

仓桥西施家弄有俞粟芦宅。俞粟芦（1847—1930）是现代昆曲大师俞振飞的父亲，一生爱好昆曲，创立"俞派唱法"，对弘扬国粹昆曲贡献很大。

明末，钱泾桥北还有一座"养真园"，为张嘉贞所筑，姚椿记文中描述该园"左蠹石阜，右浚小池，亭楼庑廊，映带延广，树木竹石，卓立深秀"。光绪年间，养真园在时人眼中，与颐园、静园同为秀野桥以西的最佳园林，因此被编入志书，传名后世。钱泾桥东北有明崇祯七年（1634）进士、松溪知县、刑科给事中温元益宅。左都御史、南汇人吴省钦宅在钱泾桥北，有"石经室"甚有名。工部侍郎吴省兰宅在钱泾桥东河沿，堂名"听彝"。冯承辉宅在钱泾桥西北，中有梅花楼为一方胜景。冯在楼前天井植梅花八九株，每日对梅作画，自号梅花画隐。

明末，跨塘桥北侧花园浜有夏之旭宅。夏是夏允彝之兄，宅中有池名松塘，清顺治二年（1645）八月，夏允彝抗清失败，遂自投松塘而死。两年后，夏之旭也因陈子龙一案牵连赴文庙自尽。夏之旭宅因松塘而突现了其纪念的价值，故在乾隆五十年（1885），尽管该宅"湮废已久"，并早已成了朱姓人家的产业，但当时的知县谢廷熏还是决定买下了这块"朱氏余地"，并郑重树立石碣以志其原委。就在夏之旭宅南面的古浦塘，当年陈子龙被清军押解去南京，途经跨塘桥时，乘押解人不备，奋身投水殉国。夏允彝和陈子龙两人道德、文章、气节足为后世吟颂。370多年来，花园浜、跨塘桥一直是吸引着文化游人前来凭吊的地方。

五、泗泾地区

元末，著名学者陶宗仪曾居住在泗泾南的南村草堂。草堂内有十景，为竹主居、蕉园、来青轩、阆杨楼、佛镜亭、罗姑洞、蓼花庵、鹤台、渔隐和螺室。并写有《南村十咏》。其学生杜琼将这十景画成册页，现藏于上海博物馆。

肯园位于松江泗泾镇中市桥西。元时为夏氏清樾堂故址。元代陶宗仪《南村辍耕录》有记。清康熙年间为附贡生马潮所得，改筑名为"肯园"。有古榆、古银杏各一株，相传为清樾堂故物。嘉庆年间归秦渊，俗称"秦家花园"。占地4亩。园内有红白荷花池各一池，四周以石栏相围，池旁有湖石假山。假山下曲水环绕，水上架小石桥，桥下有灯楼一座，楼上各种木雕十分精美。现为松江四中所在地。

明万历年间进士、福建参议、华亭人范临允在泗泾道院弄（今文化弄底）有古范园。聚土为丘，筑亭其上，丘西有墨池一泓，池中植荷花。沿池叠有假山，种有花草树木。池旁有书斋两间，为范临允早年读书处，有其手书宋代魏野诗句"洗砚鱼吞墨，烹茶鹤避烟"。天启元年（1621）范定居吴县。园后废，仅存范临允当年手植一古柏。

宝伦堂，俗称"汪家厅"。位于泗泾镇开江中路368号。宅院坐北面南，由汪宝林建于清代中期。相传有"十进九庭心"规模，分东、西两轴。西轴建筑年代较早，面阔三间，依次为门厅、前厅、正厅、穿廊仪门、宅楼。门厅紧连前厅，正厅八界，厅前东西两侧有双鹤胫轩。北接仪门，匾额上原刻有"蕴壁生辉"字样，"文革"时被拆除。天井两侧为厢楼，有单支船篷轩。宅楼八界，二层南侧有弓形轩；东轴依次为门厅、前走马楼、后走马楼，布局完整。此宅规模较大，相对保存完整，宅楼、厅堂梁架颇具特色。

六、九峰地区

九峰地区自宋代以来就有名人建园筑屋，分布九峰，且数量颇多。其中佘山地区在明代中后期、清代、民国时期及1954年前属青浦县辖区。但在九峰地区，两县的往来是和谐无隔的，不分彼此。松江府华亭人、青浦人和其它县的人在九峰地区建园筑屋是很多的。下面我们仍以"山"的走向，从西南到东北的位置来叙述。

位于小昆山北麓的乞花场，为明代王世贞（一说是山西太原人王辰玉）、徐孟孺和陈继儒买地辟建为庙祀"二陆"，约6亩地。场内有湘玉堂、蕉室、花龛亭，颇擅幽胜。杂时花卉，要求前来赏花亲友，买花捐钱资助修建二陆草堂，故取此名。陈继儒还在小昆山北建婉娈草堂。后人在此祀"二陆"和陈继儒。清代诸嗣郢在此筑堂，并增加了祀三高士及陆应旸，名曰"七贤堂"。山西北3里的曹浜南，有夏氏的曹溪草堂，四面环水，环境幽静。

横云山上，有元代唐涿州筑横云草堂、黄公望筑黄公庐等。横云山庄原为明代兵部职方司主事张履端的山居，后归李逢申，改名"菉园"。为松江著名垒石家张南垣作品。该园非一般封闭式私家园林，依山而筑，平淡萧远，得自然之趣，按自然形态设置。建筑占比例较小，环境幽胜，似一幅倪云林的平远山水画。清初为户部尚书王鸿绪所得，《明史稿》修撰于此园中。园内有含清堂、听鹤亭、桂台、朋云草堂、七峰精舍、松台、此君山馆、枫岩、斗姥阁、修篁台十景。横云山麓，与横云山庄仅一水之隔的有清代刑部郎中张汇（张照之父）的宿云坞。清初为户部尚书张照购得，题园名为"宿云坞"，并勒石为记。奉父居此。坞中有庵堂楼阁，后为张氏家祠。现已无存。

在横山南，有张祥河筑别业望云山庄，为奉养其父母处。其北为家祠。地旷迥，有金萱堂、横云全胜、抱月小筑、射径、慈竹长春、听潮舫、南荣方壶诸胜景。南麓崖壁有张祥河书石刻"横云"两大字，与园景相应，为山庄一景，至今仍清晰可见。

在小横山下，有元代文学官、华亭人孙长庆（孙稷）筑的"小山招隐"园林。在横云山西一里余地，有清代吴川知县、兰州太守、娄县人杨士玑建造的杨园。其园内有桂榭筠廊、雕栏画槛，环以嘉卉名木、秀石、平池之胜景。据称其秀色在张照的宿云坞、王鸿绪的横云山庄两园之上。乾隆四十五年（1780），园主杨士玑死于战乱，园逐渐废。

在机山，朱永佑还筑有吏部园。清处州知府、奉贤人周茂源有别业在机山。

在天马山上，有二陆草堂，相传为陆机读书处，圆智寺是其遗址。南宋末周镛、周镐兄弟在天马山筑"山舟"为读书处，因山居安，舟涉险，取"居安思危"之意，且舟、周同音，故名。由赵孟頫题额。元末明初时重修，陆居仁撰前记，汪宜耀撰后记。元、明、清以来，"山舟"作为云间著名古迹，被著录于府志、省志，声名远播。前来访古、题咏的文人雅士不绝于途。在山东麓，"山舟"偏西位置，有明永乐十一年（1413）建的九山逸史堂，原为圆智道院旁的义塾，后为明代周允深的别业。清初周士彬（号爱莲居士）在此处建宝善堂。又筑有"来雨楼"。周在此藏书五万余卷，为江南藏书名楼。在中峰岳祠旁，有来鹤轩，为元宣抚使周讳筑于元大德八年（1304），后为周显的别业。清乾隆三十年（1765）由宣抚裔孙周忠熺（字岘村）重建成周氏园林中胜地，为山间游览时的休息之所。

天马山上，还有餐霞馆，在朝真道院左侧，明万历年间周盛筑。崇宏壮丽，前有丛桂五株，大可合抱，并建有丛桂轩，董其昌书额。山南麓还有明代隐居高僧、文学居士吕廷振（鸣玉）的别业吕氏南园。园内"池馆竹石，俱倩蔚幽丽。长桥卧波，约以朱柱，遥通两岸。回房曲舍，复鳞次环绕于其间。"白萍州是园中最有名的景点。花晨月夕，吕廷振常与陈继儒、施绍莘等雅士聚会，极一时之盛。清初园废。清代周忠熺在原址重新规划，营建了"岘村小筑"，仍额为"南园旧迹"，后称宝书堂。在岘村南，还有明代王俞赟（毅宇）居天马山时所筑的太虚楼。有池，纵横约五六亩，于池中建一楼阁，清流四绕，望汪洋，回视九峰，皆收眼底，取"太虚一点"之意，名曰"太虚楼"。实居山中之胜，莫云卿曾题为"选胜楼"。今依古籍记载，重修了选胜楼。在岘村南，还有里人杨茂的别墅碧梧堂、明代黄鉴筑八峰小隐，为其与友人曹时中、王一朋、钱福等人游览休息之处。

在天马山南，有万松园，为元代隐士周纪的别业，园内遍植松树故名。还有元末华亭人李彬宅园，园内有池，有卧石一具，形如怪人，题其颜曰"蠢物"和蠢石轩。当年杨维祯《干山志》所记，曾应邀在此用餐。菊庄，元代园林，为陶宗仪的别业和种菊处。看剑亭，为元末杨维祯的别业。鹤静堂，为明代吏部侍郎朱永佑的别业。

在天马山西南有元代周悌的"竹溪精舍"，俗称"竹弄"。因其先人喜爱青竹，于祖茔墓庐处，沿溪植竹万竿，结庐守墓。清顺治十七年（1693）在此建半珠庵，先为周氏祖先谈书之地，后设庵堂。康熙三十二年（1693）重建。"历危蹬山道百级达于庭"。道旁古藤索络，怪石嶙峋，故独擅丘壑之胜。之中有楼三楹，有九峰主人诸嗣郢题写"九峰真迹"匾，周士彬题半珠庵诗。在天马山西麓，还有清代周忠炘筑的小孤山庄。园内依山结构、竹木翁翳、泉石幽深、老梅数十株。园内有四宜轩、花间草堂、渔山小舫、懒云窝、卧云谷、蓄雨峡、红亭、霞虹桥、琴台、积翠池、窗前岛、墙下矶等12景。周与友在此雅聚，觞咏无虚日。园今无存。

在天马山下，有明代黄希度，人称"苦吟先生"所筑的"石林精舍"。在山西麓，有隐士周蔽所筑的"云岫堂"。在许家浜河南，有吴子逵所筑的"环山草堂"，小桥流水，花木益盛，北抵山脚，地幽景胜。吴子逵在此种竹养鹤，读书其中。后归沈醴泉所有。在山南，有明代七宝人蒋怀音所筑的和鹤堂、山南金泾里，有任秋雯的隐居之所"西枝草堂"、明代周瞻梅所筑的瞻梅小筑、在山东北溪湾，有李则仙的旧居借园等。

钟贾山上有元代高远晞的心远堂等。

明代陆万言在卢山筑畸墅，山下有水一湾，清澈如泉，建有抱珠楼等。园内有竹阁云房、兰香飘逸、松篁荫翠、鸥鸟临亭，时人慕之，多有题咏。

辰山有元代杨孙的芝泉亭；松寮，张之象别业；有猗兰堂和细林山馆，园内多怪石清泉、烟扉月榭、丛竹茂林等30景。还有汉阳知府、华亭人孙克弘在辰山筑的别业"孙氏山庄"，庄内有听雨轩、敦复堂、赤霞阁、东皋雪堂诸胜景。清顺治辛丑年进士、青浦人诸嗣郢在辰山营建九峰草堂、张宪筑细林山房、陆振芬筑绣村草堂、金氏筑松风草堂、明代曹泰（曹时中之兄）筑九峰书屋以及屏山园等。

辰山之南广富林有元代画家、华亭人曹知白（1272—1355）居所，"复缮治藻饰，环以佳花美木，池台水月之胜，萧然如在穿林邃谷间。"内有厚堂、古斋等，藏书画数千件。还有明曹时中的西园，园内有宜晚堂和九峰书屋等。有曹廷献宅院世庆堂等。

西佘山有元代徐景曾筑的西佘草堂。有王端的放鹅处，名放鹅庄。姚泳的佘山溪堂。在佘山西麓，有陆纬的寻药山房。在佘山莫家厍，有莫如忠的别墅知乐园，内有浮花舫、镜阁等诸胜景等。

明末上海县人施绍莘，字子野，自号峰泖浪仙，寓居华亭。万历四十四年（1616），"乃建园林以自娱"，筑舍西佘山之北，名"西佘山居"，又名"西佘草堂"。筑有三影斋、书室"春雨堂"、西清茗寮、罨黛楼、秋水庵、聊复轩等，华阁丽宇，花木扶疏，景致艳丽。施绍莘还自撰《西佘山居》一文留世。三年后，他又建别墅于南泖之西，名"泖上新居"。筑有精舍、就麓新居、众香庵、散花台、语花轩、竹阑水上、一灯十笏等各具风格的建筑物；并于水涯山坳，遍植松、竹、桃、柳、芙蓉、牡丹等花木，形成一风景区。"每逢佳日，携侍姬，泛舟于山水间，命歌自制曲。诗场酒座，常与抬邀来往。"而"西佘山居"在崇祯年间（约1629—1630）出售给了兵部侍郎王念生，由于王不善经管，也许是其他原因，很快就成了破墙残壁，一片萧条。这就是《徐霞客游记》中所描写的"三顿而三改其观"，即三次来施绍莘的"西佘山居"，三次的面貌都不一样。

在东佘山，有陈继儒"就筑室东佘山，闭门著述"的"东佘山居"。园中有白石山房（原明万历进士章宪文筑。前有亭，四周密莳松竹。吕克孝谓"居山宜仿此意"。后陈继儒以书五千卷与章换之。见《一瓢集》）、神清之室、古香亭、含誉堂、顽仙庐、清微亭、筜帚庵、鹦鹉冢、雪梅井诸胜景。陈继儒自嘲"树无行次，石无位置，屋无宏律，心无机事。"于随意之中透出其散淡飘逸的人品和高雅的审美取向。

在东佘山南麓，有明董氏筑佘峰别业"东山草堂"。万历年间为太仆寺少卿王升所得。园内的皆山阁，由陈继儒题额。其下有陆思劭书"丹崖青壁"四字。近旁有呼鱼池、红雨榭、凝翠亭、新懦斋、交远斋等建筑，均为名家题额。其孙王祖晋加以扩建，改称"知止山庄"。有亭馆甚众，见于记载的还有碧涵堂、洗衣掬月亭、依竹小堂、宜楼、山晓楼、浣月溪房、东山书屋等胜迹。清乾隆元年（1736），王祖晋之子王兴尧告老归故里，建寿安楼，为高年安息之所，奉母居此，遂养高之乐，故易名"遂高园"。清王廷和著有《遂高园记》，如同详细的园内导游词。清代嘉庆、道光年间，园渐废[注25]。

清代四川布政使、娄县人姚令仪之子、文学画家姚椿（1777—1853）在东佘山南麓筑白石山庄，内有白石草堂、鄂不楼、东墅、藏山阁、带经书屋、微波榭、玉鱼亭、金栗台、岁寒轩、读画廊、香雪亭、樗寮等12胜景。还筑"通艺阁"用于藏书，藏书达数百万卷。他好学勤读，博闻强识，潜心程朱礼学。道光元年（1821），被举荐为孝廉方正，辞谢不就。先后在河南彝山书院、湖北荆南书院和松江景贤书院主讲课程。后纂成《禹州志》26卷。还有清代董黄宅院，内有东佘草堂、来青堂等。

凤凰山上，有元初费榕的瑶芳亭，由赵孟頫书额。元代夏颐贞筑"西畴草堂"。元末，陶宗仪还在凤凰山南建有南村居，为陶宗仪的隐居处，也是凤凰山10景之一。芙蓉庄、凤凰山庄和三星阁，为明代大学士徐阶的别业，规模颇大，也为凤凰山10景之一。山月轩为元末明初华亭进士俞允读书处（俞允为方孝孺门生，靖难时曾藏匿收养方孝孺的儿子方德宗）、明代张弼在此筑别业梅居、何三畏筑别业拜石堂，前有石壁，高百尺，广倍之。桐五本，大可合围。翼以孤阁，逶迤左折，松桧四周，山半一桂树，古色婆娑，花时馨绝。还有陈继儒筑来仪堂、王元瑞筑且止园等。

明代进士曹时和、曹时中兄弟在薛山建有宜晚堂，堂前后皆种菊。

北竿山有元代余寅的雨濡亭等。

综上所记，仅是松江在清代之前的一部分私家园林山庄及少数第宅大院，并不全面。说仅是"冰山一角"也不为过。松江有众多的私家园林第宅大院，可大多已毁，都湮没在了历史的烟雨之中。当今能看到的仅剩颐园、醉白池、朱季恂宅、钱以同宅、瞿继康宅、袁永宅、王冶山宅、兰瑞堂、杜氏雕花楼等少量园林宅院了。

松江为何有那么多的私家园林宅院，这就引出了另一个话题。简单地说，那就是松江的经济恢复日趋繁荣、家庭积累增加、尊师重教传承、求学风气甚浓，且通过科举考，中进士的人甚多，任官的也就多了。这方面史料记载有多种说法。一种说法是：宋至清，华亭及后设的娄县，共有521人中进士；第二种说法是：据《华亭县志》记载：自唐僖宗光启二年（886）至元英宗至治元年（1321），华亭县共出进士72人。唐宋以来的华亭县出了528名进士，明清两代有进士456人（其中明代287人，清代127人，以他籍举进士者42人）。其中状元4人，榜眼5人，探花4人；在明代已成为全国县级单位的第一位。第三种说法是据《明清进士题名碑录》的记载，统计了明、清两代所出进士数量最多的县以及松江邻近的几个县所出的进士数量：仁和550人、钱塘486人、松江414人、鄞县393人、吴县367人、长洲313人、常熟267人、歙县260人、昆山250人、秀水182人、嘉兴174人、嘉善157人、太仓155人。在这13县中，松江位列第三[注26]。第四种说法是据南宋《云间志》记载：从北宋天禧三年（1019）至南宋宝祐元年（1253）的234年里，华亭县中进士的有148人，其中南宋时有110人，内含状元1人。四种说法的数字都不一样。且宋时的数字出入很大。当然，这不是本文要研究的事，故不作论证，仅作为私家园林宅院"为何多"的一个佐证和参考罢了。

这些进士或在中央、省级机构任官，或任地方知府、知县等。任官期内或告老还乡后建筑私人园林宅院的很多，再加之一部分经商富贾大户，故筑园林宅院的就更多了。不管怎样，松江在宋元明清时期有私家园林宅院百多座，这在中国历史上也是一个不多见的人文景观。

第三节　筑园高手

华亭还有一家子"筑园高手"也值得一提。

张南垣（1587—1671），单名涟，字南垣，明末松江府华亭县人。少时从董其昌学画，"通其法，用以叠石堆土为假山"所作"多得画意"，"其筑园，创手之初,但见乱石林立;乃踌躇四顾,默记在心,一边高坐与客谈笑,一边呼役夫,某树下某石某处,不须斧凿,而非常妥帖;筑成后,结构天然,奇正罔不入妙,使整个园林与周围自然景物浑然一体。许多名园,都出其手。""所布置的园林格局,大多仿自宋、元山水名家,处处都堪入画,成为艺术精品。享盛名数十年,东至越,北至燕,多有重金聘请去造园的"。

从清顺治年间到康熙年间,张南垣先后在松江、嘉兴、江宁、金山、常熟、太仓一带筑园叠山,他营造或参与督造的名园有20多处,据史书记载并可印证的就有近20处:无锡寄畅园、苏州吴县席本祯的东园、常熟钱谦益的拂水山庄、太仓王时敏的乐郊园(东郊园)、南园和西园、吴伟业的梅村、嘉兴烟雨楼的假山、嘉兴吴昌时的竹亭湖墅、朱茂时的放鹤洲、徐必达的汉槎楼、钱增的天藻园、上海的豫园,嘉定赵洪范的南园、山东潍坊的偶园以及皇家园林畅春园、静漪园和京城西苑中南海等处假山。

张南垣在松江叠石造园的就更多了,如原许瓒曾的西园中的一半售给张维熙后,经他改建后,有"倒影涵空塔印尖"的美景,遂改园名为塔射园。还有松江李逢申的横云山庄、横云山张汇的宿云坞、府城西门外的颐园等处的叠石假山都出自他手。他所创的盆景,亦妙绝无伦,与叠石时称"二绝"。许多名流学者如董其昌、陈继儒、黄宗羲、吴伟业、钱谦益等都称其叠石绝技。"其子张然,张熊,也精叠石造园之术,能继父业,人称'山石张',世业百余年不衰"。

另外,明末清初的儒学大师朱舜水(1600—1682),又名朱之瑜,字鲁屿,日本尊称为舜水先生。浙江余姚人。寄籍松江,后旅居日本,传授中国文化,曾为德川国光设计"后乐园",为今日本著名园林之一。

园林建筑的兴起,虽为私苑,但也为文人官吏访客会友提供了好去处,赏园品林,写诗作画,成了这个时期文人士大夫的理想生活追求。如华亭的醉白池、颐园等处,就是名人学士的常游之地。

第四节 园林被毁

明嘉靖年间(1553—1556),倭寇侵犯松江府长达四年之久。古城和仓城及周边的园林遭受到了严重破坏。倭寇集聚了有2万多人,盘据在柘林、川沙洼、乍浦三个据点,有记录的倭寇侵入烧杀劫掠就有76次,平均每年有19次。每次少则30多人,多则三四千人。侵犯松江府地区的华亭、上海、青浦三县及市镇柘林、青村、曹泾、松隐、朱泾、张堰、吕巷、干巷、泖桥、横泾、枫泾、章练塘、沈巷、金泽、朱家角、唐行、白鹤、青龙、蟠龙、泗泾、乌泥泾、闵行、沙冈、周浦、下沙、新场、南汇、川沙等 30 多地，其中上海县城、松江府城多次被围攻。东门和俞塘、南门、西门和长桥及白龙潭一带、仓桥一带均被焚烧掠夺，许多民居和园林寺庙被毁。"入西关，大肆焚劫，烟火七昼夜不绝"（范濂《云间据目抄》卷三）。许多市镇被劫掠损失惨重，遭焚烧尽成瓦砾。杀死我军民有万人之多，其中被杀溺的平民百姓就有四千多人，血债累累。而我军民奋起反抗，杀溺倭寇也在万人之上。

  清顺治二年（1645）清军大举南下，在攻打松江府城时，与松江守城义军发生激烈巷战，"府前一带直及西郊街市俱毁"（叶梦珠《阅世编》卷三），自东门至秀野桥、南门至北门，街坊店肆皆毁于战火，园林也被毁无数，能保留下来的是少之又少。

  大量的明清时期园林之所以未能保存下来，主要是因战争的破坏，还有园林主人变故或家道中落的缘故及后来的城建规划拆除等因素。

  1998 年评出的"松江十二景"中的"醉白清荷"、"颐园听雨"及 2007 年评出的"松江新十二景"中的"三宅缘墨"等均反映了当时松江的园林宅院。

第十章　康熙莅松

来松江游历的文人贤士和各级官吏不少，可当皇帝的亲莅松江的也只有清代康熙皇帝一位。

康熙帝，爱新觉罗·玄烨（1654—1722），在他的六次下江南中，曾经有两次到过松江，分别是康熙四十四年（1705）和康熙四十六年（1707）。目的是在松江、杭州等地检阅军队举行校射，巡察捍海塘及阅视河工等。当然也有了解民俗风情、游览观光的成份。在松两次巡视时逗留长达半月（另一种说法是两次共逗留了十天。史料中有"两次到访华亭秀甲园和赐金园"、"品兰笋"，赐御笔"兰笋山"等记载。

第一节　康熙初莅松江

康熙四十四年（1705），51岁的康熙于二月初九起程南巡。三月十八，康熙在苏州巡游时，松江提督张云翼奏请康熙帝巡幸松江，检阅驻松军队官兵。康熙帝降旨："朕当前往看视，著先去伺候。"当天，张云翼奉旨先回松江准备。

三月廿五日，康熙南巡船队由苏州经青浦行至华亭境内沈泾塘钟贾山处，因天色已晚，便泊船过夜。次日，御舟及随行船队启行，由沈泾塘往松江府城进发。全府文武官员及士绅军民数十万人，在沈泾塘两岸，从广富林到府城，夹岸跪迎圣驾，欢呼"万岁"。康熙感慨在来松江路上看到的情况："百姓虽不能比户丰饶，幸安居乐业，无憔悴之色。……（每天）扶老携幼，日计数万，随舟拥道，欢声洋溢。"皇帝担心"人多路隘，菜蔬苗麦，弥漫田野，不能保其无损"。因而要求地方官"出示晓谕，万勿踏坏田禾。有负朕恤民之意"。御舟至跨塘桥西靠岸，换乘轿去了他驻跸在松江城南门内提督府东南（注：今"云间粮仓"东南侧）的"万寿行宫"。一是这里环境幽静，二是靠近提督府，便于警卫。

在昨日经过青浦时，当地官员呈献给皇帝"孔宅"史志、书考、画卷、墨刻各一。康熙帝安顿下来后，便御书匾额对联颁赐给位于青浦的孔宅，联曰："泽衍鲁邦四海人均化育，裔分吴会千秋永世烝尝"。

第二天，皇帝开始校阅驻军。第三天接见文武官员、颁旨嘉勉训戒等。在松的第四天，原本要继续校阅驻军，因天阴有雨，康熙说："若天气晴朗，朕尚可阅尔军容；今久阴之时，倘擐甲时遇雨，则甲胄器械锈涩矣。朕因此中止。"康熙半生征战，深知军旅之事。那时士兵穿的都是铁甲，一经雨淋，生锈是必然的，可见康熙对部队装备是非常爱护的。

故临时改为去侍郎王顼龄、户部尚书王鸿绪两兄弟的两处别业秀甲园和赐金园。秀甲园位于西塔弄底，康熙到达时，园中紫藤盛开，引起康熙雅兴，挥笔题赠"蒸霞"二字；又临了董其昌字一幅"青天蜀道不难攀，思入微茫杳霭间，稍著一区杨子宅，居然秀甲九州山"赐王顼龄。兴犹未尽，又写了"深林人不知，明月来相照"对联赐与王顼龄。

王鸿绪的别业名赐金园，在竹竿汇，园中竹苞松茂，亭台幽雅，另具秀色。康熙一到就为王鸿绪赐御书"松竹"两字。接着又为王写了《御制三江口》诗：

　　满眼湖山丽，九峰负海隅。沃野吴淞境，横云馆驿衢。
　　观风来泽国，非是喜灵区。雨过泊舟处，星连映水珠。

在进入一座厅堂时，又写了"万物静观皆自得，四时佳兴与人同"的对联一副。

在这一天，康熙还带着文武官员至方正学祠（即求忠书院）和董其昌祠等处巡游。在到方正学祠时，还为方孝孺祠御书"忠烈明臣"匾额，还赐方孝孺先生为"明文渊阁大学士"。为董其昌祠题了"芝英云气"四字，下署"四月乙丑朔"。康熙非常喜欢董其昌的书法，在题了上述四字后，意犹未尽，又为董其昌书法写了一段评语：

　　"华亭董其昌书法，天资迥异，其高秀圆润之致，流行于楮墨间，非诸家所能及也。每于若不经意处，丰神独绝，如微云舒卷，清风披拂，尤得天然之趣。观其结构字体，皆源于晋人。盖其所临摹阁帖，于《兰亭》、《圣教序》能得其运腕之法。而转笔处，古劲藏锋，似拙实巧，书家所谓古义脚，殆谓是耶！颜真卿、苏轼、米芾以雄奇峭拔擅能，而根底则出于晋人；赵孟頫又规模二王；其昌渊源合一，故摹诸子，辄得其意，而秀润之气，独时见本色。草书亦纵横排宕有古法。朕甚心赏。其用笔之妙，浓淡相间，更为夐绝，临摹最多，每谓天姿与功力俱优，致此良不易也。

康熙岁次乙酉三月，南巡驻跸松江府书。"

康熙书法甚工，他对董其昌的这段评语，赞誉如此之高，不愧为行家卓识。可惜时世更替，这些书法真迹，都已湮没无存了。

康熙信佛，所到之处，地方官总邀请本地名僧相陪。在松江期间，康熙为超果寺题写了"虹光胜迹"匾额；赐赠御书"奎光烛影"匾额于小昆山泗洲塔院；为云峰寺、性觉寺题了寺名；还给禅定寺僧元珑、超果寺僧明穹、樵隐庵僧行澜、松江知府郭朝祚题了字。后来，泗洲塔院特建御碑亭供奉钦赐匾额。

这几天，康熙的饮食自是最珍贵和有特色的。松江四鳃鲈、佘山兰花笋、长江鲥鱼等新鲜特产自然都食用过。有御制《松江进鲜鲥鱼有怀诗》为证："古有盛鱼奉老亲，锦鳞初得尚方珍。虽然星夜传驰驿，岂似鲜新出水滨。"那时没有冷冻设备，这鱼虽是"星夜"赶到的，但也不像在江边食用那么新鲜了。

康熙在离松的前一天，还御告地方官："明日启行时，军士不必擐甲，皆令以常服列于路旁可也。"四月初一，康熙及其一行离松，乘轿出松江西门至跨塘桥，从那里登船，顺古浦塘西去了浙江，结束了第一次松江之行。

第二节　康熙再巡松江

康熙四十六年（1707）正月廿二，康熙帝再次起程南巡。皇太子以及皇长孙、十三子、十五子、十六子随行。三月廿一从苏州启行，当晚御舟停泊昆山青阳江。第二天停泊青浦柘泽驿。三月廿三抵松江，这是康熙第二次巡幸松江。迎送的场面如旧，并仍驻在当年的"万寿行宫"内。

至松江的第二天，仍到小校场演武厅阅兵，仪式如旧。第三天接见文武官员，亲口宣布了两个武官升迁的命令，并表扬了江南按察使张伯行，赞扬他："居官甚清，此名最不易得。"又召地方官近前，训谕他们："江南钱粮既多，火耗虽轻，断无不足。养廉者清，乃居官之常。清官每多残酷，清而能宽，斯为尽善。"当日还批准了浙闽总督奏请的出洋渔船要照商船式样改为两桅。

后又再次临幸王顼龄、王鸿绪的两座别业。这次到秀甲园，特别欣赏"秋水轩"的景致。后王顼龄请人绘图记一时之盛。康熙帝幸赐金园后，王鸿绪曾写诗记皇帝赐给他的这种殊荣。

在松江期间，康熙还为小昆山泗洲塔院书匾"烟岚高旷"，并赐铜佛一尊。为几位僧侣官员题了字。禅定寺俗称小北庵，在松江北门外下塘，康熙当年游此寺时曾御书"禅定寺"匾额。这次来松，据说康熙帝还赏游了白龙潭美景，亲题"翠华"二字。后来，当地官员在白龙潭边建了翠华亭，也称"万岁亭"。因旧志无载，后两天活动不详。

第八天才登舟启行离开松江。当晚泊松江杨家浜。第二天，船去浙江杭州，结束了第二次松江之行[注27]。

虽然康熙帝南巡时曾一再示意地方官员"沿途供应都来自内廷，不打扰地方"，但各地还是特意修建了行宫。三年后，康熙曾驻跸的松江"万寿行宫"由于无人居住，已有破损，江南提督府师懿德于康熙四十九年（1710）闰七月廿一，奏递将松江"万寿行宫"交地方有司承管折。奏折摘要如下：

"查得松江行宫原备皇上巡幸驻跸之所……奴才看江南潮湿之地易于倾颓，每逢雨水连绵之候便多倒坏……奴才不敢坐视，虽现在补葺，无如工程浩大，不独随修随损……为此冒昧陈奏，伏恳天恩垂鉴愚诚，或将此行宫应否交给地方有司承管经理。"

康熙对此奏折作了如下御批：

> 南方各处行宫，与地方官民甚是不便，当日朕曾谕旨不许修行宫，一时各处都已造成，朕亦无奈，只得住了。行宫一事原非朕意，今有交与地方官，又是多一事，不如守着，听其损坏罢了。

历来帝王在各个名胜地或紧要地修缮行宫，总不免奢靡富丽，而地方官员也往往不惜奉迎讨好，穷尽地方财力，到头来苦了老百姓。康熙却是一位出类拔萃的人物，他对黎民百姓的仁慈宽爱在历代帝王中是比较突出的。他曾召集各官面谕说："和百姓一起休养生息，重要的是在于不去打扰百姓，如果白白地损伤耗费元气，百姓的生计就会蹙迫了。"行宫修成，用过一次之后就成了摆设。日久不用，损坏日增，江南提督上折要求将"行宫"交给地方官员，康熙恐怕又"多一事"，下旨"不如守着，听其损坏罢了"。显示了处事周到、不扰民的平和之气度。

再回到原题上。康熙为佘山题名，是临幸松江之后十年的事了。康熙五十九年（1720）春，杭州织造员外郎孙成、苏州织造司库那尔泰两位钦差大臣从北京来，恭送康熙御书"兰笋山"三字匾额赐与佘山。三月十一日，松江府全府官员和地方士绅前往佘山迎接，司库手擎御书墨宝，交给右副都御史吴存礼。提督军务固山、额附赵珀把匾安放在宣妙讲寺佛殿上。孙成告诉地方官要好好保存，万勿遗失。

  为了长期保存，不知何时，这"兰笋山"三字被雕刻在一座石碑上，立在佘山脚下御碑亭中。从那以后，佘山就有了"兰笋山"的别名。后亭塌，碑移在宣妙讲寺旧址"栖碧山房"山门前的空地上了。这座碑在1930年代已断为三截，倒在地上，后就不知下落了。栖碧山房则在1985年被拆除，盖了修道院宿舍，现址为佘山神学院。

第十一章　华亭百咏

南宋淳熙年间（1174—1189），许尚，自号和光老人、华亭子。曾取华亭古迹，每一处为一绝句，名曰《华亭百咏》，虽为残稿，也有 85 咏。有近一半的景物在仅晚于其作 10 多年的南宋绍熙四年（1193）所编纂的《云间志》中都有记载，有的则在当时已废，有的也是受《华亭十咏》的影响，为相传之闻。清道光十年（1830），华亭人唐天泰，字如玉，所作的《续华亭百咏》，也以每一处为一绝句，并为全本。两部《华亭百咏》，前者距今已有 850 年上下，后者也已隔了 190 多年了。这些"咏"的内容主要是哪些？两者有何变化？今日我们还能看到的古迹风物还有哪些？在此，撇开古诗内容不谈，而对古人选哪些景物来吟颂作一归纳和分析。

第一节　南宋《华亭百咏》中的景点

将许尚的残诗稿的 85 咏作归类，大致可分成四大类。

一是山、水、泉、洞等自然景观，共 17 处，其中遗存 4 处。

它们是：金山，即今金山岛。寒穴泉，在金山岛之北。华亭谷，在谷水上游。柘湖，在县治南 35 千米，现已成平田。唳鹤湖，在县治南 22.5 千米处。昆山，即今小昆山。谷水，即古三泖。凤凰山，今同。陆宝山，在凤凰山与薛山之间，现已成平田。佘山，今同。白龙洞，在横山顶。淀山，在淀山湖东南。俞塘，在县城东门外。御史泾，在县城东门外。白龙潭，在县城谷阳门外西北，现已无。小湖，在西湖北一湾。苏州洋（注：无地点说明的均为原址不详，下同）。

二是亭、堂、楼、阁、塔、桥、宅、园林等建筑，共 22 处，其中遗存 3 处。

它们是：孔宅，在县城北 30 千米，在今青浦白鹤镇。袁崧宅，在县治西北。顾亭林，今金山亭林镇。顾府君宅，在今亭林镇。陆机宅，在小昆山。秀道者塔，在西佘山东坡，今存。东堂，在县之东。思齐堂，在县之东。月榭。濯缨亭，在县治南 10 步。震桥，又名虹桥，在邱家湾南。小隐园。望云桥，县治西 70 步。弥陀阁，在佘山顶。丁公桥，在县治北。云间馆，在县治西 600 步。湖桥，在西湖上。泳波亭，在西湖中洲。风月堂，在旧市舶司。湖光亭，在瑁湖上，在风月堂西。柳园，柳约故居，在柳家巷。望仙桥，在今方塔园内。

三是祠、寺、庙、庵、院等宗教场所，共 25 处，其中遗存 1 处。

它们是：东庵异迹，即佘山普照寺。秦女祠，在县治南 32.5 千米。灵峰庵，在佘山。芥子庵，在佘山。三姑庙，在淀山，今青浦区。姚将军庙，在县治西。普照寺，在普照路北。罗汉院。福顺庙，在旧酒务西。东岳行祠，在县城西，今岳庙。西庵，在西佘山修道院。昆庐庵，在西林，早西林寺之地。道院，在西湖西。显忠庙。东寺。证觉院，在县治西南 150 步。栖真庵。陆四公庙。南庵。姜庵。三洞庵。净居院，在县治东北 300 步。冰柏庵。圆珠庵。

四是地名和古迹，共 21 处，其中遗存 1 处。

它们是：八角井，在府南太平桥南，张泾桥西。陆机茸，在华亭谷东。三女冈，在县治东南 40 千米。金山城，在县治东南 42.5 千米。前京城，即康城，建于梁天监七年（508），在金山卫西北 5 里，后陷入海中。秦皇驰道，小昆山南 2 千米。征北将军遗碑，在小昆山。集贤里，在县治西北 10 千米。石鱼，在天马山。思（堂），在县治丞厅。沙冈，在县城东 35 千米，古冈身，在县治东 35 千米。石兽，在县城东。赵店，在县治东，华亭建县前的集市处（原址在上海照相机总厂处）。石幢，今中山小学内。陆瑁养鱼池，在县城西门外。唳鹤滩，在西湖上，今金沙滩处。异木。鹤坡，在下沙。安公像。莲巢。沪渎，在县东北 55 千米入海处。

唐宋时的华亭县，地域面积基本覆盖吴淞江以南地区，约有 3000 平方千米。华亭县自元代升华亭府并改松江府后，到了清代已辖"七县一厅"，地域面积随着陆地东移也有所增加。南宋淳熙年间至清道光十年相隔了 650 年上下，沧海桑田，星移斗转，许多景物都会发生很大的变化。

第二节 清代《续华亭百咏》中的景点

将清唐天泰的《续华亭百咏》按南宋许尚的《华亭百咏》作同样的分类（注：清唐天泰的"华亭"名为借用，所咏的内容其实是松江府的范围）。

一是山、水、泉、洞等自然景观，共 28 处，其中遗存 11 处。

它们是：兰笋山，即佘山。神山，即辰山。库公山，今同。秦山，即金山张堰秦望山。铁山，在今金山区。松江，即吴淞江。三江口，即范家浜，今黄浦江北南段南侧。淀湖，今青浦淀山湖。青龙江，原名顾会浦，吴淞江支流，在青浦境内，现称通波塘。秦皇走马塘，在小昆山镇北。日月河，在普照寺南。采花泾，在县城北。夜游泾，在县城北。归泾，在胥浦北。白牛塘，在金山枫泾北，现为金山区、松江区界河。贞溪，在青浦小蒸塘。会仙浦，内勋浦分支，在县城西40千米。松塘，在小昆山西北。闸港，在今浦东新场东。吴淞闸，在上海县北。洗鹤滩，在库公山。钓滩。虾子潭。五色泉，在西湖道院内。涌泉，在静安寺前。白鸥池，清初为翰林院待诏、诗人高不蹇家园，俗称"高家园"。仙人洞。

二是亭、堂、楼、阁、塔、桥、宅、园林等建筑36处，其中遗存3处。

它们是：玲珑坝，在金山卫城外，以御海潮。问俗亭，在城西仓城附近，后为道院。沪渎垒，吴淞江入海处，在上海县北5千米。瞻录亭。云间第一楼，今松江二中校门。读书台，在小昆山上。醉眠亭，在青龙江边，李中行筑，苏轼为之铭。折桂阁，在尉厅之中。云间洞天，在府治钱家巷，钱良臣宅园。松雪读书堂，在松江，赵孟𫖯读书处。山月轩，在凤凰山。晚香亭，在辰山。南村草堂，在泗泾南。清樾堂，在泗泾中市桥西。最闲园，王逢隐居处，在乌泾镇。露香园，在上海县。小蓬台，即百花台，在东禅寺附近，杨维祯寓居处。放鹅庄，在佘山，王端放鹅处。戏鸿堂。丽秋堂，在横云山下，李舒章宅园。皆山阁，在东佘山狮子峰，王陛宅园。顽仙庐，在东佘山，陈眉公隐居处。横云山庄，在横云山，即横山，李逢申宅园。宿云坞，在横山，张汇、张照父子宅园。也是园，亦名南园，即蕊珠宫，在上海县。古倪园，在城北门外通波塘西侧，沈虞扬宅园。松泽西亭。月轩。幻住山房。听雪轩。丹凤楼，在上海县。神罂仙馆，在辰山。点易台。泖塔，在拦路港泖岛南，今青浦太阳岛。菊庄，在天马山，陶宗仪的别业。铁笛桥，在城南会仙桥南。

三是祠、寺、庙、庵、院等宗教场所，共21处，其中遗存2处。

它们是：三俊祠。四贤祠，在辰山。胡公祠。白燕庵，在贤游泾袁凯墓侧。方正学祠，原求真书院，今松江区行政二中心西南角处。夏周二公祠，在府衙南，祀夏元吉和周忱。方公祠。陈夏二公祠，祀陈子龙和夏允彝，在广富林，后拆除。周太仆祠，祀周忱。李公祠，在仓城水次仓，祀明崇祯年间推官李瑞和。罗神祠，在城南会仙桥南。静安寺，今上海市区。超果寺，原址在今松江一中内。不香庵。澄照禅院，在泖岛，今青浦太阳岛。楞严庵，在石湖荡集镇西市底。芦花庵，在青浦小蒸泖湖边。莲生庵。有衮楼，即佘山慧日寺。黄耳冢，即黄泥寺，在城南二里余。花影庵。

四是地名和古迹，共15处，其中遗存2处。

它们是：大境。三高士墓，在今天马山东坡。发冢。瑞光井，在超果寺。天移井。由拳，古县名，后废，这里指长泖。白苎城，在县南20千米。吴王猎场，在凤凰山下。乞花场，在小昆山北。思鲈巷，即思巷弄，今已拆。读书堆，在亭林。葛蓬墩。绫锦墩，在盘龙塘上，钱全裒（惟善）种桑之所，今九亭镇境内。试院古柏。玉玲珑，为江南三大名石之一，为北宋花石纲遗物，现存上海豫园。

第三节　南宋与清《华亭百咏》的选题比较

选题。从以上两部《华亭百咏》的选题来看，宋代许尚选取的祠寺庙庵院最多，达25处，这或许是唐代华亭建县后受吴越国钱镠的影响。唐宋时期华亭县祠寺庙庵院规模较大的就有48座。选取的建筑和地名古迹居其次，有22处和21处。唐代华亭城内已是街巷交织、市河横贯、房屋栉比、商肆喧嚣，城市已形成规模，可见一些建筑是很有影响的。山水泉洞居后，有17处，基本能反映当时的风物景观现状。另外，和光老人受前人（唐询、梅圣俞、王安石等）著《华亭十咏》的影响，《华亭百咏》中也"复咏"了《十咏》中的顾亭林、寒穴、柘湖、秦皇驰道、陆瑁养鱼池、华亭谷、陆机宅、昆山、三女冈，仅少了一个吴王猎场，估计在遗失的15咏中也有此景。而唐天泰的《续华亭百咏》中对《华亭十咏》仅存二处，秦皇走马塘和吴王猎场，已有很大的淡化。选取最多的则是建筑，有36处。这也是历史变迁所致，在明清时期，松江的私家园林之多可以与苏、杭、嘉、宁、锡不相上下。清人还注重山水风光，使其占居次席，有28处。宗教选地退至第三位，有21处。地名古迹为最少，共15处。而且，唐天泰所选内容与许尚所选内容重复的不多，仅寥寥几处而已。

归类。应该看到，许尚的《华亭百咏》在编排顺序上不太讲究，属于看到什么就写什么。而唐天泰的《续华亭百咏》归类较清楚，分山、水、建筑、寺庙、地名古迹等，只是最后几篇有"硬补"之感。

范围。许尚的"咏"西北到淀山，北到孔宅，东北到沪渎，东南到金山，西南到前京城，范围是很大的，但主要还是集中在县城及周遭。唐天泰的"咏"范围要小些，府北的孔宅、袁崧宅，府南陷入海中的新京城和金山（岛）等均不在选题范围内。相对更集中在今松江、上海、青浦、金山、川沙、奉贤一带，以现松江区居多。

遗存。两部《华亭百咏》中的景物，有的在当时就已无遗迹，仅是后人的诗文传诵，如《华亭十咏》等。有的在当时已经废弃，无遗迹存世。有的景物并没有说明出处或地理位置，在史料中也查不到它究竟在何处？如许尚的《华亭百咏》（实存85咏）中至少有20多处无方位记载。唐天泰的《续华亭百咏》中有40处无方位记载。后又无史料记载，故所描写的景物后人也不得而知，难以传诵。再说，经历了800多年的历史变迁，许多景物已不复存在。宋时的《华亭百咏》景物，今日我们还能看到的仅剩9处了，它们是：金山岛、小昆山、凤凰山、佘山、秀道者塔、淀山、石幢、东岳行祠和望仙桥。其中，位于今松江区的有7处（金山岛和淀山分属今金山区和青浦区）。清时的《续华亭百咏》景物，今日可见的也只有12处，它们是：佘山、辰山、库公山、秦山、吴淞江、淀湖、白牛塘、云间第一楼、读书台、静安寺、三高士墓、泖塔。其中位于今松江区的有7处。以现在的松江区境内可见的这些历史遗存来看，两部《华亭百咏》的内容也仅有11处。其中：山5处（小昆山、佘山、辰山、库公山、凤凰山），塔（秀道者塔）、桥（望仙桥）、幢（唐经幢）、楼（云间第一楼）、台（读书台）、墓（三高士墓）各1处。变化是如此之大，能保存下来的并不多。

不解。在许尚和唐天泰的《华亭百咏》中并没有看到"咏"李塔、天马护珠塔、方塔的诗歌，而这些塔在南宋淳熙年间均已存在，不知何故？是否是在遗失稿之中？唐天泰也没有"咏"西林禅寺和西林塔，连天马山都未提及。而那些早已荒芜、不见遗迹的如秦皇走马塘、吴王猎场、陆机宅、沪渎垒、黄耳冢等还每每咏诵不已，这也许是受古代名人有名诗、名词、名句流传下来的影响吧。

第十二章　名人游记

将去远方游历的感受、将远方的山川河湖、风物民俗等记录下来，或诗或文、或画或联；将本地的旅游胜地的资料收集整理出来编成书籍，这也许是我们当今所讲的"诗和远方""文和远方""画和远方""书和远方"吧。

第一节　松江人的游记

松江古代游记类著作最早的有西晋陆机的《洛阳记》，记录了洛阳城形制及城内外宫观阁楼、街市。南北朝有顾野王的《十国都城记》（十卷）。北宋有陈舜俞的《青龙杂志》《庐山记》。据史载，南宋华亭人陈仁玉著《游志》一书。元末陶宗仪继此纂《游志续篇》两卷，汇唐宋元人游览之作48家，书颇罕传。嘉庆年间阮元得此书，进呈内廷，列入《宛委别藏》，阮氏提要称其"选择精审，足以资考核"。可惜未见传本，今人未能拜读，难以了解该书的详情。元末杨维桢的名篇《干山志》，在当代还被编入《牵着灵魂去旅行——与史上游记名家的心灵对话》一书之中[注28]。

明代华亭人和客居华亭的名士所写的游记还是不少的。如贝琼的《水云深处记》，董纪的《云东小隐记》，张弼的《〈石钟山记〉跋》，顾清的《锦溪茅屋记》，孙承恩的《东庄记》，沈恺的《采诗楼记》和《登招宝记》，徐阶的《雨观楼记》，何良俊的《西园雅会集》，莫如忠的《游古赤壁记》，陆树声于万历三十二年（1604）著《昆山塔园记》《嘉树林小序》和《游韦庄记》，董其昌的《光岳楼记》和《彭城放鹤亭记》，陈继儒的《游桃花记》[注29]，万历年间吕廷振的《干山杂志》，何三畏的《第四泉记》，青浦县人李绍文著《九峰志》（未见传本），施绍莘著《西佘山居记》，还有夏寅的《东游录》，徐霖的《远游记》《皖游录》《古杭清游稿》，盛当时的《记游集》，范允豫的《吴越游草》，钟宇淳的《太和纪游》《三台洞记》，王澐的《太和山志》《远游记略》，董俞的《楚游草》，沈荃的《三吴游草》《越游杂草》，林令旭的《锦城记》，顾世俊的《浙游草》，等等。

　　清初王瑊著有《漫游纪略》4卷及《云间古迹考》，陈琮撰《云间山史》（有印本），周原地撰《峰泖名胜》，瞿高飞撰《峰泖坐游录》，等。清代松江文化名人写游记的还有徐怀祖的《台湾随笔》、周士彬的《濂池记》和《濂泉记》、黄之隽的《冬夜雨寮记》《醉白池记》和《泛舟潇湘记》、黄图珌的《西村小筑记》、黄达的《游赐金园记》《后游赐金园记》《游塔射园》和《梅园记》、王廷和的《遂高园记》、王昶的《游珍珠泉记》、周厚地的《干山志》和《濂池记》及《濂泉记》、许仲元的《飞云洞》、姚椿的《天游阁记》和《养真园记》、张祥河的《望云山庄记》、张文虎的《十三间楼校书记》和《复园记》、仇炳台的《醉白池后记》等[注30]。

　　下面，例举由华亭人（包括寓居华亭的）在宋、元、明、清时期所写的10部游记简介或全文。

一、陈舜俞与《庐山记》

　　《庐山记》，北宋华亭人陈舜俞著。全书五卷，卷一为叙山水篇第一、叙山北第二；卷二为叙山南篇第三；卷三为山行易览第四、十八贤传第五；卷四为古人留题篇第六；卷五为古碑目第七、古人题名篇第八。卷一至卷三有俯视图。卷首有李常、刘涣两人作序，陈舜俞自记。

　　北宋熙宁五年（1072），陈舜俞贬监南康军盐酒税（今江西庐山市星子县南康镇）。当时屯田员外郎刘涣辞官后亦隐于此，两人结伴游历庐山。据李常的序中言，陈舜俞共游历庐山60天，"昼行山间，援毫折简，旁钞四诘，小大弗择。夜则发书攻之，至可传而后已。其高下广狭、山石水泉，与夫浮屠老子之宫庙、逸人达士之居舍，废兴衰盛、碑刻诗什，莫不毕载，而又作俯视之图纪，寻山先后之次，泓泉块石，无使遗者。"今日本高山寺有藏本，卷二卷三为宋刊本，其余各卷抄补亦从宋本出，图皆不存，文字较完善，后有民国六年（1917）罗振玉跋。

二、杨维桢与《干山志》

　　杨维桢，字廉夫，号东维子、铁崖，诸暨（今浙江诸暨）人。元末曾任江西儒学提举。张士诚起事江南，累招不至。晚年寓居松江。明洪武二年（1369），遣使征召修礼乐书，不就。他工诗能文，善草书。

　　杨维桢的《干山志》作于元至正二十三年（1363）。元末时期，起义风起，杨维桢避居松江，彷徨观望，寄情山水，聊以度日。但松江滨海，水多而山少。干山（即天马山）为一座小山，景致不多，杨维桢去游玩，在船行纤绕中显出水乡游趣，唐代诗人王维的"辋川画苑"，恰当地表现了干山的特点。杨维桢经历战乱，以前朝遗老面临新朝初定，自怀清高而庆幸劫余，心悸未尽而抉择未定，别有一种滋味在心头，因而游干山，意在会友遣怀。

两日游程，心情于隐逸，行舟看山为寄情。所见甚多，所遇甚多，所事甚多。遇道士，会隐士，宿处士，访饿夫，经痴醉，显出干山仿佛荟萃遗世隐逸之流的幽僻胜境，而这小山也俨然深山大泽多龙虎之居。勾勒渲染，笔墨不多，传神写意，没有着力描摹形胜，这显然寄托着杨维桢当时的心情。

干 山 志

华亭地岸海，多平原大川，其山之联络于三泖之阴者十有三，名于海内者九其一，曰干山，又九之甲也。世传夫差王冢干将其上，故名。其形首昂脊弓，肩髀磊碣？状马，又云天马。

至正癸卯四月十有八日，洪生驾黑楼船邀予出南关，泛白龙堆北行，过沈泾，至皇父林西小溪。蛇行六七里，抵山麓。命谢公屐蹑峻磴。及半山麻松溪，丹室道士郭常作茗供，题诗壁间。更肩舆上绝顶，借盘石踞坐，俯视众山累累，如子立膝下。佛宫老宇离立于旁，瓦次鳞鳞，杂出菜？树间。桑丘麦亩，连绵错绣，俨然如辋川画苑也。鸟有婆饼焦者，时声于耳。冷风锵然起松，雨滴衣帽，使人肌骨惨憯。

下山，生之外氏张景良请移舟，旋山而北若干步，斗折三矢地，怪石夹插，类剖蚌拔土特起，类跳狼跃豹，木皆鸾回凤翥。顶悬碧萝若缕索，下有轩四程，名碧萝窗。扫榻就坐，窗洞开，野香袭人，若术芝。良父梓山公几八秩，扶藜出，肃客，已而燕客于轩，复出子女罗拜。公躬奉觞为余寿，予复觞之曰："劫灰一吹，阅十年，无地不烬砾，公独在不劫地，又时与一辈高人韵士倘佯山水，谓东南之庆人福地，非耶？"于是主客交欢，酒不计量，颓然就醉，不觉日在牗西。是日，宿东崦曹氏玄修精舍。

明旦，奠云西处士墓，放舟山南，访金山卫饿夫郑道士，不值。又沿流经石氏醉痴门邂逅。捉月时，李份邀予饮蠹石轩苕？隐生，余谨陪饮，赋蠹石诗，书于东窗，夜，乘月归。凡题某氏、某轩、某斋舍，凡若干，所入《铁雅集》。

会稽抱遗叟杨维桢试老陆乐墨书

读杨维桢游览干山，也隐隐约约透露出其人生的孤独与无奈，其实谁都这样，没有一个人不是孤独的。寄情山水，山水接纳人们，对人的孤独很慷慨，包裹温暖、慰藉安抚人心。

三、吴履震与《三泖记》

明末清初时，华亭人吴履震，字长公，别号退庵道人。居璜溪（今金山吕巷），明诸生。在他所著的《五茸志逸》中有一段文字描绘"三泖"的景象，为典型的游记。

三 泖 记

出郡西从五浦南行二十余里入泖湖。湖广袤十八里，近泖桥者名大泖，近山泾小而圆者为圆泖，东西长亘十里，而稍狭者名长泖，是为三泖。而一片水实相连接，无所界限。浮屠据大泖中央，筑基载之。基昼夜为水波齮齕，外筑小堤护之，殊觉幽雅。基仅四五亩，佛阁方丈精庐香积厨，以至登稻之场，艺瓜菜之圃，种种庀具。浮屠势固不能干霄，然以四周无障碍，可远眺望。跻攀及数级，北可望郡城中瓦屋如云屯，东南见沃壤亿万顷。当黄云履野，真是成一片金色界。西见淀湖，淀湖广袤六十八里。又西可见澄湖，湖之广袤亦六十八里。殆漆园氏所谓九洲之外，又有九洲耶？薄暮时落日滉漾，水底如绛纱笼玛瑙盘，真是小李将军一幅《水天落照图》。幸及月夕，月似与水争奇，久之不肯相下，两光终混为一色，短视人朦胧尤不能辨识。第见百万金背虾蟆、涌跃碧波中。是时把酒浩歌，顿忘此身之在水晶宫也，余绝爱之。盖松人素好胜，自惭故乡无佳山水足压东南胜游，乃觅九点中一片顽石稍赭者，强名曰："小赤壁"。余爱此浮塔，视中泠具体而微，又不致怒涛作雷霆声骇人。乃亦名之曰："小金山"，数数邀丹青家作图，第及写林木荟蔚，殿角参差，及四面风帆相往来而已，至其一段苍莽恬淡景象，终莫能图也。它时或遇画院高手，定能描写逼真，三泖其俟诸。

四、许缵曾与《滇行纪程》

《滇行纪程》，清华亭人许缵曾著。许缵曾于康熙九年（1670）冬出任云南按察使，著《滇行纪程》，一册无卷数。康熙十二年（1673）刻本，前有邵嘉胤、王广心、施维翰作序，正文59页，今藏中国国家图书馆。

该书为从其北京起程，抵昆明任署的一路见闻。以行程为线，记旅况，载见闻，叙地理交通、社会民情、山川景色、道路城邑、驿站递铺、名胜古迹、溪流洞壑、关隘兵防、桥梁庙宇、风土物产、部族习俗、碑刻语言、传说神话、天文气候、历史掌故等，既擅描述，也多考证议论。许缵曾从京城启程，道河北定兴、滦城等地至河南延津，渡黄河至开封府，道河南、安徽交界，经扬州，由江宁龙江关溯长江至武昌府，由汉口舍舟陆行，至荆州，经松滋县，入湖南澧州，穿越常德、辰州、沅州、晃州等地，至贵州镇远府，经数卫、平越军民府等地，至省城贵阳，再经清威卫城、安顺府境诸地入滇，由平彝卫城，经诸驿、哨、铺及马龙州，过小关索岭至省治。行程4050多千米。经驿站108个。记北京至江宁较略，溯长江而上渐详，尝登黄鹤楼。自汉口陆行至荆州，尝入安陆府治，观荆州关羽庙。于松滋，见"路多虎，车徒仆从呼唱林谷，虎亦不惧，二三成群，徐徐缓步而已。"入湖南、贵州境，有桃源县之美景古迹、仙洞飞泉，辰州农家取水灌田之巧妙，清浪卫之香稻，黔米之精绝、酒之甘香入妙、苗人服饰语言之特异、关王庙之多，关索岭之雄峙等，愈行景愈多愈奇。贵州行程500多千米，写得最多，接近全书一半篇幅。入云南，仅数页，然所见及感受亦真切。康熙十一年（1672）冬起程回里，又写《东还纪程》，两部书都记述了沿途山川、古迹、物产、风俗等，颇为详瞻。

五、诸嗣郢与《九峰志》

诸嗣郢，松江府青浦人，家住辰山，在九峰草堂呕心沥血编撰《九峰志》（未见传本）。其所编《九峰志》录入清嘉庆《松江府志》卷二十二艺文志著录，详细记录了九峰第一峰至第九峰各十景之名，《府志》"山川门"摘采他的书中资料颇多。许多文人描绘九峰的诗作也多引、参《九峰志》的材料。

九 峰 十 景

佘山（兰笋山）十景：白云晴麓、香溪石径、罨黛旧院、洗心灵泉、标霞峻阁、昭庆幽居、道人遗踪、宣妙竹林、征君旧隐、慧日双衣。

小昆山（昆山）十景：红菱渡、杨柳桥、乞花场、玉光亭、揖山楼、七贤堂、神虎穴、紫藤径、涌月台、白驹泉。

横山（横云山）十景：联云障、丽秋壁、碧岩、三冷涧、只怡堂、来谷潭、忠孝祠、黄公庐、得月塔、白龙洞。

小机山（机山）十景：吕公祠、吏部园、醉眠石、坎离泉、双蛟壑、鸡鸣岭、绿云河、真珠浦、醉花阁、平原村。

天马山（干山）十景：二陆草堂、三高士碑、看剑亭、八仙坡、半珠庵、留云壁、餐霞馆、双松台、一柱石、濯月泉。

辰山（细林山）十景：义士古碑、素翁仙冢、洞口春云、镜湖晴月、丹井灵源、金沙夕照、崇真晓钟、晚香遗址、五友奇石、甘白山泉。

薛山（玉屏山）十景：景华桥、学士亭、苦节碑、兴云岭、宜晚堂、紫芝岩、仙人床、梅花峰、薛老庵、青莲池。

凤凰山十景：南村居、三星阁、来仪堂、且止园、梅花楼、东海亭、山月轩、锦溪桥、芙蓉庄、摩霄崖。

库公山十景：棋杆石、洗鹤滩、藏书岭、鼓琴矶、览德坡、采药泾、白雪庵、放鹿亭、聚星崖、陆宝村。

遗憾的是，这些景观到了清末民初大多都消失殆尽了。

六、徐怀祖与《台湾随笔》

清华亭人徐怀祖著。述其于康熙三十四年（1695）春由厦门渡海至台湾之行，略记台湾历史、地理、沿海岛屿、风土物产与厦门见闻、海上旅况等，兼及返程。《四库全书》入史部地理类存目。嘉庆《松江府志》、光绪《重修华亭县志》艺文志著录亦入史部地理类。光绪《小方壶斋舆地丛钞》、民国《丛书集成初编》及后之《丛书集成新编》《清代笔记小说》《四库全书存目丛书》《续修四库全书》《台湾文献丛书》亦载之。各版本皆寥寥数页。作者祖父徐孚远是南明名臣，与郑成功同休戚，在厦门多年，又入台湾，为岛上诗坛领袖，台人敬之，称其为伟人。徐怀祖游厦门、至台湾岛，相间已30多年，距台湾归属清廷也10余年，是为寻访先人踪迹和遗闻轶事而去，盘桓一年之久。

七、杜昌丁与《藏行纪程》

《藏行纪程》，清华亭人杜昌丁著。撰于康熙六十一年（1722）春，记述伴送蒋陈锡从云南入西藏及分别后返回的经历和见闻。乾隆《青浦县志》、乾隆《娄县志》、嘉庆《松江府志》、光绪《青浦县志》、光绪《重修华亭县志》艺文志著录。乾隆《昭代丛书》杨复吉所辑辛集别编收载，有道光年间吴江沈氏世楷堂刻本，1988年台湾新丰文《丛书集成续编》影印出版。光绪《小方壶舆地丛钞》第三帙亦收载。康熙五十九年（1720），云贵总督蒋陈锡因秦蜀滇会剿西藏误粮，被夺职并令自备盘缠督兵运粮赴藏赎罪。随从者畏进藏路途险阻皆散。杜昌丁是蒋陈锡的幕宾，为报答知遇之恩，请以一年为期，伴送蒋公出塞。康熙五十九年（1720）十二月十六日从云南昆明始发，抵头藏洛隆县后折回，康熙六十年（1721）十月初回到昆明，往返3000多千米。起程后，经丽江土司府、中甸，停停走走，至卜自立进入西藏边境，因澜沧江桥断，在卜自立修养两月，抵阿敦子，过今左贡县、八宿县，至洛隆县。在洛龙宗怒江边两人分别，蒋公继续前进，杜昌丁跨刀独回昆明。所经之地与驿站为近花圃、碧鸡关、安宁州、老鸦关、禄丰县、广通县、楚雄府、镇南州、普堋、云南堡、白崖、赵州、定西岭、大理府、沙坪、邓川州、剑川州、九河关、阿喜金沙江）渡口、黄草坝、咱喇姑、土官村、十二阑干、大小中甸、箐口、汤碓、泥西、崩子栏（卜自立）、杵臼、小雪山、阿敦子、多目、盐井、梅李树、甲浪喇嘛台、必兔、多台、煞台、下坡、江木滚、扎乙滚、热水塘、三巴拉、浪打、木科、宾达、烈达、察瓦冈、天通、崩达、雪坝、洛龙宗。一路高山峻岭、鸟道羊肠，危渡澜沧江，备历艰险困苦。凡道程线路、地理交通、官署驿站、人物活动、身体状况、驰马射猎、考较募兵、行军安营、部队往返、虎警贼警、生态气候、异域风光、自然物产、风土习俗、饮食居处、民族交流及赈济火灾等等，都被一一记录，也抄夹了不少即景即事而作的诗歌，地理、历史、文学融为一编，文字简练平实，带有个人情感，是研究云南、西藏边界自然、人文地理及清代历史之要籍，也是独具特色的游记佳作。正文多按日撰写，有详有略。

八、倪蜕与《滇云历年传》

倪蜕（1668—1748），自号蜕翁，清松江府华亭人，家住薛山。"工诗文，善画山水，精书法，喜戏曲"，会唱曲。青年时每逢庙会、节日，他多次发起演出，社戏台上常能看到他的精彩表演，他善扮诙谐角色，演艺逼真，传神之处往往使人捧腹不止。有时他也自编剧目，游演于九峰三泖间，深受百姓的欢迎，时人称他为"戏曲怪才"。

康熙三十四年（1695），在倪蜕27岁那年，家境贫困的他离开故乡薛山外出，以游幕为生。从他后来写的词作中可看出，他先后到过苏州、淮安、宿迁、京城、武昌、汉口、西安、兰州、商洛、建宁、福州等地。

康熙五十四年（1715），47岁的倪蜕随出任云南巡抚的甘国璧入滇，在巡抚衙门当师爷。因他性格怪异，言语诙谐，行动恣肆，人称"倪三怪"。一次，在与当地文人交往中，因不谙茶礼习俗，被人开了玩笑，由此萌发了要了解当地风俗民情，编写地方历史著作《滇云历年传》的设想。康熙五十九年（1720），云南巡抚甘国璧因案革职，打算去西藏，请倪蜕同行，倪蜕因编纂云南史书的宿愿未成，婉辞未去。

倪蜕居云南30余年，走遍滇云各地，作了大量实地考察，又翻阅了衙署档册，为编纂云南史志积累了大量资料。晚年，筑室于昆明石鼻村（今名鱼街子），因怀念故乡松江薛山，以薛山十景为名筑有宣晚堂、清莲池、景华桥、并建玉屏山（薛山旧名）房、蜕翁草堂，专事云南地方史籍整理和考证。当时《明史》尚未修成，明清两代的史料搜辑并非容易，倪蜕参考了不少方志、传说、笔记、史乘，参考所列引用史书130余种，可知他所费心力之巨。

乾隆二年（1737），年近70岁的倪蜕完成了《滇云历年传》专著。全书共 12 卷，前 5 卷依次是：帝尧至秦、两汉、三国至隋、唐五代、宋元；后 7 卷中，明代 4 卷、清顺治至雍正末 3 卷。记载了云南有史以来军事、平乱、灾赈、建制、沿革、赋役、蕃任、吏员增替、科考选举等方面的重大事件。他是中国最早编纂《滇云历年传》的作者，也是一位为云南史编写与研究作出重要贡献的清代学者。

道光初年（1822）左右，云南白族学者王崧编《云南备征志》时，特将倪蜕《滇云历年传》的后三卷收入，并改名为《云南事略》。道光二十六年（1846），《滇云历年传》雕刻版印行，流传甚广，深得现代史学家的称许。云南大学历史系教授方国瑜曾评价"倪蜕此书史料繁重，编撰专书，为前所未有之作。……所载史事，多注出处，前后事迹安置颇具匠心，中多考证，亦见其为不苟之作。"

倪蜕一生远离科举，不入仕途，为民间文史学者。出游 40 余年，走了 10 多个省区市，且踏遍云南各地，以收集考证地方史籍、民俗风情为目的。除著有《滇云历年传》之外，还著有《滇小记》（2 卷），记载了云南各地大量的遗文传说、奇遇怪物、风土人情、山川特产、名胜寺庙，内容十分丰富，颇具地方风味，文字也清新可诵。倪蜕一生写了近万首诗词，并编撰了《蜕翁草堂全集》。因此有学者说他是一位"行万里路，作万首诗"的诗人，以上这 3 本书今皆收入在《云南丛书》之中[注31]。

九、黄之隽与《醉白池记》

清华亭人（今奉贤人）黄之隽，在乾隆初年（1736）应顾思照（号珠怀，又号醉白主人，顾大申之子）之邀，写下了一篇 800 字的《醉白池记》。未经泐石。民国三十年（1941）11 月朱广慈书。现石刻全文藏于醉白池池南艺术碑廊东侧。今读此文，可领略当年的园林之美和文采风流。

醉 白 池 记

予游醉白池，主人顾思照珠怀氏，自亭林边迁宅于此。池方而长，可三四亩，据宅之右。池东有老榆槎枒，二百年物，轩窿其下，临流可坐，曰"老树轩"。贯以长廊，池西畎亩连亘，限之以篱，篱疏可眺也。池南两三人家，窗户映带，妇孺浣汲，望若画图。池北堂临之，敞其四面，堂北与西竹石环列。又北则池尾绕而东，又北有隙地，可构屋，莳卉木，亦篱限其外焉。此顺康间顾水部见山所创别墅也。堂中额曰"醉白池"，王太常烟客八分书也。水部没六十余年，主数易姓，池几荒壤。珠怀以同姓来居之，颇为葺治，日与诗人徐柽、李进、蔡某、郁造辈咏歌其中，遂为西郊胜地。而他闲曹胜流亦时倡和赠答，慵拙如予，亦曾与焉，主人因求为文记之。窃谓园池亭榭，唯富贵人力能有之。然贵人往往牵率仕宦，不能一日享林泉之娱。富人饰金碧，贮声伎，相者长鬣，侍者曲眉，用矜其俗艳，文章风雅蔑如也。骚徒寒畯，性近烟水，则一亩环堵，樊溷逼仄，欲想望苑片鹿柴而不可得，人与地相遭，吁其艰哉！若白太传居池上，写乐趣于韵语，景物熙闲，宛在目睫，韩魏公慕白而筑醉白堂于私第之池，水部君又仿韩而以堂名其池，池虽不同，其源流可疏矣。然苏长公作《醉白堂记》谓日与朋友饮酒赋诗，此乐天之所有而魏公之所无者。《水部集》中皆宦游之诗，唯《思旧园》一篇，有"西郊原隰，绕宅禾黍，修筱方塘"之语，疑即指此。然则魏公勤劳政府，水部驰驱王事，咸不能乐乐天之所乐，而顾子一诸生晏然有池亭之奉，延其同志，喁于官商，狎鱼鸟，昵水石，浩歌长吟，声闻于野，因醉白以追白传，以写其乐者，又不但《池上篇》而已。所虑异日策名天衢，役役轩盖车马之场，故园风物，徒怀渺渺，回忆今日之乐，如断梦，如隔尘，则奈何？何况俯仰百年，星移物换，宽闲寂寞之滨，几何不与金谷绿野同尽？孰知乾隆之初醉白池上有嘉宾贤主倡酬之盛，可以绍乐天而骄魏公者哉！则予之记是池也，综今昔，溯原委，匪直为池主人永其迹，试朗讽斯文于水木间，水部有知，当亦闻而击节矣。

十、周厚地与《干山志》

清乾隆五十一年（1786），松江华亭人周厚地编纂了《干山志》。全志共分16卷，卷一为宸翰、奏疏卷，有文稿诗词14篇。卷二为山川、里族卷，有元、明江南名人诗与文35篇及7处景点介绍。卷三为土产、风俗卷，有文稿诗词66篇（段）。卷四为赋役、荒政、社仓、坊巷、津梁、防汛卷，有文稿诗词及介绍35篇（段）。卷五为水利、盐法、义学、科目、封赠、坛庙卷，有宋、元、明期间名人文稿诗词48篇（段）。卷六为第宅卷，有名人文稿诗词46篇（段）。卷七为园林卷，有名人文稿诗词和景点介绍34篇（段）。卷八为冢墓卷，有名人墓志铭及诗歌31篇（段）。卷九分丛林、道观卷，有名人文稿诗词及景点介绍51篇（段）。卷十为古迹卷，有宋、元、明时期名人文稿诗词及景点介绍59篇（段）。卷十一、卷十二为人物卷，有宋、元、明时期名人介绍及文稿诗词46篇（段）。卷十三为艺术、游寓卷，前有名人介绍25篇，后有名人介绍12篇。卷十四为烈女、方外卷，前者记录了30篇，后者有19篇。卷十五为著述、金石刻、墨迹卷。卷十六为祥异、遗事卷，有63段记录。内附手绘干山新图、干山背影图、干山水道旧图和新图[注32]。

《干山志》为我们了解旧时的天马山观光旅游提供了很好的史志资料。

第二节 松江人的游历诗词

描写松江旅游风光的诗歌也不少。南宋华亭人许尚著《华亭百咏》，所描写的景色似乎覆盖了整个华亭地区。元代的本土诗人凌岩作《九峰诗》，由九首七绝组成，与元末钱塘人钱惟善的同名之作机轴全同，这里不妨也选录同题诗作二首为例，其《机山》云："六峰乔木锁云根，青楼平原数里林。此处无人来听鹤，海灵山鬼哭黄昏。"《横云山》云："七峰嶙崒拥层峦，偃盖孤松石上蟠。行鱼白龙何处去？暮云深锁洞门寒。"

自明清以来，松江地区文人逸士，创作了大量的竹枝词，有影响的作者不下 30 位，数量以千计。如明曹重撰《云间竹枝词》、袁凯《竹枝词 12 首》、吕克孝《松江田家月令》、清唐天泰著《续华亭百咏》、清黄霆《松江竹枝词（百首）》、清陈金浩《松江衢歌》、周厚堉的《干山竹枝词唱和》、董含的《云间竹枝词》、清费楠撰《云间名胜诗》、清汪大经撰《游峰泖诗》、还有《松江风土诗歌散篇记录》、盛当时的《游吴百咏》、姚培谦等撰的《茸城踏歌》等等。这诗词中有许多都是作者在游历过程中的创作。如黄霆在乾隆四十年（1775）夏，寓居松江施氏依园，一日一夜疾书而成《松江竹枝词（百首）》，留传于今。主要是歌咏了古时松江的山川风光和风土人情，具有一定的欣赏价值。在此就不一一展开了。

第三节 游历与"松江画派"

可以说，中国诗歌、散文、山水画艺术的产生与发展来自于游历活动。在绘画艺术当中，非常重要的核心组成部分之一的山水画，与花鸟画和人物画不同，它更能寄托出人的精神追求和审美志趣，在纸面上把心中的山林河湖挥洒出来，是天下最美、最酣畅淋漓的快事。山水画除表现山水之外，也有茅屋和人物点缀于山林与湖水边，这也反映了作者的一种心灵寄托，远离喧嚣，归居山涧，吟诗作画，与世无争。

而松江地方的山水游历活动也推动了"云间画派"的发展，起到了重要的影响。受当时条件的限制，"游历"也不是一般老百姓的事，往往是上层社会尤其是文人士大夫的事。他们有很高的文化修养和审美创作能力，游历活动就是审美创作的过程，过程结束了便留下了精美的作品，这是普通大众无法达到的。由于文人士大夫在"九峰三泖"间的游历，有了亲身的体验，所以，就有了许多诗歌、散文、书画。每次出游，总有作品留世，或诗歌或游记或书画，表现了文人士大夫游历的特色。

元明时期，松江画风盛行，人才济济，创作繁荣，在全国绘画界有着重要的地位。元代，华亭人曹知白，字又玄，号云西。他专攻山水，作品笔墨滑润、脱俗。晚期的画风，从粗实润到细淡简疏转变，形成了简约清越的画风，富有浓厚的文人画意味，他的山水画很有特色。黄公望曾点评其作品："至于韵度清越，则此翁当独步也"；董其昌认为："吾乡画家，元时有曹云西、张以文、张子正诸人，皆名笔，而曹为最高。"知白是元代初期松江一带文人画家的核心人物，他的画作被故宫博物院、上海博物馆、台北故宫博物院、美国普林斯顿大学艺术博物馆、法国吉美博物馆等收藏。此外还有张梅岩、沈月溪、张可观等人。

松江画坛基本成形后，也吸引了众多江浙藉的文人画家融入松江画坛，如元末时，杨维桢、高克恭、柯九思等，"元四家"的无锡人倪瓒、苏州常熟人黄公望、吴兴人王蒙都曾较长时间流寓于松江华亭。一时间，人才荟萃。他们相继在九峰三泖中游览、作画、题诗。九峰三泖自然美景为他们提供了艺术创作源泉，而他们也为九峰三泖的历史增添了人文厚度。

黄公望最负盛名的《富春山居图》，起初的草稿就是根据"九峰三泖"的实景而创作的，长卷最后完成于松江云间夏氏知止堂。元至正九年（1349），黄公望以81岁高龄，冒着初春大雪来华亭作《九峰雪霁图》。

明初，松江藉画家显著增加，有顾谨中、杨礼、朱芾、朱寅、夏衡、马琬等多人。莫是龙、顾正谊、孙克弘为华亭望族，是隆庆、万历年间的第一代画家，为画坛核心人物。他们的作品和画风形成了"松江画派"。莫是龙为"松江画派"创始人之一。他著有《画说》一书，传世作品有《浅绛山水图》（现藏故宫博物院）、《仿朱氏云山图》（见于《中国绘画史图录》）、《长谷幽松图》（现藏松江博物馆）。顾正谊初学画于本地画家马琬，后出入元季四家，早年即以诗画驰誉江南，曾是董其昌的老师。孙克弘初以花鸟著名，晚年又学马远山水、米南宫父子画云山，并擅人物、兰竹。其画善用枯笔，着墨设色，皆极古淡。提携初画者不遗余力，对推动松江画风立下功劳。

华亭董其昌、赵左、陈继儒为后起之秀。董、陈的绘画理论，即绘画重要理论"南北宗论"，率皆流源于此。董其昌、赵左、沈士充、陈继儒等开创了以江南山水画为主要特点的松江画派。后起之秀中还有璩之璞、陆万言、宋懋晋、朱国盛、吴振、沈士充等十多位画家，均名留画史。

而董其昌为"文人画典范",松江画派首领,自称作画须"读万卷书,行万里路"。董其昌代表作有《云山小隐图》《佘山游境图》《小昆石壁图》《钟贾山阴望平原村图卷》(四幅画现均藏于故宫博物院)、《烟江叠嶂图》(现藏天津市艺术博物馆)、《婉娈草堂图》(今藏于美国纽约)、《燕吴八景册·九峰招隐图》(画册今藏于上海博物馆)、还有《燕吴八景册·赤壁云帆图》、《秋兴八景》、《遥山泼翠图》等。《秋林晚景图》画的是一派江南山水、秋景风光,构图以松郡九峰为素材,既仿意,又写景。

赵左学画于宋旭,善画山水,在"云间画派"中,与董其昌均为画派首领,传世作品有《秋山幽居图》《溪山无尽图》等。陈继儒,传世作品有《潇湘烟雨图》等等。而陈继儒的隐居之所,环境幽静,风光秀丽,是写生作画佳处,画家们经常在此聚会。

另外,城内本一禅院,原名北道堂,在元时已因赵孟𫖯和赵孟侗而闻名,到明代又有偶萍禅师雅好书画,在此以文会友,吟诗作画。西门外超果寺也因画家们常去聚会,无形中成了绘画研究中心之一。

另外,清初顾大申传世作品有《秋日山居图》等。清代陈枚(约在1694—1745),松江府娄县人,画艺初学宋人及明唐寅,用笔细腻,能在微带细绢上描绘群山万壑,后又参以西洋画法。传世作品有《月曼清游图册》共12幅,按12个月描写宫廷妃嫔在不同季节的休闲游乐活动。如上元之月提灯结伴赏梅、二月户外荡千秋、三月下棋、四月观赏花卉、五月梳妆、六月采莲、七夕"得巧"、八月中秋赏月、九月观菊、十月刺绣、十一月博古、十二月踏雪。展示了宫廷中的生活气息。

他们的画作对后世影响很大,作品多被故宫和各地博物馆及海外博物馆收藏。这些作品的创作,山水画颇多,都是来源于他们的游历活动。

游记、游诗游词、书画众多,足以反映出元、明、清时期是松江古代旅游发展的鼎盛时期。

第四节　别称溯源

一个地方的地名,有它的正名,也就是官方认定的正式名称。还有各种地方雅称、别称,且有的别称使用甚至盖过了它的正名。这别称与旅游有关系吗?有。旅途中,听到某地的别称,会感觉很风雅,似乎有故事。了解它,也就是打开了一扇"窗户",能窥视到该地方的人文历史或其他。

华亭是今日松江的古称,在古时,华亭还有多个别称,常见和常用的有云间、茸城和五茸、谷水、峰泖、鲈乡或莼乡等。除了口口相传、代代相传之外，许多古籍的书名或落款都常用的是地名别称，流传至今，可谓源远流长。松江古时还有多个异称，如松郡、南吴、三冈、松南、华娄、泖东、花亭等，实属丰富。这里，仅选几个重点的别称说说。

云间　是古华亭和今松江的一个雅称、别称。云间之名，起源于西晋太康年间。据《晋书》和南朝宋刘义庆《世说新语·排解》等史籍记载："荀鸣鹤、陆士龙二人未相识，俱会张华家。张令共语，以其并有大才，可勿作常语。陆举手曰：'云间陆士龙'，荀答曰：'日下荀鸣鹤'。"这"云间"和"日下"分别为华亭和洛阳的别称。这是最早引出"云间"这个华亭别称的记载。

又同书《赏誉》："张华见褚陶，语陆平原曰：'君兄弟龙跃云津，顾彦先凤鸣朝阳'，谓东南之宝已尽，不意复见褚生。"据此记述，知"云间"二字，当含"龙跃于云津间"之意。唐王勃作《秋月登洪府滕王阁饯别序》中有"望长安于日下，目吴会于云间"句，系借用荀、陆二人对语之词，这也大大提高了"云间"的知名度。唐乾符年间陆广微撰《吴地记》，华亭县条下记："地名云间"。

南宋绍熙四年（1193）杨潜等修纂华亭之县志，其书名却取用华亭之古名而称《云间志》，这《云间志》是上海地区现存最早的地方志。这与当时各地纂修方志，每用古地名者相类，如海盐称《武原志》，常熟称《琴川志》，昆山称《玉峰志》等等。明成化九年（1473）钱风修松府志，书名题作《云间通志》，元至正十五年（1355）钱庆余纂《云间续志》，皆以"云间"代松江地名。

有关松江郡邑文献之专著，很多用"云间"作地名称，如：杨维桢《云间竹枝词》。记胜迹者有《云间名胜》《云间古迹考》、《云间第宅志》，记史事者有《云间兵事》《云间近事》，著书目者有《云间著述考》《云间文献》，录诗文者如《云间诗文选略》、《云间诗抄》《云间人文》，志人物者如《云间邦彦画像》《云间人物志》《云间信史》等等，知见专书，已有40余种。此外，松郡人士之著述，每署籍贯为"云间"，即以《贩书偶记》及《续编》所著录，经统计有70种。人们喜用古称，于此可窥一端。

谷水　初见于晋陆机《赠从兄车骑》诗中"仿佛谷水阳，婉娈昆山阴"句。南朝齐陆道瞻《吴地记》佚文有"海盐东北二百里有长谷，昔陆逊、陆凯居此。谷水东二里有昆山，父祖葬焉。"唐陆广微《吴地记》华亭县条记："地名云间，水名谷水。"北宋大中祥符年间《华亭图经》佚文有"华亭谷水，东有昆山"句。北宋乐史《太平寰宇记》"二陆宅在长谷……谷周围百余里……谷水下通松江，昔陆凯居此谷。"这些片断史料，均可为云间陆氏居地是在

"谷水之阳，昆山之阴"作辅证。

元季陶宗仪撰《南村辍耕录》卷三《诗谶》记："'潮逢谷水难兴浪，月到云间便不明'，松江古有此语；谷水、云间，皆松江别名也。"可为《吴地记》作辅说。清人撰松郡掌故，汇松郡文章者，有章鸣鹤之《谷水旧闻》，姚宏绪之《谷水文勺》，均以"谷水"作郡称。考记载"谷水"的资料，自晋乐资《九州志》、干宝《搜神记》，北魏郦道元《水经注》，梁元帝《玄览赋》，以迄于唐、宋、元、明、清及民国诸志书，各有记载，材料颇多。

五茸、茸城 松江有"五茸"与"茸城"之称。"茸"，《说文》"草茸茸貌"。王筠注："盖草初生之状谓之茸。"一释为草丛生貌。宋苏轼诗"铺田绿茸茸"。古时在松江西北境诸山之间，草木繁密，飞禽走兽栖息其间，可为游猎之所。唐陆龟蒙《吴中书事寄汉南裴尚书》诗中有："三泖凉波鱼绝动，五茸春草雉媒娇"句。此诗，较生动地反映着"三泖""五茸"这一地域上的唐代风貌，为松境存诗史。同时，也点明了"茸"是"草茸茸貌"，而不是指鹿茸。

据北宋《华亭图经》佚文："吴王猎所有五茸，茸各有名，在华亭谷东。相传三国时吴王孙权在此行猎。"又记："吴陆逊生于此，子孙亦尝有所游猎，后人呼为'陆机茸'。"南宋淳熙间许尚《华亭百咏》第十首《陆机茸》诗："二陆为童日，驱驰屡忘归。至今桑柘响，禽鸟尚惊飞。"《至元嘉禾志》引诗并注；"在谷东，吴陆逊生二孙，常于此游猎，今为桑陆，又名吴王猎场。"清黄霆《松江竹枝词》第一首句："五茸景物最清幽，环海东南第一州"。后在其地建华亭县，故又称"茸城"或"五茸"。这些片断材料，均可为松江二个别称作说明。

因"五茸"与"茸城"成为松江的别称。故明清华亭文人著松郡文献，较多的以此二名代地域名。如《五茸志》《五茸志逸随笔》《五茸志余》《五茸杂记》《五茸逸话》《茸城事迹考》《茸城笔记》《茸城族望谱》《茸城赋注》《茸城竹枝词》《茸城近课诗词抄》等等。此外，华亭文人在著作上也喜欢以此两个别称作籍贯署者，如明天启年间何如召编著《辽左六忠述》，署籍贯为"五茸"；姚廷瓒编《鹦湖花社诗》署籍贯为"茸城"，都可窥见这两个别称的应用。

峰泖 "峰"和"泖"为"九峰三泖"的简称。也衍化为松江的别称。关于"峰泖"，可详见本篇第四章"九峰三泖"中的叙述，这里不再重叙。

明华亭人施绍莘，自号"峰泖浪仙"。清乾隆间华亭人黄图泌著有《看山阁文集》五种，其中有南曲《雷峰塔》，乾隆刻本之卷端，均署籍贯为"峰泖"，以代府县之名。

自明代到现代，以"峰泖"二字作郡邑名别称者，其品类也有多种，如记胜迹者有《峰泖志》《峰泖记》《峰泖名胜》《峰泖补遗》《峰泖坐游录》《峰泖毓秀编》，考艺术者有《峰泖烟云》，志人物者有《峰泖先贤志》《峰泖入洋录》，汇诗歌者有《峰泖题襟集》，录笔记者有《峰泖詹言》等等。

古时画家，也每为峰泖留下艺笔，如元倪瓒绘有《泖山图》，明璩之璞绘《九峰三泖图》，沈士充绘《峰泖图》等，山光水色。不仅增艺苑之花，且可从这些图画中了解昔日峰泖的概貌旧迹。

古时华亭人以"泖"字署室名者，如明施绍莘的"泖上新居"，徐献忠的"泖泾别业"，王昶的"三泖渔庄"等。

鲈乡与莼乡 松江尚有以当地特产引称的别名，即"鲈乡"与"莼乡"。关于"鲈乡"，可详见本篇第五章"鹤鲈记忆"中的第二节"松江四鳃鲈"；"莼菜"可详见中篇第二章"名菜名点"中的第一节"古代松江美食"，这里不再展开。此处仅引"莼乡"之词的由来。

《世说新语·言语》有一段记述。"陆机诣王武子（按：名济），武子前置数斛羊酪，指以示陆曰：'卿江东何以抵此？'"陆云：'千里莼羹，但未下盐豉耳！'"

北宋乐史《太平寰宇记》有记载："华亭出产鲈鱼、莼羹，陆平原（即陆机）所谓'千里莼羹'，意者不独指太湖也。"嘉庆《松江府志》载："莼菜，出华亭谷及松江，四月生，名雉尾莼，最清美。"

"鲈鱼""莼菜"，这两种佳品，均为松江的著名特产，名驰宇内，历时久远。古人称鲈鱼羹为"金齑玉脍，东南佳味"；品莼菜为"脂似凝肤绕指柔，转教风味忆江南"。推誉颇高。

清娄县周厚地撰有《鲈乡志略》，华亭董含撰有《莼乡赘笔》（又名《三冈识略》），各记松江的掌故，并取松江地区的特产：鲈与莼，移此乡名为别称。注33

其他的别称、异称就不在此一一叙述了。

综上所述，地名的别称是有着厚重的历史文化底蕴，也是游人在旅途中需要了解的文化渊源。

中篇　松江近、现代旅游

世界近代旅游有一个明显的开端标志，就是1841年7月5日，英国人托马斯·库克父子创办了第一家旅行社，首次组织350人坐火车去参加一个禁酒大会，途中客人们的吃、住、行、游均由旅行社全包，这就成了世界近代旅游史的开端标志。

套用这种划分，我国近代旅游史中似乎还没有独立的旅行社。我国现代旅游史的开端标志，是1923年上海商业储蓄银行创办旅行部。相比之下，我国现代旅游史要比西方近代旅游史的开端标志晚了80年。

在近、现代这两个时期，松江还没有旅游业，连旅游活动也鲜为人知，几乎成了松江旅游历史发展中的空白。

1840年鸦片战争后至1949年新中国成立前，这百余年的近、现代历史，我国由封建社会沦为半殖民地半封建社会。可划分为二个时期，即晚清时期（1840—1911）和民国时期（1912—1949）。是近代旅游的衰退时期和现代旅游的萧条时期。

从1840年鸦片战争后至1911年满清政府灭亡，共经历了70年。在这70年中，由于清王朝的腐败，战争不断，民不聊生。松江县城经历了太平天国军队三次攻占和被攻打（1860—1862）。咸丰十年（1860）5月13日，太平军攻占松江府城，清政府命华尔率"洋枪队"反扑，5月28日，太平军退出松江。6月26日，太平军第二次攻打松江府城，7月1日占领松江府城，15日撤离。8月12日再度攻占了松江城，17日撤离。太平军撤离后岳庙街的状况是一片狼籍。家住披云门（东门）内的邑人岁贡生姚济在《小沧桑记》中写道："出西门，但见满街瓦砾，房屋稀少，店铺寥寥。"同治元年（1862）正月初七，太平军第三次围攻松江城，在逼近府垣时，盘踞城中的洋枪队头目兵痞华尔擅自命令部属喽啰潜出城门，举火把将西门外护城河上下岸的民房烧得"烟焰涨天，但闻男啼女哭而已"，惨不忍睹。

旅游景区点、园林建筑也遭受到很大的破坏，原九峰十二山的"十景""八景"在这个时期相继破败，大部分已消失了。光绪三年（1877），松江农村又蝗螨食稻成灾。光绪二十三年（1897），城内囤米哄抬米价。光绪二十八年（1902），霍乱流行，死者极多等。

这个时期，松江近代旅游活动基本陷入了颓败阶段。

1912—1949年，共37年。由于民国政府的腐败，军阀混战不断。加之日本侵华，抗日战争爆发。还有自然灾害的影响，松江在民国五年—八年（1916—1919），乡里螟虫成灾，乡民闹荒，民不聊生。民国八年（1919）12月，还发生县官产处招标出售仓城城砖的事件，明代所建仓城被拆除。1920年还发生了抢米风潮。1921年大雨成灾，年底苏北大批难民逃荒到松江。1922年浦南天花流行，死者不少。1924年，江浙军阀开战，学校停学，商店多半歇业。之后连年战事不断。1928年7月，开始拆除松江古城四城门前的月城。

1937年"八一三"淞沪抗战爆发，8月16日和20日，侵华日军飞机对松江古城进行了狂轰滥炸。9月3日和8日，日机又炸毁了斜塘港铁路桥和松江火车站，死伤700多人，炸毁客车一列。10月28—29日，日机对松江古城又进行了狂轰滥炸，由东至西一路投掷炸弹200余枚。对岳庙街竟视同军队之战壕，炸毁殆尽。使得松江城成为一片废墟，庙宇、园林建筑大都被毁。据当时目击者说："松江自竹竿汇电灯公司（即松江供电所）起，举目直望白龙潭，可一无阻碍。松江城区，尽成颓垣。"11月6日，城内各处再遭日军的狂轰滥炸。

这个时期，松江现代旅游基本处于萧条阶段。

第一章 昔日街景

市井街巷、河埠码头、广场戏台、石门牌坊等也是旅游休闲的主要去处，可了解当地的民俗风情、集市繁荣、品尝当地的土特产，采购一些心仪的物品，故也是旅游的亦游、亦吃、亦购、亦住之地。

华亭自唐代建县、元代升府后，府、县两治同城。遗留下来的有唐代的石经幢、宋代的古塔、元代的清真寺、明代的照壁和清代的醉白池等，只是常年失修，已显破败。但仍有"唐、宋、元、明、清，从古看到今"的遗貌。在府、县两衙大门前有"郡治大街"，也称"官道"，老百姓俗称为"大街"。东西走向，东起东门外明星桥，西至祭江亭，明代正德年间（1506—1521）修成。街宽2.5—3米，石板、条石铺成，长约10里，与街道平行的市河两岸都有石驳岸。民居、房屋、店铺沿石驳岸而建。市河上桥梁密布，40—50米间必架石桥、木桥或砖桥一座。

在清末民初时，松江古城呈"东府城、中市街、西仓城，十里长街连起来"的格局，松江人习惯说："东到华阳，西到跨塘"，为十里长街（现已改造成中山东路、中山中路和中山西路）。伴随这十里长街并与之平行的是条市河，它东连黄浦江，经盐铁塘与城中市河相连，市河西与古浦塘相接，比十里长街要长得多。本节选取旧时松江城东门外、县城内、城西门外中部和城西部及佘山山前街作一叙述。

第一节 东外街景

松江古城披云门（即东门）外至明星桥的一段街巷，因地处东门外，故名"东外街"。街北有北俞塘，街南有南俞塘（即市河，与城中市河相连。东段名盐铁塘，河水向东流入黄浦江）。跨南、北俞塘和下塘街上原建有桥梁16座，分别为宋、元、明期间建造。这四周居住的官宦富室、士大夫人家的深宅大院不少。

东禅寺，位于松江老城东门明星桥东，也是十里长街东段的起点。建于宋，初名桃花庵。南宋绍兴初年（1131），朝廷赐额"宝胜禅院"，后称东禅古寺。明洪武年间升为丛林。明隆庆三年（1569）、清同治十年（1871）、民国六年（1917）三度扩制，香火兴旺。

东外街为十里长街的东段，长 640 米，宽 3 米左右，用黄石条铺成街面。也是城东部乡民进城的必经之路。街两侧商店鳞次栉比，有百货店、绸缎棉布庄、染坊、中药店、饭店、包子铺、点心摊、酱园糟房、茶馆、典当等，街市繁荣热闹。街的两侧分布着多条巷弄，民居特别是大户人家的深宅大院不在少数。

南俞塘南岸的下塘街，是一条用青砖铺砌、宽不足 2 米的小街。沿河滩植有桃、柳、榆等杂树，春暖时节，垂柳吐绿，桃花盛开，倒映入河，颇有小桥、流水、人家的景趣。宣统元年（1909）9 月，沪杭铁路全线贯通，在东外街明星桥处设有协兴车站，方便了居住在东部的人们出行。

昔日的东外街早已风光不在，今已被改造成了一条宽阔的马路。

第二节　县城街景

因松江府治与华亭县治同城，故也称府城。元、明、清时期已建有城垣。元至正十六年（1356），张士诚部将史文炳筑松江府城垣。明洪武元年（1368），朱元璋部下徐达将军下令征砖修城未果。到洪武三十年（1397）才修成。府城城墙呈椭方形，周长九里一百七十三步，高丈有八尺。护城河宽十丈，深七尺。陆门、水门各四，东门名"披云"，西门名"谷阳"，南门名"集仙"，北门名"通波"。有月城。水门各附其旁，除市河横穿府成东西外，城内也有环形水道，特别是城西南，河道数条，水系相通。明嘉靖三十二年到三十五年（1553—1556），倭寇侵犯松江府长达四年之久，松江府城多次被围攻，但久攻不下。古城城墙、城门在抗倭寇斗争中起到了屏障保护的作用。明、清两代屡有修缮。清咸丰十年到同治元年（1860—1862），松江府城又经历了太平天国军队三次攻占和被攻打，城墙和城门破损严重，多处坍塌。辛亥革命后，府城城墙、城门逐渐被拆毁。（注：新中国成立后，城墙土垣仅剩东门南一段和西门两侧。至 1982 年，西门处的南北因建居民公房和新辟建谷阳路，西门两侧的城墙土垣被推平，包括西门外南北向的护城河也填埋了。仅剩原东门南段护城河西因曾用作靶场射击挡土墙而保留了下来。今残留墙体长 127 米，基宽 15 米至 20 米不等。土垣东侧尚存护城河，西南至北流向，通长

561 米，河道宽 11 米。）

明清时期的华亭城内，因府治、县治同城，郡治大街两侧多以政府机构、庙堂道祠、书院义学为主。到了清末、民国时期，沿街两侧的商铺住宅也减少了。大街北侧由东向西分布的是蓬莱道院、云间义学、中营府、试院、社公寺、松江府、火神霄、东阳道院、华亭县治、普照寺、王忠毅祠、方正学祠和太平书院等。大街南侧由东向西分布的是关帝庙、文昌阁、董文敏祠、府城隍庙、华亭城隍庙、沈文恪祠、娄县城隍庙、关帝庙、陈夏二公祠、前营守府等。这里仅介绍几处寺庙和学府。

府城隍庙 位于旧府署东南三公街（今方塔园广场处）。明洪武三年（1370）建。清顺治二年（1645）八月初三，松江城被清军攻破，守东门的义军领袖、中书舍人李待问殉节。松江人民怀念他的节烈，聚资为他塑像，尊李为松江府城隐神。该庙规模宏大，前有照壁（今保存在方塔园内），大殿三进（前殿、正殿、后殿），气象庄严。旁有小园，花木幽胜。每逢七月十四日城隍神诞辰，都有盛大庙会。抗战爆发后，被日机炸毁。

兴圣教寺 位于府城东南谷市桥西（今方塔园内）。五代汉乾祐二年（949），邑人张仁舍宅为寺。初名兴国长寿寺，宋祥符中改今额。地纵广30亩。东有水陆池，南有佛塔，四面九级。有钟楼一座，高及佛塔之半，钟声洪亮，闻数十里。元季寺毁，而佛塔与钟楼尚存。明洪武三年（1370），知府林庆以其地三分之二作城隍庙，寺僧道安、原珍等，在庙南建忏堂，附塔而居，榜曰："兴圣塔院"。明正统十二年（1447），周文襄公忱巡抚至松江憩此。僧善昌募助重修。咸丰十年（1860），钟楼毁于兵燹，院也渐废。至民国初年，该寺已不复存在。

华亭府学 原为华亭孔庙，又称文庙，位于城内南沙家桥，即今红宾院住宅小区处。北宋天禧二年（1018）重修。北宋元祐年间（1018—1093）华亭县在此建立了县学。元代建松江府后，县学改为府学所在地，元代起，松江府学历年增建，到了清代，松江府学内有大成殿奉祀孔子神位，东西旁侧为孔子七十二弟子神位，旁有明伦堂、崇圣祠、魁星阁、教授署等建筑，占地50亩。门口立碑一块，上写："文官下轿，武官下马。"庙堂后遭日机轰炸毁而倾圮，大成殿于民国三十七年（1948）7月遭台风而塌毁，后拆除。

县学从沙家桥尊贤坊原址迁到位于华亭县署南的儒林坊新址，即今松江宾馆南侧。县学属华亭、娄县两县，规模稍逊于府学。后来，县学毁于兵燹。明洪武三年（1370）重新修建，学宫规模宏大，气象壮观。占地35亩，其规模在江南地区首屈一指。抗战时被日机炸毁，后被日军拆除。

普照寺 位于郡治大街（今中山中路原松江自来水厂附近）北侧，唐乾元时期（758—760）建，原名大明寺。宋大中祥符元年（1008）改今额。南宋《云间志》记："寺有陆将军祠，世传地本陆氏园亭，因以祠焉。"该寺为华亭县最早的佛寺，屡经兴废，明朝时尚存有海月堂、秀朵轩、涵晖室、香水海、静观堂等。清初因兵事，殿宇大多遭破坏。至民国初年，普照寺只剩大殿三进。第一进大殿为弥陀殿，两旁有四大金刚；殿后为一长方形大天井，两面有偏殿、禅房；又有二陆祠，另开侧门，祀晋陆机、陆云兄弟。第二进大殿为罗汉殿，内有罗汉18尊和其他一些佛像，殿之东南尚有梅花井。第三进大殿为观音殿，供观音大士像，该殿有楼。自民国二年（1913）起，普照寺一直为北洋军阀驻兵之所。民国十六年（1927）北伐军抵松后，普照寺仍为驻兵之所。日伪期间又为伪警察局所据。抗战胜利后，仍为民国政府县公安局占用。（注：新中国成立前，普照寺已名存实亡，存一些空房子。新中国成立后，普照寺旧址建自来水厂，仅存两株古银杏为寺之旧物。）

第三节　岳庙街景

岳庙街地处十里长街的中段，古城谷阳门（西门）外吊桥以西至高家弄（旧名泽润巷）一段，因街北侧有岳庙，故松江人俗称"岳庙街"。岳庙街历来为松江街市繁华的黄金地段。它屡经兵燹战祸，受损严重，几成瓦砾废墟，但战乱每一停息，沿街商民业主即筹措资金修房建屋，谋求早日恢复。因街市为十里长街的中段，四面八方的市民和乡区农民均乐于来此购物办货。岳庙街是一条以小吃、小杂货店、果蔬批发零售、集市贸易市场及小商小贩集中的街区，人流集中，商贸活跃。

松江岳庙为江南著名古刹，名闻海内外，北宋邑人朱谔扩建成占地百亩的宏庙大寺，大殿之前有广场。1937年淞沪抗战之前，广场为松江人民大众化的露天娱乐场所。场内有江湖人献艺卖技的杂技，广场中的表演有敲锣打鼓的猴子戏；有说唱史书公案传奇的农民书（松江人俗名"说因果"）；有观赏欧美风光的拉洋片（西洋镜）等。美食的摊位也很多，而且随着季节更换其供应内容。例如：金秋桂花飘香时节，有花糖藕、糖芋艿；夏日暑热供应薄荷凉粉；寒冬有炸鱿鱼、春卷、牛肉线粉汤等；蟹肥菊香时有蟹粉包子、葱油酥饼等应市。这些独具松江乡土味的食品制作精工、味美价廉，很受食家的赞许。旧历年底前后出售"画张"（年画），铺前悬挂得琳琅满目。春节期间，广场上人头济济，摩肩接踵，熙熙攘攘，拥挤不堪。岳庙街屡遭战乱破坏，而能很快地恢复为松江商市的黄金地段，可能与常年热闹的露天娱乐场有着一定的关系。

岳庙周围里弄街巷密如蛛网，乃松江人烟最稠密地区，这也促进了岳庙四周的繁荣热闹。自西门外到秀野桥这一段大街的两侧分布着约48条巷弄。

据旧志记载，岳庙东至吊桥西堍北侧有南北向的妙严寺、黑鱼弄，弄内自南往北有小巷井塘弄、竹行弄、也妙弄（俗称"野猫弄"）、和尚门、荷叶埭（原名：芰荷潭），这些弄堂通寿安街、新桥街、太平路。岳庙西侧南北向的有莫家弄，内有53支弄和花树巷两条支弄，北为太平路。太平路北至荷叶埭，有大、小弄堂相连，荷叶埭北有桑园弄，北通潭东街，紧接莲花禅院。莲花禅院，俗称"放生池"。建于清代中叶，禅房供秀才、学子学习用。当时曾一度为府、县近郊文人游览胜地。院中有一池，来院进香者经常将带来的活鳖、活鲫鱼等放入池中，故称"放生池"。

莫家弄西有泽润桥，抗日战争前尚有遗址。桥东为南北向的高家弄，弄口现为中山中路的商场。百岁坊在高家弄西，据记载，百岁石牌坊在乾隆年间时尚存，后毁，连坊址也难以寻觅。原有水泥方块路北通至白龙潭故址，长约330米。弄名由牌坊而得名。

明清时期的白龙潭，有十多顷广，不仅是每年端午节百姓赛龙舟的地方，其四周的景观也较多，曾有"翠华旭日"等八景（翠华亭，也称"万岁亭"，据说康熙皇帝南巡至松时，赏游白龙潭美景，亲题"翠华"二字）。平时花晨月夕，尚有游人，箫鼓画船，岁时不绝。白龙潭东有潭东街，西有潭西街，连通福庵弄，与青松石、秀水浜相接。还有里馆驿、斜桥等。

大街的南侧隔市河，河上有日晖、岳庙、长寿等桥。南北向的弄巷东有竹竿汇、当中有庙前街、三官弄、小塔前（长桥街）、神仙弄。市河南东西向的下街弄有前诸行街、后诸行街、峰泖村、阔街等。均是人烟稠密的居民区。

竹竿汇，南起松汇中路，北至日晖桥，与大街北面黑鱼弄相对。长约433米，宽3米，弹石路面。日晖桥南的"T"字型街，东西长约170米，南北长约80米，宽约4米，弹石路面，属竹竿汇街支路。旧时两侧有茶楼、酱园、鸡鸭行、电灯公司等。该街因有康熙十二年（1673）癸丑榜眼王鸿绪的别业赐金园。王氏三兄弟均为进士，屋前旗杆高。门前护城河里设有码头，船只密集，竹篙林立，煊赫热闹一时，故名。峰泖村东端接竹竿汇街处尚存近10块旗竿下垫石。又传，明正德年间农民汇集于此出售竹子，因名竹竿汇。

超果寺，原位于华亭城西门外南（今松江一中操场北边）。寺初名长寿，唐咸通十五年（874）华亭人心镜禅师所建。后改名为超果寺，经历代修建，规模宏大。但到民国时已残破不堪。保存下来的是很不完整的殿院，主要是明代建筑，其中尚存部分宋代建筑和遗物。寺的后进有一楼厅，楼檐正中有一區额，题"一览楼"三字。楼高约15米，五开间，外为两层飞檐，内为一层佛殿，楼内与二层飞檐相应，有一周栏杆，可登上回游，总面积约400平方米，历代多次修葺。气势雄伟，为本县有名古迹。楼内有一尊用香樟木雕刻、规模很大的千手观音佛像，高达楼顶。1959年"大炼钢铁"时，楼被拆毁，樟木佛像也被劈碎投入"炼钢"。一览楼对面约30米处有一尊观音铜像，高约2米，为明代遗物，也在1959年被敲碎，送进了废品收购站。

沿大街再向西至马路桥，两侧也是商铺林立，铺铺相连，市面兴旺，有百多家商店。有米粮业、绸布呢绒、百货、杂货、南北货、地货、中西医药、饮食茶楼、邮政通信、五金油漆、客栈饭店等。马路桥以西，则以民居为多，多有深宅大院。其中点缀着建于元代的清真寺、明代的西林禅寺和西林塔、明星大戏院和建于民国六年（1917）5月的乐恩堂，乐恩堂始建俱乐部于城西寺基弄南首，1923年，在原址建造钟楼和教堂。还有教会医院、学校等。秀野桥东堍北侧，有建于1925年的西式建筑"韩三房"、外馆驿等。还有桃园弄、九曲弄、木鱼弄、池家弄、富家弄、东塔弄、西塔弄、西新桥路、杜家滩等。大街南侧有景家堰、缸甏巷、坍牌楼等。大多数巷弄和建筑今已无存，成了历史的过往烟云。

第四节　城西街景

十里长街的秀野桥以西至钱泾桥段约有2千米之多，也以民宅为主。街两侧有少量店铺。清末时，仓城地区原有的繁荣已有盛转弱。这一段中，大街两侧有巷弄多条，如：钱泾桥、包家桥、李家弄、泾北街、启安弄、花园浜、施家弄、秀南街、秀北街、横街、蒋泾西街等，建筑密布。明清建筑相当集中，巨宅相望，雕楼画栋，大宅深院、大户园林鳞次栉比，名人在此居住的也不少。

市河在此处北与沈泾塘相连，南与人民河、毛竹港、秀春塘相接，河面也变得宽阔了许多。点缀有跨塘桥、大仓桥、年丰人寿桥，还有秀野桥、秀南桥和秀塘桥，民间俗称"三秀桥"。沿街上的建筑"半檐楼"、葆素堂、杜氏雕花楼、花园浜的跨街骑楼、半边楼等都很具特色。到了民国时期，整条街已显破旧，但其古风遗韵仍在。

第五节　佘山山前街

　　东佘山脚下、山前河北岸的山前街，在清末和民国初年也曾是繁荣过一段时间的街市。这条自西向东，长约600米的青砖小路，西起今外青松公路，东至近眉公钓鱼矶。此处有一块平地，依山傍水，成了人们择地建房居住的首选之地。久而久之便形成了街巷。

　　民国十四年（1925），因佘山圣母大殿翻造扩建，在动工之前，天主教方面先在山前街购地200平方米，建造了一栋中西合璧（山墙、门头、大门及里门均为西式，屋面为中式小瓦）的三开间二厢房的平房，作为外国设计师、工程师的栖居之处（该栋建筑至今还完好无损）。圣母大殿建造时，由于当时还没有环山公路和盘山路，建筑材料要从船上卸下，靠人工背上山顶。于是，工匠、民工都蜂拥在山前街，山前街的人气一下就旺起来了。施庙、茶馆、旅馆、饭店、南北杂货店、小戏院、烟灯店、豆腐店、杨家花园……也一应具有。后称之为旧镇。十年之后的民国二十四年（1935），圣母大殿建成，人气就少了许多。以后也就是每年五月的"圣母朝圣月"，还有些信众来山前街。山前街也就慢慢地冷清下来了。

第二章　名菜名点

古人在游历过程中，有的不仅喜欢在所到之处品尝当地的美味佳肴，高兴之时，还要题字作诗；有的则细心观察菜点的做法。如清初时的钱塘（今杭州）人袁枚，在周游各地时，就很有心地将所到之处的菜肴糕点的做法——记录下来，编入了他的《随园食单》。

第一节　古代松江美食

据史志记载，松江在元代就有一些名菜名点。如俗语说"拼死吃河豚"，说的是河豚的味鲜美、肉肥嫩。生于元至元九年（1272）的华亭叶榭人张善六，祖辈以捕鱼及行厨为生，他传承了祖辈手艺，烧制的河豚鱼，去毒干净，味鲜美，肉肥嫩，汁浓醇。众人食之称："奇鱼，好菜，好手艺。"当然，河豚鱼是有毒的，处理的稍有不慎，便会致人死亡，我国在1950年代就已明令河豚不许卖不许吃。

寓居华亭泖湖边的无锡人、元代四大画家之一的倪瓒，字元镇，号云林。在华亭时蒸制的"云林鹅"，风味非常独特，深受当时华亭文人雅士喜欢。清初袁枚特为赞赏，并将《倪云林集》中载制鹅法一并编入了他的《随园食单》一书中。

元至正年间（1341—1368）华亭荷祥浜俞启新自产自销的兰花小茄，个小如指，籽少皮薄，青嫩甜脆，兰香爽口，加工成兰花酱小茄，很受人们喜爱，被称之为"荷祥兰花小茄"，名传四方，曾是各代朝廷选用的地方特色贡品。据传，慈禧太后十分喜爱食用松江的兰花酱小茄。如今，兰花酱小茄与闵行三林塘酱瓜、崇明酱包瓜被并称为上海酱菜中的三绝，闻名江南。

明代大学士宋诩的母亲朱碧云，生于约明成化初年（约1465），娘家在杭州，自小随为官的父亲迁居北京，后随父在江南数地任职。嫁给了华亭宋氏，又随夫去外地一些省会城市生活。会做京菜、淮扬菜、江南菜等。悉心研究烹饪法，口授其子宋诩编著《宋氏养生部》6卷，明弘治十七年（1504）成书，记载了千余种菜点的制作方法和华亭地方食材的多种制法，有21章分类制法。

如《宋氏养生部》介绍了"日月肠""胜鲟鱼""隽永亦""水陆珍""酥果膏"等九种汤菜。"一捻珍"为其中之一，其制法是："用猪肥精肉杂鳜鱼、鳢（黑）鱼，俱皴皮为（鲽），机上报斫细为醢，以生栗子、风荚丝、藕丝、麻菇丝、胡桃仁（切细）、胡椒、花椒、酱调和，手捻为一指形，蒸之，入羹。"这种制法就是用肥、瘦猪肉两种，鳜鱼肉、黑鱼肉去骨取肉，薄切成片。"斫"，从斤，石声，切也；"醢"为用肉、鱼等制成的酱。把鱼肉剁碎搅拌成茸，把生栗子、风荚、鲜藕、蘑菇分别切丝，将胡椒仁切碎，鱼肉茸加胡椒、花椒、酱调和口味，用手捻成一指形长的面鱼形状，再粘上各种丝，上笼蒸熟后，放入汤羹内。《宋氏养生部》可谓是一部古代松江烹饪菜谱和制作大全，堪称我国食品加工史上继《齐民要术》后最为重要的著作之一。"华亭朱氏"之名也流传甚广，并被载入史册。今天人们常吃的猪肉松的制法就是来自《宋氏养生部》。

《宋氏养生部》中介绍的莼菜吃法似乎别具一格，曰："灰沤去涎，根最美，故曰莼羹，可和米为饭。"谢宗可诗曰："冰毂冷缠青缕滑，翠钿清缀玉丝香。"据说，莼菜"水深则茎肥而叶少，水浅则茎瘦而叶多"。三四月嫩茎未叶，细如钗股，黄赤色，名"稚莼"，体软味甜。五月叶稍舒长者名"丝莼"。九月萌在泥中，渐粗硬，名"瑰莼"。十月十一月名"猪莼"，谓可喂猪也，味苦体涩不堪食。但是取汁作羹，犹胜他菜。莼菜味甘，寒，无毒，可治"渴热痹"，厚肠胃，解百药毒及蛊气。或许宋诩书中这一段讲的就是秋天的老莼菜，可用根榨汁煮羹汤吃，故谓之"根最美"。

"菰菜、莼羹、鲈鱼脍"在明代松江宋氏家人合著的《竹屿山房杂部》巨著（或曰《饮食大全》）中都有记载。宋诩，字久夫，明弘治、正德年间华亭人，农学家，美食研究家。《竹屿山房杂部》一书由宋诩与子宋公望、孙宋懋澄三代人合著。共32卷，包括养生部6卷、燕闲部2卷，树畜部4卷，为宋诩撰；种植部十卷、尊生部十卷，为宋公望撰。宋懋澄合而编之。此书被《四库全书》收录。宋诩在其母亲朱氏指导下撰写的《宋氏养生部》记载了一千多种菜点的制作方法，强调养生，注重实用，品类齐全，风味多样。还有酿造、食品加工、储藏等方面的技术，对了解北京及江南地区的烹饪状况有极高参考价值。书中记载了60多种酒的近百种酿造方法，其中五加皮、桂花酒等至今仍在生产、饮用。书中记载蔬菜菜谱430余种，粉面制品近百种。

陆贵五，生于明万历年间（1573—1619），华亭叶榭人，烹饪世家传人，会做大蟹菜，也擅长烹制独特风味的小蟹菜——蟹糊皮。

潮来虱蟹拥浦滩，捣烂膏和鸡子摊。

此味果然夸隽逸，春天早韭传辛盘。

歌谣惟妙惟肖地把这道称得上民间美食的蟹糊皮刻画得淋漓尽致。品尝者乐道是"天下奇鲜"。

陆贵五主厨蟹宴，一蟹多吃，吃出独特味道。蟹宴为八菜一羹：大蟹菜：清煮浦江大蟹；小蟹菜：蟹糊皮；中蟹菜：雪香醉蟹；蟹肉菜：炸蟹斗；蟹黄菜：炒蟹粉；蟹花菜：菊花蟹；蟹糕菜：蟹炒年糕；传统特色菜：玛瑙蟹；还有一道蟹糊羹。不论大小，蟹尽其用，吃出新味。

明代松江府南牌坊下的柏家糕，为云间绝品，原料并非他处相同。蒸熟揭盖，香风扑鼻而来，糕入口且"充腴受用"。不仅补脾健胃，更有去滞调胸之益。故名驰都邑。据《嘉庆松江府志》记载的糕品茶食就很丰富，有柏糕、百果糕、绿豆糕、蜂糕、薄荷糕、花糕、丁香糕、炙糕等，有"糕实云间绝品"之称。

明代中期以后，包括明清时期，随着华亭经济的繁荣、物产丰富，文化繁荣，烹饪技术的提高和原料的增多，餐饮业兴盛，菜式更加丰富，厨艺人才众多，名菜名点迭出。味道也在以淮扬风味为主的基础上加以本地化。在烹饪技术上，明代与两宋相比也有了很大的进步，而且更加规范，有烧、蒸、煮、煎、烤、卤、摊、炸、爆、炒、炙等多种做法。查阅明代的史料，我们可以发现，至少有28道菜都是用独立的烹饪方法做成的，如火燎羊头、水晶鹅、酿螃蟹、蒸龙肝、烧芦花猪、糟鹅掌、烩通印子鱼、煎鸡、熬鸡、酥鸡、卤烤鸭、摊鸡蛋、火熏肉、腌螃蟹、黄瓜拌金虾、肉酢炖雏鸡、腊鹅、羊灌肠、馄饨鸡、油炸烧骨、鸡煎汤、蒸羊肉、榛松糖粥、鸢羹等[注34]。

第二节 名菜名点制作

清同治二年（1863）末，岳庙对面建起新新酒楼，仿照沪城式，颇极华丽。到了民国时期，松江县城内知名的酒家有城中的费记隆兴馆、吊桥西塊的震源馆、祥和酒店、长桥西首的迎宾楼、大街中段的松鹤楼、太白酒家、草芦酒家、茂盛馆、天寿斋、新雅饭菜馆、赵洪兴、永兴馆、徐同兴清真馆、仓桥北塊横街的胡永森、胡福基卤鸡店等。还有泗泾镇上的沈三记菜馆、陈锦记饭店等。知名的点心店有府桥东首的"灵芝"汤团、城中的少卿粽子、石家粥店、龙兴居阳春面、小无锡炒面、四似春汤圆、小广东云吞、成隆兴生煎馒头等。当时，松江的这些菜肴、点心还是很有名的，深受食客称赞。这里按史志记载，不仅介绍几个名菜名点的名字，也介绍菜点的一些具体作法。

一、名菜十道

1. 四鳃鲈八生火锅 草芦酒家金杏荪创制。用鸡汤和火腿、香菇、冬笋做底，再用8只切片生盆，如精肉片、虾仁、腰片、鸡鸭肫片、鱼片、时件片、鸡肉片等，外加细粉、菠菜，待暖锅汤烧沸后，将逐样生片投入，再将杀好洗净的四鳃鲈投入暖锅，再沸后加入细粉、菠菜和其他调味品即成。味鲜、嫩、肥、香，鲈鱼肝尤为肥嫩。

2. 四鳃鲈红烧 主料：四鳃鲈400克、猪网油400克。配料：香葱打结、老姜2片、黄酒25克、白糖25克、酱油40克、熟猪油50克。操作过程：先将四鳃鲈杀好洗净，挖出内脏，留肝，沙锅烧热擦净后放入猪油，再将老姜葱结投入，煎到葱姜爆出香味后，把鱼排好，用网油包裹，鱼背向下，包口处涂少许淀粉，下油锅。约1分半钟煎成嫩黄色，再翻身略煎后，加酒、酱油、水，煮透即成。特色是鱼肉完整、肥而不腻、香鲜味美。

3. 四鳃鲈鱼汤 主料：四鳃鲈400克、熟火腿片100克、笋片100克、水发香菇25克。配料：香葱结1个、老姜2片、料酒10克、鸡汁原汤500克、熟猪油50克、细盐少许。操作过程：将四鳃鲈杀好洗净后，用竹筷两支插入鲈鱼口内部，挖出内脏，留肝，用陈酒和细盐少许加在鱼身，放置一旁，将沙锅烧热擦净，放入猪油炸热，投入葱姜爆出香味盛起后，去掉葱姜渣，再将鲈鱼略煎后即放入原汁鸡汤中，并加陈酒、姜、香菇，烧沸后约5分钟即可。取食时略滴猪油于盛器内，再加火腿片于汤内，鱼身上略加葱花。特色是色美、肉细、汤清、味鲜。

4. 松江卤鸡 松江胡永森卤鸡店，由生于清嘉庆七年（1802）的胡永坤始创于清道光十二年（1832）。该店设于仓桥北堍横街，每年从农历冬至起至次年的清明供应卤鸡。卤鸡要选定3—4斤1年生的雄阉鸡，小口出血，去毛不破皮，破膛仅宽两指，双脚塞进肚内，用稻草缚住鸡身。烧时鸡身倒放于装有百年老汤的锅内，拌以葱、姜、酒等佐料，烧开后，除去浮沫，用小火焖烧，锅盖上面加布不使漏气，让汤汁逐渐侵入鸡皮内部。其特色是肉嫩，皮内有一层汁水呈冻状，味极鲜美。外地人来松，必食鲈鱼、卤鸡而后快。民国元年（1912）12月，孙中山莅临华亭视察，品胡永坤后人制作的松江卤鸡和鲈鱼，赞不绝口。松江卤鸡声名鹊起，食客闻风而至。

5. 小莲生白切猪头肉 "小莲生"店主孙莲生原系永兴馆职工，民国十四年（1925），独自在松江中山路妙严寺弄内开设"茂顺饭菜馆"（客户习称"小莲生"）。以"小莲生猪头肉"为招牌菜，该店供应白切猪头肉的时间，每年从端午节起至十月朝。每天只供应2~3只猪头。下午，有2人专职去毛，净后用井水烧煮，用硬柴燃料烧到七成熟后，焖2小时左右，于下午3时起供应。切片后，洒上少量油炒细盐。其特色是肥而不腻，酥而不烂，入口即化，极为可口。茂顺饭菜馆当年外卖的猪头肉用荷叶包裹，荷叶清香，使人食欲大增，极为味美。（注：1956年，该店公私合营。1961年，菜馆创始人孙莲生去世，茂顺菜馆随即停业。）

6. **马弄口豆腐干** 民国时，地处松江东门外马弄口的"周顺兴豆腐店"（夫妻店），在豆腐业激烈竞争中屡遭挫折。后试制成一种色、香、味俱佳的豆腐干，以优惠价批给小商贩，在城内外走街串巷兜售。该豆腐干酱色淳厚，韧性足，富有弹性，耐咀嚼，清香可口，回味鲜美。出名后，每天供不应求，人称"马弄口豆腐干"。现已停业，成了松江人对著名特产的一种美好记忆。

7. **三丝莼菜汤** 莼菜与鲈鱼齐名，江南水乡所在多有，以松江华亭谷所产雉尾莼最肥美。西晋陆机在洛阳，有"千里莼羹，未下盐豉"的巧对，将北方的羊酪与南方的莼羹相提并论。西晋张翰，见秋风起，想起故乡鲈鱼、莼菜，竟弃官而归，既后世所谓"莼鲈之思"的出典。三丝莼菜汤为初夏时令菜，以莼菜、火腿丝、香菇丝、鸡丝为主料烧煮而成，清香活嫩，色美味鲜。

8. **三星豆腐干** 三星豆腐干又称"荷包豆腐干"，由泗泾镇"三星斋"店独家经营。该店由徐荣禄开设于清同治年间，后徐将该店赠给外甥秦氏，秦之子秦祖宜学艺不成，由该店学徒龚广茂开店经营。原料选用上好大豆浸后磨碾，以苏州特制小荷包包好，全系手工操作，每包块正反两次压去水分，用白糖、桂皮、丁香、味精、豆板酱烧煮一天一夜。特点是细而紧，味鲜可口，食后口有余香，深受食者喜爱。

9. **乌龟肉（黑菜）** 清光绪三十年（1904），陈锦记饭店开设于泗泾镇中市桥下塘街上，店主陈锦堂。因当地天主教徒较多，每周五不食有毛动物，常吃鱼又感到无味。陈锦堂便想到了体色黑褐的、无毛的半水栖动物乌龟，于是便经营乌龟肉烧毛豆，因要避"神龟"和咒人的风俗习惯，故又取名"黑菜"。以满足教徒们的消费需求。其操作方法是取出龟肉，放清水烧透，去沫，拌以毛豆、白糖、五香粉、猪油佐料，用温火烧煮，使豆汁、糖、猪油浸入肉内，再放以特晒酱油同烧。其特色是使乌龟肉呈红褐色亮，入口味鲜而带有黏性，肉香甜而酥软，广受食客欢迎。因雄乌龟有臊气，只能药用，不能食，故必须全部选用雌乌龟。当时当地一斤猪肉价钱，可买二斤乌龟肉，因价廉味美，倍受欢迎。

10. 爆鳝与清炒鳝丝 清末，泗泾镇中市桥下塘街上，开了一家名"沈三记"的菜馆，名厨王根泉（1900—1976），是因他能烧一道名菜——爆鳝。沈三记爆鳝始成为一方名菜。爆鳝一菜：菜肴特点色泽光亮，油而不腻，软而不烂，鲜美醇厚。选用原料大黄鳝2条（400克左右），佐料有食用油、盐、黄酒、姜末、葱花、蒜泥、味精、胡椒粉、生粉、蛋清（适量）。具体制法是在黄鳝颔下剪一小口，剖腹取出内脏，用剪刀尖从头至尾沿脊骨两侧厚处各划一长刀，用刀剔去脊骨，斩掉头、尾，将鳝肉洗净，平放在砧板上（背朝下），用刀将鳝肉批成蝴蝶片后，盛入碗内，加盐拌匀，加黄酒、味精、蛋清、生粉和少许水上浆。锅中放油烧至六成热，快速将鳝背爆熟出锅沥油。锅中留底油爆香葱花、姜末、蒜泥，加少许高汤、盐、味精、蛋清、胡椒粉调准口味，将爆熟的鳝片下锅，翻炒并勾芡，淋油出锅装盆即可。最好选用野生大黄鳝，去骨；爆制速度要快，否则会影响口感。

黄鳝的烹饪方法当然不只"爆鳝"一种，常有清炒鳝丝、清蒸鳝背、五香鳝汤、澳鳝等。"清炒鳝丝"。其烹饪方法是先将黄鳝加工成一寸长的鳝丝待用。为了保持活黄鳝的肉质鲜嫩，大多是活杀后划成鳝丝。将炒锅烧热后，用油滑锅，再加入猪油在旺火中烧至冒青烟时，将洗净待用的鳝丝推入锅中，随即用手勺煸炒，时而还沿锅边淋入少许油，直煸至鳝丝成黄色时，加入黄酒、白糖、味精、姜末，炒至上色入味，倒入用黄鳝骨熬成的高汤浇滚，转小火加盖略焖，再加适量的油拌和，端锅连翻；出锅装盆时，用勺背在鳝丝中推一个小潭，撒上葱末，倒上麻油，在小潭的四周放上熟火腿肉末、大蒜末。然后在烧锅中将猪油烧热，待端上桌时，将热猪油浇至潭中，并撒上胡椒粉。此时这道菜红、黄、绿、白相间，色彩艳而抢眼，并且口感滑爽鲜嫩，入口不腻，葱、姜、蒜、椒，香气扑鼻。端上桌时还啪啪作响，令人口舌生津。这就是"清炒鳝丝"。

二、名点五道

1. 鸡蛋麻饼 清宣统三年（1911）春，吴寿生在青浦县"林太和茶食店"习业学成后，迁至天马镇，在该镇北市开设"北泰丰糖果茶食店"，制作经销以鸡蛋麻饼为主的茶食糖果。鸡蛋麻饼，系用上等绵白糖、精白面粉、黑白芝麻、各种果肉（核桃肉、瓜子肉、枣肉、金桔、肉松等）、猪油、豆沙等原料组合，制作时用鸡蛋收粉，重糖重油，将香、松、酥融于一体。主要品种有百果、枣泥猪油夹沙、瓜肉果脯等，规格分大、中、小3档。民国二十九年（1940），吴寿生之子吴福南随父学艺，父子共同制作，吴福南刻苦钻研，有所创新，质量又有提高。麻饼成了本地特产。每年春游季节，父子俩设摊于佘山脚下和天马山脚下,边做边卖,供不应求。

2. 叶榭软糕　叶榭软糕生产始于明万历初年(1573),创业人施茂隆。原料系上白粳米与糯米,其比例是糯米5%,粳米95%。米要在水中浸7天,每天换水,使米中发酵成份充分挥发。泡好的米用石臼舂成粉后用细筛筛过,粉极精细,而后拌料蒸成糕。软糕在夏天一周内不会变质。软糕分为3种:一名为素糕,加上等绵白糖,蒸成大块长方形(即叶榭素糕);二名为方糕,加猪油、豆沙、绵白糖于糕中心,呈正方形;三名为桂花白糖糯米糕,全系糯米制成,加桂花、白糖、猪油、豆沙,呈厚圆盘形,凡用豆沙,需用素油炒熟,不致变质。3种糕各有特色,素糕松、软、甜;方糕是肥、香、甜;桂花白糖糯米糕具有松、软、甜、香、肥特点,稍加薄荷,有清凉感,夏日尤佳,是最好的一种。因价廉物美,供应数与日俱增,一般每天销25公斤左右。每逢叶榭镇关帝庙会(农历五月十三日、九月十三日),要日夜开工,日销售量达150余公斤。清末民初时,叶榭又有费孝生开设的"费成和软糕店"。继费后,有沈吉生开设的"沈鼎和软糕店"。而后有杨明德开设的"杨仁和软糕店"。后又有冯姓、樊姓相继经营。清末,曾云甫开设"曾隆茂软糕店",而后其子曾幼甫继承父业,继续经营。至民国三十一年(1942),曾幼甫之子曾德贤继承父业,经营至今。

3. 张泽青绿饺　张泽青绿饺的制作始于清光绪年间,出于亭林人张阿二之手。张原系茶食店师傅,后到张泽开糕团店,制作经营青绿饺(俗称张泽饺),饺皮糯米粉,以青草浸出汁水,加少量石灰水沉淀去渣,经过滤,使水清纯,与糯米粉拌和,再以猪油、豆沙、枣子肉、绵白糖为馅,称为"四全",置于青竹笼内蒸煮,底垫荷叶或竹箬叶,颜色碧绿生青(故名青绿饺),鲜明而有光泽,吃来香、甜、肥、滑,如加拌桂花,则幽香扑鼻。后龚阿金也做青绿饺,传到儿子龚六官,一直流传至今。松江民谣有"浦南点心有三宝,亭林馒头张泽饺,叶榭软糕刮刮叫"之说。(注:亭林镇于1966年10月划归金山县,今金山区。叶榭镇与张泽镇今已合并,用叶榭镇名。)

4. 阿六汤团　阿六汤团出名于清光绪三十一年(1905)。原为泗泾镇张协兴汤团店所出。店主张六初(乳名阿六)于民国十七年(1928)故世后,其子张鸿祥继承父业。汤团用料极其考究,选用精白糯米粉和精肉,拌以麻油、芝麻粉、肉冻及姜、葱调味,其特点"皮薄,肉多,一包汤"。吃时鲜、香、糯、嫩。

5. 广利肉粽　系泗泾镇广利点心店名点,于清光绪十九年(1893)创办,店主周广利。肉粽制作主要由其妻操作,用历年陈汤烧煮,粽呈长方形扎粽,每只重50克,肉多而米少。特点是松、鲜、爽、香、酥。因店主独生女儿出嫁在外，此粽无人继承而失传。该店在抗战前夕关闭。今已恢复制作技术，销量很大[注35]。

第三节　名师品尝"冷盆三绝"

江南传统菜谱中必有猪肉。松江有"无猪肉不成席"之说。而且在酒席上不仅有猪肉大菜，还有猪肉冷盆。"茸城三绝"冷盆菜为卤鸡、小莲生（也叫小连生）猪头肉、熏腿筒，其中两道冷盆是猪肉，由此可见猪肉在松江人心中的地位。相传熏腿筒为松江祥和酒店（店为二层楼房，民间称为"祥和酒楼"）老板赵祥和始创。熏腿筒特点是皮色红亮，烟熏特香，肉味鲜嫩，肥肉不腻，咸淡适口。

茸城"冷盆三绝"名称的来历，还要从民国十八年（1929）元旦前江苏省立松江女子中学的一次聚会说起。该校被当时的教育部认定是全国最优良的女校，在江苏享有"模范女子中学"的美誉，该校校长江学珠是一位杰出的女教育家，她有现代教育的理念，从严治校的措施和精心挑选堪称一流的正副课教师队伍。教师中有诗书画"三绝"的陆维钊，他后到浙江大学文学院等校任教，晚年任浙江美术学院（现中国美术学院）书法篆刻科主任；有著名诗人、古典文学专家和世界语学者徐震堮，他后任华东师范大学古籍研究所所长；有优秀教师虞明礼，他为1930年代初高中代数课本编著者。还有两位是1928年8月聘请的副课特殊教师：一位是著名摄影家郎静山，中国最早的摄影记者，教授摄影课。该课后立为正式课程，开创了中国女子摄影教育的先河。另一位是作家、文艺理论家、漫画大师丰子恺，他在该校任美术、音乐教师，每星期还要给全校师生上一次美术讲座……被江学珠邀请的十位名师相聚于松江西门外祥和酒店二楼，该店规模较大，设施齐全，东近日晖桥码头，北靠中山路，南依市河，窗边设有"美人靠"，环境优雅，交通方便。老板赵祥和待人和善，经营公道，服务周到，又能烧一手好菜，江校长特在此设宴答谢各位名师。

三道冷盘菜上来，香气扑鼻，菜型别致，郎静山拿起照相机拍摄，边拍边问："这三道菜是否本店制作，有啥特色？"江校长答道："三道名菜分别为卤鸡，由胡永坤创始于清道光十二年（1832），店在仓桥下；白切猪头肉，由孙莲生创始于去年；店开在妙严寺弄内，该菜已过应时一月有余，但丰先生对这菜特别喜欢，我登门专访孙莲生，请他帮忙特制。再有一道熏腿筒，是本店赵祥和老板制作的特色菜，请各位名师品尝。"陆维钊大师尝遍三道名菜，手拿筷子高兴地说："感谢江校长设宴款待，能品尝到如此美味。"丰子恺大师站起来边吃边说:"三道名菜,可谓茸城'冷盆三绝'"。

赵祥和知道江校长带领名师光顾,感到十分荣幸,兴冲冲地出来敬酒,欢迎嘉宾。丰子恺见赵老板出来敬酒,手里夹着一块熏腿筒笑嘻嘻地问:"熏腿筒很好吃,眼看着就有食欲,请赵老板介绍一下这道冷盆菜。"赵祥和放下酒杯,一本正经地介绍:"熏腿筒的原料选自细皮小猪身前腿肉,3至4斤左右,将胛骨剔去,在腿内侧戳几个洞,然后用食盐揉擦腌透,洒上花椒,入缸用石块压紧。缸内腌放天数视季节而定,冬则2至3天,夏为1天,取出后洗净晾干,将腿卷成筒形,用稻草每隔一寸扎紧,煮八成熟,取出沥干汤汁,再放食糖、食油,将猪腿筒放在铁锅内木架上,盖上锅盖熏制,听到锅内有爆裂响声时熄火,焖一会取出,在腿肉上抹麻油,冷却后切片装盆。还有一些秘制的小巧门,大师有意,可私下交流。感谢大家的品尝与厚爱。"名师们纷纷对三道冷盆菜称赞不绝,尤其是丰子恺大师的评价,成了茸城"冷盆三绝"名称的由来。

1937年,抗日战争全面爆发,松江城被日机炸成一片废墟,祥和酒店也同遭厄运,熏腿筒也随之停产了[注36]。

第四节　岳庙肉翻烧

秦耀宗,明天启六年(1626)生于松江府城,祖上在城内经营一家点心店,父亲是制作糕点的名师,秦耀宗从小随父学艺。清军攻城时,秦父参与抗清阵亡,秦耀宗携母及弟妹逃离府城。入清后,秦耀宗回城在松江东岳庙内开了一家四如春点心店。战乱时妻离子散,松人迫切回乡团圆,每年八月初三是忌日,八月十五日拜月团圆,秦耀宗特制九层塔形拜月神月饼。松江东岳行宫请进月下老人神像,九层塔形月饼成为供品。

月下老人是中国古代民间传说中掌管婚姻之神,俗传只要月下老人暗里用一根红线把一对男女的脚绊住,无论两人离得多远,地位相差多么大,最终都会结成夫妻。为此,旧时向往爱情的人们总是对月下老人尊崇备至,希望婚姻美满,生活幸福。松江东岳庙里祭拜月下老人的人越来越多,四如春点心店的九层塔形月饼不但作为八月半拜月的祭品出售,很多的人买了作为供奉月下老人的供品。秦耀宗为满足广大食客要求,让月饼不受时令所限,他将月饼统一大小,再扩大月饼品种,有鲜肉、蛋黄、五仁、冬蓉、豆沙、芝麻等,适合不同口味人群,而且还将平时出售的大小一致的月饼叫作翻烧,让月饼鲜肉翻烧平时也热销。因该月饼在岳庙四如春点心店制作,群众呼为"岳庙翻烧"。热翻烧有的人堂吃，有的人提着竹篮买回家吃；外地顾客要求买冷翻烧，装入竹制扁形礼篮，上面盖一张印有"岳庙翻烧"的方形红纸，再用红绳扎后，馈赠亲朋好友。

松江本地食客最爱吃鲜肉翻烧，其特点为色泽金黄，面皮酥松，口感鲜香。鲜肉翻烧吃的就是一个"鲜"字，吃到新鲜出炉的鲜肉翻烧，那薄薄酥皮内十分鲜美的肉馅，咬下去，酥皮纷落。翻烧皮子最外层薄薄的，焦黄脆壳，中层细腻的起酥，里层酥皮被肉汁浸得滋润，肉馅紧实喷香，即使烫了舌头也不肯停口，那种感觉其他月饼是无法与之媲美的。鲜肉翻烧具体制法是先将枫泾猪夹心肉洗净，手工将肉切碎，吃时才更有咬劲，并能锁住鲜肉汁。然后拌入盐、糖、酱油、料酒、姜末和适量水，搅拌成鲜肉馅待用。面粉加熟猪油搅匀，搓成油酥面；面粉加沸水，搅拌搓散成雪花状，摊开冷却，甩上冷水，加植物油，拌揉至柔软光滑，制成水油面。按6：4比例将水油面、油酥面摘成剂子，搁置片刻。取水油面剂子一个，擀成扁圆形，放入油酥面剂子一个，包拢后擀扁成长片，从一头卷拢，又擀成长片，再卷拢后即成有酥层的圆条，摘成每只重50克左右的剂子，按扁擀成圆皮，包入30克鲜肉馅，收口、搓圆、擀扁成圆形的翻烧生坯。将生坯放入烧烤容器内，用220度的温度烘烤，表面呈金黄色后，再翻身烘烤，翻烧肉馅湿而不干即成。烘烤过时则烘焦变味，把控烤温与时间十分重要。

中秋节清晨，岳庙四如春点心店门口，总会排起长队购买岳庙翻烧，因现做翻烧要一锅一锅做，常常要排很长时间的队。也有人顺便购买桂花赤豆糕、玫瑰绿豆糕、薄荷如意糕、卷沙鹅头颈、猪油糖年糕、鲜肉粢毛团等名特点心。

1947年，岳庙四如春点心店翻烧生意仍十分火爆，八月中秋节，据说是秦耀宗的后代看着顾客排着长队焦急地等待着购买，就与开在马路桥的草庐酒家老板金杏荪商量，代加工岳庙翻烧事宜。草庐酒家在松江饮食行业中颇有名气，店面又翻建一新，店牌"草芦酒家"由海派著名画家白蕉题写，该店烹调技术力量雄厚，业主金杏荪被著名漫画大师丰子恺誉为"和羹专家"，当时名噪松江的十大名厨中曾有五名在该店当炉掌勺，声誉日益提高，慕名前来的食客接踵而至，草庐酒家是合适的合作伙伴。四如春点心店派专人到草庐酒家指导制作岳庙翻烧，质量一流，秦耀宗的后代制作的岳庙翻烧与金杏荪创制的合子酥成为松江名点。真可谓："四如春肉翻烧，草庐继承热销"。新中国成立前夕，四如春点心店关门歇业。草庐酒家于2003年9月也改制为民营企业，但仍信守"货优价实、童叟无欺"的经营原则，食客盈门，尤其岳庙鲜肉翻烧与草庐点心，在点心、食品十分丰富的今天，每天早上仍需排队购买。每年八月中秋节，购买鲜肉翻烧的顾客排队更长，成为松江一大奇观[注37]。

第三章　名特土产

旅游地出产名、特、优土产，能激起游客"购"的欲望，"购"也是旅游"六要素"中不可或缺的一环。从历史上来看，松江最大宗的名特产应该是大米和棉布。松江大米以香粳米、芦黄糯、老来青等知名；松江棉布在明清两代的宫廷中被视为制作衣被的佳品，在欧洲、日本等地享有极高的声誉。

松江四鳃鲈　在松江的特产中，名声最大的当数松江鲈鱼，俗称四鳃鲈。有关四鳃鲈的介绍，我们在上篇第五章"鹤鲈寻觅"中有过较详细的介绍，这里就不再重复叙述了。需要说明的是在清末民国时期，四鳃鲈在松江各饭店酒家都有供应，并不是什么稀罕物，价格也不贵。秋季汛期，遇丰年，松江鲈鱼的捕获量可达上万斤，市民可在集市、菜场上买到它，把它当作一般的河鱼食用。

莼菜　又名"水葵"，睡莲的一种，为多年生水生草本植物，它的叶子呈椭圆形，深绿色，依细长的叶柄上升而浮于水面。茎和叶背有胶状透明物质。像露葵，飘浮在水面，嫩叶子适宜于作汤菜，吃起来味道特别肥美。以前江南水乡多有生长，松江古代"三泖"中的大泖地区盛产莼菜，甚至在松江市河中也时而可见它的踪影。由于水环境和品种不同，历来称产于松江华亭谷的雉尾莼最为肥美。西晋时，陆机到了洛阳，王济宴请他，席上有羊酪，王济指着羊酪问陆机："你们江南东吴地面有什么菜可以抵得上它呢？"陆机应声答道："千里莼羹，未下盐豉。"意思是说，江南的莼菜鲜美无比，不放咸豆豉。羊酪是北方著名的食品，陆机以南方名菜莼羹相对，时人以为巧对。莼菜的名声也由此在北方一下子提高了。当时有个张翰，也在洛阳为官，见秋风起，想起了家乡的鲈鱼、莼菜、菱白，竟弃官而归。并写了首《秋风歌》抒发思乡之情："秋风起兮佳景时，吴江水兮鲈鱼肥。三千里兮家来归，恨难能得兮仰天悲。"现在人们常将思念家乡写成"莼鲈之思"，这个典故就出于此。

过去，莼菜自初夏起即上市，直至秋天都有供应。莼菜主要用作汤菜，以高汤做成的莼菜汤清香活嫩，色美味鲜，是初夏时令菜。三丝莼菜汤是松江传统名菜，以莼菜、火腿丝、香菇丝、鸡丝为主料，用高汤烧煮而成。大学者施蛰存在《云间语小录》中写道："吾松之莼，秉气略迟，虽曰春莼，初夏始见上市。春莼以细嫩见珍，倘从市上买一斤归，精加拣汰，可用者不过二两耳。秋莼即使无虫，亦叶大有脉络，不中食。"

佘山兰笋　俗称兰花笋，产自松江佘山。清康熙皇帝南巡时到松江，恰逢春笋萌发，厨师就以佘山笋为原料，为皇上做了一道时鲜菜。康熙皇帝挟着笋片就闻到了一股清香，入口后，只觉满口有兰花清香，沁人肺腑。用毕御膳，亲笔题写了"兰笋山"三字赐于佘山，从此，佘山又称为兰笋山。文人墨客以初春尝兰笋为雅事，清唐天泰《续华亭百咏》："万竹青青中，笋香似兰馥。一经御笔题，光辉湛云谷。"

佘山兰笋是毛竹笋中的上品，它根痣鲜红，笋箨紧贴，色泽茸黄。清明节前后，天气暖和，春雨滋润，兰笋破土而出。第一批笋数量不多，数天后才是旺产时节，数量多且质量好，价格低，是品尝兰笋的最佳时间。最后一批兰笋质量稍差，但也要优于一般毛笋。兰笋的吃法有十多种，如油闷笋、清拌兰笋、兰笋肉片、兰笋烧鱼等，其中兰笋炒鳝丝堪称初春时令佳肴，此菜不仅滋味鲜美，且营养丰富，有保健功能。竺笋上市时，佘山的各家饭店都会推出兰花笋宴，各有特色，游客可根据各自爱好，一饱口福。回家时也可捎上一筐新鲜兰笋，不失为馈赠亲友的佳品。

兰花小茄　是松江特产，因食之有兰花清香而得名。松江方言称茄子为"落苏"，兰花小茄称为"小落苏"。松江的兰花酱小茄、闵行区的三林塘酱瓜、崇明县的酱包瓜被称为上海酱菜中的三绝。松江兰花小茄的栽培历史可追溯到元朝末年，至今已有600多年。目前，这个特色蔬菜在松江仍广为种植。

兰花小茄的形状与颜色与普通茄子没有区别，但个体极小，长成后只有成人拇指般大小，且籽少皮薄，质地比普通茄子为硬。食用方法通常有两种：一是腌制，将刚摘下的鲜嫩小茄洗净，用适量的盐、少许明矾腌制，经充分搓揉，待小茄变软后，用石块等重物稍稍加压，腌渍四五个小时后即可食用。腌成的小茄绿中带青，色彩鲜艳，食时只觉味美清脆，且带有淡淡的兰花香味，极为爽口，实为夏令佐食之佳品。二是酱制，将腌好的小茄再入酱，加适量的糖，有时还可加些桂花，以增加香味，放在太阳下晒五六天即成。酱小茄紫中带青，油光发亮，甜酸适中，软而不酥，肉质爽口，味道鲜美，中心如咸蛋黄，有油渗出。将它们置于缸或罐中，久藏不会变质。

松江兰花酱小茄曾为进贡宫廷的贡品。清代慈禧太后就十分喜欢酱小茄。1970年代末，松江酱小茄出口日本，颇受日本消费者欢迎。

关于松江兰花小茄，还有一个十分动人的传说。元末，松江北门、菜花泾一带还是一片荒芜。一天，有对父女从安徽凤阳逃荒到了松江，在菜花泾搭棚落脚，开荒种菜。一晃三年过去了，荒地越垦越熟，菜也越种越好，姑娘也越长越漂亮。当地有个恶霸，名叫袁麻子，企图吞占土地，霸占姑娘。先是诱骗，不成。便指使狗腿子打死了老汉，又强抢姑娘，姑娘宁死不从。她亲手埋葬了父亲，不吃也不喝，不梳也不洗，日夜趴在父亲的坟上不停地哭叫："亲爹啊，这是什么世道，茄子专门拣软的揿，人专门拣好的欺啊！"翻来复去，她就是哭叫着这么几句。姑娘哭得身边的茄子一只一只往下掉，叶子一片一片地往下落。姑娘哭了三天三夜，最后哭死在父亲的坟上。姑娘死后，那些茄子苗又长出了新叶，开了花，结了果，但结出的茄子既小又硬，不像原来那样又大又软了。以后，松江人将这些小茄子留作了种子。因为有了姑娘泪水滋润，所以长出的茄子都带有兰花香。"落苏拣软的揿"，也成了松江人指责欺侮好人行为举止的俗语。

水蜜桃和黄桃　松江的桃子在明代就很有名，品种也多，有扁桃、金桃、墨桃、鹰嘴桃等记载，其中以水蜜桃品种最佳。旧志载："其种多水，稍损其皮，即膏液外流。"东门外的黄桃也享有盛名，据说熟透的黄桃可用麦管吸着吃，卖桃者只能将黄桃平铺在竹匾上，以防压坏。抗日战争前，黄桃果树因无法解决虫害而大多蛀死，黄桃在松江逐渐消失。解放后，佘山地区发展水蜜桃种植，桃树成林，品种上乘，佘山黄桃又声誉鹊起。

草长浜红菱　菱，古名"芰"，江南俗称"菱角"。为一年生水生植物。据清嘉庆《松江府志》记载，松江产菱已有200年的栽培历史。以生长于城西草长浜的最知名。草长浜红菱壳薄，肉质鲜嫩，生甜香脆，是待客和馈赠亲友的佳品。松江菱有青、红两种，青的叫"樱哥绿"；红的早品种叫"水红菱"，晚品种叫"雁来红"。以菱的个头大小来分，个头小的叫"馄饨菱"，大的叫"蝙蝠菱"。按外形的区别可分为四角菱、二角菱（也称"腰菱"）、无角菱（俗称"和尚菱"）。民国时期，松江农村池塘较多、普遍种植菱、藕等水生植物。近年来，水面虽有所减少，但每年仍有不少红菱上市，市民也有秋天尝鲜菱的习惯。

天马山樱桃　在元明时颇有名声。天马山有樱珠湾，本地人广植樱桃以营利，岁月深久，林叶茂菁，遂成胜地。明代南京礼部尚书、华亭人顾清的《忆家园樱桃》诗曰："花发园亭记别离，忆花又遇别离时。赤瑛盘上筠笼里，各自伤心各自知。"天马山樱桃在今日还有种植[注38]。

另外，在前一章所介绍的如叶榭软糕、张泽青绿饺、鲜肉翻烧、阿六汤团、广利肉粽、鸡蛋麻饼、马弄口豆腐干、桂花赤豆糕、玫瑰绿豆糕、薄荷如意糕、卷沙鹅头颈、猪油糖年糕、鲜肉粢毛团等等，也是那个时期的名特点心，也可谓土特产品。

第四章　西风东渐

明代中叶以后，天主教便传入了松江。如醉白池在嘉庆二年（1797）曾被西方人改为育婴堂。清道光二十三年（1843）11月17日，上海开埠。清光绪年间（约1895年前后）基督教开始在松江传播。西方的教堂建筑和西式建筑也随之而来。他们所使用的科学仪器和科学方法，也传入了松江。一些西方人的生活方式和生活用品也随之进入了上海。如学校、公园、图书馆、博物馆、酒吧、咖啡馆、西餐社、舞厅、夜总会、俱乐部、照相馆、电影院、跑马场、育婴堂、孤儿院等。因松江离上海中心区域不到40千米，故受西方文化的影响也很明显。

第一节　教派教堂

一、伊斯兰教

据《松江府志》记载：元朝统一中国时，纳速剌丁曾率领部族人，从嘉兴进入松江。以后他们的部族及子孙就定居于松江，这就是松江穆斯林的来源。他们民心纯朴，信仰虔诚，在定居之地都要建造可供礼拜的清真寺，他们围寺而居，这便是松江清真寺的由来。

松江清真寺　位于松江中山中路365号（原缸甏巷21号），北与程十发艺术馆隔街相望。始建于元至正年间（1341—1368），又名真教寺、清慎寺、云间白鹤寺。

据寺内礼拜殿中保存的清康熙十六年（1677）《重修真教寺碑记》云：寺于元至正年间（1341—1367）蒙古氏创建。清真寺大门向北，前立外照壁，额题"清真妙元"。入内有内照壁，书"清真寺"。经通道西侧墙下有一小墓，传为元达鲁花赤墓。进内西侧为邦克楼（邦克为"呼唤"之意），面东，平面长方形，砖砌，建筑面积12平方米。其形制仿窑殿，外部重檐十字脊，柱梁枋椽，翼角起翘，都模仿木结构，做工极为精细。内部为尖拱穹隆顶，拱下辟门洞为出入道。邦克楼西厢对面是礼拜殿，砖木结构，面阔三间，建筑面积 130 平方米，宽敞雅静，明代形制，内部装饰以阿拉伯文字组成丰富的彩绘图案。大殿向后为重檐十字脊窑殿，高约 8 米，窑殿内部是球穹隆顶，古朴雄伟，为寺内最古的建筑物，建筑面积 48 平方米。窑殿墙系空斗，无梁架，均为元代建筑。它既有伊斯兰教建筑的特色，又运用了我国古建筑中平面布局和木结构及砖砌斗拱等形式。这种中国与阿拉伯建筑风格融为一体的古代建筑，今全国仅存杭州凤凰寺和松江清真寺两例了。

清真寺建筑是伊斯兰文化的重要组成部分，是伊斯兰文化的载体之一。中国清真寺建筑形制和艺术形式主要有两大体系：一是以砖木结构为主，体现中国传统建筑风格的清真寺，属中国特有形制的伊斯兰建筑；二是以阿拉伯建筑风格为主，揉以中国地方的或民族的某些特色的清真寺，现存中国清真寺大多为元、明、清以来创建或重建。松江清真寺在建筑的整体布局、建筑类型、建筑装饰、庭院处理等方面，都具有鲜明的中国特点，同时也兼容了阿拉伯建筑风格。

松江清真寺是上海地区最古老的伊斯兰建筑，也是上海地区占地面积最大的园林式清真寺。在古代就是上海穆斯林宗教活动的中心，在上海伊斯兰教史上占有极其重要地位。现在保存的寺墓合璧形制是融江南园林、阿拉伯建筑与中国宫殿式古典风格为一体的古代建筑，尤其是窑殿、邦克楼和达鲁花赤墓，具有浓郁的时代特征和珍贵的历史价值。

二、天主教

明代中叶以后，当时正值欧洲向海外进行文化渗透和宗教传播的热点时期，于是便有一些传教士陆续来到中国。这些人的身份多是一些传教士。松江濒临海边，进出方便，故成了有些传教士乐意光顾的地方。又由于明代海禁甚严，也不欢迎西方的天主教学说。一些传教士到中国后，便先宣传西方的科学文化，如传播天文、历法和数理知识等，与知识分子接近，引起他们的兴趣，然后再进行布道。

明万历年间（1573—1620），天主教神父、意大利籍耶稣会士毕方济（1582—1649）在松江城里为 179 名教徒施洗入教，天主教从此传入松江。由于西方一些传教士的传教，天主教发展到明末清初，松江府所辖各地已有 66 座天主教堂，教徒已达五万多人。

不可否认，西方传教士的来松，他们的目的是为了传教与布道，而不是旅游观光。但这种异教的传入，西风东渐，却使中西文化在松江有了碰撞、冲击、交流与融汇，使松江的宗教文化更为丰富，打破了原来仅有传统宗教的局面。更为重要的是，西方宗教的传入，使松江地区出现了新的宗教景观，这就是与佛庙、道观、清真寺截然不同的天主教堂。这类新的建筑是在明代就出现的一种新景观，尽管到清代曾受到一些破坏，但许多在松的天主教堂保存至今，如佘山顶上的圣母大殿等，即使从今天来看，也是松江地区非常重要的一道旅游文化风景线。

邱家湾耶稣圣心堂 明崇祯初年，徐光启（1562—1633）的二孙女徐氏，生于明万历三十五年（1607），从小入教会，洗名为徐甘第大，是个虔诚的天主教徒。天启三年（1623），她16岁时嫁与松江绅士、天主教徒许远度，改姓为许甘第大。两人生有一子，名许缵曾，官至云南按察使。崇祯十年（1637），许甘第大30岁时丧夫寡居。乃独资建造位于邱家湾东首的天主堂，这是松江最早的天主教堂。她还献地百亩为圣堂公产。清顺治二年（1645），许甘第大又购得隔壁啸园的一部分，捐与教会，用于扩建圣堂。清同治十一年（1872）扩建重修，于同治十三年（1874）4月9日竣工。它是一座"十"字形的哥特式风格与中国古典建筑形式相结合的教堂，外观中西合璧，内部宫殿式，砖木结构，面阔三间，坐北朝南，进深七间，可容千人。

清光绪十二年（1886）府考，松江府属各地考生会集松江府城。因考生去教堂参观，与教堂人员发生争执，考生不服，隔日又去，发生互殴，教堂被考生烧毁其半，史称"邱家湾教案"。事后，松江知府、华亭知县等去教会赔礼、赔款，并惩办了8名肇事考生。次年，重修圣堂等屋宇。民国二十四年（1935），该堂又购进贴邻沈姓花园，扩大了教堂四周面积。

该堂是松江总铎区的总铎座堂，曾管辖今松江、青浦、宝山、嘉定、闵行等区的天主堂，目前，松江总铎区仍辖松江、青浦、嘉定等3个区的天主堂。

佘山圣母大殿 又称"远东第一圣殿"，被誉为"远东圣母大殿"。位于西佘山之巅，清同治十年（1871）开工，耶稣会会长法国人谷振声募捐资金兴建，同治十二年（1873）落成，并为法国皇帝大婚襄政，举行了大礼弥撒。民国十四年（1925），原大堂被拆除，在原址处新建远东二类大堂"佘山圣母大堂"天主教教友捐赠集资300万元银洋，工程设计师兼建筑师为葡萄牙耶稣会传教士叶肇昌（1869—1943）神甫。该大殿于民国二十四年（1935）11月16日竣工开堂，历时10年又6个月。

这是一幢构思奇特的建筑。大殿东西长56米，南北宽25米，建筑造型南长北短，东宽西窄，外方内圆，外砖内石。从殿基到十字架尖顶高为38米。大堂内拱顶高19米，屋脊高22米。建筑面积为1400平米，设立3000个席位，可同时容纳4000名教友。教堂为砖石结构，拱顶为钢筋混凝土，墙面为红砖，墙体下部以金山石砌筑，石柱用金山石或斩假石，结构坚固。部分屋面铺碧绿琉璃瓦。大殿四周是镶嵌着彩色圣像的玻璃窗，五彩玻璃大小不一，神像各异。窗堂都为尖拱形，檐部均用半圆弧处理。其南侧有方形塔楼，上部设有16柱橄榄形穹顶楼亭；亭顶有1尊圣母玛利亚高举圣婴的铜像，高4.8米，重1200公斤。整幢建筑有"四无"之称，即无钢、无梁、无钉、无木，堪称不对称典范。

大殿融多种建筑风格于一体，基本上采用文艺复兴时代罗马风格的建筑形式，精美华丽，是举世闻名的教堂建筑之一。教堂坐东面西，建筑平面为拉丁式十字形巴雪利卡式；甬道为罗马式；廊柱为希腊式；尖顶和门柱为哥特式；清水外墙和斗角地砖为中国民族式；琉璃瓦则是中国皇家宫殿式。大殿没有正门、边门之分，四周殿门都为正门。从殿顶到琉璃瓦层相隔5米空间，使大殿冬暖夏凉。殿内采光均匀，任何一个空间没有光差。依靠拱顶的回音壁，无需任何电声设备，每一个角落都能清晰地听到神甫的诵经布道声，教友歌唱赞美诗的齐声。廊柱与斗拱之间的壁槽又具有良好的吸潮和清洁功能，开殿以来从未清扫却一尘不染，令人无不称奇。大殿集光学、力学、声学、美学与建筑学于一体，高度体现了设计者的匠心和理念，称得上是一幢不可多得和奇特的建筑。

民国三十五年（1946）6月4日，天主教罗马教皇庇护十二世敕封佘山天主教堂为"乙级圣殿"，从而成为远东级别最高的天主教堂。上海地区主教为佘山圣母大殿举行加冕典礼，来佘山朝圣并参加加冕典礼的教友多达五六万人。显示了佘山圣地的特殊荣耀。中外教友纷纷捐献黄金珠宝钻石，精制成两顶镶嵌珠宝的纯金王冠。之后的每年5月，天主教圣母月期间，都会有5万以上来自全国各地和港、澳、台以及国外的教友来此朝圣。

"苦路" 又称经折路，建于同治九年（1870），是一条教友从西佘山中堂到山顶圣母大殿的"之"字形上山的迂回小路。小路的转弯处都陈列着耶稣蒙难像，共有14处，分别展现了耶稣受难时种种非人的经历。内容分别为耶稣从降生后想拯救人类，消除人间的私欲、偏见，嫉妒甚至残杀等痼疾顽症的善举，后被犹大出卖，在当时罗马派遣的总督比棘多的衙门遭到审判、刑罚，最终被判死刑。耶稣从比棘多衙门押往刑场——加尔瓦洛山，最后被活活钉死在十字架上。路的转弯处都有一米见方的小亭砖壁上供有"苦路像"，教友上山朝圣必经"苦路"朝拜，以表达对耶稣的虔诚、崇敬之心。

天主教中堂 沿着经折路往下走，在西佘山山腰处有一堂耸立，这就是天主教中堂。早在1844年，法国传教士南格鲁数次到西佘山勘测地形，购地共4.67亩，准备建堂。同治二年（1863），国际耶稣会会长鄂尔比率先在西佘山半山腰建造五间平房，作为教区神甫住房和传教士休憩之所。其中一间供有神像始作为小堂,成为中堂雏形。其后又不断扩展。光绪元年(1875)5月24日为佘山圣母的瞻礼日,这也是佘山历史上的首个"圣母月"。光绪二十年(1894)建成中堂,堂内可容纳500多名教友。正门两侧刻有一副对联,上联"为小堂筑山腰,且住片刻,修孝子礼";下联为"大殿临峰顶,再登几级,求慈母恩"。堂前有一个椭圆型广场,可容纳千余人,凭栏可观四周景色。每逢圣母月等礼日这里人群熙攘,热闹非凡。

在西佘山中堂广场西侧,有一方较为开阔的空地,建有耶稣圣心亭、圣母亭和若瑟亭,合称"三圣亭"。三亭皆为全石结构且雕凿精细。中间为圣母亭,内塑圣母像,白袍蓝带,端庄娴淑;东边为若瑟亭(若瑟原为木匠,后为耶稣义父)内供若瑟像;西边为耶稣亭,内供耶稣像。三圣亭前,常有教友聚集,诵念圣经声不绝于耳。每逢圣母占礼日等节日,更是盛况空前。庄严秀美的三圣亭是西佘山中一处最为耐看的景点。

西佘山中堂广场南侧,是上下山路,山脚下有"教友之门",即教友上山朝拜的专用通道,也对游人开放。

甪钓湾天主堂　位于原娄县(今新浜镇)甪钓湾集镇东侧。民国十一年(1922)11月,由上海公教进行会施神父主持兴建,占地4亩,建有大堂、钟楼、神父用房、接待来宾小洋楼、男女校舍、工勤房等。教堂附设男女学校、医疗诊所,由堂口人员任教、行医。民国二十八年(1939),教堂大部建筑被徐金龙自卫团毁坏,仅剩几间供教徒活动。解放后,教堂剩余建筑被生产大队拆除。

另还有几处天主教教堂和集会点,就不一一展开了。

三、基督教

清光绪年间(约1895年前后)基督教开始在松江传播。

甪钓湾耶稣堂　位于原娄县(今新浜镇)甪钓湾集镇石牌坊北侧。清光绪二十七年(1901),又一说是宣统三年(1911),首建耶稣堂。松江传教士步惠廉雇工兴建,占地1.2亩,大堂宽10米,长20余米,与三开间的钟楼相接。钟楼四角装有铜制风铃,顶楼挂有一口大钟。大堂北侧、东侧各建有辅助房。随后,在漕泾阮巷、亭林镇(今均属金山区)、石湖荡暨县城建堂。

石湖荡耶稣堂　位于石湖荡镇古杨村,建于民国元年(1912)左右。因长年失修,1996年拆除重建,同年12月举行复堂典礼,总面积480平方米。

昆冈耶稣堂　在小昆山镇北市。建于民国五年(1916),原为基督教圣公会信义堂,占地约0.02公顷。后活动停止。1990年重新拨地0.12公顷,在小昆山镇北侧鹤溪街建造教堂。1993年11月15日,新堂落成并举行复堂仪式,总面积 540 平方米。

松江基督教堂　该堂前身是乐恩堂,民国六年(1917)5月,乐恩堂始建俱乐部于城西寺基弄南首。民国十二年(1923),在原址建造钟楼和教堂,堂可容七八百人。"文革"中在一次武斗中被烧毁,后因拓宽道路,拆除了残存的钟楼和教堂。1984年5月,在园丁路原"步公纪念厅"经整修后开堂。

泗泾福音堂　原名为伯大尼福音堂,在泗泾开江东路34号,建于民国三十七年(1948)。1955年活动停止。1995年5月复堂。总面积420平方米。

另还有几处基督教教堂和集会点,就不一一展开了。

第二节　科普场馆

上海天文观测台　清光绪二十四年(1898),由当时的神甫蔡尚质发起,集资10万法郎,向法国巴黎定购了双筒天文望远镜一架(口径0.4米,焦距7米)及天文台的铁制圆顶,用于徐家汇天文观象台。因徐家汇地质条件不佳,遂在佘山新建观测台。天文观象台位于西佘山山顶上,占地面积8000余平方米,建筑面积4148平方米。始建于清光绪二十六年(1900),这座穹庐形建筑是我国最为古老的天文观测台,银白色的半球形建筑与一墙之隔的红墙绿瓦圣母大殿交相辉映,蔚为大观。主建筑为西式钢筋混凝土建筑,二层,平面呈十字形,东部略长,十字交叉处为天文望远镜圆球顶建筑。光绪二十七年(1901),佘山天文台安装成功,蔡尚质为首任台长。当年装备了"远东第一"的双筒折射望远镜,百年来拍下了7000多张珍贵的天文照片。佘山天文台虽由外国传教士所建,目的是为西方列强的殖民统治服务,但在客观上,他们所使用的科学方法和科学仪器,还是促进了中国现代科学的发展,是我国最早的现代意义上的天文台。

佘山地震基准台　其前身为上海徐家汇观象台,建于清同治九年(1870),是法国天主教耶稣会为了长江口船舶航行导航需要而建造的天文气象观测台。同治十三年(1874)增加了地磁观测。光绪三十年(1904)又增设了地震观测,是世界上最古老的地震研究机构之一,属国家地震局一类台,在国内外享有一定的声誉。这座地震台配备先进的地震监测仪器和一流的专门人才,曾多次参与国际地震联测。民国二十二年(1933),国际地磁协会和高空物理学会授予该台"国际地球观测百年纪念"金、银奖章各一枚。同年迁至松江西佘山南麓,称佘山地磁台。地磁台的仪器设备设在西佘山顶。该地磁台是世界上创建较早并参加国际合作的16个地磁台之一。近年来,该台还与美国等地震研究发达国家进行地震科技合作,并安装了"中国数字地震仪台网"等。

第三节 西式建筑

民国时期,松江城内外建有几幢与众不同的西式楼房,韩三房与小红楼最具有代表性,至今仍保存完好。

韩三房 位于松江区中山中路844号,秀野桥东塊。建筑主要分前庭厢房和主楼两大部分。前庭厢房于民国二年(1913)动工,民国四年(1915)完工。主楼于民国十一年(1922)初动工,民国十四年(1925)初步建成,占地300平方米。屋顶上高出部分如古代将士头盔似的凉亭是民国十八年(1929)建成的。此建筑为松江韩子谷住宅。韩在弟兄中排行第三,故松江人称此房为"韩三房"。

作为韩宅主体建筑的西式三层楼,颇具欧洲文艺复兴时期的巴洛克式建筑遗风。主楼总平面呈凸形,南部为平形,北部为一凸出的平圆形门廊,门廊之上为阳台。南部每层楼排有6根圆柱,底楼柱子从上到下凿有等样凹槽,柱子顶端有圈花浮雕,为典型的仿古希腊时期的科林斯特柱式。楼的窗罩为三角形山花。这种山花可溯源到古希腊雅典的帕提农神庙的屋顶形式,而作为建筑窗罩的山花,则始于文艺复兴时期的巴洛克风格。北部半圆形门廊的廊柱亦为科林斯特柱式。在楼顶偏东有一穹隆顶凉亭,颇似18世纪30年代法国巴洛克式神亭。整幢大楼为钢筋混凝土结构。走廊的栏杆用铁条和小铁棍构成各种各样的几何图案,实属别致。楼顶则是水泥花栏杆。

韩三房主楼造型端庄华贵,科林斯特柱式显示出沉稳而雄伟的气度,而山花形窗罩修饰与楼顶凉亭,又显得清新而华丽。整体的不对称,体现了巴洛克风格的可变性。远观韩三房,极富异国风味,而登上屋顶宽敞舒坦的凉台,则可俯瞰松江城西部景色。楼之南有一座传统式厅堂,楼与厅之间大树参天。楼之北为占地8580平方米的韩宅后花园。韩宅在当时与邻近之传统住宅相比,堪称匠心独具,别出心裁,亦可以说是开松江民居西化之先河。因而,在松江建筑史上,韩三房占有重要的一页。

1993年10月12日,韩三房公布为松江县文物保护单位。

小红楼 位于普照路与松汇路口西北侧,由里人苏光明始建于民国二年(1913)。一幢庭院式的三开间二层楼房,因通体用红砖垒砌,造型新颖,小巧玲珑,环境优雅,很有欧式建筑风格,故被称之为"小红楼"。占地四五亩,外围有两扇宽阔的铁门,装有两盏新式图案的门灯,以及用泰山砖砌成的围墙。小红楼后曾多次装修，尚保留始建时的原貌。正门两旁各有一棵百余岁的罗汉松，进门底层为客厅，穿过客厅，是一条走廊，右侧连接起客房，左侧是通往二楼的棕色木质楼梯，楼上为卧室、办公室和小会议室。小红楼北侧有与楼连成一体的三间二层偏房，底层是灶间、餐厅和开水间，二层是三间客房。

另有资料记载，说是"小红楼"建于民国二十四年（1935），抗日战争时，被日寇占用，曾是日军宪兵队总部。1949年5月松江解放，这里曾是解放军27军军首长的住宿地。之后，这里是苏南专区行政公署和松江地委的主要领导办公、开会和接待的地方。1958年11月松江划归上海市后，又成为松江县委的办公和接待地。1950年代，曾先后接待过黄炎培、谭震林、江渭清、郑振铎、陈云、宋庆龄等国家领导人和社会名人。"红楼"也一度成了松江接待贵宾的代名词，是近代不可多得的建筑文物。1980年代，在小红楼的北侧建起了七层高的宾馆，便以"红楼"为名。

2013年6月，小红楼公布为松江区文物保护单位。

第四节　西学为用

西方人的一些生活方式和生活用品也得到了国人的认可和接受。如在旅游过程中，用照相机拍摄美丽的风景，参加一场歌舞晚会，看一部电影等，都是件愉悦的、锦上添花的事。本节简要地说说松江的照相机（馆）和电影院。

照相机　约在清咸丰七年（1857）以后，就有外国人到华亭县西北的佘山游览，用照相机拍摄了许多佘山风景照片，也为后人了解当时的佘山提供了历史影像。故如照相机也成了旅游者的必备。照相机的销售和照相馆的开设也开始多起来了。

清末（1900年前），当时，本土名贤雷补同（1860—1930）先生就已购了照相机，并添置了一套照片冲洗扩大的设备。《申报》1910年9月16日载：松江潘少君言述说：他的"游艺居"照相馆，开设在城西包家桥许第内。在《申报》1911年9月1日和1912年10月21日两份报纸中发现，松江地区有另两家早期照相馆："梅鹤居照相馆"和"苑真照相馆"。两家照相馆均开设于松江佛寺（字）桥，属松江地区繁华的"市中心"。另有一家名为"真吾照相馆"开设在岳庙西侧。之后又有"弥罗"、"天生"两家照相馆先后开业。从《时报》1930年1月1日第八版的广告中可见，在西门大街妙严寺对门有"大中华照相馆"。抗战之前，松江城里有8家照相馆开门营业（据1951年的统计，松江当时有照相馆10家）。

民国十七年—二十六年（1928—1937），雷补同的次子雷炳扬发起组织了松江"华亭摄影学会"（研究会），是第一个将西方摄影艺术普及到松江的人。当时的摄影活动也很活跃。民国二十五年—二十六年（1936—1937），当时的佘山风景区里就已有照相馆业务，主要为游客拍摄野外风景照，那时的拍照是相当时尚的。后因抗战爆发，所建房屋均毁于日寇轰炸。

影院与游乐场 那时，小孩看拉洋片（西洋镜）和去游乐场玩、成人看电影或跳西方舞，也是人们生活和旅游行程中很时髦的娱乐活动。

民国五年（1916）秋，松江西塔弄内佛学会举办"菊花会"，放映"影戏"（无声电影）娱宾，为松江电影放映之始。约在民国十年（1921）后，县城部分商店、茶楼为招揽顾客而放映电影。民国十二年（1923），为筹款建立救火会，借用乐恩公厅放映电影。民国十九年（1930），县城开设"民众剧院"，为松江第一家经营性电影放映场所。位于松江莫家弄口。由茶馆改建，200座位，演戏、放映电影兼营。翌年迁至松江马路桥西继续营业。是年12月股东变更，改称"民众合记大戏院"。民国二十二年（1933）1月又重新开业。早期电影放映用手摇动齿轮转动影片。影片无声，画幅较小，类似皮影戏，俗称"影戏"。

民国二十年（1931），在长桥街西侧与松汇路口北侧建有新式的游乐场，名为"松江大戏院"，类似上海"大世界"，为中西文化相融的综合性演艺场馆。内设哈哈厅，专演滑稽戏，有300座位；京剧场，竹架芦席棚，有1000座位；滩簧（沪剧）场，有1000座位；电影院为演戏兼放映无声电影，使用德国制放映机。翌年安装了"声头"（即还音装置），开始放映有声影片。设池座800席，楼座100席，铁脚木质翻板座位。为松江第一家专业电影院，设施上乘。民国二十四年（1935）老板易人，更名"云间大戏院"。民国二十六年（1937）毁于日机轰炸。

大约在民国二十年（1931）开设的汪家厅剧场，位于泗泾镇。由汪家大厅改建，约有400座。设备简陋。以演申曲为主，兼映无声电影，时演时停，八年后停业。民国二十一年（1932）开设的"中央大戏院"，位于松江普照寺桥南堍。以放映电影为主，每天3场。票价大洋3角。不久也停业。

民国二十三年（1934），在松江松汇路南侧、长桥南街西侧，建起了名为"松汇小筑"的中西文化相融的"新世界"。与松江大戏院隔路相望。内设申曲场、电影场、杂锦戏场（又称群芳会唱，专演各类南方曲艺和魔术）、还有茶室、小吃部等。翌年更名为"松汇游艺园"，为综合性演艺场馆。民国二十六年（1937）毁于日机轰炸。

民国三十一年（1942），日商冈本在松江莫家弄口开设"云间大戏院"，大草棚，600座，演出申曲等。抗日战争胜利后作为敌产被国民政府接管，放映电影，称"大光明电影院"。约于1947年更名为"民众剧场"。翌年秦慎之向政府购买产权，拆除草棚，建砖木结构、油毡屋面观众厅，800座，易名"明华大戏院"。专映电影，使用德国制"蔡司"座机。同年在松江镇阔街开设"乐群"露天电影院。是年冬，加盖草棚，800座，改称"金门大戏院"，仍映电影。翌年11月电影停映，专演戏剧，改称"金门剧场"。

民国时期，影剧院基本集中在松江城区和泗泾镇，先后曾开设近20家，1937年均毁于日军战火。电影放映停顿数年。到了1949年新中国成立前夕，松江仅城区还剩有一家电影院[注39]。

松江城里也陆续有歌舞厅开门营业。一些老人回忆时说，自己的跳舞就是抗战胜利后在松江学的。

这些，也是旅游过程中"锦上添花"的娱乐活动。

第五章 交通更替

旅游出行，通过陆路、水路、航空到达目的地，还要选择快捷的交通工具和最佳的旅行线路，这在旅行中是很重要的。

在古时，出行不外乎是坐船行舟、骑马坐马车、坐轿子或徒步。所坐的船只并无机械动力，全靠摇橹撑篙前行。运气好的话，还可借助风力，乘风扬帆前行。碰上逆风逆水，就是不进则退，还要靠纤夫拉纤，前行艰难。在陆地上坐马车，泥路、石板路、碎石路凹凸不平，马车颠簸不止，其实并不舒服。在清末时，人们的出行还是以坐船、坐马车的多。当然，坐轿子是指短途出行。

在清末和民国时期，随着社会的进步，在中国延续了千年历史的以传统舟船马车的交通工具，受到先进的机械化影响，发生了质的更替。那个时期，松江也有了铁路和蒸汽火车、有了以燃油为动力引擎的机动客运航船、有了公路和公共汽车，这为旅游出行提供了极大的方便。

第一节 沪杭铁路

清光绪三十一年（1905），为抵制英美帝国主义掠夺浙江铁路权，在旅沪浙江同乡会（此会是清末革命组织光复会的基础）支持下，汤寿潜和张元济等人成立了浙江铁路公司，决定自筑。可当时有个非常有趣的现象，因沪杭铁路分属江苏、浙江两家商办铁路公司经营，以枫泾车站为段界，车到了枫泾车站后，双方都调头往回开，枫泾车站便成了调头站，建有供车头调向的大型旋转圆盘。直到民国三年（1914）4月，沪杭线收归国有，才实现了全线直达通车。民国四年（1915），沪杭铁路还开通了观潮专列，上海至长安镇（海宁），也方便了松江及沿线游客去海宁观钱塘江大潮。

沪杭铁路的开通对松江人来说是很幸运的事，是直接受益的，毕竟，松江境内设有6个火车站。在当时，坐火车去上海、到嘉兴、杭州，做生意托运货物、走亲访友或旅游，客货往来，还是很便利的。民国十四年（1925），在清明节时，松江景贤女校和松江初级中学的师生一起去杭州旅行，就是坐沪杭列车去杭州的。另一方面，松江作为沪杭线上的旅游城市，正如民国二十三年（1934）沪杭甬铁路管理局编辑出版的《松江·佘山》导游手册中在叙言中所言的，"沪杭甬沿线，若松江、嘉兴、杭州；均为全国名胜之区。莺歌燕舞，处处迎人，水色山光，时时照眼。春秋佳日，允宜策仗以遨游；风雪漫天，犹堪挈壶而玩赏。兹编所述，以松江及其附近名胜为主"。松江从此掀开了铁路运输和火车出行旅游的新篇章。

第二节　水上客运

松江旧时的出行也是"水行则船，陆行则轿而已"。松江是水网地区，交通运输主要靠船只，船是松江人生活的一部分。人们远行，航船是唯一的选择。城里大户人家有自家的码头和自备的船，农村里也是村村有农船。光绪十二年（1886），松江城内外开始出现以绍兴人为主经营的"脚划船"，有40多艘，载客运货。到了民国初年（1912），已发展到有百余艘。

民国时期，松江人的出行除依靠铁路之外，水上客运还是主要方式，共有50多艘小客运航船。在原西城门外护城河日晖桥、竹竿汇有石砌船埠，是当时松江城最大、最考究的河埠码头，竹篙林立，甚为热闹。其它的还有秀塘桥滩码头、大仓桥滩码头，都是一番热闹景象。

到了民国十九年（1930），松江原有的旧式脚划船和手摇木船开始改装成以汽油为动力引擎的机动客运航船。抗日战争前夕，共有33艘汽油客运航船，开辟了县内客运航线18条，县外客运航线15条。航线主要有：松江经大涨泾、出米市渡东行至庄行、南桥和闵行的东线；松江经大涨泾、出米市渡南至张泽、叶榭、亭林、山阳、漕泾与金卫的南线；松江经通坡塘北经塘桥、泗泾、七宝与上海的东北线，松江至上海的定期航班每天有6个航班；还有支线经大塔浜、牛泾港至新桥等地。

从秀野桥码头起航经毛竹港、泖港至松隐，西通朱泾、平湖；南通张堰、干巷、吕巷、廊下与新埭；或经分水龙王庙至新五库、角钓湾、枫泾、嘉善的西南线；北经沈泾塘至陈坊桥、天马山、青浦、朱家角、苏州等地的西北线。

从西滩六角尖码头起航，南经秀春塘、坝河，出毛竹港，通东路各线；从秀春塘经长衫泾、横潦泾，通西路各线；西经古浦塘，直达古松、练塘、苏州等地。

还有一些短线，如从泗泾经塘桥到陈坊桥、广富林、天马山；从华阳桥经菜花泾到白龙潭；从东门经市河到六角尖码头；从张泽经张泽塘、黄浦江至松江市河。

1948年，全县有汽油船19艘，县内航线10条，跨县航线9条。以松江城为起点至外埠的客运航线有：韩家坞、金家庙、南桥、吕巷、张堰、甪里、平湖。以外埠为起点至松江城的有天马、张泽、叶榭、金山、黄桥、松隐、泖港、枫泾、新五库、张堰、新仓；其它有泗泾至七宝等。

随着公路的不断筑成和公共汽车线路的增加，这水上客运到了1987年9月才全线停航，完成了它的历史使命。

当然，也有外埠客船经停松江的。如民国十四年（1925）11月1日，浙江平湖的平沪轮船局（1930年平沪轮船局改名为"大利轮船公司"）开通了"平沪线"，平湖至上海十六铺码头。"平沪线"客轮途中也经停金山朱泾、泖港、松江米市渡、叶榭和闵行码头。松江人要坐船去上海、朱泾和平湖，也可坐船至米市渡，然后转"平沪班"，在时间上正好对接。这为平湖、金山、松江、闵行人的走亲访友和出游旅行提供了方便。这"平沪线"客轮一直运行到1990年代初才停航。

第三节　公路客运

光绪二十七年（1901），上海有了第一辆汽车。松江是在民国二十一年（1932）才有公共汽车，整整晚了31年。

光绪三十四年（1908），为了与正在建设的沪杭铁路松江火车站相衔接，从松江火车站到松江大街修筑了一条泥结碎石路，长约700米，煤屑铺面，这是松江第一条可通行车辆的道路。因马路北跨市河连接大街，故该地称"马路桥"，即今日的人民南路段。

民国十七年（1928）4月至民国二十一年（1932）10月，松江县城至上海县汇桥的公路筑成，称"松汇公路"，松江的起点在西门外马路桥南，这是松江的第一条公路，也是连接松沪间唯一的一条公路。当月，私营上松长途汽车股份有限公司成立，有英国产培德福牌大客车6辆，每辆33座；小客车3辆，每辆4座，并进行了试运行。民国二十二年（1933）1月，上松长途汽车股份有限公司有了松江—北桥—上海之间的汽车客运，路线从松江马路桥南向东经竹竿汇、罗神庙、新东门、华阳桥、车墩、汇桥、马桥、俞塘至北桥止，共10个站，全长18.5千米。在北桥与沪闵路相接，南通闵行，北通上海，每天对开16个班次，日均载客200人次左右，每月平均载客6000人次左右。

民国二十四年（1935）10月，松江至泗泾公路建成通车，全长14千米。新增了公交松泗支线。设有松江新东门、龙树庵、卖花桥、砖桥、泗泾等5个站。每天对开8个班次。松江的公交汽车也增至12辆，小汽车5辆。民国二十五年（1936）10月10日，砖桥至佘山的公路建成通车，全长6千米。又新增了公交砖佘支线。有砖桥、塘桥、佘山3个站。该支线平日乘客不多，只是在春夏之交、清明前后沿线踏青扫墓、春游驻足和天主教徒登佘山朝圣时乘客骤增。这也成了松江历史上第一条通往旅游景区的公路。

以上这3条公路都是松江实业家殷石笙等集资筹建的。

1937年"八一三"前夕，因国防需要，松江、金山两县征工筑松金公路，至1月，松江至亭林的公路建成通车。当年，还设立了浦南长途汽车公司，经营松江至金山、亭林等地汽车客运。但当时黄浦江上并没有桥梁，运送物资和人员到了江边还是要靠摆渡。后由于淞沪战争的爆发，筑路工程也就停下来了。

抗日战争时期，由日商华中公司把持松江的汽车客运。主要有上松（北桥至松江）、松泗（松江东门至泗泾）等线路。抗日战争胜利后，1946年，上松长途汽车公司复业，并与上海通元汽车公司合作联运，恢复沪松线客运。有司蒂倍克24座、28座大客车各1辆，往返于松沪之间，每天对开2班，后增至7班；2辆小客车往返于松江与泗泾之间，每天对开6班。砖佘支线则未能恢复。

松江在解放前夕，全县共有公路4条，全长36.19千米，当时的公路都是泥结碎石路面，车一过，尘土飞扬。公路宽4—5米，公路桥全是木质桥，属低等级公路。

第六章　松江闲游

佘山在元明时期和清代前中期，还是个林木盖山、古刹名园遍布的绿色之山。到了清末，虽已面目全非，却也名声在外。上海开埠之后，佘山原生态的风景还是吸引了不少中外游人前来游览。

第一节　外国人游松江

一、从老照片看西方人游佘山

英国布里斯托大学"中国历史老照片"已开放了2万多张中国历史老照片，其中与松江相关的照片34张，包括：佘山15张（1850—1907），辰山16张（1850年代），方塔1张，黄浦江1张。有意思的是，对佘山的称呼较杂，有称"峰文山"或"文峰山"、也有称"小宝塔山"的；而对辰山的称呼只有一个，即细林山。

一张摄于咸丰七年（1857）的照片可见，远处的山腰上，矗立着一座砖塔，这就是秀道者塔。因年久失修，塔檐、塔座和围廊等均已损毁，就剩下光秃秃的塔身。近处有一坟茔，修的很高大，看来是大户人家所为，感觉是一幅荒芜的景象。山脊上西侧有一座教堂，称佘山天主堂，同治十二年（1873）建成，中西混合建筑样式。山前这条"之"字形迂回小道叫做"苦路"，是上山的必经之路。这张照片上还能看得见"苦路"，今已被大树遮住了。这座教堂曾于民国十一年（1922）5月26日举行迎圣母仪式，罗马教皇派员观礼，远近天主教徒至者有万余人。这座教堂就是今天的圣母大殿的前身。后因体量太小，于民国十四年（1925）拆除。同年4月开始动工修建新的教堂，历时10年，于民国二十四年（1935）11月落成开堂。

一名在上海生活的英国人，是汇丰银行经理，他在咸丰八年（1858）6月5日和6日的假日里带着照相器材，前往当时上海县城西南的华亭县和西北的青浦县游览。他先到了华亭县西北的辰山，游玩了一天并在当地住了一晚。第二天又去了佘山、天马山和青浦朱家角古镇。沿途拍下了370多张照片。辰山，又名细林山，意思是长满细长森林的山。明清时期则多称辰山。从照片中可见，辰山植被茂盛，树杆细长，形似南方的橡胶树林或椰树林。参天古树亦不少，有一棵老树，枝杆虬曲苍劲，居然是长在一座古墓之上的，老树的树根已被古墓的拱门分成了"人"字形。大树尚且如此古老，那这古墓的年代就更久远了。有一座两层的白色小楼依偎在佘山脚下，特别显眼，似乎像隐士的隐居之地。西佘山东坡上，秀道者塔形似杭州的保俶塔。天马山下的小河边，还有石牌坊、石拱桥，古韵味还有，但已破残。山脚下的农舍小院，场地上推着稻草垛，边上种着蔬菜，一幅很自然和谐的景象。

同治十三年（1874）的一天，一条游船沿华亭县境内的小河由东向西逆流而上，前往佘山游览。船头上站着一位英国人，他用手中的相机拍下了沿河岸茂盛的植被和迷人的山水风光。此时，前方出现了一条白色的游船，静悄悄地停泊在岸边。摄影师乘坐的游船很快来到白色游船边上，只见白色游船的船头上坐着一位西方女子。还有一名中国男子站在游船的船屋上。佘山附近的小河上，时常会出现这些游船。摄影师乘坐的游船还没靠岸，船上的西洋游客早已欲试，迫不及待地想跨上岸了。一条小溪，溪流潺潺，水质清澈。溪边是一条窄窄的小径，通向一茅草屋，对岸草木翠绿，环境幽静。

从这三组老照片可看出，在160年前后的晚清时期，九峰诸山的自然景色原始粗犷，人文景观残存破损，基础设施也不配套，人气也就更没了。正如张叔通在民国二十五年（1936）冬为《佘山小志》撰写《序》中提到："九峰三泖之中，虽不乏名园别墅、台榭楼观、相映点缀，但到现在多成蔓草荒烟，凄凉一片，真如何子贞所谓'横舍荒余无寸甓，回思绪论怆人琴'了"。

二、威廉·R.葛骆游松江记

威廉·R.葛骆，英国人。清咸丰九年（1859），幼时的他，随父来到中国。成年后（1879年前）入九江海关工作，后在上海创办并主编戒酒会刊物《戒酒新闻纸》。光绪二十三年（1897）时兼任上海虹口第二救火车队的领班救火员，光绪二十九年（1903），当选为上海工部局火政处的总机师（即处长），为租界消防机构的负责人。葛骆还是著名的旅行家，出版了《环沪漫记》和《中国假日行》及《中国杂谈》等多部有关中国的书籍，在欧美有着一定的影响。

《环沪漫记》的第二版出版于光绪三十一年（1905），后又多次重印。书中有一段写到松江泖港（注：当时属金山县）的古名"佘来庙"（见后第七章"游录散记"之三）的故事。光绪二十一年（1895）2月成书的《中国假日行》，书中记载了他第一次从上海到杭州再到宁波的游程，书中有 28 页是写游松江的感受，当然，其中也有引伸开去谈中国风俗习惯的内容或与松江无关的内容。这里，只能将他在松江的游线和经过的地方作一简单归纳，不涉及他的感受。

他是坐船经七宝到达泗泾的，上岸后走古桥、访寺庙与教堂、参观油磨坊等，然后到松江城，上岸后看到有人在踩缝纫机，到教堂和教会学校，参观东岳庙，再到府衙、华尔墓、孔庙府学和县学、登上方塔，看到内墙上有许多外国人用铅笔留下的签名。再到纪念华佗的药王宫。为避雨来到东城门口，看到了几门损坏的英制火炮。在东门外有座长寿庙，里面有仙鹤的像。在方塔上看到凤凰山和佘山、圣母堂，回忆起以前去佘山的情景。还有七层宝塔（注：即秀道者塔）、佘山美景、天马山和宝塔残余及皇冠形的铁塔刹已掉下来倒置在地上的一块石头上。在佘山圣母堂的山顶，描述到如天气晴朗，再加上一幅双筒望远镜可看到 15 座宝塔，还能看到 21 英里以外的上海天主教堂的尖顶以及新的海关大楼。接下来用较长篇幅讲了一个"松江孟姜女与苏州万喜良"的传说。傍晚前，他坐船穿过黄浦江，经大泖港向朱泾镇驶去[注40]。

第二节　弘一大师游松江

弘一大师（1880—1942）在未出家前，原名李叔同。他是位奇才，音乐、绘画、书法、金石、戏剧等件件皆能。在南洋公学时受到蔡元培校长的器重，在杭州师范执教时，受到师生们的爱戴，丰子恺是他的入室弟子。后来，他看破红尘，由一个风华才子转成了云水高僧，终日黄卷青灯所伴，度晨钟暮鼓生活。但仍苦练书法金石，在江浙一带是有名的高僧。他虽身在佛门，但仍怀爱国之心，他的几首名曲留传到今天，是深受学生欢迎的校园歌曲。

民国十五年（1926），弘一大师到上海，住在弟子丰子恺家，巧遇了费龙丁。

费龙丁（1880—1937），松江人，家住松江南门外长堤岸。精于金石篆刻，并拜吴昌硕为师，博得吴昌硕的赞赏，从此闻名江南。他曾获一秦宫之瓦，凿刻成一方砚台，周围刻 12 字，称 12 字砚，自视为珍宝。他的金石篆刻很有名气，在沪时众文友求其篆刻，但他不轻易许人。早期入南社，曾与社友李息霜创建金石组织"乐石社"于杭州。经吴昌硕介绍，他在杭州加入了西泠印社。于是，在社里认识了弘一大师。弘一与费龙丁两人共研金石，且两人为同年生，知己莫逆，心心相印。两人的印章精品，均收藏于西泠印社库内。在西泠印社，与费龙丁在钻研金石之余，弘一还开导龙丁净化身心，研究佛学，龙丁受其熏陶，亦有感悟，从此也茹素念佛，皈依佛门。

这天，龙丁双手合十，邀请大师去自己的家乡古城松江一游。弘一久闻松江自唐宋起佛教兴盛，名刹众多，名园胜迹亦不少，便答应了。他们在上海南站乘火车到松江。龙丁陪弘一步行先到了韩三房，在此巧遇了吴昌硕、韩子谷师生俩。韩子谷初见弘一大师，便热情招待，特备了丰盛素斋一席。可弘一大师双手合十说："贫僧是禅宗，有一法规，过午不食，你们请用吧！"原来此时已过下午一时，大师只喝了一杯开水，面壁诵经，三人亦无可奈何。辞别韩三房后，两人到颐园一游。颐园俗名"高家花园"，是南社松江派集叙作诗论文的地方。此园典雅幽静，正合乎大师的心绪，他对颐园的精妙设计布局盛赞不已。在细雨蒙蒙中，他俩躲入假山洞中避雨，且畅谈佛理。之后，雨停天晴，两人登上古戏台，弘一忽然忆起出家前在日本春柳社和欧阳予倩等创演话剧，不觉感慨万千。望着戏台对面的"观稼楼"，临窗眺望，田野碧秧。大师双手合十，这时，他将身藏的一串奇楠香佛珠奉赠给费龙丁，作为这次松江之行的留念。颐园出来后，他们又去了西林禅寺。弘一大师逐一拜了众佛像，在寺斋吃了碗素面，龙丁便送大师上了火车，返回了上海。

第三节　侯绍裘携教师秋游

松江人侯绍裘（1896—1927），1921年，在他25岁那年加入了国民党（一说是他在16—17岁时，即1912年前后），1923年加入了中国共产党，是中国共产党早期的优秀党员，也是松江的第一位中共党员。1925年"五卅"运动中任上海学联总指挥。曾任国民党江苏省党部常委兼宣传部副部长、中共党团书记。1927年春，参与领导上海第三次工人武装起义，出任上海特别市临时政府委员。同年，在"四一二"反革命政变中被杀害，年仅31岁。

侯绍裘既是一位革命家，又是一位热爱生活、喜欢旅游的青年人，他既会写文章，又会作画。民国二年（1913），他17岁时，在江苏省省立第三中学（现松江二中）读书时，便在校刊《校友杂志》第一期上发表了《旅行上海记》和《旅行佘山记》（见第八章"游录散记"之四）两篇文章。民国十二年（1923）秋的一个星期天，作为松江景贤女中投资人之一的侯绍裘，为了团结广大教师，联络感情，发起了远足石湖荡看古松的活动，同行的有景贤女中国文老师胡山源（1897—1988）、美术老师洪野（1886—1932）等一行5人。当时，胡山源来松江景贤女中任教不久，这次远足给他留下了深刻的印象，也使他得以加深对侯绍裘的理解。在胡山源1940年代创作的小说《散花寺》中生动记述了这次活动。

这天早上，他们从景贤女中校园（原址在中山中路原人民大礼堂处）出发，出西门，转向南到火车站，沿铁路路基向西步行。天空万里无云，沿途田野中稻谷大都已割下，有的还未收走，灿烂的阳光下大地一片金黄。侯绍裘走在前面，一路上和大家相谈甚欢。大约走了十多里路，便来了斜塘港铁路大桥，侯绍裘提议在此作小憩。他从衣袋里拿出准备好的一卷白纸和几支铅笔，提议每人画一幅斜塘风景图。一会儿，大家都画好了，由洪野作评价，侯绍裘的画被评定为画得最好。洪野说："上面留了大幅的空间，由远而近，由小而大画了几只船，江边的杨树，也画了进去，笼统几笔，构成了一团团葱茏的形象。全部看来，简直是一幅出色的风景画"。（途中观景、作画、评画，尽显文人雅兴。）接着大家来到镇上，先在一家饭店小坐，订好午餐。然后去看大松树。大松树在一垛围墙里，并不高，粗粗的躯干，只高出围墙两三尺。看来，是有意不让它长高，不断加以剪伐的。可是，躯干却很粗，恐怕三五个人连臂还抱不下。侯绍裘兴致勃勃地向大家介绍这棵罗汉松的由来，大家欣赏、议论一番后才回到饭店，都觉得不虚此行。因步行了十多里，胃口都特别好。休息够了，大家离开饭店来到火车站，乘车返回了松江。

时隔50多年后，胡山源撰文怀念侯绍裘时，再次提到那次远足，并评价侯绍裘："从出游和作画而论，可见他不是不讲究娱乐，更不是不懂艺术的。在石湖荡镇上看古松，饭店里吃饭，都显出了他的兴会淋漓、与人共乐，使大家对这次远足，感到满意。"[注41]

第四节　胡山源走遍茸城内外

胡山源（1897—1988），江阴人。毕业于杭州之江大学，是"五四"时期著名的作家。民国十一年（1922），他与好友、松江人钱江春（1900—1927）、赵祖康（1900—1995）成立了新文学团体弥洒社，是影响较大的文学社团。民国十二年（1923），26岁的胡山源受好友、松江人钱江春之邀，到松江景贤女中任国文教师。由此他结识了侯绍裘、洪野等好友。胡山源住在学校的宿舍里，课余时间喜欢散步，几乎走遍了松江城郊各处。他曾随侯绍裘等一起远足石湖荡看古松，也随洪野带着学生去郊外写生而同行。他在游醉白池时这样写道："醉白池是一个玲珑的花园，在本城西门外偏南的地方，里面有一个人工挖出来的池子，四周建筑了一些亭榭，池子北端，盖有一座堂相当宽敞，可以安坐品茗，前沿凭栏，适于夏日赏荷，冬日负暄。堂北及较远处，都是参天古木，可见这池的创始已经较久。"一年之后，他离开松江去苏州任教。民国十四年（1925），钱江春又邀请胡山源到松江初级中学（现松江一中）任教，并代钱主持校务工作。他喜欢旅游，因曾在杭州读书，经常去杭州"故地重游"，往返于杭州与松江之间。

在清明节时，学校要放春假，他也随同景贤女校和松江初级中学的师生一起去杭州旅行。这次旅行，胡山源记得很清楚。他们是坐沪杭列车去杭州的，出了杭州站，两所学校的学生便列队步行至位于湖滨的清泰第二旅馆。在杭州的第一天，两校师生坐公共汽车至玉泉、灵隐、天竺等景区景点。第二天，在西湖东岸同坐游船游西湖、三潭印月，在西湖的西南岸白云巷上岸，游净慈寺，然后上苏堤到岳坟，再转到孤山，游西泠印社、中山公园、平湖秋月、白堤、断桥等，绕了西湖一大圈。第三天，两校师生去了钱塘江边的六和塔和虎跑等地。第四天，他们中有十五六名身体强壮的师生又去了云栖、九溪十八涧。他们先坐公共汽车到六和塔下，经二、三龙头，由樊村进入谷地，走上了云栖道。在道边寺庙门口用了午餐后，又登上了海拔较高、山路较陡的五云山，下山时经九溪十八涧，走到茅家坪再雇船回城里。第五天，两校师生同坐火车返回了松江。

1938年—1948年，著名现代文学家胡山源以大革命时期的松江为背景，将以上这些生活素材（包括与原型侯绍裘的结识）写进了他的长篇小说《散花寺》中。小说是虚构的，但生活原型都是真实的，而且是作者自己所经历过、记录下来的。

从旅游角度看，这也是松江现代旅游中有文字记载、不多的一次松江人团队旅游活动，而且也是较早的修学旅游，可以这么说，这是松江现代旅游开始的标志。故值得记上一笔。

1982年11月，时年80岁的胡山源老先生在他的回忆录《松江好》一文中，除了回忆到1923至1924年，在松江私立景贤女子中学；1925至1927年4月上旬，在松江私立松江初级中学；4月下旬至6月，在省立松江中学的工作经历和弥洒社的情况之外，还回忆起当时在松江城内外的旅行环境，全段如下：

> 我爱松江，并且爱的深切！今将它在我的印象中难于磨灭之处，概述一下：
> 我觉得松江人大都是可爱的；男的善良能干，女的聪明伶俐，为别处所少见。环境也是可爱的。我在松江最后三年，因为散步运动之故，几乎

走遍了城郊各地。于今回忆起来，还不胜依依之感。我常说，松江城区的风景点，以马嗥寺为第一。那里有高大的竹林，稠密的丛树、灌木，幽静的小径，清浅的荒塘……大有"城市山林"的意趣。近在咫尺的醉白池，古木参天，小巧玲珑，为我常到之处，不在话下。此外，由东门外沿城至北门外，一路上竹林不断，丛树、灌木连片之外，到处都是杂花、芳草，也有"山阴道上，应接不暇"之势，我走着走着，确有些流连忘返。南北门内外，也都有可以玩赏之处。城外西北隅的菜花泾，很像桃花源，我很有来此"避秦"之意。北郊生（放）生桥一带，是我常到之处。西北二十（里）左右的佘山，我去过三次。南郊到黄浦江边，也不止去过一次。东郊的新桥，由华阳桥一直到得胜港，都有我的足迹。便是相隔几十里的闵行，我也徒步到过几次。近城之处，当然我以游览为目的，可以优悠自得，远处的闵行之行，也因沿途不乏像紫藤棚这样的好去处，在赶路中，也忘却了疲劳。处处的小桥流水、瓦屋粉墙，流满长江、钱塘江夹成的三角洲，如此富庶，如此美好，我还有什么不为之欣然举手呢？

第五节　巴金两度游松江

据松江籍作家朱雯（1911—1994）在《美好的回忆珍贵的友情》一文中回忆道：民国二十三年（1934）初春，当时的松江，军阀混战刚结束。单身的巴金（1904—2005）刚从北平返回上海定居，应松江籍作家朱雯、罗洪（1910—2017）夫妇邀请，第一次专程来松江旅游。并约定主要是去佘山游览。当巴金风尘仆仆走下火车时，朱雯夫妇早已在站台上恭候了。三人步出车站，就在马路桥船埠上了事先租好的一条小木船。当时佘山与外界的交通，只有水路，上海人要游佘山，也得先乘火车到松江，再由松江坐船去佘山。小船向佘山划去，船舱不是很大，倒也干净。朱雯拿出事先准备好的几碟松江风味的菜肴和一瓶黄酒，与巴金对酌。酒逢知己，话语滔滔。小木船行驶在江南的春风里，巴金边与朱雯夫妇说着话，边观赏着恬静的水乡风光，两岸麦田碧翠，菜花橙黄，河边的茅舍水车，河里的鱼罾蟹簖……巴金神情怡然，毫无疲倦之感。

船到佘山，春阳中天，三人下船登山。山上修竹新篁，荫天蔽日，就在驻足观景的小歇时，一股兰花清香扑面而来。朱雯从当地乡民的茶摊上端过来一碗笋茶，然后将巴金引到康熙题写的"兰笋山"御碑前，向巴金讲述康熙到松江的事。巴金口啜笋茶，频频颔首，听得很认真。他们还到了山顶上的大教堂观赏，可惜当时教堂还在修建。随后又去了天文台。在天文台前的平台上，极目眺望，仿佛三泖九峰尽收眼底。下山时循着曲曲折折的石子路盘旋而下，时间反而长了。每一折角处都有一座砖砌的小亭，里面供着一幅耶稣受难的图像，共有12幅。此路也称之为"苦路"。佘山游罢，仍坐原船归来，在马路桥船埠上岸后，直接到新松江社的招待所用了晚餐，并歇宿，第二天早餐后，便送他上了火车。

巴金第二次来松江是在民国二十五年（1936）春天，那是上海《文学月刊》创刊的前夕，杂志社邀请部分作家在一家酒楼会餐，第二天是周日，松江籍作家赵家璧便在席间邀请他们到松江去游览，结果，巴金、靳以、黎烈文等作家都说愿意去。那天，赵家璧从上海一路陪伴客人来松江。中午，由赵家璧在他家里设宴款待，在松江的施蛰存、朱雯和罗洪夫妇也去参加了。饭后，大家一起游览了西林塔和醉白池，游罢，便送他们去火车站，搭当天的快车返回上海。

罗洪在《初识巴金》（刊于2003年11月19日《新民晚报》）中写道："第三次见到巴金是1934年（注：之前已与巴金见过二次），那时我们已经结婚，住在松江。巴金有个习惯，写完一部长篇，就要到外地走走，调整一下身心。现在已记不清他写完的是哪一本书，我们写信邀请他到松江来，陪他看看松江的佘山，晚上在'新松江社'歇宿，他欣然同意了。那时候，从松江到佘山还没有汽车路，要坐小船，但坐小船可以观赏两岸风景，松江有九峰三泖，一路眺望，九峰起伏，使人胸襟开阔。我们带了中饭的饭菜，托船家在船尾热了，先吃饭。船靠岸，然后上山游览。这一顿饭虽然简单，但也安排得干净而色香味俱备。回到松江，步行到新松江社。新松江社前有一个开阔的广场，二楼的房间面对这个广场。休息喝茶的时候，他说这一天的时间过得很有意义。走到餐厅，几种有松江特色的菜肴已等着他了。"

其实，巴金还有第三次来松江的事，这已是新中国成立以后的1965年5月上旬，巴金到奉贤、松江、青浦等郊县考察农业生产、了解防治血吸虫病的情况。5月7日到松江，在考察之余，游览了醉白池、方塔、急就章碑、唐经幢和佘山等松江名胜古迹。巴金在当天的日记中写道："饭后由丛部长和县委宣传部长陪同去参观了醉白池、方塔、急就章碑和经幢，以后又和丛部长同去佘山公社张朴大队，同支书和大队长谈了一阵生产情况，还看了大队的庄稼。然后由公安局张同志陪我们去佘山，走上山顶看了大教堂，由上海天主教爱国会一位唐同志介绍情况，下来又到小教堂坐了一会，喝了一杯茶。我记得一九三四年曾和朱雯一起登过佘山，当时大教堂还在修建中。"

第六节　佘山风景区

这里，有必要记录一下民国时期仅生存了不到 2 年的佘山风景区。

1932 年—1934 年，松江实业家殷石笙等人，在集资修筑了松（江）汇（上海县汇桥）公路和松（江）泗（泾）公路后，便着手修建砖（桥）佘（山）公路和创建"佘山风景区"。

佘山风景区选择在东佘山脚下的山前街河南岸（注：原明代董黄的别业草堂"遂高园"和"知止山庄"旧址，今为停车场处）。当时他购置了 4.67 公顷地，造屋开河，在地的东侧、南侧和西侧开挖了河道，并与山前河贯通，形成了"口"字状的水道，为的是日后向游客提供水上游览项目。

他最初的构想是使风景区内既有山又有水，让游客能尽情徜徉于山水之间。河道形成后，他又开设了一条南北向的街巷贯穿于风景区，街面宽约 4 米，长约 120 余米，青砖路面，北与山前街衔接成直角状。街巷两侧建造了百余间明清风格的店铺，有旅馆、饭店、点心店、茶馆、南北杂货店、照相馆等等，故将原山前街称为旧镇，此处称为新镇。供来此游览的游客和朝拜圣母的教友食宿、游玩。风景区内还铺设了大草坪。照相馆则主要为游客拍摄野外风景照，那时的拍照是相当时尚的，不像现在，连普通老百姓都不用照相机，而用手机拍摄了。在风景区南河上建有一座石墩木桥，桥南建有公交汽车站。

这就是松江历史上最早的佘山风景区。面积不算大，没有政府资金投入，完全靠殷石笙等私人筹资营建，这在当时，无论从经济效益，还是从开发理念看，确实是个了不起的创举。

松江知名文人张叔通（1877—1967）在民国二十五年（1936）冬为《佘山小志》撰写《原序》中提到，佘山风景区实际上是殷石笙投资建设佘山的第一步；第二步则是将整个九峰建成大的风景区，恢复九峰胜迹。用他的话说："胜迹所在，即游踪所在"。看来，他的理念至今也不算过时。

佘山风景区好景不长，民国二十六年（1937）九十月间，日军轰炸机多次飞临佘山地区轰炸，风景区内百余间店铺倾刻夷为平地。抗战结束后，殷石笙在财力上已大伤元气，再也无力重建了。但经他修建的大草坪，在相当一段时间里仍吸引着驻沪外国人来此度假，在草坪上休憩、聚餐、开"派对"等。这应该算是松江最早的"国际"旅游度假区了。

第七章　名人寓松

文化旅游除了游名山大川、赏寺庙碑刻以外，还有一个重要的组成部分，那就是寻觅文化名人的行踪和他们的遗迹，其中包括他们住过的旧居、遗留下来题咏、手迹、作品等。

本节重点介绍几位清末、民国时期的名人来松江寓居的情况：

第一节　吴昌硕寓松知音多

吴昌硕（1844—1927）是晚清民国时期著名国画家、书法家、篆刻家，与任伯年、赵之谦、虚谷并称为"清末海派四大家"，杭州西泠印社首任社长，也是我国近、现代书画艺术发展过渡时期的关键人物，"诗、书、画、印"四绝的一代宗师。吴昌硕出自书香世家，早年家道中落，便求功名。曾任县令，不到一月便辞官而去。清光绪十三年（1887）春，43岁的吴昌硕受聘于松江府提督衙门作幕僚。虽官卑职小，但他乐于寓居，因为他同当时松江的书画金石名家胡公寿（1823—1886）（当时已故）、张叔本以及进士章士荃、诸生倪宇昌，早已志趣相投了。昌硕来松，众友均执弟子之礼，奉以为师。昌硕亦虚怀若谷，精心传以画艺。

唐经幢左侧有一王宅，王宅少年名王支林，号邻石，年仅15岁，天赋艺才，从张叔本习书画金石。王宅离提督衙门甚近，故昌硕经常与张叔本在此叙谈，知音难得，长夜不倦。某日，张叔本取出一块汉砖，请昌硕篆刻砚铭。昌硕运刀如执笔，篆刻犹如写字，片刻之间即成，无需雕琢，可见其功力之深，金石书画已融汇一体。

民国十四年（1925），韩子谷新建西式楼房，取名"韩三房"，刚竣工时，便邀请吴昌硕去逗留数日。韩三房的奇花异草，由名花匠专门培育，故入园便令人心旷神怡，这也是韩子谷专画花卉所创的条件。是日，韩子谷与金石家费龙丁同投师受业于昌硕门下，那年，吴昌硕已81岁高龄了。韩子谷功底较深，得昌硕指点，艺事日精，韩画在松一时洛阳纸贵，可惜韩子谷体弱多病，33岁便去世了。费龙丁不但精于绘事，更是南社早期有名望的金石家。吴昌硕很器重他，并介绍他加入了西泠印社。

第二节　洪野的《我之旅行写生观》

洪野（1886—1932），又名洪禹仇。安徽歙县人。家贫，出身行伍，从小爱绘画，是位自学成才、富有传奇色彩的绘画大师，擅长西洋画法，并融入传统中国画艺中，善用毛笔宣纸，善画人物，线条粗犷，主题鲜明，具有独特风格。

民国三年（1914）他曾在刘海粟创办的上海美专任教，特别重视野外旅行写生，留法女画家张玉良曾出其门下。他于该校编的《美术》创刊号上发表《我之旅行写生观》。洪野以亲身体会，阐明旅行写生可以培养观察自然和描绘自然的能力，并提高美的欣赏力。这是他的写生观，也是他的艺术观和人生观的真实反映。

他曾在上海神州女校、上海东南师专、上海艺术大学、上海大学等几所艺术大学当教授。民国十二年（1923）他成立画会，展览师生作品；并与校长于右任、副校长邵力子、校务长邓中夏、社会学系主任瞿秋白等共商校政。同年起，他先后兼任松江景贤女中、松江初级中学、松江县立中学的美术教学。第二年春节，便在松江首次举办个人中西画展。从此，画师洪野闻名松江城。洪野在松江景贤女中教美术，常带学生去郊外写生。同校老师胡山源在没课时也会随同他们去郊外散心。一次，胡见小桥流水村舍古道，认为意境古朴，建议洪野画下来。洪野笑着说："引不起我的情感，不画。"当胡山源出版剧本《风尘三侠》时，请洪野配插图，洪野是认真对待，可见友人之情。民国十五年（1926）春，上海艺术协会成立，洪野与田汉、陈望道等同被推为执行委员。

民国十六年（1927）"四一二"政变后，上海大学被查封。也许是他在松江景贤女中任教过，也许是松江的空气好，他要呼吸新鲜的空气，便将家眷搬迁到了松江，成了"新松江人"。而自己不惜每星期在沪杭火车上做一名风尘仆仆的旅客。

当时松江籍名人施蛰存还住在松江，据施蛰存在《画师洪野》一文中回忆，在松江时，曾与友人在不经意时去洪野家看过他的画。感觉他的画与众不同。一般的绘画往往是寄情于山水花卉之类的，而洪野在旅行中所创作的画，是用西洋画法在中国宣纸上创作新的画题，内容却是对社会底层劳苦大众的写实。有《卖花女》《敲石子工人》《驴车夫》等。后两人又在同一所大学任教，为同事，故交往甚勤。之后，洪野在吸收了新艺术理论之后，他转变成了一个纯粹的革命画家了。他的野外写生对象，不再是小桥流水或疏林茅屋，他专给浚河的农民或运输砖瓦的匠人们写照。施蛰存曾看到洪野创作的新画，画的是一个工头正在机轮旁揪打一名工人。他关注社会底层劳苦大众，同情他们的生存状况。又为郭沫若翻译的《石炭王》小说画插图，在当时的艺坛实为罕见。他曾说："为了要表现我所同情的人物，所以我的画已经不是资产阶级书斋里壁上的装饰品了。"

"八一三"抗战发生，学校停课，洪野正患痢疾，贫困交迫，举家避居于天马山乡间，无钱医治，46岁那年病故，由县中师生及社会人士捐款料理后事，葬于天马山中。

第三节　张大千与松江的"梅"

民国十年（1921），四川军阀混战，张大千（1899—1983），原名正权。他的大哥张善孖想避居他乡，受松江禅定寺方丈逸琳大师之邀，奉母到松江禅定寺定居。

禅定寺俗称小北庵，在松江北门外下塘，康熙当年游此寺时曾御书"禅定寺"匾额。此寺佛殿高敞，楹屋数十间，为江南名刹。元代大书画家赵孟頫亦曾寓居此寺。

当时，还在日本留学的张大千突然获悉未婚妻病逝的噩耗，悲痛欲绝，急返四川。后应大哥之召，亦来松江禅定寺寓居。逸琳大师热情款待张氏一家，安排住于精舍"三间头"。此处幽静，庭前修篁叠石，唯闻鸟语虫鸣，为习画作书之地，张大千独居一雅室。此时大千心中郁结未解，终日惆怅。逸琳大师和大千深研绘事之外，以佛门之道来解脱大千之愁，两人倾谈竟夕，结为知音。大千渐渐受大师思想的熏陶，又痛惜未婚妻的伤逝，萌生了出世之念，逸琳大师即收为弟子，大千便削发为僧，晨钟暮鼓，诵经拜佛。剃度之日，逸琳赐以他"大千"二字为法号，从此，"张大千"之名就流传开来了。

大千禅房前的一棵古梅，姿态典雅，清香沁人，大千除诵经拜佛外，专心临摹此梅，此时大千之心已超然物外，专心画梅，神形逼真，将所绘之梅，藏于书箱之中，视为珍宝。

日久天长，张大千的画技已出类拔萃。他徜徉于九峰之间，云游于江浙名胜，更精于泼墨山水画。他的《江南旧游处》诗中写道："已过枫泾到松江，卅里烟波接混茫。日落佘山看不见，芦花绕水一轻航。"道出了他对松江的那份情感。

后来，张大千以居士身份继续学佛，在松江另筑居宅，名为"大风堂"。在松又收下不少门生，传德传艺。门人在大千的指导下，绘艺上大有长进，在品格学风上也深受大千的熏陶。

张大千对禅定寺的古梅，仍情缘相系，每年古梅开放之时，他总要去临摹一幅。在一次松江书画家义卖助赈中，大千的《踏雪探梅》条幅获款最高。

数十年后的1988年，也是大千的日暮之年，梅兰芳之子梅葆玖应邀赴台演出，大千看了演出后，特将珍藏了数十年的一幅《古梅图》赠与梅葆玖。他说："这幅梅花是60多年前我在松江禅定寺画的，送给你收藏，同时也是对梅兰芳的纪念。"

第四节　戴望舒居松写《雨巷》

民国十六年（1927）"四一二"反革命大屠杀后，全国处于白色恐怖之中。戴望舒（1905—1950）因曾参加进步活动而不得不和友人杜衡一起，避居到朋友施蛰存（1905—2003）在松江的老屋，老屋位于松江西司弄中段，是三进共11间房并置有厢楼的独家院落。小厢楼上，曾是施蛰存、戴望舒和杜衡三人从事文学著译工作的地方。同年夏天梅雨季节，戴望舒在此创作了成名作、现代派诗代表作《雨巷》，发表在《小说月报》上。叶圣陶称赞这首诗为中国新诗的音节开了一个"新纪元"。这也成就了他的成名作和前期的代表作。也因此而赢得了"雨巷诗人"的雅号。

至于他在诗中写的是哪条巷子？诗中的"丁香"又是谁？作者没交待。有的说，写的巷子是他出生的杭州大塔儿巷；也有的说是松江城里的西司弄或某条巷子；也有的说是没有具体指向，是对江南小巷的泛指。而诗中的"丁香"有可能是指施蛰存的妹妹施绛年，因戴望舒正在暗恋着她，并在民国二十年（1931）春夏交替的时候，他离松前与施绛年订了婚。可后来，两人终究还是没有走到一起。

雨　巷

戴望舒

撑着油纸伞，独自彷徨在悠长、悠长
又寂寥的雨巷我希望逢着

一个丁香一样的结着愁怨的姑娘
她是有丁香一样的颜色
丁香一样的芬芳丁香一样的忧愁
在雨中哀怨哀怨又彷徨
她彷徨在这寂寥的雨巷撑着油纸伞
像我一样像我一样地
默默彳亍着冷漠、凄清，又惆怅
她静默地走近走近
又投出太息一般的眼光
她飘过像梦一般的
像梦一般的凄婉迷茫像梦中飘过
一枝丁香地我身旁飘过这女郎
她静默地远了、远了
到了颓圮的篱墙走尽这雨巷
在雨的哀曲里消了她的颜色
散了她的芬芳消散了
甚至她的太息般的眼光
丁香般的惆怅撑着油纸伞
独自彷徨在悠长、悠长又寂寥的雨巷
我希望飘过一个丁香一样的
结着愁怨的姑娘

可惜的是，这几位名人寓居松江的故居，现在都已不存，实为憾事。当然，名人来松江寓居的还远不止这几位。

第八章 游录散记

一、著旅游书编导览册

清末、民国时期的旅游文化还表现为一些文人雅士著书不断，编撰了不少旅游书籍。

清光绪、宣统年间住天马山的青浦籍人何廷璋，字瑞夫，撰《九峰图考》；清王廷和辑《峰泖志》，被收录光绪《华亭县志》；清《峰泖毓秀编》（佚名）、清汪巽东撰《云间百咏》、清朱采撰《云间名胜》和《峰泖补遗》、清光绪年间编的《云间古迹考》。清光绪、宣统年间松江明新书局编印的《松江地图》等。

民国十五年（1926），青浦籍人孙鸿熙屡至峰泖间旅游，并广阅诸书，凡有关峰泖掌故，均予摘记，汇辑成《峰泖记》4册；民国二十年（1931），张若谷著《佘山》，为上海天主堂刊本。民国三十六年（1947）张天松编《佘山导游》；江庸撰《佘山三日记》，为民国铅印本等。

民国二十三年（1934），沪杭甬铁路管理局编印出版《松江·佘山》导游手册，为京沪、沪杭甬铁路管理局编辑的旅游丛书之二。介绍了民国时期松江地区的旅游景点、著名土产，以及茶室、旅馆、交通费用等。配有松江城厢图及说明、松江水陆交通图、松江至各处汽船时刻及价目表、天马山鸟瞰和天马山镇等景点插图与介绍文字。叙言中有："沪杭甬沿线，若松江，嘉兴。杭州，均为全国名胜之区，""兹编所述，以松江及其附近名胜为主"等语。在"两路"（即京沪、沪杭两条铁路）营业所、上海北站问讯处等地发售，定价银元伍分。

张叔通，字葆良，号九峰樵子，上海著名报人，其论文书画俱佳，一生勤于笔耕，著作颇丰。清末佘山小有名气，"日招天下客，夜宿云间栈"，因没有导游资料，游人皆苦于摸索。张叔通有感于中外游人对自己故乡佘山的垂青，于民国二十五年（1936）11月编纂成首部《佘山小志》，由松江峰泖编纂社出版。参与编辑的还有其堂兄张琢成等5人。翌年四月，《佘山小志》再版。全书共14卷，以佘山特色为记叙重点，九峰胜迹篇幅为半，除设有园林、寺观、冢墓、佘山导游记等专篇外，还辟有九峰三泖概述、介绍、诗文，刊有佘山风景图 12 幅，附有彩色手绘佘山古迹与导游图等。

二、"无松不成报"之说

上海开埠之后，西方人便在上海开书馆，出版关于西方政治、科学、宗教、法律、史地等方面的书籍，先后创办了多种报刊，而后还出现了中文报刊，面向中国读者和中国社会。这对上海影响很大，并很快被接受，国人也自行办起了报刊。民国时期，在电台广播还未出现或未普及时，报纸是比较先进的传播工具。随着报纸、广播电台的出现，有关旅游的信息、广告也或多或少地成了报纸传播的一项内容。

民国初年，在新文化运动的影响下，松江出现了侯绍裘、赵祖康、钱江春等一批"五四"思想的追随者，他们高举科学与民主的大旗，创办进步刊物，宣传反帝、反封建。在封建文化氛围极其浓厚的松江，开辟宣传新文化的阵地。侯绍裘具有坚定的理想信念和崇高的思想觉悟，他利用办报纸积极宣传革命真理。民国八年（1919），侯绍裘、赵景沄创办《劳动界》通俗报刊。民国九年（1920），侯绍裘主编的《问题周刊》创刊，因封面刊名栏里印着个大"？"号，意思是请大家听听道理，想想问题，故松江人亲切地称该报为"耳朵报"。他还创办了《松江评论》等。

迁居松江泗泾的史量才（1880—1934），在民国元年（1912）接管了《申报》后任总经理 22 年，创造了《申报》最辉煌鼎盛的历史，也成为了力求民主的阵地。因其针砭时弊，不断抨击蒋介石的内外政策，遭到国民党反动派的忌恨。民国二十三年（1934）11 月 13 日，被特务暗杀于浙江海宁。

松江人在上海报业颇有影响，史量才为《申报》总经理、《时事新报》和《新闻报》大股东，是当时中国最大的报业企业家。陈景韩、张蕴和先后担任《申报》总主笔，两人均以"时评"知名，称为"松江两支笔"。马荫良在史量才被暗杀后任代总经理、总经理。还有编辑张叔通等。松江人在上海报业锐意创新，才能显露，一时流行"无松不成报"之说。

这办报刊之风也影响并传播到了松江。民国四年（1915）冬，松江先后有《松江报》《云间报》《九峰报》创刊，松江有地方小报从此开始。

民国二十二年（1933），松江人瞿指凉创办《茸报》，发行量居松邑地方报之首。民国二十五年（1936），《大光明》报在松江创办。

三、英国人著书讲松江民间传说

英国人威廉·R. 葛骆在他于光绪三十一年（1905）第二版《环沪漫记》

中,很喜欢将中国的民间传说写进他的游记里。其中有写他从水路去金山旅游的途中,经过大泖港,对泖港古名"佥来庙"的由来,有过记叙文字不多,在此摘录如下:

"我们在5点钟醒来的时候发现船正停泊在闵行以南几英里的水面上,船员正在休息,等待潮水转向。晴雨表显示天气将有变化。6点钟天下起了雨,不过气压计度数很稳定,说明天气变化只是暂时的现象。我们在8点30分重新起航,12点45分到达了佥来村。这个地方位于河(注:指大泖港)的右岸,因佥来庙而得名,这个特别的名字源于下面这段故事。

在太平天国战争之前,静安寺(意即宁静平安的寺庙)里有座木制的佛像,正对着静安寺路上的涌泉井。战争爆发后,所有的神像都被捣毁,这座神像也随即不知所终。不久之后,一位村民在现在佥来村所在的地方发现有东西浮在水面上,便找了艘船把它捞了上来,一看原来是座木雕佛像。村民便把佛像放在屋里,每天都对着它焚香烧纸钱,许愿说如果菩萨能给他带来好运,他就为菩萨造座庙。村民不久便如愿以偿,佛像现在就在长安河(注:即大泖港)右岸的佥来庙中,正对着佥来村。佥来村迅速崛起,现在已经非常繁荣,原来设在别地的厘卡便改设在此处。

不过,我们发现没有一个当地人知道这个传说。我们拜访了传说中的藏有那座佛像的寺庙,和寺庙的住持——一位70多岁的老人聊了会天。我们向他做了自我介绍,请他带我们看看那座佛像,可他却说,他在这儿待了一辈子,从来没听说过这座佛像。看来,我们只能带着满腹的疑问离开了。"注42

松江区泖港镇古名为"佥来庙"。其由来被一个外国人写进了他的著作,并在欧美发行,是件有趣的事。也说明他在旅游之前是做足了"功课"的,不然不会到了佥来村就要去看那尊佛像。当然,这个传说,与在松江流传的不一。在时间上,松江的说是"相传有一年农历六月二十四日发大水",这里说是"太平天国战争爆发后",应该是清咸丰年间;在佛像的材质上,松江传说的是"一尊金佛"(注:可能是木质镀金),这里说是"木雕佛像";在来源是何处上,松江说是"不知从何地佥来",这里说是与"静安寺"有关;还有就是"佥来庙"在清乾隆五十九年(1794)已重修,清咸丰初年(1851)已在此设厘金所(即卡子),这里说是在太平天国战争之后,才趋向繁荣。这就权当版本不一吧。

另外,在游记中还讲叙了松江府衙门前照壁上关于"犾"的传说,这里就不再展开了。

四、侯绍裘的《旅行佘山记》

民国四年（1915），19岁的侯绍裘就读于江苏省立第三中学（注：今松江二中），已在学校的校刊《江苏省立第三中学校校友会杂志》发表了游记《旅行佘山记》（1915年第一期，第27—28页）。全文如下：

旅行佘山记
侯绍裘

茸城之西北，其峰凡九，皆松之名胜，与三泖并称者也。而佘山尤为其中之杰出者。近西人建天主堂于其巅。道路平坦，树木蓊翳，风景益佳绝。余之往游者且三数次。民国四年春，本校有旅行佘山之举，余亦从之。时四月三十日晨六时，整队出发，行以舟，数凡八。出北门，沿通波塘而北，帆影波光，相映生趣。

十时许，抵山麓，相与登岸。按队曲折而行，达山巅，忽微雨着面，同学勇往之气胜，不顾也。遂由教士导观天文台。其壁间遍悬日月像，中有人望远镜一，镜上有品片，其一用以观测，其一用以摄影。教士云："作之三年乃成，价格盖数万元云"。观毕，遂出，或自由散步，或探取植物，或野外写真。余亦任绘画，然数作无一佳者，惟描风景之大意，待归时修正而者，惟描风景之大意，待归时修正而已。

十二时，回舟。午餐毕，复作东佘山之游。诸同学争先恐后，不顾疲劳，壮哉！有立马昆仑，顾盼自豪之势。畅游一时许，相率归，舟中颇多谈资，故不寂寞。六时许，至五里塘，舍舟登陆，步行至校，时已近七时矣。

是行也，探取植物甚伙。中有土人参一物，前在劝业会中曾得上奖，是亦松江之特产也。乃土人不知，任其自生自灭，不一培植而爱护之，惜哉！

五、湘籍教师作"醉白池"诗

民国二十二年（1933），《新上海》（第一辑）曾发表湘籍才女、松江女中青年女教师陈家庆（1904—1970）的诗《醉白池四首》[注43]，在此引录：

小有池台粉本开，游人多向画中来。
只今不少提壶客，谁似当年白傅才。

绕池芳草绿芊芊，画出江南二月天。
可惜艳阳春过半，三分尘土七分烟。

飞花如雨薄寒生，三两黄鹂绕树鸣。
行到小桥闲伫立，夕阳流水倍关情。

几竿修竹傍檐栽，几树疏梅淡淡开。
坐到黄昏归未忍，暗香浮动一徘徊。

诗中写出了醉白池的美景如画，深深地感染了作者，使其久坐而不愿离去。

下篇　松江当代旅游发展

世界当代旅游史的标志，一般认为是"二战"后，大约在20世纪50年代初期。各国旅游有了"国外旅游目的地"。

我国当代旅游史中确定有国外旅游目的地是1988年的泰国。这样算的话，我国当代旅游史的开端标志也要比世界当代旅游史的开端标志晚了30多年。与世界近代旅游史的标志相比，时间上在缩短。我国当代旅游史的发展主要是从1978年开始的，经过40多年的快速发展，我国现已成为当代世界的旅游大国，离世界旅游强国也仅"一步之遥"。

新中国成立70多年来，松江旅游业的发展，经历了四个阶段，每个阶段时间都不太长。1949—1977年的28年间为复苏阶段；1978—1990年的12年为起步阶段。1991—2007年的16年间为成形阶段。2008至今（2021年）的13年是松江旅游的发展阶段。周期都很短，这也顺应了时代的发展，周期缩短，变化加快。

初创阶段：（1949—1977）　它的标志是1949年11月，福建厦门成立华侨服务社。1954年，建立中国国际旅行社。当时的旅游业主要为了接待外国旅行团，也就是"入境游"，前后共经历了28年。

转折阶段：（1978—1990）　党的十一届三中全会后，国家实行改革开放，工作的重心转移到了经济建设上来。我国把旅游作为一种产业来发展起始于1978年。时任国务院总理的邓小平同志在1978年—1979年间曾五次在谈话中说到要发展旅游问题。当时的"入境游"主要是为了获取外汇收入和加快对外开放。1986年，在第六届全国人大会上通过的第七个五年计划中首次谈到旅游，"要大力发展旅游业"，这是一个新的里程碑。1988年，在有了香港、澳门作为出境旅游目的地之后，我国又有了出国旅游目的地——泰国。

1982年开始，国家命名"国家风景名胜区"，至2007年，已命名了6批，总数达187个。另有省级风景名胜区480个，总面积近11万平方公里。

发展阶段：（1991年至今） 这个时期我国的旅游外汇收入的增长速度开始快于旅游接待人次的增长速度，旅游投资收益率增大，成为第三产业中重点发展的行业，作为国民经济新的增长点，旅游业得到全面发展。主要表现在：

一是国家从1992—1995年间，批准12个地方搞"国家级旅游度假区"试点（上海佘山国家旅游度假区是其中之一）。

二是1993年开始评定"国家森林公园"。至2007年元月，全国已有660多处（佘山国家森林公园为第一批）。

三是1995年开始举办国内旅游交易会和国际旅游交易会。至2007年已办了十三届。后改为国内旅游交易会和国际旅游交易会隔年进行。国内旅游交易会由有条件的省、市、自治区隔年轮流举办。国际旅游交易会的地点固定在上海和云南昆明，也是隔年进行。

四是1998年始，评选"中国优秀旅游城市"。至2007年已有306座城市获此殊荣。2006年始又新评"中国最佳旅游城市"。1986年开始还评定出国家历史文化名城138座（上海于1986年获评）。

五是1999年10月始，国家实行"黄金周"制度，至2007年已有了25个"黄金周"。2008年始又进行改革，取消"五一"黄金周，增加清明、端午、中秋休假，实行休假调整制度和公休制度。

六是2001年始，评定A级景区。至2007年已有1500多家旅游景区被评为A—AAAA，其中AAAA景区有872家。至2019年，全国有A级景区有12402家（松江到2021年有10家）。2007年又新增了AAAAA景区评定，评出60多家，至2021年6月，已评出AAAAA景区305家。

七是自1988年，我国有了首个开放国外旅游目的地泰国之后，到了2010年，我国已开放的境外旅游目的地总量已达135个。

八是到了2018年底，我国共有休闲农业与乡村旅游示范点388个，推介了710个"中国美丽休闲乡村"。

九是到了2019年底，全国有旅行社38943家，星级饭店10003家，各类景区2万余家，其中A级景区有12402家。大中专院校旅游专业在校学生规模80多万人，旅游直接从业人员2825万人，间接从业人员5162万人，两者合计7987万人，占全国就业总人口的10.31%。

十是到2019年底，全年入境游人数达14531万人次，国际旅游收入达1313亿美元。国内旅游人数达60.06亿人次，国内旅游收入达57251亿元。出境游达 16921 万人次，游客境外消费超过 1338 亿美元，增速超过 2%。中国出境旅游人数和境外旅游支出位居世界第一。2019 年，我国旅游业总收入首次达到 6.63 万亿元。旅游业对 GDP 的综合贡献为 10.94 万亿元，占 GDP 总量的 11.05%。中国继续保持全球第四大入境游接待国、亚洲最大出境旅游客源国的地位。2019 年 9 月 4 日，世界经济论坛（WEF）官网发布了《2019 年旅游业竞争力报告》中显示：中国在全球旅游业竞争力榜单中排名第 13 位。

对照我国当代旅游业的发展阶段划分，松江当代旅游业的发展相对来说要晚了一些。大致也可分为四个阶段：

复苏阶段：（1949—1977） 1949—1977 年间的 28 年中，松江还没有旅游业，所做的工作仅是一些文物古迹建筑得以修复。各条通往旅游景区的道路得以修建，开辟了公交线路、筹备佘山植物园等。1966 年至 1969 年的"文革"前期，在反"封、资、修"和"破四旧"的影响下，许多庙宇建筑和风景园林又遭到了破坏。旅游则被认为是"资本主义""修正主义"的东西而受到贬低。

起步阶段：（1978—1990） 1978 年，党的十一届三中全会召开，标志着我国社会发展进入了改革开放时期。1978 年至 1990 年间，在文物古迹不断得到修复和交通道路修建的基础上，先后举办了一些大型活动。旅游活动也开始出现，表现为组织中小学生春游和秋游，单位组织职工疗休养游，旅行社的组团一日游、二日游和个人的自主游也多了起来，这为松江当代旅游业的发展奠定了基础。

成形阶段：（1991—2007） 松江当代旅游业在经历了复苏、起步阶段后，自 1991 年始，松江有了真正意义上的旅游业，旅游业从此开始成形，并得到了较快发展。其主要标志是，有了独立的有编号的旅行社、有了旅游星级饭店和旅游 A 级景区。有了旅游管理机构、举办了旅游节庆活动等。"吃、住、行、游、购、娱"的旅游六大要素逐步健全，旅游产品经过初期比较粗糙、简单和人造景点缺乏生命力而自然淘汰后，新的一批景区（点）产品得到提升并升级换代，旅游市场更趋向理性和规范。

发展阶段：（2008 年至今） 主要标志是，旅游大项目不断落地并对外营业，旅游配套日趋完善，旅游品质大幅提升，游客人数成倍翻番。

第一章 决策定位

一个地区旅游业的发展，除了与当地的自然禀赋、经济基础和人才使用有关之外，更与当地党委、政府的认识和决策至关重要。松江当代旅游的兴起，与当时的县委、县政府和"县改区"后的区委、区政府的正确决策密切相关，是起着关键性、决定性的作用。松江旅游业的发展，同时也得到了上海市委、市政府的直接关心，与市各相关委、办、局的大力支持，以及与松江区各相关部门的大力支持分不开的；也得益于旅游人的辛勤努力。

第一节 决策定位

一、撤县建区前

1991年，松江县成立了佘山风景区管理委员会。同年8月7日，松江县成立旅游开发办公室，负责全县的旅游管理工作；这也是上海市郊第一家政府旅游主管部门，制定了《松江县旅游发展规划》。翌年7月24日，佘山风景区管理处成立，制定了《上海佘山风景区总体规划》，利用土地和部分山洞作为合作发展条件，多渠道引进外来资金，建成游乐、休闲、度假、花园别墅等项目多处。标志着松江的旅游业正式起步。

1993年1月，县委主要领导指出，要着力抓好"东部工业区、佘山风景区、松江城区"这"三区"建设，以此推动松江的发展。同年12月24日召开的中共松江县委七届二次全会，通过了《中共松江县委1994年工作要点》，其中要求，继续花大力气抓好"三区"建设，努力创造松江改革和发展新局面。1994年1月，松江确立了"大工业、大旅游、大农业"的发展思路。上海市市长黄菊到松江调研时指出：希望松江按照"大工业、大旅游、大农业"的发展思路，创造条件吸引大工业项目，走一条自主、联动、辐射的新路，坚持发展大旅游特色，注重农业的规模和效益。同年9月25日，'94松江——上海之根文化旅游节在松江方塔园内开幕。中共中央政治局委员、国务院副总理钱其琛为文化旅游节题词："华亭故地，松江名城，改革开放，跻身百强。"参加开幕式的市、县领导和海内外来宾近万人，国内有 20 多万宾客参加了各项活动。10 月 5 日，文化旅游节在佘山欧罗巴世界乐园闭幕。

1995 年 1 月 9 日—10 日，中共松江县委七届三次全会召开，在报告中要求以"三区"（松江工业区、已报拟建的佘山国家旅游度假区、松江城区）建设、城建规划为龙头，加快农村城市化进程。同年 6 月 13 日，国务院批准在佘山建立国家旅游度假区，规划控制面积 64.08 平方千米，用地面积 45.99 平方千米。同年 8 月 19 日，上海市人民政府在佘山召开市长办公会议，徐匡迪市长主持会议，研究发展上海市旅游业和建立佘山国家旅游度假区等有关工作。同年 11 月 24 日，佘山国家旅游度假区管委会成立大会在佘山国家森林公园东佘山园广场举行，国务院副总理钱其琛为度假区题写了区名。国家旅游局副局长孙钢，上海市副市长龚学平等出席。1996 年 5 月 27 日，市政府常务会议原则通过《上海佘山国家旅游度假区总体规划（纲要）》。

1997 年 2 月 13 日—16 日，中共中央政治局委员、国务院副总理吴邦国视察了佘山国家旅游度假区等地。同年 6 月 5 日，全国政协副主席钱伟长视察了佘山国家旅游度假区。

二、撤县建区后

1998 年 10 月 18 日，第二届"松江——上海之根文化旅游节"在佘山漂流世界隆重开幕。旅游节至 11 月 15 日结束，历时 29 天。2000 年 1 月，松江区旅游事业管理委员会成立，替代了原来的松江县旅游开发办公室，职能上涉及全区旅游发展规划和各种专项规划的制定，对旅游企业，如旅行社、星级宾馆、景区（点）实行行业管理，后又对社会旅馆实行行业管理。主要工作任务有行业管理、考核统计、培训促进、市场整顿、政风行风建设、旅游宣传、推介、资源整合、节庆活动、旅游咨询服务、指导行业协会等。

2001 年 5 月，松江区政府在红楼宾馆召开纪念松江建县 1250 周年系列庆祝活动新闻发布会。2001 年 9 月 22 日，第三届"松江——上海之根文化旅游节"暨庆祝松江建县 1250 周年开幕式在松江体育馆隆重举行。旅游节至 11 月底结束，历时 71 天。同年，松江区委一届三次全会专门以"旅游"作为议题，出台了《关于加快松江旅游发展的若干意见》，确定了"一城三片区"（松江新城、北片区的佘山国家旅游度假区、南片区的浦南现代农业观光休闲区）的旅游发展定位和格局，并提出了"山城连景"的目标。

2005 年 6 月，松江区以"旅游度假区的发展"为题举办了论坛，以此纪念上海佘山国家旅游度假区成立十周年。松江"十一·五"的发展目标，对旅游业发展极为有利,"十一·五"期间,松江的发展目标是把松江建设成为田园风光与新城景观交相辉映,历史文化与现代文明融为一体,实力较强、规划合理、环境优美、社会和谐、生活富裕的与上海国际大都市相匹配的社会主义现代化新郊区先行示范区之一。"十一·五"期间,松江坚持先进制造业、现代服务业、都市现代农业"三业互动",进一步转变经济增长方式。在这五年,松江的基础设施、社会公共资源配置水平也达到中心城区的平均水平。一个生态环境更优美、服务环境更完美、最宜人居的城区已经成型。

2006年10月10日,在松江区召开的"发展现代服务业"专题会上,出台了支持、扶持佘山度假区建设现代服务业集聚区的若干政策,后改称天马现代服务业集聚区。

2007年,《关于加快推进仓城历史文化风貌区保护和改造的议案》被写进了松江区政府工作报告。2008年,保护性开发正式启动,并邀请被誉为"古城守望者"的中国知名古城镇规划保护专家阮仪三教授到场指导,最终确定了仓城"一河两街五区"的空间格局。

2008年初,上海市政府22项重点工作中有"加快上海佘山国家旅游度假区建设,大力发展现代服务业"这一条,这也是松江区的工作首次被列入市政府重点工作之中。市政府领导和市各相关委办局领导都先后到佘山国家旅游度假区进行调研、协调。区委、区政府提出了建设佘山国家旅游度假区为"十一·五"松江"新的亮点、新的品牌"的要求。在区委三届五次全会和区"两会"中,进一步明确了聚焦佘山国家旅游度假区,建设"世博之旅"目的地城市的目标。3月24日,区旅游工作大会召开。2009年,松江区政府专题召开"关于支持本区农家乐和农业旅游发展有关事宜会议",并转发了上海市政府《关于加快推进本市农业旅游发展的若干政策意见》。松江乡村旅游借着上海世博会东风,伴随着松江旅游业整体发展呈现良好势头。

2011年6月18日,松江区政府出台了《关于加快松江旅游业发展的意见》[沪松府〔2011〕53号]和《关于加快松江旅游业发展的扶持奖励暂行办法》[沪松府办〔2011〕18号]文件及实施细则。采取项目补贴、专项奖励等方式对辖区内外符合条件的旅游企业和项目进行扶持和奖励。2014年,松江区政府又修订了《关于加快松江旅游业发展的扶持奖励实施办法》。增加了"对景区加强周边环境整治、公共停车场、旅游信息智能管理、游客服务中心、旅游达标公厕等公共服务设施配套项目建设,按其投资额的50%进行补贴,补贴总额最高不超过20万元"这一新的扶持补贴政策。

2015年6月,松江区以举办"佘山论坛"的形式,以此纪念上海佘山国家旅游度假区成立二十周年。2016年,松江区委、区政府提出了"佘山大境界·问根广富林"的发展主题。在《上海市松江区全域旅游发展总体规划（2017—2020）》中，提出以"一核一带四区"的全域旅游发展主功能区，形成山城连景、水陆联动、主客共享、全域发展、全民参与的大旅游空间格局。在空间布局中，以佘山国家旅游度假区为"一核"，起到带动松江全域旅游发展的引领、核心、示范作用。坚持"回归自然，休闲度假"定位，通过政策、资源、要素聚焦，促进环境优化、产业集聚、服务完善、功能强化，高标准、高起点把佘山国家旅游度假区打造成集"高端休闲、山林郊游、娱乐体验、遗址考察"等功能于一体的人文生态旅游高地、国家级旅游度假区发展新标杆和国际都市休闲度假目的地。以松江水上休闲旅游带为"一带"，以松江新城风貌休闲区、松江历史文化旅游区、科技影都旅游休闲区、浦南乡村旅游休闲区为"四区"，促进松江全域旅游全面发展。

2017年5月4日，《人文松江建设三年行动计划》制定并发布。计划用三年时间，将松江建设成以"书香之城""书画之城""文博之府"和"影视之都"为特色的文化名城。2020年又实施了第二轮的《人文松江建设三年行动计划》。

2019年9月26日—27日，"新时代·新使命·新担当"国家旅游度假区高质量发展研讨会在松江佘山举办。上海市人民政府、松江区、中国旅游研究院等领导出席会议。中国旅游出版社、同程集团、首旅如家酒店、美团点评、海昌海洋公园等代表与多个国家旅游度假区签约。

这30年来，县旅游开发办、区旅游委、区商旅委、区旅游局和区文化旅游局先后制订了"九五"至"十四五"旅游发展规划。另外，还制订了《松江旅游资源整合方案》《松江住宿业发展五年规划（2006—2010年）》《松江乡村旅游集聚发展三年行动计划（2006—2008年）》。2019年，编制了《松江历史文化旅游区专项规划》，出台了《关于促进松江区乡村民宿发展的实施办法》等。以规划和方案引领，发展松江旅游。

第二节　体制探索

国家层面的和各省、市、自治区的旅游体制早在1970年代就已有了，当时称"国家旅游总局""上海市旅游局"等。之后改为国家旅游局、上海市旅游事业管理委员会等。到了1980年代、1990年代各县级市、区、县才建立起旅游管理部门。之后，旅游的管理体制也在不断地进行探索，特别是在市、区、县级机构。有称"园林旅游局"的，也有称"旅游发展局"的，还有称

"文广体旅局"的,"科教文体旅委员会"的,各种各样。2017年,国家旅游局与文化部合并,称文化和旅游局,各省、市、自治区及下属市、区、县纷纷跟进对接。

松江当代旅游走过了30年,时间并不长。在体制上也是从无到有,自1991年设立松江县旅游开发办公室起,至今也仅30年的时间,分分合合了5次,在体制上是在不断地探索和实践。

1991年8月7日,根据松江旅游事业发展的需要,县政府专设了松江县旅游开发办会室,对全县旅游事业行使组织、管理、协调和服务职能,实施对旅游的规范化管理和有序开发。该办公室主要负责是编制松江旅游发展中长期规划;协调旅游项目开发建设;做好旅游项目投资咨询、招商项目洽谈、跟踪服务工作;负责对全县旅游市场管理,监督检查旅游市场秩序和服务质量;负责全县旅游饭店、旅行社及导游的行业管理;负责与旅游相关部门的协调;管理及指导乡镇旅游公司开展工作;负责县内旅游产品的推介;负责旅游项目的策划,对旅游景点节庆等活动予以指导,等等。

2000年1月,松江区成立了旅游事业管理委员会,行使起全区的旅游规划、管理监督、行业指导等责职,同时,撤消了原来的旅游开发办公室。

2004年5月,区旅游委与佘山国家旅游度假区松江管委会合并,实行两块牌子一套班子的体制模式。

2009年2月13日,区旅游委与佘山国家旅游度假区松江管委会不再合署办公,区旅游委与区商务委员会合并,改称为松江区商务和旅游委员会。

2015年5月,区商务和旅游委员会并入区经济委员会,旅游局作为内设局。这种情况在整个上海地区很普遍,有许多区的旅游局都并入了区经济委员会。

2018年底,区旅游局与区文化广播电视局合并,改称为松江区文化和旅游局,原区文化广播电视局的广播电视业务并入区融媒体中心。

从旅游办到旅游委是体制上的提升和规模上的扩大。从旅游委与佘山国家旅游度假区松江管委会合并,实行一套班子两块牌子的模式,有管理和被管理职责不清的弊病,如同"裁判员"和"运动员"是同一人在做。从旅游委与商务委合并,又体现不出整合的优势,还是存在"两张皮"的现象。之后,旅游局作为经委的内设局,其自主性就可想而知了。总之,旅游管理在体制上是不断地在探索实践,寻求最佳组合。

第三节　政策奖励

为了促进松江旅游业的发展，既要打造旅游目的地城市，又要吸引更多的外埠游客来松及培育旅游市场，更要提升松江旅游的品牌质量。2011年6月18日，松江区政府出台了《关于加快松江旅游业发展的意见》[沪松府〔2011〕53号]和《关于加快松江旅游业发展的扶持奖励暂行办法》[沪松府办〔2011〕18号]文件及实施细则。采取项目补贴、专项奖励等方式对辖区内外符合条件的旅游企业和项目进行扶持和奖励。主要扶持奖励对象为在松的旅游景区、旅游饭店、旅行社及旅游商品、旅游项目开发等各类旅游相关企业和组织招徕区外游客来松开展旅游、会务等活动的非在松旅游及旅游相关企业。

扶持奖励主要包括：

一、项目开发扶持

1. 对获得市级以上引导资金扶持的旅游项目，按照不低于1∶1的比例安排配套资金。

2. 对发挥引领作用的重点旅游项目，按照银行贷款同期基准利率给予贴息扶持，贴息期限最长不超过1年，贴息总额不超过200万元。

3. 对承办由国家、上海市相关部门或行业协会举（主）办的旅游节庆活动的旅游企业，根据其活动的组织规模、投入情况及市场影响力，国家级的给予企业20至50万元的补贴，市级的给予企业10至20万元的补贴（已获相关财政支持的旅游节庆活动除外）。

4. 对连续3年以上组织举办景区主题游、乡村旅游、工业旅游、文化旅游、体育旅游、红色旅游等旅游节庆活动的旅游企业，根据其活动的组织规模、投入情况及市场影响力，给予企业5至15万元的补贴。

二、品牌创建奖

1. 依据《旅游景区质量等级的划分与评定》（GB/T17775-2003）标准，旅游景区（点）新评定为国家AAA级、AAAA级、AAAAA级的，分别给予一次性奖励30万元、40万元、100万元。已评定的国家AAA、AAAA、AAAAA级旅游景区通过复评保留相应等级的，分别给予一次性奖励15万元、20万元、50万元。

2. 依据《旅游饭店星级的划分与评定》（GB/T14308-2010）标准，旅游饭店新评定为国家三星级、四星级、五星级、白金五星级的，分别给予一次性奖励30万元、40万元、60万元、100万元。已评定的国家三星、四星、五星、白金五星旅游饭店通过复评保留相应等级的，分别给予一次性奖励15万元、20万元、30万元、50万元。

3. 依据《绿色旅游饭店》（LB/T007-2006）标准，旅游饭店新评定为国家银叶级绿色饭店、金叶级绿色饭店的，分别给予一次性奖励人民币30万元、50万元。已评定的国家银叶级、金叶级旅游饭店通过复评保留相应等级的，分别给予一次性奖励15万元、25万元。

4. 依据上海市《工业旅游景点服务质量要求》（DB31/T392-2007）和《上海市工业旅游景点服务质量实施细则（试行）》标准，新评定为上海市工业旅游景点服务质量达标单位、优秀单位的，分别给予一次性奖励10万元、20万元。

5. 依据上海市《旅馆服务质量要求》（DB31/T378-2007），社会旅馆新评定为上海市社会旅馆规范服务达标单位、优质服务达标单位的，分别给予一次性奖励5万元、10万元。

6. 依据上海市《农家乐旅游服务质量等级划分》（DB31/T299-2003）和《〈农家乐旅游服务质量等级划分〉评分细则（试行）》标准，新评定为上海市二星级、三星级农家乐的，分别给予一次性奖励3万元、5万元。

7. 依据上海市《旅行社服务质量要求及等级评定》（DB31/T477-2010）标准，旅行社新评定为上海市AAA、AAAA、AAAAA级旅行社的，分别给予一次性奖励人民币3万元、10万元、20万元。

8. 对积极开发本区特色旅游线路（产品），参与"上海旅游名牌产品"创建的旅游相关企业，给予每条线路（产品）一次性奖励3万元；对获得"上海旅游名牌产品"称号的旅游企业，给予一次性奖励20万元。

三、年度贡献奖

1. 按旅游企业不同类型，围绕企业营业收入、税收、接待人次、吸纳本地劳动力情况、行业荣誉等指标进行年终评选。对获得优秀单位称号的旅游企业给予奖励，其中，优秀星级饭店、大型社会旅馆、旅游景点区（点）给予5万元奖励，优秀旅行社给予2万元奖励。

2. 对旅行社招徕区外成人旅游团队游览本区售票景区，年游客量达到10000（含）人次以上的，对超出部分的游客按2元/人次进行奖励。对旅行社招徕区外旅游团队在本区酒店宾馆住宿，年游客量达1000（含）至1999人次的，给予5元/人次奖励；达2000（含）至4999人次的，给予10元/人次奖励，达5000（含）人次以上的，给予20元/人次奖励。以上对旅行社的年度奖励累计总额每家单位不超过20万元。

3. 对旅行社、会展公司、旅游饭店、协会等引进大型会议在本区酒店宾馆举办的，单次会议消费额达30万元（含）以上的，按会议消费额的3%进行奖励。

年度奖励累计总额每家单位不超过100万元。

四、旅游商品开发奖

1. 对积极开发松江名特优土特产品的旅游相关企业，其开发的产品经区级以上旅游部门或旅游协会评选为松江名特优土特产品的，给予该企业2万元奖励；经市级以上旅游部门或旅游协会评选为上海市名特优土特产品的，给予该企业5万元奖励，同一产品在获得区级奖励后又获评市级称号的，给予该企业3万元的差额奖励。

2. 对积极开发特色菜肴，培育地方特色菜系的旅游餐饮企业，其开发的产品经区级以上旅游部门或旅游协会评选为松江特色菜肴（菜系）的，给予该企业2万元奖励；经市级以上旅游部门或旅游协会评选为上海市特色菜肴（菜系）的，给予该企业5万元奖励，同一产品在获得区级奖励后又获评市级称号的，给予该企业3万元的差额奖励。

3. 对积极开发具有松江特色新型旅游商品（纪念品）的旅游相关企业，其开发的产品获得国家发明专利且投入生产销售的，给予该企业每个产品一次性奖励5万元，单家企业累计奖励总额不超过40万元；获得国家外观设计专利且投入生产销售的，给予该企业每个产品一次性奖励3万元，单家企业累计奖励总额不超过20万元。

4. 在全国旅游行政主管部门或旅游协会主办的旅游商品（纪念品）设计评比中获得三等奖、二等奖、一等奖和特等奖的旅游相关企业，分别给予一次性奖励5万元、10万元、15万元和20万元。

在市旅游行政主管部门或旅游协会主办的旅游商品（纪念品）设计评比中获得三等奖、二等奖、一等奖和特等奖的旅游相关企业，分别给予一次性奖励1万元、3万元、5万元和10万元。

五、旅游人才奖

对培养和引进松江区"优秀人才"的旅游企业，给予该企业一次性奖励10万元（"优秀人才"标准见《松江区关于完善优秀人才开发机制优化人才发展环境的暂行办法》）。

对鼓励员工参加旅游行业岗位资格证书培训的旅游企业，给予实际获得相关岗位资格证书人数培训费的30%进行奖励。其中，对鼓励导游员参加中级、高级、特级导游或外文类导游资格证书培训及考试的旅行社，给予实际获得相关资格证书人数培训费的100%进行奖励。

这十年中，扶持奖励实施办法是在实践中不断地进行修订。

2014年，修订了《关于加快松江旅游业发展的扶持奖励实施办法》。增加了"对景区加强周边环境整治、公共停车场、旅游信息智能管理、游客服务中心、旅游达标公厕等公共服务设施配套项目建设，按其投资额的50%进行补贴，补贴总额最高不超过20万元"这一新的扶持补贴政策。而对年度贡献奖、旅游商品奖和旅游人才奖，则用"给予适当奖励"来表述，没有注明其具体金额。

2016年，因松江商旅委在机构改革中并入到了区经委，旅游业的扶持奖励政策也就并入到了松江产业扶持政策之中。

2017年6月，松江区经济委员会修订了《松江区旅游产业专项资金实施办法》，对旅游业的扶持奖励政策作了较大调整。一是将"对工业旅游、会展旅游、文化旅游、体育旅游、科普旅游、康体养老旅游、自驾车营地、房车营地、特色民宿、乡村旅游、创客等旅游新业态、新模式项目开发建设给予补贴，按照总投资额30%、最高额不超过100万元"（原来的补贴为5—15万元）。"二是对景区加强旅游公共停车场、旅游公共信息服务（含A级景区实时信息发布）、旅游交通便捷服务、游客服务中心、旅游达标公厕、游步道等公共服务设施配套项目建设"，由原来其投资额的50%改为30%进行补贴，补贴总额由原来的最高不超过20万元改为100万元。三是新增了"对推进旅游信息化建设的项目，视其运用推广情况，给予其总投资额30%以内，最高不超过100万元的补贴"这一条。四是新增了"依据《国务院办公厅关于进一步促进旅游投资和消费的若干意见》（国办发2015年62号），对被评为"中国乡村旅游创客示范基地"的，给予一次性奖励20万元"。五是对新评定为上海市工业旅游景点服务质量达标单位、优秀单位的，由原来的分别给予一次性奖励5万元、10万元改成10万元、20万元。六是新增了A级旅行社复评的奖励，按AAA、AAAA、AAAAA级分别为1.5万、5万和10万元。七是对旅行社"引客来松"的奖励由原来的超过一万人次奖2元，改为超过3000人次；对在松江过夜的人数由原来的超过1000人次奖5元，改为超过500人次；八是对旅游商品、特色菜、纪念品开发和人才培养等也相应作出了调整。

2019年8月，区文旅局又再次修订了《松江区旅游产业发展专项资金管理办法》。

第二章 佘山起步

在当代松江旅游发展中，佘山地区就是松江旅游的"龙头"地区，起着不可替代的引领作用。1990年代中后期，以上海佘山国家旅游度假区成立为标志，进入重点开发休闲度假旅游设施的新阶段。当代松江旅游的第一波高潮在佘山兴起；本世纪第一个十年的中后期，松江旅游的第三波高潮也在这里兴起；2010年代的中后期，松江旅游的第四波高潮还是在这里兴起。

30年来，秉承着"回归自然，休闲度假"的理念，松江旅游一步一步踏实走来。

第一节 管理体制

1953年，上海市建设委员会提出了设置佘山风景旅游区的建议，这也是新中国成立后对佘山的发展最早的建议。当时的佘山地区还属于青浦县管辖，而青浦县、松江县都还属于江苏省管辖。1954年6月，上海市相关部门编制了《佘山风景区规划方案》。规划范围为青浦县和松江县的九个山峰，面积7平方千米。同年12月，江苏省政府发文，将青浦县的余干区辰山、陈坊、佘山、干凤四个乡划归松江县。1955年6月，原江苏省松江专员公署批复："关于接管佘山，组织生产管理由松江县人民政府负责"。至此，"九峰十二山"正式归属松江县。松江县政府成立了"佘山山林管理委员会"，对"九峰十二山"实行封山育林，实施绿化建设。1958年7月，上海市园林管理处提出开辟佘山风景区的计划，作为九峰地区旅游管理机构。后因佘山地区植被丰富，土壤肥沃，宜于作植物品种的引种和培育基地，决定在佘山筹建上海植物园。植物园范围位于佘山、薛山、凤凰山、库公山一带。

1958年11月，松江县划归上海市管辖。

1959年12月，由中共上海市农林工作委员会批复同意设立植物园。植物园划归上海市园林管理处管理，下设山林队、农果队2个作业队。管辖范围为松江县佘山等"九峰十二山",管理面积401公顷,其中林地面积346公顷。

1969年1月,上海市革命委员会批示撤销上海佘山植物园的筹备,将植物园的筹备移交松江县管理。同年4月,成立松江县佘山山林绿化管理站。1970年1月,松江县山林绿化管理站和松江县苗圃合并,建立松江县林场,下设2个工区,原佘山山林绿化管理站为佘山工区,原松江县苗圃为松江工区。1975年11月,松江县苗圃分出单列,原松江县林场佘山工区为松江县林场,隶属松江县农业局。1993年5月,松江县林场直属松江县人民政府,日常行政事务由县政府办公室负责处理,业务受上海市农业局和松江县农业局指导。

1984年6月,上海市淀山湖风景区管理委员会成立,根据上海市城乡总体规划,佘山地区属淀山湖风景区组成部分。1986年1月,松江县人民政府成立佘山风景区管理处(其中有一段时间称为"上海淀山湖风景区佘山风景管理处")。负责佘山地区旅游发展的规划、建设和管理。1987年7月25日,上海市人民政府46号文撤销淀山湖风景区管理委员会,佘山风景区由松江县人民政府负责规划、建设和管理。1988年4月6日,佘山风景区筹建组改称佘山风景管理处,与松江县林场合署办公,实行两块牌子一套班子,统一领导、独立核算,由松江县农业局主管。

1989年,佘山风景管理处利用土地和部分山洞作为合作发展条件,多渠道引进外来资金,建成游乐、休闲、度假、花园别墅等项目多处,从而使松江的旅游业正式起步。

1992年5月20日,上海市人民政府向国务院上报《上海市人民政府关于在上海横沙岛试办旅游开发区的请示》,国务院批复同意。故在1992年国务院公布的全国12家国家旅游度假区试点中,并没有上海佘山,而是上海横沙岛。也因当时的横沙岛受市政交通建设滞后等因素制约,开始建设进展缓慢,各方面的开发条件还不具备。在松江县委、县政府领导的努力争取下,市政府同意再次上报,将横沙岛旅游度假区改为在佘山建立旅游度假区。

1992年7月24日,松江撤销了佘山风景管理处,成立松江佘山风景区管理处,直接由县政府领导,负责佘山地区的规划、管理、监督和协调的行政职能,同时成立佘山风景区旅游发展总公司,实行两块牌子一套班子的领导体制。确定佘山风景区范围面积为45平方千米(包括佘山镇、天马乡、小昆山镇行政辖区),其中控制面积为15平方千米,保护区面积为30平方千米。1993年3月11日,建立松江佘山风景区管理委员会,原松江佘山风景区管理处作为管理委员会的办事机构。佘山风景区的范围按批准面积为45平方千米(包括佘山镇、天马、昆冈乡的部分行政辖区),控制面积为15平方千米,保护区面积为30平方千米。

1993年6月，国家林业部批准松江县林场建立佘山国家森林公园，佘山国家森林公园与松江县林场合署办公。1995年5月25日，成立上海佘山风景区旅游发展总公司。1995年11月22日，县委发出松委87号文，撤销松江佘山风景区管理委员会及其办事机构松江佘山风景区管理处。

1994年11月6日，上海市人民政府向国务院呈报《关于改在佘山风景区建立国家游度假区的请示》，1995年6月13日，国务院以国函〔1995〕60号文件同意更改在佘山建立国家旅游度假区。按国务院批复，佘山度假区规划控制面积64.08平方千米，规划用地面积45.99平方千米。同年11月6日，上海市人民政府发出《关于上海佘山国家旅游度假区管理委员会的通知》，佘山国家旅游度假区管理委员会下设办公室。11月22日，撤销松江佘山风景区旅游开发管理委员会、松江佘山风景区管理处。11月24日，上海佘山管理委员会、上海佘山国家旅游度假区开发有限公司同时挂牌成立。

1997年3月21日，佘山国家旅游度假区管理委员会及其办公室划归上海市旅游管理委员会领导。

2000年1月28日，中共松江区委、区政府报请市旅游委批准，成立佘山国家旅游度假区党委、松江管理委员会，与佘山国家旅游度假区管理委员会办公室、佘山国家旅游度假区联合发展总公司实行"四块牌子一套班子"，并理顺内部管理机构，完善职能部门，调整充实机构设置和人员分工。4月8日，松江区政府发文，同意佘山国家旅游度假区行政区域单列。

2000年4月，佘山度假区的控制范围64.08平方千米中划出12.95平方公千米的区域作为行政单列（后调整为10.88平方千米）。同年10月26日，上海市委主要领导在会议上再次强调佘山度假区"回归自然，休闲度假"的功能定位。

2003年7月，佘山度假区松江管委会与松江区旅游委合署办公。2009年2月13日，佘山国家旅游度假区松江管委会与区旅游委分离，不再合署办公。

第二节 规划

一、佘山风景区规划

1953年，上海市建设委员会提出了设置佘山风景旅游区的建议，这也是新中国成立后最早的建议。1954年6月，市相关部门编制了《佘山风景区规划方案》。规划范围为九个山峰，面积7平方千米。1984年建立上海淀山湖风景区管理委员会，上海市人民政府将佘山地区的建设、管理纳入淀山湖风景区。1985年，上海市规划局、淀山湖风景区管理委员会与松江县城乡规划委员会共同编制《佘山风景区总体规划》。1986年9月18日，经上海市规划委员会环境建设专业委员会评议通过。同年11月21日，由上海市城乡规划委员会审查后批复。1991年7月，上海市城市规划研究院和松江县城乡规划委员会共同编制完成《佘山风景区游览保护区规划》，规划范围为15平方千米。1993年6月，松江县政府委托上海东方园林公司设计事务所，协同佘山风景区管理委员会编制完成《佘山风景区规划修订方案》，规划范围为47平方千米。1994年1月28日，上海市建设委员会等有关部门审核通过该方案。

规划范围：根据佘山风景区总体规划和规划修订方案，佘山风景区位于松江西北部，规划范围以东西佘山、天马山为主，包括佘山、天马、昆冈3个乡（镇）在内的全部山丘及山地周围地带。1986年批准的规划总面积为45平方千米，保护区305平方千米；1993年修订规划稍作调整，调整后的规划总面积为47平方千米，规划内容大致分为：一是核心控制区：该地区不得建造与风景无关的项目。二是风景游览区：规划面积1160公顷（包括核心控制区），以东西佘山、天马山、钟贾山、凤凰山为主体景区，辅以小昆山、横山、辰山、北竿山共8个景区，该地区将引进、开发、建设旅游项目和部分配套商业、公用设施。三是保护区：在风景游览区外围建大型绿地、休闲度假村、观光果园等为风景旅游服务的大型设施。

指导思想、规划目标：佘山风景区总体规划及总体规划修订方案的指导思想是：认真贯彻国家有关风景名胜区的法律、法规和方针政策。保护好传统景区的景物与环境，保护自然生态平衡和景观的自然美，适当修复若干文物古迹；大力扩大森林植被面积；因地制宜地增加旅游新景区，并协调好保护、利用和开发之间的关系。进一步促进风景名胜区的生态化、个性化艺术化、知识化，注意环境保护，提高社会效益及经济效益。

二、佘山度假区总体规划

1995年6月13日，国务院批准建立上海佘山国家旅游度假区，市委、市政府提出要"高起点、高标准、高质量"建设佘山度假区，委托上海市计划委员会研究所、上海市规划设计院编制《上海佘山国家旅游度假区战略规划》和《上海佘山国家旅游度假区总体规划（纲要）》。1996年4月，副市长周慕尧在上海衡山宾馆主持评审，同年5月27日，上海市政府召开常务会议，审议并原则通过这两个规划。

规划范围：总体规划确定佘山度假区规划控制区域为东至方松公路，西至

5120国道,南至旗天公路,北至泗陈公路及县界;规划控制面积64.08平方千米,规划用地面积45.99平方千米,核心区面积12.6平方千米。规划区内涉及佘山、天马、小昆山、洞泾、茸北、泗泾6个镇及佘山、天马山、小昆山等12座山峰。

功能分区:由核心区、四个特色游览区、生态环境建设区、镇区、旅游品加工观赏区、规划控制区构成。核心区是佘山度假区的主体部分,集静态观赏和动态娱乐、宗教朝圣和科普教育为体,具有度假、旅游、商业服务、行政管理综合功能。4个特色游览区分别是:天马游览区,横山游览区、小昆山游览区、北竿山游览区。具体结构为由"绿心"(即东、西佘山、凤凰山、天马山、小昆山、横山等山体)形成"绿轴",带动核心区、镇区及以3个镇区为依托的4个特色游区和综合旅游设施。

指导思想、规划目标:佘山度假区总体规划坚持跨世纪、高起点、高质量的总体要求,确立以山见长,以水为辅,以中西合璧、古今交融的自然人文景观为基础,以回归自然、亲和自然为开发方式的指导思想。充分体现时代特征、上海特色和大都市独有风情的总体目标,集度假休闲、竞技游乐、美食、购物以及宗教朝圣、科普教育、商务会议等功能于一体的开发特色。总体规划本着"一次规划、重点推进、分期实施、阶段性突破"的建设原则,初步规划在度假区内建设游乐区、度假别墅区、农业保护区、综合服务区、集镇区及旅游工业区等功能定位区。目标为建成一个以自然山林为依托,以度假休闲和现代娱乐设施为重点,以上海市民和国内游客度假休闲为主,兼顾国外游客观光游览需要的现代化旅游度假胜地。

三、佘山度假区核心区规划

1996年5月27日,《佘山度假区总体规划》经上海市人民政府原则批准后,佘山度假区管委会即会同上海市城市规划管理局,举办佘山度假区核心区规划构思方案征集活动,参加活动的单位有同济大学、东南大学、上海市园林设计研究院和上海市规划设计院等单位。4个单位各拿出一个《佘山度假区核心区规划构思方案》,9月28日,经专家评审,东南大学方案被中标录用。

1997年6月11日,有关专家、领导对《佘山度假区核心区规划构思方案》复议,进一步对佘山地区的旅游资源进行分析和评估,提出在核心区域开挖人工湖的设想。1998年3月,上海市规划委员会批复同意佘山人工湖立项。随即佘山度假区委托上海市园林设计院、同济大学等单位设计人工湖工程实施方案,1998年8月,佘山度假区在市长徐匡迪直接关心下,由松江区政府、佘山度假区与上海市规划管理局共同组织佘山度假区暨人工湖湖区规划国际方案征集活动，方案征集主要参与单位有：加拿大建筑设计咨询公司、澳大利亚贝尔曼（PLM）设计公司、中国城市规划设计院等，各单位的方案经评审，澳大利亚贝尔曼设计公司方案被中标录用。同年12月24日，市长徐匡迪主持召开市长办公会议，要求以澳大利亚贝尔曼公司提供方案为基础，吸收其他方案的长处，由上海市规划设计院和同济大学等协同对方案进行深化、完善。1999年9月30日《上海佘山国家旅游度假区核心区规划》经上海市规划局正式批准并进入实施阶段。

规划原则、范围：佘山度假区核心区规划建设按批复要求在充分保护自然与人文景观资源的前提下，进行适度开发，与国际大都市旅游发展相适应。核心区规划的范围东至方松公路、南至沈砖公路，北至泗陈公路，西至辰山塘，用地面积约10.88平方公里。

核心区规划功能布局为"一心、一圈、四区"。"一心"：即核心部分主要以文化展示、旅游服务和商业娱乐为主；"一圈"：主要以大型绿化带为主，适当考虑旷地型的项目，形成核心区的绿化保护圈；"四区"：包括自然景观风貌区，水上风光游览区，休闲娱乐游嬉区和旅游度假别墅区。

2000年4月，佘山度假区的控制范围64.08平方公里中划出12.95平方公千米的区域作为行政单列（后调整为10.88平方千米）。

2005年，国家发改委会同国务院有关部门，按照土地利用总体规划和城市总体规划，再次对佘山度假区进行规划审核，国务院批准并重申佘山国家旅游度假区为"市郊娱乐、休闲、教育型旅游"的国家级开发区。

第三节　环境整治

在1992年至1997年间，全县（主要是佘山地区）投资旅游基础设施和项目开发费近13亿元。其中，1996年至1997年佘山度假区就已投入4亿元。

1996年—1998年，依照《佘山度假区总体规划》，重点抓环境整治和绿化建设两方面，先后投入数千万元资金在核心区范围内加大整治力度，扩展绿地面积。投资近1亿元，先后拆除核心区100多户居民房屋及封神榜艺术宫等，拆除山体附近近百间个体临时商业用房，动拆迁面积8.3万平方米。投资3020万元在拆除地新建绿地40.68万平方米，种植乔、灌木30多万株，铺设草皮4万多平方米；疏浚河道2.7千米，清理水面18万平方米；构建河道护坡5.4千米，先后完成沈砖、外青松公路交汇处三角地，佘天昆、外青松公路交汇处，欧罗巴世界乐园北侧地带。佘山樱花园等地块的绿化种植工程，形成长约10

千米的绿化隔离带。1998年后，由松江区政府公开发布佘山度假区关于环境整治的一系列管理条例，区域内各旅游景点、宾馆、度假村及道路沿线各单位遵照条例配合整治工作，实施内部绿化，破围透绿，又增设绿地面积逾5万平方米。

1999年8月，上海市规划局沪规划〔1999〕0762号，批复同意核心区规划确定的水系调整，在保护现有水网的前提下，梳理部分河道，开挖人工湖人工湖选址于小佘山、薛山与凤凰山之间，总用地面积30.4公顷。湖面积为30公顷，投资2亿元。2000年8月18日竣工并举行放水典礼。

2006年，为了使上海欢乐谷、上海辰山植物园、天马深坑酒店三大项目建设的前期土地腾出来，共动迁农户903户，动迁企业49家，拆除面积15.5万平方米。确保工程的顺利开工。还投资1255万元用于植树绿化，辟建了32万平方米的绿地，营造"绿树拥峰峦，碧湖映青山"的自然旅游胜地。

第四节　基础设施建设

1986年市政府批准《佘山风景区总体规划》后，县政府便在佘山地区展开一系列市政基础设施配套建设和环境保护整治工作，重点抓路、通讯、电、水、绿化等建设。1990年代初，逐年改造区域内主干道，修建沥青混凝土路面，取代渣油路面和碎石路面。修建公路桥，取代机耕桥、人行桥。1986—1993年，在佘山镇范围共铺设4级公路17千米，修建桥梁80座，修建跨度4米水闸7套，疏浚河道2千米，铺设河道护坡6千米。1993年，佘山风景区在完成2.7千米西佘山环山公路后，拓宽筹资渠道，加快区内公路建设。

自1995年6月，佘山被国务院批准建立国家旅游度假区后，四周的公路建设也加快了脚步。1995年12月，新扩建的沈（巷）砖（砖桥）公路建成通车。路面宽达35米，路长15千米（松江段）。这样就把佘山与淀山湖连接了起来。1996年，还拓宽了7千米长的佘北公路，使它成为连接318国道，通向市区和江浙方向的一条捷径。1997年12月，方（青浦赵巷镇方家窑）松公路松江至沈砖公路段贯通，方便了松江市民到佘山国家旅游度假区旅游。之后，方松公路的沈砖公路至方家窑段14.5千米贯通（松江段10.25千米），这条城市化园林式道路，是连接佘山与沪杭、沪宁、沪嘉3条高速公路的交通干线，也是松江新城区的中轴线和"山城连景"的观光线。

1998年，松江县委、县政府作出重点整治佘山度假区核心地区环境的决定，全面实施"四路一中心"工程，即完成沈砖公路、外青松公路、佘天昆公路、佘北公路这4条贯穿核心区道路沿线的绿化、路灯、交通指示牌等工程，工程填土25万立方米，种植绿化35万平方米，完成沈砖公路非机动车隔离带改造，使佘山度假区整体环境日益优化。至1998年底，佘山度假区完成西佘山环山路改造工程。同年年底，由泗泾至陈坊桥的泗陈公路，由318国道连接沈砖公路的干新公路，两条公路建设工程启动。区内公路31.81千米，其中干线公路10.22千米；按技术等级评定，贯穿区域核心区的二级公路有方松公路、沈砖公路、佘北公路，三级公路有外青松公路、佘天昆公路，四级公路有佘北支路等。

与此同时，佘山度假区还加强了基础设施建设，相继建成了3万门国际国内程控电话局房、日供水7万吨的自来水厂、日处理污水2000吨的污水处理厂、全长10.8千米的管道天燃气、220KV变电站1座和35KV变电站4座、电信、有线电视线网等全覆盖。

2006年后，佘山度假区配套建设了3个面积达21万平方米的大型停车场。欢乐谷停车场总投资1.27亿元，占地11.96公顷，其中地面可容纳226辆大巴士，1270辆小型汽车，400多辆摩托车和非机动车。地下面积3996平方米，可容纳1100辆小型汽车。2009年7月前建成开放。月湖东停车场，总投资约3619万元，占地面积0.96公顷，地下停车库7127平方米，可容纳小型汽车233辆，地上小型汽车50辆和非机动车30辆，2009年6月开工建设，2010年1月竣工。东佘山停车场，占地4.67公顷，可容纳178辆大巴士，摩托车和非机动车30辆，2009年7月开工建设，12月底竣工。在嘉松路和林荫新路口，建成了6660平方米的轨道交通接驳点，打通了轨道交通9号线与佘山度假区往返的连接。2010年4月29日，佘山度假区内10辆环线巴士启用，承载连接区域内各景区景点，免费运送游客。同日，首期1000辆自行车系统启用，游客可免费租用。

第五节　旅游项目建设

1990年代期间，佘山的旅游景观建设也全面铺开了。自行开发建设了西佘山园、东佘山园、天马山园和小昆山园，并先后对外开放。利用土地和部分山洞作为合作发展条件，多渠道引进外来资金，建成了封神榜艺术宫、上海西方旅游娱乐城（由上海西游记迷宫、海底奇观游乐宫、太空探密娱乐宫组成），以及佘山森林百鸟苑、蝴蝶园、佘山滑索道以及山人茶庄、森林浴场、观光塔、世纪钟楼、佘山客运索道、欧罗巴世界乐园、佘山锦江水上漂流世界等旅游项目与设施。

2000年后,上海佘山国家旅游度假区的综合功能日趋完善。上海大众国际会议中心、上海天马赛车场、上海天马乡村俱乐部、上海月湖雕塑公园、上海佘山国际高尔夫俱乐部、上海佘山茂御臻品之选酒店(原名为佘山艾美酒店)、上海欢乐谷、上海辰山植物园、上海玛雅海滩水公园、上海佘山世茂洲际酒店(俗称"深坑酒店")、上海世茂精灵之城主题乐园等多个项目的建设,使佘山真正成为上海乃至长三角的旅游观光休闲度假胜地,也成为上海大都市真正的后花园。

这些项目的建设情况将在之后的有关章节中作详细介绍。

第六节　文体旅活动

佘山国家旅游度假区自成立以来,在项目建设的同时,各项旅游、体育、文化活动也在佘山地区开展起来。主办或协办了一系列文化、体育与旅游节庆活动,采取"政府主导,市场运作,企业行为"的市场经济模式,取得丰硕的社会效益和经济效益。

1996年5月18日,"96上海艺术节(沪昌杯)广场文艺(松江专场)"在佘山欧罗巴世界乐园举行。1997年10月,由佘山国家旅游度假区主办'97"佘山杯"旅游知识暨旅游征文竞赛活动,全县22所学校2万余名师生参加活动。同月,全国第八届运动会山地车越野赛在佘山度假区东佘山举行,来自全国各地17支男队和10支女队共90名运动员参加为时2天的比赛。11月,'97上海旅游节松江分会场活动开幕式在佘山锦江漂流世界举行,仪式结束后,欧罗巴世界乐园组织大型体育娱乐项目——欧罗巴斗牛登场。1998年11月16—18日,佘山度假区内上海天文台佘山工作站举办'98狮子座流星雨天文观测科普活动,活动期间举办5场科普讲座,并组织天文知识竞赛。是年,天文台佘山工作站对外开放天文望远镜夜间观测活动16次,举办6次大型科技联谊活动。同年,佘山度假区配合"千百万人游上海",推出"佘山山水风光游""回归自然森林休闲游""新佘山之旅"等旅游新项目,举办欧罗巴斗牛、斗鸡和菌菇文化展活动。是年,佘山少儿营地以"雏鹰展翅飞向新世纪"为主题,开展"雏鹰展翅""雏鹰学飞"专题活动,活动期8个月,共接待全市111所学校的1.7万名少先队员。佘山森林百鸟苑自1997年6月运营以来,连年举办"爱鸟、护鸟周"迎春放飞等活动,积极参与上海"护鸟工程"。1998年,佘山百鸟苑获得上海市"科普教育基地"称号。1999年10月19日,由佘山国家旅游度假区管委会办公室举办的"度假区首届烹饪比赛在沪昌度假村举行。同年，在西佘山秀道者塔侧建造钟楼，内置一口重达1吨的铜铸"世纪之钟"。2000年元旦零时，钟声响起，"佘山千禧祈福之夜"活动开始。

2000年10月28日，在佘山度假区举行"上海首届佘山山地定向越野挑战赛"总决赛暨颁奖典礼。2001年3月10日—11日，在佘山度假区举行了全国汽车拉力赛"佳通轮胎杯"上海站比赛。2002年3月23—24日全国汽车拉力赛锦标赛"佳通轮胎杯"上海拉力赛在佘山度假区举行。2003年3月22—23日，该赛事又在佘山度假区举行。2004年3月13—14日，该赛事在月湖湖畔开赛。2005年3月11日，该赛事在佘山森林公园开赛，并连续5年在佘山度假区举行。

2001年5月10日，举行了上海天马山乡村俱乐部揭牌仪式。2001年9月22日—10月1日，举办了首届中国佘山国际沙雕冠军总决赛。沙雕是一项独具魅力、风靡世界、别具一格的艺术雕塑，它融独特的艺术性、观赏性、趣味性和参与性为一体，被誉为"21世纪最有价值的艺术雕塑"。参赛的9名冠军选手分别来自美、英、荷、俄、意等国，还有其他中外展演选手12名。2002年9月15日—11月30日，"银河杯"上海佘山国际沙雕赛在佘山国家森林公园东佘山园南大门举行。有意、德、奥和中国选手12人参赛。2003年9月20日—11月30日，"皇家杯"上海佘山国际沙雕赛在佘山国家森林公园东佘山园南大门举行。9座大小不一，高度5—10米不等的沙雕作品为历届沙雕作品之最。佘山连续举办了3届。来自世界各地的沙雕精英在此大展身手，奉献给广大游客最经典的艺术作品。同年9月21日，上海旅游节松江区活动暨佘山"秋之韵"户外系列活动在佘山国家森林公园东佘山园开幕。

2002年10月5日—8日，全国沙滩排球锦标赛在佘山国家森林公园举行。2003年9月6日—10月中旬，上海佘山"山地丛林"彩弹射击大赛在东佘山彩弹射击场举行。共有50支参赛队300多人参赛。同年9月13日—14日，上海佘山"世茂杯"铁人三项国际积分赛、亚洲杯系列赛暨全国锦标赛在月湖畔鸣枪开赛。同年10月，上海第二届"九九重阳登高节"在天马山举行。年底，佘山月湖山庄"老上海婚典"系列活动获"2003上海旅游节最充满人情味奖"。

2004年10月18日，佘山高尔夫俱乐部举行开幕典礼，并举办高尔夫名人邀请赛。2005年11月10—13日，举办了"汇丰高尔夫冠军赛"。至今，佘山每年还在继续举办"汇丰"杯国际高尔夫冠军赛。

2005年6月，松江区以"旅游度假区的发展"为题举办了论坛，以此纪念上海佘山国家旅游度假区成立十周年。2006年10月28日和2007年10月

16日,"九九重阳登高节"二次在天马山园举行。2007年6月23日—24日,佘山旅游度假区组织区域内的旅游景区、旅游饭店在上海市区南京东路举办"上海佘山国家旅游度假区路演活动"。同年12月7日—9日,首届中国休闲产业经济论坛在佘山艾美酒店举行,松江区被推选为"中国十大休闲城市"之一。2008年11月29日,"第二届中国休闲产业经济论坛"在佘山艾美酒店举行。2009年11月28日,"第三届中国休闲产业经济论坛"在上海佘山国家旅游度假区举行。

2008年12月底,一座直径达65米、全天线可转动的射电望远镜落户中科院上海天文台佘山九江路基地,成了一处靓丽的风景。2009年9月21日,"2009上海旅游节暨欢乐谷开园"仪式在上海欢乐谷举行。上海市旅游局评选"沪上新八景",佘山国家旅游度假区成功当选,其景色被取名为"佘山拾翠"。

2015年6月,松江区以举办"佘山论坛"的形式,以此纪念上海佘山国家旅游度假区成立二十周年。2016年,佘山国家旅游度假区被评定为"全国标准化管理示范基地"。2021年11月25日,佘山国家旅游度假区被评定为"国家体育旅游示范基地"(全国47个,全市唯一)。

1986年,佘山风景区的游客接待数为40万人次。1992年至1997年的6年中,累计接待中外游客1130万人次,其中外国游客5.315万人次;营业总收入达10亿元。1997年至2008年的12年中,累计接待中外游客1819.24万人次;营业收入达61259.27万元。度假区内主要住宿餐饮业接待122.57万人次,营业收入为74274.01万元。1999年5月18日,佘山度假区旅游营销中心成立。开启了面向市场的营运模式。到了2000年代,佘山旅游的游客人数已占到了全区接待游客人数的近一半。

第三章 古迹重生

新中国成立后,百废待兴,松江县的文物部门先后对一些残存破损的、急需抢救保护的文物建筑进行了修复。这在突出保护的前提下为利用奠定了基础,也为松江旅游提供了厚重的历史文化,增加了可观赏性和知识性。

醉白池 位于松江人民南路64号,占地5.2公顷。醉白池于清顺治年间由工部主事、松江画家顾大申重修。乾隆年间,为娄县人顾思照所得。嘉庆二年(1797)曾被改为育婴堂(另一说是道光年间,被育婴堂购用)。日伪时期,又为日军盘踞。抗日战争后为国民党交通警察部队所占据。

新中国成立后,仍恢复旧园名,人民政府拨款扩地,面积由原来的24亩增至90亩。1959年10月1日,醉白池经过扩建,改名为人民公园,正式对外开放。其"池上"景也成了松江独有的景观地标。"文化大革命"中,公园损坏严重,明代"石狮""泼水观音"等古文物被击碎,古建筑物上的雕塑多被砸坏,厅堂匾额被拆除焚毁。1979年恢复醉白池原名,占地76亩。1981年,松江县政府又拨款70万元进行大修,并新辟了玉兰园、赏鹿园两组仿古景致。醉白池南部廊壁和部分庭园里,恢复了《云间邦彦画像》等石刻,陈列了一些艺术史料碑刻。1986年,迁建清嘉庆年间雕花大厅于园内。政府部门又拨款140万元,分期整修园中部分景致。醉白池为上海市五大著名园林之一。

1962年1月,醉白池公布为松江县文物保护单位。2014年公布为上海市文物保护单位。"醉白清荷"为"松江十二景"之一。

唐经幢 位于松江中山小学内。建于唐大中十三年(859),是上海地区最古老的地面建筑之一(经幢情况详见上篇第六章第一节)。新中国成立前,经幢无人管理,近一半埋在土中,仅有11级露在地面,幢身残损剥蚀,各级均有倾斜。1960年代初,由于新开通波塘的南段,挖掘出来的泥土堆积在今中山小学校舍南侧(今为操场),形成了高土墩,这也影响到了位于此处的唐代陀罗尼经幢,经幢下部又有填埋。1962年10月,上海市文管会批准修复经幢。1963年5月动工,考古工作者在唐经幢西数米外,离地表深1米处,发现有宽约2米的元代以前的石板路面,有规整的下水道,在幢身1.6米以下唐代文化层中发现有砖铺地面，八角形，直径6米。同时还有大量唐宋时期遗存的陶瓷残片。经过去土、拆卸、修补、清理地下文物、抬高基础1.6米，并用考古发现的唐代砖砌池坪散水。1964年11完工。之后，松江县文物部门又对唐代陀罗尼经幢四周修建了围栏进行重点保护，经幢成为松江历史遗存中最古老的文物建筑地标。

1956年10月18日，唐陀罗尼经幢公布为江苏省乙级文物保护单位。1962年公布为上海市文物保护单位。1988年1月13日，被列为全国重点文物保护单位。"唐幢流云"为松江十二景之一。

兴圣教寺塔　座落于松江方塔园内，因塔身呈方形，俗称"方塔"。始建于北宋熙宁至元祐年间（1068—1094）（详见上篇第六章第二节）。宋、元、明、清曾多次修缮，清乾隆三十五年（1770）大修时，七、八、九3层大部分重建。清道光二十四年（1844）进行大修时，更换了塔刹。近百年来，塔身损坏严重。1974年始，进行复原大修。以"不改变原状"为原则，以原件修补加固为主，保持"古旧"风貌。大修时曾在塔底层下面1.5米处，发现一座砖砌地宫，里面有精美的汉白玉石盒，四周雕有龙虎相斗的图案。石盒顶上放着一尊供养人座像。石盒中有一尊长约40厘米的释迦牟尼卧佛铜像，侧身而睡，造型端庄，面部丰满，体态匀称，具有晚唐与北宋的风格特征。佛像两边放着2只刻有落款的银盒和一对佛牙，四周撒落着唐宋铜钱币100多枚。1977年底完工，工程总价20.8万元。经过修复后的方塔，造型美观，做工精巧，古塔又现千年雄姿。同济大学陈从周教授在他所著的《江苏之塔》一书中说："松江方塔是自唐代到北宋，同类塔中嫡嫡的代表。"经专家们检验认定，松江兴圣教寺塔是新中国成立以来国内古建筑修复最成功的工程之一。

1956年10月18日，兴圣教寺塔公布为江苏省甲级文物保护单位。1962年9月7日，公布为上海市文物保护单位。1996年11月20日，公布为全国重点文物保护单位。"方塔风铃"为"松江十二景"之一。

砖雕照壁　位于方塔北侧，为砖刻浮雕，建于明洪武三年（1370）。原为府城城隍庙山门前的影壁墙，也称照壁。城隍庙在抗战时毁于炮火，仅存此照壁。这砖雕照壁是上海地区保存至今最古老完好的大型砖雕艺术品。收录于《中国古代建筑技术史》一书中。1978年，上海市文管会对其进行了抢救性的修缮。

1956年10月18日，公布为江苏省丙级文物保护单位。1962年9月7日，公布为上海市文物保护单位。1974年，调整为松江县文物保护单位。1987年9月，公布为上海市文物保护单位。

天妃宫　座落于松江方塔园内，前身为原位于上海小东门、十六铺一带的顺济庙，咸丰三年（1853）毁圮，光绪九年（1883）易地上海北苏州路河南路桥堍重建，名天后宫。1980年，因建山西中学需要，天后宫楠木大殿整体移至方塔园内，自1980年迁移成功后，天妃宫曾被当作茶室供游人休息。2001年，松江区政府出资87万元，对天妃宫进行了大修。

1993年10月12日，天妃宫公布为松江县文物保护单位。

2014年，方塔园内的砖雕照壁、望仙桥、兰瑞堂、陈化成祠、天妃宫合并公布为上海市文物保护单位。

佘山圣母大殿 （详见中篇第三章第一节）1966年8月24日，松江城区三所中学300多名红卫兵冲入佘山天主教堂圣母大殿，砸坏钟楼顶上高4.8米、重1800公斤的圣母举婴铜像和大殿内的圣母塑像、十字架、彩色玻璃窗等。1981年3月，在"文革"中遭受破坏和挪作他用的佘山天主教堂（中堂）修复开堂，恢复日常宗教生活。当年5月24日，位于山顶的佘山圣母大殿也修复并复堂。1984年，佘山圣母大殿修复完毕。

1989年9月25日，佘山圣母大殿公布为上海市文物保护单位。

云间第一桥 位于松江城区中山西路578号水云间社区南侧，据南宋《云间志》记载，该桥建于宋代，为南北向木质桥，原名"安就桥"，因桥横跨古浦塘，俗称"跨塘桥"。据载，明代某年端午节，古浦塘上举行龙舟竞赛，桥上人多拥挤，桥被压塌。明成化初年（1464），知府王衡在旧址重建为三孔拱形大石桥。青条石砌成，长40.5米余，宽5.25米，拱高约8米。拱券部分用青石，桥面、石阶、栏杆均为花岗石，桥东面桥拱上有同治年间镌刻"云间第一桥"五字。该桥当时为松江最大的一座桥，故得此名。后因年久失修，桥拱变形，1986年，松江县政府拨款大修，桥拱仍用青石，桥面石阶与桥栏改用花岗石。同年10月中旬，跨塘桥修缮竣工。

1985年7月18日，跨塘桥公布为松江县文物保护单位。"跨塘乘月"为"松江十二景"之一。

护珠塔 位于天马山中峰。建于南宋绍兴二十七年（1157）。七级八面，砖木结构，塔身挺秀，残高18.8米。清代时塔遭火灾，塔身遭破坏，日益倾斜，岌岌可危，民间称之为斜塔。

1982年，上海市文物部门对该塔进行勘测，结果表明：护珠塔已向东南方向倾斜了6°51'52"。市文物部门随即组建了护珠塔研究修缮组，并于1983年着手修缮，历时3年，工程确立"按现状加固，保持斜而不倒"的风貌，以传统工艺和现代科技将塔身加固定型。每层腰檐筑铁箍，用8根钢筋从塔顶贯穿而下，到达塔基后，似"蟹爪"向四面八方横向伸出，直接连接地下岩石，以拉撑塔身，保持"斜而不倒"的奇姿。至1987年12月7日，天马山护珠塔

（俗称斜塔）修复工程竣工，修塔工程耗费 30 万元。2014 年，最新勘测结果表明，护珠塔倾斜度达到了 7°10'。因其斜度远远超过意大利比萨斜塔，故被称之为"世界第一斜塔"。这也成了天马山最为引人注目的奇特风景。

1983 年 3 月 26 日，护珠塔公布为上海市文物保护单位。"天马初雪"为"松江十二景"之一。

陈子龙墓 位于松江广富林文化遗址内东侧，临富林湖西南侧，是一座庄严肃穆的古墓，为明末杰出的文学家、民族英雄陈子龙墓。

陈子龙（1608—1647），字人中，更字卧子，号大樽。松江府华亭县莘村人。明天启年末，陈子龙与夏允彝等创立"几社"，由诗文联系政治，将矛头直指魏忠贤及其死党。崇祯十年（1637），陈子龙等人聚集在南园，编纂《皇明经世文编》，一年后完成，共 504 卷，篇幅一万多页。该书录存的由陈子龙整理的徐光启《农政全书》手稿，是我国古代影响深远的农业著作。

清顺治二年（1645），江南被满清占领，陈子龙积极参与反清起义。失败后，到水月庵出家，多次拒绝清政府官员劝降。清顺治四年（1647），陈子龙策动吴胜兆起义，因失密，起义失败，陈子龙被捕，被押往南京。船经跨塘桥时，乘守卒不备，跃入水中，自沉殉国，时年 40 岁。

陈子龙为我国诗词大家，云间派首领，被公认为"明诗殿军"。清初诗人吴伟业称其"高华雄浑、脾睨一世"，王士禛称其"沉雄瑰丽""殆冠古之才"。陈子龙一生著作颇丰，辑有《陈忠裕公全集》（30 卷）行世。

墓地在清乾隆五十一年（1786）曾加以整修，树立墓碑。五十四年（1789）时，有松江人为纪念陈子龙，曾于墓前建有"沅江亭"。但在新中国成立前，已年久失修，只剩断碑蔓草，一丘荒冢。

1956 年，松江县政府曾作过保护性修缮。"文革"时，墓被平毁。1987 年，由市文管会进行修复，新修的陈墓前碑石刻有陈子龙画像及顾廷龙所撰《陈子龙事略》；墓门上刻有李一氓所书的"明陈子龙墓"；并按原貌重建沅江亭；清乾隆五十一年（1786）所勒墓石，仍按原址竖立。全部工程于 1988 年告竣。同年 12 月 8 日，在纪念陈子龙诞辰 380 周年之际，陈子龙墓修复并举行工程竣工仪式。总投资 10 万元。

1957 年 8 月 30 日，江苏省人民委员会批准陈子龙墓和陈夏二公祠为省第二批一级文物保护单位。1962 年 9 月 7 日，陈子龙墓公布为上海市文物保护单位。1977 年，调整为松江县级文物保护单位。1987 年 11 月 7 日，公布为上海市文物保护单位。

松江清真寺 （详见中篇第三章第一节）又名真教寺、清慎寺、云间白鹤寺。位于松江城区中山中路 365 号，原缸甓巷内。建于元代至正年间（1341—

1367），占地面积 4800 平方米。是东南沿海地区著名清真寺之一，上海地区最古老的伊斯兰教建筑。明洪武二十四年（1391）大修。永乐年间（1403—1424）扩建。以后又多次修缮。1985 年，上海市文管会立项大修，拨款 55 万元。1987 年 5 月竣工。

1962 年 1 月 22 日，清真寺公布为松江县文物保护单位。1980 年 8 月 26 日，公布为上海市文物保护单位。"邦克落照"为"松江十二景"之一。

颐园观稼楼　颐园，位于松汇西路 1172 号，始建于明代万历年间（1573—1619），为明代造园叠山大师张南垣设计叠山垒石部分的建造。占地仅 2 亩。颐园虽小，但叠山垒石、小桥流水、亭台楼阁、廊榭轩道、花草树木、书斋茶楼等园林要素齐全。园池南有宫殿式楼阁和戏台，称为观稼楼。该楼飞檐四出，造型典雅，为典型的明代建筑，北面的楼为"看楼"。当年，登楼远望，西南皆田，故园主人取名为"观稼楼"。观稼楼上北面的十扇长窗，可随意装卸，拆卸后便可充当戏楼，而与戏楼相对的北楼则可凭栏观戏。著名作家和考古学家师陀曾考察过颐园，他说："明代戏楼保存得如此完整，全国恐怕仅此一处了。"弘一法师李叔同也曾造访过颐园，对它的精妙之处盛赞不已。1991 年 2 月，总投资 9 万元的颐园观稼楼修缮工程竣工。颐园为不对外开放景区。

1962 年 1 月，颐园公布为松江县文物保护单位。2014 年 4 月，公布为市级文物保护单位。"颐园听雨"为"松江十二景"之一。

邱家湾耶稣圣心堂　原位于邱家湾 10 号，原教师进修学校东隔壁，后重新开门在东侧的方塔路，为方塔路 281 号。始建于崇祯十年（1637），这是松江最早的天主教堂。清同治十一年（1872）扩建重修，同治十三年（1874）4 月 9 日竣工。1993 年 6 月 18 日，邱家湾天主教堂修复并举行开堂典礼。

1985 年 7 月 18 日，邱家湾天主教堂公布为松江县文物保护单位。

西林寺毗卢殿　初建于南宋咸淳年间（1265—1274），僧睿建。寺前有宝塔七层名崇恩，又名圆应（即西林塔）。毗卢殿，殿宇宽宏。明景泰三年（1452）建于西林塔后，清顺治十七年（1660）僧成行重修。清嘉庆十一年（1887），住持寄亭重建毗卢阁并修圆应塔，增建湖亭、法喜堂、詹葡林等。清光绪十九年（1893）重修毗卢阁。清末起香火渐少，民国时期寺渐败落。至 1949 年，寺内主要建筑仅剩圆应塔和毗卢阁。

1991 年大修毗卢殿，翌年 12 月竣工落成。1992 年，龙华寺监院性修继任住持，复修毗卢殿、大雄宝殿、牌楼、钟鼓楼、药师殿、念佛堂、方丈室东厢房等。2003 年推举上海玉佛寺监院悟端接任性修，对寺院建设作总体规划，扩建普贤殿、三圣殿、弥陀殿、功德堂、西林素斋等，增建华藏世界，重修毗卢殿。2010年西侧（一期工程）翻建全面完成。2019年寺院的整体布局沿中轴线有山门、大雄宝殿、华藏世界、圆应塔、毗卢殿；东侧有钟楼、尊客堂、文殊殿、方丈室、云水楼；西侧有鼓楼、西林素斋馆、普贤殿、弥陀殿等。占地5000平方米，建筑面积5497.94平方米。其中西林寺钟、鼓楼为开放式建筑、梵呗经声等为上海地区特色。

毗卢殿以主供毗卢遮那佛像而命名。因原有殿堂狭小，2013年8月改建后，为"五方五佛殿"。也是西林禅寺中轴线上最后一个建筑。五方五佛殿面宽七间，进深20米，建筑面积440平方米，层高11米。殿内顶由五百罗汉的小佛龛及藻井组成，拱形顶棚。殿内中间并列供奉代表五方的五尊佛像。这是上海唯一塑五方佛群像的佛教寺院。迎面抬头可见"毗卢殿"匾，是已故中国佛教协会会长、中国书法家协会副主席赵朴初居士亲笔所题。

西林寺圆应塔 又名西林塔。在松江城区中山中路666号西林寺内，建于明代，塔七层八面，高46.5米。塔因长期失修，损坏严重，特别是腰檐、平座、栏杆等腐朽损坏，残瓦朽木时常掉下，影响行人安全。1963年，采取应急措施，除顶层屋檐外，将残破的6层腰檐平座全部拆除。1992年秋，上海市文管会立项大修，松江博物馆主持修缮。1993年11月29日，在西林塔修缮施工中，从塔顶端"宝瓶"夹层中发现纯金佛像、银质鎏金送子观音、钱币等文物近50余件。次年1月15日，在塔的地宫再次发现玉器、碑刻等文物近500余件。1994年12月8日，西林塔修复竣工典礼举行，总投资160万元。古建筑大师陈从周认为："西林塔结构谨严，可作江南明塔之典型实例。"

1962年1月22日，圆应塔公布为松江县文物保护单位。1982年9月29日，公布为上海市文物保护单位。"西林梵音"为"松江十二景"之一。

李塔 又称"礼塔"。位于石湖荡镇李塔汇小镇李塔街130号的延寿寺内。建于何年不详，其形制近似宋代的方塔。塔为楼阁式，七层四面，砖木结构，高40.94米。宋代曾翻修重建。元、明时期又多次大修。明天顺元年（1457）重建，今存塔体基本上为宋代建筑。

1995年，上海市文管会、松江县人民政府共同出资立项大修，同年12月21日，从李塔地宫中发现银舍利塔、阿育王塔、八棱形水晶杯、银佛像、玉器、珊瑚、玛瑙等文物共70余件，经初步考证，大多为明天顺年间（1457—1464）文物。1997年6月28日，李塔修缮竣工，总投资180万元。

同年，在塔四周复建延寿院。延寿寺（院），初建于南宋嘉定六年（1213）。1937年11月，院内大雄宝殿被日军炸毁。1998年重建，重建的有大雄宝殿、天王殿等，还迁入了松江清代古建筑雷补同雕花厅南、北两座，张祥河宅遂养堂和侧屋、曲廊等。占地3.4公顷。1999年3月建成。2001年对外开放。

1985年7月18日，李塔公布为松江县文物保护单位。2002年4月，公布为上海市文物保护单位。

1996年之前，松江县文物部门还修复了泗泾中市桥、雕花厅、韩三房、顾桂龙墓、侯绍裘纪念碑、姜辉麟纪念碑等，已修文物占地面文物总数的87%。

夏允彝、夏完淳父子墓 位于小昆山镇荡湾村北。夏氏父子为明末著名文学家、抗清义士。墓地初建于清顺治二年（1645）。清乾隆五十一年（1786）曾修葺，立有知县谢庭熏"禁止樵牧"的石碣。石驳墓基围成，墓地呈半月形，高约2米，面宽约30米。

夏允彝（1596—1645）字彝仲，号瑗公，松江华亭人，夏完淳之父。崇祯十年（1637）进士，任福建长乐县知县，能体恤民情，革除弊俗。顺治元年（1644）后，李自成攻陷北京，明室福王在南京监国，任命他为吏部考功司主事。次年，清兵进攻江南，他与陈子龙起兵抗清，兵败，于同年九月十七日投水殉节，时50岁，死后谥"忠节"。其文学造诣和民族气节，和陈子龙齐名，世称"陈夏"。

夏完淳（1631—1647），原名复，字存古，号小隐、灵首，乳名瑞哥。松江华亭人。清顺治二年（1645），夏完淳15岁，参加抗清起义。此后参加太湖义军。次年春，义军被清军击败。秋天，他写下了痛陈明亡教训，表达抗清斗志的名篇《大哀赋》。清顺治四年（1647）夏，被清当局捕获，押往南京。被捕后，他始终谈笑风生，笔耕不辍，在狱中完成了著名的《南冠草》。政论方面，著有《续幸存》等，后人将他的著作编为《夏完淳集》。同年九月十九日，夏完淳被害。临刑前神情自若，立而不跪。由好友收殓遗体，归葬在小昆山荡湾村其父墓旁。

郭沫若称他："不仅为一诗人，而实为备良史之才者也。""无疑是一位神童，五岁知五经，九岁善词古文，十五岁从军，十七岁殉国。不仅文辞出众，而且行事亦可惊人。在中国历史上实在是值得特别表彰的人物。"

1955年底，江苏省博物馆拨款将"二夏"墓修复一新：墓前筑甬道，禁碑置甬道前端，墓前设石供桌凳，并在四周植树绿化。1961年9月重修，国务院总理陈毅元帅为夏允彝、夏完淳父子墓亲题墓碑。"文革"期间，墓地设施被破坏。1981年，上海市文管会拨款维修，恢复原貌。并立有"上海市级文物保护单位"标志。1983年，又拨款植树绿化，并派人守陵。1998年，市、区政府出资25万元，对"二夏墓"实施环境改造，新建石牌坊、碑亭、墓道和石围栏等，新增土地30亩，辟作"夏林"，同年11月20日，"二夏"墓、碑、亭落成，工程竣工，并举行了夏墓纪念碑、碑亭揭幕和夏林开种仪式。

1956年10月18日，夏允彝、夏完淳父子墓公布为江苏省第一批一级文物保护单位。1962年1月22日，公布为松江县文物保护单位。1980年8月26日，公布为上海市文物保护单位。

秀道者塔 位于西佘山东坡北侧。建于北宋太平兴国三年（978），又称"月影塔"。塔为七层八角楼阁式，砖木结构，高约29米（详见上篇第六章第二节）。秀道者塔是松江现存最早的古塔，经历千余年风雨雷电、地震和兵火侵袭，依然巍然屹立。但因年久失修，塔檐、塔座以及围廊等均被毁，塔刹也已歪斜。

1958年，同济大学师生在测绘秀道者塔时，曾挖掘到宋代瓦当及垂脊瓦饰，经考证，内有个别滴水瓦属隋唐时期文物。1997年，松江县政府组成专家组，查阅有关资料，走访当地知情者，耗资百万，按宋塔原貌对该塔作了大规模修缮。1998年6月2日，在修缮施工中，在塔的第七层顶部砖结构内发现天宫。经现场清理天宫内藏有青铜太子像、青玉带饰、南宋至明万历和崇祯时期钱币数枚，还有锡匣，内藏有青铜信女像、玉水禽衔莲佩及五色石等文物。同年12月8日，秀道者塔修缮完工并举行竣工仪式，使该塔重现当时的雄姿靓影。

1962年1月，秀道者塔公布为松江县文物保护单位。2002年4月27日，公布为上海市文物保护单位。

云间第一楼 位于松江城中山东路250号，现为松江二中校门。谯楼最早的文字记载始于元至元十四年（1277），华亭县升府，次年改松江府，县署也随之改作府署。明正德年间《松江府志》卷十一载："至元十四年，升华亭为府，明年改曰松江府，二十九年（1292）又划华亭县东北为上海县，属邑凡二焉。由是辟府廨，崇建谯门，与各藩巨镇同。"嘉庆《松江府志》："府署。在城之中，前临官街（即今中山东路），后枕流水（注：指昔日的邱家湾），旧华亭县署也"。

元至正六年（1346）谯楼毁于火灾。至正九年（1349）重建，楼高23米，面阔3间，重檐歇山顶。明成化年间、弘治十二年（1499）和天启年间曾修整谯楼。据清人叶梦珠在《阅世篇》中所记：明末，在松江府治前，建有五楹谯楼。清兵南下松城，楼毁于大火。顺治元年（1644），在旧基上重建鼓楼三楹，以司更漏。顺治十六年（1659）重新营建，楼高约17米，楼基宽约25米，面宽5间，楼上悬横匾"谯楼"，楼下城墙上特竖"松江府"。康熙、乾隆年间，又几次重修。道光十年（1830）大修，谯楼"雄伟壮观甲于一郡"，为他楼所不及，始称"云间第一楼"，并置匾悬于楼前。民国十八年（1929），楼已年久失修，日见倾圮重加修整，立横额"云间第一楼"，又竖《重修云间第一楼记》石碑。楼于抗战期间为日军破坏，仅存残架。

1950年，楼毁于台风，仅存台基。1994年，松江县政府拨款5万元对楼的台基进行了抢修。1999年，松江区政府拨款180万元修复云间第一楼。修复时，发现有清康熙年间"福寿""宝应"铭文的城砖共20块。2000年6月18日，历经朝代更迭、战火兵燹和天灾人祸的云间第一楼修缮一新，举行了修复竣工仪式。

重建后的云间第一楼，清水砖墙，翘角飞逸，古色古香，蔚为壮观，建筑风格取传统的双重檐歇山顶式，台基楼道为梁柱式，楼为五开间七架梁，面阔24.8米，进深10.10米，楼下中间过道，门阔5.1米，楼阁高16米，巍峨壮观。云间第一楼与宋代张择端绘制的《清明上河图》中的楼阁式建筑相仿，是解放初全国范围所存两处梁柱式阙楼之一，再现了清代顺治年间的雄姿。"云间第一楼"的匾额由已故松江人、著名书画家程十发题写。

1985年7月18日，云间第一楼公布为松江县文物保护单位。2007年，评为上海十大校园美景之一。"谯楼重晖"为"松江三十六景"之一。

九峰寺 原名泗州塔院，位于小昆山北峰山顶北侧。由僧人释心古建于南宋乾通元年（1165），因旁另有僧人泗州所建的慈塔，故名泗州塔院。1941年，塔院毁于日军入侵。1997年，由上海市佛教协会牵头，成立小昆山镇修复九峰寺领导小组。1999年9月25日，举行重修九峰寺奠基仪式。2001年12月，在原塔院旧址重建的九峰寺大雄宝殿，占地3亩，建筑面积364平方米，耗资400万元。殿高19米，进深15米，东西宽23米。2008年8月，又建成九峰寺藏经阁、宝训堂、水月殿等殿宇，建筑面积1650平方米，总投资800万元。九峰寺是松江西北部最大佛教场所。

葆素堂 位于松江中山西路150号，今永丰幼儿园内。坐北面南，占地约420平方米，门面为五开间，约宽30米。根据建筑形制，考为明代晚期的住宅建筑。清代为许嘉德宅。许嘉德，字修来，工书，揪敛苍古，画山水亦如之。历任浙江镇海、山阴、平湖县知县，曾是历史上著名的"杨乃武与小白菜案"的第一审县官。葆素堂为清代许氏宅中的客厅，旧悬有"葆素堂"匾，俗称"许家厅"。大厅结构复杂，屋顶部使用江南特有的草架顶，斗拱繁复，交错多变，装饰华丽，梁饰彩绘。现在虽然大多已褪色，但柱上卷饰仍具气势，梁柱粗大，柱础青石雕有勒脚，十分美观，仍保持古代大厅建筑的特点。相传许宅规模有"十埭九庭心"。原葆素堂前的砖仪门规制壮观，甲于一郡。现存有堂和后宅楼两幢建筑。堂的形制颇巨，为扁作厅堂，五开间九架梁。

2000年松江区政府立项大修，2002年8月28日修复竣工。修复后的葆素堂，南移 2 米，总体抬升 0.35 米。厅、楼的山墙均出观音兜。内设《松江古代艺术雕刻》图片陈列。

1985 年 7 月 18 日，葆素堂公布为松江县文物保护单位。

大仓桥 位于松江城西，原名永丰桥，又名西仓桥，为木质桥。明天启六年（1626）重建。上海地区著名的明代大石桥之一。现大桥两端两孔因河道淤塞已成河岸。2002 年初，松江区政府和永丰街道共同出资修缮。施工中，在北埤桥拱内发现《华亭仓桥碑记》石刻。篆文碑题，碑文绝大部分已剥泐。2002 年 12 月 25 日，大仓桥修复竣工。

1985 年 7 月 18 日，大仓桥公布为松江县文物保护单位。2014 年 4 月 4 日，公布为上海市文物保护单位。

东岳行宫 俗称岳庙，位于松江中山中路北侧，面向庙前街。始建于北宋初年，相传谢道人初建道房三楹，名"东岳别庙"，供奉始祖老子和东岳大帝。该庙又称"东岳行祠""东岳庙"等。北宋徽宗大观年间（1106—1110）华亭人、右丞朱谔扩建，"大而新之"，为江南千年名观。清嘉庆《松江府志》名"东岳行宫"，沿用至今。元、明、清、民国曾数次大修和扩建，规模壮观，建筑宏伟。门内有广场，场北为正殿台阶，中有盘龙长方大石。正殿重檐歇山顶，气势崔嵬，有匾额——"东岳行宫"。外廊用花岗石的檐柱，举架较高。殿脊上有"风、调、雨、顺"四个大字。殿内有四大天王塑像和东岳大帝等座像，影响日益扩大。该殿正南有一座堆灰浮雕照壁，其形制与府城隍庙前的大型砖雕照壁相似。正殿两寝，为阎罗十殿，烧香者不绝。

大殿西有杨侯殿（俗称杨爷庙），供奉的是杨老爷，杨侯生前为本邑典狱官，牢狱失火，他为救欠漕粮入狱的民众而身亡。为此，塑像脸黑似包公。殿内还悬挂一只大算盘，上面写着："任尔千算万算，不如我这里一算。"也因此由人而变为掌管冥间尊神的杨老爷，人称"神算杨"。杨侯信仰深入人心，神威传遍江南。香汛期间，信众自发从四面八方涌入庙堂，春节年初一香客达两万多人。

东岳庙成为松江的重要地标。城西门外大街一段被民众称为岳庙街，该地区成为宗教中心、文化中心、商业中心，民国时期曾将庙名命名为镇名——岳庙镇。1964 年，正殿遭雷击，打坏东南角飞檐，梁柱又被白蚁蛀坏，修复有困难。且东部山墙倒塌。经市文管会批准，于 1964 年 12 月拆除岳庙全部建筑。在拆除过程中，发现正殿三尊像为铜胎泥塑，像背后各有一块铭文（今藏松江博物馆）。据考，铜胎泥塑为无锡人制作，是中国传统雕塑工艺品。

2002 年 5 月 22 日，经上海市民族宗教事务委员会批准重建松江东岳行宫，2002 年 11 月 12 日，岳庙修复工程启动。占地 8 亩，建筑面积 4253 平方米。2005 年 5 月建成、开放。

之后，松江还修复了中山中路北侧的王冶山宅、袁昶宅、瞿继康宅，2011 年还修复了张氏宅、景德路上的钱以同宅、泗泾马家厅、华阳老街上的朱季恂宅、观鲈楼等。

最近十多年来，松江的文物修复工作并没有停下脚步，重点放在了仓城和泗泾下塘这 2 个市级历史文化风貌保护区的古建筑修复和保护上。先后修复了赵氏宅、杜氏雕花楼、徐氏当铺、费骅宅、灌顶禅院、杜氏祠堂、泗泾下塘南村映雪等，并为古建筑的利用提供了方便。有的辟为书店，有的成为非物质文化传习基地，也有的成为松江布展示地，还有的成为了画廊、茶楼等。

这些古迹建筑的重生，再现了它昔日的风采，让后人可赏可思。

第四章　通向景区

交通是旅游出行的最基本要素，旅游的通达性主要依靠公路网、水路网、空中航线网。民国时期松江的公路仅有4条，松汇公路、松泗公路、砖佘公路和松亭公路。新中国刚成立时，百业待兴，可公路的修筑在步步推进，不管是城内外的公路公交，还是跨区域的公路公交，都很有建树。这为后来的旅游兴起奠定了交通上的基础。

下面，以分类的形式来回顾这70多年来的大部分筑路公交、建高速公路、建轻轨和有轨电车的发展历程。

第一节　区与区间公路和公交线通车

1949年5月，江苏苏南汽车运输公司上海分公司接管了私营上松长途汽车公司，成立松江汽车站（站址位于人民南路70号，后为人民南路综合市场）。

1953年，松江县政府组建沪松公路筑路指挥部，新建泗泾至七宝路段，并对松泗段公路桥梁进行维修。1957年2月15日，沪松公路泗泾至七宝段建成。同年8月1日，公交沪松线通车。这样，松江人去上海市区，就不必再绕道上海县汇桥再转沪闵线，在时间上也有所缩短。

1954年1月，松（江）卫（金山卫）公路全线通车。当时金山卫边的漕泾、山阳还属松江县的管辖区。1956年秋，公交松（江）闵（行）线通车。当时的闵行是一个新建的工业区，居民集聚。1959年，10万平方米的"成街成坊"建设完成，作为向建国十周年的建设作品献礼曾轰动全国。松江人也喜欢去闵行观看"闵行一条街"的街景和成片的工人新村。

1958年12月，公交沪（西区车站）佘（佘山）线通车。这样，也方便了市区市民到佘山游玩。1962年7月17日，公交沪佘天（马山）线通车。1965年7月1日，公交青（浦）佘线通车。方便了青浦游客到佘山游玩。1966年，赵（青浦赵巷）昆（小昆山）公路北（竿山）佘（山）段和天（马山）昆（小昆山）公路段建成通车。公交松青线通车。1968年10月20日公交沪佘昆线通车。更方便了市区市民到佘山、天马山和小昆山游玩。1985年9月，松江至青浦小蒸公路全线连同斜塘渡口建成通车。方便了人们去石湖荡看"江南第一松"。1986年10月24日，松（江）卫（金山卫）公交线通车。松江人去海边游玩和金山石化人游松江相互间就方便多了。1990年代及之后，松江公路建设进入了一个新的发展阶段。新建沈砖、嘉松、闵塔、辰塔、松金、花辰、广富林公路等，拓宽、改建、延伸320国道北松段、北松、沪松、车新、佘北、叶新、昆港、卖新等。

新中国成立后的70多年里，松江与市区和周边的金山区、闵行区、奉贤区、青浦区、嘉定区等均接通了公路和公交线，大大方便了人们的出行和旅游。

1992年，沪杭高速公路建成通车，极大地方便了松江人的出行。之后，松江还开通了南（南浦大桥）佘（山）线、上（上海体育馆）佘（山）线、西（西区汽车站）佘（山）线（现已停运）、共（共和新路）佘（山）线、沪陈（坊桥）线、上太（太阳岛）线、天（马）梅（陇）线、松重（青浦重固）线、松朱（朱家角）线等，方便了上海各地的市民来松江旅游。

在1950年代至1980年代，松江人的出行除依靠铁路、公路公交之外，水上客运还是占有一定的份额。在今松江火车站北侧、人民河北岸有客运码头，曾开辟了多条县域内外的客运航班。1987年9月，随着公路交通的作用显现，水上客运的量也就减少了，随着开往平湖的航班停运，水上客运也便结束了它的历史使命。

第二节　区内公路和公交线通车

在接通区与区之间的公路和公交线路的同时，松江区域内的公路建设和公交线路的开通也完成了向各乡镇的辐射。

1978年7月1日，松浦大桥建成通车，车亭公路建成。公交松（江）张（泽）线通车。当时去看松浦大桥也成了松江人的一道亮丽的风景线。1980年7月1日，公交松（江）大（港）线通车。1981年7月1日，公交松（江）塔（汇）线通车；米（市渡）横（潦泾）线分辟为松边（松江至江边）和松（江）米（市渡）线，均通车。1982年1月20日，公交松（江）昆（小昆山）线通车。1982年6月16日，泖港公路大桥建成通车。这座大桥采用世界大跨径桥梁的新型结构—斜拉桥,是我国第一座跨径 200 米的斜拉桥,也是之后在上海黄浦江上建造的斜拉桥之"母"。同年 9 月,泖(港)新(浜)公路建成,公交塘(口)新(浜)线通车。至 1985 年,县内有公交线路 11 条,公共汽车通达县内所有的乡政府所在的集镇。1989 年 7 月 20 日,斜塘高架公路浮桥建成通车。公交松江至石湖荡线通车。1987 年 3 月,砖(桥)佘(山)公路大塘桥建成通车。1989 年 11 月,萧(塘)泖(港)公路建成通车。松江公交车队有大型客车 46 辆。

在这同时,松江城区内公交线路也从无到有,并快速发展。1981 年 6 月 29 日,松江城区城东门至玉树路通车,开辟了公交环城线路—东玉线,这也是松江城区内的第一条公交线。1998 年 7 月 1 日,改为环城一线和环城二线。1994 年 9 月 24 日,中山中路改造工程竣工通车。2003 年,城内公交线路已增至 8 条。2008 年后,松江区内的公交线路有了大幅度的增加,在城区从 1 路到 22 路,其中高峰期时还开通了一部分线路的区间车和临时短驳车,公交线路幅射到了区内所有乡镇。做到了"村村通公路,村村通公交"。松江通往外省市的长途公交线路有 8 条,有大型公交 160 余辆。对人们的出行和旅游起到了很大的推动作用。

到了 2021 年,全区共有运营公交线路 140 条,公交运营里程长度达 4720.42 万公里,年客运量为 7399.94 万人次,日均客流量为 2.6 万人次。1990 年代起,松江城区的出租车也迅速发展起来,市民搭乘出租车成了寻常事。

第三节　佘山度假区公路和公交线通车

截至 1998 年底,由上海市区直达佘山度假区的公共交通线路由 80 年代末的 2 条增至 8 条,新增的主要公交线路有 5 条,除旅游 1 号线外,另外 4 条分别是南佘线、上佘线、西佘线、共佘线。南佘线:由南浦大桥起始,途经徐家汇、上体馆,随后的线路与 1 号线重叠;上佘线:从上体馆公交枢纽站始发,沿沪松公路后与上述两车线路相同。上佘线与南佘线终点站设在佘山镇陈坊桥。两线路均为旅游专线空调客车;共佘线:从上海共和新路始发,沿中山北路、中山西路、上高架至天山路,改沿沪青平路(318 国道)后由佘北公路进佘山度假区,共佘线途经上海动物园、徐泾、方家窑、赵巷,终点站设在佘山欧罗巴世界乐园前广场内;西佘线:始发站为上海火车站西站,沿曹杨路、真如西村、经梦幻乐园、黄渡、方家窑,最终由佘北公路进度假区,终点站在欧罗巴世界乐园前广场内。

另外还有新增的 3 条线，分别是上太线、沪陈线、沪佘昆线。上太线：由上体馆公交枢纽站出发，沿中山西路、沪青平公路途经佘山，终点站在青浦太阳岛；沪陈线、沪佘昆线公交线路，均由上海西区车站始发，由漕溪路、漕宝路至沪松公路、外青松公路达佘山度假区，沪佘昆线由佘山延伸至天马山、小昆山，终点站设在小昆山镇。

2000 年后，还开通了松江 19 路、松江 92 路至佘山度假区等。

第四节　旅游 1 号线与双层观光巴士

1998 年 6 月 21 日，列为上海市政府实事工程之一的旅游 1 号线正式通车，1 号线由上海体育场出发，途经沪松公路的漕河泾、七宝、九亭、泗泾、砖桥等站点，再经沈砖公路、外青松公路到达终点站——佘山滑索道广场，全线设 11 个站（同时，旅游 1 号线还延伸至松江城区）。2008 年 2 月 20 日停运。

2014 年，在市区外滩到松江新城，开辟了松江"山城联景"旅游观光专线，由春秋国旅双层巴士承担双休日定时运营。双层巴士进入松江后，沿林荫新路至龙源路、广富林路、三新路、文诚路泰晤士小镇为终点，一路上有月湖雕塑公园、玛雅海滩水公园、上海欢乐谷、佘山国家森林公园、上海辰山植物园、广富林文化遗址等。返程时经过华亭湖、大学城、新松江路、轨交九号线再返回至市区。2017 年停运。

第五节　高速网与轻轨、高铁的通达

松江地处上海市中心西南，距市中心人民广场仅 27 千米。松江距虹桥机场仅 20 多千米，距浦东机场为 60 千米，全程高速，快捷省时。今日松江南站，正在建设沪苏湖高铁，也将成为上海连通江苏苏州、浙江湖州的高铁枢纽。1990 年 12 月 22 日，莘松高速公路建成通车。松江公路交通如虎添翼，即时开通了高速公路公交专线，使松江至上海的公交运营时间由原来的 90 分钟左右减少到 35 分钟左右。1992 年，沪杭高速公路全线贯通。这样，松江人出游市区或去嘉兴、杭州等地便快捷多了。

今日松江境内，已形成了"三纵三横"的高速公路网，穿越松江全境。纵向的三条分别为境东部南北向的嘉闵高速、中部的 G15 沈海高速、境西部的 G1503 上海绕城高速；横向的三条分别为境北的 G50 沪渝高速、中间的 G60

沪昆高速和境南部的 S32 申嘉湖省际高速。高速公路在松江设有 20 个上下匝口。走高速，无论到那个景区或饭店，都可在就近的匝口下高速。松江的旅游景区和旅游饭店绝大部分都设在公路的主干道边，交通十分方便。即便有些乡村的景区点和民宿，在驶离主干道，进入乡村道路后，也就几百米或一两千米而已。沪昆高铁、沪浙赣铁路和黄浦江黄金水道也穿区而过；轻轨 9 号线经浦东、浦西直达松江高铁南站。2018 年，松江区内建有的 T1、T2 两条有轨电车线也投入了运行。全区交通便捷，区位优势十分明显。

  2021 年，"沪、苏、湖"省际高铁的松江枢纽站和沿线的铁轨也正在紧锣密鼓的施工之中。2021 年 12 月 14 日，经沪、苏、浙、皖三省一市文旅局推荐，公布的首批"长三角高铁旅游小城"的名单中共有 31 座城市入围，上海有 4 个区入选，其中就有松江区。

第五章 文化体验

松江是个文化底蕴深厚的地方，文化人也多，文化活动的开展是如鱼得水，得心应手。举办一些文化展示、研究活动，或举办一些民俗活动，是一个城市对外宣传的一条有效途径，也是旅游文化的重要内容。自1978年党的十一届三中全会以来，松江举办的各种文化展示交流、研究活动接连不断，民俗活动也得以挖掘再现，其中有多个为全国和市级"非遗"项目。所获得的荣誉称号也不少。这也为松江旅游起步、成形、发展，以及宣传推广打下了不可或缺的基础。

第一节　文化展示

下面，以按年代记录的方式来回顾这40多年来的部分文化展示交流和文化研究活动。

一、1980年代

1981年12月13日，美国各州博物馆馆长代表团访问县博物馆（筹）。1984年10月1日，举行县博物馆开馆仪式暨"松江历代名人墨迹展"。1985年，佘山天主教恢复举行"圣母朝圣月"活动。1986年5月有5.4万余人前来朝圣。1987年5月达6万余人。之后每年举办成为常态。1986年1月1日，上海市郊首家电视台—松江电视台（筹）开始用第10频道对外播出。同年8月18日，松江电视台正式成立。10月17日起，用17频道正式播出节目至今。1986年11月，在松江工人俱乐部举办"上海市第一届国际摄影艺术交流部分作品"展览会。1987年6月，松江精选36幅顾绣作品参加上海首届国际艺术节，并在文庙展区展出。1989年9月19日，松江召开"董其昌国际学术研讨会"，来自美、英、日等国及港台地区59位专家、学者交流了研究成果，并编印了学术论文集。

二、1990 年代

1990 年 3 月，松江县和日本瑞浪市 4 个摄影团体同步举办"中日摄影作品展"。同年 10 月 2 日，日本岐阜摄影友好交流访华团一行 18 人来松，3 日，假座方塔园天妃宫举行"松江—日本岐阜摄影作品联展"。同年 10 月 12 日，"朱舜水纪念堂"在方塔园内开幕，200 多名中外来宾参加了活动。

1991 年 1 月，《松江报》创刊，其中有旅游项目建设和旅游节庆活动的报道，在"文艺副刊"上还有旅游散文随笔的刊出，30 多年来至少有几百篇文章。1995 年 10 月 12 日—17 日，为纪念朱舜水诞辰 395 周年，"中日舜水学术研讨会"在上海松江红楼宾馆、浙江宁波余姚宾馆两地举行。会期 5 天，中日来宾有 60 余人参加。会后，将研讨会收到的论文 28 篇汇编成册，书名为《中日文化交流的伟大使者——朱舜水研究》。1991 年 8 月 20 日，"第四届国际明史学术研讨会"在松江举行。1992 年 10 月 1 日，松江首家豪华型文化娱乐场所——春江歌舞厅建成开业。1993 年 1 月 17 日，松江人民广播电台调频立体声广播正式开播。1993 年 1 月 10—19 日，历时 10 天的"'93 松江迎春艺术灯会"在中山东路举行灯会，共分迎春艺术灯会、迎春展销会、迎春经济恳谈会三部分。10 多个市外企业、40 多个市内企业参加展销；8 个国家和地区的外商参加了经济恳谈会。1993 年 4 月 17 日，首届东亚运动会火炬在松江县接力传递。1994 年 9 月 25 日，在第一届"'94 松江——上海之根文化旅游节"开幕之际，由市文管会和松江博物馆联合举办的"西林塔文物珍品展"在松江博物馆陈列厅展出；由县文化局、县图书馆联合举办的"当代松江人著作展"在方塔园天妃宫展出。1995 年 10 月 19 日，由市文管会、上海自然博物馆联合举办，松江博物馆承办的"上海出土文物与史迹展"在松江博物馆陈列厅展出。1996 年 6 月，松江首次承办了"第三届全国农民运动会"。松江为主赛场、指挥中心和新闻中心。1998 年 4 月 5 日，上海羽毛球队与日本大阪羽毛球队比赛在松江体育馆举行。这是松江首次承办国际比赛。同年 9 月 20 日，松江区在小昆山镇举行纪念夏完淳逝世 350 周年活动。同年 10 月 18 日，第二届"松江——上海之根文化旅游节"在佘山漂流世界隆重开幕。旅游节至 11 月 15 日结束，历时 29 天。1999 年 10 月 16 日，'99 上海旅游节、上海国际艺术节松江区活动开幕。

三、2000 年代

2000 年 6 月 18 日，"云间第一楼"修缮一新，举行了修复竣工仪式。同日，由松江博物馆制作的"松江建制与云间第一楼展览"也在云间第一楼内开幕。同年9月29日，举办了"华阳明墓古尸文物展"。2001年9月22日，第三届"松江——上海之根文化旅游节"暨庆祝松江建县1250周年开幕式在松江体育馆隆重举行。旅游节至11月底结束，历时71天。2002年9月，方塔科博园管委会举办了"首届浦江妈祖文化研讨会"，来自上海、天津、宁波、福建、台湾、澳门、青岛、无锡等地妈祖界人士及学者30多人参加了研讨会。会后，上海社科院《学术月刊》还以"增刊"专集的形式汇编了研讨会的论文17篇。同年9月29日，春申君祠落成仪式在新桥镇春申村举行。2003年7月13日，第二届"海派文化学术研讨会"在佘山举行。2004年10月18日下午，在方塔园内，来自中山街道各居民区的15对金婚老人在众人的祝福声中，举行了温馨隆重的金婚庆典。"幸福之门"、红地毯、香槟酒……伴随着喜庆的婚礼进行曲和全场热烈的掌声，老人们携手走过"幸福之门"，尽管两鬓斑白，尽管粉妆遮不住皱纹，但半个世纪的相濡以沫之爱情在观众的眼里仍是令人艳羡的完美幸福。2006年9月，为了配合2006年上海时装周的活动，松江叶榭镇、上海工程技术大学、上海市纺织工程学会于2006年联合主办"叶榭服装节"。服装针织产业作为叶榭的主要支柱产业，当年，全镇已经拥有了200多家服装针织企业、拥有"春竹""史特比""梦特娇""POLO"等众多国际知名品牌企业，"叶夏缘""雄瑛""谢之梭"等本土企业的品牌创建也已渐渐步上正轨。2005年服装针织产业产利销已分别占全镇工业的29%、28%、33%。2008年7月2日，"2008上海国际摄影周暨上海第九届国际摄影艺术展"在松江开幕。同年9月8日晚，在迎世博倒计时600天时，中央电视台《欢乐中国行》携手上海奔腾企业集团，在松江大学城体育场隆重推出《魅力奔腾·欢乐中国行》大型综艺晚会。2009年6月11—12日，上海市古典文学学会与松江区文广局联合举办了"云间文学研讨会"。来自上海各高校、科研机构和松江区的50余位古典文学专家和文化工作者参加了会议。会议收到20多篇论文，并将论文汇编成《云间文学研究》一书。同年10月，上海市文学艺术界联合会、《文汇报》社和松江区人民政府联合举办了"平复帖杯"国际书法大赛、《平复帖》暨二陆文化学术研讨会。收到论文52篇，其中评出一、二、三等奖8名。会后，将论文42篇汇编成《"平复帖"暨二陆文化学术研讨会论文集》。

四、2010年代

2010年，松江博物馆首次组织本区文物藏品在武汉博物馆举办了《古砚奇葩—古砚台珍品展》。9月22日，第四届"上海朗诵艺术节"在松江举行。2011年9月9日，松江·滁州两地"油画作品交流展"在松江民间文化展示馆开幕。9月22日，第九届"松江——上海之根文化旅游节"暨庆祝松江建县1260周年开幕式在上海方塔园拉开帷幕。旅游节至10月15日结束，历时31天。11月7日，第五届"上海朗诵艺术节"在松江举行。2012年3月，"明·朱舜水书信展暨朱舜水学术演讲会"和"中日两地（中国松江·日本柳川）书法展"活动在松江举行。4月18日，松江版画院成立。10月25日，第六届"上海朗诵艺术节"在松江举行。26日，第四届"上海市民艺术大展书法主题展"在松江区美术馆举行。2013年，举办了首届"上海书法艺术节"系列活动、第二届"平复帖杯"全国书法篆刻大赛、中秋诗会、联合国官员及中国外交官书法作品邀请展、当代书法创作暨中国书法如何走向世界—国际论坛、中国书画名家馆联会第十八届年会等23项活动。11月6日，第七届"上海朗诵艺术节"在松江举行。

2014年，"散锋简笔　海派菁华——程十发笔墨艺术文献展"入选文化部2014年全国美术馆馆藏精品展出季项目。"大美云间—松江丝网版画展"在德国柏林中国文化中心开幕。2015年5月15日，中科院考古研究所、松江区文广局联手推出《玉出昆冈—商与西周玉器精品展》在松江区博物馆展出。展出的160件（套）玉器是经过精心挑选出来的，其中珍贵文物占七成，部分展品是第一次展出。7月11日，"陆维钊书画艺术展"在松江程十发艺术馆开幕。展出陆维钊各类作品和文献80余件。9月12日，"南宗·新韵中国画作品展"在松江程十发艺术馆开幕。

2016年6月27日，经过广泛征集、推荐评审，松江区产生了"十大乡土文化符号"，其中佘山天主教堂、方塔、醉白池、清真寺、广富林古文化遗址、深坑酒店、董其昌七个符号入选100个上海乡土文化符号。6月11日，"松江顾绣命名国家级非遗名录十周年作品展"在松江区博物馆展出。共展出作品63幅。

2017年5月4日，"人文松江"全国书法名家作品邀请展在松江开幕。2019年12月1日—2020年2月16日，"诠释经典——程十发《阿Q画传》解析展"在程十发纪念馆开展。本次展览围绕此套连环画的创作、出版及收藏的前后过程，讲述了这部经典作品在数十年的岁月长河中如何被创作、传播与典藏的故事。并还特设了一场"绘事风雅·笔情墨趣"亲子公教活动。同年12月24日—2020年1月4日，松江区在上海中华艺术宫举办了第三届"平复帖"杯国际书法篆刻大赛入围作品展，共展出入围作品、获奖作品、评委作品、特邀作品230余件。1月5日—30日，又移师松江美术馆继续展出。同年12月31日—2020年2月20日，由松江博物馆与嘉定博物馆合作举办的"中国科举文化展"在松江博物馆开展。展示了隋唐以来、绵延1300年的科举文化历史。

五、2020 年—2021 年

2020 年 1 月 20 日—2 月 29 日,"董其昌书画艺术生平展"在董其昌书画艺术博物馆展出。2021 年 12 月底,云间会堂—文化艺术中心建成。占地面积 4 万平方米,建筑面积 5.5 万平方米,总投资约 10.5 亿元。其中包括区文化馆新馆、区图书馆分馆、区文化资源配送中心、云间剧院、云间会堂艺术展厅等。

第二节 "非遗"项目传承

松江现有纳入国家非物质文化遗产项目名录的有 3 项,纳入上海市级非物质文化遗产项目名录的有 6 项。简介如下:

一、顾绣(国家级)

中国刺绣历史悠久,流派纷呈,而"顾绣"有别于我国苏、粤、湘、蜀四大名绣,是融传统书画艺术与刺绣技艺于一体的具有极高艺术价值和人文内涵的刺绣流派,也是唯一以家族冠名的绣艺流派。顾绣起源于明嘉靖三十八年(1559)松江府上海县露香园主人、进士顾名世家。顾名世善画,其家眷缪氏、韩希孟、顾兰玉三位女性也精于绘画,并擅长刺绣。她们吸取宋绣精华,绣品以宋元名画为粉本,把刺绣中传统的针法与国画笔法相结合,以针代笔,以线代墨,勾画晕染,浑然一体,有色泽淡雅古朴、质感丰富、针法多变、接色匀称、气韵生动等特色。有似画非画,融绣画于一体的艺术特点。顾绣的创造、发展和传播新的绣品艺术,有独特手法,以及山水、人物、翎毛、花卉等广阔题材内容。顾绣又称"画绣",是松江画派艺术理论的滋养和浸润,形成了画绣相结合的艺术风格和审美特色。它是有别于一般日用工艺刺绣的艺术门类,是中国传统女性文化除诗、画、福音之外的又一代表。古代顾绣精品现仅北京故宫博物院珍藏 8 幅。为世所珍重。后来,顾绣技法逐渐在松江地区流传、推广,并被列为贡品,进入宫廷,由是声价日增。历经 400 多年盛衰变迁,传承有序。

顾绣自创始以来,几经兴衰,到清末时,已濒于绝境。上世纪"松筠女子职业学校"曾开办顾绣班。1977 年,松江工艺品厂为继承和发掘传统工艺美术品,聘请老绣工戴明教等,带徒传艺,培养顾绣传人 20 多位,使几近失传的顾绣得到恢复。顾绣恢复生产后,立即引起社会各方关注,绣品多次在全国和上海美术展览会上展出并获奖，还赴日本展出，作品被收藏在日本横滨博物馆。作为商品，顾绣远销到智利、美国、法国、瑞典、德国、埃及、日本等30多个国家和地区。绣工还应邀出访国外文化交流。1998年，松江工艺品厂关闭，顾绣生产由松江电子仪器厂接管。大江职校也开设顾绣专业，培养绣工。松江既是顾绣的发源地，又是当下顾绣新的生产中心和传承地，现有醉白池等几处顾绣工作室在运行。

二、龙舞（舞草龙）（国家级）

舞草龙相传源自唐代。传说在唐贞元年间，叶榭境内遭受了一场特大旱灾（约790年），百姓用稻草扎龙祈求苍天降雨无效，依然烈日炎炎。"八仙"中的韩湘子，据说是叶榭埝泾村人，一日他途经家乡，从云中俯视乡亲父老焚香点烛，面向东海跪地叩拜的情景，深表同情。于是便吹起神箫，瞬间召来东海"青龙"，倾盆大雨骤然而下，叶榭盐铁塘两岸久旱禾苗喜逢甘霖。百姓为报韩湘子"吹箫召龙"的恩德，便将盐铁塘更名为"龙泉港"沿用至今。以后每年乡民就用金黄色的丰收稻草扎成四丈4节牛头、虎口、鹿角、蛇身、鹰爪、凤尾草龙、祈求风调雨顺。从此，草龙求雨成为叶榭民间的一种习俗。

叶榭的草龙求雨仪式、由祭祀和求雨舞两部分组成，舞龙分别有"祷告"。"行云""求雨""取水""降雨""滚龙""返宫"7个程序组成，草龙始终以神龙的形象出现。舞草龙的动作均以祭祀为主线，均赋予一定的民间信仰内容。在整个祭祀上所用的供品也都是来自叶榭本地，如陈稻谷、麦、豆、浜瓜，鲤鱼（取自龙泉港）。祭祀仪式是在田间广场，地点是在供奉"神策"和"青龙王"牌位的庙宇附近，便于迎请。在迎请的过程中演奏的《请神曲》，庄重神圣。这种接近古代原生态的祭龙求雨仪式，因为有整合村落集体力量的文化功能，已传承了近千年。

三、锣鼓艺术（泗泾十锦细锣鼓）（国家级）

泗泾十锦细锣鼓是松江古戏乐中的代表作，清乾隆年间流传于松江地区，以集锦的方式将各个不同的戏曲片段及当时流行的民歌小调有选择地集中起来，可能是上海地区出现最早的民歌戏曲大联唱表演。

泗泾十锦细锣鼓的艺术特色主要是锣鼓，它具有南昆中软、精的艺术特色，因而"文"而不"武"，"雅"而不"闹"，"柔和"而不"粗犷"；具有节拍鲜明，节奏感强的艺术特点，集中到一点就是"细腻"，所以民间就称她为《十锦细锣鼓》。

《十锦细锣鼓》在演奏时一个人要兼带几件乐器，敲一段锣鼓点板后，就能拿起丝竹来演奏，交替进行，一专多能。如上街出灯游行时，京锣是挑在肩上的，小锣、汤锣是同时挂在一只手上，半堂鼓、板鼓是放在网兜里背在背上，旁边还要挂一面柴锣，吹笛子的兼带掌鼓，边走边演。

在乐器运用上，同一面锣鼓，由于敲法、轻重不同，点板着落处不同，能敲出不同的音色音高和节奏。锣梗、鼓梗的敲头通常用木质较重的材料，这样发出的声响短促而集中、低沉。特别与众不同的是锣梗的敲头可以勒上脱下，演奏时用槌杆头敲奏，音质效果别具一格。如敲击锣边为"争"，稍下部位为"尽"，击锣中心为"丈"。京钹、中钹分别奏出"齐""次""扎""卜""扯""即""且"各种音色。其方法是放松撞击时发出金属震动声为"齐"，震动声稍短一些为"次"，闷击为"扎"，闷击时稍放松留有一点金属震动声为"卜"等。

四、上海剪纸（市级）

松江剪纸起源于历史上具体的时代很难查考，但据五代《武林梵志》记："吴越践王于行古之日……城外百户，不张悬锦缎，皆用门笺彩纸剪人马以代"。这一记载说明，当初这一地域已流行剪纸，并且规模范围不小。民间剪纸始终与宗教祭祀、民俗庙会、传统节庆等活动相连一起，具有实用意义和艺术生命力。不过，到解放前后松江的民间剪纸艺人大多是凭个人的喜好或家庭影响，艰难地维系着剪纸血脉。

松江剪纸作为松江民间艺术形式，有广泛的群众基础，是民俗的一个组成部分，其艺术特点也因当地的风俗习惯、审美要求、心理素质、表现手法的不同而呈现出独特的总体风格和样式，同时又兼具创作者个人的艺术趣味和审美意向。作品主要以江南百姓生活、民俗民风为题材，注重情境和神态，刀法运用上粗细并用，讲究造型，强调力度，较为夸张，注重装饰，妙趣横生，浑然天成。松江剪纸队伍中，有工人、农民、教师、学生等普通百姓。他们自画、自刻，通过灵巧的双手，把朴实的情感、美好的愿望和对幸福生活的追求，倾注在自己的剪纸作品中。松江的剪纸在时代律动中不断汲取时尚元素和发展因子，为古老的民间艺术开创一条不竭的"黄浦江"。

五、皮影戏（市级）

皮影戏肇始于唐代，宋开始兴盛，约在南宋时自北方传到江南。皮影戏民间称"皮人戏"、"影戏"、松江也有叫"皮囡头戏"。

松江的皮影戏继承了江南的皮影制作风格，轻雕镂而重彩绘，线条色彩大量运用工笔画的技法俊美秀丽，部分的辅助装饰如龙庭、宫灯、座椅等辅以镂刻，人物造型色彩艳丽，整体映像效果鲜明亮丽。皮人有头部、身部和手臂三部分组作，用棉线串连而成，手脚关节可以活动，能行、能跪，举手投足形象逼真。人物一般整体全长48厘米，头部约10厘米，身部约38厘米，手长约21厘米，也分为两段。头部固定于薄竹签上，演出时可以根据需要插换（身体部分不变），比较灵活。

松江的皮影戏主要以西乡调为基础，逐渐形成独特的板腔体音乐，主体是上感下赋两句组成的基本调，又称感扬调。还有三番调（探子调）、哭调、韧天子、小更衣（天下同）、柳腰经等，尾声是老旦做亲（喷呐为主），念白大多用松江方言土语，间杂京昆念白。有艺人自编、有取自古人诗词、演义小说、评弹及民间歌谣，行中有十字、四句、一首诗、五音、三前、一条令等讲究。

六、花篮马灯舞（市级）

新浜的"花篮马灯舞"原名"串马灯"，以马灯和花篮道具命名，是典型的民间艺术样式。串马灯初期只有四马四花篮。灯队身穿戏装，扮演《水浒》"翠屏山"中的杨雄、石秀、潘巧云、丫环;《白蛇传》"水漫金山"中的小青、白娘娘、许仙、侍童、法海，以及《吕纯阳三戏白牡丹》李三娘挑水、头马、稍搭子（丑角）等角色。后经民间艺人不断充实，出现了六马六花篮，八马八花篮等，甚至有两支灯队混合会审的情景。为了便于队形变位有条不紊，又增添了黄绸大撑伞八顶（作队形变位桩子用），身穿彩衣的伞灯女八人及身穿彩衣、手提花篮的花灯女八人，灯队中的女角均由男性装扮。发展到后来就有了以"牌九"点数而变化的各种队型和称呼，串以"天牌""梅花""吆四"等三十一种花样图案。当地的民间顺口滑，将之形容为"嵌宝如意野猫洞，八角落线大定胜，碗架被拍打回空，断桥相会双推磨，天地银鹅至尊宝，梅花长三加板凳"。

新浜的花篮马灯舞一般在晚间出灯。演出时道具花篮、彩马、水担、合钵、药箱、黄绸大伞等，均要点燃小红烛，既可照明，又添色彩。伴奏以民间打击乐为主，节奏虽然较为简单，但富有情趣，没有一般民间锣鼓的激烈和喧闹。常用"七字锣"，开始时节奏稍慢，中间部分稍快，舞到高潮时则根据队型加快节奏。

七、余天成堂传统中药文化（市级）

中药是中华民族的宝贵财富，松江地区的中药业历史悠久。在古代，民间已有零星中药商走方卖药，世代相传。

松江余天成堂药号创建于清乾隆四十七年（1782），距今已有200多年历史（比童涵春堂药号还要早一年），可以说是上海地区历史最早的现存老药号。余天成堂遵循"二十四字"办店方针，以"道地药材、修制务精、货真价实、童叟无欺、名医坐堂、治病救人"饮誉一方。在工具及作品等相关器具方面，昔日以铁船、碾钵、铜锅、戥子秤、杵筒等各种传统切药刀具为主；发展到现在取而代之的是淘药机、筛药机、切药机、炒药机、轧碎机、轧扁机等组成的现代化工具。在制品方面，有"余天成牌"的虫草、燕窝、山参、红参等细货产品 50 多种，"余天成牌"的党参、当归、黄芪、太子参等精制饮片 20 多种，还有代客煎的膏滋药等便民服务。

余天成堂的中医药文化是我国中医药事业的一朵奇葩，为后世留下了辛未校订、松江余天成珍藏、校正《丸散全集》（上卷、中卷、下卷），余天成堂还有《丸散膏丹全集》一本。余天成堂的招牌至今依然熠熠生辉，药香久留人间，造福于广大市民。其"二十四字"的办店方针成了百年老店的名店风范，代代相传，以其诚信的精神推动了企业的发展。

八、上海米糕制作技艺（市级）

上海米糕又称叶榭软糕，始于明万历元年（1573），创始人施茂隆。康熙二十六年（1687）编纂的《张泽小志》载："宾鸿飞处白云垂，倦向山村寄一枝。叶榭软糕张泽饺，临风枨触几番思。"迄今已 400 余年。叶榭软糕具有松、软、甜、香、肥五大特点，吃起来松软香甜而不腻，加薄荷更是夏日饮食佳品，闻名黄浦江两岸诸县。民间有顺口溜曰："浦南点心三件宝，亭林馒头张泽饺，叶榭软糕刮刮叫"。

叶榭软糕原料选用当地优质粳米和糯米，按比例配制而成。这两种米要在冷水中浸泡 7 天以上，每天换水，使米发酵成分全部挥发完。经晾透后用石臼舂粉细筛 3 次，再用筛子筛入蒸格，辅以精细绵白糖和各色馅心，荷叶衬垫，蒸煮而成，口感清香、凉爽。软糕品种有夹心糕、素糕、猪油豆沙糕。夹心糕以猪油、豆沙、枣仁、红绿瓜丝、绵白糖为馅心，外观呈正方形，色泽鲜艳，特点为松、软、香、甜。素糕系加入上等绵白糖，外观呈大块长方型，雪白细腻，线条清晰，特点为松、软、甜、凉，糯而不粘，盛夏季节一周内不馊变。条形素软糕有羽状刀痕，可随意分开，甜度适中，清香可口。

九、新浜山歌（市级）

新浜地区的耘稻山歌早在清初时就已初具山歌规模，因此，历史上新浜被誉为"田山歌之乡"。

解放以前，新浜地区只种一季稻，但一季稻要耘稻三遍，花大量工时。地主及大户人家田多，往往雇用帮工、短工、长工30人左右耘稻，这时雇工们就自发组织起山歌班传唱山歌，抒发心中的愿望。

新浜地区村村有山歌班。每逢盛夏耘稻之际，田野上青歌妙音，如行云流水，往往一曲终了，余韵阵阵，不绝于耳。雇工们唱的田山歌无论词和曲，均具有相当浓郁的江南水乡风情。从新浜地区已发掘、采录、整理出的一大批长、中、短田山歌来看，都有较高的历史价值和艺术价值。在《刘二姐》《姚小二官》和《庄大姐》三部长篇民间叙事田山歌中，《庄大姐》和《刘二姐》入选《江南十大民间叙事诗》，它不仅填补了长达一千多年中国文字史上无汉族民间叙事诗的空白，而且也折射出新浜地区民间山歌灿烂悠久的历史[注44]。

第三节　民俗特色

在我国，各民族都有各民族的风俗习惯。松江是个以汉民族居住为主的地区，其民俗、风俗习惯与其所位于的江南地区是大同小异。撇开那些基本相同的民俗、风俗习惯，就这"小异"又表现在哪里？今日还在举行吗？本节例举以下四项活动来叙述。

一、元旦登高

公历新年的第一天，当地人有新年伊始登高的习俗，登高望远，眼前无遮无拦，一揽无余，这景象能给自己和家人带来好运、顺利，期望新的一年里，工作顺利、学习进步、身体健康。组织登高活动于2006年在东佘山创办，与浦东"东方明珠"登高形成"一东一西"遥相呼应的景象。此项活动由区旅游委、佘山度假区、体育局、文广局主办，每年都有来自上海地区的四五千市民参加，已连续开展十多年。

二、端午赛龙舟

端午节，也称端阳节、中天节。时当初夏，易发各种疫病，因此古人称五月为"恶月"。《松江府志》载端午风俗："午时，缚艾人，采药物，食角黍，浮菖蒲雄黄酒。小儿以雄黄抹额，系百索于臂，皆云辟邪。妇人制彩缯给为人形，插之于髻，名曰健人。是日，观龙舟竞渡于白龙潭。"

有关龙舟竞渡，当代前辈褚同庆老师的《端午节白龙潭竞渡》一文记载详细：旧时，逢端午，松江例行龙舟竞渡，城西白龙潭水面颇为辽阔，是竞渡的好场所。有钱人乘坐在画舫中，饮酒作诗，清音相伴。民众拥挤在河岸争看热闹。有的把鸭子放在河中，水性好的泅而取鸭，捕获到鸭子归己，且有赏酒。据清初华亭诗人沈荩（字邵六）所写的《白龙潭竞渡诗》和陆祖麓（字次梅）所写的《白龙潭观竞渡歌》来看，诗中对竞渡场面的描绘是热烈而壮观的，端午节龙船竞渡就成了当时松江的民俗，年年在白龙潭举行。

当时松江府、华亭县的官员曾来观看，并主持仪式。首先酹酒以吊屈原，而后竞渡开始，以先得锦标者为胜。凡得胜者，官员必当场赐酒，作为奖励。参加比赛的船上都备有茄鼓等乐器，以壮声势。舟上装饰华丽，彩旗飘扬；与赛者都穿新衣。除比赛速度外，还有各种杂技和武术表演。"波涛出没若平地，盘旋飞舞蛟螭翔。别有轻身类猿狖，婆娑跳掷升危樯。倏忽变幻千百态，一时角逐难颉颃。"真是多姿多态，各尽能事。

那时，松江府城人民经济富裕，财力充沛，为龙舟竞渡互赛高低，不惜重金，向各处聘请划舟高手及武技能人，以争雄长。所以，也可以说是一场杂技武艺的大检阅。龙舟竞渡有这样热闹，松城以及近郊人民无不扶老携幼，倾城空巷前去观看。白龙潭岸边人群联袂接踵，重重环匝，如墙如堵，的确是一次男女老幼同乐共赏的盛大文娱活动，为端午节增色不少。

后来，白龙潭逐渐淤浅，面积越来越小，龙舟竞渡已难于驰骋；加上清兵与太平军在松江进行三次大战，人民遭受兵燹，元气大伤，没有财力和兴趣搞龙舟竞渡，便停止举行了。

2000年后，此项活动得以恢复。并移师于华亭湖进行，来自全市的十多支龙舟队参加角逐。在岸边，还配以各种文化、体育、旅游推介、农副产品销售等活动。2021年，又移师泗泾镇泗泾塘举行。已连续开展十多年了。

三、七月十四喝豆浆、吃油条

明末，清兵南下，李待问和陈子龙组织义兵抗清。李负责守东门，弹尽粮绝，李待问将家里仅有的一袋黄豆用水浸泡后磨成豆浆，分给义兵们喝。西城门失守，李见大势已去，欲引绳自缢，气未绝而被俘。劝降不屈，慷慨就义。临死前告诫清兵将领不可残杀百姓。

农历七月十四是李待问的诞辰日，松江百姓就暗地里用"吃油条和喝豆浆"的方式以之纪念，表达敬仰之情。后清政府为笼络人心，表彰明代的忠臣先烈，李待问被封为松江府城隍神，塑像以祀。七月十四吃油条和喝豆浆的形式也相沿成俗，一直保留至今。此后，每年的农历七月十四都举行松江府城隍庙大庙会，也成了农副产品交易会，三日方散。抗战爆发后，府城隍庙毁于日机轰炸，庙会停办。新中国成立后，一度沿袭旧俗，改名城乡物资交流会。1960年代起停办。2000年后，在府城隍庙遗址上新建的上海方塔园承担了这项活动，每年的农历七月十四免费向市民供应油条和豆浆。

四、重阳登高

古人以九为最大的阳数，九月九日两个阳数重叠，故称重阳。重阳节，又名"登高节"。《松江府志》载："九月九日，蒸菊糕，标以红纸旗，供神佛。春红粱荐先。对菊，佩茱萸，尝新酒，名开清酒。或挈榼九峰、泖塔等处，为高会。"旧时，重阳节的主要活动有：一是登高，二是吃重阳糕，三是持蟹赏菊，四是祭灶。

关于登高习俗的形成，据《续齐谐记》载，东汉时，仙人贾长房对他的弟子桓景说，九月九日你家中当有灾，快叫家人做绛囊袋，把茱萸装在袋中，背在身上，登高饮菊花酒，此灾可消。桓景如贾长房所教，至晚，见犬牛羊一时暴死。问贾长房，答道：犬牛羊代为消灾。此后。人们以重阳登高祈求平安。

重阳糕为节令食品，用糯米粉加糖蒸制而成。娘家给出嫁的女儿送重阳糕，期盼女儿家日后"步步登高"。当天，各糕团店都出售重阳糕，出售的重阳糕上都插有彩色小旗。陈金浩《松江衢歌》："江城何处可登高，一览凭楼远市嚣。默绶重阳无菊粉，小红旗插白糖糕。"

松江人还有在重阳节持蟹赏菊的习惯。时值菊花盛开，泖蟹上市，新酒酿成，花香，蟹壮，酒新，亲朋好友相聚团饮，文人墨客登高把酒赋诗。姚春熙《茸城竹枝词》："霜前泖蟹绽双蟹，画舫招携兴亦豪。一出水关双桨驶，横云山顶去登高。"注45

明清时期，这项活动较多的是在横云山进行。黄霆《松江竹枝词》曰："挈伴登高落日斜，横云山北是侬家。满山乌臼红如许，莫愁春江二月花。"2000年后，登高活动由松江区"老龄委"牵头，区民政局、体育局、旅游委、文广局协办，先后在天马山、东佘山进行。东佘山有新建的368级上山台阶，寓意着一台阶为一天，368级台阶喻为一年，是为走过一年又一年。"岁岁重阳，今又重阳"。每年都有来自上海地区的三四千名老年人参加，已连续开展20年。

第四节　荣誉称号

本节，以大事记的方式来回顾1989年—2021年间，松江在全国或国际上、上海市级所获得的与文化和旅游方面相关的荣誉称号。

1989年1月26日，松江县被国家文化部社文局命名为"中国现代民间绘画画乡"。

1991年3月，松江镇被国家文化部命名为"上海历史文化名镇"。

1993年9月6日，1991年出版的《松江县志》荣获全国新编地方志优秀成果一等奖（最高奖项）。

1996年5月16日，松江县荣获全国文化先进县称号。

2004年12月27日，中国地方志指导小组办公室、中国地方志协会，在海南大酒店召开首届中国地方志年鉴奖颁奖暨总结会上，《松江年鉴2004》荣获首届中国地方年鉴奖一等奖。

2005年11月8日，在西班牙拉克鲁尼亚"第九届全球国际花园城市大赛"中，按大赛规定，参赛城市根据人口数量划分为A到E五个等级，松江参加的是C级，与英、美、波、挪等10个国家的12座城市一争高下，最终松江区夺得"国际花园城市"C级组金奖第一名。

同年12月，"松江顾绣"被列入第一批国家非物质文化遗产名录。

2007年12月19日，松江区被国家文物局授予"全国文化遗产保护工作先进集体"荣誉称号。松江是上海历史文化发祥地之一，全区共有不可移动文物和文物保护地点129处，其中国家级不可移动文物2处，市级不可移动文物和文物保护地点11处，历史文化风貌保护区3处。

2008年6月14日，泗泾古乐"十锦细锣鼓"被列入第二批国家非物质文化遗产名录。公布的第一批国家非物质文化遗产扩展项目中，"松江叶榭草龙舞"（草龙求雨仪式）入选其中。

2010年，松江区选送的音乐作品《永远在一起》获全国第十五届"群星奖"。在上海广播电视台等市级电视媒体发稿640条，名列全市18个区（县）第一名。同年，松江区普查队荣获"第三次全国文物普查实地文物调查阶段突出贡献集体奖"，为全市唯一获此殊荣的单位。

2012年11月20日，松江区被中国书协授予"中国书法城"称号。

2013年5月，松江广富林文化遗址和佘山天文博物馆双双被国务院公布为第七批"全国重点文物保护单位"。至此，松江的"国保单位"上升至4处。

2016年，松江又被中国考古学会评为"2011—2015年度田野考古三等奖"。同年，佘山国家旅游度假区被评定为"全国标准化管理示范基地"。

2019年，松江成功创建首批国家全域旅游示范区，并荣获"中国文旅融合示范奖"。

2020年，松江入选第四批全国旅游标准化示范名单。

2021年11月25日，佘山国家旅游度假区被评定为"国家体育旅游示范基地"（全国47个，全市唯一）。

第六章　旅游业态

就上海地区而言，松江山清水秀、风光旖旎；具有深厚的历史文化积淀，地面文物众多；历史人文景观、自然景观、现代景观相互交映，这为发展旅游提供了扎实的基础。

自1991年始，松江有了真正意义上的旅游业，旅游业从此起步，发展较快。主要标志是：有了独立的、有编号的旅行社、旅游A级景区和旅游星级饭店；有了旅游管理机构及旅游节庆活动等。这个时期，旅游业还表现为学校组织学生春秋游、单位组织职工外出短途旅游，安排职工疗休养等。

旅游业主要是由旅行社、旅游景区、旅游饭店这3大行业组成，后又发展了旅游商店、旅游服务公司、旅游邮轮公司、旅游网和线上公司、农庄农家乐、民宿客栈、旅游餐厅等。就松江而言，也就增加了休闲农庄、民宿客栈、旅游餐厅等。在这一章中，主要谈谈旅游景区、旅游饭店、旅行社这3大行业及行业提升和旅游服务机构的发展情况。

第一节　景区景点发展

1980年代，松江的旅游景区也就这几处，醉白池、方塔园、西林禅寺和西佘山圣母大殿等。1986年，佘山风景区的年游客量约为40万人次。

1990年代，佘山地区的人造旅游景区（点）如雨后春笋般冒出来，如封神榜艺术宫、西游记迷宫、海底奇观、欧罗巴世界乐园、佘山锦江水上漂流世界、太空探秘，百鸟园、蝴蝶园、旱地雪撬，加之1993年，松江佘山风景区被首批命名为"佘山国家森林公园"，和城区的醉白池公园、方塔园、西林寺等，形成了松江旅游成形时期的辉煌。1995年，全县游客人数达到322万人次，创了历史最高，此记录也保持了近10年。

以上的"封神榜艺术宫""西游记迷宫""海底奇观""佘山锦江水上漂流世界""太空探秘""百鸟园""欧罗巴世界乐园"等7个景区景（点）至2001

年前均因不同缘故关门歇业。应该说，这些景区景点在1990年代松江兴起的第一波旅游高潮中，的确起到了推波助澜的作用。

根据市委、市政府"郊区要体现上海实力与水平"的指示，加快发展本县的旅游产业。至1997年，全县建成旅游景区（点）15个，比五年前增加了2.5倍。直接从事旅游服务和开发的各类企业38家，比1992年增加了近8倍。

2000年12月，佘山国家森林公园的四座开放山林被评为国家AAAA景区。在2000年前后，新的一批旅游景区（点）开张迎客。他们是：1999年，上海影视乐园对外开放。2000年12月，泗泾史量才故居修复并对外开放；2001年9月29日，上海青青旅游世界开园；2003年，松江华亭老街开街迎客；同年9月29日，新桥春申君祠建成并对外开放；2004年，天马赛车场对外营业；同年5月，新城区中央公园建成开放；同年10月18日，佘山国际高尔夫俱乐部建成；2005年，月湖雕塑公园对外开放。另外，还有天马乡村高尔夫俱乐部、东方高尔夫俱乐部、西部渔村休闲中心、五库农业观光休闲园区、高博特等3家工业旅游点均在这一时期建成并对外开放。全区共形成30多处旅游景区（点），其中纳入旅游监测统计单位的有16家。松江形成了第二波旅游项目落地开放的高潮。

2010年前后，随着2008年上海欢乐谷、2010年上海辰山植物园、新浜雪浪湖生态休闲园、2013年上海玛雅海滩水公园的建成开放。新浜荷花节、仓桥水晶梨梨花节、石湖荡"荡里赏红花"活动、泖港菊花节、张泽羊肉节等的举办。这是松江的第三波旅游项目落地开放高潮。

2020年前后，随着2018年6月广富林文化遗址、2019年世茂洲际酒店（俗称：深坑酒店）和精灵之城、广富林郊野公园、八十八亩田、云间粮仓文化休闲园区、2020年松南郊野公园和2021年G60长三角科创云廊"灯光秀"的建成和开张，这是松江的第四波旅游项目落地开放的高潮时期。

应该说，在整个上海市范围，松江的旅游项目落地开张，无论是旅游项目的数量，还是规模体量及享有的知名度等都是很有影响力的。

这20多年来，松江的旅游景区创A也从未停息过，截止2023年6月，松江共有10家国家AAAA级旅游景区和4家AAA级旅游景区。它们是AAAA级的上海佘山国家森林公园（2001年）、上海方塔园（2007年）、上海月湖雕塑公园（2009年）、上海欢乐谷（2011年）、上海辰山植物园（2012年）、上海影视乐园（2018年）、上海醉白池公园（2020年）、广富林文化遗址（2020年）、上海蓝精灵乐园（2023年）、上海云堡未来市艺术文创景区（2023年）等；AAA级的浦江之首（2020年）、深坑秘境乐园（2020年）、上海云间粮仓文创园（2023年）、上海广富林奇石馆（2023年）等。

创 A 并非是终生制，一劳永逸的，每过四五年就要对 A 级景区进行复核检查。如松江在 2015 年时，雪浪湖生态园曾获得国家 AAA 级旅游景区的称号，因在 2020 年 9 月份的复核中未能达标，而被取消了 A 级称号。

对松江主要的旅游景区景点的情况，将在后面的几章里再作叙述。

第二节 旅游饭店发展

在 1990 年代，松江的旅游业刚开始走向成形时，松江的旅游饭店宾馆规模都不大，房间数也都在百间以下（除红楼宾馆和松江宾馆之外），设施也不够完善，低星级宾馆也仅有 2 家，红楼宾馆和松江宾馆。其他饭店宾馆有：佘山度假饭店、松江大酒店、国发休闲中心、佘山森林宾馆、紫园大酒店（原名：沪昌度假村）、兰笋山庄、松浦度假村、上海江秋度假村、上海杏花楼酒店（南号）、上海市交通运输局职工疗养院、东方俱乐部、上海移动通信佘山培训中心（原名：市长信局培训中心）、上海红与蓝大酒店等。在松江旅游业成形阶段，这些酒店是起到了推波助澜的作用，是作出了很大贡献的。1997 年，松江有旅游接待宾馆饭店 20 家，比 1992 年增加了 5 倍；使松江旅游业有了住宿业的支撑而走向商旅业结合。

2000 年，松江有宾馆饭店和旅馆共 44 家，当时的宾馆饭店和旅馆数量约各占一半。随着旅游的兴起，宾馆饭店的建造和旅馆的增加已展现出强劲的势头。可以说是遍地开花、快速上升。宾馆饭店如：江诚宾馆、国亭宾馆、上海青青大酒店、谷阳大酒店、大众国际会议中心、富悦宫商务宾馆、上海松江开元名都大酒店、上海佘山茂御臻品之选酒店（原名：上海世茂佘山艾美酒店）、东方佘山索菲特酒店（原名：上海佘山黄河索菲特大酒店）、上海新晖大酒店（原名：上海新晖豪生大酒店）、宝隆花园酒店、上海立诗顿宾馆、新沙珑国际宾馆、学苑宾馆、维也纳国际酒店（松江店）等。

2000 年后，松江的旅游星级饭店发展较快，到 2006 年已达到 15 家。但还都是三星级及以下的低星级酒店。其中，有 12 家二星级酒店在 2010 年前后先后取消了星级评定。它们是上海杏花楼酒店（南号）、上海市交通运输局职工疗养院、上海红与蓝大酒店、江诚宾馆、国亭宾馆、上海江秋度假村、松浦度假村、松江宾馆等。可喜的是，到了 2007 年，松江有了高星级酒店，开元名都大酒店被评为五星级酒店，成为市郊第一家；上海世茂佘山艾美酒店为松江第二家五星级酒店；东方佘山索菲特酒店为松江第三家五星级酒店；新晖豪生被评为松江首家四星级酒店等。

除星级饭店外，大量的社会饭店在这一时期纷纷开张，多家经济型酒店落户松江。规模较大的有维也纳国际酒店（松江店）、锦江之星等。饭店宾馆度假村星罗棋布。短短的几年时间，旅游接待设施已基本成形。

2010 年，全区有各类宾馆、酒店、度假村 380 多家，总床位数达到 12000 张。其中大型饭店度假村有 20 家，床位数达 5400 张。

2012 年，松江有酒店、饭店、旅馆总数 513 家，客房总数 17585 间，床位总数 27503 张。其中，房间数在 80 间以上的酒店饭店有 43 家，从中被列入区旅游监测统计的宾馆饭店有 20 家左右。当然，它们是松江主要的旅游和会务接待饭店中规模和体量较大的代表。当时，有星级饭店 8 家，其中 5 家为高星级饭店。

2010 年代新建的酒店宾馆有：广富林大酒店（原名：学苑宾馆）、上海锦丰国际大酒店、上海月湖会馆、雪浪湖度假村、上海松江假日酒店、上海新桥绿地铂骊酒店（原名：上海新桥绿地逸东'华'酒店）、上海沪华国际大酒店（松江店）、上海富悦大酒店、上海三迪华美达酒店、上海欢乐谷嘉途酒店、上海佘山世茂洲际酒店、上海榕港万怡酒店等。

2020 年后新建开张的有：广富林宰相府酒店、上海松江凯悦酒店、广富林希尔顿酒店等。有的也被列入区旅游监测统计的宾馆饭店之中。

这里，就住宿业而言，也要说说在松江的经济型酒店。2000 年后，特别是"非典"后，一种新的住宿业形式悄然兴起，即经济型酒店。它仅向住宿者提供住房和简单的早餐，视条件允许，有的还有会务设施。而其运行成本和收费却较低。说是"酒店"，其实仅是借用之名而已。在这近 20 年里，有 7 个品牌的经济型酒店落户松江。如"维也纳国际""锦江之星""格林豪泰""7 天连锁""如家快捷""汉庭快捷""莫泰168"等等，并且一个品牌的经济型酒店在松江分布了多家门店。据 2016 年的统计来看，有 6 个不同品牌的经济型酒店各选一家较大规模的门店作为统计对象，其接待住宿者达 29.37 万人次，住宿（营业）收入 0.71 亿元。之后，众多品牌的升级版，即舒适型、豪华型的经济型酒店也分布在了松江各处，如"汉庭优佳""全季"等。

在 2002 年—2009 年间，松江也有一家本土的经济型连锁酒店—加加村宾馆，当时分别在中山中路华亭老街、谷阳北路商业广场和九亭蒲汇路开设了连锁门店。到 2009 年之后门店相继出售于他人。并于 2010 年转型创办了新酒店，即后来位于松江泰晤士小镇苏荷大街旁的北欧简约式风格主题酒店—菲堤酒店，遂成为特色精品酒店。

对松江主要的旅游酒店宾馆的发展，将在后面的第十二章再作介绍。

第三节　旅行社发展

在 1980 年代，松江已建立了四五家旅行社，可还都没有取得经营许可证，都是挂靠在市区的一些旅行社名下从事旅行社的业务。

1991 年初，松江旅行社获批取得了经营许可证（编号为上海 50 号），成为独立的国内旅行社，这也成了松江当代旅游起步的标志之一。为何要将旅行社看得如此重要？在古代和近代，我国还没有旅行社。1980 年代前，松江也没有旅行社。游历或旅游活动都是个体行为或小众自组行为。旅途中的吃、住、行、游、购、娱等都要自己来安排。如找船只、马车、汽车、火车等代步工具；找大车店、客栈、旅馆、寺庙、农家求住宿；买米买菜自己生火做饭等。而有了旅行社之后，这些事情都可由旅行社来操办，那怕是上百人、上千人。还可给你提供旅游方案与行程。旅行社是联系景区、住宿、餐饮、交通工具、演艺场所和购物点的桥梁，是纽带。虽然松江的旅行社大多规模不大，可作用并不小。

至 1999 年，松江有国内旅行社 6 家，他们是松江、佘山、乐达、西林、云间和商旅旅行社。2000 年后，旅行社的发展速度加快，到 2003 年达到了 23 家。到 2007 年已发展到有国内旅行社 33 家。并有市区的国际旅行社门市部 6 家、国内旅行社 8 家在松江开设门市部，大型旅行社如春秋包机、上航假期纷纷在松江城区落地。

到 2016 年，松江已有国际国内旅行社 43 家。到 2019 年，旅行社的组团人数、接待人数和营业收入是在不断地增长。到了 2020 年，旅行社已发展到有 50 多家。其中，获得 AAAA 级旅行社有 3 家，他们是：松江旅行社、君汇国际旅行社、九鹿国际旅行社。获得 AAA 级旅行社有 12 家。他们是：钟书国际旅行社、佘山旅行社、全联国际旅行社、之根旅行社、开天旅行社、红森林旅行社、风度国际旅行社、商旅国际旅行社、畅程国际旅行社、相伴天涯旅行社、春秋包机旅行社、优游国际旅行社。

在松注册的旅行社还有：酷游旅行社、华庭旅行社、晨宏旅行社、航宇旅行社、红楼旅行社、国伟旅行社、舒艺旅行社、德逸旅行社、天昕旅行社、滨宁国际旅行社、云间国际旅行社、泡泡海国际旅行社、两新旅行社、醉白旅行社、乐凯旅行社、往来国际旅行社、程启旅行社、美锦国际旅行社、嘉景旅行社、趣扑旅行社、五彩人生旅行社、海角旅行社、惠康旅行社、通瑞旅行社、石库门旅行社、茸兴旅行社、道坤旅行社、小丁丁旅行社、青豆旅行社北京新鑫（上海）旅行社等。

旅行社的快速发展，既为广大市民的出游提供了方便，又为松江旅游"引客来松"接待外省市游客团队带来了便利，起到了促进作用。

第四节　旅游企业"三品"建设

2004年，松江的旅游企业和从业人员已形成规模。当时有旅游景区（点）16家，本地旅行社24家，市属旅行社门市部14家，星级饭店11家，社会饭店及旅馆380多家，旅游纪念品、土特产商店10家，总数达460多家，从业人员有1.5万人，已成为松江第三产业中很重要的一个朝阳产业。2004年起，松江在旅游企业中开展了以品牌、品位、品质为内容的"三品"提升建设工作。

旅游品牌建设是重点开展以构筑诚信服务体系建设为主，如承诺必行、杜绝虚假、价格公道、立足长远、从小事做起、按合同办事、重视满意度和信誉是根本等方面。形成了诚信信息登记、诚信信息评价、诚信激励与警示、诚信信息公示四项制度操作流程。品位建设倡导以企业文化建设为抓手，企业有统一的精神文化、制度文化、物质文化和管理文化：如精神文化中的企业目标、方针、理念、风气、道德、诚信等；制度文化中的一般与特殊制度和风俗；物质文化中的企业名称与标志、形象与广告词、外貌与信息符号、产品特色、文化传播与宣传品等；管理文化中的企业概况和管理网络示意等。最后，将这些企业文化要素和上海兰笋山庄、上海红楼宾馆、松江宾馆、上海方塔园、佘山国家森林公园、松江旅行社5家单位的做法汇编成样本加以推广。品质建设是以旅游企业积极进行国际质量认证等。

"三品"提升建设的效果日益凸显。2004年，8家旅游企业先后进行ISO国际管理质量体系认证。他们是：兰笋山庄、青青旅游世界、上海方塔园、乐达旅行社、佘山国家森林公园、松江旅行社、松江宾馆和相伴天涯旅行社。其中，2004年，兰笋山庄被评为上海市诚信服务优质单位。

松江旅行社和乐达旅行社先后荣获"全国国内百强旅行社"称号，其中乐达是连续5年荣获此荣誉。有5家旅行社分别在2004—2005年度游客满意度测试中进入全市的130家抽查单位中的前10名。他们是：较大规模组的乐达旅行社、松江旅行社，较小规模组的之根旅行社、红楼旅行社和佘山旅行社。2006—2007年度在全市的游客满意度测试中，松江列19个区县的第5名。在2006—2007年度政风行风评议中，松江连续2年列全市19个区县第2位。

2000年后，佘山国家森林公园和上海方塔园先后被评为AAAA级旅游景区，其中上海方塔园还荣获市五星级公园，醉白池获四星级公园。五库农业观光休闲园、上海影视乐园、高博特生物有限公司被评为2007年全国工农业旅游示范点，其中上海影视乐园还被评为上海市旅游协会2007年老年人最喜爱的短途旅游景区20佳之一。上海天文博物馆、上海地震博物馆和佘山国家森林公园被定为上海2条科普旅游示范线路之一。2007年，开元名都大酒店获评五星级，成为市郊和松江的首家。

到了2010年前后，更有众多的旅游企业获得了各种荣誉和称号。旅游景区有AAAA级的月湖雕塑公园、上海欢乐谷、上海辰山植物园、上海影视乐园、醉白池公园、广富林文化遗址等，AAA级的"浦江之首"、深坑秘境乐园等。星级饭店有五星级的上海佘山茂御臻品之选酒店、东方佘山索菲特酒店，四星级的上海新晖大酒店、上海新桥绿地铂骊酒店。获得AAAA级旅行社有3家，获得AAA级旅行社有12家。

自2000年松江区旅游委成立之后，便以加强促进行业队伍建设为己任，每年都要开展诸如：国家导游证考前辅导培训、开展导游技能比武和景区讲解大赛、酒店餐厅和会议桌摆台、餐饮切配、托盘接力、烹饪和雕刻大赛、客房中式铺床、普通话等级考和对外微信宣传编排比赛等。以练好内功来提升服务质量。与此同时，每年还要组织旅游企业开展消防技能比武和处置突发事件应急演练等。

第五节 旅游公共服务中心

松江区旅游公共服务中心，初建于1999年，原名为松江区旅游咨询服务中心。2014年改现名。是一家独立核算、全额拨款的事业单位，隶属区旅游委。主要是向游客提供旅游咨询，也是游客获得免费旅游宣传品的地方。"中心"同时还承担制作松江旅游宣传品、开展松江旅游对外宣传、组织旅游主题活动等业务。现设有松江南站咨询中心、轨道交通九号线佘山站咨询点、泰晤士小镇咨询点、佘山旅游综合服务中心咨询点等4处咨询点。

2019年，旅游信息化数据平台一期项目建设完成，建成旅游公共服务、旅游综合管理、旅游营销平台应用等云平台框架。

第六节　松江区旅游协会

松江区旅游协会成立于2005年10月。2010年6月、2014年11月和2018年10月分别进行了第二届、第三届、第四届的换届改选。协会会员是由松江区从事旅游业的企、事业单位组成，是具有独立社团法人资格的社团组织。协会的最高权力机构是会员代表大会，现有会员代表80余家，下设旅游景区分会、旅游饭店分会和旅行社分会。会员代表大会的常设机构是理事会，现有理事单位25家，理事会由会员代表大会选举产生，理事会每届任期四至五年。协会代表和维护全行业的共同利益和会员的合法权益，努力为会员服务，在政府和企业之间发挥桥梁和纽带作用，积极助推松江旅游行业的健康发展。

协会的五大任务：

行业自律：紧紧围绕市、区旅游业发展的总体思路和目标，充分发挥协会的作用。建立健全各项自律性管理制度和形成约束机制，制订并组织实施行业职业道德准则。推动行业诚信建设，倡导文明经营。努力实现旅游市场秩序规范、旅游服务水平提高的工作目标，促进全区旅游业持续、健康、有序发展。

协调合作：充分利用社会团体组织的优势，加强协会与各方面的协调合作，实现资源共享。共同探讨新形势下的旅游企业发展，研究政策法规、开展产品推介、抱团营销、经营管理等工作。推进旅游企业联动，逐步化解、打破相互间的瓶颈制约，使旅游企业的经济效益和社会效益得到双提高。

宣传教育：加强宣传，开拓市场。扩大我区旅游业的影响，把旅游产品推介出去，把游客吸引进来。组织会员学习先进理念和有效做法，以达到增长见识、扩大视野、促进提升的目的。在提高服务水平上下功夫，更新教育培训观念，创新教育培训方式，提升企业品位和服务水平。

信息沟通：注重旅游信息传播，加强旅游信息服务。利用行业信息平台，及时将信息传递给会员单位，并使之成为企业相互学习交流之平台，政府和企业了解旅游动态之窗口。

综合服务：结合旅游业发展方向，按照旅游产业转型、品质提升的要求，协会要采取多种形式开展有利于企业发展的促进和提升活动，以全面提升从业人员综合素质，提高管理和服务水平，发挥协会作用，不断提升综合服务能力。

第七章 六项要素

当代旅游有"六大要素"之说,即食(餐饮)、住(住宿)、行(交通)、游(游览)、购(购物)、娱(文娱)这六大要素,作为成熟的旅游目的地,必需具备这些要素。

一、食:饭店餐馆与名菜名点

"食(吃)"是排在第一位的。游客来松,询问的第一句话便是:"松江有啥好吃的?在哪里能吃到?"可见"食(吃)"的重要。

松江历史上有许多名菜名点,这在前一篇中曾介绍过,只是有的在当时就已失传或歇业了。新中国成立后,松江县成立了餐饮服务公司,有不少饭店还是在继承传统特色,研究创新新的菜系和点心。如草芦酒家、迎宾楼、红楼宾馆、小广东、稻香村、清真馆、泗泾"沈三记"等。

草芦酒家创始人、名厨金杏荪(1906—1989)研制的"四鳃鲈八珍火锅""松江三球""合子酥"在1950年代就很有名气了,1955年6月,时任全国人民代表大会常务委员会副委员长的宋庆龄到松江视察,品尝了金杏荪和他的徒弟王仲制作的四鳃鲈八珍火锅、名菜松江三球和名点合子酥后,边吃,边微笑赞道:"好饭好菜好点心,松江美味。"泗泾"沈三记"菜馆的名厨王根泉(1900—1976),能烧一道菜叫爆鳝,"沈三记爆鳝"始成为一方名菜。1956年1月,王根泉参加饮食合作商店,积极传授烹饪技术,培训艺徒,延续爆鳝等菜肴的供应。1960年春,曹荻秋市长来泗泾视察工作,镇政府特邀王根泉掌勺,将泗泾名菜爆鳝列上菜单。

当代旅游兴起后,旅游部门自成立起,便与区餐饮协会紧密合作。2000年8月至10月23日,区旅游饭店(宾馆)首届"名厨、名菜、名点"操作比武大赛举行,有30余人获奖。2001年9月30日,区餐饮协会在庙前街,举办了第二届"名厨、名菜、名点"美食节。之后,几乎每年都要开展特色菜和特色点心的评比和展示。2006年,还进行了十大农家菜评选。2007年,举办了美食节,评出了20道名菜和10道名点。

2011年9月，第九届"上海之根"文化旅游节期间，松江开展了"我喜爱的松江十个景区、十家酒店、十件土特产、十道特色菜"评比活动，旨在推动品质提升。获奖的"十道特色菜"是彩蝶坊酒家的外婆红烧肉、草芦酒家的草芦第一鲜、金泖渔村的红烧野河鳗、西部渔村的莼菜松江鲈、张泽羊肉大酒店的烂糊羊肉、大众国际会议中心的贵妃香蹄、兰笋山庄的虾籽兰花笋、潮福城大酒店的香酥菜肉卷、豪岭百味佳的金牌一锅鲜和东其昌酒家的其昌红蹄。

2015年7月，由松江区商旅委、区文广局、区档案局和区商联会合作，车驰编著的《云间美食》出版。该书汇集有当代松江的经典菜17道、传统菜50道、招牌菜45道、家常菜17道、特色糕点39道，共168道菜点。还有79位名厨名师介绍，体现了当今松江的"名厨、名菜、名点"之大全。

食是旅游美食餐饮文化，要品尝松江的"舌尖美味"，除了松江的一批高星级酒店、宾馆之外，还有更多的是社会饭店和餐馆，特别是一批致力于松江本帮菜的传承、创新的饭店餐馆，如当今的竹筷子酒家、草芦酒家、东其昌酒家、晋盛食府、筱爷叔酒家、彩蝶坊酒家、浦南人家、农家菜老大等等。

松江城里的早点也是既有特色，又丰富多彩，比较有名的有草芦酒家的早点、鹿鸣村糕团、晋盛食府早点、雯雯点心店的早点等，每天清晨都有市民排队购买。

松东路饮食文化街　饮食街位于松江老城区环城东路，是一条南北向的道路，全长1050米，周边有蓝天一村、二村、三村等居民聚居区。东北侧就是松江工业园区。园区内有外资企业400多家，以日、韩、台资企业为主。1997年松东路开通后，许多精明的商家就看准了这一市场，以企业管理人员和普通员工为消费对象，以餐饮和休闲为主要经营项目，很快就形成了一条火爆的商业街区。到2009年底，有117家商业门店在此地落户经营，其中餐饮业38家，休闲娱乐场所22家，其它各类门店57家。通过政府的引导和企业的不断优化，2000年代，松东路已发展成一条比较成熟的、具有鲜明特色和品牌优势的餐饮文化街，涌现出一些具有品牌优势和特色风味的餐饮商户。

松东路饮食文化街以饮食文化为龙头，以休闲娱乐为消费主流，展示了体验消费的乐趣。街区内涵盖着丰富的商业经营状态，设有大型正餐区、中小型特色餐饮区、风味小吃店、酒吧间、茶艺坊、西餐厅、咖啡馆，以及精品购物区等。

晋盛食府的"本帮烂糊羊肉""现烤咸蹄筋""兰花小茄子"，中野烤店的"日本海鲜烧烤"，黄山楼酒店的"牛杂烩"等等，一起形成一批特色菜肴，各种菜肴色、香、味俱全。松东路作为餐饮文化街的特色以及品牌优势得到充分展示，市民和游客大饱口福，为在该地区投资和经营的饮食业主提供了广阔的发展空间。

二、住：酒店宾馆与民宿

松江的住宿和会务资源十分丰富，2020年，全区有各类宾馆、酒店、度假村及旅馆500多家，总床位数达到2万多张。其中大型饭店、度假村有20家，床位数达5400张；会议室134个，总面积达19657平方米。五星级的上海佘山茂御臻品之选酒店（原上海世茂佘山艾美酒店）有客房327间，509张床位，15个会议室，会议室总面积为5048平方米，其中最大的会议室面积为1770平方米。五星级的上海开元名都大酒店有客房446间，702张床位，10个会议室，总面积1488平方米，其中最大的会议室面积为800平方米。五星级的上海东方佘山索菲特大酒店有客房368间，468张床位，12个会议室，会议室总面积为2100平方米，其中最大的会议室面积为1200平方米。四星级的上海新晖大酒店有客房172间，286张床位，8间会议室，会议室总面积为1460平方米，其中最大的会议室面积为500平方米。另外，AAAA级景区月湖雕塑公园中的月湖会馆有会议室11间，总面积5350平方米，其中最大的会议室面积为1600平方米。近几年来，随着上海松江假日酒店、上海新桥绿地铂骊酒店（四星）、上海富悦大酒店、欢乐谷嘉途酒店、榕港万怡大酒店、上海三迪华美达酒店、广富林希尔顿酒店、宰相府酒家等的先后开张，旅游接待饭店的品质、品位、品牌也大大提升了。

全区床位数在80间以上的大型社会饭店有20多家；7种类型的经济型品牌酒店布遍全区，还有各种民宿，饭店宾馆度假村星罗棋布。纳入旅游统计单位的24家各种类型的酒店，年平均接待人数在90—100万之间。

短短的20年时间，旅游接待设施已可满足市场的不同需求。

松江区的会务旅游也有其独特的优势。

松江是上海陆地唯一一个有山有水的休闲旅游度假胜地，佘山国家旅游度假在2009年被评为沪上新八景之一"佘山拾翠"。佘山国家森林公园、辰山植物园、黄浦江涵养林，良好的生态，是上海西南最大的"绿肺"，负氧离子极高，是放松心情、回归自然的最佳选择。

松江，历史人文底蕴深厚，山水自然风光旖旎，素有"上海之根、浦江之首、沪上之巅"之称、"五教五塔"之特色、"三十六景"之美誉，上海欢乐谷、辰山植物园、松江大学园区、泰晤士小镇……旅游资源丰厚，会议之余可尽情畅游。松江先后荣获"国际花园城市""联合国人居最佳范例奖""全国水利风景区""全国绿化园林城市""全国卫生城区""全国文物保护先进区""全国文明城区""2007年中国十大休闲城市之一"等称号。

松江交通区位优势明显，从市中心人民广场出发，半小时车程即可到达，可免除舟车劳顿，不出上海市就能找到一个理想的会务之地。松江地处上海西南，G50 沪渝高速、G60 沪昆高速、G1503 上海绕城高速和 G15 沈海高速、S32 省际高速、嘉金高速，形成"三纵三横"的高速网络；沪杭高铁、沪浙铁路、黄浦江黄金水道穿区而过；轻轨 9 号线直达松江新城。松江距虹桥机场仅 20 多公里。

松江，名特优农副产品盛多，黄浦江大闸蟹、团头鲂（扁鱼）、老来青大米、佘山水蜜桃、仓桥水晶梨、草长浜水红菱、叶榭软糕、张泽羊肉、兰花小茄、农家土糕、各类瓜果是会议团购的理想菜单。

2019 年 10 月 25 日，第十一届松江"会务谷"推介会在佘山世茂洲际酒店举行，上海和长三角地区的文旅行业专家、旅游和会务平台机构代表、各大商会、旅行社负责人以及主流媒体记者百余人参加了推介会。上海松江开元名都大酒店，上海佘山茂御臻品之选酒店、上海富悦大酒店、广富林文化遗址代表分别向与会嘉宾做了专项推介。回顾松江"建设十年路，共商松江会务谷，发展新未来"也作为了推介会的话题。与会嘉宾还实地考察了上海佘山世茂洲际酒店和广富林文化遗址。

十年磨一剑。拉开了打造上海郊区"会务谷"品牌建设的序幕。十一年来，松江旅游人不断挖掘整合会务资源，注重"酒店+景区"优势互补，持续培育和提升松江会务旅游竞争力。全区会务接待能力不断提升，会务影响力不断扩大。"会务谷"已成为松江"五谷丰登"全域旅游产品体系重要支撑，"上海市郊会议之都"品牌影响力愈发显现。2018 年第一届、2019 第二届"进博会"期间，松江有多家酒店承接了中外客商的住宿、餐饮等服务。

三、行：旅游交通与旅行社

从上海市区或江浙一带，或全国各地进入松江，远程的有航班到上海虹桥机场或浦东机场，出虹桥机场后可转乘松江 10 路公交车。出浦东机场后转乘磁悬浮列车到龙阳路终点站，转乘 9 号线（9 号线在松江设有 9 个站点，九亭、泗泾、佘山、洞泾、松江大学城、松江新城、体育中心、醉白池、高铁松江南站）至松江。乘坐高铁的可至松江南站，转轻轨 9 号线至各处。松江境内已形成了"三纵三横"的高速公路网，特别方便自驾游进入松江。公交线有沪松线、青松线、莲枫线、嘉松线、松闵线、松金线、松南线等地面公交线。在松江旅游休闲度假，区内的公交线密布，非常方便。还有 T1、T2 有轨电车与轻轨 9 号线相接。出租车亦不少。

松江人要出游外地，可通过当地旅行社。松江有旅行社 50 多家，其中，获得 AAAA 级旅行社有 3 家，他们是：松江旅行社、君汇国际旅行社、九鹿国际旅行社。AAA 级旅行社有 12 家。他们是：钟书国际旅行社、佘山旅行社、全联国际旅行社、之根旅行社、开天旅行社、红森林旅行社、风度国际旅行社、商旅国际旅行社、畅程国际旅行社、相伴天涯旅行社、春秋包机旅行社、优游国际旅行社。方便了松江人的出游。

四、游：景区名录与全域景观

1. 按类别分

松江的旅游景区（点），从"全域"的角度来计算，即以一个景区算作一处景观，再加一些景区之外的独立景点（如：唐经幢）、自然景观和人造景观，这样严格地计算，可以说，不少于 70 处，可分为 6 大类。

一是主要旅游景区 17 处。上海醉白池公园（AAAA）、上海方塔园（AAAA，国保单位）、佘山国家森林公园（AAAA，国保单位）、上海影视乐园（AAAA）、上海月湖雕塑公园（AAAA）、上海欢乐谷（AAAA）、上海辰山植物园（AAAA）、上海玛雅海滩水公园、泰晤士小镇、佘山高尔夫球场、天马乡村俱乐部、浦江之首（AAA）、广富林文化遗址（AAAA，国保单位）、上海世茂精灵之城主题乐园—深坑秘境（AAA）、上海世茂精灵之城主题乐园—蓝精灵乐园（AAAA）、云间粮仓文创园（AAA）、上海云堡未来市艺术文创景区（AAAA）等。

二是山水生态 17 处。黄浦江及涵养林、华亭湖、沈泾塘与张家浜、徐霞客西南行古水道、昆秀湖、白牛荡、泖田湿地、五库现代农业观光园区、新浜南杨村与雅园、新浜荷花种植基地、叶榭八十八亩田、中央公园、思贤公园、袜子弄、广富林郊野公园、松南郊野公园、九科绿洲等。

三是展馆与故居 20 处。松江博物馆、佘山天文博物馆（国保单位）、佘山地震科普馆、中国珠算博物馆、立信会计博物馆、中国中医药博物馆、余天成堂药号博物馆、程十发艺术馆、董其昌书画艺术博物馆、上海中国留学生博物馆、上海国际酒文化博物馆、新浜枫泾暴动纪念馆、来伊份体验馆、松江民间民俗馆、松江烈士陵园、春申君祠、韩三房、小红楼、胜强影视基地、广富林奇石馆（AAA）等。

四是古代建筑 8 处。仓城历史文化风貌区、泗泾下塘历史文化风貌区、云间第一楼、唐经幢（国保单位）、颐园、华亭老街三宅、钱以同宅、城东五座古桥等。

五是寺庙道观教堂 5 处。佘山圣母大殿、西林禅寺和圆应塔、清真寺、东岳庙、延寿寺和李塔等。

六是当代建筑6处。松浦大桥、泖港斜拉桥、松江大学园区、天马赛车场、天马射电望远镜、长三角G60科创云廊等。

在604.67平方千米的土地上，散布着这73处旅游景观，再加之不同季节的田野风光和由梅、樱、桃、梨、菜、荷、菊组成的七色花海，旅游景观基本上布遍了松江全域和春夏秋冬四季。

2. 按所在区块分 主要可分为五大板块：

佘山板块：（16处）佘山国家森林公园（AAAA）、上海月湖雕塑公园（AAAA）、上海欢乐谷（AAAA）、上海辰山植物园（AAAA）、玛雅海滩水公园、佘山高尔夫球场、天马乡村俱乐部、世茂精灵之城主题乐园—深坑秘境（AAA）、徐霞客西南行古水道、佘山天文博物馆（国保单位）、佘山地震科普馆、佘山圣母大殿、天马赛车场、天马射电望远镜、上海国际酒文化博物馆、世茂精灵之城主题乐园—蓝精灵乐园（AAAA）、等。

新城区板块：（14处）泰晤士小镇、广富林文化遗址（AAAA，国保单位）、松江大学园区、中央公园、思贤公园、华亭湖、沈泾塘与张家浜、昆秀湖、广富林郊野公园、中国珠算博物馆、中国中医药博物馆、立信会计博物馆、上海中国留学生博物馆、奇石馆（AAA）等。

老城区板块：（22处）醉白池公园（AAAA）、方塔园（AAAA，国保单位）、仓城历史文化风貌区、西林禅寺和圆应塔、清真寺、东岳庙、松江博物馆、云间第一楼、唐经幢（国保单位）、颐园、华亭老街三宅、余天成堂药号博物馆、董其昌书画艺术博物馆、程十发艺术馆、钱以同宅、袜子弄、松江民间民俗馆、松江烈士陵园、云间粮仓文创园（AAA）、胜强影视基地、韩三房、小红楼等。

浦南板块：（11处）浦江之首（AAA）、黄浦江及涵养林、白牛荡、泖田湿地、五库现代农业观光园区、新浜南杨村与雅园、新浜荷花种植基地、新浜枫泾暴动纪念馆、叶榭八十八亩田、松浦大桥、泖港斜拉桥等。

其它区域：（10处）上海影视乐园（AAAA）、松南郊野公园、城东五座古桥、延寿寺和李塔、泗泾下塘历史文化风貌区、春申君祠、来伊份体验馆、九科绿洲、长三角G60科创云廊、上海云堡未来市艺术文创景区（AAAA）等。

五、购：土特产与农副产品

2000年6月18日至6月23日，由中共松江区委宣传部和区旅游委联合举办了首届旅游商品展示会。共展出了工艺类、土特产类、休闲食品类、旅游保健类、书画类等六大类近千种商品，参展单位有80余家。展示会闭幕当天，还召开了首届旅游商品研讨会。

2006年—2008年，区旅游委连续3年举办了"十大旅游纪念品、十大土特产品"评选活动，对推动松江旅游纪念品、土特产市场起到了积极作用，形成了土特产品20余种、纪念品30余种、名特优农副产品20余种的旅游购物基础市场。

经过多年挖掘开发，松江的土特产已初步形成供应常态。有松江老来青大米、黄浦江大闸蟹、仓桥水晶梨、佘山水蜜桃和小落苏（茄子）、草场浜红菱、叶榭软糕、张泽羊肉、泗泾广利肉粽和张小妹肉粽、松江方糕等。还有名特优农副产品，如泖港蓝莓和桑葚、格林葡萄和提子、浦南魔芋大米和西甜瓜、松江团头鲂一号（扁鱼）和太平洋绿壳鸡蛋等。

2009年开始举办松江旅游购物节（松江购物节），沿续至今。

六、娱：演艺活动与民俗活动

松江的非遗项目中除了顾绣之外，国家级的还有泗泾的什锦细锣鼓、叶榭草龙舞，市级的有新浜田山歌等多项。民俗文化如元宵灯会、端午节赛龙舟、七月十四喝豆浆吃油条、重阳登高、元旦登高等仍在每年举办。

第八章 景区景点

旅游景区、景点是一个地区最主要的旅游资源，它不仅是人们旅游休闲、观赏风景和特色建筑之地，也是人们了解历史文化、增长知识、接受教育的场所。

关于旅游景区、景点，一般的表述为"旅游景区景点"或"旅游景区（点）"，也有的认为"景区即景点，景点即景区"，意思一样。其实它是两个不同的概念，它们的区别与联系在于"区"和"点"两个字上，旅游景区是一片区域，范围比较大；而旅游景点则是旅游景区里面的一个个景观，范围比较小。所以，旅游景区与旅游景点的联系是：旅游景区包含旅游景点，旅游景点是景区中的一部分，两者是包含与被包含关系。另外，有的景点并不在景区内，而是独为一处，其周边也没有配套建筑物和景观衬托，范围也比较小。故只能将其称为独立的"景点"。如松江的唐经幢、云间第一楼等。诸如此类景点，本章节中就不再作为重点介绍了（详细了解可参见本篇第三章"古迹重生"）。

松江在这30年中开发和建设了诸多的旅游景区、景点项目。也同样经历了在激烈的旅游市场竞争中优胜劣汰。其中有的景区、景点现已关门歇业，因它曾经存在过，也有过贡献，故也记录在案。下面，按景区、景点对外开放的时间先后顺序作一简要介绍。

第一节　1959—1990年建成的景区

1. 上海醉白池公园

位于松江人民南路64号，人民河北岸，南与松江火车站、云间会堂——人文松江活动中心隔河相望。公园占地76亩，1959年10月1日对外开放。公园集松江历史文化与园林艺术于一体，是上海地区保存完整、极具明清风格的精粹园林之一。

醉白池最早可追溯至宋代，为宋代华亭进士朱之纯的私家宅园，名"谷阳园"。历代在"谷阳园"基础上皆有所扩建。明末，松江著名书画家、礼部尚书董其昌曾在此吟诗作赋，觞咏挥毫。清顺治年间（1644—1661），工部主事、著名画家顾大申购得旧园，并进行修建和扩建。

据清代黄之隽《醉白池记》记载：宋时"韩魏公慕白居易而筑醉白堂于私第之池上，水部君（指顾大申）又仿韩而以堂名其池"。宰相韩琦因仰慕唐代大诗人白居易，晚年归隐家乡河南安阳后筑"醉白堂"于池畔，并在堂内吟诗酬唱。顾大申因其喜文辞，善书画，仰慕白居易，遂以白居易《池上篇》为蓝本，结合江南水乡秀丽风光这一特色，以一泓池水为主景，通过亭廊花木、假山奇石等造园艺术，将修建后的池上园林命名为"醉白池"。将诗中的诗画意境通过实物园林的形式一一呈现在世人面前。

醉白池公园分内外两园，正门在人民南路，面西，古典半亭式。入正门面对大型砖雕照壁，图现松江古城风貌。进园后为西部外园，面积约4公顷。有雕花厅、五色泉、儿童乐园、石拱桥、荷花池、曲桥、游廊、鹤亭等景观。园内广植松、杉、香樟、紫薇、女贞、腊梅、桂花等珍贵花木和草坪。沿林荫道东行入东部内园，中心为全园精粹所在醉白池。

醉白池　以一方水池为中心，池周绕以亭、树、楼、阁和穿行长廊，有池上草堂、疑舫、六角湖亭等建筑。长廊间隙花圃中植有梅、芭蕉、牡丹、金桂等，池北有三百多年的冬青。池南长廊为石刻碑廊，陈列《醉白池记》及《后记》等多方碑刻。醉白池四周，有雪海堂、宝成楼、轿厅、大湖亭、小湖亭、四面厅、乐天轩等建筑。内园南部还辟有玉兰园、赏鹿园等园中园，以曲廊、黄石假山洞与内池相连。

池上草堂　因其凌空于池上，故名。建于清宣统元年（1909），以水石精舍、古木名花之胜著名。建筑四周有走马廊，堂前乔木参天，怪石布岸；堂后桂林华茂郁郁青青。上有树阴蔽日，下有流水通池，曲栏横槛，临于水上；小桥流水，坐落池畔。堂上匾额"醉白池"三字，是邑人程十发墨宝。室内"香山韵事"横匾，是胡文遂墨迹。池上对联"韩公高意题醉白，顾士雅仿名潇池"概括了醉白池取名的由来。池四周有明代挂颊山房、疑舫、读书堂，宝成楼、雪海堂等亭台楼阁。

雕花厅　原在松江西塔弄底松江内衣厂内。建于清光绪年间（1875—1908），为清代张祖南祖宅。1984年，迁至醉白池公园。建筑为三进二庭心四厢房的民宅院落，门厅朴素无华，不施繁复装饰。从二厅至三厅以及两厢，梁枋及门窗装饰均施有博古花卉和《三国演义》历史故事为内容的精美木刻浮雕。雕花工艺精湛、刀法纯熟，所描绘的各类艺术形象生动传神。1987年修复。

1985年7月18日，雕花厅公布为松江县文物保护单位。

"十鹿九回头" 新中国成立后，由"云间第一楼"搬迁至醉白池，有轩专放置该石刻。石刻在"文化大革命"中遭到破坏，图象已不完整，后多处被修补过。但许多在外地工作的"老松江"，回到家乡后都要打听或看一看这座浮雕石刻，并吸引着广大游客。

园内收藏有元代赵孟頫书法真迹《前、后赤壁赋》石刻等艺术瑰宝。清代《云间邦彦画像》石刻位于醉白池南廊间壁上，石刻共30块，镌刻着松江府从元到清初的91位乡贤的画像和赞词。系清乾隆华亭人徐璋所绘，后来散失部分，由画家改琦补绘并刻于石上。园内悬挂着当代书法名家题字、匾额、楹联，更是不计其数。

如今，园内保持着园中园建筑格局，园内古树葱茏、遮天蔽日、曲径通幽、回廊曲栏、亭台楼阁、轩舫桥洞、古迹满园、移步皆景。

2018年12月25日，代表"人文松江"——江南文化符号的董其昌书画艺术博物馆正式开馆，更是为醉白池添上浓墨重彩的一笔。中华人文艺术与古典园林造园艺术在这里积淀、融合和传承，是"上海之根"千年历史文脉的延续。

1962年1月，醉白池公布为县文物保护单位。醉白池与上海豫园、嘉定古漪园、嘉定秋霞圃、青浦曲水园并称为上海五大古典园林，是中国历史文化名园；2014年为国家AAA级旅游景区，2020年晋升为国家AAAA级旅游景区，上海市五星级公园。"醉白清荷"为"松江十二景"之一。

旅游线路参考：概况→西大门→照壁→雕花厅→五色泉→泼水观音→牡丹园→来云亭→知足居→华亭读书堂→辍耕亭→破瓮储书→鹤唳亭→湘真榭→玉樊亭→雪海堂→卧树轩→醉白清荷→池上草堂→柱颊山房、古香樟→百年牡丹→"花露涵香"榭→疑舫→乐天轩→凌霄廉石→"佳客来仲"亭→原大门→轿厅、宝成楼→"莲叶东南"榭→福石→邦彦画像→半山半水半书窗→历史艺术碑廊→盆景园→赏鹿园→赏鹿厅→芙蓉亭→听鹤榭→五茸浮雕→十鹿九回头→雪梅亭、晚香亭→玉兰院→董其昌书画艺术博物馆等。

2. 松江博物馆

位于松江老城区中山东路233号，西南紧贴方塔园。占地面积4700平方米。松江博物馆最早可追溯到1915年成立的松江县教育图书博物馆。

新中国成立后，于1962年创建松江历史文物陈列室，1978年，又重建并恢复基本陈列展览《松江历史文物陈列》，展出面积100平方米。博物馆开馆于1981年，是一所综合性地方博物馆，以征集、收藏、研究、陈列、宣传松江地区历史文化、文物为主。1984年10月1日，新馆择地建成开放。占地4700平方米，建筑面积1200平方米，其中展厅面积800平方米，总投资25.6万元。1989年12月8日，常设展览《松江古代历史和民俗陈列》开展。2004年11月，博物馆经改造扩建后，其中展览面积为1468平方米。馆藏品以明清松江书画、书法碑刻、史料碑刻、古砚及古籍为特色。2018年12月，有馆藏文物5277件，其中一级文物18件，二级文物259件，三级文物1343件。

馆藏以"流沙沉宝"作为松江博物馆珍品基本陈列。由序厅、浦江晨曦、史河波光、艺海丹青四个部分组成。"浦江晨曦"通过历史发展的脉络，以四个古文化展示了松江先民早期的社会生活。"史河波光"展示了近半个世纪以来松江地区地面文物、墓葬出土文物和馆藏文物的精品，再现古代松江经济的繁荣发达。"艺海丹青"展示了松江地区自晋至清末涌现出来的一批艺术家的书画作品，整个展览再现了古代松江各个时期的历史地位和贡献。另有临时展厅2个，应时展出各种展览。

博物馆在2006年被评为上海市科普教育基地。2009年，被国家文物局评定为"国家二级博物馆"。

旅游线路参考：简介→序厅→古代松江简介→（第一单元）浦江晨曦→崧泽文化展区→良渚文化展区→广富林文化展区→吴越文化展区→（第二单元）史河波光→随葬品→地面文物→浮屠萃珍→（第三单元）文物菁华→瓷器→铜器→玉器→（第四单元）艺海丹青→云间书派→松江画派等。

3. 上海方塔园

位于松江老城区中山东路235号，东临方塔南路、南依松汇路，西贴"云间新天地"（原云间路）。始建于1978年，全园占地182亩，约12万平方米，总投资400万元。1982年5月1日正式对外开放。

原址为唐宋时期古华亭的闹市中心，是一座以观赏历史文物为主题的园林。园内有国家级、市级、区级文物建筑8处。整个园景以北宋的方塔为中心，四周环设唐代市河、宋代望仙桥、明代砖雕照壁、兰瑞堂、石雕园、张弼老宅、清代天妃宫、陈公祠，还建有何陋轩、其昌廊、秋生亭、读锦鳞、五老峰、美女峰、铁笛舫、花岗石堑道等景点。展现在游人面前的方塔园林，线条粗犷，视野开阔，文物古迹与自然景色和谐组合，烘托出整个园林的典雅明洁，被誉为"上海的露天博物馆"。

兴圣教寺塔 建于北宋熙宁年间（1068—1093），因塔身呈方形，俗称"方塔"。方塔四面九层，高42.65米。方塔塔形秀美玲珑、砖木结构十分精巧。顶部塔刹高达8米，由复盆、相轮、宝瓶等组成，四根铁索，称作浪风索，从尖顶拖向第九层的檐角，线条优美。塔檐四角均系有铜铃，名"警鸟"，风吹铃响，悦耳动听。故被誉为江南地区最美的塔，是松江地面文物的标志。

1996年，方塔被列为全国重点文物保护单位。

砖雕照壁 位于方塔北侧，为砖刻浮雕，建于明洪武三年（1370）。原为府城城隍庙山门前的影壁墙，也称照壁。城隍庙在抗战时毁于炮火，仅存此照壁。照壁总宽近15米，面阔三间，中间主体宽6.1米，高4.75米，约30平方米。整座砖雕线条遒劲精致、技术高超、立体感强。如此高大，显示了古代松江府城隍庙的恢弘。中部图案雕刻着一只巨形怪兽，它独角直竖，怒目圆睁，长相凶恶。它长着龙头、狮尾、牛脚、鱼鳞，形似古代传说中的"麒麟"，俗称"四不像"。这里有个民间传说称之为这是"犼"。这"犼"其四蹄分别踏在元宝、珊瑚、如意和犀角上，旁边还有元宝、铜钱、珍珠、灵芝和仙草，神树长的不是叶子，而是元宝和铜钱，还长着翅膀往"犼"的嘴里飞，因"犼"只吃元宝和铜钱。它仍不满足，欲吞日，便掉海里淹死了。这是砖雕画的主题，是告诫人们勿贪婪，起着警示作用。

"犼"的四周，还刻有各种象征好口彩的图案。莲花旁置一瓶，瓶中插三支戟，意为"平升三级"；一颗大印挂在树上，旁边有只猴子，称为"封侯挂印"。还有"凤衔天书""福禄双至""八仙过海""鲤鱼跳龙门"等吉祥图，也许是与主题形成善与恶、激励进取与贪婪享受的对比吧。

说到"犼"，这里还需补充一点。有学者提出，说这不是"犼"，而是"麒麟"，还举证说康熙字典里根本就没有这个'犼'字，以此来否定"犼"的说法。其实，这并非是松江独有的用字，松江博物馆原馆长韩夫荣先生在《明代砖刻照壁考释》一文中提到：山东曲阜孔府内幕墙上画的一幅画，讲解员的讲解词竟然和松江照壁上的"犼"的传说完全一样，可它比松江照壁要早了1600年；在福建泉州开元寺也有一个关于"犼"的照壁，他们的解说词也与松江的如出一辙，也比松江照壁早了663年。还有个现象，孔府为儒教，开元寺为佛教，松江照壁属道教。他们三者之间却拥有一个内容相同的传说。除了我国自古就有"儒、道、释一家"的说法外，厌恶贪婪、痛恨贪官也是引起人们共鸣的话题，这也是该传说久传不衰的重要原因。其实，"犼"也好，"麒麟"也罢，还有龙、凤与凰等，都是传说，谁都没人见过，都是祖先想像出来的，反映了祖先在精神上的寄托和愿望。

这砖雕照壁是上海地区保存至今最古老完好的大型砖雕艺术品。收录于《中国古代建筑技术史》一书中。1978年，上海市文管会对其进行了抢救性的修缮。

1987年11月，砖雕照壁公布为上海市文物保护单位。

兰瑞堂 原位于松江镇中山西路包家桥东塊，坐北面南。建筑年代不详，据考证，属明代建筑。堂面阔5间，进深9架，不少柱子与梁枋采用楠木制成，俗称"楠木厅"。清初曾为江西巡抚朱春的住宅，又称朱家厅。堂内原有匾额，上书"兰瑞堂"，为清代书法家张祥河手笔，现已毁。大厅建筑素雅脱俗，简洁明快，风格独特，梁枋全系素面，前廊柱用八角形截面木料，较为少见，很有气势。1984年，兰瑞堂迁方塔园内。1990年10月，在堂内设有"朱舜水纪念堂"。

1985年7月18日，兰瑞堂公布为松江县文物保护单位。

望仙桥 位于方塔园内，南北走向。南宋《云间志》有记载，宋代形制，石体平面，外形朴实，结构简练，石梁上刻有莲花纹图案。桥面是武康石雕琢而成，略显拱形，弧线条十分流畅。桥下以木梁柱支撑，现梁柱木已腐朽，但桥墩、石柱、梁眼仍清楚可见。是上海地区现存最古老的石桥之一。

1985年7月18日，望仙桥公布为松江县文物保护单位。

天妃宫 座落于松江方塔园内，1980年，因建山西中学需要，天后宫楠木大殿整体移至方塔园内，更名为"天妃宫"。自1980年迁移成功后，天妃宫曾被当作茶室供游人休息。2001年，松江区政府出资87万元，对天妃宫进行了大修。2002年9月，天妃宫内的原有文化内涵和功能得以恢复，同时举行了"浦江妈祖"开光典礼、天妃宫重新开放仪式。

天妃宫，大殿五开间，俊秀大气，歇山顶，前后落地长窗，四面环廊。梁柱粗硕，月梁、额枋雕仙鹤卷云纹，悬"湄州圣母"匾。宫顶飞檐翼角，殿下基座坦荡，台阶开阔，举架高耸，面宽至楹，廊道萦回，梁柱粗硕，轩昂伟岸，气势恢宏，存庙堂肃穆之气。大殿面积330平方米，殿高17米，砖木结构，雕刻精致华丽，体现了晚清时期的建筑特色。

天妃宫内，妈祖神像系国内最大的软装坐像（木制），由福建湄洲祖庙分灵，两边各站有一位侍女，背后的龙凤刻屏金碧辉煌，贴金供桌，十八般兵器、神幡样样俱全，铜制顺风耳、千里眼护卫左右，两面墙上悬挂着妈祖圣迹图6幅，历代褒封表和汪道涵先生题词。悬梁上有7块大型匾额，分别系湄洲祖庙、台湾大甲镇澜宫、北港朝天宫及信众捐赠，还有当代书法家吴建贤、陈佩秋、周慧珺等书写的匾额、楹联。另还有台湾大甲镇澜宫和北港朝天宫分灵的妈祖神像供奉于台前。妈祖平安牌、平安带、千灯经座分列基座两边，宫外一对旗杆高耸于左右，护卫石狮、大鼎、香炉、天妃宫与妈祖简介、信众功德榜石刻分列两边，设施基本复原并有新的增加。

上海天妃宫是上海地区现存遗迹中最完善的，真正意义上的天妃宫。但也存有缺陷，它仅有一座大殿，没有附属设施。而在苏州河边的原址上，还存有戏台、西看楼及南部青砖门墙等。

1993年10月2日，天妃宫公布为松江县文物保护单位。

方塔园由同济大学建筑与城市规划学院名誉院长冯纪忠教授总体规划和单体设计。冯教授在潜心研究中国传统文化与园林艺术历史渊源的基础上，成功地将方塔园设计并建成一个中西合璧、古今交融，既继承了我国传统园林的特色，又融入了西方现代园林风韵的优秀之作。方塔园建园以来，得到了许多园林建筑专家的赞赏和肯定。

方塔园的设计在1999年世界建筑师大会优秀设计展上荣获50个优秀设计作品中唯一的园林设计奖。同年还荣获建国50周年上海经典建筑铜奖。园内的"何陋轩"曾在南斯拉夫召开的世界50名知名建筑师作品展览会上展出并作重点介绍。2016年方塔园又被列入首批"中国20世纪建筑遗产"名录。2006年方塔园荣获"上海市五星级公园"。2007年11月，方塔园被评为国家AAAA级旅游景区。"方塔风铃"为"松江十二景"之一。

旅游线路参考：简介→北大门建筑→府隍庙遗迹→明代照壁→宋代方塔→五老峰→厉廉堂→其昌廊→读锦鳞→明代兰瑞堂→秋生亭→亲水坪→日月湖→铁笛舫→宋代望仙桥→何陋轩→净土池→垂花门→关帝庙遗迹→清代陈公祠→明代石雕园→琼花苑→心之园→清代张弼老宅→石埏道→清代天妃宫等。

4. 佘山圣母大殿

位于西佘山山顶，重建于1935年。（早期情况详见中篇第四章"西风东渐"第一节"教派教堂"之"佘山圣母大殿"）。"文革"中遭到破坏，1984年修复。1985年5月24日，恢复举行"圣母月"活动。1986年，天主教上海教区决定，圣母大殿在不举行宗教仪式时，对游客开放，作为佘山地区的主要宗教文化旅游景点之一。

1989年9月25日，佘山天主教堂被公布为上海市文物保护单位。

5. 松江西林禅寺

位于松江区中山中路666号，华亭老街西端北侧。（早期情况详见上篇第七章"华亭留痕"第四节"明代名人游迹"）西林禅寺自清末起香火渐少，民国时期寺渐败落。至1949年，寺内主要建筑仅剩圆应塔和毗卢阁。

1986年，西林禅寺正式登记为佛教寺院，陆续增建地藏殿、药师殿、弥勒殿等。后又重修毗卢殿、大雄宝殿、牌楼、钟鼓楼、药师殿、念佛堂、方丈室东厢房等。2003年，扩建普贤殿、三圣殿、弥陀殿、功德堂、西林素斋等，增建华藏世界，重修毗卢殿等。2019年寺院的整体布局沿中轴线有山门、大雄宝殿、华藏世界、圆应塔、毗卢殿；东侧有钟楼（拟建尊客堂、文殊殿、方丈室、云水楼）；西侧有鼓楼、西林素斋馆、普贤殿、弥陀殿等。占地5000平方米，建筑面积5497.94平方米。

西林禅寺代代宗门有继，法脉相传，累世扩建，成为江南名刹之一。圆应塔是上海地区最高的一座古塔，迄今已有700余年历史。其中西林寺钟、梵呗经声等为上海地区特色。1987年9月，西林禅寺修复并对外开放。

1982年，圆应塔被列为上海市文物保护单位。"西林梵音"为"松江十二景"之一。

旅游线路参考：简介→西林广场山门外→山门（崇恩一品法务流通处）→钟鼓楼（广场）→大雄宝殿→崇恩碑廊（放生池）→西林素斋→华藏世界→圆应塔→毗卢殿→弥陀殿（地藏殿）→普贤殿（西方三圣）→西林崇恩文化等。

6. 上海西游记迷宫

位于西佘山脚山洞内，全长约600米。1989年4月开工，1989年7月竣工。8月8日正式营业，占地面积2000平方米。1991年扩建，增至3000多平方米。由上海市机关务管理局人防处、佘山镇共同投资100万元兴建。创意源自《西游记》，场景、人物造型、灯光根据电视剧《西游记》制作。

西游记迷宫于1999年2月关闭。

第二节　1991—2007年建成的景区

7. 上海佘山国家森林公园

公园位于佘山国家旅游度假区核心区内，外青松公路9260号。佘山自古以来就是上海地区仅有的陆地自然山林胜地。园内12座山峰，自西南趋向东北，由小昆山、横云山、小机山、天马山、钟贾山、辰山、西佘山、东佘山、库公山、薛山、凤凰山、北竿山等组成，逶迤绵延13.2千米，却使一马平川的上海平原呈现出灵秀多姿的山林景观。人们把这些山峰称为"九峰十二山"或"松郡九峰"。

佘山自古以来一直是向公众开放的。1955年后曾封山育林了一段时间。1960代西佘山因山顶的天主教堂的存在，仍对外开放。1993年6月由原国家林业部批准建立了"国家森林公园"，其中有4座山于1990—2000年代先后对外开放（西佘山园1993年6月开放，东佘山园1994年9月开放，天马山园1999年开放，小昆山园2004年9月29日开放）。因开放的时间不同，故介绍时按时间先后来分列。

公园以人文荟萃的历史文化和渊源流长的宗教胜迹名闻遐迩。已成为"山、水、林相协调，人、景、物融为一体"的休闲旅游胜地。四个景区（点）各具风采，又交相辉映。现每年接待游客近300万人次。

1993 年，佘山风景区被国家林业部批准为国家森林公园；2001 年，公园被评为首批国家 AAAA 级旅游景区和"全国文明森林公园"；2008 年被评为"全国生态文化教育基地"；2012 年被评为"全国最具影响力森林公园"。"佘山修篁""斜塔初雪""华亭鹤影"均为"松江十二景"之一。2009 年"佘山拾翠"为"沪上新八景"之一。

旅游线路参考：概况→东佘山园→西佘山园→天马山园→小昆山园。

西佘山园 位于外青松公路 9260 号。海拔高度 100.8 米，山林面积 533 公顷（一说 788 亩）。1993 年 6 月对外开放。它以秀丽的自然风光、璀璨的宗教文化、茂密的竹林、俊俏的山峰和雄伟壮观的山顶建筑吸引着中外游客。山腰有北宋年间的秀道者塔；山顶有"远东第一"之称的天主教堂佘山圣母大殿；雄伟壮观，气势非凡。旁有一穹庐型建筑，为上海佘山天文博物馆。从西大门至山顶有宽 6 米的汽车盘山路，全长近 1.5 千米。山腰有中堂、三圣亭、经折路等景点。西佘山在 1960 年代辟有茶园。1990 年代末还建有山人茶庄、世纪钟楼等。

2006 年起，西佘山园实行免费向游客开放。

"佘山修篁"为"松江十二景"之一。2009 年"佘山拾翠"为"沪上新八景"之一。

竹海乐园 位于西佘山园北大门内，占地 2.5 万平方米。2002 年投资 80 万元兴建。设有"八卦阵"迷宫、芳草滑道、长征之路、100 米障碍赛、水帘猴山、双人网床、情侣秋千等休闲娱乐、挑战极限、运动健身等项目设施。

竹海乐园于 2010 年关闭。

西佘山园旅游线路参考：概况→秀道者塔→世纪钟楼→上海天文台博物馆→佘山圣母大殿→经折路→天主教中堂→三圣亭→佘山地震台等。

8. 海底奇观游乐宫

在西佘山东麓山洞内，1992 年 10 月动工，1993 年 3 月竣工，4 月 11 日对外营业，占地 2000 平方米，利用 800 米长的山洞，游客乘坐轨道车游览。运用现代科技手段，融合电、光、声、影视等技术，建成了观赏景观 4000 平方米的"海底奇观"。由上海市机关事务管理局人防处、佘山镇共同投资 1100 万元兴建。由上海电影制片厂设计，共有 18 个景点、30 多个人物、100 多个动物造型组成。

海底奇观游乐宫于 1998 年关闭。

9. 太空探密娱乐宫

在西佘山北麓下山洞内，1992 年 10 月动工，占地面积 4000 平方米，全长约 800 米。由上海市机关事务管理局人防处、上海市电影局、松江林场、佘山镇共同投资 500 万元兴建。由上海人民艺术剧院总汇设计并制作，有 20 多个景点。游客从太空隧道入内，经太空舱、月宫、木星等 11 个景点后返回地球。1993 年 4 月 11 日对外营业。1994 年 9 月，增设仿真火箭发射项目。

太空探密娱乐宫于 1995 年 5 月关闭。

10. 封神榜艺术宫

在东佘山西麓，外青松公路东侧。由佘山镇投资 1500 多万元兴建，占地 1.7 公顷，建筑面积 5486 平方米。1992 年 6 月 18 日动工，1993 年 4 月 1 日竣工，同月 18 日正式对外开放。由上海电视剧制作中心总设计、总监制，根据中国古典名著《封神榜演义》中的故事情节，经概括创作而成。上海电影制片厂负责景点制作，无锡建筑总公司负责土建工程。艺术宫分 7 厅、20 场景、32 景点，途中可乘坐轨道车游览。

封神榜艺术宫于 1996 年 4 月关闭。

11. 佘山客运索道

位于东佘山和西佘山之间的空中通道。投资 1100 万元，建成了全长 1088 米、海拔高度 87 米、有 18 辆封闭式缆车编成 6 组，每组载客 6 人。1993 年 11 月 28 日，佘山客运索道开通营业。

佘山客运索道于 2008 年 3 月关闭。

12. 欧罗巴世界乐园

位于东佘山和外青松公路南侧。由松江县水利局和佘山镇政府联合建造。一期投资 1200 万元。二期投资 1600 万元，总投资 2800 万元，占地 5.8 公顷。1994 年 2 月开张迎客。

内设"欧洲民居"、"水上迷宫"、"飞瀑争辉"、"森林猎奇"、"童话世界"等 25 个景点，具有欧洲风光的欧罗巴世界乐园。后又扩建了气势恢宏的魔术城堡和大面积的水池及彩色滑道等游乐项目。它以其美仑美奂的建筑和精致的布局，深受游客好评，1997 年，被评为上海市十大最佳旅游景观之一。

欧罗巴世界乐园于 2001 年 12 月 30 日歇业关闭。

13. 东佘山园

位于外青松公路 7279 号。东佘山海拔 72 米，山地面积 56.6 公顷（702 亩）。林木葱郁，景冠九峰，又有"泉石"之美。它以竹为景，以竹为营，以竹为胜，环境清幽雅静。投资 1300 万元建园，辟建和修葺石磴山道 2700 多米，修建骑龙亭等 7 座亭子，修复和兴建了佛香泉三级瀑布、龙潭等 20 处景点，游人徜徉于古木名泉间，憩息于竹林石凳上，不由心旷神怡。取"鸟鸣山更幽"的诗意。1994 年 11 月 1 日对外开放。

公园以山间所产竹笋有兰花幽香而闻名。清康熙帝南巡至松江，品赏竹笋后，赐名"兰花笋"，并赐御书"兰笋山"三字。明末大旅行家徐霞客曾五次来佘山，四次拜会栖隐于东佘山"顽仙庐"（今已无存）的著名明末文学家、书法家陈继儒。徐霞客化时四年的"西南万里行"就起步于此。这里四季如春，花香鸟语，使人心旷神怡，流连忘返。公园每年举行"元旦登高"，农历九月初九举办"重阳登高"，广受游客市民的青睐，参与者甚众。东佘山上有木鱼石、白石山亭、眉公钓鱼矶、佛香泉、兰笋山石碑、徐霞客雕像等历史人文景观。

东佘山新建的旅游旅游休闲项目还有：建于1994年的森林浴场，占地0.8公顷。投资200万院，重建于2003年的观光塔，高22.4米，8层，钢架结构等。

2008年9月20日起，东佘山园实行免费向游客开放。

百鸟苑 位于公园西麓的山坡地上。由佘山联总与上海野生动物园联合建造，投资600万元，占地2公顷。凿池引瀑，筑阁建亭，辟建了佘山森林百鸟苑。1997年6月21日建成对外开放。苑内有5000多羽鸟栖息在茂林修竹间，其中有我国一二类保护动物白鹳、丹顶鹤，有从非洲引进的名贵的金刚鹦鹉、虎皮鹦鹉和牡丹鹦鹉等。1998年12月，百鸟苑荣获"上海市科普教育基地"称号。

佘山森林百鸟苑于2005年9月22日因受禽流感影响而关闭。

滑索道 位于东佘山的北山麓，1997年8月12日，投资1200万元，新建的本市首条旱地雪撬滑道——佘山滑索道对外营业。滑道全长606米，高低落差60米，平均坡度为10%。游客乘在旱地雪撬上，从峰顶以每小时20公里的速度向下俯冲，别有一番情趣。

佘山滑索道于2009年10月歇业关闭。

生态蝴蝶园 位于东佘山园内南北峰之间。投资240万元，占地6000平方米。1998年启建，2000年5月1日建成开放。由静态的蝴蝶艺术展厅和动态的蝴蝶观赏乐园两大部分组成。静态部分设3个展厅，其一为科普展示厅，展示各类蝴蝶标本和示范仪器，介绍有关蝴蝶知识；其二为世界珍稀蝴蝶展示厅，厅内挂有一幅长达20米的万蝶聚会图；其三为工艺精品展示厅，厅内有由数万枚彩蝶标本粘贴组成的长逾20米的《双龙戏珠图》，制作规模和造型艺术国内罕见。动态部分为圆形网笼式室外蝴蝶养殖观光乐园，面积800平方米。

佘山生态蝴蝶园于2010年6月合同到期后歇业关闭。

彩弹射击场 位于东佘山园内，投资100万元，占地1公顷。2002年5月建成开放。2003年9月6日—10月中旬，上海佘山"山地丛林"彩弹射击大赛在东佘山彩弹射击场举行。共有参赛队 50 支，300 多人参赛。

彩弹射击场于 2009 年关闭。

徐霞客雕像　位于东佘山园南大门内。为了纪念徐霞客"西南万里行"从东佘山出发，1996 年，由松江县政府、佘山度假区和佘山联合发展总公司投资 15 万元，由上海大学美术学院唐锐鹤教授设计并制作了徐霞客雕像（铸铜），雕像精神抖擞、目光炯炯、远望西南。雕像总高 3.8 米（塑像 2.7 米）。原竖在度假区办公地，后该地改建成今佘山森林宾馆，2019 年底，雕像迁到东佘山园南大门内（徐霞客的详情可参见上编第七章第五节"徐霞客与佘山"）。

东佘山园旅游线路参考：概况→南大门→徐霞客西南万里行起始点→眉公钓鱼矶→368 级步道→"顽仙庐"（白石山亭）→森林木栈道→木鱼石→佛香泉等。

14. 佘山锦江水上漂流世界

位于东佘山南侧，沈砖公路北侧。由松江县总投资 1.6 亿元，占地 18.2 公顷，于 1997 年 8 月 8 日建成开放。

漂流世界的水面积达 4 万平方米，为锦江水上乐园的 18 倍，堪称国内水上娱乐项目之最。全长 1600 米的漂流河，碧波荡漾，两岸景色怡人；巨大的海浪池造波时，波涛汹涌，20 多种不规则浪峰袭人。六组 20 多道颜色各异、形态不同的滑道，与红花、绿树、碧波、青山组成了一个瑰丽的世界。入晚，环状的音乐喷泉射出五彩的灯光；峭壁间射出的光线，投影在 30 米宽、15 米高的水幕上，这就是当时上海唯一的水幕电影。该园开放期间，上海人民广播电台组织了对全市 10 多家水上乐园的考评，漂流世界获得综合评分第一名。

佘山锦江水上漂流世界于 2000 年 9 月关闭歇业。

15. 上海影视乐园

位于车墩镇北松公路 4915 号，影视路西端。规划占地 80 公顷，园区一期开发占地 43.33 公顷。1993 年，由上海影视（集团）公司投资兴建的车墩外景拍摄基地。1998 年 10 月，首期工程竣工，总投资逾 15 亿元。1999 年建成，改今名并对外开放。

乐园是集影视拍摄、旅游观光和文化传播为一体的主题乐园。乐园由"十六铺码头""三十年代南京路""欧式建筑群""上海石库门里弄""天主大教堂""和平女神广场""外滩公园""老式火车站""凯司令西餐社""得意楼茶社"等景点及多个大型组合摄影棚、服装仓库、道具仓库、摄影照明器材仓库、置景工场等配套设施构成。作为一个成熟的旅游景区，它还辟有环形有轨电车、《上影服道选粹》馆、攀登者营地、国防研学基地、"上海鸿翔服装店"

等互动体验项目。20余万件服装、30余万件道具、70余辆道具老爷车为影视摄制组及休闲娱乐的广大游客提供各类租赁服务，园区还设有餐厅、酒店、咖吧等旅游配套设施。

乐园是影视制片人、导演采景拍摄的梦工厂，游客观光老上海风情的独特胜地，中小学生接受传统文化教育的基地，也是婚纱拍摄的经典外景场所。乐园以其独特的老上海景观，丰富的影视文化底蕴，完善的游乐设施迎接影视界同行和中外游客的光临。

乐园为"中国十大影视基地之一"、全国工业旅游示范点、2013年被评为国家AAA级旅游景区、2018年晋升为国家AAAA级旅游景区、"海上寻梦"为"松江二十四景"之一。

旅游线路参考：简介→十六铺码头→老爷车展→粉黛园→门楼艺雕→欧式庭院→《上影服道选粹》展馆→乘坐有轨电车，游览"三十年代南京路"→石库门·天香里→天主大教堂→摄影棚区→二号虚拟摄影棚→上海老街→中世纪酒庄→新仓库区→湖光山色休闲区→仿和平女神广场→外滩公园→上海总商会门楼→静安寺电影主题街区→平安大戏院门厅→凯司令西餐社→彩虹酒吧→得意楼茶舍→市井风情街→研学教育基地→上海鸿翔服饰店→攀登者营地→老式火车站等。

16. 天马山园

位于佘山西南10千米处，古称"干山"，传说春秋吴国干将铸剑于此而得名。天马山山势陡峭，山体脊线近东西方向，山形如一匹展翅欲飞的天马，故称"天马山"。天马山海拔高度100.2米，山体面积120公顷（一说725亩）。1999年对外开放。

天马山景色优美，人文荟萃，旧时为佛教胜地，山上多梵宫寺院，香火极盛，故又称"烧香山"。主要景点有"中国第一斜塔"之称的护珠宝光塔、700年古银杏、上峰寺遗址和铜观音、三高士纪念园等。

"斜塔初雪"为"松江十二景"之一。

旅游线路参考：概况→护珠宝光塔→天马山佛光→古银杏树→铜观音→"三高士"文化纪念园等。

17. 胜强影视基地

位于松江区松江仓城影视文化创意产业园区内，长谷路18号。成立于1999年12月9日，至今投入2亿多元。占地面积1500亩。基地拥有完全独立的外景区、摄影棚和宾馆住宿区。迄今已有百多部影视剧在此取景。是国内唯一一家不对外开放的专业影视拍摄基地。因其对游客的封闭性，名气虽比不上同在松江车墩的上海影视乐园，而在业内却是响当当的。

基地内从唐宋到民国时期的场景都有。采用从民间各地收集而来的众多古建筑材料和真迹，以大量的明清时期仿真建筑群为主打，以明清建筑、江南水乡为主要特色。还有民国时期的街区、香港街和广州街、城门城墙等，景观密集，移步是景。其精致、细腻程度和多视角的场景设计大大方便了各个影视组的拍摄与创作。

"水乡幻境"为"松江三十六景"之一。

18. 松江清真寺

位于松江中山中路365号（原缸甓巷21号），北与程十发艺术馆隔街相望。始建于元至正年间（1341—1368），又名真教寺、清慎寺、云间白鹤寺（早期情况详见中篇第四章"西风东渐"第一节"教派教堂"之"伊斯兰教"）。

松江清真寺是上海地区最古老的伊斯兰建筑，也是上海地区占地面积最大的园林式清真寺。在古代就是上海穆斯林宗教活动的中心，在上海伊斯兰教史上占有极其重要地位。现在保存的寺墓合璧形制是融江南园林、阿拉伯建筑与中国宫殿式古典风格为一体的古代建筑，尤其是窑殿、邦克楼和达鲁花赤墓，具有浓郁的时代特征和珍贵的历史价值。2000年后，实行预约性接待。

1962年1月22日，清真寺公布为松江县文物保护单位。1980年8月26日公布为上海市文物保护单位。"邦克落照"为"松江十二景"之一。

旅游线路参考：概况→大门和仪门→纳速剌丁墓→龙墙和古碑→邦克落照→元代无梁殿→南北讲经堂→古柏园和古墓园等。

19. 上海天马乡村俱乐部

位于松江区佘天昆公路3958号，天马山与横山之间。亦称"天马高尔夫球场"。占地184公顷，投资约3000万美元。由新加坡经纬集团、中国中信集团、上海锦江国际集团、香港金汇投资（集团）有限公司和原天马山镇政府联合投资兴建。首期工程于1997年春动工，1999年9月19日部分建成并启用。上海市内唯一的家庭式高尔夫乡村休闲度假俱乐部，集运动、演艺、美食、养生等项目于一体的运动休闲综合体。

俱乐部内有38.4万平方米的湖面，27洞国际锦标级高尔夫球场，设3个独立球场。球道由澳大利亚设计师Phil Ryan设计，标准杆为108杆，总长10538码。另有高尔夫、休闲双会所、初学者高尔夫学院、室内外网球场、足球场、攀岩、健身房、SPA、室内外游泳池、休闲农庄、度假别墅等配套设施，建筑面积9500平方米。常年举办各类高尔夫比赛、网球教学和运动休闲活动。

俱乐部曾连续四年评为"上海地标球场"，曾获"全国优秀高尔夫球会""中国十佳高尔夫球场""中国十佳高尔夫社区""中国最佳球场前十""中国最佳球场""亚太地区最佳维护球场"及"亚太地区最佳球场"等国内外荣誉。

20. 松江市民广场

位于松江区嘉松南路西侧、思贤路北侧、园中路东侧、区行政中心南侧。占地 7 万平方米，总投资 1750 万元，2000 年 2 月建成开放。为生态、休闲、健身特色的开放式公共广场。

广场南入口处建有巨型雕塑和两边对称的钢制弧形桥，中心区为面积 1.8 万平方米的大型下沉式广场，可举办大型活动。环广场配有绿地、喷水池、艺术雕塑、小桥、凉棚、电话亭等公共设施。2004 年方松街道投入 20 万元购置音响设备、配装灯光。经常举办周末交谊舞、广场舞会。广场中心为放飞风筝佳处，在佳日常见风筝漫天飞舞。

"园中飞鹞"为"松江二十四景"之一。

21. 松江大学园区

位于松江新城区西北，北接广富林路，东靠嘉松公路，南临文翔路，西依三新路。占地约 8000 亩，2000 年建成并投入使用。是现今为止国内规模较大的大学园区。

园区内有上海外国语大学、上海对外经贸大学、上海视觉艺术学院、上海立信会计金融学院、华东政法大学、上海工程技术大学、东华大学 7 所高校。各校在相对独立的基础上，实行资源共享，体育中心、体育馆、游泳馆和文汇路"学生一条街"，公交枢纽站、轨道交通 9 号线松江大学城站等。

松江大学城建设是上海创建新型办学模式的一次探索和改革，采用了市场经济体制下的新机制、新模式。松江区出土地、银行贷款搞基建、高校以租赁方式进入园区。大学城"先换机制、再进学校"，七所大学优势互补、强强联合，共同构建没有"围墙"的大学园区，形成规划整体化、资源共享化、后勤社会化、管理集中化的园区运作模式。以此提高办学效益，盘活教学资源，促进上海高等教育规模的进一步扩大，满足市民对教育日益增长的需求。园区中还设有中国珠算博物馆、立信会计博物馆、中国中医药博物馆、上海中国留学生博物馆等。

该景区实行团体预约性参观。

"云间学林"为"松江二十四景"之一。

旅游线路参考：简介→上海外国语大学→上海对外经贸大学→上海大学生体育中心→体育馆→上海视觉艺术学院→上海立信会计金融学院→华东政法大学→上海工程技术大学→东华大学等。

22. 泰晤士小镇

位于松江新城的核心区域，三新北路 900 弄。北靠新松江路，东临华亭湖，南贴文诚路，西依三新路。占地面积1平方公里，总建筑面积50万平方米，绿化覆盖率为60%。2000年10月对外开放。

小镇由英国的阿特金斯公司整体规划设计，既借鉴了英国泰晤士河沿岸的建筑风貌，也结合了中国人实际生活习惯，从整体布局到一砖一瓦，既体现了原汁原味的英伦风情，又体现了松江新城浓烈的现代化、国际性、生态性以及旅游文化气息。

"英伦印象"为"松江二十四景"之一。

旅游线路参考：简介→海斯大街→伯克大街→钟书阁→天主教堂→爱心广场→假日广场→健身俱乐部→体检会所→松江美术馆→和谐幼儿园→丽斯花园→湖岸城堡→华亭湖→翠晶餐厅→切尔西庭→松江城市规划展示馆等。

23. 上海青青旅游世界

位于辰花公路388号，由松江花桥现代农业有限公司投资兴建，建于1998年，占地213.33公顷。是一个集观光旅游、休闲度假、会务住宿、餐饮娱乐于一体的现代都市生态园林，2001年对外开放。

园内以生态林为主景，碧水萦回、花香馥郁、树影婆娑、鸟语啁啾，吸引了无数的白鹭在此栖息、繁殖、生长，景色壮观。园内遍植280余种、100多万株名贵树种。是"一个可以深呼吸的地方"。园区内建有紫藤长廊、星月湖、桃花园、外婆桥、阳光沙滩、孔雀园、渔乐榭、跑马场等众多景点，同时可提供协力车、老爷车、草地越野车、游船、彩弹射击、修心垂钓、信鸽竞翔、拓展培训、骑术训练、露营烧烤等户外娱乐项目。园区内的上海青青大酒店（原名：伟盟生态林酒店），设有146间各类套房、标房及36幢度假小木屋和2栋亲水别墅，并配有会议室、商务中心、中餐厅、宴会厅、多功能活动厅、吧台、KTV、美容美发、棋牌室、桌球室、乒乓室等设施（现暂停业）。

"花桥观鹭"为"松江二十四景"之一。

24. 思贤公园

位于松江区方松街道辖区内，东至园中路，西至人民北路，南至思贤路，北至文诚路。龙兴港南北穿越公园，为生态型开放式公园。由上海园林设计院设计，园林集团公司施工，占地10万平方米，其中绿地面积5.13万平方米，水域面积2.4万平方米，道路及建筑物占地1.5万平方米。植有90余种乔木灌木，四周有6个特色各异的出入口。园内挖池造山，景观随地形起伏跌宕，建筑小品、广场、茶室、凉亭、小桥、雕塑等，都体现英式风格。2001年12月建成开放。

25. 上海地震科普馆

位于佘山国家旅游度假区西佘山环山路东入口处，坐落在拥有140余年的佘山地震基准台内，是一座馆台结合、集科普馆与博物馆于一体的场馆，展示面积550平方米，于2002年初对外开放。

科普馆由专题影视厅、地震图文展示厅、地磁仪展示厅、地震数据采集中心和贵宾休息厅等五个部分组成。该馆保存了国内外最多最老的历史地震仪器和历史地磁、地震资料。保留了历次大地震现场音像资料，如震惊中外的墨西哥、智利和日本阪神大地震、中国的唐山和四川汶川大地震等音像资料，还搜集整理了大量防震、避震和抗震等常识，堪称是一座"地震科普博物馆"。

2005年4月，科普馆创建为"全国科普教育基地"；2018年，入选"全国中小学生研学实践教育基地"名录。

26. 泗泾下塘历史文化风貌区

泗泾古镇，位于松江区北部，为北部地区经济、文化、信息和交通中心。宋代形成会波村、七间村。元代中后期始成集镇，因地处通波泾、外波泾、洞泾、张泾四泾汇集之地而得名"泗泾"。明代中叶后，泗泾米市崛起，酿造、木行加工业兴旺，店铺林立，蔚然成市，被称为"四水会波，江南重镇"。陶宗仪、孙道明、马相伯、史量才等一批历史文化名人曾先后在此居住。1959年后，是上海市最早批准的县属建制镇。1999年列为上海市重点发展的22个中心镇之一。

区内有区级文物保护单位史量才故居（2000年12月15日对外开放）、马家厅与马相伯故居、宝伦堂、周伯生宅5处，保护保留建筑面积9万平方米、院落近80处，清末民初名人住宅和民居5处，传统店铺1处，古桥1处。有著名传统小吃有广利粽子、阿六汤圆、泗泾羊肉、泗泾小笼等。2023年，经规划修建后重新开街。

下塘街 是以江川路以东、沪松公路以北，泗泾港两侧区域内，集中在泗泾塘下塘街及中市桥南岸一带，占地13.2公顷。基本保存了传统水乡市镇的河街格局和部分传统建筑，反映了松江地区传统水乡民居风貌。区域内旅游资源丰富，名胜古迹众多，2000—2002年先后建成并开放福田净寺、安方塔、明清一条街、史量才故居、马相伯故居等景点。

史量才故居 （详见本章第四节"红色旅游"之史量才故居）

马相伯故居 位于泗泾镇开江中路358号。清代建筑，原五埭四天井，各埭有东西厢房相连接。后两埭厢房和南北东西厢房已拆除，尚存三埭二天井。现占地263平方米，建筑面积199平方米。

马相伯（1840—1939）原籍江苏丹阳。12岁时到上海求学，并以特优成绩获神学博士学位。20岁时举家迁松江泗泾居住。后又将青浦、松江田产三千亩捐出，创办震旦学院，为复旦大学创始人、爱国人士。他语通六国，学贯中西，是近代中国教育家的领军人物，在学界的地位至为崇高。蔡元培、于右任、邵力子等都是他的门生弟子。

2002年11月，由泗泾镇政府修复后对外开放，为泗泾镇爱国主义教育基地。

马家厅 位于泗泾镇开江中路312号。原宅主马池宾。宅面南，二层砖木双草架结构，建筑面积246平方米。门厅北有廊轩、仪门、原额"敦仁"，有木雕三方，现已破损。后宅为三开间三面楼，楼下为厅，原名"泗泾草堂"，厅顶为草架结构，南北置有翻轩。

1985年7月18日，马家厅公布为松江县文物保护单位。

福田净寺 位于泗泾镇开江中路300弄30号。建于明代，后毁于战事。2000年6月开始修建，至2006年8月，念佛楼、圆通宝殿、天王殿、钟鼓楼、东厢房、功德房、斋堂等先后竣工。至2008年1月，法乳堂、西厢房、生活楼等也完满竣工。丛林山门高敞辉煌，足具名刹气势。修缮一新的福田净寺，总建筑面积达8667平方米。建有房屋30间，供有观音、释迦摩尼佛祖、四大天王等塑像。2008年4月，全寺举行开光落成庆典活动，参加佛教信徒达千人之多。每月初一、十五佛教信徒到寺庙内烧香拜佛，人数有上千人，平时每天也有上百人之多，香火十分旺盛。

安方塔 佛教宝塔。位于泗泾镇泗泾大街和开江中路交叉口东南侧。原为东田寺宝塔，2001年泗泾镇人民政府出资重建，塔高35.18米，直径12.45米，七层八角楼阁式，每边长5.42米。钢筋混凝土和木质结构，每层八角上均挂有铜铃，塔顶第七层供奉释迦牟尼佛，塔刹中藏金鸡、玉兔，意在保一方平安。登临塔顶可观泗泾全貌。2002年10月建成对外开放，成为泗泾镇标志性建筑之一。

2005年，泗泾古镇被列为"上海市郊区历史文化风貌区"之一。"四水会波"为"松江二十四景"之一。2014年，泗泾下塘村入选"中国历史文化名村"名录。

27. 春申君祠

位于松江区新桥镇春申村春九路南侧，地处四面环河之中，2001年5月，在此动工建造春申君祠堂，由新桥镇政府投资300万元建造，占地4000平方米，建筑面积3000平方米，江南民居风格。于2002年9月29日建成开放。

祠堂名因战国四公子之一的春申君而得名，为纪念这位历史英杰而建。相传战国时期，春申君在此组织民众开挖古河道，为百姓消除水患。河道疏竣后，取名为"春申塘"。祠堂西侧为大型铜雕照壁"上海之根"，展现了松江源远流长的历史文化。祠堂内除了陈列春申君的生平记载和后人对他的评述外，还有大量松江历史沿革的图片和文字，被认为是展示松江、上海发展史以及传统文化的一个基地。

春申君祠实行团体预约参观。

28. 中央公园

位于松江区方松街道中部，东起嘉松南路，西至滨湖路，北至北翠路，南至南青路。由加拿大、美国等境外设计公司及上海市园林设计院分段规划设计，松江方松建设投资有限公司建设。2000年12月动工建造，东西长2000米，南北宽300米，占地66万平方米。园内种植乔木100余种，灌木30余种，花卉20余种，草皮6种，为生态型开放式公园，为上海单体面积最大的城市中心公园之一。2004年6月建成并对外开放。

公园以生态、自然为主题，湖（河）水、植被、雕塑、山石点缀其中，另有亲水平台、"鱼刺桥"、小绿岛、大草坪、玻璃长廊等景点。园内有松江区图书馆、松江区青少年活动中心和方松街道社区文化活动中心等镶嵌其中。

"五茸晓雾"为"松江二十四景"之一。

29. 华亭湖

位于松江新城核心区域泰晤士小镇东侧。南北连通松江区境内沈泾塘河，水面积33.33公顷。2004年6月竣工。湖中筑有2个湖心小岛，面积3.33公顷，并建有连接岛屿的2座桥梁、1座栈桥。湖岸设有松江新城区唯一游船码头，可同时停放40艘游艇，开设水上活动和观光游览项目。湖畔西岸为泰晤士小镇，北岸有时代大酒店，东岸有滨湖休闲广场等。为松江区端午龙舟赛举办地。

30. 小昆山园

位于松江城西北8千米处，地处九峰最南端。海拔高度55.5米，山林面积191亩（早期情况详见上编第四章第一节）。1984年建成1500米的绕山石墙，以保护山上诸多遗址。1990年建成200多米长、1.5米宽的小道，便于人们至读书台拜瞻和上山进香。2002年10月在山上储水池旧址修缮成"二陆草堂"。小昆山开发于1998年，累计投资250万元，2004年9月29日对外开放。

景区内有二陆草堂及读书台、九峰禅寺、摩崖石刻等景观。1991年9月，全国人大常委会副委员长费孝通为昆冈乡（今小昆山镇）作"玉出昆冈"题词。

"华亭鹤影"为"松江十二景"之一。

旅游线路参考：概况→九峰禅寺→摩崖石刻→二陆读书台→二陆草堂等。

31. 上海天马赛车场

位于佘山镇沈砖公路3000号，G1503上海绕城高速公路天马出入口西侧。

始建于 2002 年，占地 14.73 公顷，投资 7000 万元。于 2004 年 9 月 26 日正式对外开放。

天马赛车场是经权威机构——国际汽车运动联合会（FIA）验收合格认证的 F4 赛道，全长 2.063 公里，直线段宽至 30 米，共有 8 个左弯和 6 个右弯，其中 4 个弯道更宽至 14 米；逆时针的行驶方向别具一格，是一条集挑战性、观赏性和趣味性于一体的赛道。无论置身看台还是贵宾包厢，都能尽览整个赛道。赛车场寓玩乐、学习、竞技于一体，为享受汽车文化、企业公关活动、旅游度假、赛车休闲娱乐、安全驾驶培训等活动提供理想的服务平台。另包含 2 处近万平方米的安全驾驶场地。配置丰富的多功能厅、贵宾包厢、培训中心、千人看台等设施。

STC——上海天马赛车场（主题公园）经过多年的探索和调整，已从一个狭隘的、专业的、国际标准的赛车场发展成为以车为主题的、面向所有驾车族的、多功能的时尚主题公园。这里既有以满足选车、购车为目的的各种车型的试乘试驾活动，也有以练车、提高驾驶技术（特别是主动安全驾驶能力）为目的的各类驾驶技术培训项目；既有以玩车为目的的时尚赛车体验、赛道音乐派对和汽车影院等时尚娱乐，也有驾车族自己的嘉年华"天马论驾"和全国汽车飘移系列赛季、全国摩托车锦标赛、全国房车锦标赛等各类级别的赛事活动。

"天马追风"为"松江二十四景"之一。

旅游线路参考：简介→F4 赛道→安全驾驶培训场地→夜间赛道→赛车体验→赛事介绍等。

32. 上海月湖雕塑公园

位于松江佘山国家旅游度假区的核心区内，林荫新路 1158 号。月湖系 1999 年开挖的人工湖，2002 年对游客开放。同年底，佘山联总与曹佳叶国际股份有限公司合作，开发、建设和经营。总投资约 4 亿多元，总占地面积为 86.67 公顷，其中月湖面积 30.4 公顷，环湖腹地 33.3 公顷。是一座集自然山水、现代雕塑、景观艺术于一体的综合性艺术园区。2004 年建成并对外开放。

园区以月湖为中心，环湖以不同风格的景观及建筑风格设计，分为春、夏、秋、冬四个主题景区。由各国现代艺术大师创作的 80 余件形态立意各不相同的户外雕塑，分布在四岸景观区内，展现出公园"回归自然、享受艺术"的理念追求。

月湖的美，由内而外，一方面提供世界级造型艺术的欣赏与交流，另一方面提供给游客品味生活、感受优雅创造力的景观。

2009 年，公园被评为国家 AAAA 级旅游景区，为上海市科普教育基地。"月湖沉璧"为"松江二十四景"之一。

旅游线路参考：公园简介→春岸（"水晶宫"景观、水上舞台）→夏岸（沙滩、跳跳云）→秋岸（美术馆、秋月舫）→会馆→小佘山书吧→冬岸等。

33. 上海佘山天文博物馆

位于佘山国家旅游度假区西佘山山顶（早期情况详见中篇第三章第二节）。1950年12月，佘山天文台隶属中国科学院紫金山天文台。1962年，佘山天文台与徐家汇天文台合并，改名为中国科学院上海天文台佘山工作站，从事地磁、地震、授时、人造卫星观测等科研工作，成为一个重要的天文科研基地。之后，工作重点逐渐转向文物保护和科普教育工作。2004年11月16日，上海天文台佘山站以百年老台为基础，建成了独具特色的上海天文博物馆，并对外开放。

博物馆以丰富的文物和史料展示近代天文科学在中国发展的历史，并穿插介绍相关的天文知识，其中建于1900年的40厘米双筒折射望远镜是我国最古老的大型天文望远镜，可谓镇馆之宝。此外，博物馆园区里还设有星座广场、环幕影视厅、日晷、国际经度联测纪念碑等景点。

博物馆于1997年被评为"上海市科普教育基地"、1999年被共青团中央命名为"中国青年科技创新行动教育基地"、同年又被定为全国科普教育基地。2002年4月27日公布为上海市文物保护单位。2013年5月，公布为全国重点文物保护单位。

34. 上海佘山国际高尔夫俱乐部

位于佘山国家旅游度假区核心区东北隅，简称"佘山高尔夫球场"。与月湖雕塑公园、凤凰山为邻。由上海优孚企业发展有限公司投资建设，总投资约5.5亿元，占地146.66公顷，其中球场用地113.33公顷。2002年10月17日开工，为高尔夫运动的主题综合度假项目，背山面水的森林丘陵型球场，是上海首家纯会员制高尔夫俱乐部。2004年10月建成启用。

这是一座符合国际锦标赛标准的18洞72标准杆、全长7140码的球场，由球场设计师Nelson & Haworth设计。配有一个建筑面积6000平方米的高尔夫会所、高尔夫练习场和高尔夫教学中心等各类附属设施。开业以来，俱乐部屡获国际奖项，被美版《高尔夫大师》评为2020—2021年度世界百佳球场第85位。2005年起，承办汇丰高尔夫冠军赛（2009年升级为世锦赛），除2012年外，至2019年已举办14届，成为其在美国以外的唯一举办地。

"凤凰戏珠"为"松江二十四景"之一。

第三节　2008—2023年建成的景区

35.程十发艺术馆

艺术馆位于华亭老街东部北侧，南与松江清真寺隔街相望。馆域占地面积2541平方米，馆舍为明清古建筑，馆名由全国人大常委会委员长吴邦国题写。于2009年4月开馆。

程十发，曾担任上海中国画院院长，是一位海派国画大师。艺术馆的设计风格与程十发先生亲切随和的音容笑貌相融合，呈现古朴平和、意韵相间的朴实风格。

程十发艺术馆选址，是程十发先生2005年回乡时选定的。他坐着轮椅来到华亭老街松江古宅，饱含深情地说："我的祖居在松江府娄县枫泾镇，我的故居在松江城里。"他表示要把生前的最后一批书画作品捐献给养育他的松江，因此艺术馆内专设藏品展示区。

艺术馆是松江区文旅局下属的公益性全民文化事业单位，为松江区文物保护单位。艺术馆是以书画艺术的典藏、展示、研究、教育与传播为主体的小型书画艺术馆，专门性与类别化特征明显。

艺术馆的工作宗旨与学术定位，主要围绕程十发书画艺术为中心展开，具体分三个圈层。一是以程十发书画展示研究为中心，完善馆主艺术人生各节点的文献挖掘，着力馆主研究及展览；二是挖掘整理与松江历史文脉相关的文化艺术名人的研究及展示，策划与馆主相关的同时代画家联合研究及展览，策划馆主后裔及弟子的研究及展览；三是策划与程十发艺术思想相一致的中华优秀书画家艺术展示和研讨，邀请上海及全国知名书画家的个展、联展与交流展，同时开设名家讲座、研讨、出版文献册等。并以此为基础，搭建艺术人文平台，拓展以传统文化传承与书画艺术传播为主的各类公共教育项目。

2012年，"明·朱舜水书信展暨中日当代（松江·柳川）书法作品展"获得国家文化部全国美术馆优秀展览项目。2014年，"散锋简笔　海派菁华——程十发笔墨艺术文献展（1940—2007）"入选国家文化部全国美术馆馆藏精品展出季活动项目。2016年，"中国现代工艺美术教育家、设计家雷圭元作品展"获得国家文化部全国美术馆优秀展览提名项目，并列入文旅部《全国美术馆优秀策展案例选编》。

"三宅缘墨"为"松江二十四景"之一。

旅游线路参考：展馆简介→程十发先生简介→藏品展示区→公共汇展

区等。

36. 上海欢乐谷

位于佘山国家旅游度假区核心区内的林湖路888号。由华侨城集团投资建设，一期投资40多亿元。占地面积90公顷。2006年开工建设，2009年9月12日建成开业。

园内有阳光港、欢乐时光、上海滩、香格里拉、欢乐海洋、金矿镇和飓风湾七大风格各异主题区，拥有从美国、瑞士等国家引进的60米无底跌落式过山车"绝顶雄风"、1200米和高35米的木质过山车"谷木游龙"、30米落差"激流勇进"、亲子悬挂过山车"大洋历险"、6D虚拟过山车"海洋之星"等100余项全球高科技娱乐项目，更有深受小朋友喜爱的全新"上海滩"区无动力儿童乐园——"饼干警署特训营"，为亲子家庭提供互动玩乐体验。是适合年轻人、亲子家庭娱乐放松、全民畅玩的主题乐园之一。

作为"动感、时尚、激情"的繁华都市开心地，上海欢乐谷以新春缤纷盛典、春风游园会、暑期狂欢节、国际魔术节、万圣潮玩季、花漾音乐节等花样繁多的品牌节庆活动贯穿全年。还有世界各地的精彩演艺荟萃于此，如大型跨媒体实景水秀《天幕水极》、全球马戏精英云集的魔都新马戏《神奇马戏团》、影视特技实景剧《新上海滩风云》、原创大型魔术晚会《奇幻之门》以及欢乐海狮秀、滑稽秀、扣篮秀等零距离节目每日精彩上演，365天欢乐不停歇。

开业十年，已累计接待游客逾3000万人次。

上海欢乐谷先后荣获"中国主题公园连锁品牌"、2011年被评为国家AAAA级旅游景区、还荣获"全国文明旅游先进单位"、"上海名牌"等荣誉称号。"欢乐游龙"为"松江三十六景"之一。

旅游线路参考：简介→阳光港→欢乐时光→上海滩→香格里拉→欢乐海洋→金矿镇→飓风湾→零距离特色演艺→全年经典节庆活动等。

37. 上海辰山植物园

位于佘山国家旅游度假区核心区内的辰花公路3888号，北靠沈砖公路、东临龙源路、南贴辰花公路，与广富林郊野公园隔路相望、西依辰塔公路。2004年由上海市政府、中科院、国家林业局整合资源联合共建，作为世博会配套项目，从理念到选址，从规划到营建，都朝着世界一流植物园的目标，通过和国际植物学界的广泛合作，2006年3月开工，历时3年多的建设，总投资20.77亿元，占地202公顷。各类建筑7.8万平方米。2010年4月26日对外试营业，2011年1月正式向公众开放。

植物园的设计是由德国瓦伦丁设计团队和上海园林规划局共同合作完成，本着"环保先行"的理念，充分因地制宜，在分布着30个专类园的中心展示区保留了江南水乡的本土地貌特征；园区周围用一圈凸起的绿地——绿环形成了植物园的一个天然屏障和边界。四五千米长的绿环上坐落着五大洲植物区，同时串联起园内的三大主体建筑。利用山洞还设有"上海国际酒文化博物馆"。

2012年，公园被评为国家AAAA级旅游景区、还荣获"全国科普教育基地"称号；"辰山探花"为"松江三十六景"之一。

旅游线路参考：1号门→综合楼→北广场→春景园→儿童植物园→珍稀濒危植物园→矿坑花园→岩石和药用植物园→蔬菜园→展览温室→华东区系园→水生植物园→樱花大道→月季园→西湖等。

38. 昆秀湖湿地公园

位于松江区小昆山镇文翔路3988号。由上海市政府于2012年辟设。南贴文翔路，北接广富林路，东临油墩港，总占地面积约58公顷，其中绿化面积约36公顷，水体面积约17公顷。为大型湿地公园。园内水域宽广，湖畔种植樱花、桃花、李花、梅花、茶花、石榴、柿子等果树及花卉数千株。辟有梅花园、桂花园、垂丝海棠园、桃花园、樱花园、月季园等。水面种有荷花、睡莲、千屈菜、再力花等水生植物。

昆秀湖湿地公园于2019年起暂停开放。

39. 上海玛雅海滩水公园

位于佘山国家旅游度假区核心区内林荫新路，东贴欢乐谷，西邻月湖雕塑公园。由国际规划机构倾力设计，是华侨城集团继上海欢乐谷之后，在华东地区推出的又一主题大型水上乐园的精品力作，为全国连锁主题水公园品牌。占地近20万平方米。2013年7月建成，每年6—9月开放。

公园兼容"惊险刺激"和"合家畅游"元素，融合古代玛雅文化与现代水上游乐体验以及先进的水处理系统，有从加拿大、美国引进全新的4滑道"水上跳楼机"——"极速大蟒"、23米直径"超级大喇叭"、水磁动力技术的双轨水上过山车"大黄蜂"、水上竞速之选"大章鱼滑道"、深海漩涡体验项目"巨兽碗"、魔幻互动水寨"玛雅水寨"、四滑道组合"四驱迷城"、滑道组合项目"羽蛇神环"、"太阳迷漩"等40余套大型水上设备及景观项目，提高水上娱乐刺激互动指数，让年轻人挑战自我、感受极速。同时，玛雅营地、动物王国、深海秘境、快乐丛林、"跳跳地带"大家庭游乐区，坐拥100余款儿童亲子戏水项目，让大小朋友清凉戏水、全程尽欢，打造华东"玩水新地标"。

2016年"魔力水城"建成开放。2021年新增"秘境穿越""赛博时空"两条多媒体滑道，"哈瓦那大冲关"小造浪池亲子游乐区域以及"弧光SPA""光影SPA"等娱水互动项目。除了众多游乐娱水项目，这里还有激情四射的电音狂欢，充满异域风情的精彩演艺，劲爆的摇滚时刻，神秘的玛雅风情舞……日夜狂欢，精彩不断！

"玛雅嬉水"为"松江三十六景"之一。

旅游线路参考：简介→亲子合家欢路线→青春挑战路线→精彩娱乐表演→缤纷美食购物等。

40. 思鲈园

位于松江老城区中山中路与西林路口西南侧。由上海新松江置业（集团）有限公司建设，总面积约3万平方米。为开放式公园。2014年建成开放。

新建的陆机《文赋》砖雕照壁和云间书画影壁为全园中心景观。东北角由低矮石栏围着的一根石柱和一个石鼓残留部分为董其昌尚书坊遗迹。园中心设有广场。园内迁建张祥河宅、雷补同宅两幢古宅，建筑面积2400平方米。雷补同宅设有其孙子、清华大学美术学院教授雷圭元纪念馆，另设有顾绣展览馆展出顾绣作品。

41. 浦江之首

位于石湖荡镇东夏村东南角上。这里是三江汇聚之处，也是上海母亲河黄浦江的"零公里"处。为何不能叫"浦江之源"？一说是据勘查，黄浦江的源头在浙江湖州安吉南境处的龙王山。源头之水蜿蜒而来，经笤溪过湖州，经嘉兴红旗塘、上海境内的大蒸港、圆泄泾等主要干流流至此处。另一说是源头在太湖，经太浦河、泖河、斜塘流至此处。两水在此汇聚，再经横潦泾流入黄浦江，"浦江之首"也由此得名。

"浦江之首"景区不大，占地3.2公顷，原先是块荒地，1998年曾建设过，未完工。开挖了小型人工池塘并形成小岛，有石桥相连。有泥山、太湖石假山、六角亭、花草树木、航标灯等。现有建筑面积约1100平方米，2012年建成并对外开放。

整个景区分地上和地下两部分。地上部分为"疏流利运"宝塔和"春申堂"，而地下部分则为"水文化展览馆"。春申堂为景区内主体建筑，盛唐风格，为纪念"战国四君子"之一的春申君黄歇所建。正中悬堂名匾额"春申堂"，左侧匾额"永志初澜"，右侧匾额"承恩浩波"，堂内正中为纪念春申君的巨大木雕作品，正面雕有春申君治理河道、疏浚黄浦江的传说故事，背面雕有黄浦江水系图。浦江之首水文化展示馆，以黄浦江水资源、水变迁、水历史、水文化为主题的展示馆。展区分"水之源""水之脉""水之治"和"水之兴"四个部分，分别展示吴淞江的变迁以及松江地名的由来；古代上海的特殊地貌形态，黄浦江水系的演变过程；松江先民取水、理水、治水的历史记录；近代上海因黄浦江而兴港繁荣。

整个景区的建筑，挑梁斗拱式的民族建筑风格散发出古典风韵，落地窗琉璃瓦又不失现代的时尚样式。江南格调的园林设计配以银杏、槐树、垂柳等本土植株，彰显出中国传统文化的底色。景区外围已建成休闲区。

"浦江烟渚"为"松江十二景"之一。2020年，"浦江之首"被评为国家AAA级旅游景区。

旅游线路参考："浦江之首"简介→"疏流利运"宝塔→春申堂→水文化展示馆→休闲区等。

42. 仓城历史文化风貌区

地处松江区永丰街道仓城地区。2005年被定为上海市44处历史文化风貌保护区之一。区内集中分布了以杜氏雕花楼、费骅宅、葆素堂、杜氏宗祠和赵氏宅为代表的有特色的历史建筑和大量保存较好的民居建筑，还有多座明清时代的石拱桥等，是一个较完整的具有传统风貌和地方特色、有较高的历史、文化价值的区域。反映了松江作为上海历史文化的发祥地的历史风貌。

2008年，保护性开发正式启动，曾邀请被誉为"古城守望者"的中国知名古城镇规划保护专家阮仪三教授到场指导，最终确定了仓城"一河两街五区"的空间格局。一河，即松江老市河；两街即中山西路和秀南街。仓城在众多江南古镇中有着独特的风韵，不仅有着"江南人家尽枕河"的水乡景象，还有着"万里南来第一船"的漕运文化；不仅有着"料青山见我应如是"的柔情秀美，还有着"并刀昨夜匣中鸣"的慷慨壮行；不仅有着"秋风起兮思鲈鱼"的游子乡愁，还有着"千古兴亡多少事"的历史缩影。

至2023年，仓城历史文化风貌区还在改造之中，但不封闭，仍开放着。

"跨塘乘月""鲈乡遗韵""颐园听雨"均为"松江十二景"之一。

旅游线路参考：简介→云间第一桥→灌顶禅院→大仓桥→徐氏当铺→杜氏雕花楼→葆素堂→秀野桥→秀塘桥→秀南桥→年丰人寿桥→杜氏宗祠→秀溪道院→颐园等。

43. 广富林郊野公园

公园位于广富林路3918号（近辰塔路口）。东临辰山塘，南依广富林路，西靠油墩港，北贴辰花路，总占地面积约4.25平方公里。辰塔路以东区域，总占地2.5平方公里。是本市"5+2"试点的郊野公园之一。于2017年12月28日对外开放。

开放区域内有油菜花田、绿野闲踪、森林氧吧、稻香闲影、老来青稻田、静水叠杉、花廊休闲等自然景点以及新开设的大创中心文创基地和奇石馆等。

2023年初，奇石馆被评为国家AAA级旅游景区。"富林野趣"为"松江三十六景"之一。

旅游线路参考：公园简介→花廊休闲区→云间奔鹿→绿野闲踪→静水叠

杉→游客服务中心→奇石馆→百姓戏台（大创中心）→稻香闲影→森林氧吧→老来青稻田→油菜花田等。

44. 广富林文化遗址

位于松江新城广富林路3260弄。北靠佘山国家旅游度假区，东依国际生态商务区，南临大学城，西接广富林郊野公园。总占地面积约850亩（早期情况详见上编第一章第一节），2018年6月对外开放。

广富林的核心价值在于珍贵的地下史前遗存。整个保护和建设过程，始终围绕考古研究这个广富林文化展示的真正主角。广富林也收建了少量苏、浙、徽派的古建筑，以服务展示空间需要，体现广富林和松江具有的"移民之地"的历史特征。众多展示和功能空间，嵌入地下或藏入水中，不致建筑喧宾夺主，侵入圣土。广富林众多专题展示馆，都具有复合展示功能，外观和内容互为补充，历史知识简单易懂，让孩子和普通观众都能够理解，留下印象。在享受中华传统美的过程中，了解历史，记住历史，知道我们这座城市的先民是从哪里来的。广富林是目前考古发现的上海29处遗址中内容最丰富、最具保护与开发价值的古文化遗址。

广富林的部分区域，以善于拿来、精于选择的理念，充分吸取世界遗址展示的先进成果，在保留历史风貌元素的前提下，展现时空变化。采用现代材料和工艺，新老混搭，和谐过渡，来展示古风新韵，达到了让外国人看是中国的，中国人看是在生长的，老年人来能够怀旧，年轻人游觉得时尚的浑成之美。

2013年，广富林文化遗址被国务院核定为第七批全国重点文物保护单位。"富林钩沉"为"松江三十六景"之一。2020年，被评为国家AAAA级旅游景区。

旅游线路参考：简介→富林印记→陈子龙纪念馆→文化展示馆→国际文化交流中心→松江城市发展规划馆→朵云书院→木艺展示馆→知也禅寺→富林塔→古陶艺术馆→三元宫→骨针广场→遗址核心保护区→考古遗址展示馆→城隍庙→关帝庙→海浦街区→宰相府酒店→希尔顿酒店→庭院酒店等。

45. 松南郊野公园

位于车墩镇松金公路9535号，黄浦江上游北岸。西接大涨泾，东临女儿泾和沈海高速，北依北松公路，南贴黄浦江。S32申嘉湖高速从中穿过，占地23.71平方千米。为开放式郊野生态公园。上海5个试点郊野公园之一。2018年底建成开园。

黄浦江的米市渡建于清光绪初年（1875），是连通浦江南北的主要渡口，具有150年的运营史，现已停运。公园分三期建设。一期5.07平方千米，以滨江森林休闲、米市渡文化游览、农渔采摘乡村体验为主。景区保留原有乡村风貌，西林东田，水湾相连，绵延 10 千米的滨江水源涵养林及占总用地近 26% 的集中成片的林地为其特色，建有丛林探幽、森林氧吧、田间晓月、芦花飞雪、乐活采摘、涵养林观光、逗趣虾塘、海棠烟雨、荷风柳浪等景点。今设有游客服务中心、大涨泾生态岛、米市渡小镇等 22 处功能性区域，

"米市古渡"为"松江三十六景"之一。

旅游线路参考：简介→米市渡滨江休闲区→田田桃园等。

上海世茂精灵之城主题乐园

座落于佘山国家旅游度假区辰花路 5898 号、5088 号，毗邻上海佘山世茂洲际酒店（俗称"深坑酒店"）。是世茂集团投资兴建的室内外综合型主题乐园，占地 42.82 公顷，建筑面积为 55 万平方米。主题乐园秉承大自然与快乐相融合的理念，坐拥世界地标性建筑奇观，与国际 IP 强强联合，为亲子家庭和观光游客带来全新的度假娱乐体验。2019 年 12 月试营业，2020 年 5 月 29 日正式对外开放。

46. 深坑秘境乐园　作为主题乐园的一期项目，充分利用佘山优美的自然风光，结合"深坑酒店"这一建筑奇迹，秉承大自然与快乐相融合的理念，打造了探索世界地标的旅游观光景点。网红玻璃栈道坐拥观赏酒店的最佳视角，也是上海首座在崖壁边建造的玻璃栈道，游客可以感受行走在潭水与悬崖之间的悬空之感，"飞越深坑"，带领客人体验跨越深坑的刺激。另外，360 度惊险刺激的崖壁大摆锤、精灵树屋、沙漠考古、梦幻水域、虫虫世界等项目将以沉浸式的奇趣体验吸引国内外游客。

2020 年，深坑秘境乐园被评为国家 AAA 级旅游景区。

47. 蓝精灵乐园　作为乐园的二期项目，与国际 IP 蓝精灵版权方合作研发，以蓝精灵 IP 为主题包装，提供丰富、前沿的游乐设备及服务，巧妙地将乐园游艺、快乐成长与家庭体验紧密结合，营造寓教于乐的快乐港湾。蓝精灵作为联合国 17 个可持续发展目标的使者，也在乐园的规划设计中赋予了乐园美好的旨趣。乐园沉浸式的主题场景、经典游乐设备体验、限定款独家商品及餐饮，都将为游客带来难忘的欢乐感受。

"深坑有梦"为"松江三十六景"之一。2023 年初，蓝精灵乐园被评为国家 AAAA 级旅游景区。

旅游线路参考：简介→深坑秘境乐园→精灵小火车→蓝精灵乐园等。

48. 云间粮仓文创园

位于松江老城区松汇东路 327 号（北门），东临松金公路（东门）、南依护城河，西贴通波塘。占地面积 136 亩，共有 68 栋粮仓建筑，建筑面积近 4 万平方米。2019 年对外开放。

云间粮仓文创园原为1950—1990年代陆续建造的粮食仓库及工厂，先后历经南门粮库、松江米厂、松江面粉厂、松江县配合饲料厂等阶段，凝聚着几代人的心血，见证了新中国成立以来松江粮食行业的发展演变。由于时代的变迁，这里曾一度被弃用，颇为荒凉。2019年，由上海八号桥投资管理集团与上海清河文化传播有限公司接手后，贯彻"修旧如旧"的原则，以"科创＋文创＋农创"为定位，布局建设了"万国啤酒"文化区、艺术展示互动区、科技创意办公区、沿岸生活休闲区、时尚"网红打卡"区等功能板块。

2023年初，云间粮仓文创园被评为国家AAA级旅游景区。

旅游线路参考：简介（正门）→涂鸦《太空花园》→地磅→涂鸦《打破次元壁》→"啤酒阿姨"→人民河景观带→文化广场→筒仓→涂鸦《smoke》→何曦工作室→普照寺碑刻出土地→通波塘→松江油脂化工厂→院士楼→涂鸦《雨巷》→涂鸦《十鹿九回头》→云间艺术馆→王汝刚工作室→"云间半亩田"→艺术装置《为伊唱》等。

49. G60科创云廊

位于松江区千帆路238—288弄，莘砖公路东侧，近G60收费口，是世界著名建筑设计师拉斐尔·维诺里进行概念设计，松江区与临港集团联合打造的大型产业综合体，为长三角G60科创走廊标志性工程之一。全长1.5千米，规划建筑面积100万平方米，由23栋高层楼宇组成。建筑的云状顶盖部分由太阳能光伏面板覆盖，建筑高度79.6米，共18层，层高4.2米，总体量近100万方。沿高速公路一侧为点式楼，每层约1670平方米。另一侧为板式楼，每层面积从1300平方米到4000平方米不等。

1层—3层为综合配套层，面积约10万平方米。云顶部分由太阳能光伏面板覆盖，"云状"顶盖的波峰波谷之间落差约18米，轻盈飘逸，总面积约16万平方米，堪比20个足球场，重1.4万吨，是全球最大的铝结构屋盖。形成了气势宏伟、波澜壮阔的云顶。项目融合5A级办公楼、五星级酒店、商业中心、体验中心等多种功能，致力于构建集科技、商务、交易、文化和体验等功能为一体的生活办公综合区。分两期建设，一期2015年9月开工，2020年建成，2021年4月30日启用；二期2020年1月奠基，2023年建成。

云廊汇集知名企业、品牌商业。不定期举办时尚市集、秀场等活动，每周五至周日晚夜间有音乐灯光秀表演，以"孕育、诞生、缠绵、无界"四个主题，11万盏电脑联控LED灯呈现意象万千的光影变幻，展现科创走廊璀璨夜景。

50. 上海云堡未来市艺术文创景区（RABORNOVA）

位于松江洞泾镇王家库路885弄，总占地面积约2万平方米。是一家以艺术创作、艺术欣赏、艺术消费为主题的多元化复合型艺术文创园区。值得一提的是，园区业态一改传统旅游模式，呈现全新的艺术生活新风尚，集美术馆、艺术潮玩、艺术众创、美学生活、网红书店、时尚露营、主题酒馆、餐饮料理等诸多业态融为一体。2022年初对外开放。

云堡未来市拥有上海艺术百代美术馆、未来SHOW装置艺术空间、艺立方艺术社区、吉维尼花园等景点。景区先后获颁为首家上海市大学生就业创业实践基地、上海市影视摄制服务平台、上海视觉艺术学院大学生影视实训基地、上海大学上海电影学院影视创作基地、上海政法学院上海纪录片学院纪录片人才孵化基地等荣誉。同时，已先后引进上海民盟书画院创作室、上海人物画苑创作基地等专业艺术机构。

云堡未来市充分依托松江丰厚的人文与自然资源，结合自身资源优势，以"创新型城市美育综合体"为目标，为城市空间注入更多文化和艺术的温度与力量。

2023年6月，上海云堡未来市艺术文创景区被评为国家AAAA级旅游景区。

第四节　红色旅游

红色旅游，顾名思义，即旅游景区景点带有明显的革命性。红色旅游主题非常明确，是缅怀牢记、教育激励的过程，也是"四史"（中共党史、社会主义史、新中国史和改革开放史）教育的重要手段。

松江在大革命时期、抗日战争和解放战争时期、社会主义建设时期，都涌现出一批又一批的革命志士。他们抛头颅、洒热血，以自己的生命和奋斗，为国家的独立自由和人民的幸福生活贡献了自己的力量。瞻仰、了解、学习、继承烈士的英勇事迹，是红色旅游的根本。

1. 松江区烈士陵园

位于松江区联络公路753号，北松公路西端与松金公路交接处。前身是位于县苗圃桃园内的松江革命烈士墓地，竖有侯绍裘、姜辉麟烈士纪念碑。1982年、1983年，先后两次扩建。1984年，松江县人民政府定名为"松江县烈士陵园"。1987年增建3200平方米烈士事迹陈列室、办公室、骨灰安放室等。1993年12月，烈士陵园移址扩建至华阳桥镇南门村（现属车墩镇）。为了更好地褒扬革命英烈，经松江区委、区政府批准，于2011年对松江区烈士陵园进行整体改建，改建后的烈士陵园占地面积约2万平方米，建筑面积2399平方米，共有纪念馆、墓区、碑林区、纪念广场等几大功能区。新建的烈士纪念碑，高20米，由四片呈下垂状的红旗组成，碑体上"死难烈士万岁"六个黑底金字系复制毛泽东手迹。碑前配有2000平方米的祭奠广场。革命英烈纪念馆面积1652平方米，介绍松江22位各历史时期的代表性烈士事迹。烈士墓区900平方米，安葬173位烈士，其中大革命时期4人，抗日战争时期12人，解放战争时期20人，抗美援朝时期79人，社会主义建设时期58人。

他们是烈士吴光田、侯绍裘、顾桂龙、陆龙飞、袁世钊、吴志喜、陆龙飞、姜辉麟、夏秋生、顾杏生、周清华、俞祖耀等。1949年，在解放上海的战斗中，有13名解放军战士牺牲在松江境内，他们中有11人连名字都没有留下……1950年，抗美援朝战争爆发，松江有100多人次荣立战功，有80名松江籍志愿军战士献出了他们宝贵的生命……新中国成立后的烈士有蒋道林、杜桂明、钮柏祥、范宗杰、沈书琴、孙根明、陈金土、吴秀林、何涌、王土泉等。

烈士陵园于1999年被命名为"松江区青少年教育基地""上海市革命烈士纪念建筑物保护单位"。2005年确定为上海市第一批40个红色旅游景点之一。2010年起先后评为"上海市全民国防教育先进单位""上海市爱国主义教育基地""上海市全民国防教育基地""上海市公益基地"等。

参观瞻仰线路参考：简介→烈士纪念碑→"云间魂"碑林区→烈士遗嘱→烈士墓区→"大爱无疆"浮龛→烈士纪念馆序厅→第一展厅（大革命时期）→第二展厅（抗日战争和解放战争时期）→第三展厅（社会主义建设时期）等。

2. 侯绍裘烈士雕像

1987年4月15日，松江县委、县政府召开侯绍裘烈士牺牲60周年纪念大会，并在松江二中（烈士母校）校园内举行烈士汉白玉雕像揭幕仪式。侯绍裘，松江人，1921年加入国民党，1923年加入了中国共产党，是松江第一位中共党员。1925年"五卅"运动中任上海学联总指挥。曾任国民党江苏省党部常委兼宣传部副部长、中共党团书记。1927年春，参与领导上海第三次工人武装起义，出任上海特别市临时政府委员。同年，在"四一二"反革命政变中被杀害，年仅31岁。

3. 陈云与松江农民暴动指挥所史料展

1992年10月和1993年7月1日，位于松江区新浜镇西南大方村大方支路26弄29号（今属赵王村）的大方庵·枫泾暴动指挥所和枫泾暴动革命史料展馆修复建成，对外开放。1927年10月—1928年1月，这里是小蒸、枫泾地区农民武装暴动的指挥所。展馆以图文并茂的形式，展示了陈云同志早年进行革命斗争的史料。2020年进行了重修并开放。大方禅院，又名大方庵，为清代中叶寺院，迄今有 200 余年的历史。

1961 年 1 月 22 日，该展馆公布为松江县文物保护单位。也是松江区青少年爱国主义教育基地。

4. 中共淀山湖工委旧址纪念碑

1992 年 10 月 18 日，位于松江松汇西路 280 号，上海缝纫机四厂松江分厂内的中共淀山湖工委旧址纪念碑的揭幕仪式隆重举行。旧址纪念碑为园林式，面积 160 平方米，筑龙墙墙院，东侧有月洞门、六角亭，广植花草名木。1940 年 10 月，中共江苏省委将昆（山）、嘉（定）、青（浦）中心县委与浦东工委合并，扩建为淞沪中心县委。1941 年 5 月，又改建为路南特委，在松、金、青地区辖淀山湖、青东、浦南三个工委。7 月，淀山湖工委成立，机关设于松江景家堰。工委辖淀山湖一带松江西部、北部、青浦西南、昆山南部和吴江县。淀山湖工委在此发展抗日力量，壮大党的组织，创建武装队伍，与敌伪势力进行了顽强、艰苦的隐蔽斗争。1942 年 10 月，机关撤离松江，迁往吴江县。1943 年 8 月，淀山湖工委撤销。

1993 年 10 月，该纪念碑公布为松江县文物保护单位。

5. 吴光田烈士墓

位于松江城区菜花泾 96 弄，1936 年立，有墓园、纪念亭、纪念碑，面积约 420 平方米。吴光田（1906—1927）松江人，以"国家飘摇若此，正青年奋发有为之日"为重。1922 年后，参加国民党，1925 秘密加入共青团，在东南大学秘密组织进步青年进行革命宣传，与当地的反动军阀作斗争。1927 年 3 月被逮捕，凛然就义。年仅 20 岁。民国二十五年（1936）归葬于松江菜花泾。

1985 年 7 月 18 日，吴光田烈士墓公布为松江县文物保护单位。

6. 中共城东支部驻点奚天然故居

位于松江区车墩镇华阳老街 5 弄 1 号。为原中共城东支部驻点、老地下党员奚天然故居。建筑面积约 300 平方米。奚天然（1919—？），松江县华阳桥（今属松江区车墩镇）人。1940 年加入中国共产党，1941 年 3 月，任中共华阳桥、新桥党支部书记，开办"奚永源"杂货店掩护党的活动。1941 年 3 月至 1949 年 5 月为中共松江县城东地区地下秘密联络点，承担书刊转运、情报搜集、信息传递等任务。

7. 史量才故居

位于松江泗泾镇江达北路 11 号。清代建筑，民国十三年（1924）翻建改造。宅面南，阔三间，共三进，占地 954 平方米，建筑面积 800 余平方米。头进为门厅、仪门，中进主宅为二层砖木结构三面走马楼，楼宅豪华高敞，楼上三面围廊，熟铁卷花栏杆，车木雕花檐柱，檐下镂花挂落，楼枋满雕花纹。具有典型的民国式样。

史量才（1880—1934），是一位力主抗日、反对内战、倾向民主的著名报业家。祖籍江宁，7岁时随父亲移居泗泾，入娄县籍。光绪三十年（1904）在上海创办女子桑蚕学校，后从事报业。他于民国元年（1912）接管了《申报》后任总经理22年，创造了《申报》最辉煌鼎盛的历史。史后又收购了《新闻报》，为当时资产最大的报业家。《申报》是求民主的阵地。因其针砭时弊，不断抨击蒋介石的内外政策，遭到国民党反动派的忌恨。1934年11月13日，史量才被特务暗杀于浙江海宁。

故居曾于1949年5月至8月，为松江县政府所在地。后为镇政府所用，为镇文化馆、图书馆。2000年12月改为"史量才生平事迹纪念陈列馆"。

2000年12月4日，史量才故居公布为松江县文物保护单位，并列为松江区青少年爱国主义教育基地。

8. 夏秋生雕塑像

1995年，抗日小英雄夏秋生雕塑由松江县少年工作委员会竖立于中山小学内。2001年，在方塔园大草坪西侧设立了纪念夏秋生的"秋生亭"。1938年冬，年仅12岁的夏秋生，在方塔塔壁上用黄色的碎砖角有力地写下了"打倒日本帝国主义"八个字，因被日寇查出笔迹而抓获，后被日寇用刺刀杀死于方塔下。

第五节　工业旅游

工业旅游的初始阶段，主要体现在组织旅游者参观和了解工业生产和产品制作的过程，让旅游者更多地了解工业生产和产品制作的知识和技术，如生产的原材料来源质量、各种成份比例、产品质量标准、环保卫生要求、机械化程度、流水线生产效率等。在工厂师傅指导下，旅游者自己动手制作一些简单的产品，也称作"DIY"。工业旅游不是工业和旅游的简单叠加，它是工业、文化、旅游的多维融合，也是人文、科技、资源和技能的综合展示。

松江的工业旅游起步于2006年，有不少企业走上了探索之路。

1. 上海影视乐园

建于1999年的上海影视乐园，又称"车墩影视基地"，是拍摄电影电视剧的取景基地，也是生产电影电视剧的"梦工厂"。

2007年获"全国工业旅游示范点"称号。2021年，被评为市级"工业旅游景点服务质量优秀单位"。（详见本章第15例）

2. 上海高博特生物保健品有限公司

2006年，公司在松江洞泾花桥村的生产基地开始对市民进行有组织的开放参观。主要是让市民了解"昂立"保健品在无菌的环境下培育生产的过程。

2007年获"全国工业旅游示范点"称号。

3. 上海爵丽紫珠美有限公司

公司位于泗泾镇，以加工装饰珠宝首饰为主，也向游客开放参观。

2007年获"上海市工业旅游示范点"称号。

4. 松江城市（工业）规划展示馆

2008年，位于松江泰晤士小镇内的松江城市（工业）规划展示馆完成布展，对公众开放。

5. 明治制果食品工业（上海）有限公司

位于松江工业区东部新区新飞路1111号，占地6.5公顷。具有100年历史的日本"明治制果"公司，在松江建立了明治制果食品工业（上海）有限公司。2012年起，对中小学生实行团体开放，介绍生产过程，进行"DIY"体验活动。近几年来，建成了巧克力主题工业旅游体验点。工业旅游参观分为大厅与通道两部分，配有无障碍设施、多媒体设施、科普讲解员等。游客可通过展板和观看录像了解巧克力知识，品尝巧克力美味，参加巧克力互动游戏，还可透过参观通道的玻璃屏观看巧克力的整个生产过程。

2021年，被评为市级"工业旅游景点服务质量达标单位"。

6. 来伊份零食博物馆

位于松江区九新公路855号。2013年，来伊份公司在其青年大厦尝试开辟工业旅游，后由上海来伊份股份有限公司投资建设经营，开辟了集科普教育、亲子娱乐、互动体验和餐饮服务等功能于一体的零食主题博物馆。是全球首家零食博物馆。2019年9月7日开馆。总建筑面积4200平方米，室内活动面积逾3600平米。分历史传承、创新发展和体验分享三大主题，设"乐活伊天"广场、零食欢聚荟、零食文化秘境、闲适乐园四大活动场景，汇聚来自多个国家的上千种零食，设有实景视窗和互动设备，可供参观者领略人类零食演变历史，了解"来伊份"品控、物流和仓储体系。

2021年，被评为市级"工业旅游景点服务质量达标单位"。

7. 巴比魔法面点乐园

位于松江区车墩镇茸江路785号。前身为巴比食品创意园。2013年，中欣巴比食品厂，曾积极尝试开展工业旅游。故后取名为"巴比魔法面点乐园"。2017年1月8日开园。总建筑面积2600平方米。分文化传播类、科普宣教类、亲子体验类、寓教于乐类四大主题，设面点文化传播区、生产力诠释区、

DIY 互动体验区，在"玩"中感受"做"的乐趣、面点产品呈现区等活动板块，通过视频、图片、实物资料和现场制作工艺展示，展现中华面点的历史、发展和生产过程。

2021 年，被评为市级"工业旅游景点服务质量达标单位"。

8. 上海比亚迪有限公司松江分厂

2013 年，工厂以生产光伏太阳能板产品为主，曾积极尝试开展工业旅游。2021 年，被评为市级"工业旅游景点服务质量达标单位"。

9. 云间粮仓文创园

2019 年，由上海八号桥投资管理集团与上海清河文化传播有限公司接手后，贯彻"修旧如旧"的原则，以"科创+文创+农创"为定位，布局"万国啤酒"文化区、艺术展示互动区、科技创意办公区、沿岸生活休闲区、时尚"网红打卡"区等功能板块。

2021 年，被评为市级"工业旅游景点服务质量达标单位"（详见本章第 47 例）。

10. 九里工坊

位于九里亭街道沪亭北路 218 号。南邻沪松公路，西接沪亭北路，总建筑面积约 7 万平方米。为文化创意产业园。前身为物流仓储基地，2017 年启动改造，总项目分 4 期，根据项目进程陆续开放。2021 年 4 期工程均已完成改造。园区建筑以复古红砖墙面为主，两侧为风格统一的工业风建筑，引入集装箱模块与现有的厂房建筑产生联系，增加视觉对比冲突。设有胡桃里音乐酒吧、Daily Open 韩式创意咖啡店等配套商业。

11. 创异工房

位于松江区沈砖公路 6000 号。占地 10 公顷，已开发建筑面积 6.4 公顷。上海市文化创意产业示范园区。兼具生态、创意与古韵的现代化文化创意产业园区。园区中心为一座迁自苏州的百年古宅，园内有小桥流水。入住企业以文化创意、科技创新、工业设计类为主，园区联合德硅集团、度爱度家等企业，以"传递美好生活"为理念，为参观者打造多元化家居色彩之旅。

12. 21cake 烘焙体验馆

位于松江区新桥镇新效支路 518 号，占地 2.13 公顷。由廿一客（上海）电子商务有限公司打造的烘焙主题工业旅游体验点。为国内最早开创烘焙蛋糕电子商务运营模式的公司。工业旅游参观分为"参观烘焙沙龙区""咖啡制作培训""烘焙蛋糕、饼干手工 DIY""参观 10 万级洁净车间""产品品鉴"等区域。场馆配有多媒体设施、科普讲解员、高级烘焙制作培训师、高级咖啡师等，游客可直观了解和学习蛋糕、饼干、咖啡的生产过程及相关知识。

13. 王力咖啡梦工场 jasblu coffee industrial park

位于九亭镇盛龙路 854 号。咖啡主题实验性工场。由王力咖啡投资建设经营。2019 年 11 月开放。分南栋、中栋、西栋、北栋四栋楼体共 11 层。建筑面积 1.4 万平方米。集合物流仓储、咖啡烘焙厂、咖啡学院、咖啡饮品研发实验室、设备工厂、24 小时客服中心、在线工程、创新中心、无限场景展厅等场景于一体，展现咖啡行业整套服务系统生态圈。可提供参观和咖啡 DIY 体验活动。

14. 济众弘孝影视基地

位于松江区叶榭镇济众路 59 号。前身为始创于 2002 年的杨佩佩影视基地。占地 7000 平方米。上海济众影视文化传播有限公司投资建设经营。致力打造"中国传统孝文化"，建有百孝亭、弘孝大礼堂、弘孝客栈、贤孝楼、忠孝门登古代风格建筑，内设叶榭弘孝馆，收藏、展出众多具有孝文化物品，制作并拍摄孝道教育系列作品，举办孝文化等主题特色活动。为影视拍摄基地。集研学游、未成年人思想道德教育、汉服体验、影视拍摄于一体的综合性场所。

工业旅游在松江还刚刚开始，属起步探索阶段。一些企业有这方面的积极性，但存有参观游线难以安排或不符合要求、参观活动场地规模较小、产品演示不清晰等缺陷。要达到"工业＋旅游"，关键还是要精心设计出符合要求的参观游线和模拟演示场景。

第九章　乡村旅游

乡村旅游也有被称作农业旅游的，但它比农业旅游包含的内容更加宽泛。在国外，乡村旅游已有百多年的发展历史了。在国内，则是在1980年代刚兴起的旅游新业态。乡村旅游初始阶段的定位，就是回归自然、欣赏田园、放松心情、参与农耕、体验民俗、休闲度假等。主要体现在"住农家屋，吃农家菜、干农家活、随农家俗、观农家田、购农家物、交农家友"等方面。2010年代之后，乡村旅游更注重教育和劳动实践的作用与功能，让旅游者更了解农村、农业和农民。

第一节　休闲农庄

松江的乡村旅游起步于1990年代末，其主要形式是投资修建休闲农庄，以农庄为基地，向游客提供餐食、住宿、娱乐、採摘、垂钓、购农产品等休闲项目和出租会议、活动场地等，并非是真正意义上的游客住在农家的那种"农家乐"。20多年来，松江先后有20多家休闲农庄类项目对外迎客，绝大部分分布在浦南4镇5地。松江浦南地区指的是松江区沿黄浦江及其上游一带地区，包括石湖荡、新浜、泖港、叶榭四镇及上海松江现代农业园区五库示范区。它们是松江乡村旅游的主片区。这类休闲农庄也深得市场欢迎，是城里人在节假日里到农村休假的首选。

需要说明的是，2006年，为助力2005年"五库农业休闲观光园"的成立，松江区旅游委曾对这些自发性的休闲农庄作过一次情况调研和统计。到2010年时，松江的休闲农庄达到发展高峰，区旅游委又一次对休闲农庄作了情况调研和统计，所采数据均为当时的实况。2010年后，受农用土地租赁趋紧、严查违章建筑等因素的限制，这自发势头有所下降，有的农庄现已关门歇业。因它存在过，也有过贡献，故记录在此。

以下为松江的20多家休闲农庄的基本情况，它们都具有住宿功能。在此按建成开张的先后顺序排列。

1. "番茄农庄"

1998年5月，上海科海电子有限公司园艺分公司等率先在松江五厍镇（今泖港镇五厍现代农业园区）兴旺村建立了"番茄农庄"。后又于1999年1月在茹塘村扩建了"番茄农庄"。注册资金786万元，投入资金4000万元。占地面积300多亩，建筑面积10000平方米。经营范围为旅馆饭店、种植等。有客房250间。床位数500张。用餐圆桌60张。大小会议室6间800座位，共1000平方米。大小娱乐活动室5间，共1000平方米。休闲区7处占地80亩。2006年接待人数为3万人次，年营业额400万元；2010年接待人数为10万人次，年营业额800万元。农副产品供应有格林葡萄、绿源西瓜、绿源番茄、格林提子、鸡、鸭、鸽子、鹅、蔬菜等。

2. 格林农庄

2000年3月，上海先格电子公司在五厍西库一路202号建立了上海葡萄园会务服务有限公司—格林农庄。注册资金50万元，投入资金1000万元。占地面积6.67公顷（约1000亩），建筑面积700平方米。经营范围为会务、餐饮。农庄集生态观光、休闲度假、疗养会务、拓展训练为一体。分生态区和度假区。生态区为感受田园风光、体验农家生活、放松身心的休闲场所。度假区配有三星级标准的格林乡村酒店，有床位数120张。其中湖心岛上的别墅区可接待30人。餐饮中心有用餐圆桌25张，可容纳200人同时进餐。会议室3间共220座。娱乐室有3个多功能厅。2006年接待量4000人次，年营业额30万元。农副产品供应有格林葡萄、绿源西瓜、绿源番茄、格林提子等。

3. "香格里拉"农庄

2001年1月，上海香草农庄有限公司在五厍兴旺村、茹塘村建"香格里拉"农庄。投入资金800万元。建筑面积4000平方米。有客房61间160个床位。用餐圆桌16张。会议室2间共130座，共1000平方米。娱乐活动室有5间1000平方米。休闲区3处占地30亩。2010年接待人数3万人，年营业额240万元。农副产品供应有鸡、鸭、鸽子、土鸡鸭蛋等。

4. 渔夫农庄

2001年11月，上海晶笑休闲农业有限公司在泖港镇田黄村建立了渔夫农庄。注册资金50万元，投入资金800万元。占地面积170亩，建筑面积2300平方米。经营范围为饭店、旅馆、种养殖等。有客房47间床位数114张。用餐圆桌23张。会议室1间70座40平方米。娱乐室500平方米。休闲区9个占地150亩。2006年年接待人数2.5万人次，年营业额240万元。2010年人数1.2万人次，年营业额235万元。农副产品供应有鸡、鸭、蔬菜等。现已关闭。

5. 格林葡萄园酒家

2002年11月，格林葡萄园酒家在西库路开张迎客。投入资金350万元。建筑面积2000平方米。有客房15间，床位数32张。用餐圆桌20张。会议室1间50座100平方米。娱乐场所1间100平方米。休闲区1个，占地40亩。2010年接待人数2.3万人次，年营业额202万元。农副产品供应有葡萄等。

6."乡格里拉"农庄

2004年7月，上海香草农庄有限公司在五库中库路999号建立了"乡格里拉"农庄，注册资金50万元，投入资金300万元。占地面积120亩，建筑面积3000平方米。经营范围为饭店、会务、种植等。床位数120张。用餐圆桌12张。会议室15间240座。娱乐场所15间540平方米。休闲区4个，占地40亩。2006年接待人数1.5万人次，年营业额200万元。农副产品供应有格林葡萄、绿源西瓜、绿源番茄、格林提子、鸡、鸭、鸽子、鹅、蔬菜等。

7. 西部渔村垂钓休闲中心

2004年9月，松江水产良种场在小昆山镇西建立西部渔村垂钓休闲中心。投入资金4000万元，占地面积500亩，建筑面积7000平方米。经营范围为养殖、住宿、餐饮等。有床位数100张。用餐圆桌10张。会议室3间170座。休闲区占地300平方米。2006年接待量4万人次，年营业额300万元。农副产品供应有有机大米、散放鸡、甲鱼、土鸡蛋、团头鲂1号扁鱼等。

8. 天意·荷兰风情度假村

2005年1月，上海顺毅园林景观设计有限公司在五库叶新支路1273号建立了天意·荷兰风情度假村。注册资金10万元，投入资金100万。占地面积45亩，建筑面积4000平方米。经营范围为旅馆、餐饮、会务。有客房数43间床位数93张。用餐圆桌20张。会议室1间100座，600平方米。娱乐室10间400平方米。休闲区5处占地30亩。2010年接待人数1.4万人次，年营业额147万元。农副产品供应有农家土特产等。

9. 华颂园"水上人家"农庄

2006年1月，上海华颂园度假区有限公司在五库中库路888号建立了"水上人家"农庄，注册资金50万元，投入资金1000万元。占地面积575亩，建筑面积5000平方米。经营范围为旅店、餐厅等。有客房50间，床位120张。用餐圆桌38张。会议室2间300座，共600平方米。娱乐区2间1000平方米。休闲区6处占地50亩。2006年接待人数1000人次，年营业额10万元。2010年接待人数4万人次，年营业额150万元。农副产品供应有河蟹、鱼、河虾、鸡尾虾、蔬菜、水果等。

10. 金泖渔村

2007年5月，金泖渔村在石湖荡镇泖岛路8号开业。投入资金2000万元。建筑面积5000平方米。经营范围为住宿、餐厅、垂钓、会务、采摘等。有客房30间，床位42张。用餐圆桌20张。会议室1间50座，共200平方米。休闲区2处占地150亩。2010年接待人数5万人次，年营业额800万元。农副产品供应有大米、禽类、蔬菜、瓜果等。

11. 竹荫饭庄

2007年8月，上海亚达电器厂在石湖荡镇闵塔路1378号投资建竹荫饭庄。投入资金380万元。建筑面积2000平方米。经营范围为住宿、餐饮等。有客房14间，床位14张。用餐圆桌20张。会议室2间94座。娱乐室4间60平方米。休闲区1处占地30亩。2010年接待人数1.2万人次，年营业额78万元。农副产品供应有禽类、蔬菜、瓜果等。

12. 格林乡村酒店

2008年1月，上海谷纳酒店管理公司在五库西库路189号建立了格林乡村酒店。投入资金100万元。建筑面积3600平方米。经营范围为旅店、餐厅、会务等。有客房48间，床位118张。用餐圆桌9张。会议室2间160座，共250平方米。娱乐区1间150平方米。2010年接待人数2.55万人次，年营业额185万元。配套活动有7~9月的葡萄采摘等。

13. 马桥村度假村

2008年1月，叶榭镇马桥村度假村开张迎客。投入资金1500万元。建筑面积10350平方米。经营范围为住宿、餐饮、垂钓、采摘等。有客房40间，床位80张。用餐圆桌48张。会议室3间80座，共480平方米。娱乐区3间480平方米。休闲区1处占地105亩。2010年接待人数5万人次，年营业额650万元。农副产品供应有叶榭软糕、张泽羊肉、马桥香干、家绿西甜瓜、农家散放鸡鸭和鸡鸭蛋等。

14. 雅园（初名"江南田园会所"，又名"忆江南园林"）

2008年6月，坐落于新浜镇许村公路1288号的雅园对外开放。初名"江南田园会所"，后更名"忆江南园林"，再后改名为"雅园"。由上海田野生态产业开发有限公司园投资建设，占地60公顷，建筑面积12100平方米，总投资在3亿元人民币左右。雅园分南、北两园，南园为"荷花公社"，设莘海花卉公司，占地13.3公顷，建筑面积约1100平方米，主要种植经营荷莲等水生植物。北园为会所，占地46.9公顷，建筑面积11000平方米。北园绿化面积26.7公顷，水面积13.3公顷，果园1.3公顷。主要经营住宿、餐饮、会务、垂钓等。其中客房80间，分为园林会馆、归田园居、镜湖园居等不同风格的区域。餐厅能同时容纳450人就餐，其中"叠叠香"以苏浙沪菜系为特色，可容纳250人；"天香荷园"主打松江新浜农家菜，可容纳100人；"红椒饭庄"则力推川湘菜肴，可容纳100人。会议室3间有100座席。娱乐室10间。园内还有天泥工坊、江南乐府、象牙博物馆、烟斗博物馆、青瓷精品展室等。该园也是"上海新浜荷花节"和"上海国际陶瓷生活艺术博览会"的主会场和主办单位之一（现已歇业）。

15. 八亩田果园

2008年8月，八亩田果园在石湖荡镇新源村开张。投入资金400万元。建筑面积1600平方米。经营范围为住宿、餐厅、垂钓等。有客房20间，床位41张。用餐圆桌41张。会议室1间30座50平方米。娱乐区1间80平方米。休闲区1处占地45亩。2010年接待人数1万人次，年营业额186万元。农副产品供应有禽类、鱼、蔬菜等。

16. 玫瑰园度假村

2009年4月，位于五库农业休闲观光园内的玫瑰园度假村对外开放。总占地33.33公顷。度假村以养殖、垂钓、商务会谈、餐饮娱乐、住宿、观光旅游、园区动物观赏、休闲度假为一体。有各类标间、公寓、别墅60间，可同时容纳100人住宿，600人用餐。配有大、中、小型会议室，多功能厅等。同时供应各种农副产品。

17. 渔乐码头

2009年10月，位于新浜镇鲁星村甪彭路1888号的渔乐码头对外开放。占地43.3公顷，其中渔业养殖水面积30公顷，主要养殖河蟹、南美白对虾、青鱼等。绿化面积24000平方米，建垂钓平台等1050平方米，会所设施1200平方米，先后投资2000多万元。是在具有30多年养鱼历史的原"精养塘"基础上扩建起来，集垂钓、采摘、娱乐、餐饮于一体的休闲农庄。农庄充分利用鱼塘水系优势，在一方鱼塘上，利用闲置的渔船建造了3栋水上餐厅和3个亲水平台。鱼塘周围还建了拓展训练基地，有完备的拓展设施和CS基地，也是团队组织开展户外活动的场所。年接待游客8000人次，年营收500余万元。于2019年3月关闭。

18. 绿佳缘园艺

2009年12月，绿佳缘园艺在叶榭镇叶新公路289号建成开张。投入资金3000万元。建筑面积8万平方米。经营范围为住宿、餐厅、休闲等。有客房90间，床位300张。用餐圆桌50张。会议室3间500座，共1400平方米。娱乐区15间。休闲区5处占地150亩。2010年接待人数5万人次，年营业额450万元。农副产品供应有自腌制品、自种玫瑰花金银花、马桥香干等。

19. 浦江源温泉农庄

2010年5月，上海汇盛农业开发有限公司在泖港镇黄桥村建成浦江源温泉农庄并开张。投入资金7000万元。建筑面积13700平方米。经营范围为住宿、餐厅、温泉休闲、会务等。有客房93间，床位148张。用餐圆桌15张。会议室3间280座，共1037平方米。娱乐室1间25平方米。休闲区3处占地5亩。2010年接待人数0.58万人次，年营业额320万元。现已关闭。

20. 涌禾农庄

2010年，泖港涌禾农业科技建成运作。位于松江区泖港镇西泖圩。占地53.3公顷（750亩）。四面环水，独立成岛，环境优美，种植无农药残留有机蔬果超120个品种。可为游客提供蔬果采摘体验活动。有11间客房，配有用餐圆桌15张、会议室和休闲设施等。2010年已通过销售农产品实现营业收入180万元。有机生态农庄。

21. 香薇玫瑰庄园

2010年5月，上海史宜园艺合作社在泖港镇曹家浜村建成香薇玫瑰庄园。投入资金1500万元。建筑面积1800平方米。经营范围为住宿、餐厅、休闲、会务等。有客房15间，床位26张。用餐圆桌15张。会议室1间36座，共100平方米。娱乐室1间100平方米。休闲区4处占地250亩。2010年接待人数2万人次，年营业额240万元。农副产品供应有玫瑰种苗、盆花、水果、家禽、大米等。

22. 雪浪湖文化休闲园

2010年5月，雪浪湖文化休闲园在新浜胡曹路699弄100号建成开张。投入资金1.2亿元。占地1039亩，建筑面积约2万平方米。经营范围为住宿、餐厅、休闲、会务等。休闲园分为生态林区、拓展基地、餐饮住宿、会务培训、娱乐休闲等区域。生态园内的接待大厅有680平方米。多功能服务区，提供多样的生活配套。一楼设有西餐厅、商务中心、精品店、美容美发等服务项目。二楼分别有大小规格不同的11个棋牌室。酒店设有多种房型，标准房、豪华单人房、商务标准房、商务套房、贵宾套房等。客房区共有151间客房，床位270张，分别在六、七、八号楼。万象楼为餐厅，总面积近4000平方米，用餐圆桌100张。一层设有13个独立VIP包厢，亦能享受兼具时尚的KTV包房的功能。二层是大宴会厅，可同时容纳800—1000人用餐。生态特色餐厅提供特色农家土菜、创意海派菜、经典粤菜，以及改良川菜等。三层是3个精致的景观包厢。浦江楼为会务楼，设有5个会议室及2个多功能宴会厅，共1130平方米。空间灵活可变，可以接待20人至200多人不等的商务团队。娱乐室11间200平方米。休闲区2处占地100亩。露天温泉区，是一整片天然生态环境和独创南亚的草棚淋浴,衍生了数十种温泉汤池。自然泡池、花香满溢、火山石泉等。三层的SPA会馆,内部设施华丽舒适。在东侧有一片密林和大草坪,作为户外拓展基地。还有小广场和大型垂钓场、泥地足球场等。2016年接待人数39万人次,年营业额4055万元。农副产品供应有水果、家禽、大米等。

2022年9月,雪浪湖文化休闲园更名为"新浜荷园温泉度假村",并在装修之中。

23."八十八亩田"农庄

2018年,位于叶榭镇虹洋公路1121号的"八十八亩田"农庄对外开张,这里是松江大米文化体验地,致力于推广松江大米、传播米食文化、传承米匠精神。从卖"稻谷"到"卖大米",从"卖大米"升级为"卖品牌",再到如今正在探索的"卖体验"。农庄设有叶榭软糕制作、大米文化体验馆、米食餐厅、乡野民宿、自然教育、农耕体验、非遗传承等体验活动。有客房9间。2019在年底,获松江区首张乡村民宿经营许可铭牌,成为了松江"民宿001号"。2020年获评"上海市五星民宿"。此项目与周边农民分享成果,提升农业产业链附加值,改善农村环境风貌,盘活存量资源,具有样板意义。

从上述20多家休闲农庄类的介绍来看,在发展中大多都会碰到一个很大的问题,就是农庄的新建筑改变了土地性质,所建房屋无证无照,属违章搭建。在2019年的大整治中,有许多违建房屋都被拆除,有的也因此关门歇业,这也成了过往的历史。

第二节 乡村旅游

松江的乡村旅游伴随着松江旅游业整体发展呈现良好势头,也加快了脚步。现代农业和原生态农业为发展农业旅游铺垫了基础。"十一五"期间,松江浦南四镇一园区200平方公里的范围被确定为现代农业园区,它是指石湖荡、新浜、泖港及上海松江现代农业园区五库示范区和叶榭四镇,形成了松江乡村旅游的主片区。2005年底,"五库农业休闲观光园"正式命名。2007年,五库农业休闲观光园被评为2007年度"全国农业旅游示范点"。由此,利用现代农业发展乡村旅游,集观光、体验、教育、休闲于一身的乡村旅游开始展露端倪。

至2011年6月底,松江浦南地区已建和在建的乡村旅游休闲农庄和景点有24个,累计投资总额近5亿(49198万元)。

此外，乡村旅游在休闲农庄的经营模式之外，又出现了体验农场，更加突出了游客的体验性和参与度。

一、泖港乡村旅游

泖港镇位于松江区西南，黄浦江南岸。东隔乡界泾与叶榭镇相连，西以茹塘港为界与新浜镇相邻，南隔小泖港河与金山区朱泾镇相望，北枕黄浦江上游横潦泾与石湖荡镇为界。面积57.28平方千米。因东濒大泖港，故名泖港。旧名为"佘（tǔn）来庙"，俗称"卡子"（清朝当局拦船收税处）。原五库集镇的"库"字应读成"shè"。这里叫五库，有一小典故。早在三国魏咸熙二年（265），有个名叫吾彦的官人在这里居住，因为他姓吾，所以他的房子，人们就亲切的叫它"吾舍"。"五库"就是由"吾舍"的谐音演变而来的，粗略算起来，五库已有1750多年的历史了。2001年，五库、泖港二镇合并，设立了新的泖港镇。

五库农业休闲观光园位于上海市市级现代农业园区（也是国家级农业标准化示范基地）松江区五库示范区西库路1号。成立于2005年12月，观光园占地约200万平方米。2006年，投入资金2500万元。配备各种旅游元素，游览线路，挖掘农耕文化，培训人员，使之成为松江乡村旅游的领头羊。

2006年，泖港镇年接待游客5万人次，创收210万元。2010年接待人数27.11万人；营业收入2699万元。

2007年，五库农业休闲观光园被评为"全国农业旅游示范点"、全国科普教育基地、全国乡村旅游创客示范基地。"泖田问秋"为"松江二十四景"之一，"泖湖野苇"为"松江三十六景"之一。

1. 上海春芳花木园艺场

位于五库农业休闲观光园。2002年建场。占地约30公顷。为多肉类植物大棚种植基地。年生产优质多肉类植物逾1000万盆、凤梨150万盆、红掌50万盆。有十几个现代化多肉类植物温室大棚。其中上万平米的大棚于2016年4月向公众免费开放。棚内展览上百万盆形状各异的多肉类植物，有仙人掌类、景天类、十二卷类、生石花类等精品，设有多肉类植物自选区、多肉类植物组盆区和亲子DIY多肉类植物主题区。

2. 热带雨林馆

位于五库农业休闲观光园上海农林职业技术学院实训基地内。由上海市教委、农委投资建设，为模拟热带雨林环境的农业生态科普馆。占地1780平方米，2006年建成开放。

馆内种植145种热带植物，有热带雨林植物、沙生植物、宿根类植物和热带花卉，如香蕉、菠萝蜜、荔枝、龙眼、含羞草等。以科学普及、栽培育种、植物识别为一体，通过模拟热带的自然气候环境，以山石、水体及植物组合，形成自然的热带雨林风光。

3. 上海农业科普馆松江馆

位于松江五库现代农业休闲观光区、叶新公路与西库路口东南侧。2008年12月12日开馆。整个展馆占地3000平方米，共分上下两层，每层均设三个分馆。有序厅、综合馆、农具馆、棉纺馆、种子馆和水稻馆等。主要通过实物、图片及多媒体技术展示松江悠久的农业发展历史和蓬勃发展中的松江现代农业。是上海市专题性科普场馆，全国科普教育基地。

4. 清芳园

位于五库农业休闲观光园。占地4.67公顷。微型园林。园内有百年老宅、太湖石、各类盆景。其中百年老宅为老城改造时从仓城地区整体迁移而来，保存了老宅原有风貌。

5. 黄浦江涵养林

位于松江区泖港镇北侧黄浦江畔，东至竖潦泾，南沿叶新公路，西临G1503高速公路，北贴横潦泾。为保护黄浦江上游的水土环境和生态农业而兴建，林区总面积866.67公顷，沿江200米涵养林面积153.33公顷，投资5亿元，植树200万株，为上海市内规模最大的生态公益林。林区内种有水杉、湿地松、金合欢、法国冬青、梧桐等亲水性强、自然适应性好的乡土树种，及冷杉、墨西哥落羽杉、桂花、香樟、广玉兰等共300余种。林区内建有小木屋、观林亭供游人小憩赏景。沿黄浦江9.7千米长的岸线景色宜人，数千亩水域内放养野生鱼类十多种，可供游客垂钓。

6. 橙蓝生态农场

位于五库农业休闲观光园泖港镇朱定公路333号。2010年3月建，占地33.33公顷，以原生态湿地型自然风貌为主的生态农场。场内"森林连荫、绿化繁茂"，植有乔木万余棵，植被覆盖率达85%以上。有水面积30亩、大草坪2万平米、连片绿色蔬果种植区、家禽散养区和小动物喂养园。游客可体验户外烧烤、农家土灶烧饭、射箭、蔬果采摘、种树、皮划艇、赶猪喂羊、浑水摸鱼、垂钓、露营等亲子项目。

7. 泖田湿地

位于五库农业休闲观光园。占地100余公顷，垂钓区域于2012年9月完成建设，占地20余公顷，有3个竞技钓池塘、8个休闲钓池塘和2个大型混养池塘。垂钓品种有鲫鱼、鮰鱼、鲤鱼、草鱼、花鲢、白鲢、青鱼、白丝鱼、黄颡鱼以及团头鲂"浦江1号"等。曾获农业部"全国休闲渔业示范基地"称号。集湿地观光、农耕文化展示、休闲垂钓、餐饮娱乐、游憩度假为一体的综合性农业旅游景区。

"泖湖野苎"为"松江三十六景"之一。

8. 归原田居有机农场

位于五厍农业休闲观光园。占地10.67公顷,总投资1000万元。集有机农业推广和健康养生为一体的农场。农场以蔬菜为主题,分为连体大棚种植区、单体棚种植区、休闲大棚体验区及露天种植区、果园种植区五部分,常年生产樱桃番茄、串番茄、荷兰黄瓜、玉米、迷你南瓜、西瓜、小型冬瓜等几十种精品蔬果,可供游客采摘。为上海市农业标准化示范区基地、国家良好农业规范(GAP)示范基地、松江区青少年素质教育实践基地。

9. 沙漠之光

位于泖港镇云间吾舍田园综合体鑫森花卉基地内,占地近5000平方米。集科普、休闲、观光为一体的综合型农业旅游景点。以多肉、沙生植物观赏为主题的专业展示温室。种植室内常见栽培的景天科、大戟科、番杏科、仙人掌科、百合科、龙舌兰科、萝摩科等多肉类植物上千种,门类覆盖大部分多肉类植物科属。

10. 吾舍农场

位于松江区五厍农业休闲观光园西厍公路农耕园基地。2015年由上海汇蓝农业股份有限公司投入建设。总占地300亩左右,种植面积20.53公顷,农场是以采摘为核心的亲子自然体验社区。开展果树认养、四季采摘、自然教育、亲子体验和青少年社会实践等活动,提供新鲜水果与农产品。可供采摘的品种有草莓、蓝莓、枇杷、樱桃、葡萄、黄桃、桑葚、玉米等10个品种5000棵果树。农场采用自然农耕法进行种植管理,保证农产品安全可靠,并做到四季有卖、四季能采摘。农场有5000平方米的室内活动空间和10000平方米的户外拓展场地。年接待人数为10万左右,散客、团队各占一半,人均消费80~100元。

旅游线路参考:泖港简介→五厍农业休闲观光园→金泖葡萄园→乡村创客联盟→浦江之首黄桥村→黄浦江涵养林→松江大米→"大泖"蟹。

二、新浜乡村旅游

新浜镇位于松江区西南,地处黄浦江上游,东靠泖港镇,西南与金山区枫泾镇接壤,西北与青浦区练塘镇相接,镇域面积44.77平方千米。其中:陆地面积40.91平方千米,水域面积3.83平方千米。2019年有基本农田面积36361.8亩,耕地面积32917.48亩,生态林面积3949.53亩,养殖面积

886.81亩。

新浜历史悠久，文化传承积淀深厚。早在1000年前，新浜由于靠近"三泖"中的长泖和大泖，地少河湖多，小屿也多，这小屿形似水中的荷叶，故名荷叶埭。元代时期，因遍植荷花、莲花秀美而得名"芙蓉镇"。水清岸绿、风光旖旎。历史的变迁，没有改变它"江南鱼米之乡"的美誉。新浜的乡村旅游主要景点有雅园、荷花公社、雪浪湖生态休闲园、陈云与松江农民暴动史料展馆等，还有秉承宗教文化的隆庆寺，能赏梅还能采摘各类水果的百荟园，有民间故事"白牛的传说"中的白牛荡遗址等。

"芙蓉抚荷"为"松江三十六景"之一。

1. 荷花种苗基地

位于新浜镇叶新公路、胡曹路南两侧。建于2010年之前，2015年起，这里已成为新浜荷花节的主要赏花地。占地约1000亩，其中，精品园区占地60亩，现有荷花品种886个，睡莲品种60多个品种；品种种植池约15亩，有至尊千瓣、洁火、风卷红旗、宜良千瓣、大洒锦等，都是荷花中的佼佼者；另有睡莲、碗莲等精品；水生植物品种也繁多，有千屈菜、红花鸢尾、湿地木槿、再力花等。基地建成后得到了中科院上海辰山植物研究中心的技术支持，联合育种，建立了战略合作关系。基地开放后，已成为华东地区规模较大的荷花观赏地之一，也成了摄影爱好者的最爱之地、影视剧拍摄的取景之地。常有国内外荷花种养植专家学者前来基地考察调研。

2. 雪浪湖生态休闲园

（详见本章"休闲农庄"第22例）

3. 森鲜农园

2008年3月，森鲜农园建成开张，位于新浜镇西绿色蔬菜示范基地内。占地面积18.7公顷，仓库及办公用房面积1800平方米。合作社建有标准和连体大棚10万平方米，主要种植经营日系果蔬，有久留米黄瓜、迷你瓜、爱乐苦瓜、樱桃番茄、椒类、绿叶菜等优质果蔬产品，被列为上海市蔬菜标准化生产基地。园内3.5万平方米的森鲜馆四季果蔬采摘园，栽培了草莓、特色番茄、观赏南瓜等多种优质品种，专门提供给游客参观和采摘。

4. 牡丹园

2012年，新浜牡丹园在南杨村许村公路988号开业。占地106亩，总投资3700多万元。主要种植培育牡丹有160个品种，有金阁、花王、金晃等。另外配套种植芍药40多个品种，有黑紫绫、杨妃出浴、朝阳红、紫红魁等。还有牡丹园文化长廊。2013年试办牡丹节，2014年至2015年举办了2届牡丹节。2016年7月被镇农投公司收购。现已关闭。

5. 荷花公社

2008年6月开张的新浜荷花公社位于雅园南侧，占地250亩，遍植荷花、睡莲以及其他水生植物，品种达180多个，众多候鸟在此繁殖生息。公司为华东地区最大，也是品种最全的荷花睡莲出口基地。自2003年以来，每年出口欧美50余万枝各类水生植物。是集观光旅游、休闲小憩、餐饮于一体的乡村荷花种植基地。营造的是以荷花为主题的氛围，品种居全国之冠，更是享誉沪上的新浜荷花节主会场。

6. 雅园

（详见本章"休闲农庄"第14例）

7. 毛泽东像章纪念馆

位于新浜镇南杨村的一幢民宅里，纪念馆是民间自筹建立的。2010年12月26日，纪念馆对外开放。

纪念馆正厅里陈列的是一尊2.6米高的木雕毛泽东全身像，左右两侧的墙上分别悬挂了21张主题为"献身革命力挽狂澜"和25张"领袖风采　光照千秋"的伟人毛泽东工作、生活图片。一楼四个展室一共汇集了700余幅毛泽东在各个历史时期的图片、300多枚毛泽东像章及大量毛泽东经典著作，展示着伟人毛泽东的工作、生活场景的珍贵历史资料。

8. 陈云与松江农民暴动史料展

（详见前章"红色旅游"第3例）

9. 隆庆寺

位于新浜镇文兵路690号。初建于明隆庆四年（1570）。清道光二十七年（1847）重修。前后两进四合院式建筑。1949年前后尚有比丘尼住寺。2006年尚存后殿断墙残垣及部分朽梁。2013年经新浜镇人民政府重新规划，上海市民族宗教事务委员会批准，将新浜大方禅院整体迁入隆庆寺旧址，沿用"隆庆寺"旧名。2015年迁建工程启动，2019年基本完成，2020年作为宗教场所开放。占地6667平方米，建筑面积4048.8平方米。三进两院，呈明清风格。沿中轴线有山门殿、灵山宝殿、藏经楼（第一楼法堂、二楼水月坛场、三楼文殊殿）、云水楼，东侧有钟楼、地藏殿、祈福殿、伽蓝殿、五观堂、会议室、东厢房、僧寮，西侧有鼓楼、观音殿、接引殿、财神殿、西厢房等。

10. 白牛荡

位于新浜镇林建村与金山区枫泾镇步杨村交界处，为南北向的一条界河，历史上较有名气，明清时北通淀山湖，有民间传说"白牛的故事"在此。清代时"长十二里，广三里"，后因河道南北两头淤塞，河道逐渐变窄变短，70年前还有50米宽，现在仅剩10多米宽。今在叶新公路南侧遗址处还有一片70

多亩地的芦苇荡原始景象,有木栈道深入芦苇荡中,尽显自然风光景色。

11. 大方禅院

又名大方庵,位于新浜镇西南赵王村。始建于清乾隆四十三年(1778)。原为四合院式佛教道场,有前后两殿,方砖铺地。前院栽有两株银杏,两株榆树,古木蔽天,清荫如盖。20世纪50年代起,部分房屋被用作大队办公室、卫生室和小学。1967年,佛像悉数被毁。1991年1月,流民夜宿庵内,后殿失火焚毁。1992年,松江县政府拨款重修。修复后的大方庵建有前后大殿和东西厢房,东侧、北侧建有附属用房。1994年1月,以大方禅院名义对外开放。禅院内供奉释迦牟尼、弥勒、观音等佛像。每年逢农历二月、四月、七月、九月、十一月分别举行清明法会、浴佛法会、地藏法会、水陆法会、弥陀法会,除夕有撞梵钟祈祐福保平安等佛教法务活动。

旅游线路参考:新浜简介→荷花种苗基地→雪浪湖生态园→陈云与松江农民暴动史料展→采摘园→荷花公社→雅园(暂关闭)→毛泽东像章纪念馆等。

三、叶榭乡村旅游

叶榭镇位于松江区东南部、松浦大桥南岸。北隔黄浦江与车墩镇相望,东与奉贤区为邻,南贴金山区,西接泖港镇,总面积72.54平方千米。地处古冈身(沙冈)西侧,6000年前已成陆。公元前174年,吴王刘濞在叶榭塘东滩设立盐仓,集盐北运广陵(今扬州),叶榭遂成集镇雏形,三国时期已初具规模。相传有一叶姓猎人开酒店,煮售鹿肉,镇名以二姓得名为"叶谢"。明万历年间,董其昌助外婆家建华丽的"叶家水榭",四方乡民便以此为标志,易"谢"为"榭",将镇名改称为"叶榭"。张泽,历来有"金张泽"之称。明嘉靖年间开始兴盛,至清代为华亭"浦南第一集市"。

2001年1月8日,叶榭镇、张泽镇二镇合并,建立新的叶榭镇。

1. 上海天禄园艺

2005年5月,华东花卉流通中心在叶榭镇井凌桥村、叶新公路南北两侧建成。为松江最大的花卉种植基地,也称浦南花卉基地。上海天禄园艺有限公司位于浦南花卉生产基地内,占地面积800亩,公司注册资本1000万元,是一家较大规模的花卉生产企业。公司和松江区政府开发了浦南花卉基地一期项目,总投资6000万元,基地精心规划,博采众长,合理布局,共建设经济实用的A型温室400亩,高档温室25亩。基地还配有雨水收集和加温系统以及国内先进的鲜切花冷链保鲜加工服务中心,是中高档盆花和鲜切花生产的理想场所,基地共引进花卉生产企业近40家,年销售额达8000万元以上。现有大花蕙兰的温室大棚40亩,年产开花株达4万盆以上,品种多达30多种。引进先进的生产技术和管理经验，保证了兰花的优良品质，因此特别受到销售商和消费者的青睐。

2. "八十八亩田"农庄

（详见本章"休闲农庄"第 23 例）

3. 济众影视基地

（详见前章"景区景点"之"工业旅游"第 14 例）

旅游线路参考：简介→非遗展示→济众影视基地→家绿生态园→八十八亩田→幸福老人村→浦南花卉基地。

四、石湖荡乡村旅游

石湖荡镇位于松江区西南，北与青浦区相邻，东接永丰街道，南靠黄浦江与泖港镇隔江相望，西临新浜镇，总面积为 44.18 平方千米。该镇境内有"三多"的特点，一是大型河道多，有圆泄泾、斜塘、泖河、横潦泾、石湖荡港、古浦塘、南界泾、油墩港、青松港等 9 条河道，其中前 7 条皆为东西流向，河道共长 50 余千米；二是林地多，境内有林地面积近 10000 亩，占全镇耕地面积的近三分之一；三是国家道路多，境内有大型高速公路枢纽，G60、G1503 和 S32 高速公路在此交汇，也是沪、苏、浙水上航运的连接处。该镇的乡村旅游资源较为丰富，有"江南第一松"、李塔景区（延寿园）、金泖渔村、"浦江之首"等。

1. 李塔景区（延寿园）

（详见本篇第三章"古迹重生"之"李塔"）

2. 金泖渔村

（详见本章"休闲农庄"第 10 例）

3. "浦江之首"

（详见前章"景区景点"第 41 例）

4. "荡里有米"产业社区农场

位于东夏村沈家浜，以打造"浦江之首1800亩乡旅融合社区"为切入点，利用闲置资产打造农文旅业态，有餐饮团膳综合体"荡里·有米"餐厅、党建团建基地"有米农场"、网红社交主题轻饮业态"田心米茶铺"、浦江之首水文化主题实景剧本游、"春申讲堂"5个主题业态，并设有直升机游览、室内射箭、马术培训、真人CS、采摘等休闲项目。

5. 八亩田

（详见本章"休闲农庄"第 15 例）

6. 江南第一松

位于石湖荡镇西端中心幼儿园内（原楞严庵），树龄 700 多岁，高约 20 多米，躯干胸围 11.6 米，树冠遮荫约 60 平方米。据清光绪《松江府志》卷三十八记载："罗汉松，在石湖荡楞严庵殿前，根盘半亩许，元杨维桢手植"。据传被清康熙帝封为"江南第一松"。从明清时期到 1970 年代，吸引了众多游客慕名前来观赏。1972 年遭雷击，后逐渐枯死。现建六角亭保护剩余松树躯干。

1972 年，"江南第一松"公布为上海市文物保护单位。

旅游线路参考：简介→李塔景区（延寿园）→金泖渔村→"浦江之首"→荡里·有米农场→"江南第一松"等。

由于现代农业的发展和乡村旅游的兴起，出现和形成了一批特色农产品的种植养殖合作社和专业户。如位于小昆山镇的上海松江水产良种场、位于佘山镇的上海众益桃业专业合作社、位于永丰街道的上海仓桥水晶梨发展有限公司、位于叶榭镇的上海家绿蔬菜专业合作社、位于泖港镇的上海浦净蔬菜专业合作社、位于新浜镇的森鲜馆蔬菜专业合作社和荷花种植基地、位于五厍现代农业园区的上海太平洋家禽育种有限公司、春芳花卉园艺有限公司、上海虹华园艺有限公司松江基地等等。同时，也有多家农家菜餐馆名声四起，如叶榭马桥村农家饭店、方松街道新陈家村食堂（现已关闭）、中山街道农家菜老大、佘山大厨饭店等。

至 2021 年底，松江乡村旅游已成功举办了十二届"仓桥水晶梨游园节"、十二届新浜荷花节及多届次的石湖荡"荡里赏红花"和农耕文化节活动、西部渔村垂钓节、五厍新晴采摘体验节、浦南菊花展等乡村旅游节庆活动等，都办得有声有色。

至 2021 年，松江已初步形成了以五厍农业休闲观光园为代表的休闲度假型乡村旅游；以黄浦江涵养林、新浜荷花、五厍菊花、泖港玫瑰花、石湖荡红花、仓桥梨花及各地油菜花、稻花等为代表的观光型乡村旅游；以新浜雅园、石湖荡"浦江之首"等为代表的乡村旅游景区点；以叶榭民俗、八十八亩地为代表的乡村创客基地等，松江乡村旅游已初具规模。

第十章　三十六景

松江在 1998 年举办第二届"上海之根"文化旅游节期间，由区委宣传部组织，首次评出了"松江十二景"。2007 年，在举办第五届"上海之根"文化旅游节期间，由区旅游委牵头，公布了评选"松江新十二景"的候选景区点共 24 个（不包括已经评到的 12 个景区点）。经公众与专家的投票，评出了"松江新十二景"。合成为"松江二十四景"。2017 年 10 月，由区旅游局牵头，又公布了评选"松江新新十二景"的候选景区点共 30 个（不包括已经评到的 24 个景区点）。经公众与专家的投票，评出了"松江新新十二景"，合成为"松江三十六景"，使松江的主要旅游景观达到了 36 处。

第一节　松江十二景

一、方塔风铃

上海方塔园，该园原址为唐宋时期古华亭的闹市中心，是一座以历史文物建筑为主体的园林。园内有国家级、市级、区级文物 6 处。宋代兴圣教寺塔和望仙桥，明代砖雕照壁和兰瑞堂，清代天妃宫和陈公祠，还有石马群、如来幢等文物古迹。有何陋轩、其昌廊、读锦鳞、铁笛舫、五老峰、美女峰、堑道、日月湖、亲水坪、赏竹亭等景点。

兴圣教寺塔建于北宋熙宁年间（1068—1094）迄今已有 900 多年历史。因袭唐代风格，呈四方形，俗称"方塔"。塔高 42.65 米，共 9 层。该塔因外形秀美、结构独特、历史悠久而享有盛名。方塔的特点是塔身瘦长，塔檐宽大，形体犹似一位身着长裙、婷婷玉立的少女。清代松江诗人黄霆有《方塔》诗，将方塔的艺术特色，作了形象生动的描绘。

方塔的塔基与众不同，它向东南倾斜，西北角的最高处为 40 公分，而东南角却只有 20 公分，人站在塔中，会明显感到地面的倾斜。其实这体现出了古代工匠的智慧，因松江东临大海，夏季东南风、台风比较多，因此塔基有意识地往东南方向倾斜。北宋沈括在他的《梦溪笔谈》中说，曾经有一个造塔老工匠，暮年时造了一座斜塔，大家看不懂，问他为什么要造这样一座塔呢？他说："我们这些人是看不到了，这座塔在两百年以后就会变成一座笔直的塔，而且永远不再倾斜了。"由此可见，方塔与老木匠所建之塔如出一辙，这是在研究了当地的气象、地质，以及塔形、材料、制作等等一系列成果的基础上建立起来的。直到过了近千年的今日，方塔的倾斜度也很小，仅向西北倾斜53分。也因此可知这座塔的价值重大。方塔塔檐四角系有"警鸟"铜铃，以防飞鸟在塔上筑窝，风吹铃响，特别悦耳动听，故以此得名。

清代松江诗人黄霆有《松江竹枝词（组诗）·方塔》诗云：

> 巍巍楼阙梵王宫，金碧名蓝杳霭中。
> 近海浮图三十六，怎如方塔最玲珑。

二、醉白清荷

上海醉白池，原为宋代进士朱之纯的私家宅院，名"谷阳园"。为明代大书画家董其昌觞咏处，也是名人学士常游之地。清顺治年间，工部主事顾大申重加修建，因崇拜白居易，仿宋韩琦做法，将其更名为"醉白池"，迄今已有350多年历史。以水石精舍，古木名花之胜而驰名江南。是上海地区五大古典园林之一。

该园以一汪清池为中心，池中有荷，夏秋之际，可谓"荷不醉人人自醉"。环绕池的四周为360度全景图，古树参天，亭榭探水，楼阁照影，蔚为胜境。至今仍保留着堂、轩、亭、舫、榭等明清江南园林风貌。有池上草堂、四面厅、卧树轩、半山半水半书窗、莲叶东南、花露涵香、疑舫、乐天轩、牡丹台等10景，还有五色泉、雕花楼、宝成楼、船屋、雪海堂等景点。更有元赵孟頫《赤壁赋》、关羽画竹图、魁星图、邦彦画像、"十鹿九回头"等艺术刻石。

清代华亭诗人金玉堂有《醉白池坐月》诗云：

> 辟疆园占水云乡，踏月寻诗有底忙？
> 竹树漏光藏曲径，亭台倒影落方塘。
> 苔侵珠露毵毵绿，叶送金风瑟瑟黄。
> 准拟续游清夜永，携琴载酒咏沧浪。

三、唐幢流云

松江唐陀罗尼经幢，建于唐大中十三年（859），是现存上海最古老的地面建筑。共 21 级，高 9.3 米，八棱八面，故又称为八棱碑，俗称"唐经幢"，别称"石塔"。经幢为青石雕成，上刻《佛顶尊胜陀罗尼经》全文，系松江笃信佛教者为超度亲友之灵而建。

经幢造型优美，雄伟秀丽，以海水波纹为底下，蛟龙山岩为人间，卷云台座以上为法界天堂。各层雕刻图案洗练圆熟、细腻生动。据考，经幢所处位置原系唐代华亭县 72 桥街连街、铺连铺的繁华景市中心，也是水陆交通的中心地带。透过历史的"流云"，可领略唐天宝后在经幢周遭先民们的生活和繁荣景象。

南宋华亭诗人许尚有《石幢》诗云：

屹立应千载，传因海眼成。
蓬莱水三浅，曾不欹倾。

四、邦克落照

松江清真寺，是上海地区最早的伊斯兰教寺院。始建于元至正年间（1341—1368）迄今已有 600 多年。明清时期，曾 7 次整修和扩建，至今仍保持元、明时期的风格。主体建筑有大殿、窑殿、穿廊，另有南、北讲堂，邦克门等。其中窑殿和邦克门两处最具该寺建筑特色，寺内保存着历代碑刻四块，寺中楼殿傲岸，松柏苍苍，湖石曲径，古井幽篁，既显寺院之圣，又展园林之秀。斜阳映照的邦克楼，仿佛是送走了过往历史的一抹夕阳，迎来的是新一天的万道霞光。

当代沪上诗人褚水敖有诗云：

邦克门楼格外洋，却于庭院着唐装。
幽篁古井斜阳里，合璧中西集圣光。

五、西林梵音

西林禅寺，又名崇恩寺，建于南宋咸淳年间（1265—1274）。明洪武二十年（1387）重建。明正统皇敕封时赐名"大明西林禅寺"。大殿后门，有一塔，名圆应宝塔，俗称"西林塔"。塔身七层八面，砖木结构，塔壁夹墙中砌有砖梯可登。塔高 46.5 米，迄今仍为上海地区最高的一座古塔。有关碑记称"塔势峥嵘庄严，三吴诸塔无出其右者。"1993 年 11 月维修时，在塔刹和地宫内均发现许多文物，0.65 立方米空间的地宫里俨然一座地下小佛殿。塔与寺迄今已有 700 多年历史。

西林禅寺的梵呗经声，是该寺的一大特色。梵呗是与经文的声韵和法器三位一体的唱诵艺术，经声优雅，堂声回响，同声共鸣。"此曲只应天上有"，西林名刹因梵呗经声而缭绕峰泖大地。

明代华亭人、太仆少卿沈恺有《圆应塔》诗云：

> 莫道云林留壮观，若为江左表雄图。
> 气清霄汉还今古，愿通圣何乍又无。

六、鲈乡遗韵

松江四鳃鲈鱼，相传原生长在松江秀野桥至大仓桥市河及沈泾塘一带。早在两千多年前，松江四鳃鲈已闻名于天下。三国曹操、西晋葛洪、隋炀帝、唐代杜宝、宋代苏东坡、清乾隆帝等都对四鳃鲈鱼有过赞誉之词。自古以来，多少骚人墨客为美丽的鲈乡和美味的鲈鱼所倾倒。

20世纪70年代，市面上已很少再现四鳃鲈鱼了。今天，四鳃鲈鱼已经人工培育繁殖成功，并季节性上市。鲈鱼的"真风味"吸引了无数的海内外宾朋游客。其实，人们对"四鳃鲈鱼"的思念早已超越了美食的意义，演绎为游子的思乡之情。登临仓桥看鲈乡，眺望着粉墙黛瓦、鳞次栉比的沿河古民居，一幅"小桥、流水、人家"的美景；依傍秀野观遗韵，桥下是脉脉清流，流出了多少鲈乡美丽的传说……

南宋诗人杨万里有《松江鲈鱼》诗曰：

> 鲈出鲈乡芦叶前，垂虹亭下不论钱。
> 买来玉尺如何短，铸出银梭直是圆。
> 白质黑章三四点，细鳞巨口一双鳍。
> 春风已有真风味，想得秋风更迥然。

七、跨塘乘月

松江跨塘桥，因桥横跨古浦塘而得名。初建于宋代，名安新桥。明成化年间（1465—1487）重新修建，改木桥为石桥。桥系青石与花岗石构筑，3孔，桥高8米，长30余米。桥之东边石栏外，有清同治年间所刻"云间第一桥"字样。桥之柱上镌有"南无阿弥陀佛"之句，拟祝船夫经桥洞时平安顺利。月夜的跨塘，是松江古城踏月夜游引以为荣的胜景。河水平静时，月亮就像沉在河底的玉盘；河水波动时，月亮又像跳跃着的银盆，闪烁出粼粼银光。流水载月疾行，船橹划碎水月，给素洁的水面平添了许多寻味的诗境。

宋代诗人陆蒙有《跨塘桥》诗云：

> 路接张泾近，塘连谷水长。
> 一声清鹤唳，片月在沧浪。

八、颐园听雨

颐园，又名高家花园。初建于明代万历年间（1573—1619），占地仅2亩，为"袖珍"型园林。园林因小见大，咫尺之地，凿池叠山，筑楼建舫，小桥流水，廊榭环之，其匠心独运。全园以水、石为中心，芭蕉和各种乔木、灌木围绕一池，池中有桥，临波三曲，凭栏观鱼，其乐融融，有道是"天籁之妙，莫过于听雨。"雨天，清池临窗，手捧香茗，聚三五知己，更得听雨之趣。园中砖雕、瓦当、梁檐极为精细，戏楼、看楼、石室等别有洞天。明式戏楼尤称江南无双，松江之宝。是江南最为典型的明式宅园，享有"上海十大名园之一"的美誉。

当代沪上诗人潘朝曦有诗云：

> 颐园娇小傍湖山，水石拥欹廊榭环。
> 偶得相亲感妙绝，方知佳构甲江南。

九、斜塔初雪

天马山，古称干山，海拔100.23米，高冠九峰，周长2.5千米，山地面积约48.32公顷，相传春秋吴国干将铸剑于此而得名。天马山山势陡峭，山体脊线呈东西走向，山形如一匹展翅欲飞的天马，故称天马山。旧时为佛教胜地，山上多梵宫寺院，有上峰寺、中峰寺、半珠庵、朝真道院等，故又称"烧香山"。

半山腰有建于南宋时期的护珠塔，塔身向东南倾斜7°10'，并与顶部中心偏离2.27米而成独特奇观。俗称"斜塔"。日出时的天马佛光，夜幕下的天马送月，大雾下的天马塔朝……最让人啧啧称羡的是天马山的雪霁美景，银装素裹，近看似玉树银花，远眺整座山则玲珑剔透。站立于山顶，右览三泖湖光，南瞻古城松江，东眺九峰秀色，极尽九峰三泖之胜。

当代沪上诗人喻石生有诗云：

> 势如天马古干山，激赏奇观聚一端。
> 斜塔远瞻初雪后，凛然出鞘剑光寒。

十、佘山修篁

佘山，分东、西两山。东佘山，又名兰笋山，海拔 71.58 米，山地面积 46.83 公顷。西佘山，又名西霞山，海拔 100.87 米，占地 52.5 公顷。两山均以竹为景，以竹为胜，修篁盖山，郁郁葱葱，苍翠欲滴。山间所产竹笋有兰花幽香而著名。清康熙皇帝于五十九年（1720）亲笔御书"兰笋山"三字。在婆娑的竹影中，秀道者塔、圣母大殿、佘山天文台、地震科普馆、骑龙堰、洗心泉、将军亭、狮子岩、眉公钓鱼矶等景点隐逸其内。为清幽、舒适的旅游休闲度假胜地。

清代华亭诗人唐天泰著有《续华亭百咏（组诗）·兰笋山》，诗曰：

> 万竹青青中，笋香似兰馥。
> 一经御笔题，光辉湛云谷。

十一、浦江烟渚

在松江李塔汇与五库交界处，有一块三角地，为水上三岔口。岔口西侧的一条河叫圆泄泾，承浙江来水；西北侧的一条河叫斜塘，接江苏来水。两河汇合向东流去的一段叫横潦泾。这汇流之处，江水烟波浩渺，江中帆舫争流，江边罾起网落，江滩芦苇摇曳，江岸柳绿桃红。这便是浦江之首。这三角地如同一艘巨轮，向着东方驶去。

在古代，这里曾是"三泖"（大泖、长泖和圆泖）之地，与九峰齐名，古人常以"九峰三泖"借指松江，日月交替，沧海桑田，九峰犹在，三泖却因太湖泄水入海道的变迁，已封淤成陆，难觅芳踪。斜塘上游的泖河是古代圆泖的仅存部分。据史载，宋元时期，黄浦江还不甚宽阔，"阔尽一矢之力"。明代经百多年中 9 次开掘疏浚，成就了"黄浦夺淞"，黄浦江由原吴淞江支流河道替代了吴淞江而成为主流河道，成了上海的"母亲河"，为上海城市的发展提供了极其优越的水资源条件。

清代黄霆有《松江竹枝词（组诗百首）·石湖荡》云：

> 石湖塘北数幽居，团泖人家画不如。
> 晓起尽将朱网晒，筠篮叠叠卖银鱼。

十二、华亭鹤影

松江，古称华亭。相传当年吴王为练兵、嬉猎的方便，在此设围猎场。三国时，孙权封陆机的祖父陆逊为这片土地上的"华亭侯"。"华亭"之名才始见记载。

自古以来，华亭因有"九峰三泖"，为"五茸"之地，有海岸滩涂，这里成了候鸟的天堂，数不清的仙鹤，也在这山水之间翔集。早在三国两晋时代，仙鹤已为人们驯养，其中"华亭鹤"因品种优秀而特别受人注目。声声鹤唳，四处回荡，此伏彼起，经久不息，犹如一曲激越的交响。

小昆山下，从"二陆"读书台，走出了享有"玉出昆冈"盛誉的陆机、陆云兄弟，《文赋》《平复帖》流传千年成为中国文学理论和书法史上最为璀璨的一页。而"华亭鹤唳，岂可复闻乎"，则是远离故乡的陆机在罹难时对家乡的深情眷恋，这足以证明华亭鹤对于松江的象征意义。

北宋诗人梅尧臣的《过华亭》诗曰：

> 晴云嘷鹤几千只，隔水野梅三四株。
> 欲问陆机当日宅，而今何处不荒芜？

第二节　松江新十二景

一、海上寻梦

上海影视乐园，是一个集影视拍摄、旅游观光、文化传播为一体的影视主题公园。乐园复制了以1930年代南京路为主景，配有上海老城厢石库里弄、苏州河驳岸和"四行"仓库、浙江路钢桥和四川路桥。教堂建筑3个立面分别展示徐家汇天主教堂、佘山圣母大殿和洋泾浜教堂的3种不同建筑风格。欧洲建筑有"马勒公寓""德式楼""西班牙楼""英式楼"和中世纪酒庄。

乐园内有5300多平方米的6个组合式摄影棚，规模大，可供多个摄影组同时拍摄。还有近20万件的服装道具选萃馆，有18万件道具的道具馆，有老爷车馆，上海老街等景点。道路上有老式有轨电车、马车等可供游人乘坐。乐园是一个追寻"老上海之梦"的地方。

当代沪上诗人胡晓军有诗云：

> 叮当有轨道悠然，往事终究不似烟。
> 八十年前洋场相，停车排闼到跟前。

二、月湖沉璧

上海月湖雕塑公园，是一个集雕塑艺术、山水风光、现代建筑艺术和高档休闲娱乐于一体的艺术园区。园区占地 86.67 公顷，其中月湖有 30.4 公顷。园区以月湖为中心，环湖而建，三面分别被东佘山、凤凰山、薛山所环抱，环湖建有春岸、夏岸、秋岸和冬岸四个区域。园区内陈列着来自世界各地知名雕塑大师倾力创作的 30 余件雕塑作品，在各种植被的衬托下构成绚丽多彩的美丽景观。春岸建有亲水大平台、大草坪、水幕桥、婚纱馆、水晶宫；夏岸有人工沙滩、儿童智能广场，其中有"跳跳云"、大榕树、迷宫、戏水池等，尤得孩子们的喜欢；秋岸有艺术馆、秋月舫等；冬岸有月湖会馆、小书吧、音乐喷泉等。皓月千里，返照月湖夜景，静影沉璧，令人心旷神怡。

当代沪上诗人胡晓军有诗云：

湖畔玉雕映碧荷，轻风数里递笙歌。
人边月对天边月，心上波随水上波。

三、云间学林

松江大学园区，现有上海外国语大学、上海对外经贸大学、上海立信会计学院、东华大学、华东政法大学、上海工程技术大学和上海视觉艺术学院等 7 所大学，有师生约 8 万人。各所大学彼此间用绿化带、河流或马路加以划分。校园内湖塘贯穿、绿树成荫、花草满地、空间宽畅，犹如一座座现代园林。各校建筑风格各异，设计独特新颖，设施齐全，设备现代。在教学区与生活区之间，建有我国高校中最长的学生步行街——2.5 千米的"中华学生第一街"。另配有交通枢纽中心、公共体育、休闲设施等，是一座真正意义上的"大学城"。

当代沪上诗人胡晓军有诗云：

自古书上寒士多，引来诗圣怅吟哦。
风中茅屋今安在，广厦学城谁作歌。

四、天马追风

上海天马山赛车场，是一个辐射华东地区、引领时尚、集汽摩运动、汽车文化为一体的汽车运动休闲中心，也是国内四家专业赛道之一，经国际汽车运动联合会（FIA）验收认证的上海地区最早的 F3 标准赛道。赛道全长 2.063 千米，有 8 个左弯 6 个右弯。其硬件设施均达到国际安全标准，场内还有千人看台、贵宾包厢、多功能厅、新闻中心、汽车影院等设施，并配有山地越野、卡丁绕桩等游乐设施，曾先后举办过多项国际国内重大赛事。在这阵阵赛车的轰鸣声中，赛车的选手在"追风"，看台上的观众也在"追风"。

当代沪上诗人胡晓军有诗云：

赛道盘旋上顶峰，追风踏雪自从容。
玉皇天马垂垂矣，莫若开车弃白龙。

五、凤凰戏珠

上海佘山国际高尔夫俱乐部，是上海地区地面起伏度最大的高尔夫球场。球场最突出的特点是那个令人望而生畏的80米地下采石坑，16和17号洞正是围绕和穿越深谷的高难度设计，而这两个洞是上海地区唯一的设计师签名球洞。俱乐部拥有占地146.67公顷、全长6528.82米，包括一座18洞72标准杆符合国际锦标赛标准的高尔夫球场和高尔夫酒店公寓、具有托斯卡纳风格的高尔夫别墅以及配套的休闲度假设施。2005年至今，每年都举办HSBC高尔夫冠军赛。

当代沪上诗人胡晓军有诗云：

声声喝彩耳边回，时见银珠划细云。
山上林间青草场，淑媛名士正欣欣。

六、英伦印象

泰晤士小镇，位于松江新城西部的华亭湖西岸。2000年10月开镇，占地100公顷。

小镇设计引入英国泰晤士河边小镇风格、住宅特征及文化元素，追求人与自然的最佳和谐。建有市政厅、中学、幼儿园、健身中心、宾馆、商业街、影院、超市等社区服务设施，另外还配有一流的会所、艺术中心、教堂、博物馆、水景餐厅、游船码头、婚纱摄影等特色功能性服务设施，小镇周边为新型别墅住宅区。现代化的垃圾处理手段，分质供水处理手段，使小镇水清、气净；智能化的社区管理网络、国际化的物业管理标准，以及异国情调的建筑风格，体现了松江新城浓郁的现代化、国际性、生态型以及旅游文化气息。

当代沪上诗人刘永高有诗云：

彷徨古邑逛新城，不速英伦异域行。
别样人家乡语识，残阳风土是欧情。

七、泖田问秋

松江五厍现代农业园，地处黄浦江上游水资源保护区。区域面积 1119 公顷，是上海市市级现代农业园区、国家级农业标准化生产示范基地。占地 200 公顷的农业观光休闲园座落于园区内。现有格林葡萄园、番茄农庄、水上人家、荷兰风情园、花卉园区等观光、休闲、教育、体验场所。另有农业展览馆、泖田湿地等，住宿现有床位 800 多张，餐桌 100 多张。目前，园区已形成集休闲度假旅游、生态农业、农业观光、养殖、种植、会务培训、疗休养、生态食品、农家餐饮于一体的农业旅游休闲观光区。为全国农业旅游示范点。

当代沪上诗人刘永高有诗云：

> 挥镰割穗试秋装，五厍田园认故乡。
> 又是一年收获季，依然十里稻花香。

八、花桥观鹭

上海青青旅游世界，是一个集观光旅游、休闲度假、会务住宿、餐饮娱乐于一体的现代都市生态园林。园内以生态林为主景，碧水萦回、花香馥郁、树影婆娑、鸟语啁啾，吸引了无数的白鹭在此栖息、繁殖、生长，景色壮观。园内遍植 280 余种、100 多万株名贵树种。是"一个可以深呼吸的地方"。园区内建有紫藤长廊、星月湖、桃花园、外婆桥、阳光沙滩、孔雀园、渔乐榭、跑马场等众多景点，同时可提供协力车、老爷车、草地越野车、游船、彩弹射击、修心垂钓、信鸽竞翔、拓展培训、骑术训练、露营烧烤等户外娱乐项目。园区内的上海伟盟生态林酒店，设有 146 间各类套房、标房及 36 幢度假小木屋和 2 栋亲水别墅，并配有会议室、商务中心、中餐厅、宴会厅、多功能活动厅、吧台、KTV、美容美发、棋牌室、桌球室、乒乓室等设施。（现暂已停业）

当代沪上诗人喻石生有诗云：

> 能浅讴吟香馥郁，可深呼吸碧萦回。
> 更怜垂钓花桥畔，时有盘桓白鹭围。

九、三宅缘墨

华亭老街三宅，是松江历史名人府第。王冶山宅，位于中山中路 492 号。始建于明代，曾任清代嘉庆年间湖北宜昌知府的王冶山买进后扩建，有门厅楼堂六进，现存五进四庭心。袁昶宅，位于中山中路 466 号。原为清代嘉庆侍郎赵永明宅，传有 108 间。现占地 3000 平方米，七进四庭心。有松江现存最大的砖砌仪门。袁曾任总理各国事务衙门章京、太常寺卿等。瞿继康宅，位于中山中路 458 号。清代建筑，占地 950 平方米。住宅仪门雕刻精致，体现了高度的工艺水平。瞿继康胞弟瞿指凉于 1933 年创办《耸报》，发行量居松邑地方报之首。

2002 年，松江在旧城改造中将三宅主体移至一处，修复并形成松江古建筑群景观，并设为"程十发艺术馆"。三宅的历史告诉后人，这里，曾有过一段浓浓的墨香故事。

当代沪上诗人洪伟成有诗云：

先贤已共楼堂老，巧技雕虫岂易传。
凤舞龙飞何似在，空留素笺墨枉然。

十、四水会波

泗泾，位于松江区东北。因通波泾、外婆泾、洞泾、张泾四水汇集而得名。元代后期始成集镇，清顺治年间，酿造、米市、木行加工业等十分兴旺，闻名江南。陶宗仪、孙道明、马相伯、史量才等一批历史文化名人，曾在此居住。

泗泾旅游资源丰富，名胜古迹众多。随着旅游业的发展，泗泾古镇的开发保护工作已经全面启动。目前已经开放了"安方塔""福田净寺""史量才故居""马相伯故居"等景点。泗泾的传统小吃也是声名远播，最著名的有"广利粽子、阿六汤圆、泗泾羊肉、泗泾小笼"等。2005 年，镇政府在建设"集休闲、购物、健身、娱乐于一体"的滨江大道时，特立巨石篆刻明代大书法家董其昌墨迹"四水会波"以志之。2023 年，修建后的古镇主要街区也已对外开放。

明华亭人陈继儒有《泗泾楹联》云：

九峰列翠，蟹屿历隋唐数云间鱼米福地；
四水扬帆，螺洲由宋元成松群商贾名邦。

十一、五茸晓雾

松江中央公园，东西长 2200 米，南北宽 300 米，占地 66 万平方米，为上海目前单体面积最大的城市中心公园之一。是一个贴近自然、回归自然的生态型开放式公园。园内树草如茵、碧波荡漾、漫坡起伏，小品雕塑相映成趣。建有亲水台、"鱼刺桥"、小绿岛、大草坪等。东入口处还竖有一原石，上刻"国家生态水利风景区"字样，是市民晨练、小憩的好去处，每当晨雾腾起或晚霞笼罩时，这里的景色更美，令人流连忘返。

当代沪上诗人刘速有诗云：

微茫晓雾中，晨曲动秋虫。
天净曦光满，幽丛小径通。
绕桥无限碧，近岛数枝红。
放浪烟波上，渔歌唱古风。

十二、园中飞鹞

市民广场，占地7.7万余平方米。是一座生态与休闲的开放式公共广场。广场南入口处的巨型雕塑和两边对称的钢制弧形桥，显得大气，充满现代感。花坛错落有致，分布在广场的四周，各种名木花草组合成一处处别致、有趣的植物景观。广场中心区为一下沉式平台，可举办大型活动。回廊、木桥、小河环广场而建，绿树成荫，环境优美，是市民休闲、健身的理想场所。每当清晨和傍晚，这里人头攒动。健身的、聊天的、小憩的、放飞风筝的、溜旱冰的、票友唱戏的，热闹非凡。

当代沪上诗人喻石生有诗云：

缠绕广场新景催，好玩孺子愿难违。
风筝莫笑童心炽，争向长天纵放飞。

第三节　松江新新十二景

一、辰山探花

上海辰山植物园是一座集科研、科普和观赏游览于一体的综合性植物园，占地面积207公顷，是华东地区规模最大的植物园。园区由中心展示区、植物保育区、五大洲植物区和外围缓冲区等四大功能区构成。中心展示区设置了月季园、旱生植物园、珍稀植物园、矿坑花园、水生植物园、展览温室、观赏草园、岩石和药用植物园以及木樨园等26个专类园。展览温室展览面积为12608平方米，由热带花果馆、沙生植物馆和珍奇植物馆组成，为亚洲最大展览温室群。其中沙生植物馆为世界最大室内沙生植物展馆。

笔者曰：

> 万树千花绕辰山，三头巨鲸卧塘边。
> 樱花缤纷深处探，二十小园紧相连。

二、富林钩沉

松江广富林文化遗址，为原始文化考古的新发现，曾轰动了考古界。它是良渚文化后期遗址，总面积850亩。为传承历史文脉，占地1平方公里的广富林遗址开发保护项目于2018年6月对外开放，总占地面积约1530亩。遗址建设有10多个大小不等的主题博物馆，有考古遗址博物馆、瓷窑展示馆、海派文化艺术馆等，以及一些配套的餐饮、酒店设施。遗址景区最大的特色就是"飘在水上的大屋顶"，是一座一半在水上一半在水下的建筑群，室内的"历史文化展示馆"，展示了松江4000年的历史文化。

清代华亭人黄霆作《松江竹枝词（组诗百首）·富林》曰：

> 富林春暖百花迟，晓起闲吟十景诗。
> 欲问东风寻瑞竹，焦园新长几多枝？

三、深坑有梦

世茂洲际酒店所在位置原来是一个采石场，经过几十年的向下采石，形成了一个周长600米、深80米的深坑。酒店为世界海拔最低的酒店，整个建筑过程被美国地理频道全程录播，被誉为"跨世纪的伟大工程"。2018年底开业。酒店沿悬崖峭壁而建，共计19层，地表以上3层，为酒店大堂，会议中心及餐饮娱乐中心；坑下部分，水上14层是酒店主体，设置标准客房；水下2层是特色客房区和特色水下餐厅，还有蹦极、水下餐厅、景观餐厅、水上SPA等多种娱乐服务项目。在悬崖峭壁边俯视酒店，让人深感震撼。

笔者曰：

> 昔日采石凿成潭，今朝沿壁建酒店。
> 世纪创意誉全球，小赤壁下枕梦甜。

四、欢乐游龙

上海欢乐谷内有阳光港、欢乐时光、上海滩、香格里拉、欢乐海洋、金矿镇和飓风湾七大主题区。从国外引进65米垂直跌落式过山车"绝顶雄风"，

1200 米木质过山车"谷木游龙"、30 米落差"激流勇进"、亲子悬挂过山车"大洋历险"、6D 虚拟过山车"海洋之星"等高科技娱乐项目，有 1 万平方米全景式亲子互动体验馆"海洋奇幻馆"，老少皆宜。大型实景水秀《天幕水极》，大型影视特技实景表演《新上海滩风云》、大型原创魔术晚会《奇幻之门》以及系列零距离互动表演为其特色。一次次惊心动魄的痛快历程，一个个灿烂洋溢的纯真笑脸，以"欢乐之名"相逢在这亦真亦幻的欢乐之旅。

笔者曰：

> 起伏翻转似游龙，呼啸跌落响声隆。
> 刺激惊险释心情，谷中尽显欢乐颂。

五、谯楼重晖

"云间第一楼"现为松江二中的校门，在古代是松江府署谯楼，相传原是三国陆逊点将台。此楼在抗战期间被日军破坏，后来又毁于 1951 年的台风，仅剩楼的残墙和台基。1985 年，"云间第一楼"被列为松江县文物保护单位。在 2000 年初，重修竣工。重建后的云间第一楼，清水砖墙，翘角飞逸，蔚为壮观。建筑风格取传统的双重檐歇山顶式，台基楼道为梁柱式。云间第一楼与宋代张择端绘制的《清明上河图》中的楼阁式建筑相仿，是解放初全国范围所存两处梁柱式阙楼之一，再现了清代顺治年间的雄姿。

清代华亭诗人唐天泰有诗云：

> 画栋排云出，晴窗对日开。
> 秋来咏明月，谁是庚公子。

六、九科绿洲

九科绿洲位于沪松公路以南、沈海高速 G15 以东、沪昆高速 G60 以北、嘉闵高架以西，地处四镇交界之地，总面积为 26.62 平方千米。九科绿洲为公共生态绿地。集休闲、娱乐、健身为一体的大型绿地。位于九亭镇中心路两侧，占地约 100 公顷。设有林中栈道、生态景墙、眺望广场、杉林湿地、滨水步道、篮球场、紫藤花架、生态湿地、吊桥、大草坪、生态绿洲等景观设施，拥有大青松生态廊道、近郊绿环及淀浦河生态廊道等诸多生态要素。其中位于西 F 区的"院士林"规划用地约 3.55 公顷，培育银杏树 437 棵。九科绿洲的生态发展将成为亮点所在，配置了五大主题区段，九科文体中心、花卉景观中心、生态科普园区、都市休闲水岸和绿色森林氧吧。

笔者曰：

> 外环无影车无声，绿地森林尤宁静。
> 心旷神怡气更爽，曲道漫步随意行。

七、水乡幻境

上海胜强影视基地内从唐宋到民国时期的场景都有。采用从民间各地收集而来的众多古建筑材料和真迹，以大量的明清时期仿真建筑群为主打，以明清建筑、江南水乡为主要特色。还有民国时期的街区、香港街和广州街、城门城墙等，景观密集，移步是景。其精致、细腻程度和多视角的场景设计大大方便了各个影视组的拍摄与创作。

笔者曰：

> 江南水乡重塑此，小桥流水枕河池。
> 移步换景紧相连，粉墙黛瓦入影视。

八、芙蓉抚荷

历史上的新浜曾因种植荷花而被称为"荷叶埭""芙蓉埭"，具有历史传承。新浜荷花种苗基地，位于松江新浜镇胡曹路南端两侧，它与许村路北端的"荷花公社"并称为新浜千亩荷花种植地的集中展示地。上海雪浪湖生态园毗邻荷花种苗基地，也是上海首家露天温泉度假酒店和生态园。园区保持着原生态风貌，有垂钓中心、水上运动、儿童乐愿、农家乐、泥地足球、拓展训练等多种康娱项目供游客选择，是集观光旅游、休闲度假、农家乐生活体验于一体的旅游度假胜地。

当代松江诗人郑小春有七律诗云：

> 漫步误入荷花中，诗生韵味醉嫣红。
> 叶上初阳干宿雨，芙蓉出水绝芳丛。
> 微吟欲共姐娥语，恰与牡丹争芳容。
> 唯有绿荷红菌苗，六月环宇是新宠。

九、玛雅嬉水

上海玛雅海滩水公园由全球顶级规划机构倾力设计，是华东地区的又一精品主题乐园，占地面积近20万平方米。公园引进4滑道水上跳楼机"极速水蟒"、水磁动力驱动双轨水上过山车"大黄蜂"、直径 23 米"超级大喇叭"娱水漩涡体验项目"巨兽碗"、四滑道组合"四驱迷城"等众多亲水游乐项目。让年轻人挑战自我、感受极速。还引进"羽蛇环""太阳迷漩""玛雅水寨"等众多家庭游乐项目，打造"玛雅营地""动物王国""深海秘境""快乐丛林""跳跳地带"等 5 大家庭游乐区 100 余款儿童亲子戏水项目。公园拥有国际先进的独立水处理系统，为游客提供安全优质的体验服务。

公园为上海及长三角地区带来新的夏日娱乐体验，打造"华东玩水新地标"，是全国连锁主题水公园品牌、华东地区大型精品主题水上乐园。

笔者曰：

夏日炎炎寻凉处，嬉水冲浪滑急速。
迷漩涌流潜入底，玛雅海滩狂欢度。

十、泖湖野苇

泖港湿地占地面积 1000 亩，其中湿地面积 500 亩。原为古泖湖之地，后因水道淤塞，围垦而形成了泖田及泖田湿地。是太湖流域的碟形洼地的代表。如今的湿地是仅存的保留较为完整的泖田形态湿地之一，也是本市典型的沼泽湿地分布区。湿地内河道错综，港汊密布，星罗棋布的小岛岸边遍布着芦苇和各色本地原生植物。因原始生态系统保持良好，湿地内分布有各种鸟类、鱼类、两栖爬行类、哺乳类动物等。

元代庐陵人张昱有《过泖湖》诗云：

泖湖有路接天津，万顷银花小浪匀，
安得满船都是酒，船中更载浣纱人。

十一、米市古渡

松南郊野公园位于松江区车墩镇境内，西起大涨泾，东至女儿泾和沈海高速，北接北松公路，南临黄浦江。申嘉湖高速从中穿过，占地 23.7 平方公里。是上海最先试点的五大郊野公园之一。

黄浦江的米市渡建于清光绪初年（1875），是连通浦江南北两岸的主要渡口，从手摇船到汽车渡，已有 150 年的运营史，现已停运。公园分三期进行建设。一期 5.07 平方千米，以滨江森林休闲、米市渡文化游览、农渔采摘乡村体验为主。景区保留原有乡村风貌，西林东田，水湾相连，绵延 10 千米的滨江水源涵养林及占总用地近 26% 的集中成片林地为其特色，建有丛林探幽、森林氧吧、田间晓月、芦花飞雪、乐活采摘、涵养林观光、逗趣虾塘、海棠烟雨、荷风柳浪等景点。今设有游客服务中心、大涨泾生态岛、米市渡小镇等22处功能性区域。

笔者曰：

> 手摇木船百余年，载车渡客一线牵。
> 春色秋景处处见，小镇再现已休闲。

十二、富林野趣

广富林郊野公园东临辰山塘和广富林遗址景区，南依广富林路，西靠油墩港，北贴辰花路，总占地面积约4.25平方公里。公园已于2017年12月28日对外开放了辰塔路以东区域，总占地2.5平方公里。是本市"5+2"试点的郊野公园之一。

开放区域内有油菜花田、绿野闲踪、森林氧吧、稻香闲影、老来青稻田、静水叠杉、花廊休闲等自然景点以及新开设的大创中心文创基地和奇石馆。

明华亭人陆润玉作《富林十景（组诗）·村庄雨霁》云：

> 锦鸠鸣树头，一雨茅檐过。
> 东菑晓扶犁，耕却沙烟破。

松江经过1998年、2007年、2017年3次评选，产生了"三十六景"为松江具有代表性的景区景点。这还没完，2018至2021年中，松江又有了重量级的漂亮景观——科创云廊，还有云间粮仓、八十八亩地等多处新的旅游景观和休闲之地。这就意味着系列评选还将继续进行下去。

第十一章　景在全域

旅游是文化的一部分，从文化角度看旅游内涵，旅游是由文化旅游和旅游文化这两部分组成的。文化旅游是历史上留存下来的，如景区点、山水、建筑、园林、名木古树、生态等；园林中如亭、台、楼、阁、轩、廊、桥、舫、洞、门、墙、壁、牖、坊等，具有历史厚重、人文典故和观赏情趣，都是人们要了解的重点。旅游文化则是人们对文化旅游的补充和延伸发展，也是人们在旅游过程中对文化的学习体验和精神所需。

2016年，国家旅游局开始在全国各省、市、自治区进行第一批全域旅游示范性试点工作，两年后进行了验收，并安排了第二批、第三批的试点工作。松江区作为首批试点单位，在2019年9月被命名为全国首批全域旅游示范区。2020年，又成功创建为第四批全国旅游标准化示范单位。

全域旅游，是在建设"美丽中国"伟大工程的基础上开始实施的。"美丽中国"是建设美丽家园—美丽村庄—美丽乡镇—美丽城区全方位的系统工程，这是改善人民生活环境的巨大工程，是"美好生活"和"美丽中国"建设的一部分。环境好了，才会有美景产生。"出门便是景，移步皆换景，山水城连景，全域皆为景"；"道是景观道，路是风景路，到处是美景，景为一座城"。这应该就是我们所说的全域旅游的景象吧。如果达到了"全域皆景"，那么在此生活的人们，生活即旅游，生活即休闲，这生活质量也就有所提升了。当然，这是对当地居民而言的。是人们对生活环境的必然要求，是追求舒适安宁生活所需的外部条件。

对外埠的游人来说，终究还是要关注你这里的知名风景风光和旅游吸引物的。对旅游经济来说，更是要追求大量的外埠游客进入本地旅游，由此拉动本地的消费和内循环经济。

全域景色除了景区景点之外，地标性建筑、稻花麦浪、七彩花海、景观道路、古街小巷、博物馆艺术馆、创异工坊、书茶咖吧、文旅新空间、商业空间演艺等等，都将成为人们的"网红"和"打卡点"。当然，也要注意避免将旅游搞成"自娱自乐"的形象活动。

第一节　松江地标

地标，英文 LANDMARK，中文译为：大地上的标记。它常代指独具特色的建筑和景观，是一个地区的经典符号、文化标志和旅游亮点。地标有建筑地标、商业地标、山水和田野地标、旅游景观地标等。旅游景观地标是向客人推荐最值得去的旅游热点。地标无标准可寻，一般是众人普遍认同，知晓度较高，也是当地人引以为自豪的人文或景观的标志。

新中国成立以来的 70 年中，松江的地标随着时代的进步、财富的积累、社会的发展、时间的推移、新思维的外化，在不断地确立和更新之中。笔者以每十年为一时间段，在每段中将松江的地标一一列出，也许并不齐全，或许还有遗漏。

1950 年代：松江的地标在哪里？笔者以为影响大、可观赏的是在当时的城东长溇乡（今车墩镇境内），那一片金黄色的稻田里，是陈永康创造单季晚稻"老来青"高产的丰产田。也许，这是当时松江最显著的、引来四面八方关注和惊讶的田野地标。从此，这"老来青"优良品种也闻名天下，延续至今，并成为国家地理标志。另外，1959 年 10 月 1 日，醉白池经过扩建，改为人民公园，正式对外开放，其"池上"景也成了松江独有的景观地标。

1960 年代：当时，由于新开通波塘的南段，挖掘出来的泥土堆积在今中山小学校舍南侧（今为操场），形成了一大块高土墩。这也影响到了位于此处的唐代陀罗尼经幢，经幢下部已被填埋。1963 年—1964 年间，文物部门对唐代陀罗尼经幢进行了修复清理和重点保护，经幢也成为松江历史遗存的文物建筑地标。这座经幢，历史悠久，体量大，名气也大，全国少见，为全国重点文物保护单位，也是古研工作者的专爱。在一些全国性的重要文物书籍中，经常会看到介绍它的文章和资料。

1970 年代：随着金山石化总厂建设的需要，1976 年 6 月，位于今车墩镇和叶榭镇之间的松浦大桥（原称黄浦江大桥，为铁路、公路双层大桥），竣工通车，南北连通，是去金山石化的主要交通咽喉，是黄浦江上第一座跨江大桥，也是黄浦江上至今唯一的铁路、公路双层大桥，堪称为那个时代松江的建筑新地标。当时，许多松江人奔走相约，特地坐车或骑自行车，前去观赏大桥的风姿。迄今，已 45 岁的松浦大桥，仍在发挥着南北连通的作用。

1980 年代：1982 年 6 月，位于浦南大泖港上的泖港公路大桥建成通车。该桥为钢索斜拉桥，是上海建桥史上开创钢索斜拉桥的试验桥，即母桥。这也是松江的建筑地标。试验成功后，才有了后来的南浦、徐浦、杨浦、卢浦、奉浦、松浦二桥和三桥等跨江钢索斜拉大桥。

1977年底，兴圣教寺塔（即方塔）修复完工后，便以方塔为中心，着手新建方塔园，1982年5月建成并对外开放。方塔也被确定为全国重点文物保护单位，成了松江历史遗存的文物建筑和旅游景观地标。同一时期，西佘山天主教堂修复，1986年5月，举行"圣母朝圣月"活动，有5.4万多人参加了活动。1987年达6万多人。此项活动一直延续至今。历史上的旅游胜地佘山，重新成为松江山水和旅游景观的地标。

在之后相当长的时间里，方塔园、西佘山和圣母大殿及佘山天文台的照片图案不断出现在各种印刷品中，流传甚广。上海市民似乎都知道，松江有醉白池、方塔园和佘山。

1990年代：松江率先进行工业开发区建设，1994年5月，松江东部工业区被市政府列为市郊第一个市级工业区，定名为"上海松江工业区"，占地20.56平方公里。工业区的牌楼和街景也成了松江的工业新地标。另外，1997年12月，松江大厦（原名国贸大厦，今建设银行松江支行）落成，成为松江城区最高的商住楼，终结了松江城区无高楼大厦的历史。也成了松江城区新的建筑地标。之后，在松江新老城区，一幢幢高楼如雨后春笋般破土而出，拔地而起。

进入新世纪：2000年6月，云间第一楼修复竣工。古时，它是松江府台衙门的谯楼，现为松江二中的校门。是具有历史遗存的文物建筑地标。

之后，松江的各项建设风起云涌。上海影视乐园、青青旅游世界、月湖雕塑公园、松江新城、泰晤士小镇、松江大学城、上海欢乐谷、上海辰山植物园、地中海商业广场……

在这众多的项目中，能成为地标的也不在少数。如：华亭湖和泰晤士小镇，即是松江新城的建筑地标，也是松江的景观地标。大学城中，上海视觉艺术学院的"大眼睛"建筑，形象地吻合了"视觉"的寓意，也可为建筑和景观地标。上海欢乐谷的"谷木游龙"（过山车），上海辰山植物园的"毛毛虫"（温室群），上海影视乐园的"30年代老上海南京路"，月湖雕塑公园的"水之鱼"（石雕），泗泾古镇的安方塔和富连桥（俗称中市桥）等，这些奇特别样的建筑和雕塑，突出了传承和创新，即是景区和古镇的形象代表，也是松江的旅游景观地标。

2010年代：松江区各街镇也注重本地地标的打造。如：永丰街道的仓桥水晶梨被评为国家地理标志，新浜镇的千亩荷花成就了田野地标，石湖荡的"浦江之首"成了地理标志，中山街道的万达商业圈成为商业地标，叶榭镇的

"叶榭软糕"和"张泽羊肉",也成了地域食品品牌标志等。足以反映出这是一种生活方式的转变。

横山东侧的"上海佘山世茂洲际酒店",因其是贴着深坑的悬崖峭壁而建,成为世界建筑史上的奇迹。整个建筑高出地面仅3层,其余16层在坑下,其中在水下有2层,酒店底部在负海平面88米处。被美国国家地理频道《世界伟大工程巡礼》和探索频道《奇迹工程》等誉为"世界建筑奇迹",并进行连续跟踪报道和全程录像。2018年10月对外开放,俗称"深坑酒店"的上海佘山世茂洲际酒店也被列为上海市的一座新地标建筑。

经过"十年磨一剑"的广富林文化遗址,于2018年6月对外开放,其独特的建筑群"水上大屋顶",也被上海电视台选为宣传迎接第二届进口博览会的上海地标建筑。

2021年,长三角G60科创走廊正在如火如荼的加快推进和建设之中,其代表性建筑"长三角G60科创云廊"(可理解为"云间之廊")已建成,其大气而独特的大网状造形、变幻莫测的漂亮灯光秀已初露端倪,成了松江新的地标。

看到这些绚丽多姿的地标,给人以强烈的视觉冲击和心灵震撼。回眸这些地标的形成,唤起了松江人对过往的满满记忆和对整个国家和民族的美好印象。欣赏这些赏心悦目的地标,让人们满怀激情,不忘初心,从而化作展望未来、努力进取的动力。擦亮这些具有时代特征的地标,让松江成为充满活力和美好记忆的温馨大地。

第二节　华亭新百景

今日松江,为全国全域旅游示范区,在604.67平方千米的区域面积中,有多少个景观?清道光十年(1830)有《续华亭百咏》,但她咏的范围是整个松江府。在至今的190余年来,除经历了水淹、风袭、火灾、虫蚀等自然灾害影响和人为治理不善之外,松江还经历了太平天国时期与洋枪队之战、民国时期的军阀割据战、日本侵略者的多次狂轰滥炸等战火的损毁。当代还受到"文革"和"破四旧"的砸毁拆除、城市规划改造的影响等,许多文物古迹和历史建筑受到殃及。

改革开放以来的40多年,文物古迹和历史建筑得到了较好的保护和修缮,生态环境意识的不断增强和改善,松江的景观也不断增多和美观,现足以盘点出"华亭新百景"。如继续沿用"华亭"这松江的古称,新编《华亭新百景》

也算是传承和"古为今用，推陈出新"了。

新百景可坚持：一是要选那些能让大众可见的景观，那些可闻不可见的均应删去；二是要坚持选取文物古迹遗存、山水自然风光和生态环境、名建筑和馆宅为主的景物来介绍；三是采用让大众可接受的散文体来叙述，图文并茂，一景一文。四是结构上可沿用原"百咏"的选题，分为山水生态、古代建筑、宗教寺庙、博物馆与故居、古迹遗址、现代建筑等6个部分。五是范围仅限于现松江区境内，不包括其它周边区，仅是续百年前的"华亭"古名而已。

"华亭新百景"选题如下：

1. 山水生态（共27处）

西佘山、东佘山、天马山、小昆山、黄浦江、沈泾塘、张家浜、仓城西市河、华亭湖、昆秀湖、月湖、青青旅游世界、白牛荡、泖田湿地、斜塘港、徐霞客古水道、四水会波、浦江之首、黄浦江涵养林、广富林郊野公园、松南郊野公园、五库现代农业观光园区、雅园、新浜荷花种植基地、八十八亩田、百花港休闲绿地、九洲绿科等。

2. 古代建筑（共30处）

李塔、修道者塔、天马护珠塔、兴圣教寺塔、西林塔、安方塔、仓城、府城、泗泾下塘、大仓桥、秀南挢、秀野桥、跨塘桥、望仙桥、迎仙桥、中市桥、城东五古桥、云间第一楼、唐经幢、天妃宫、三高士墓、二夏墓、陈子龙墓、颐园、照壁、醉白池、方塔园、华亭老街三宅、卢宅、钱家花园等。

3. 宗教寺庙（共14处）

佘山圣母大殿、苦路、邱家湾耶稣圣心堂、永恩堂、知也寺、清真寺、西林禅寺、东岳庙、福田净寺、大方庵、九峰寺、泗泾福音堂、泰晤士小镇大教堂、李塔汇延寿寺等。

4. 博物馆与故居（共20处）

松江博物馆、佘山天文博物馆、佘山地震科普馆、中国珠算博物馆、中国中医药博物馆、余天成堂药号博物馆、程十发纪念馆、马相伯故居、史量才故居、春申君祠堂、松江民间民俗馆、二陆纪念馆、董其昌纪念馆、九亭荟珍园、盛强影视基地、华亭老街三宅、韩三房、小红楼、上海云堡未来市艺术文创景区、广富林奇石馆等。

5. 古迹遗址（共6处）

天马山上峰寺遗址、小昆山二陆读书台、横山摩崖石刻、东佘山木鱼石、眉公钓鱼矶、佛香泉等。

6. 现代建筑（共27处）

松浦大桥、泖港斜拉桥、松江大学城、泰晤士小镇、中央公园、施贤公园、思鲈园、泗泾公园、轻轨 9 号线、佘山射电望远镜、高铁松江南站、沪昆高速公路松江段、T1 和 T2 城市有轨电车、佘天昆景观公路、上海欢乐谷、上海玛雅海滩水公园、辰山植物园、月湖雕塑公园、天马赛车场、佘山高尔夫球场、天马乡村俱乐部、深坑酒店、上海影视乐园、广富林文化遗址、云间粮仓文创园、长三角 G60 科创云廊、云间会堂文化艺术中心等。

共计有 124 处，从中鳞选出 100 处，即可成为"华亭新百景"。

第三节　旅游风景道

随着私家车的激增和自驾游的兴起，及全域旅游时代的到来，旅游风景道也顺应而生。一条旅游风景道，沿途可串起多处风景地，一路行驶一路风景。想停就停，想走就走，惬意满满。

旅游风景道在国外已有百多年的历史。如美国已建成了 80 多条国家风景小道和泛美风景道，形成了国家、州和地方风景道体系。闻名遐迩的 66 号公路长达 3900 千米，成为宣传美国形象的一个载体。

国家《"十三五"旅游业规划》中提出要以国家等级交通线网为基础，实施国家旅游风景道示范工程，形成品牌化旅游廊道，计划打造川藏公路、大巴山、长江三峡等 25 条国家旅游风景道。这是从国家层面提出旅游道路建设与风景打造融合为一体的宏伟战略，也是在大众自驾旅游时代背景下最接地气、惠及千家万户的民心工程。

我国目前也有多条旅游风景道的基础，属于地方范围的也不少，如杭州湾跨海大桥、郭亮挂壁公路、天门山盘山公路、新疆独库公路等。当今，各地都在推出自己的旅游风景道。如安徽宁国至泾县长 120 千米的"皖南川藏线"，黄山 S218 最美公路和环巢湖旅游风景道，浙江"最美公路和服务区"评选等。这就是全域旅游所需要的"旅游＋道路"。

2021 年 12 月 5 日，《中国国家地理》杂志正式发布"中国最美公路"榜单，10 个区域，共 30 条公路入选榜单。

松江在几代人的努力下，在道路建设方面有着良好的基础。笔者以为至少可打造四条旅游风景道。

1."佘山旅游风景道"

此道东起嘉松南路林荫新路口，沿林荫新路转外青松公路再转佘天昆公路至小昆山，全程约 16 公里。此道沿途经佘山高尔夫和上海月湖雕塑公园、上海玛雅海滩水公园和上海欢乐谷、佘山茂御臻品之选酒店、东佘山园和西佘山园、森林宾馆和兰笋山庄、大众国际会议中心和上海辰山植物园、天马山和天马古镇、天马乡村俱乐部和深坑洲际酒店、横山和小昆山。此路段汇集了佘山度假区的精华，沿途景色以山水风光、历史人文和休闲度假为主要吸引物。

2."佘山体育景观道"

将体育融入景观，国外已多有尝试。2001 年，上海率先在国内提出"景观体育"的概念并付之全面实践。就在当年，首次引进中国汽车拉力赛进行探索。上海的体育人以东方明珠为背景，举行了极富仪式感的发车仪式。随之，50 余辆赛车编队呼啸着驶向松江佘山地区，在湖光山色中进行了一场速度与激情的比拼。那条贯穿月湖、佘山、天马山的拉力赛道，迄今仍被车手们誉为"中国最美赛道"。

3."新城旅游风景道"

它北起林荫新路和沈砖公路口，沿龙源路转新松江路转滨湖路再转文诚路至泰晤士小镇，全程约 7 公里。此道沿途经上海辰山植物园、广富林文化遗址和广富林郊野公园、松江大学园区、松江新城、中央公园、华亭湖和泰晤士小镇，此路段古今交融、时尚休闲，以综合吸引力见长。此道是松江"山城连景"的主干道，路宽，沿途景区景色集中，还可专辟供人行走的游步道和自行车道，兼顾为漫游风景道。

4."浦南乡村旅游风景道"

此道东起叶新公路和车亭公路口，沿叶新公路向西经叶榭、张泽、泖港、五库、新浜三镇五地，全程约 30 公里。沿途有众多的乡村旅游休闲地，如叶榭马场、张泽马桥农家乐、泖港桑葚基地、浦江源休闲农庄及温泉、蓝莓园、五库湿地公园、菊花基地、花卉基地、房车基地、番茄农庄、农业展示馆、玫瑰园、新浜雪浪湖生态园、牡丹园、雅园、森鲜馆、白牛荡。该路段现为市级道路示范段，此路段以乡村风景、休闲农业体验为吸引物。

以上四条道只要稍作改造，便可成为松江的旅游风景道。按照国家的旅游风景道建设标准，在配套服务设施上，充分考虑沿途适当设置旅游指示牌、设立旅游休闲驿站，有小型月牙形或港湾式停车场、厕所与小卖部餐饮店等、会车区、小憩区及观景台、加油站及修理厂等。适当调整道路两边树木花草，或调整农田种植品种，增加四季的观赏性。

第四节　流动的风景线

松江，江南水乡。全区 604.67 平方千米中有江、河、塘、泾、浜、港、湖 3900 多条，水面积达 9.06 万亩，其中上海的"母亲河"黄浦江上游段始于松江境内，29 千米长的黄金水道贯穿全境。区内水系四通八达，构成了一派江南水乡泽国的秀丽风光。

1. 水与松江旅游的缘分

松江古时有游历胜地——"三泖"，泛舟渡泖、遥望九峰；湖面如镜、薄雾袅袅；天水一色，浑然天成；景色秀美、一派风光。在当代，水涌出了一个个美丽的景色，"松江三十六景"中有许多景都与"水"有关，都因有"水"而"满园皆活"。佘山因有了月湖而更显灵气；泰晤士小镇因傍华亭湖而更显大气；方塔园、醉白池因园内有日月湖、荷花池而更显秀气。上海影视乐园因有仿苏州河、仿外白渡桥而更显逼真；中央公园因贴水而建更是风光旖旎；五厍农业休闲观光园因有湿地而充满野趣；西部渔村因有 500 亩水面而成为垂钓特色；胜强影视基地体现了"江南古镇水乡、小桥流水人家"的场景；松江仓城地区因有 2 千米长的市河，两岸古建筑鳞次栉比，一幅"小桥、流水、人家"的江南水乡画面，而成为历史文化风貌保护区。水文化就是人的文化，这也是人与自然和谐发展的基本依据。

2. 水上旅游形式多样

"水上旅游"的发展迄今已有百多年历史，海上邮轮、湖上游艇、江河游船、渡船游、城市游、小岛游、观景游等形形色色。在国外，长线的有密西西比河、多瑙河、尼罗河水上旅游等都享有盛名。短线的如纽约至自由女神岛的渡船游，法国巴黎塞纳河上的城市游，加拿大、美国边境的尼亚加拉观瀑游，意大利威尼斯的水城游等都相当有名。在国内，长江三峡游、漓江游、西湖游、南京秦淮河水上游、南通环城游、千岛湖水上游、上海浦江夜游均有较大的知名度。然而在江南的古镇游也比比皆是，手摇橹、沿河游、观古镇、唱民歌，借"水"来做足旅游休闲的文章。当然，我们不能将"水上旅游"当作交通工具，而是要把它看作是一道"流动的风景线"，即"人不动，景在移"。

3. 探索松江水上旅游

2000 年之后，随着松江旅游的发展，"水上旅游"也已成了松江人议论的一个主要的话题，众说不一，议论纷纷。有的说行，有的说时间还不成熟……相关部门也有过各种开辟水上旅游线路的设想和建议。如黄浦江上游段游、通坡塘连张家浜再转沈泾塘游线、人民河游线、市河接沈泾塘游线等。2005 年，松江新城公司下属旅游公司对水上旅游华亭湖至新陈家村已作了探索和运行，至 2012 年左右停运。2007 年，旅游部门就开辟"观古赏今"水上旅游专线，曾提出过方案。

松江水上旅游的资源不同于江南古镇游和上海的浦江游。可突破现有模式，形成"观古赏今"的特色水上游。如从松江市河西端跨塘桥西侧上船，游市河，观仓城历史文化风貌区，沿河可观赏"跨塘乘月""大仓桥""年丰人寿桥""鲈乡遗韵""秀野桥"等景观。眺望那粉墙黛瓦、鳞次栉比的沿河人家，感受浓厚的文化气息。游船转入沈泾塘进入新城区后，可观赏到现代时尚的两岸景色，还可游华亭湖、泰晤士小镇、大学园区、广富林文化遗址和广富林郊野公园。再可游至上海辰山植物园，最后至佘山国家旅游度假区西佘山边码头，全长约 15 千米，花时约 2 小时。从古到今，仿佛穿越时空隧道，古今美景一览无遗。景观有明清骨风雅韵、异国风情、最佳人居环境、现代时尚的高等学府群、古文化遗址、生态园林，九峰十二山等，各种旅游景色编织成一幅美丽的、可移动的水上旅游画廊。

意大利威尼斯是以一种名叫"贡都拉"的小船作为水上旅游特色载体。我国绍兴是以"乌蓬船"为水上旅游特色载体。松江水上旅游载体也应有自己的特色。根据市河河道窄、跨河公路桥桥洞低的限制，所使用的游船可使用低船舱的中式电瓶船，船上座位为前后排列，一般以 15—20 人为宜，船顶蓬两侧有弧型玻璃窗，便于观赏。船上搭配同步解说器，设置中、英、日等多种语言，供游客自由选择。边行、边听、边看，船上应配有空调等设备，使游客坐在船上很是舒适。船上可放"松江风光片"专题录像片，品茗、小憩，怡然自得。船速以每小时 10 千米的速度行进。40 分钟可抵达泰晤士小镇，70 分钟到达广富林文化遗址码头，100 分钟可达辰山植物园的码头。120 分钟游完全程。

4. 开辟水上旅游专线的前提条件

开辟此条"观古赏今"水上旅游专线，必须考虑和做到以下几个方面：一是水上旅游要与仓城历史文化风貌区的整体保护性开发结合起来，一并实施；二是要治理水道，疏通市河至油墩港、市河至秀春塘、市河至毛竹港、市河至人民河的河道，加快市河水流速度，水活则清；三是清除河道两岸的垃圾，拆除违章建筑和垃圾堆场等，建立沿河绿色景观。改善两岸的亲水性和可观性；四是修复古民居建筑，突出明清风格；五是适当增加一些亭台楼阁和长廊，重现当年仓城"米""布"码头的情景。在各景点设置标志，如"鲈乡遗韵""跨塘乘月""孟姜女坐石""松江米漕运起点"等石刻；六是对市河至沈泾塘老城段也进行改造，美化沿途中的 6 座公路桥，或抬升桥洞高度。七是修建游船码头、停车场、休憩场所及公共服务设施；八是建设新城至佘山沿河两岸浅坡型绿化景观和四季花圃；九是科学规划松江水上旅游，建立水上旅游发展公司，通过公司来运作，进行水上旅游人力资源管理和培训，开展水上旅游的宣传与促销、编写导游词等。总之，还有许多工作要做。

在实施全域旅游的过程中，重提此方案，是否具有可行性？还需要多方论证。

第五节　区域联动

旅游联动发展是旅游开发中的重要环节，它既是本土内部的产业联动、乡镇联动、行业联动，也就是我们现在常说的"旅游+"或"+旅游"。也可跨区域、跨省市的联动，实行资源"打包"共享，客源互送共享。这十多年来，松江也做了一些旅游产品的探索。

一、上海"山水画"游线

2011年6月，松江、青浦、金山三区推出了跨区域合作的"山水画"游线。

1. 对特色旅游产品的认识

1990年以来，上海旅游主推都市旅游，现已形成了品牌效应。2010年，在世博会的影响下，上海旅游接待国内游人数达2.15亿人次，同比增长73.6%；接待入境旅游人数达851.12万人次，同比增长35.3%，其中，入境过夜游客人数达733.72万人次，同比增长37.6%。世博效应明显显现。

上海都市旅游主要有会展旅游、休闲购物游、观光游三大块组成。然而，红色旅游、工业游、农业游、山水游、社区体验、郊区游的份额还比较小。我们总感觉到上海在发展都市旅游之中，还缺少其他品牌的旅游产品，一般国内游客来上海一是参加会议或展览，这一部分占据很大份额；二是休闲购物；三是观光游览，基本上是"老五样"，到东方明珠、外滩、豫园、南京路、玉佛寺等。入境游客则将上海作为中转站，浦东机场下来直接去了苏州、杭州。上海要建设世界著名旅游城市，应该既是旅游的客源地，又是旅游目的地。旅游目的地必须要有旅游产品，而且是多样化的旅游产品。因此，确立上海旅游的多样化品牌产品就显得更加重要。

多年来的旅游城市形象推广实践表明，一个地区的旅游产品推广，一要有深厚的底蕴和知名度，二要有吸引游客的产品质量和设计。近几年来，松江在推广城市旅游形象中，总感觉到力度不够，市场的知晓度也不高。就整个上海地区而言，松江是一个旅游资源较为丰富的地区，但旅游产品在长三角地区知名度还不够，无法形成真正的"拳头"产品。我们也曾通过宣传推广、节庆活动、营销促销、资源整合等手段来推广松江，如前几年松江曾和青浦联手推出了"轻（青浦）松（松江）游"旅游产品，由于没有细分市场和客户人群，所以产品还是停留在概念上。

这些年来,一些地区打破区域壁垒,实行联手开发,取得了较好的效果。如浙江海宁、海盐联手推出了"潮声湖韵"的旅游产品,浙江新昌、天台、仙居联手推出了"新天仙配"的旅游产品,给我们一定的启发。上海区与区之间的地理位置比较接近,充分利用各自的资源优势进行组合,打破区域界限,共同推出能代表上海形象的旅游产品,不失为一种好的做法。

2. "上海山水画"旅游产品的设计

2009年,为了迎接世博会,上海旅游局开展了"沪上新八景"的评选,有幸的是松江区、青浦区和金山区的"佘山拾翠""淀湖环秀""枫泾寻画"三景被列入"沪上新八景"之中,其它五景均在市中心城区。

我们认为:一是松江、青浦、金山三区同属上海西南市郊,地理位置紧靠,交通便捷。G60沪昆高速、G50沪渝高速、G15沈海高速、G1503上海绕城高速、S32申嘉湖高速、320国道、318国道、沪杭高铁、沪浙铁路、黄浦江水道都经过这三区向苏浙两省延伸。苏浙两省进入上海,这三区是必经通道,是沪浙苏旅游黄金线上重要区域。从市中心人民广场至松、青、金三城区路程分别为40千米、40千米和70千米,交通十分便捷。

二是文化底蕴深厚,6000年的马家浜文化、5000年崧泽文化、4000年的良渚文化,在松江、青浦均有发现,被誉为"上海之根",金山的戚家墩存有春秋时期的遗址,唐宋元明清的历史文化古迹都有所遗存。

三是自然生态环境优美,松江有佘山,历史上有"九峰三泖"、"松郡九峰"之称;青浦有淀山湖,是上海最大的内陆湖泊;金山有海滩。黄浦江上游主要支流贯穿三区,绿化覆盖率极高,是上海"十二五"期间重点打造的低碳生态休闲憩息区。

四是旅游资源丰富并各具特色,三区还有历史古镇多座,如青浦的朱家角、青龙古镇,练塘古镇;金山的枫泾古镇;松江的仓城历史风貌保护区、泗泾下塘历史风貌保护区和府城历史风貌保护区等。上海现存的13座古塔,松江有5座,青浦有2座,金山有1座,占了一半以上。上海现存的古桥一半以上在这三个区;古树名木三分之一以上在这三个区。松江还有"五教俱全"的特色、佘山国家旅游度假区,青浦的红色旅游、太阳岛度假区,金山的农民画村和多个乡村旅游度假区,2010年,三区中AAAA以上旅游景区超过10个,占有很大份额。松江年接待量人数超过10万以上的景区有10个以上,青浦和金山两区也有10多个。众多的旅游景区可以组成多条线路供旅行社或游客选择。

五是旅游配套设施俱全,三区的宾馆、饭店、度假村和餐饮能满足接待四方来客,名特优的土特产也各具特色。

将三区的历史文化、山水生态资源和旅游项目整合起来，突出松江的"山"、青浦的"水"、金山的"画"，就组成了上海西南的一道亮丽的风景线——"上海山水画"旅游产品。

2010年7月，世博会召开之前，松江联手青浦、金山一起研讨了"上海山水画"的可行性，经过多次洽谈、研究，形成了初步的方案和"上海山水画"的概念，并对外做了一些宣传。2011年初，在市旅游局的重视、支持下，联合上海大众国旅、上海旅游集散中心、《旅游时报》等单位开展了前期工作，现场踩线、洽谈组合项目、媒体宣传、春季信息发布，形成产品对外销售，利用国内旅交会开展"上海山水画"的宣传。并于同年5月5日召开了第一阶段小结会，部署了下一步推进的工作重点。三区之间也形成了新的共识，将联手向苏浙市场推广，加大宣传力度，完善产品的各种衔接，努力提高软件建设等。

三区的共同想法是要将"上海山水画"作为上海后世博的一个品牌旅游产品，为打造国际著名旅游城市和旅游目的地做出应有的贡献。上海市旅游局也积极支持，将"上海山水画"游线产品推向国内旅交会，并将广告做到了北京机场。

二、"长三角G60科创走廊九地市乡村旅游线"

2015年始，松江在发展经济的过程中，决定要重点发展G60高速公路沿线两侧，建设"长三角G60科创走廊"。几年来，建设工作加快推进，如火如荼。2018年7月，由松江区新浜镇发起，区文旅局协同支持，召集了科创走廊沿线九地市的18个乡镇，在新浜镇召开了"G60科创走廊九地市乡村旅游联席会议"，会上，共同发布了《新浜宣言》：（注：此稿为笔者受邀撰写）

1. 长三角G60科创走廊九地市乡村旅游《新浜宣言》

为深入贯彻落实习近平总书记对长三角地区实现高质量的一体化发展的重要批示精神，由上海市松江区领衔的G60科创走廊的建设、制造、合作、链接、共享等正如火如荼地快速推进。长三角沿线九地市，是G60科创走廊战略规划对接、战略协同、专题合作、市场统一和机制完善的主体城市。将借助G60科创走廊的合作共享平台，充分利用高铁、高速公路，打造长三角3小时乡村旅游休闲群，努力推动长三角乡村旅游的发展。我们于2018年7月19日齐聚上海松江共商大计。

我们一致认为，进入新时代，G60科创走廊是秉持新发展理念的重要载体和引擎。沿线九地市的乡村旅游同样也需有新发展理念，要在国家乡村振兴战略中有所作为，占有一席之地。

我们将齐心合力，抓好落实，在以下方面做出不懈努力：

一、开展战略合作。九地市各自有着丰富的乡村旅游资源和优势，具有很强的互补性和关联度，在全面推进实施全域旅游进程中，乡村旅游所占比重将会更加突出。我们要加强战略合作，拟建立联席会议制度。形成联盟效应，共同打造长三角乡村旅游点与块的串线产品，做大做强旅游业。

二、探索提升路径。要努力探索发展乡村旅游的各种新理念和新方法，寻找有效途径。适时举办研讨会、合作交流会等，互相交流经验教训，取长补短，共享成果，加快发展。

三、加强宣传推广。要有计划、分时节、有主题地在本地区宣传推广九地市的乡村旅游、主要节庆活动及文化民俗特色，让九地市的旅游资源有较高的市场知晓率和知名度，让旅游资源信息进入寻常百姓家。

四、互送市场客源。努力探索并实施"客源互送"机制，采用市场运作、政府推动、适当奖励的方法，努力增加九地市旅游市场的"走动率"，共促旅游市场繁荣。

五、打造美丽乡村。美丽中国要从美丽村庄做起，要加强美丽村庄建设，让乡村的天更蓝、地更绿、水更清、气更净。以乡村旅游促进农民增收致富、农产品扩大销售，脚踏实地地实施乡村振兴战略。

六、建设走廊景观。要全面贯彻"绿水青山就是金山银山"的生态发展理念，加强G60及高铁沿线的绿化景观和田园风光建设，助推"美丽长三角"全域旅游的发展。

七、完善服务体系。要加强乡村旅游供给侧结构性改革，完善各种硬件配套设施和软件服务提升工作，为游客增加舒适度、满意度和美誉度。

八、显现美好生活。要特别注重乡村旅游中的社会主义精神文明建设，大力弘扬社会主义核心价值观。重视文化内涵的植入和传播，增加知识性和审美感，提升文化品位。

让我们紧紧抓住新的历史机遇，在长三角区域合作办公室的领导下，全面抓实G60科创走廊九地市乡村旅游的合作共赢，助推长三角乡村旅游一体化。不断深化务实合作，为G60科创走廊的发展共创美好的未来！

G60科创走廊九地市乡村旅游联席会议（松江新浜）筹备组
2018年7月20日

2. 沿着G60和沪苏浙皖高铁畅游九地市乡村旅游线

由松江区牵头发起的G60科创走廊，现已形成"人"字形的幅射效应。一是沿着G60高速公路由上海松江至浙江嘉兴、杭州和金华三地市。二是沿着正在建设的沪苏浙皖高速铁路，由上海松江至苏州、湖州、宣城、芜湖、合肥五地市。

两条线上有八地市（松江除外）16个具有镇村特色的旅游景区（点），均纳入了G60乡村旅游合作单位。他们是：G60沿线上的浙江嘉兴嘉善的大云镇（云澜湾、甜蜜小镇）和南湖区凤桥镇（梅花洲景区），杭州桐庐江南镇（江南古村）和建德市乾潭镇，金华兰溪市诸葛镇（诸葛八卦村）和东阳市南马镇（花园村）。沪苏浙皖高铁沿线上的苏州吴江区震泽古镇和同里古镇，浙江湖州德清县莫干山镇和南浔区南浔镇，安徽宣城宣州区水东古镇和泾县桃花潭镇，芜湖的六郎镇和红杨镇，合肥的长临河镇和三河镇。

根据16个镇的分布情况和旅游资源的情况可见，存在着一部分镇村远离主线，交通不便的问题；一些镇村旅游景区成熟度不够、知名度上差异大等不足。这是前期工作未协商甄选所致，难以再作调整。

为了推动此项工作，首先要走动起来，互送客源。2019年2月，松江一旅行社致力于设计，落实了3条旅游专线。一是浙江嘉、杭、金3日专线游，二是苏、湖2日专线游，三是安徽宣、芜、合3日专线游。适合松江市民可利用节假日、双休日去旅游：

嘉杭金专线（3日游，共6个景区）

第一天：上午至杭州桐庐县江南镇江南古村（AAAA）游览。午餐后，去建德乾潭镇游览（新安江—富春江风景名胜区）。晚餐和住宿在建德。

第二天：上午去金华诸葛八卦村（AAAA）游览。午餐后，去金华东阳市南马镇花园村（AAAA）游览。晚餐后住宿在东阳。

第三天：上午至嘉兴梅花洲景区（AAAA）游览。午餐后，去大云云澜湾（4A）泡温泉。后返松。

苏湖专线（2日游，共4个景区）

第一天：上午去湖州德清莫干山镇游览。午餐后，去南浔古镇（AAAAA）游览。晚餐和住宿在南浔。

第二天：上午去苏州震泽镇（AAAA）游览。午餐后，游同里古镇（AAAA）。后返松。

宣芜合专线（3日游，共6个景区）

第一天：上午至安徽宣城宣州区水东古镇（AAA）游览。午餐后，去泾县桃花潭（AAAA）游览或漂流。晚餐和住宿在宣城。

第二天：上午去合肥长临河镇游览。后去三河古镇（AAAAA），午餐后，游览。晚餐和住宿在芜湖。

第三天：上午去芜湖六郎镇、红杨镇游览。午餐后，返松。

旅游产品的设计关键在于落地。在这方面，在今后，还有许多工作要做，才能获得更大的收获。

2019年，区文旅局联合"长三角G60科创走廊九地市"开展了"玩转G60畅游长三角"中国旅游日主题活动。承办长三角沪苏浙皖"跟着考古去旅游"活动发车仪式。与湖州、芜湖两地文旅部门签订友好共建协议，以此推动长三角文化旅游合作联动。

第十二章 旅游饭店

松江每年纳入旅游监测统计的酒店宾馆,是选择酒店宾馆中的星级酒店,或大型的(有客房 80 间以上)、有会务设施的社会饭店和较大型经济型酒店,或有会务设施的精品酒店,从中选择 20 余家来进行统计。

本节主要介绍从 1990 年代、2000 年代和 2010 年代这 30 多年中,45 家在松的酒店宾馆项目,应该说他们是近 30 年来松江住宿业发展中在各个年代的代表,也体现了各个年代的缩影。其中有的酒店宾馆现已关门歇业,因它曾经存在过,也有过贡献,故也记录在案。下面按部分酒店宾馆开业的时间顺序作一简要介绍。

第一节 1990 年代的酒店宾馆

1. 佘山度假饭店

原名佘山饭店、佘山红楼度假饭店。始建于 1984 年,占地 1.06 公顷,由佘山镇旅游服务公司建造,是佘山地区首家旅游接待单位。1996 年 10 月起,由上海红楼宾馆租赁,投资 2300 万元扩建改造。改建后拥有普通客房 54 间,豪华客房 16 间,总床位 150 张,餐厅大堂分隔成若干不同民族风格的区域,可容纳 340 人同时就餐。1999 年红楼宾馆撤租,又改名佘山度假饭店。2000 年歇业。

2. 上海红楼国际大酒店(原名上海红楼宾馆,曾用名上海红楼戴斯宾馆)

酒店位于松江老城区松汇中路 318 号,东侧贴普照路,是 1990 年代松江地区最主要的酒店,也是集住宿、餐饮、娱乐、会务为一体的综合性酒店。1992 年,投资 170 万元,对主楼大堂、客房全面装修改造。同年 10 月,评定为二星级宾馆。1994 年 4 月,酒店二期改造工程动工,总投资 4500 万元,总建筑面积近 1 万平方米,工程设计按三星级饭店标准,由松江建筑总公司承包,上海华东设计院设计,1995 年 9 月完工。1997 年 9 月,酒店挂牌三星级,并成立集团公司。2007年10月，更名为"上海红楼戴斯宾馆"，并被评定为四星级酒店，后又改名为现名。

酒店有客房382间，其中标准客房179间，单人间163间，套房19套，酒店式公寓21套。酒店菜肴以本帮菜为主，有大小餐厅13个，可容纳1500人同时就餐。酒店有大小会议厅7个，其中国际厅400平方米、多功能厅646平方米，其他5个会议室在40—195平方米大小不等。配有多媒体，多个会议室音频视屏可同步切换。酒店休闲娱乐设施有KTV、SPA、足浴、棋牌室、健身房、乒乓室、美容美发、网球场等。

现已取消星级评定，并已歇业。

3. 松江宾馆

宾馆位于松江老城区中山东路298号，通波塘东侧。原为松江县人民政府招待所，成立于1953年。占地0.83公顷，总面积7696平方米，建筑面积为12353平方米。主要经营住宿、餐饮及会务。1994年，投资2500多万元扩建装修。1995年9月，完成客房大楼、餐饮楼及附属设施改造，增加KTV包房、屋顶网球场等设施，并改为现名，纳入红楼集团管理。

宾馆有客房149间，其中标准客房109间，单人间40间。宾馆菜肴以本帮菜为主，有大小餐厅9个，中餐厅可供200人同时用餐，包间可容纳100人。宾馆有大小会议室5个，其中多功能厅有158平方米，其他4个会议室在40—68平方米，可召开中小型会议。宾馆休闲设施有桑拿、购物和商务中心。

1998年，松江宾馆被评为二星级酒店，后已取消星级评定。现已歇业。老楼拆除，正在重建宾馆大楼。

4. 松江大酒店

酒店位于中山中路388号，中山中路与谷阳路路口东北角，1993年10月18日竣工开业。后曾改名为古城大酒店。现已歇业并拆除。

5. 佘山森林宾馆

宾馆位于外青松公路9259号（塔弄口），东佘山脚西侧。由佘山度假区联合发展总公司投资建造，始建于1994年9月，占地3.3公顷，1995年2月28日对外营业。1997年后又3次扩建，占地5.3公顷，建筑面积1.06万平方米，总投资4450万元。该宾馆是当年松江县委、县政府重要对外接待单位之一，先后接待过国务院副总理吴邦国、全国政协副主席钱伟长、铁道部部长郭建、中共中央宣传部副部长龚心瀚等。

宾馆的10幢西式小楼从山脚到山腰随山势而筑，是上海地区唯一处于山林之中的宾馆。扩建后有客房94间，床位数167张，7栋别墅楼，其中标准间73间，单人间5间，套房11间，贵宾楼1幢（5间客房）。宾馆以农家土菜为主打，有可容纳300人就餐的依山酒楼，有包间8间。宾馆有大小会议室9间，其中大宴会厅可容纳400人的会议，另有会议室5个，35—260平方米大小不等。宾馆的休闲娱乐设施有咖啡吧、KTV包房、乒乓球、桌球房、棋牌室、拓展训练场地等。

现为三星级宾馆。

6. 上海国发休闲中心（又名：上海银玉休闲中心）

位于小昆山镇北昆港公路东侧，由昆冈经贸中心与港商、小昆山籍同胞陆正行合资建造。初建于1992年，1995年3月建成开放，占地1.46公顷，建筑面积6858平方米，总投资6000万元。2004年易为现名。有客房52间，108张床位。配有餐厅。娱乐设施有保龄球馆、舞厅、KTV、洗浴、棋牌室等。

1998年歇业关闭。

7. 紫园大酒店（原名：沪昌度假村）

位于西佘山脚下西北处，外青松公路南侧，占地0.9公顷，由上海沪昌特殊钢铁有限公司和佘山镇陈坊桥集团联合开发，总投资1806万元。1995年8月建成开业。该度假村由9幢别墅组成，有豪华客房18间，普通客房27间，总床位110张。2002年沪昌度假村转资后承包经营，为紫园大酒店。现已歇业关闭。

8. 兰笋山庄

山庄位于外青松公路9269号，东佘山西南山脚下。1980年代作为上海粮食储运公司投资建造的职工疗休养所，并已对外试营业。1995年9月12日，经改造，正式对外开放。占地0.86公顷，投资总额2500万元。另在西佘山南麓有别墅2栋，为当时佘山度假区内唯一的涉外宾馆及国内旅游指定接待单位。

山庄有浓郁的欧陆风情，尖顶城堡、红瓦白墙、镂花栏杆、喷泉泳池。有客房87间，其中标准间60间、单人间11间，套房2间，别墅2幢。餐厅以本帮菜为主，大厅可容纳200人同时就餐。包间可容纳90人。有会议室5个，其中兰笋厅400平方米、锦绣厅327平方米，另有30—120平方米的3个中小型会议室。配有无线网络、PPT、免费会标绿草等。山庄的娱乐健身设施有多功能歌舞厅、KTV、棋牌室等。

2001年12月，被评为三星级宾馆。现因设施老化在准备改造之中。已歇业。

9. 松浦度假村

度假村位于佘山环山路2号，由上海浦江水利航运松波实业有限公司投资3500万元建造。占地0.56公顷，建筑面积2600平方米。1995年10月建成并对外开放。度假村依山傍水，清静优雅、小而精致。1999年8月26日，度假村作为联合国"世界老人—中国之旅"的上海执行中心项目四部，正式揭牌、升旗。

度假村有客房 45 间，其中标准房 34 间。单人间 11 间，总床位数 84 张。以中式菜系及农家菜为主，一楼宴会厅可容纳 1000 人，大堂 60 人，包间 30 人。有多功能厅 130 平方米，有 20—70 平方米，大小不等会议室 6 间，宽带、投影免费。另有卡拉 OK、棋牌室、乒乓球室等。曾被评定为二星级酒店，现已歇业关闭。

10. 上海江秋度假村

位于佘山镇江秋村，原为上海徐汇教育活动基地。1996 年初兴建，1997 年 10 月竣工，总投资 3700 万元，占地 2 公顷，建筑面积 1 万多平方米，隶属于上海市徐汇区教育局。度假村有客房 73 套，床位 160 张，有舞厅、影视、健身、游戏、棋牌、网球、桌球、桑拿等娱乐服务设施。主要接待学农、学军、夏令营等学生团队，并开展教学研究、学术交流和教师疗休养，同时对外营业，接待各类旅游、商务、会务团队。

2007 年 6 月停止对外营业。现为徐汇区教育基地，仅向其辖区内教职工培训和休假开放。

11. 上海杏花楼酒店（南号）

酒店位于中山中路 368 号，是上海杏花楼（集团）公司所属的上海杏花楼酒店开设的分店。1996 年 12 月开张营业。客房分为标房和套房。有中餐厅，以粤菜、川菜为主。大厅可举办宴会、酒会、舞会和文艺演出。有提供各类小吃的食街、酒吧、西饼屋。有商务中心、购物商场、美容美发中心、桑拿中心、健身房、桌球房、棋牌室、KTV 歌舞厅及多个会议室等娱乐服务设施。

酒店曾被评定为二星级酒店，现已歇业关闭。

12. 上海市交通运输局职工疗养院

位于玉树路 136 号，1984 年 5 月建，占地 1.07 公顷。原为上海汽车运输三场 306 车队所在地，除停车场外，仅有简陋办公房 1 幢。1997 年改建为专业职工疗养院，隶属于上海市交运（集团）公司，是上海市运输工会的专业疗休养单位。院内有 1600 平方米天鹅绒草坪，有中、高档标准客房，单人、双人套房和豪华中西式贵宾套房，能一次接待 130 人疗休养。有大、小会议厅 4 个，餐厅可容纳 200 人同时就餐。有保龄球馆、KTV 包房、多功能舞厅、桌球房、棋牌室、游戏机房等娱乐服务设施。除接待交通系统职工疗休养、度假、会务外，也对外开放。曾被评定为二星级酒店，现已歇业关闭。

13. 东方俱乐部

位于西佘山环山路，由上海浦科房产经营公司投资 600 万元建造，占地

0.2公顷。1996年4月动工，1998年5月建成开业。采用度假别墅布局，有豪华客房7套，普通客房8间，总床位50张，具有餐饮、歌舞、健身等配套功能。

2000年歇业关闭。

14. 上海移动通信佘山培训中心（原名：市长信局培训中心）

位于西佘山南麓环山路，中心原为上海市长途电信局沪杭中同轴4201机务站，1996年改建为市移动通信培训中心，占地1.2公顷，建筑面积4169平方米，总投资12750万元。1998年6月10日建成开放。该中心以古罗马建筑风格依山而建，有豪华客房7套，标准客房34间，共有床位80张。有餐厅、会议厅、歌舞厅、棋牌康乐室等，既是上海市移动通信公司培训基地，也对外营业。

2008年12月终止对外营业，仅作内部干部职工培训之用。

15. 上海红与蓝大酒店

酒店位于人民北路乐都路口西侧，主楼5层，建筑面积3700平方米。由上海红楼宾馆投资开办，经营为涉外旅游宾馆。客房部有豪华套房、标准套房、单人房等客房类型。餐饮部有12个风格各异的包房，能容纳250人同时用餐。会务中心承接各类中小型会务活动。康乐部有美容美发中心、桑拿中心、按摩室、健身房、迪斯科舞厅、KTV包房等设施。

酒店曾被评定为二星级酒店，现已歇业关闭。

16. 江诚宾馆

宾馆位于松江区南其昌路300号，松江新城G60高速公路出入口处。建筑面积3299平方米，1999年5月8日开业。酒店拥有简欧风格的豪华商务观景房、公寓房等各类客房68间，内设雅轩饭店，面积1400平方米，大厅可容纳250人就餐，有包厢21间。KTV有大厅1个，包厢12间。另设咖啡厅、棋牌室、美容院、停车场等配套设施。

2000年代曾被评定为二星级饭店。现已歇业，并改作他用。

从上述的宾馆饭店可以看出，在1990年代松江旅游成形时期的这16家宾馆、饭店、度假村，至今还在对外营业的仅剩1家（森林宾馆）。其他的15家中不再对外开放的有2家，改造中的有2家，歇业的有11家，歇业率要占到68.8%。从中可见，酒店更新换代的速度和市场的变化是如此之快。

第二节 2000 年代的酒店宾馆

2000 年以后，特别是 2005 年以后，松江新建的旅游饭店宾馆规模开始向大体量、高标准方向发展，即使一部分规模不大的酒店，也在内部设施、软件服务质量上朝着精品酒店方向配置发展，以满足不同游客的需要。

以下为 2000 年之后落地开张的 14 家酒店宾馆：

17. 国亭宾馆

宾馆位于松江区九亭镇九亭大街 356 号，由客房、餐饮、娱乐中心和商务组成。宾馆有客房 32 间，其中标准间 20 间，商务客房 10 间，套房 2 间。会议室可容纳 100 余人。宾馆设有餐厅、棋牌室。游泳池和综合运动中心等。

2000 年代曾被评定为二星级饭店。现已歇业关闭。

18. 上海青青大酒店

酒店位于松江新城区辰花公路 388 号、青青旅游世界内，由台湾伟盟集团投资建设，建筑面积 17107.22 平方米，总投资 8000 万元。

酒店有客房 140 间，其中标准房 116 间，单人间 20 间，套间 4 间。均配有液晶电视、宽带。酒店的餐饮有本帮菜、淮扬菜、闽菜、粤菜和川菜，有千余平方米的宴会厅，可容纳 600 人用餐或 800 人的鸡尾酒会。有多个中餐厅及包房，可同时容纳 1000 人用餐。酒店的会议设施有 8 个，多功能厅 250 平方米，另有 50—120 平方米、大小不等的会议室 4 个。酒店配有 KTV、棋牌室、桌球、足浴、美容美发、大堂咖吧等休闲娱乐项目，还有拓展培训、彩弹射击、越野赛车、马术、水上脚踏船及协力车等户外游艺项目。

2014 年歇业关闭。

19. 谷阳大酒店

酒店位于松江区谷阳南路 425 弄 12 号号，由上海建工集团职工疗休养院改建而成。是集住宿、餐饮、娱乐、休闲、度假为一体的酒店。2003 年开业。

酒店有各种房型的客房 68 间。有 24 小时热水供应、独立空调、直拨电话和免费宽带上网等服务。餐饮厅拥有风格各异、大小不等的包间 20 余间，可容纳 500 人同时就餐。配套的有商务中心、购物中心、美容美发、咖啡吧、棋牌室、桑拿浴等，还有各类会议室、停车场等辅助设施。

2010 年左右已转型为经济型的汉庭酒店。

20. 大众国际会议中心

酒店位于佘天昆路 1515 号，南贴辰山植物园 3 号门，北邻沈砖公路。其前身为上海海关培训中心，后由上海大众集团公司收购并进行整修和改造。占地面积3.6公顷，投资10625万元，总建筑面积近1.7万平方米，2004年5月开业。

酒店按四星标准设计，由客房楼和会议综合楼组成，为欧洲文艺复兴时期的建筑风格。酒店有客房208间，376张床位，其中标准房169间，大床房、家庭房各15间，豪华套房、高级套房、单人间各3间。客房内设施有DDD、IDD电话、宽带上网、卫星闭路电视、有线电视50余套节目、公共区域无线上网。

酒店以本帮菜、杭帮菜为主，结合川菜、粤菜等多种口味的菜肴。餐厅有25间包房和550个餐位可供同时用餐。会议设施齐全，大众厅270平方米，其他四间55—160平方米不等。智能化程度高，可召开远程可视电话会议，也可主会场和分会场互动，局域网连接。酒店设有乒乓球、台球、棋牌室、篮球场、卡拉OK、舞厅、桑拿等。

21. 加加村酒店

酒店位于松江区谷阳北路祥和商业广场371弄179号。经营面积2396平方米，2004年8月4日开业。

酒店有标准房、商务大床房、套房等228间。设有50人的多功能会议室、棋牌室、美容美发室等。还有全国免费中央预订中心和会员机制——嘉宾俱乐部。该酒店为本土的连锁酒店，在老城区华亭老街和九亭镇还开有连锁分店。

该酒店于2009年歇业。

22. 新沙珑国际宾馆

酒店位于松江新城区梅嘉浜路1501号，与轻轨九号线松江大学城站隔路相望。由日资企业经营。

酒店有客房117间，其中标准房58间，单人房59间，套间14间。酒店以中餐、日餐、西餐为主要，餐厅有蟹江门中华料理、铁板烧日本料理、沙珑餐厅西式料理，可容纳650人同时用餐。有会议设施5处，其中有300平方米的宴会厅，25—60平方米的小型会议室4间。酒店配有棋牌室、按摩室、足浴、SPA、大堂吧、商务中心等。

酒店于2012年歇业关闭，已改作他用。

23. 宝隆花园酒店

酒店位于松江新城区玉树北路6号，北侧毗邻华亭湖和泰晤士小镇。建筑以白色欧陆风情为基色调，内部设计宽绰舒适，采集自然光线的同时，可欣赏雅致的园林景色。

酒店有客房130间，其中标准房75间，单人间、套间各16间。

酒店以上海本帮菜、川菜和农家菜为主，可同时容纳近千人用餐。

酒店的会议设施有 580 平方米的国宾厅、250 平方米的假日厅、165 平方米的开贤厅和闻贤厅、50—90 平方米，大小不等的事贤厅、论贤厅、议贤厅，并配有高速无线宽带、投影仪和音响设备等。

酒店还有 KTV、多功能娱乐厅、棋牌室、休闲垂钓、酒店商场等。

24. 上海松江开元名都大酒店

酒店位于松江新城区人民北路 1799 号，建筑面积 7.3 万平方米，经营面积 3 万平方米，主楼 29 层，高 109 米，与西侧开元地中海商业广场联成一体。北贴新松江路、东面和南面紧靠中央公园，环境优美，交通便利，离 G60 高速新城匝口和轻轨 9 号线松江新城站仅 10 分钟车程。2005 年 12 月 16 日开张。

酒店为豪华商务酒店，外观雄伟，气质华贵，以东方文化与国际标准完美融合的服务，融入上海国际大都会。

酒店有客房 446 间，其中双人间 250 间，单人间 161 间。酒店锦园中餐厅可容纳 310 人、华云轩包厢群可容纳 260 人、地中海咖啡厅可容纳 180 人、伊万里川日餐厅 120 人、夏丽酒廊可容纳 92 人，有餐位 1000 余座。

酒店具有特色的会议设备，开元厅 800 平方米，9 间面积在 54—140 平方米，12 个大小不等的会议室，配有多声道同声翻译系统、高清晰多媒体投影机、实物投影仪、100—120 英寸投影屏幕、手提电脑、无线宽带上网、幻灯机、激光影碟机、激光笔、专业演讲台、无线麦克风、胸麦等设备。

酒店有娱乐及其他服务设施。集健身、养生、休闲娱乐、商务社交于一体，拥有室内恒温游泳池、健身中心、乒乓球室、台球房、棋牌室、KTV、足浴中心、桑拿中心、戴维营专业 SPA 护肤中心及美容中心等配套设施。国际化的会员制，更感受到全新的现代康体理念和会员专属的尊贵体验。

2007 年，酒店成为松江首家五星级酒店。

25. 上海佘山茂御臻品之选酒店（原名：上海世茂佘山艾美酒店）

酒店位于林荫新路 1288 号，佘山月湖之畔，毗邻佘山国家森林公园，月湖雕塑公园，上海欢乐谷和玛雅海滩水公园，离地铁 9 号线约 3 公里。酒店建筑为现代欧式与现代中式的自然完美相融。酒店原为 1998 年锦江集团投资开发的项目，2002 年 6 月转让给上海世茂置业有限公司，由世茂集团投资建设，占地面积 20 公顷，总建筑面积近 8 万平方米，总投资 12 亿元，2001 月年开工建设，2005 年 10 月建成，2006 年 4 月 18 日正式对外营业。

酒店有客房 326 间，490 个床位，每个房间都有独立阳台。其中双人间 164 间，单人间 146 间，套房 16 间。酒店有丰富多样的美食体验、法式大餐、地中海烧烤、中式粤菜和本帮菜肴。月湖轩为中式餐厅，可容纳 130 位客人。

西餐厅，提供多种世界美食，可容纳300位客人。炫丽·酒吧和娱乐中心在设计独特的圆形酒吧中，可欣赏到月湖和沙滩的全景视野，可容纳170位客人。火焰吧专为夏季设计的室外用餐区域，可眺望月湖风光和佘山国家森林公园山景。为宾客提供火烧烤肉和海鲜烧烤。可容纳84位客人。大堂吧的下午茶，可容纳60位客人。

酒店有一流的会议设施，总面积达4500平方米的会议场地，包括一个可容纳约1800位宾客的无立柱型大宴会厅；可容纳470人的大会堂，8间会议室，一个户外礼堂和一个婚礼礼堂。会议设施有公共区域视听设备、无线宽带接入，同声翻译等。

酒店有超过500平方米的体育中心，提供8间包含独立更衣室和淋浴室的理疗室。除了设施齐全的健身房和网球场，酒店还有别具特色的室内及室外游泳池。同时还提供麻将房，乒乓房，炫丽·酒吧内的桌上足球以及Wii游艺机等。

酒店为松江第二家五星级酒店。

26. 富悦宫商务宾馆

宾馆位于松江区谷阳北路祥和商业广场371弄78号。总面积近5000平方米，经营面积近4653平方米，宾馆共有4层，个性化家居设计与智能型现代化设施相结合，是以商务、政务、会务和旅游者们精心打造的商务型宾馆。2006年9月5日开业。

宾馆有88间具有商务与雅士文化特色的精美客房，房内同时配置电脑和宽带，保险箱iptv客房小吧等，可同时容纳120人入住。宾馆内还配有综合性的娱乐健身场所、小型会议室、棋牌室、足浴房和大堂酒吧，并且为住宿宾客提供自助早餐服务。

宾馆现已歇业关闭。

27. 上海新晖大酒店（原名：上海新晖豪生大酒店）

酒店位于松江新城区文诚路765号，西侧毗邻华亭湖和泰晤士小镇。总建筑面积1.9万平方米，营业面积1.726万平方米，由上海松投房地产开发经营有限公司与豪生国际酒店集团合作建设。2001年开工建设,2005年10月建成，2006年10月18日正式对外营业。

酒店有客房172间，其中双标间114间，大床房42间，套房11间。房间内配有有线和无线网络。

酒店菜系以粤菜为主，并提供本帮菜、湘菜、川菜菜系。有中餐包房17间、宴会厅3个，分别可容纳：300人、250人、200人。西餐厅可容纳200人用餐。大堂吧容纳30人，演艺吧容纳60人。

酒店的会议厅有 500 人的长江厅、450 人的黄山厅及 6 个 35—135 平方米的小会议室。设备有同声翻译、无线网络、视频会议、电话会议等。

酒店配有健身房、桑拿、卡拉OK、棋牌室、美容美发、足浴、桌球室、乒乓室、商务中心、精品店、演艺吧等。

酒店为松江首家四星级酒店。

28. 维也纳国际酒店（松江店）

酒店位于松江新城区人民北路 1515 号，北贴中央公园，与开元名都大酒店隔园相望。总建筑面积约 3 万平方米。2008 年 8 月开业。

酒店有客房 458 间，其中标准房 162 间，单人间 294 间，套间 2 间。均配有液晶电视、宽带。酒店以粤菜、本帮菜为主，可容纳 120 人用餐。酒店有会议室 5 处，42—200 平方米，大小不等。娱乐及其他服务设施有 SPA 休闲会所、棋牌室、美容美发、商务中心等。

维也纳国际酒店系连锁品牌酒店，布局全国。2008 年后，在松江还开设有新桥店、工业区店、九亭店等。

2023 年初，维也纳国际酒店（松江店）已改名为"花惜美拾酒店"。

29. 上海立诗顿宾馆

酒店位于松江新城区三新北路 900 弄 610 号，泰晤士小镇内东侧。东靠华亭湖游船码头。占地面积 5968 平方米，总建筑面积 10143 平方米，其中地上面积 7069 平方米，地下面积 3074 平方米。酒店高 4 层，建筑风格为欧式建筑。

酒店有客房 63 间，其中标准房 31 间，大床房 18 间，套间 14 间。酒店以宁波菜和上海本帮菜为主，有中餐厅 8 个、咖吧和大堂，可容纳 270 人同时用餐。酒店有会议室 5 个，其中诺丁汉厅有 158 平方米，另有 52—94 平方米、大小不等的会议室 4 个。有无线宽带上网。酒店配有健身房、游泳池、棋牌室、美容美发、咖啡吧等。设有地下停车库，有 47 个车位。

30. 东方佘山索菲特酒店（原名：上海佘山黄河索菲特大酒店）

酒店位于松江区泗陈公路 3388 弄，佘山国家旅游度假区北境。占地面积 12.48 公顷，总建筑面积近 8.4 万平方米，由广东黄河实业集团投资近 10 亿元建造，2007 年开工建设，2008 年建成。2009 年 3 月 31 日对外营业，2009 年 12 月更现名。

酒店拥有优雅的托斯卡纳建筑风格，共有豪华客房和套房 368 间，470 张床位，其中双人间 100 间。单人间 268 间。另有 7 栋独立园林别墅。客房分为三种装饰风格，地中海风情、中国风情和东南亚风情，均配备独立阳台、欧舒丹及爱马仕护理用品、专属香薰服务、免费高速宽带接入、索菲特枕头备选单、索菲特 MYBED 概念卧具等。

酒店有数间风格迥异的餐厅与酒吧，融汇创新，为宾客提供精致的美食佳酿，缔造难忘的视觉味觉盛宴。酒店的 Vile 全天候餐厅可容纳 262 人，蓝日本餐厅可容纳 100 人，M 地中海餐厅可容纳 70 人，炫吧可容纳 78 人。

酒店的大型会议中心拥有 14 个多功能厅，其中大宴会行面积 1200 平方米，可容纳 1200 位宾客同时与会。具有特色的会议设备，顶尖齐备的会议设施，科技视讯、电话会议设施，高速宽带接入，无线宽带网络覆盖，先进视听会议设备，专业会议技术支持等。

环绕主楼西侧有 4400 平方米的室外游泳池和人造沙滩。酒店还附设室内恒温游泳池、3500 平方米 SoSPA 水疗及桑拿中心、SoFIT 健身中心、网球场及 KTV 会所等休闲娱乐设施。酒店有 24 小时客房送餐服务、外币兑换、豪华轿车服务、室内停车场、专属香薰、商务中心、礼宾服务、婴儿看护、美发沙龙及洗衣服务等。

酒店为松江第三家五星级酒店。

2000 年代的这 14 家酒店宾馆，现已歇业关闭的有 5 家，均为 2000 年代前、中期开业的，占 36%。比 1990 年代经营的 16 家酒店 68.8% 的歇业率要低了许多。

第三节　2010 年代的酒店宾馆

进入 2010 年代后，随着上海"世博会"的溢出效应、大虹桥会展中心的建设、松江新城国际生态商务区的形成、新的旅游景区的建成开放、G60 长三角科创走廊的崛起，在松江投资建造酒店的越来越多，且体量和档次也上升了不少。以下为 2010 年之后落地开张的 15 家酒店宾馆（包括 2021 年开张的 3 家）：

31. 广富林大酒店（原名：学苑宾馆）

酒店位于松江新城区广富林路 3499 号，北与广富林文化遗址和广富林郊野公园隔路相望，东贴华东政法学院。由松江新城公司投资建设。酒店于 2010 年 1 月开业。2023 年经装修后改名为广富林大酒店。

酒店有客房 167 间，其中标准房 136 间，单人间 24 间，套间 4 间。酒店以本帮农家菜为主，可同时容纳 630 人用餐。其中锦绣厅 300 人，中餐厅 160 人、西餐厅 80 人，包间 90 人。会议设施有 468 平方米的宴会厅，41—160 平方米、大小不等的会议室 6 个。均配备了高品质的投影仪及音响、话筒，有无线宽带上网等设备。酒店的桌球、健身房、棋牌室、卡拉 OK 多功能娱乐厅、大堂吧等。

32. 上海锦丰国际大酒店

酒店位于松江区茸梅路 237 号。临近 G60 高速公路松江东出入口。按四星标准建造，2010 年对外营业。

酒店有客房 111 间，其中标准房 49 间，大床房 49 间，单人间 5 间，套间 8 间。酒店以本帮菜和海鲜为主，有牡丹厅可容纳 650 人，宴会厅可容纳 450 人，王子宴会厅可容纳 300 人。另有多个包间，配有全 KTV 包间。

酒店有宴会厅 800 平方米，多功能厅 250 平方米，4 个会议室 50—120 平方米，大小不等。各种高档专业设备一应俱全，还可以实现不同楼层的实况画面转播。五层牡丹厅拥有多组活动墙可随意改造楼层格局。

33. 上海月湖会馆

酒店位于佘山国家旅游度假区佘北路 158 号，月湖雕塑公园的冬岸，背山面水。2010 年对外营业。

酒店有客房 23 套，均为单人房。配有与迪拜伯兹酒店（帆船酒店）相同的 DUX 顶级睡床，宽敞明亮的浴室、豪华浴缸且顶部配有景观天窗，最新超薄超大 LED 电视机及专业音响，宽敞独立的衣帽间、配备高贵梳妆台，免费有线及无线高速互联网连接，顶级 Control4 总控系统，空调、地暖结合的室内环境调节系统，自然采光，室内绿墙。一对一管家服务。

餐饮美食以中式菜系为主。可容纳 1000 人的湖景宴会厅位于会馆一层，充溢着浓郁艺术气息，装修风格彰显大气，其超然气派，可谓冠绝上海。行政酒廊典雅，提供各式鸡尾酒、休闲小食品等。酒店有大型会议厅 1600 平方米，中型会议厅有 150—750 平方米大小不等的共 7 个。均配备先进的会议设备。精品艺廊有特别甄选驻园艺术大师倾情创作的限量艺术精品，以独特设计和创意展示引领新的艺术鉴赏体验，所有细节精心构思。

34. 新浜荷园温泉度假村（原名：雪浪湖度假村）

度假村位于新浜胡曹路 699 弄 100 号。投入资金 1.2 亿元。建筑面积约 2 万平方米。2010 年 5 月建成开张。2022 年 9 月更名为"新浜荷园温泉度假村"，现正在装修。

（度假村酒店部分介绍详见本篇第九章"乡村旅游"第一节"休闲农庄"之 22）

35. 上海松江假日酒店

酒店位于松江中山中路 83 号，为松江老城区闹市繁华地段。酒店与东侧的方塔园、西南侧的醉白池、西侧的仓城历史文化风貌保护区都只有一两千米的距离。酒店按四星标准建造，2012年建成并对外营业。

酒店有客房178间，其中标准房64间，单人间104间，套间10间。客房智能化系统配置、提供免费有线及无线上网服务。

酒店一楼的悦廊大堂吧，可容纳30人。全日制餐厅和鱼鹰港式茶餐厅提供港式、亚洲风味及西餐。有大厅和多间包房等。

酒店有1225平方米的会议场地及现代化设施。其中880平方米的全无柱大宴会厅，可灵活分隔空间，可同时容纳500人的宴会。还有7个42—440平方米、大小不等的会议厅并配有高科技视讯、电话会议设施、先进的视听会议设备、无线宽带网络覆盖和专业会议技术支持。

酒店六楼的健身中心，宽大明亮，视野开阔，可望松江美景。健身房配备意大利进口先进器材，专业的健身教练和现场指导。还有室内恒温游泳池等。

36. 上海新桥绿地铂骊酒店（原名：上海新桥绿地逸东华酒店）

酒店位于松江新桥镇明兴路628号，毗邻闵行区。由绿地集团投资、香港朗廷国际酒店管理公司管理的商务型酒店。2012年建成开业。

酒店有客房214间，其中各类标准房192间，各类套房22套。酒店的餐饮以中西合璧菜式为主，逸东轩提供粤菜，可容纳111位；都会西餐厅为开放式厨房设计，可容纳142位。T吧可容纳42位；酒店设有贵宾会，为入住贵宾会楼层的客人提供欧陆式早餐、特色小食、鸡尾酒及开胃菜等。酒店的会议室有6个，其中大宴会厅有750平方米，无柱式；另外5个会议厅面积在52—152平方米大小不等。会议场地可灵活使用，酒店还配备水疗中心，设有7个理疗室，有康体训练器械、蒸汽、桑拿房及游泳池等。

2020年，酒店被评定为四星级酒店。

37. 上海富悦大酒店

酒店位于松江区茸悦路208号，松江新城国际生态商务区内。是一家超大型商务会议度假型酒店。酒店总建筑面积10.5万平方米。2016年5月21日开业。

酒店有各类豪华客房，包括标准间、单人间、套房共1000间（套）。房间为大开间，落地玻璃窗，卫浴时尚。酒店有各类餐厅提供粤菜、杭帮菜及海鲜、燕鲍翅等，45间中餐包厢。还有咖啡厅、自助餐厅等。

酒店会议场地有多个，其中有两个面积1200平方米和层高5米、面积2000平方米和层高5米的无柱多功能厅；有两个面积1200平方米和层高5米和面积550平方米层高6米的的宴会厅；还配有10个不同规格的中小会议室，是目前上海地区同类酒店中规模大、设施完善的会议中心之一。

酒店配有大型 KTV 包间、足浴中心、棋牌中心、室内游泳池、健身中心等康体娱乐设施。

38. 上海三迪华美达酒店

酒店位于松江广富林路 600 弄 7 号，松江新城国际生态商务区内，与松江万达广场隔路相望。酒店由中国三迪控股集团投资，占地面积 6084 平方米。酒店是全球一流酒店集团——温德姆酒店集团授权经营的中高端商务酒店。2016 年开业。

酒店有 119 间客房，其中标准房 47 间，单人间 66 间，套房 6 套（包括 23 间好莱坞房型）。有西餐厅、咖啡厅、大堂吧、酒吧和中餐包间。酒店有 3 处会议室，其中 1 间 180 平方米，2 间 80 平方米。可满足 160 人同时开会。

39. 上海欢乐谷嘉途酒店

酒店位于佘山国家旅游度假区林绿路 69 号，上海欢乐谷东侧。以西班牙风格的亲子度假酒店为特色．。由深圳华侨城股份有限公司投资建造，总投资 2.5 亿元，建筑用地面积约为 3.5 万平方米，占地面积约 0.67 万平方米，2018 年 7 月 18 日开业。

酒店共有客房 293 间，拥有 5 种不同房型，其中西班牙主题大床房 59 间、双床房 91 间、家庭房 115 间、亲子房 10 间、套房 18 间。酒店餐饮主打地道本帮菜系与特色川菜，菜品精致，营养丰富。酒店有 1 间 250 平方米会议室，可隔断为 2 间，酒店庭院中拥有宽阔草坪和儿童游乐设备，并定期开展各种互动体验课程。

2023 年，酒店更名为巴塞罗纳国际度假酒店。

40. 上海沪华国际大酒店（松江店）

酒店位于松江区沈砖公路 5666 号。西临佘山度假区，北贴泗泾古镇，南依松江大学城和新城国际生态商务区。由沪华集团投资近亿元建造。酒店集客房、餐饮、会议、娱乐于一体，为中高端商务、休闲旅游、会议接待酒店。2018 年开业。

酒店有客房 302 间，配有标准房、行政双人房、奢华大床房、奢华家庭房、套房等。有智能房控系统、地暖系统、智能座便器等设施。酒店设有中餐厅、自助式早餐厅、咖啡厅等，隔壁为沪华海鲜大酒楼。酒店配有设施完善的会议、会展、婚宴场所，有 4 个多功能厅，配备高清超大 LED、3D 全息投影、演唱会级别舞台、环绕式音响灯光等，可同时容纳 1500 人开会或用餐。酒店还配有娱乐、健身、休闲等设施。

41. 上海佘山世茂洲际酒店

酒店位于松江辰花路 5888 弄，是世界上首个建造在深坑内的自然生态酒店（此处原为天马山镇横山采石厂废弃的采石深坑，海拔负88米，故俗称"深坑酒店"）。也是全球海拔最低的按五星级标准建造的酒店。由世茂集团投资20亿人民币建设。2002年12月开工建设，2018年11月开业。

迪拜帆船酒店设计师Martin Jochman及所在的阿特金斯团队担纲设计，利用深坑岩壁曲面造型向地表以下开拓建筑空间，克服64项技术难题（其中完成专利41项，已授权30项）建成。酒店总建筑面积61087平方米，分为地表以上2层、地表以下15层（其中水面以下2层），被美国国家地理频道《世界伟大工程巡礼》评为"世界十大建筑奇迹"之一。

酒店有336间客房和套房，所有客房均设有观景露台，可欣赏峭壁瀑布。设有攀岩、景观餐厅和900平方米宴会厅，在地平面以下设有酒吧、SPA、室内游泳池以及水下情景套房与水下餐厅。配套建有上海世茂精灵之城主题乐园。

42. 上海榕港万怡酒店

酒店位于新松江路1277号，东贴东鼎大厦，处于松江新城繁华闹市中心地段，是万怡品牌在上海开业的第10家酒店。为休闲商务型酒店，秉持"燃情并进"的品牌定位。2019年开业。

酒店有183间客房，其中标准房74间，大床房92间，套房17套。均配有灵活的工作空间及休闲空间，无线网络覆盖、接入卫星频道的55寸LED电视等。

全日餐厅榕怡小厨，提供自助早晚餐、本地菜和东南亚菜品、欧陆式美食自助与小食，以手工点心为主要特色。大堂酒廊和行政酒廊提供甜点、咖啡、鸡尾酒及各种饮品，还有静谧舒适的环境。酒店的会议设施在榕港明轩。酒店的22层是健身中心，配备美国知名品牌器械，可进行有氧和力量训练，并可定制健康低脂套餐等。

43. 广富林宰相府酒店

酒店位于广富林路3260弄10号，广富林文化遗址南侧。北望辰山植物园和佘山，东临龙源路，南贴松江大学城，西傍广富林郊野公园。是一家文化主题酒店。由杭州新时代实业有限公司经营，于2021年5月1日开业。

酒店大堂为从江西贵溪原拆原建的、有着500年历史的明代进士及第府（为明朝首辅夏言的故居），故名为"宰相府酒店"。按照"文物不可移动"的规定，故居的迁建是不允许的，因此，大堂失去了它的文物价值。酒店为中式仿古样式，有客房161间，分布在一楼至三楼。酒店餐饮以粤菜和海鲜为主，融合上海本帮餐饮特色和江南意境菜。酒店配有会议设施。配备的健身中心有戏水池、干湿桑拿等项目。

44. 上海松江凯悦酒店

酒店位于松江区广富林路 599 弄 3 号，松江新城国际生态商务区内。由上海松江三迪酒店管理有限公司投资建设。建筑面积 34112 平方米，2021 年 5 月 29 日开业。

酒店有客房数 256 间，其中标准房 140 间，单人间 100 间，套房数 16 套。

酒店餐饮有四个餐厅，包括享悦中餐厅、咖啡厅、大堂酒廊和酒吧。享悦中餐厅秉承传统的上海本地风味，提供松江特色及凯悦甄选招牌菜系，有 11 间包间，每间包房可容纳 6—16 位客人用餐。咖啡厅是一个活力满满的美食市集，提供丰盛的零点与自助餐选择，汇聚中西佳肴和本地风味。大堂酒廊是一个轻松惬意的社交空间，在挑高落地窗欣赏五龙湖美景，享受精致的咖啡茶点和下午茶。

酒店有会议室共 1900 平方米，其中最大的宴会厅有 1350 平方米，还共 7 间大小不等的多功能会议室。

酒店配有 24 小时健身房，配有品牌健身器材，室内标准恒温泳池，更衣室内均配有干蒸和桑拿房。

45. 广富林希尔顿酒店

酒店位于松江新城区广轩路 1099 号，广富林文化遗址北侧。北望辰山植物园和佘山，东临龙源路，南贴松江大学城，西傍广富林郊野公园。酒店周边旅游资源丰富，汇集人文景观与自然风光，有广富林文化遗址、广富林郊野公园、辰山植物园、佘山国家森林公园、上海欢乐谷、蓝精灵乐园等。

酒店以"水岸院居"为设计理念而精心打造，酒店紧依景区核心景观富林湖，自东向西沿湖而筑，依湖而居，枕水而眠。主体建筑围绕两处园林布局，外揽富林湖光，内纳秀雅园林；以江南水乡韵味为蓝本，为宾客打造独具韵味的中式雅逸度假体验。室内设计更是深度融合了松江的文化肌理，以广富林文化为底色，演绎出古典与现代相结合的新中式建筑景观。2021 年 6 月开业。

酒店由追求本土文化与现代建筑衔接的 GOA 大象设计打造，拥有 244 间禅意雅致的客房及套房，客房平均面积约 56 平方米，绝大多数配备阳台及户外家具，立于房中也可饱览如画景致。所有客房均配备步入式衣帽间、宽敞的办公空间与免费高速无线上网服务，兼顾商务会议所需。酒店还拥有独特庭院湖景客房及套房，另配直达湖畔的私人庭院，可将富林湖的潋滟水色尽收眼底。酒店还设有湖畔步道与"烟渚""清荷""落照"三个观景平台，是零距离领略广富林全景的上佳地点。

酒店设有 4 处各具特色的餐厅及酒廊，提供具有松江本地风味的各色珍馐美馔，分别是全日制餐厅厨艺、中餐厅青雅、特色餐厅丼及大堂吧星逸廊。

酒店配有广轩 1199 号独立的会议中心，位于酒店主体建筑西侧，拥有车行及人行入口，以二层廊桥与酒店主体建筑相接。近 4000 平方米的会场与户外亲水平台构建了灵活多变、功能齐全的会议空间。会议中心设施包括一间约 1200 平方米，层高 7 米的无柱式大宴会厅，辅以 8 间多功能厅。所有会议厅均配备先进的视听设备及无线网络。酒店的专业会议策划执行团队将协助每一位会议策划者发掘会议的多种可能，提供圆满的活动方案。

酒店提供丰富的康乐服务设施：健身中心 24 小时开放，配备先进齐全的力健（Life Fitness）品牌器材，设有各类有氧运动及力量训练设备，在旅途中为身体注入新的活力，保持健康的生活方式。室内恒温泳池长 22 米、恒温 27 摄氏度，休息区可使用冲浪按摩浴缸、桑拿室和蒸气室等设施。

2010 年之后新建的这 15 家酒店。除月湖会馆客房数较少外，其它的酒店规模体量都较大，客房数都在 100 间以上，与 20 年前相比，松江住宿业的质和量在城市快速发展中经历了巨大的嬗变，取得了长足的进步。

第十三章　四季节庆

一个地区旅游起步的标志，往往是从举办节庆活动开始的。通过节庆活动来扩大宣传和影响力，松江也一样。

1994年，按照上海市委、市政府以"一区一品"为特色，办好旅游节庆活动的要求，松江举办了首届"上海之根"文化旅游节。当时的县委、县政府决定将该节作为"一县一品"的节庆品牌活动来培育，初定每四年举行一次。1998年举办了第二届。2001年时，为配合松江建县1250周年庆祝，提前一年举办了第三届"上海之根"文化旅游节。2006年举办了第四届"上海之根"文化旅游节之后，区旅游委决定按照市旅游局的要求，开展四季节庆活动，"上海之根"文化旅游节今后改为每年举办一次，并将其作为上海旅游节松江区活动的主要内容。2007年为第五届。到了2009年，松江已形成了"春季问山、夏季拜水、秋季寻根、冬季祈福"的四季节庆活动系列。故自2009年始的节庆活动是以"四季节庆"活动展开的。而"秋季寻根"仍由"上海之根"文化旅游节作为主打，并作为上海旅游节松江区活动呈现给游客市民。

第一节　松江"上海之根"文化旅游节

"松江——上海之根文化旅游节"前十届回顾：

1994年第一届

9月25日，首届"松江——上海之根文化旅游节"在上海方塔园隆重开幕。10月5日，在佘山欧罗巴世界乐园降下帷幕，历时12天。开幕式上演出了大型广场文艺《这里是上海的根》，来自全县80多个单位的2200多名群众演员参加了演出，文艺演出由"云间鼓""华亭风""松江潮"和"上海根"四大部分组成，旅游节节歌《这里是上海的根》从此唱响。旅游节期间共有演艺活动12场，《西林塔文物珍品展》和《当代松江人著作展》同时展出。

1998 年第二届

10月18日，第二届"松江——上海之根文化旅游节"在佘山漂流世界隆重开幕。旅游节至11月15日结束，历时29天。开幕式上大型文艺表演《这里是上海的根》是由"欢庆欢迎""松江风""松江新貌""奔向新世纪"四大板块组成。整个旅游节共有主体活动、联谊活动、文化活动、创建活动和新辟旅游景区点五大板块35项活动。主要有"欧罗巴斗牛""方塔观灯""醉白池华亭遗韵摄影展""图书馆红学成果展""文艺巴士"演出等，还开展了"松江十二景"评选、松江千年上联征集下联活动，编辑出版了《松江历代名人诗词作品选析》书籍。

2001 年第三届

9月22日，第三届"松江——上海之根文化旅游节"暨庆祝松江建县1250周年开幕式在松江体育馆隆重举行。旅游节至11月底结束，历时71天。整个旅游节包括七项主题鲜明、风格迥异、创意新颖的单体活动，即上海青青旅游世界开园仪式、2001年上海松江国际沙雕冠军总决赛、中华百团游松江活动、方塔欢乐节、影视乐园"阳光列车之旅"暨"小主人环保日游"、上海市民看松江活动、佘山山地定向越野挑战赛。另有书、影、画展、音乐会、故事、曲艺大赛等11项文化活动。（注：为配合松江建县1250周年庆祝，提前一年举办了第三届文化旅游节。）

2006 年第四届

9月23日，第四届"松江——上海之根文化旅游节"在市民广场隆重开幕。旅游节至10月30日结束，历时39天。整个旅游节活动主题鲜明、内容丰富，充分展示了"上海之根，都市新城"松江的历史文化底蕴和独特的旅游资源及"回归自然，休闲度假"的旅游度假理念。整个旅游节共分为文化活动、推介活动、旅游形象评选活动和景点活动四大板块7项主要活动，启动了松江"自驾游"特色旅游线路和"上海轻（青浦）松（松江）之旅"。

2007 年第五届

9月22日，第五届"松江——上海之根文化旅游节"在上海对外贸易学院隆重开幕。旅游节至10月底结束，历时40天。整个旅游节以"城乡和谐游"为主题。旅游节有开幕式、"和谐松江、美好家园"诗歌朗诵会、旅游美食节、旅游纪念品和土特产评选活动、大众自驾游松江集结第五站、松江旅游发展论坛、花车巡游、2007"东洋轮胎杯"亚太终极漂移大赛、九九重阳天马山登高节9大主要活动。

2008 年第六届

9月20日，第六届"松江——上海之根文化旅游节"在佘山国家森林公园东佘山园隆重开幕。旅游节至10月11日结束，历时23天。开幕式上，随着两扇"山门"在层林尽染的清丽山景下缓缓开启。同日，东佘山正式进入"免票时代"。整个旅游节以"迎世博、塑亮点"为主题。旅游节内容涵盖了生态、艺术、民俗、商业、体育、时尚、农耕、世博八大类别的23项文化旅游活动。

2009年第七届

9月12日下午，上海旅游节开幕式首度移师郊区，在位于佘山脚下的上海欢乐谷盛大开幕，已试营业一个月的上海欢乐谷也宣布开园。此次开幕式活动也同时作为第七届"松江——上海之根文化旅游节"的开幕式。旅游节至10月8日结束，历时28天。整个旅游节围绕深化"文化"主题，把握"世博"机遇，塑造"多元"亮点的主线，精心策划组织了经典欢乐游、缤纷休闲游、农耕体验游、多彩民俗游、艺术文化游五大系列共48项活动。

2010年第八届

9月18日，第八届"松江——上海之根文化旅游节"暨松江购物节在上海辰山植物园开幕。10月16日，旅游节以"庆世博千名老人重阳佘山登高"活动为闭幕式，历时30天。整个旅游节、购物节以"世博之旅、相约松江、欢乐购物、尽在茸城"为主题，"人文松江、欢乐佘山"为口号，努力打造松江"厚重与活力兼具、经典与时尚并举、人文与生态相融"的旅游目的地形象。旅游节共分为八大板块16项主题活动，购物节共分为三大板块21项主题活动，涵盖了旅游、购物、美食、休闲、娱乐等多个方面，全面整合休闲、生态、文化艺术、民俗、商业、时尚、体育、农业等各类资源。

2011年第九届

9月16日，第九届"松江——上海之根文化旅游节"、松江购物节暨纪念松江建县1260周年开幕式在上海方塔园拉开帷幕。旅游节至10月15日结束，历时31天。本届旅游节以"上海之根1260"为主题，以"人文松江，欢乐游购"为口号，充分展示松江独具的"上海之根、沪上之巅、浦江之首、花园之城"的城市形象和商旅文体农等特色资源的融合。旅游节共分为旅游、休闲、时尚、生态、民俗、乡村、体育和商业文化之旅八大板块22项主要活动。购物节共分为"品味"篇、"畅购"篇、"乐活"篇和"风采"篇四大篇章19项主要活动。

2012年第十届

9月17日，第十届"松江——上海之根文化旅游节"、松江购物节在松江开元地中海购物广场隆重开幕。旅游节至10月6日结束，历时21天。整个旅游节以"松江——山水人文秀，欢乐健康游"为主题，以"人文松江、欢乐佘山"为口号。旅游节共有休闲、艺术、时尚、生态、民俗、农耕、体商文化之旅八大板块25项活动。购物节共分为"品味""畅购""乐活"和"风采"四大篇章23主要活动。

2013年第十一届至2020年第十八届的"松江——上海之根文化旅游节",每年都有新的内容,有增减。因已和松江的四季节庆活动中的"秋季寻根"合而为一,在此不再一一展开了,可详见下面"秋季寻根"部分。这里,仅介绍第十九届。

2021年第十九届

9月17日—10月6日,第十九届"松江——上海之根文化旅游节"以"秋季寻根　根深叶茂"为主题,突出文旅结合,推出5项市级活动、五大板块34项区级活动。有线上云游"建筑可阅读"微旅行线路直播活动、上海影视乐园的旗袍文化艺术节、上海欢乐谷的国际淘趣节和"蚂蚁亲子"的辰山植物园的"四季佘山　亲子相伴"NBKIS2021长三角第三届帐篷露营节、"来伊份"的食品文化节,还有各种艺术展览等。

第二节　上海旅游节松江区活动

上海旅游节创办于1990年10月6日,原为上海黄浦旅游节,1996年更名为上海旅游节。活动以每年9月开始,历时20余天,涵盖了观光、休闲、娱乐、文体、会展、美食、购物等几个大类40多个项目,每年吸引游客超800万人次。自1997年开始,各区县的旅游节庆活动均以"分会场"的形式纳入到上海旅游节之中。

1997年10月2日,"上海旅游节松江分会场"开幕式在上海佘山锦江漂流世界举行。仪式结束后,欧罗巴世界乐园组织大型体育娱乐项目——欧罗巴斗牛。

1998年10月18日,"上海旅游节松江分会场"开幕式与第二届"松江——上海之根文化旅游节"合并,在佘山漂流世界隆重开幕。旅游节至11月15日结束,历时29天。

1999年10月18日,松江举办了上海旅游节松江区活动"欧罗巴世界乐园大型菌菇文化展";23日,"上海国际吟诗会"在方塔园的宋代方塔下举行。来自日本各地三大吟诗团体的成员和上海吟诗爱好者共千余人进行吟诗交流。吟诗会上,日方有数十人集体吟咏唐宋名诗和表演传统诗舞;中方有著名演员高歌唱咏古诗词,有七八十岁老诗人用古韵歌咏,也有中小学生和儿童的集体吟唱古诗词，配以舞蹈表现诗意；还有上海著名演员张静娴，在著名古琴家龚一演奏下，用古曲演唱了《胡笳十八拍》，使与会者更能陶醉在古诗古曲的韵味之中。

2000年10月12日，上海旅游节松江区活动开幕式暨叶榭服装节同时举行。本次旅游节活动包括叶榭服装节、上海首届山地定向越野挑战赛、影视探秘之旅、首届旅游饭店（宾馆）"名厨、名菜、名点"操作比武大赛、金秋方塔欢乐游、松江华阳明墓古尸及文物展、云间第一楼藏品展和狂欢购物在商城等八大主题活动。

2001年9月22日，上海旅游节松江区活动以第三届"松江——上海之根文化旅游节"暨庆祝松江建县1250周年为内容，在松江体育馆隆重举行了开幕式（具体活动见前第三届"松江——上海之根文化旅游节"）。

2002年9月21日，上海旅游节松江区活动暨佘山"秋之韵"户外系列活动在佘山国家森林公园东佘山园开幕。

2003年9月，上海旅游节松江区活动在佘山度假区东佘山大门西侧的沙雕现场开幕。活动共有"世茂杯"铁人三项国际积分赛、亚洲系列赛暨全国锦标赛、"皇家杯"佘山沙雕节、第四届方塔妈祖文化旅游节、佘山月湖山庄老上海婚典系列活动、上海佘山首届"三山"原生态游、佘山首届"山地丛林"彩弹射击大赛、上海影视"撞星"之旅、"天马九九高，人人九九寿"第二届九九重阳天马登高节等八项主题活动。其中，佘山月湖山庄老上海婚典系列活动获2003上海旅游节"最充满人情味奖"，铁人三项国际赛获"最充满挑战奖"。

2004年9月24日晚上，举行了上海旅游节松江区活动开幕式暨花车巡游活动。

2005年9月24日，上海旅游节松江区活动在月湖雕塑公园亲水坪台开幕。

2006年9月，上海旅游节松江区活动与"上海之根"文化旅游节同步进行。

之前，由于"松江——上海之根文化旅游节"是每隔四年举办一次，到了2006年，改为每年举办。故中间有三年是上海旅游节松江区活动另行举办。至此，上海旅游节松江区活动与上海之根文化旅游节合为一体，每年举办，至今仍在继续开展。

值得记录的是2009年9月21日，"2009上海旅游节暨欢乐谷开园"仪式在上海欢乐谷举行。这也是上海旅游节开幕式首次移师到市郊、到松江举办。

第三节　松江"四季节庆"活动

经过几年的实践，到了 2009 年，松江旅游的节庆活动已定型为四季节庆，即"春季问山、夏季拜水、秋季寻根、冬季祈福"的节庆活动系列。

春季有兰笋文化节，欢乐踏青季，赏五朵金花和蔬果采摘等；

夏季有端午龙舟赛，佘山狂欢季和新浜荷花节等；

秋季有上海之根文化旅游节，浦南菊花展和重阳佘山登高等；

冬季有品四鳃鲈和元旦佘山登高等。

松江旅游的四季节庆活动精彩纷呈，在上海市和长三角地区都产生一定影响，吸引了众多市民、游客来松江观光旅游、休闲度假。

一、春季问山

1. 佘山兰笋文化节

佘山兰笋因康熙垂青并赐名"兰笋山"而声名远扬。佘山国家森林公园自 2002 年举办首届佘山兰笋文化节起，每年 3—4 月兰笋破土时便举办"兰笋文化节"，为佘山的特色主题活动之一。2020 年和 2022 年因疫情原因停办两年。至 2023 年已举办 20 届。为"松江春游节"传统节庆之一。

佘山竹林里对新出的笋需要间挖，密度太高会影响竹子的生长。与其都由林场工人来间挖，不如让游客参与进来，体验一下找笋的不易、挖笋的艰辛和得笋的喜悦。"兰笋文化节"热点依然是挖笋活动，此传统活动经久不衰，而且越来越被游客接受和喜爱。这找笋还真不易，露出地面十公分的笋，吃起来就感觉笋老了，故要专挑笋尖将出未出地面时采挖，确实不太好找。记得有位游客挖出一棵笋后，手握兰笋，笑得很灿烂，正巧被一位记者抓拍到了，这帧照片还上了英文版的《中国日报》。

此外，游客还可以参与竹海乐园的寻"宝"活动，体验天马山踏青之旅、小昆山二陆文化之旅等活动。游客可以凭兰笋文化节活动门票的票根，在周边的景点和宾馆享受不同程度的优惠活动。因而在主题、内容上更加贴近百姓，让更多的市民欣赏兰笋、品尝兰笋、认识兰笋，享受动感旅游的新体验。

佘山脚下是上海的"根"，是先民生产劳作和繁衍生息之地，作为后人理应心存感恩之情。2009 年佘山兰笋文化节的亮点是开幕式中别开生面的"问山仪式"。笔者有幸为兰笋文化节策划"问山"仪式。特意制作了"上海之根　佘山之祖"的牌位，并有颂文。开幕式中，表演者身着仿古服装，供奉上香，行跪大礼，高吭颂文，感恩佘山。注入民族传统文化元素，让节庆活动更趋丰满。

下为笔者撰写的八字二十四句的颂文：

庚寅年春开铲动土问山颂文

松郡九峰，分秀天目。　沪上之巅，逶迤延绵。
山骨水肤，芙蓉秀娟。　修篁幽静，拾翠又添。
周遭遗址，见证历史。　先民依居，繁衍生息。
上海之根，源远流长。　代代相传，不忘祖先。

万竹青青，明前露尖。　幼笋抽稀，生长宽畅。
慎挖谨铲，不留坑洼。　动土慰告，山祖请谅。
笋香兰馥，沁齿加餐。　康熙御笔，嘉名昭彰。
兰笋为媒，凸显文化。　百笋家宴，雕刻欣赏。

峰泖胜迹，古今闻名。　吟诗作画，多有赞赏。
佘山度假，拥抱自然。　林间小径，游人熙攘。
天马护珠，秀塔圣堂。　星空遥望，骑龙佛香。
祭山拜祖，感恩九峰，　儿女叩上，伏惟尚飨！

二〇一〇年三月二十日

2. 上海国际兰展

兰花以其特有的叶、花、香独具四清（气清、色清、神清、韵清），而给人以极高洁、清雅的优美形象，是插花艺术中不可或缺的选材。2012年1月23日—2月26日在上海辰山植物园举办"热带兰花展"。2013年改名为"上海国际兰展"，根据天气、花期等因素一般在3月—5月举办，2014年举办后每逢双数年举办。兰花展以"赏兰，品质生活的开始""兰花与健康""共享兰韵　品质生活"等为主题，在一号门大厅、二号门共享空间、展览温室等主要展示区域展示几百余种兰花，同时根据每期主题、特点开展"兰花插花秀""花仙子游巡""寻找兰精灵""兰花自然笔记"和园艺大讲堂等活动，让市民游客赏花、游乐的同时，增长趣味丛生的植物知识。

3. 浦江妈祖民俗文化旅游节

2002年9月，方塔园天妃宫恢复了妈祖神像，举行了开祭仪式和首届浦江妈祖文化研究会。为了进一步挖掘、保护、传承和发展妈祖文化，努力践行妈祖立德、行善、大爱的精神，让更多市民了解上海地区的妈祖文化发展，也为了进一步加强与港、澳、台兄弟妈祖庙的交流，方塔园在每年3月妈祖诞辰日和9月妈祖升天日都要举办"上海浦江妈祖民俗文化旅游节"活动。整个活动包括展版宣传、座谈交流和祭祀活动。祭祀活动包括祭祀和神像巡游踩街。按照妈祖文化的习俗在大殿前举行了祭祀大典活动。然后在古老皂隶舞开道前引下，威武的仪仗队护驾，簇拥着妈祖神驾出巡。随后是踩街、歌舞、十番八乐、大鼓吹等民间文艺队伍。一路笙乐悠扬，锣鼓喧天，鞭炮齐鸣，人们祈祝风调雨顺、国泰民安。通过妈祖文化旅游节活动，更深地激发了海峡两岸中华儿女的情感，弘扬炎黄子孙共同的民俗文化遗产。2017年左右因天妃宫体制管辖变更而终止。

4. 上海辰山植物园月季展

月季作为中国十大名花之一，以五彩缤纷的颜色、优雅高贵的姿态以及知性典雅的气质深受大众青睐。2015年4月25日—5月10日在上海辰山植物园举办首届上海月季展，此后每逢单数年的四五月举办。月季展以"爱在辰山""月季花开　共享和平""爱你要久　月季花开"等为主题，展示800余种月季，展出面积约4万多平方米，花展主要展示区集中在月季岛、矿坑花园、月季资源圃等处，覆盖整条游客游园路线。根据每期展会的特点，月季展期间还会增设"月季绘画征集及作品展示""月季知识问答""我家的月季花开了"评选活动等精彩纷呈的线上线下活动，丰富游客游园内容。

5. 辰山草地音乐节

2012年4月22日上海辰山植物园首次举办"辰山草地交响音乐会"，作为上海广播集团"星期广播音乐会"30周年庆典活动压轴演出，它同时也是上海首场草地交响音乐会。此后每年5月在上海辰山植物园举办，2015年起演出时间由一天增至二天，同时更名为"辰山草地音乐节"。至2020年已连续举办九届。其"赏花，品乐，乐享人生"的都市文化生活理念得到上海市民认可和欢迎。成了中国售票体量最大的户外古典音乐节之一。

6. 欢乐谷国风华服节

2019年4月在上海欢乐谷首次举办，此后年年举办，至2021年已办3届。活动期间，古风小景贯穿全园，更设有原汁原味的大明市集、高颜值爆火古风达人、全新国风表演、汉服电音趴等活动，游客可着古风华服行"穿越"之旅，感受暖春四月古风江南。

7. 方塔园杜鹃花展

自建园初期，杜鹃花展就是方塔园的一大特色。为了营造更加浓厚的花文化，让游客获得更佳的观展体验，从2015年开始将其固化并形成一定规模，打造成特色旅游品牌。此后每年的 4 月中旬至 5 月初公园都会举办，截至今年已连续举办了 7 届。方塔园杜鹃花展是以花为媒，以展会友，除观赏杜鹃外，花展期间还结合"五一"小长假，开展一系列配套文化活动，推出的综艺汇演、杜鹃摄影作品展、古风创意市集、亲子互动体验等众多精彩的活动内容，给广大市民游客带来了丰富的艺术享受，多年来获得市民游客的一致好评。

8. 醉白池上海杜鹃花展

是醉白池一年一度的传统特色园艺展览项目。始于 20 世纪 80 年代，至 2021 年已有 40 多年历史。巧借古典园林亭堂特色，以高品位、显规模、创新意为特色，集中展出东鹃、西鹃、踯躅等多个类别数千盆精品盆景，其中不乏江南杜鹃栽培世家历代培育的数盆有着近百年树龄的一树多色、多从复瓣精品，将杜鹃的根、桩、形、姿、色与江南古典文人园林淡雅写意情景交融，还展出包括松江本土品种（小鸳鸯锦等）在内的近百个杜鹃品种，展现杜鹃花卉品种选养及演变过程，通过展板形式向各广大游客介绍杜鹃品种、栽培工艺、药用价值等相关知识，进一步增进市民对我国传统杜鹃文化的了解。2019 年更首次公开展出荣获国家林业局梁希林业科学技术奖的红、粉、白、珊瑚系列芽变新品种，红月系列芽变新品种，套半朱砂系列芽变新品种，还有国内人工杂交培育的优秀杜鹃新品种醉蝶、昭君、苎萝浣纱、新小桃红，芽变品种及从欧洲最新引进的踯躅类杜鹃；另外，园内主干道、大门照壁、各花镜等处皆布置各色杜鹃花卉和大型花境，将杜鹃与古典园林春景、春意、春韵与文化融合在一起，打造出"姹紫嫣红、满园春色"的园艺景观。

9. 松江牡丹节

新浜牡丹园位于新浜镇许村公路 928 号，在全市同类园区中面积最大，品种最多。园内有 160 多种牡丹、60 多种芍药，有红、黄、粉、黑等九大色系。其中牡丹来自山东菏泽，有金阁、花王、金晃、海黄、冠世墨玉、粉中冠、赵粉和豆绿等名贵品种。芍药有黑紫绫、杨妃出浴和紫红魁等。4 万多株牡丹中更有 16 株百年牡丹，其区域植株密度居全国之首。2013 年 4 月，在新浜牡丹园举办第一届牡丹节，此后每年举办，截至 2019 年已举办 7 届（2020—2021 年因疫情暂停举办）。活动以"牡丹"为主题，除赏花、游园之外，还设置儿童游乐区、露营休闲体验区和美食补给区等功能站点，为游客提供游玩项目和配套服务。

10. "人文松江美丽佘山"游园花神会

是非物质文化遗产重大活动，松江区江南文化系列活动。2016 年举办首届，至 2021 年已连续举办 6 届。每年 3 月在佘山镇桃园举办，以民间十二花神为祭拜对象，分别为正月梅花柳梦梅，二月杏花杨贵妃，三月桃花杨六郎，四月蔷薇张丽华，五月石榴花钟馗，六月荷花美西施，七月凤仙花石崇，八月桂花谢素秋，九月菊花陶渊明，十月芙蓉汉貂蝉，十一月水仙白居易，十二月腊梅老令婆。活动以祭花神仪式和游园为主，辅以非物质文化遗产展示、民俗表演、茶道表演、琴道表演、摄影、写生等文化主题活动。

11. 小昆山油菜花节

在小昆山镇现代化农业示范区内，每年12月种植上百万株最新品种的多彩油菜花，占地超过53.3公顷。2017年起，举办首届小昆山镇油菜花节，此后每年举办。除了观赏油菜花，每年还设有主题活动，如种植季主题实践活动邀请青少年小朋友参与种植移栽油菜花苗、农耕文化科普活动给大家展示全机械化操作的现代化农业收割过程、文旅融合活动邀请非物质文化传承人走进"油菜花田"让观众在观赏油菜花的同时也能传承传统文化等。

二、夏季拜水

1. 佘山盛夏狂欢季

2014年，首次推出佘山盛夏狂欢季，此后每年夏季举办，至2020年已举办7届。主要以佘山国家旅游度假区境内上海欢乐谷、玛雅海滩水公园、辰山植物园、月湖雕塑公园、世茂洲际酒店等旅游景区、酒店活动为主，包括玛雅海滩水公园盛夏激爽季、欢乐谷狂欢节、辰山奇妙夜、各类暑期亲子夏令营活动等。

2. 辰山植物园睡莲展

2016年8月18日至9月18日举办首届辰山睡莲展，此后在每年的8月—9月举办，至2020年已连续举办五届。以"静谧的睡莲世界"为主题，展示睡莲300余种，主要展示区域在一号门北广场、水生植物园等处。睡莲展期间，除观赏睡莲外，还组织"园艺大讲堂""开心连连看""走'镜'夏日辰山"摄影大赛等各类具有参与性、互动性的趣味活动，其中"百变萌娃坐王莲"为特色活动，小朋友们可以穿上奇装异服，摆出各种造型独自坐上巨型王莲，感受自然界植物的神奇魅力。

3. "浓情七夕·相会富林"七夕节

2019年农历七夕节在广富林文化遗址举办首届。此后每年农历七夕前后举办，至2021年为第三届。通过各式表演与老少咸宜的互动游戏，吸引众多游客参观、参与，从而实现宣传传统节日文化和广富林文化遗址品牌文化的目的。

4. 华亭湖端午龙舟赛

端午龙舟赛是一项群众喜闻乐见的民间传统体育活动。明清时期，松江的百姓们经常在西城门外西北侧的白龙潭进行端午龙舟赛。如何将这一活动在端午小长假里做得更接地气，更突出体育＋文化＋旅游＋商业，区旅游委会同区体育局、区文广局等相关部门一起策划了这项活动。

首届端午龙舟赛创办于 2009 年，在松江新城华亭湖举行。

2010 年 6 月 16 日，正值农历端午，以"庆世博盛会，亮松江风采"为主题的"2010 端午松江龙舟赛"在美丽的华亭湖上隆重举行。本届端午松江龙舟赛活动，在突出"争先"城市精神的同时，又赋予了"感恩"的内涵。活动中，创设了别具匠心、具有强烈地域特色的"情系浦江"拜水仪式。

活动以感恩浦江的"拜水"仪式拉开序幕，按古时祭祀仪式进行，由咏诵颂文、载歌载舞、众水入湖、龙舟点睛等仪式组成。仪式简约，意义深远。通过"颂浦江文"，来感恩上海的母亲河——黄浦江，歌颂"盛世浦江"。26 支参赛代表队通过 26 只系着红绸带，印有"情系浦江"四字的水瓶，把盛有从黄浦江各支流河系中采集到的河水，缓缓倾入华亭湖，以表达"江河脉脉水相通，浦江儿女心相连"的寓意。

以下为笔者撰写的八字二十四句的颂文：

庚寅年端午拜水浦江颂文

悠悠千载，上海之根。 沧海桑田。星移斗转。
九峰延绵。泖为平田。 黄歇治水，疏浚除患。
三江既入，震泽底定。 泖塔作证，泻洪入海。
江上烟渚，浦江之首。 注入泾塘，东流浩瀚。

江南水乡，捕鱼撒网。 潮落潮涨，百帆千船。
百湖千塘，源自浦江。 水上长龙，货运满满。
沪上水脉，孕育两岸。 恩泽黎民，富庶年年。
白练穿松，六十水道。 稻香菜花，浦北浦南。

上海发展，赖尔之肩。 黄金水道，国际名港。
工业生产，农耕之泉。 饮水如醴，汝心怀江。
两岸世博，宾朋流连。 安居乐业，奔向小康。
端午时节，拜水感恩。 祭礼告成，伏惟尚飨！

二〇一〇年六月十六日

龙舟赛期间，还穿插了舞狮、滑水、空中动力伞，水上摩托艇穿梭等精彩表演。

紧接着，湖面上龙舟竞渡，选手们挥臂划桨，齐心发力。岸边，众多市民齐声呐喊，为选手们加油助威。此外，湖边广场上更是人头攒动，热闹非凡。为丰富活动内容，结合包粽子、捏泥人等民俗活动和市民参与度较高的体育互动项目。文艺演出，吸引了众多市民驻足观看；体育擂台赛前，人们跃跃欲试，排起了长队，踊跃观赏和参与；旅游推介帐蓬前人来人往，10多家旅游企业设摊向广大市民免费发放宣传资料，开展了端午有奖猜谜活动；商业摊位销售的是松江的土特产品。清楚地记得，龙舟赛还未结束，叶榭软糕、广利肉粽、生煎烧麦、余天成香袋均已售空。午间小憩，广场上人已散去，可在糖画摊前仍有长长的队伍和众多的人群，大人带着小孩，围之观之，不愿离去。

此项体、文、旅、商相结合的活动此后每年都举行，至2019年已举办了11届，成为在全市具有一定知名度的松江区品牌活动。2021年6月，第十二届端午龙舟赛移师泗泾镇泗泾塘举办（2020年和2022年因疫情未举办）。2023年6月22日，第十三届端午龙舟赛又重回华亭湖举行。29支队伍近400名选手展开了角逐。

5. 仓桥水晶梨游园节

松江仓桥水晶梨是国家农业部优质农产品、中国绿色食品发展中心绿色食品A级产品，是松江历史上水果首次出口产品。汁多、味甜、清香爽口、果肉嫩白细脆、营养丰富。2007年，在仓桥水晶梨基地举办上海市首届仓桥水晶梨文化节。此后每年3月梨花盛开时举办梨花节，7月—9月基地内30多个品种生梨陆续挂果时则举办采摘、品梨活动。至2019年已举办12届（2020、2021年因疫情防控需要，暂停举办，但仍接受参观）。以赏梨花、品生梨、游美景为主题，设家庭认养定购梨树、回归大自然夏令营、亲子学农体验、梨园采摘等系列活动。游客可品尝水晶梨，欣赏戏曲、曲艺、歌舞表演，参观梨文化博物馆，参与仓桥水晶梨摄影比赛以及其他自娱自乐活动。

6. 上海松江荷花节

新浜镇针对本镇的历史记载和当前全镇荷花的种植状况，决定开发乡村旅游，第一届"新浜荷花节"于2010年7月18日—8月18日举行，之后，每年都举办，形成了惯例，迄今（2021年）已举办了11届。荷花节活动以"荷"为主题，除观赏荷花，还设有与荷花相关的农家乡土系列活动。有泥地足球循环赛、儿童泥潭捉泥鳅、亲子钓龙虾、荷花仙子古装秀、烧烤啤酒节、音乐泼水节、荷韵摄影节、家庭亲子节、徒手抓鸡、荷花农家宴、文学创作、龙虾宴、趣味烧烤、荷花节画展、荷花论坛、农产品集市（荷叶茶、藕粉等），住农家小屋等。

荷花种植面积也增加到了千亩以上，在荷花田里铺设了木质游步道和凉亭，供游客近距离欣赏。2012至2019年的8年中，荷花节共接待游客77.9万余人次，平均年接待游客9.74万余人次。2020年、2021年的两年中，虽受新冠疫情的影响，荷花节也接待游客达8万多人次。11年来，荷花节共接待游客85.3万余人次，平均年接待游客8.3万余人次。

7. 叶榭镇民俗文化节

2018年6月7日，叶榭镇在镇社区文化活动广场举办以"多彩非遗 乡村记忆"为主题的首届民俗文化节。组织民间老艺人、文化工作者、志愿者等，通过现场制作、民俗展示、现场表演等方式，与市民朋友一起重温那些渐行渐远的传统民俗文化。2019年6月12日，在徐姚村举办"传承农耕文明 弘扬传统文化"——叶榭镇第二届民俗文化节。活动现场由"传统文化展演""农耕文化展示""农耕运动会"三大板块组成，通过演示和演绎民间农耕习俗与朴实的生产劳作，传承和弘扬中华优秀传统文化，全面展现叶榭绿色振兴的新图景。2020年因新冠疫情停办一年。2021年6月12日举办"初心百年 传承守艺"叶榭镇第三届民俗文化节暨非物质文化遗产体验馆开馆，通过各类活动传承、弘扬叶榭民俗文化。

8. 张泽羊肉美食文化旅游节

三伏天，吃羊肉，是张泽人传承百年之久的生活习惯。张泽羊肉不但味美，而且历史悠久，距今已有700多年历史。2017年7月，"张泽羊肉制作工艺"被列为第六批松江区非物质文化遗产名录。2009年8月18日，第一届叶榭镇张泽羊肉节在马桥村开幕，此后每年7月至10月举办。截至2020年，已举办了十二届。除品尝羊肉外，还设有定向徒步旅行、亲子百米绘画、扎染、植物染、采摘、摄影等体验活动。

9. G60江南文化走廊泗泾文化季

2019年7月，在泗泾"三宅又一生"文化文创综合体举办了首届G60江南文化走廊·泗泾文化季系列活动，此后年年举办。系列活动包括文化艺术节、"南村讲堂"文化讲座、"非遗大篷车"展示、"古镇戏台"展演、"我们的节日"节庆活动等等。文化走廊还联合贤禾美术馆、南村映雪新华书店、上海音乐学院贺绿汀高等音乐研究院非遗实践中心、上海视觉艺术学院等单位共同举办各类文化活动。

10. 佘山水蜜桃文化节

佘山水蜜桃为松江传统特色农产品，在佘山地区种植面积可观，品质优良，享誉沪上。佘山镇首次举办"2018上海佘山水蜜桃采摘节"，此后每年7月举办，至2020年已举办至第三届，并改名为"佘山水蜜桃文化节"。除可在桃园品桃、采桃外，现场还设桃王争霸、非遗集市、文艺表演、亲子游戏等节目和活动。

三、秋季寻根

1. 上海之根——松江文化旅游节

它是松江区"一区一品"旅游节庆品牌。1994年9月25日至10月5日举行首届，为改革开放以来松江首次举办的规模最大的旅游节活动。作为"一区一品"节庆品牌活动进行培育，每四年举行一次。2001年时为配合庆祝松江建县1250周年，提前一年举办第三届文化旅游节。2006年举办第四届后，改为每年举办一次，至2020年已举办18届。全面整合全区文化、旅游、休闲、生态、时尚、民俗、体育、农业、商业等各类资源，充分展示松江旅游所独具的"上海之根、沪上之巅、浦江之首、花园之城"的资源特色和旅游风光。它与上海旅游节同步进行。

2. 上海欢乐谷国际魔术节

欢乐谷开园始就有的当家品牌节，每年10月—11月举办，特邀国外的魔术大师齐聚欢乐谷，在环园干道上多处设点表演，现场观众集聚，欢声雷动。还有高空爆破大逃脱、魔坛王者专场秀等，让人惊讶不已，大开眼界。拾光弄堂复古展带你回到过去，仿佛岁月从未走远；迈克尔·杰克逊灵魂模仿秀再现了一代天王的招牌动作；魔都新马戏《神奇马戏团》同时落户，数十位国际马戏大师同台演出，精彩接连不断。

3. 重阳登高

重阳节，又名"登高节"。为弘扬中华民族敬老、爱老的传统美德，丰富老年人的文体生活，让社会各界共同关心、关注老年人的健康，2002年—2007年连续6年举办了"九九重阳天马山登高"活动，全市19个区（县）1200多位老年人参加。2008年起，由区旅游节组委会、区旅游委和佘山国家旅游度假区松江管委会办公室、区老龄委、区老体协共同举办的一年一度的"九九"重阳登高活动易地在东佘山园举行，并更名为"九九重阳佘山登高"活动，来自上海18个区县的老年人代表参加了登高活动。此后年年举办，成为上海市重阳节登高的一项特色传统活动。

下为笔者撰写的八字二十四句的颂文：

庚寅年重阳颂佘山九峰文

松郡九峰，沪上之巅。　分秀天目，迤逦延绵。
山骨水肤，山山十景。　佘山修篁，拾翠又添。

凤凰凤蒲，横云夕阳。　干山双鲤，细林郁苍。
钟贾值雨，玉屏明月。　厍公旧隐，机山平原。

峰泖胜迹，遨游放情。　古今闻名，多有赞赏。
佘山度假，无喧幽静。　放松减压，兰笋清香，
天马初雪，秀塔教堂。　骑龙佛香，星空了望。
辰山秋韵，凤凰戏珠。　横云摩崖，二陆文章。

改革开放，经济增长。　安居乐业，国富民强。
奥运北京，世博沪上。　民众欢畅，扬我中华。
今日重阳，敬老勿忘。　老有所乐，登高远望。
祭山拜祖，感恩九峰。　祭礼告成，伏惟尚飨！

二〇一〇年十月十六日

4. 佘山森林旅游节

由上海佘山国家森林公园于2005年创办的佘山森林旅游节，每年9月中旬至10月上旬举行，至2019年已举办15届。公园利用上海唯一山林资源优势，配合松江四季旅游之秋季寻根，推出各种森林旅游活动，如：佘山地区乡土树种和药用植物探秘活动、古树名木认养活动、天文亲子科普、低碳出行、森林康养行、创意DIY树叶画、无线定向搜索古树等活动，吸引广大游客休闲度假，感受秋天森林美景。

5. 辰山自然生活节

2011年9月20日—10月31日辰山植物园举办首届"辰山秋韵"，此后每年9—10月举办，2017年更名为"辰山花果展"。活动以"辰山秋韵　金色梦想""花果缤纷　韵动辰山""花果辰山　享趣就去"等为主题。展会期间园内白玉兰桥、海盗船造型园，以及竹园至德国竹亭沿路、蔬菜园南侧长廊、华东园长廊等处，布置瓜果长廊，种植有鹤首葫芦、砍瓜、蛇瓜、香炉瓜、多翅瓜、丝瓜等近20种奇异瓜果，并与其他植物搭配，为广大游客献上"空地协同"立体式主题景点。蔬果王国由多个主题蔬菜园组成，缤纷蔬菜园内主要展示30余种茄子、10余种观赏苋等，休闲蔬菜园内进一步提升观赏蔬菜景观。茄科蔬菜园内主要展示100余种辣椒品种。2019年，花果展更名为"辰山自然生活节"，在花果展基础上增加了音乐文化元素。在二号门绿色剧场搭建花朵舞台，活动期间安排10余场不同风格和内容的演出，融合各国音乐元素，让孩子们通过合唱、童谣来认识世界，了解不同地域的文化。开设将近30场

亲子艺术互动与艺术教育体验营，包括音乐剧小课堂、古典音乐课、口琴吹奏小课堂、街舞体验课等，实现文化、植物、旅游的完美结合，为市民提供一个假期休闲游乐好去处。

6. 佘山航空嘉年华

佘山国家旅游度假区拥有上海陆地唯一的自然山林资源，同时还拥有经军民航飞行管制部门批准的隔离飞行空域，是上海唯一一个直升机、水上飞机、无人机和航模可以飞行的地方。2018年9月15日，首届上海（佘山）航空嘉年华在上海月湖雕塑公园举办，至2020年已举办3届。佘山航空嘉年华汇聚上海航空各板块资源，以航空文化、航空科普和航空运动为主题，表演项目包括热气球、航模、无人机和穿越机等，还有航模特技飞行、编队拉烟、多机空战、无人机应用等。嘉年华还有体验项目。是集会、展、演、赛、玩为一体的，精彩无比的航空盛宴。

7. 欢乐谷万圣潮玩季

2010年10月—11月，上海欢乐谷举办首届万圣潮玩季活动，此后年年举办，至2020年已连续举办11年。万圣潮玩季以"潮"、"玩"为主要概念，逐年迭代更新。针对日场众多亲子群体和夜场重点年轻客群，分别推出奇趣万圣嘉年华及暗夜万圣游乐园。日场奇趣南瓜庄园、鬼马搞怪演艺、万圣趣玩体验；夜场七大暗夜鬼域、八大暗夜鬼屋、九大潮燃演艺、百名潮鬼夜行、"第五人格"、"倩女幽魂"，打造"常玩常新"的万圣节主题活动。日场全家趣享鬼马小时光，夜场勇闯沉浸式鬼城，全民随心畅玩。多年来已成为上海明星节庆产品，吸引众多游客前来探奇。

8. "金秋菊艺·雅韵醉白"醉白池菊展

"花卉"造景元素是醉白池的重要艺术文化特点，传承菊文化为醉白池秋季的特色园艺活动。公园菊展自1972年办展以来，已陆续举办40多届。1982年，上海市人民公园举办全国第二届菊花展，公园精心挑选的"矮脚虎黄英"荣获一等奖；"昭君出塞"、"飞黄藤达"荣获二等奖；"龙图阁""月明星稀"荣获新品种奖，进一步提升了醉白池菊展的知名度。近年，园方在总结历年花展经验的基础上，按照"植物造景、影显技艺，菊韵满园、自然和谐，主题新颖、色彩鲜明，传承文化、创新发展"四大特色展开，以菊花作为主要植物材料，辅以其他花卉烘托出浓郁的花展氛围。展览遍布园内厅堂绿地、湖池沿岸。内园古厅堂以精品品种菊为主，涵盖绿、紫、红、青、橙百余个品种，结合踏秋传统、公园历史文化，巧用借景、对景等艺术手法，因地制宜布置体量不一的菊艺文化主题小品展，融入社会主义核心价值观和松江优秀传统文化元素。展览不仅集中展示品种菊的雅致清奇、塔菊的傲然凌风、悬崖菊的绚丽多姿及菊艺主题小品深厚文化内涵，且步步设景，处处流香，通过丰富多彩的布展形式，让广大市民不出松江城，即可享受金秋菊花盛况；通过展示古园新气象，着力打造松江传统菊文化展示平台。

9. 上海旗袍文化艺术节

上海影视乐园自 1999 年建成开张以来，已拍摄 300 多部电影和 900 多部电视剧；已累计接待游客 1000 多万人次。2015 年国庆期间，乐园推出的"首届上海旗袍文化艺术节"，是开园以来举办规模最大、活动内容最丰富、同比接待游客量及旅游收入最多的节庆活动。此后，在 2016 年—2020 年又连续成功举办 5 届上海旗袍文化艺术节，连续 5 年被列入上海市旅游节系列活动。2017 年，曾入选"2016 年松江区十大最难忘旅游节庆"活动评比。旗袍节以"时尚""活泼""自由"为基调，融合固有的影视及地域资源，围绕"旗袍"元素打造一系列独特的衍生参与项目，通过宣传招募以及线下市民的参与，将"旗袍文化""电影文化""民俗文化"推广至广大市民，使之成为激扬爱国之情、AAAA 景区节庆品牌效应，传承和发扬中国国粹"旗袍"文化的重要途径。

10. 月湖宠物总动员

2009 年始，上海月湖雕塑公园举办了"月湖宠物总动员"，之后，每年都举行。携手一犬一话，以活动和游戏的方式将一犬一话的会员集聚在公园休闲、娱乐。让宠物狗主人从网络平台走到现实生活中来，拓宽彼此之间的交流。让狗狗撒欢在大草坪上。此为国内最大的线下"狗狗派对"之一。

11. 松江菊花文化节

首届泖港菊花节于 2014 年 9 月至 11 月举行，历时 50 余天。至 2018 年已举办了 5 届。2016 年至 2018 年期间均在松江区泖港镇叶新支路虹华园艺内举办。菊花展总面积达 16.67 公顷，其中核心景区为 8 公顷，占地近 8 万平方米，多达 1000 多个菊科品种展示，包含"菊花家族"中几乎所有色彩和形态。菊展主要分为菊文化长廊、七彩之梦、秋樱园、彩虹菊田、菊黄蟹肥、花艺馆、缤纷苑等众多景点，还有特别设计的花海舞台，可供游客 360° 全景观赏。除赏菊之外，还有儿童游园会、花园餐厅、蔬果采摘、自助烧烤等多种老少皆宜的服务项目，向游客展示新滨花篮马灯舞、泗泾十锦细锣鼓、萨克斯表演、花艺表演、和风 Party 等文化艺术。2017 年菊展还为当地群众举办泖港镇首届"泖田菊花香、爱洒浦江缘"爱心游园活动。2019 年，菊花节停办。

12. 石湖荡农耕文化节

2018 年石湖荡镇举办首届农耕文化节，至 2020 年已连续举办 3 届。2018

年11月25日，首届农耕文化节"渔家小镇，魅力丰收"在松江石湖荡黄浦江畔的泖新村开幕，设打稻子、碾谷子、扎草人、尝新米粥、田园写生等活动，还有农民自编自导自演的文艺节目，农味十足的农副产品集市、造型各异的稻草人展、手动碾米体验等一系列独具农耕风情的活动，使游客体验务农之乐的同时弘扬农耕文明。随后两届农耕文化节以"丰收荡里　魅力浦江"为主题，于每年9月—11月举办，设"魅力荡里"摄影作品征集、文创产品创意征集、"走进家庭农场遇见田间农民"农产品手作传承、浦江水文化生态研学等活动，涵盖衣食住行、吃喝玩乐等多个方面。文化节充分利用和融合了"浦江之首"的生态、农耕文化和其他旅游资源，使游客享受到原生的乡村丰收之味。

四、冬季祈福

1. 佘山元旦登高

上海佘山元旦登高活动于2007年1月1日首次举办，是由原天马山登高迁移到东佘山的，至2021年已连续成功举办15届。人数从首届的2100人到后来的4500人，线路长3千米。作为本市最具地域特色，能够展示"现代健康生活"理念的体育旅游特色的上海新年第一户外活动，其根本的宗旨是：奏响"城市，让生活更美好　登高，让市民更健康"的现代生活乐章；倡导都市健康生活新理念，引导社会各界用实际行动来追求健康、和谐、有品质的生活；进一步扩大展示上海佘山国家旅游度假区"回归自然，休闲度假"的旅游环境和松江是"世博之旅目的地"的城市旅游形象。每年在全市进行网上报名，组织市民元旦登佘山，过程视情况设集体热身、信念祈福、创意集市等环节。在全市享有一定知名度。

2. 上海欢乐谷新春国潮节

2020年1月，上海欢乐谷推出第一届新春国潮节，2021年2月12日至2月28日，在继承第一届优质内容的基础上推出第二届。以传统国风搭配当下潮流，设祈福烟花秀、"看得见的故事"绛州鼓乐、跨界"电音醒狮"、非遗庙会等系列精彩活动，使欢乐谷成为适合全家农历新年出游的胜地。

3. 叶榭镇孝善文化节

2017年1月21日，叶榭镇首届孝善文化节系列活动之微孝家宴在堰泾村的"幸福老人村"开席，入住在幸福老人村以及周边孤寡、独居、困难、五保户等老人们共享年夜饭，喜度良宵。活动全程通过"公益众筹"的方式举行。除年夜饭外，还设有微孝集市、爱心义拍、为老人庆生、传统技艺展示、义演等活动。此后每年举办，截至2020年已连续举办4届。以"幸福老人村"为示范，拓展市民修身实践点和实践基地，秉承"孝美叶榭"理念，立足孝文化传播,广泛开展孝德教育、弘扬孝善文化。

这个时期,旅游方式也由原来的山水游、人文游扩展到休闲游、乡村游、工业游、户外体验游和会务度假游等。

第十四章　旅游宣传

　　酒香不怕巷子深，这是句老话。在过去，手工作坊式的生产，产品产量不高。口碑好品质优的产品，一下子就卖完了，又无法扩大生产规模，故无需多做宣传。在当今的商品经济社会中，随着后工业化、网络化，商品极为多样化，产量更多，竞争就显得激烈了。故"酒香也要常吆喝"。旅游也一样，旅游资源各地都有，故需要不断宣传。

　　对待旅游宣传，目前业界有这样的实践经验，也有这样的说法，即有并做好十二个"一"：要有一句朗朗上口、便于记忆的宣传口号；要有一个有特色的形象标志；要有一份全面介绍本地旅游资源的宣传手册；要有一部旅游影视形象宣传片；要有一首适合传唱的旅游歌曲；要有一个不断更新的旅游网站；要有一份旅游交通地图或导游图；要有一本导游词或旅游书籍；要有一个旅游形象推广大使或形象代言人；要有一个主题旅游节庆活动；要有一条经典主题旅游线；要有具有当地特色的土特产品等。

　　随着时代的发展，手机功能的增加，又增加了：要有一个网络公众号、客户端或视频号；要有一个"抖音"和网络直播间；要有"网红"纪念品和网红"打卡地"等等。随着全域旅游的兴起，一些新形式、新业态也融入到了旅游之中。

　　松江除了没有聘请旅游形象大使之外，其他的都是这么做的。

第一节　主题口号与标志

一、主题口号

　　打造旅游目的地城市，要有自己合适、贴切的宣传定位。近30年来，松江一直在思考、斟酌，实践，以寻求更合适、更贴切的旅游主题口号，也摸索经历了多次主题口号的嬗变。

　　松江自1994年提出了"上海之根"的口号后，2000年时便有了"上海之根，都市新城"的旅游主题口号。

2005 年，根据松江自然风貌又加了句"回归自然，休闲度假"，成了"上海之根，都市新城，回归自然，休闲度假"。

2008 年，适应即将到来的世博会，松江抓住机遇，提出了"世博之旅，相约松江"。作为松江近阶段迎世博的旅游口号。之后的两年中也成了宣传松江城市形象的口号，被广泛传播。

2005 年提出的口号，不够精炼，也不便记忆。2010 年底改为"人文松江，欢乐佘山"。到了 2012 年，又改为"人文山水秀，欢乐松江游"。

2016 年提出了"松江旅游放松去"的广告语。同年冬，提出了"远看青山绿水，近看人文天地"和"佘山大境界，问根广富林"。近几年又提出"上海之根，人文松江"。

万变不离其宗，"根"和"人文"还是主要的，也是比较贴切的。

二、旅游标志

松江的旅游标志在 2006 年 2 月至 4 月征集活动后，从 5 个入围奖中选中了图三。原图为四色。"松"字的草体书写，配上蓝色中有黄色、由兰色过渡到浅绿色，下标注"松江旅游"文字和英文"SONGJIANG TOERISM"字样。

2017 年后用的是图四。以美术变体的拼音组成"松江"二字，下有"松江旅游放松去"字样。

（图三） （图四）

三、"五谷丰登"

松江区是上海市郊区，广袤的田野稻花麦浪、七彩的四季花海、星罗棋布的村落农舍，构成的田园风光还是地域的主要特征。农业的收成好，五谷丰登，是农民们的期盼。五谷：指稻、黍（小米）、稷（高粱）、麦、菽（豆），泛指农作物。登：成熟。五谷丰收，形容年成好。

松江的旅游资源和旅游项目在整个上海市范围内属于比较多的，在对外宣传中如何用一句成语或几个字来概括和归纳？这便于人们记忆，又别具特色。2018年始，松江的旅游人作出了尝试。借喻农业上的"五谷丰登"来概括和归纳松江的旅游资源和旅游项目，松江全域就像是承载着五个硕大的谷地或大谷仓。它们分别是：

文化旅游"人文谷"：松江老城区、新城区文化旅游景区16个和61个景点。

主题旅游"欢乐谷"：佘山地区及其它地区15个旅游景区和10个景点。

休闲旅游"会务谷"：大型会务接待能力的星级酒店和大型社会饭店19家。

乡村旅游"泖田谷"：乡村休闲度假、观光旅游点11处。

工业旅游"科创谷"：科创云廊等工业旅游的8个景区（点）。

以上这45个旅游景区、90个景点和文旅新空间，共同构成了松江新时代的"五谷丰登"。

第二节　形象宣传片

拍摄一部短小、精典、有影响力的城市或旅游形象宣传片，一直是松江宣传部门和旅游主管部门努力追求的目标。

跨入新世纪以来，松江拍摄了多部城市旅游形象宣传片。用于宣传推广，制作成小光盘赠送给旅游组织者或参加各类评比活动。

2003年，松江区委宣传部邀请专业团队拍摄制作了MV《真情家园》城市形象宣传片。该片以松江区区歌《真情家园》为主旋律，背景展示了松江的山水和城市美景。由薛锡祥作词，左翼建作曲，两位专业歌唱家演唱，王国平导演，片长3分46秒，由松江区委宣传部出品。

2005年11月，松江区委宣传部拍摄制作了形象宣传片《花园松江》。该片展示了松江的历史文化和山水风光、安居环境和生活品位。片长10分钟，由松江区委宣传部出品。为松江于 2006 年荣获"国际花园城市金奖"和国家级"园林城市奖"助力。此片还荣获"绿色奥斯卡"金奖第一名。

2007 年，松江区旅游委请专业团队制作了《畅游松江》旅游形象宣传片，片长 40 分钟，共 4 集，在全国 25 个中等城市播放。还制作了《佘山国家旅游度假区》专题片。

2009 年，松江区旅游委拍摄制作了旅游诗歌短视频《诗韵松江》。此片以"松江二十四景"为底本，通过"一诗一诵多景"来展示松江的旅游风光。由军旅诗人薛锡祥作"松江二十四景"现代诗，由上海 10 多位优秀朗诵家朗诵。片长 49 分 34 秒，由松江区旅游委出品。此片获得了 2011 年中国广播电视协会第十届中国百家电视台"百家奖"一等奖。

2010 年，松江区商旅委拍摄制作了旅游形象宣传片《上海之根——松江任你游》。该片通过"寻根游""修学游""体验游""文化游""休闲游"和"时尚游"6 个片段展示了松江的历史文化、山水风光和旅游景区（点），以及"吃、住、购、娱"等旅游要素。片长 15 分钟，由松江区商旅委出品。此片荣获了 2014 年"首届全球旅游视频大赛最优旅游视频奖"。

2010 年 12 月，松江区商旅委拍摄制作了《松江会议谷》形象推广宣传片。介绍了区内 18 家主要饭店的会务设施条件和住宿餐饮等。片长 5 分钟。

2011 年，由上海佘山国家旅游度假区松江管委会请专业团队，拍摄制作了 MV《佘山拾翠》旅游形象宣传片。该片展示了佘山国家旅游度假区的旅游景区（点）和酒店宾馆及当地土特产，片长 4 分 45 秒，由上海佘山国家旅游度假区松江管委会出品。此片获得了 2013 年中国广播电视协会第十二届中国百家电视台"百家奖"三等奖。第八届中国旅游电视周"好作品"奖。2014 年"首届全球旅游视频大赛最优旅游视频奖"。

2012 年，松江区委宣传部拍摄制作了城市形象宣传片《我爱松江》。片中展示了松江的新城建设、工农业、现代服务业、旅游业、商业、教育文化、交通、医疗、居住和市民生活等。片长 16 分钟，由松江区委宣传部出品。此片获得了 2013 年中国广播电视协会第十二届中国百家电视台"百家奖"二等奖。

2013 年 11 月，松江区商旅委拍摄制作了旅游形象宣传片《跟着影视游松江》。片中展示了松江的十多个旅游景区、近十家酒店所拍摄的百余部（集）影视片，反映了松江除了上海影视乐园之外，还有许多的旅游景区和酒店也是影视片取景的热门之地。该片长 11 分 45 秒，由松江区商旅委出品。

2014 年 3 月，松江区商旅委拍摄制作了《松江会务》推广宣传片。片中展示了松江十多家具有会务设施的酒店，介绍了会务酒店周边的十多个旅游景区。该片长 5 分 35 秒，由松江区商旅委出品。

2016年11月，松江区旅游局拍摄制作了《佘山大境界　问根广富林》全域旅游形象片。该片通过如诗如歌、大气震撼的画面和如痴如醉、动人心弦的音乐，展示了松江的历史文化和山水风光。该片长4分21秒，松江区旅游局出品。此片荣获了2017年"旅游界奥斯卡"第二届全球旅游视频大赛最高奖——最佳旅游视频奖。同年9月25日，又在中国视协主办的"第十届中国旅游电视周"上，荣获了最高奖——"最佳作品奖"。

2017年7月，松江区旅游局拍摄制作了《松江乡村旅游放松去》宣传片。该片展示了松江浦南地区的乡村旅游资源，重点介绍了新浜荷花节、泖港五厍、石湖荡等地的乡村美景。片长5分30秒，松江区旅游局出品。

另外，还拍摄制作了微电影《云间·浪漫》、宣传片《人文松江》、宣传片《G60科创走廊》等。

2020年，《跟着进博游松江，打卡工业主题游线路》线上视频（片长7分6秒）发布、《走进松江，打卡人文之旅·千年文化探梦之旅》线上视频（片长6分49秒）发布等。

第三节　旅游歌曲与网站

一、旅游歌曲

1994年9月，松江在举办"上海之根——文化旅游节"时，创作了旅游节主题歌《这里是上海的根》，歌词如下：

男女生二重唱与合唱　作曲：马友道

1.（女）这里是上海的根（男）这里是上海的根，
　（女）山清水秀（男）人杰地灵。
　这里是上海的根，这里是上海的根，山清水秀人杰地灵。
　大自然孕育了五千年文明。啊！啊！松江！啊！啊！
　松江你九峰竞翠，三泖争春，好一幅如画如画美景，
　好一幅如画美景。

2.（女）这里是上海的根（男）这里是上海的根，
　（女）江水奔腾（男）大海东临。
　这里是上海的根，这里是上海的根，江水奔腾大海东临。
　大自孕育了五千年文明。啊！啊！松江！啊！啊！

松江你历史悠久，华彩照人，好一座江南江南名城，
　　好一座江南名城。
3. （女）这里是上海的根（男）这里是上海的根，
　　（女）土地富饶（男）叶茂根深。这里是上海的根，
　　这里是上海的根，土地富饶叶茂根深。
　　大自然孕育了五千年文明。啊！啊！松江！啊！啊！
　　好一派灿烂前程，灿烂前程。

2003年，松江区创作了区歌《真情家园》，歌词如下：

上海之根，浦江之源，你是我美丽的绵延。
你的佘山松涛挥去我的风雨沧桑，我的春天绽放你的笑脸。
啊，衣被天下，繁花无限，你的温馨描绘出我的画卷。
我的依恋是你，我的欢乐是你，你是开放的心灵幸福的乐园。

大学之城，科技之苑，你是我魅力的展现。
你的方塔流云飘舞我的美好夙愿，我的风铃叩响你的心弦。
啊，百业扬帆，千古梦圆，你的和谐书写着我的诗篇。
我的寄托是你，我的精彩是你，你是希望的热土真情的家园。

二、旅游网站和公众号

　　2000年10月，松江建立了旅游网，之后，在5年内曾3次对网站内容进行全新改版，不断注入新的内容。旅游网开设了政务公开、景区景点、宾馆饭店、旅行社、休闲娱乐、旅游文化等10个板块。在首页上，设有松江旅游概况、信息快递、企业动态、自游专栏、站点导航、公告栏等12个栏目。网站还与中国旅游网、上海旅游网、松江政府网等11个网站链接，与本区各旅游景区、星级宾馆和旅行社网站连接。网站还建立了一支相对固定的信息员队伍，为网站提供各种信息。至2005年的5年中，旅游网的点击率达到了70万人次。2010年、2011年又进行了改版。2013年，制作了"松江旅游电子触摸屏"40台，进社区、大学城、地铁站和部分景区。制作了"松江旅游"手机导览软件和二维码查询。

　　2017年又进行了新的改版，现网址为：http：//ly·songjiang·cn。并开通了"乐游松江"微信公众号。

第四节　宣传手册

2000年—2021年，当时的松江区旅游委，之后的区商旅委、区旅游局，现在的区文旅局和上海佘山国家旅游度假区松江管委会及区相关部门先后编印了20多册小型的旅游宣传手册（系非正式出版物），主要用于松江旅游的对外宣传推广、促销营销等活动。如参加国际与国内旅游交易会、上海国际旅游博览会、部分省市区县旅游推介会、举行松江旅游推介会、松江节庆活动新闻发布会和产品说明会、松江会务推广会等等。这些松江旅游宣传手册的赠送，看起来似乎并不起眼，却是宣传松江旅游的主要宣传品。有的手册是各项旅游评比活动的结果汇编，也继续起着宣传和促进品质提升的作用。

1.《松江旅游手册》　松江区旅游委编，责编吴明。2001年7月印刷。净尺寸95×210，63页，印量2000册，工本费20元。全册中英文对照，图文并茂。主要分松江区旅游景区（点）分布图和概况、上海佘山国家旅游度假区、松江新城区、古文化景点、生态花卉园区、上海影视乐园、名人故居、宗教文化、旅游饭店、旅行社、旅游购物等12个方面介绍松江旅游。

2.《上海佘山国家旅游度假区》　上海佘山国家旅游度假区编。2002年印刷。净尺寸110×210，33页，印量1000册。全册分卷首语、人文自然、职能管理、总体规划、基础设施、新建在建工程、环境建设、旅游景点、节庆盛事、索引10个部分，介绍了佘山国家旅游度假区的基本情况。

3.《松江旅游》　松江区旅游委编，责编娄建源。2005年3月印刷。净尺寸140×140，42页，印量2000册。全册图文并茂。主要介绍了松江的旅游资源。

4.《松江旅游资讯》　松江区旅游委编，主编许银章、副主编娄建源、编辑吴明。2006年—2007年9月分4次印刷，32开本，87页。中文版印刷3万册、英文版印刷4千册、日文版印刷2千册、韩文版印刷2千册，共4册。全册图文并茂。主要分松江区旅游概况和景区（点）分布图、上海佘山国家旅游度假区内景区9处、松江新城区内景区点6处、松江老城区内景区点11处、浦南五厍农业观光区内景区点5处、其它地区景区点7处、商业街区6处、大型旅游饭店5家（星级饭店11家、大中型社会饭店20家）、旅游资讯（购物商店超市、餐饮饭店、旅行社、交通）9个方面介绍了松江旅游。

5.《佘山度假区旅游指南》　上海佘山国家旅游度假区编。2008年印刷，18页。图文并茂。主要介绍了佘山国家旅游度假区内的旅游资源等。

6.《上海佘山国家森林公园景点解说词》 佘山国家森林公园编，张建英主编。2008年12月印刷。32开本，35页。全册图文并茂。以九峰概况、森林文化、科普文化、景点介绍4个部分对佘山国家森林公园进行了讲解。

7.《松江二十四景》 松江区旅游委编，娄建源主编。2008年印刷。净尺寸160×230，32页，印量2000册。此册是在2007年评出"松江新十二景"，2008年完成取名后，对松江二十四景的介绍。

8.《松江乡村旅游资讯》 松江区商旅委编。2009年印刷，印量2000册。全册图文并茂。介绍了松江区乡村旅游的景区（点）、住宿、餐饮和采摘体验等。是为参加上海农业旅游推广会而编印的。

9.《松江旅游服务指南》 松江区旅游咨询服务中心编，沈艳主编。2010年1月印刷。净尺寸95×170，24页，印量3万册。全册图文并茂。介绍了24家旅游景区（点），10家星级饭店、11家社会饭店和7家经济型酒店，16家社会餐饮店，37家旅行社，10家旅游纪念品公司和农副产品合作社，37家旅行社，2010年旅游节庆活动，旅游线路，公交线路，对接世博，文明旅游提示等。

10.《世博之旅，相约松江》 由松江区商旅委与松江邮政局合作，通过《邮派》宣传册"2010年世博特刊"的形式对外散发。2010年3月印制，净尺寸160×230，108页，印量20万份。册中主要介绍松江的旅游资源和世博会的情况。

11.《上海松江主要参观景点简介》 松江区合作交流办公室编。2010年2月印刷。净尺寸120×230，67页。为迎接上海世博会而编，全册中英文对照，图文并茂。分松江概况、前言、新城区、老城厢、大工业、大农业、大旅游7个部分来介绍松江的参观点。

12.《松江会务推广手册》 松江区商旅委编，娄建源主编。2010年12月印刷。净尺寸180×240，26页，印量200册。全册图文并茂。以"选择松江会务的6大理由"引出松江概况和旅游概况，重点推荐了19家饭店的会务设施和客房餐饮，并附有饭店的地理位置图。

13.《松江旅游服务指南》 松江区商旅委编，2011年印刷。28页，印量5万册。全册图文并茂。主要介绍松江的旅游资源。

14.《我喜爱的松江十个景区、十家酒店、十件土特产、十道特色菜》 松江区商旅委编，娄建源主编。2012年3月印刷。净尺寸160×230，40页，印量500册。全册图文并茂。2011年第九届"上海之根"文化旅游节期间，开展了"我喜爱的松江十个景区、十家酒店、十件土特产、十道特色菜"评比活动，旨在推动品质提升。全册是四个"十"评比结果的汇编。

15.《松江旅游服务指南》 松江区商旅委、松江区旅游咨询服务中心编，沈艳主编。2012年6月印刷。净尺寸95×200，60页，印量1000册。全册图文并茂。介绍了24家旅游景区（点），20家饭店酒店和7家经济型酒店，10道特色菜和10件土特产，20家社会餐饮店，8家旅游纪念品公司和农副产品合作社，旅游书籍，旅行社，节庆活动，旅游线路，公交线路，文明旅游提示等。

16.《松江会务推广手册》 松江区商旅委编，娄建源主编。2014年1月印刷。净尺寸180×240，29页，印量200册。全册图文并茂。以"选择松江会务的6大理由"引出松江概况和旅游概况，重点推荐了18家饭店的会务设施和客房餐饮，并附有饭店的地理位置图。

17.《畅游松江》 松江区商旅委编，2014年2月印刷。净尺寸110×170，92页。全册图文并茂。分序言、概述、松江旅游导览示意图、松江旅游日历、旅游导览、资讯6大板块介绍了松江旅游。

18.《购物松江》 松江区商旅委编，2014年2月印刷。净尺寸110×170，62页。全册图文并茂。分纪念品、土特产、农副产品3大板块介绍了松江的旅游商品。

19.《松江66个"经典符号"简介》 中共松江区委宣传部、松江区商旅委编，娄建源主编。2015年8月印刷，小16开，68页，印量500册。本册图文并茂。以2014年开展的"松江66个经典符号"评选活动的结果为依据，按地理特色、历史遗存、旅游景区、文化与民俗、近现代建筑、马路街区、历史人物、近现代人物、土特产品、菜肴糕点10个方面作了介绍。

20.《商旅报》（半月报） 松江区商旅委编，许银章主编。2011年—2015年4月印刷。共87期。系本区旅游业内内部赠阅的工作简报。

21.《探古访今九峰间》 上海佘山国家旅游度假区编。2015年印刷。净尺寸210×255，78页。本册图文并茂。以"九峰"为题，主要介绍了佘山国家旅游度假区内各山四周的景区景点、酒店餐饮、休闲设施等。穿插了"九峰"的历史人文和当地的土特产，并附佘山天主教堂和佘山天文台两份介绍。

22.《松江旅游》 后改名为《松江文旅》（季刊）松江区文旅局（原区旅游局）、区旅游协会编。金冬云主编。2017年3月至今。净尺寸210×290，72页，印量1000册，图文并茂。系本区旅游业内部赠阅的期刊。

23.《上海之根 乐游松江 旅游线路精选》 松江区旅游局编。2018年1月印刷。16开本，140页。本册图文并茂，后附手绘松江旅游导览示意图和松江文化旅游导览图。全册以十条深度游线路、九号线游松江、公交线路游松江3大板块，介绍了如何自驾、坐九号线和乘松江公交线游松江，是游线的导游导乘指南。

24.《乐游松江》（2020 版） 松江区文旅局编，2020 年 2 月印刷。净尺寸 110×170，86 页。全册图文并茂。分序言、概述、旅游导览图、旅游日历、旅游导览、五谷丰登、资讯等 7 大板块，以"五谷丰登"为重点介绍了松江旅游。

第五节　宣传广告与纪念品

2000 年后，松江在对外旅游宣传中，首先在各类媒体上，注重宣传报道，每年均有千则以上（2009 年为 1600 多则，2011 年为 1800 多则）信息报道松江旅游，其中在全国、省市级以上信息报道占到了 45% 以上。2008 年，在《中国旅游报》上刊登了"再发现·上海—松江"旅游宣传专栏，共 8 期。2010 年 5 月前，在《中国旅游报》上刊登了"世博之旅　相约松江"栏目系列宣传 12 期。2011 年在《江南游报》上刊登了"上海松江之旅"栏目系列宣传 10 期。

松江旅游还加大了广告投放力度，不仅在纸质报刊上刊登广告，还在市区南京路步行街的"小火车"车身上、地铁站台、杭州湾跨海大桥北岸服务区、松江火车站、轨交九号线 4 个站点、G60 高速公路边等处投放旅游宣传广告牌。2004 年始，上海旅游节的花车巡游多次在松江新城巡游。2009 年—2013 年，松江曾连续五年制作花车参加上海旅游节，花车还在全市各区及长三角部分城市巡游，松江的花车主题 2009 年为"世博之旅，相约松江"；2010 年为"佘山拾翠"；2011 年为"人文松江，欢乐佘山"；2012 年为"花园之城"；2013 年为"上海之根"等。之后，上海欢乐谷的花车也加入了在上海旅游节和全市各区的巡游。花车在夜晚巡游松江时，吸引了近 10 万市民前来观看。加大了旅游宣传的覆盖面。

在对外宣传中，松江除了制作一些旅游宣传手册、折页、旅游手绘地图、旅游书籍、形象宣传片光碟、旅游扑克牌等外，也适时制作了一些旅游纪念品（珍藏版）。如 2006 年 6 月，在庆祝佘山国家旅游度假区成立十周年时，特设计印制了一套 12 枚的"佘山风光"小型邮资明信片，在松江为首次。邮资票面为中国旅游标识"马踏飞燕"，由国家邮政局发行，印量 3000 套，深受爱好者的喜欢。2009 年 12 月，在迎接上海"世博会"的前夕，特别制作了《松江二十四景》线装书（一函二册·珍藏版），印量 3000 函。书中配以书法、绘画、篆刻，以一景、一诗、一书、一画、一篆的表现形式来展示松江二十四景。2012 年 9 月，为纪念第十届"上海之根"文化旅游节的举行，特设计制作了一本《华风亭韵——松江旅游风光》个性化邮票纪念册。内有松江简介、10 届"上海之根"文化旅游节的回顾、24 个景区点的风光均印制在个性化邮票副券上，另配有与主题相关的邮票、叠影明信片、纪念封等。精美的设计得到了审批方上海市集邮总公司的称赞。印量 2000 册，由松江邮政局发行。之外，还不时地印制一些月历、便签纸、记事本等，用于旅游的对外宣传。

第六节　评选活动

一、"松江旅游广告语、标志"评选

松江在建设旅游目的地城市的过程中，为了完善各种旅游元素，区旅游委于 2006 年 2 月 8 日至 4 月 15 日，通过媒体，向社会公开征集松江旅游形象口号、标志的活动。在征集活动期间，得到了全国各地应征者的广泛响应和热情参与。至截稿时，共收到应征旅游形象口号 8760 条，旅游形象标识 89 件。4 至 5 月份，对应征口号进行了初选，从应征口号中选出 195 条。对此，聘请了 5 所高校的美术老师对应征标识进行初选，共选出 5 件入围作品。6 至 7 月份，区旅游委又将 195 条口号请区内各方领导和专家 31 人进行复评，根据得票多少，从中选出 10 条。8 月份，又听取了多方意见，从 10 条候选口号中确定 5 条为入围口号，并在《松江报》上公布，请市民投票评选。经评委们讨论，入围的 5 条口号均为入围奖，形象口号的中奖为空缺。5 个标识中有 1 个为中选奖。

二、"我与松江旅游"征文评选

2007 年，松江区旅游委开展了"我与松江旅游"散文游记征文征集活动，收到征稿 70 余篇，经特聘沪上专家丁锡满、李伦新、褚水敖、桂国强、王琪森等组成评委会进行评选，有 28 篇作品分获优秀奖和鼓励奖。其中有十余篇作品被编入《华亭笔会》一书中。

三、"松江旅游风光摄影"大赛

2008 年 4 月松江区委宣传部与上海市摄影家协会共同举办、松江区商旅委承办的"我与松江旅游"摄影大赛，共收到参展作品 1456 幅（组），从中有 142 幅（组）获奖，获奖作品主要反映了松江各旅游景区的美景和各处的人文景象。"第三只眼睛"看松江，风景这边独好，松江的美让世人惊叹。无论从

内容到形式，都表现出摄影艺术工作者和摄影爱好者们较高的艺术水准。每幅作品，都凝聚和饱含了他们的智慧、激情、执著和对松江的热爱。他们注重影像的和谐，色彩的运用，善于通过画面来表达松江文化的隐性语言，并以这样的语言现实性和文明性来调动读者的欣赏欲望。他们利用松江的文化深度去透视摄影，巧妙地运用了摄影元素和摄影文学形式，纪实地诠释了松江的发展变化，艺术地礼赞了松江的城市精神。以它深藏的内在魅力而成为松江的又一个文化符号。

四、"松江景区、酒店、特色菜与土特产"评比

2011年召开的上海旅游产业发展大会上，提出了上海要建设世界著名旅游城市的目标，并指出上海旅游业要提升品质，确立"必游""必购""必吃"的品牌特色，以此形成上海旅游的独特魅力。同年5月，松江区召开了旅游产业发展大会，提出了建设松江作为旅游目的地城市和市郊新型的会议集聚地的目标，对提升松江旅游品牌、品质、品位也提出了新的要求。同年9月，2011年第九届"上海之根"文化旅游节期间，松江开展了"我喜爱的松江十个景区、十家酒店、十件土特产、十道特色菜"评比活动，旨在推动品质提升。经市民投票，产生了以下四个"十"：

"十个景区"是：上海辰山植物园、上海欢乐谷（AAAA）、佘山国家森林公园（AAAA）、上海方塔园（AAAA）、醉白池公园、佘山天主教圣母大殿、泰晤士小镇、上海月湖雕塑公园（AAAA）、佘山天文博物馆和上海影视乐园（AAA）。

"十家酒店"是：松江开元名都大酒店（五星级）、世茂佘山艾美酒店（五星级）、东方佘山索菲特大酒店（五星级）、佘山森林宾馆（三星级）、新晖大酒店（四星级）、松江假日酒店和宝隆花园酒店。

"十道特色菜"是：彩蝶坊酒家的外婆红烧肉、草芦酒家的草芦第一鲜、金泖渔村的红烧野河鳗、西部渔村的莼菜松江鲈、张泽羊肉大酒店的烂糊羊肉、大众国际会议中心的贵妃香蹄、兰笋山庄的虾籽兰花笋、潮福城大酒店的香酥菜肉卷、豪岭百味佳的金牌一锅鲜和东其昌酒家的其昌红蹄。

"十件土特产"是：仓桥水晶梨、佘山水蜜桃（蟠桃和黄桃）、老来青大米、"三泖牌"黄浦江大闸蟹、草场浜红菱、叶榭软糕、佘山兰笋、团头鲂浦江一号（扁鱼）、鹿鸣村特色糕团和格林葡萄。

五、"爱松江的66个理由"征集

2013年，通过在媒体上刊登评选方法，参加评选者踊跃，投稿的"理由"

有 800 多条，对同类的进行归纳，比较集中在以下十个方面，共 66 条：一是松江生态环境好；二是松江适宜居住，特别是新城区，房价可以接受；三是松江有山有水景色好，旅游的地方多，适合休闲和旅游；四是松江的新城规划和建设得好，看着也舒服；五是松江是古城，文物古迹多，文化底蕴深；六是松江有大学城，教育资源丰厚；七是松江人"海纳百川"，对外籍人不歧视，能和睦相处；八是松江的交通出行方便，新城区道路宽畅；九是松江的大米好吃，还有张泽羊肉、叶榭软糕、浦江大闸蟹等；十是松江是我的家乡，我喜欢松江等。

六、"松江 66 个经典符号"评选

一个地区，一座城市，都有它的历史文化、建筑景观、民俗风情、知名人物等元素符号。

松江，有 5000 年的文明史，1270 年（至 2021 年）的建城史，深厚的历史文化底蕴留下了众多的地域性符号。符号，即标记、标志。松江符号，在松江人眼里，是一个地区文明和精神的具象体现，是文化符号和美的代表，是一种家乡情缘，更能体现人们对自己出生地或居住地的自豪感。在松江有些新编的书刊封面、产品宣传广告上，使用较多的地标符号有方塔、佘山、云间第一楼或大仓桥等。松江人引以为豪、讲得最多的历史人物有陆机、陆云、黄道婆、董其昌等，说到吃的就会提到四鳃鲈鱼、叶榭软糕、张泽羊肉等。这些都是松江的符号。

然而，细细寻思，符号可以有很多，多了也显得分散，显不出重点，对归纳提升特色形象也不利，更不便于人们的记忆。如何看待"符号"问题，本身就是"仁者见仁，智者见智"、各有所见、各有所需的。如在众多的符号中借用"经典"而冠，那就是有权威性、代表性了。松江的经典符号究竟有哪些？能否在众多的符号中推举出一些呢？通过评选活动让市民们更了解一些，这对宣传松江这座城市的形象或开展爱松江教育应该是很有意义的。

1. 候选符号的酝酿 2014 年，在区委宣传部的大力支持下，区商旅委决定搞一次"松江 66 个经典符号"征集评选活动。查阅了许多资料，将需征集评选的经典符号候选条目分为 11 个方面 110 个，并形成了讨论方案。分两次召开意见征询会，广泛听取意见。参加会议的有来自区内相关部门的分管领导和专家学者、社会贤达。会上讨论气氛热烈，各抒己见，最终形成一致意见。

首先，确定候选符号要坚持四条原则：一是松江人民印象深刻的，可欣赏、记忆、体验、享用的松江元素；二是既有历史底蕴，又有现代传承，展示历史，注重现代；三是松江所独有的，具有唯一性、独特性，是"人无我

有"或"人有我优"的;四是立足旅游,突出文化,能够烘托和提升松江城市形象。其次是将讨论筛选后的候选符号分为 10 个方面 98 个符号。它们是:地理特色 4 处、历史遗存 10 处、旅游景区 10 处、文化与民俗 15 项、近现代建筑 9 处、马路街区 8 处、历史人物 10 名、近现代人物若干位、土特产品 12 个和菜肴糕点 9 项。其中有历史元素的符号占四成,近现代元素符号占六成。再次,通过《松江报》《松江发布》《茸城论坛》《松江旅游网》等宣传渠道,开展大众评选。最后,根据大众和专家的投票结果排定了"松江 66 个经典符号"的座次。

2. 经典符号的产生

在此特将入选的经典符号按分类及得票高低顺序排列展示如下:

地理特色 3 处:松郡九峰、浦江之首、华亭湖。

历史遗存 9 处:方塔、唐经幢、天马斜塔、佘山圣母大殿、云间第一楼、大仓桥、西林塔寺、照壁、清真寺。

旅游景区 9 处:佘山国家森林公园、上海辰山植物园、上海欢乐谷、泰晤士小镇、广富林文化遗址公园(在建)、醉白池公园、上海方塔园、上海月湖雕塑公园、上海影视乐园。

文化与民俗 8 项:松江顾绣、广富林文化、佘天成堂、松江大学城、松江方言、二陆文化、车墩丝网版画、叶榭草龙舞。

近现代建筑 6 处:深坑酒店(当时还在建)、"漂在水上的大屋顶"(广富林文化遗址公园)、小红楼、"大眼睛"(上海视觉艺术学院)、高铁松江南站、"毛毛虫"(辰山植物园温室群)。

马路街区 6 处:仓城历史文化风貌区、庙前街、袜子弄、泗泾下塘历史文化风貌区、开元地中海购物广场、华亭老街。

历史人物 6 名(对):董其昌、黄道婆、陆机、陆云、陈子龙、夏允彝夏完淳父子。

近现代人物 6 名:程十发、史量才、侯绍裘、马相伯、赵祖康、陈永康。

土特产品 6 个:四鳃鲈鱼、仓桥水晶梨、佘山水蜜桃、兰花笋、老来青大米、黄浦江大闸蟹。

菜肴糕点 7 项:张泽烂糊羊肉、叶榭软糕、草庐面制点心、草庐本帮菜、东其昌红蹄、鹿鸣村糕点、泗泾广利肉粽。

还有 32 个候选符号只能忍痛割爱了。入选的经典符号中,有历史元素的符号占 46%,近现代、当代元素符号占 54%。值得一提的是,在 98 个候选符号中得分排在前十位的是:四鳃鲈鱼、程十发、方塔、佘山国家森林公园、上海辰山植物园、顾绣、张泽烂糊羊肉、唐经幢、董其昌和黄道婆。可见其知名度之高,票数之集中。

3. 符号的简说　地理特色:入选的松郡九峰、浦江之首和华亭湖正好组成松江"山、江、湖"的代表。"松郡九峰"是上海陆地上唯一的山林,自古以来就是游历胜地。它的历史文化厚重,唐宋以来,文人墨客、游历访客到此地的不少。现为国家旅游度假区,"佘山拾翠"为沪上新八景之一。黄浦江是上海的母亲河,起始段在松江,既是泄洪通道,也是黄金水道。华亭湖因泰晤士小镇的开发而拓宽,使异国风情的小镇景色更美。它上接沈泾塘古河道,下连市河,是古代进入松江城的水上要道。如今每年的端午龙舟赛就在此举行。"泖"应是松江的特色,未入选的"泖港泖田湿地"因未对外开放使知者甚少。

历史遗存:入选的9处中有"国保"2处(方塔、唐经幢),"市保"7处(天马斜塔、佘山圣母大殿、云间第一楼、大仓桥、西林塔寺、照壁、清真寺)。基本上体现了松江现存遗迹的档次,也是松江"唐宋元明清,从古看到今"的主要载体。颐园未入选也缘于未对外开放。

旅游景区:入选的9处景区代表了松江目前最好的景观和项目内容,7个为国家A级景区,其中5个4A级和2个3A级。佘山国家森林公园为全国生态文化示范点。上海辰山植物园为全国科普教育基地。上海欢乐谷为全国文明旅游先进单位。泰晤士小镇属非A级景区,因其建筑与风情受人喜爱。广富林文化遗址公园还在建造之中,初露端倪的建筑已引起人们极大的关注。醉白池为上海五大古典园林之一。方塔园的设计曾荣获1999年UIA"世界建筑师大会"建国五十周年全国优秀建筑创作奖,是一个"文物集聚"的园林。上海月湖雕塑公园是上海最大的雕塑公园。上海影视乐园是"老上海"影视拍摄的外景地,全国六大影视拍摄基地之一。

文化与民俗:入选的8项各有特点,顾绣为首批国家"非遗"项目。广富林文化是介于良渚文化和马桥文化之间的一种新命名的文化现象,距今4000年,它填补了环太湖地区新石器末期的文化谱系,为"国保"单位。余天成堂创建于清乾隆四十七年(1782),是上海地区现存最早的老药号,为国家"中华老字号"名牌。松江大学城为上海最具规模的大学园区,8000多亩土地上有7所高校集聚在一起。松江方言是上海方言区中覆盖面积最大,使用人数最多的一分支。"二陆"文化是西晋时期以陆机、陆云为代表的,在文学文评、诗歌、书法、楹联等创作方面趋于高峰的概括。车墩丝网版画是松江农民画土洋、古今结合开拓发展的一朵奇葩。叶榭草龙舞为国家"非遗"项目。还有7项未入选,说明这部分的符号太丰富了。

近现代建筑:入选的6处建筑都有其特色。在建的"深坑酒店",因其独特的选址和设计被誉为"跨世纪的伟大工程",它的建造过程也被美国地理频道全程跟踪录制。神秘的"小红楼"因有 80 年的历史而引人关注,它是市郊最早的贵宾接待地,先后接待过多位国家领导人和中外贵宾。"漂在水上的大屋顶"、"大眼睛"、"毛毛虫"等都因设计独特而受人喜爱。未入选的韩三房、泖港斜拉桥也有其特色,前者为民国著名建筑,后者为我国斜拉桥的鼻祖。

马路街区:入选的 6 处,2 处为上海市郊历史文化风貌保护区,3 处为商业购物街区,其中庙前街和华亭老街为仿古商业街。开元地中海广场为全国社区商业优秀示范区和全国诚信单位。袜子弄是一条松江最早出现手工业和工业的街区,现在只能看到的是沿街苍老粗大的行道树。未入选的府城历史文化风貌区因正在改造还未亮相,松东路美食街也是一条特色街符号。

历史人物:董其昌为晚明南京礼部尚书,他的书法、绘画造诣在全国影响很大,他也是"云间书派"和"云间画派"的掌门人。黄道婆和陆机兄弟在此不必多说。明末清初的才子、抗清英雄陈子龙和夏氏父子入选也在情理之中。未入选的徐阶曾当过明朝首辅(相当于宰相),是扳倒严嵩父子的功臣。陈继儒被誉为"山中宰相",文学家、史学家,《小窗幽记》的作者。钱福是明代松江第一位状元,著名的《明日歌》作者。张照官至清刑部尚书,他的书法在清代很有权威。

近现代人物:程十发是现代著名画家、上海画院院长。史量才创造了《申报》最辉煌鼎盛的历史。侯绍裘是松江第一位共产党员。马相伯是复旦大学的创始人,第一任校长。赵祖康是上海市副市长,被誉为"中国公路之父"。陈永康是杰出的农民科学家,"老来青"晚粳稻品牌出自他手。

土特产品:入选的 6 项在目前是具有代表性的,未入选的 6 项由于受规模、产量、季节、传承、代表性等影响,但也是符号。

菜肴糕点:入选的 7 项中张泽烂糊羊肉、叶榭软糕和泗泾广利肉粽均为名菜名点的传承。百年老店——草庐酒家的面制点心和本帮菜,很受顾客青睐。鹿鸣村注重挖掘、传承松江传统糕点特色。东其昌的红蹄别有风味,多次在评比中获奖。未入选的草头塌饼和羊肉锅贴终因传承不够而知晓者少。

总之,要擦亮这些经典符号和元素,促进松江成为充满记忆的全域旅游目的地。

七、"松江十二景"系列评选

松江在 1998 年 10 月,首次评出了"松江十二景"。2007 年 8 月,评出了"松江新十二景"。2017 年 10 月,评出了"松江新新十二景",合成为"松江三十六景",使松江的主要旅游景区景点达到了 36 处(详见本篇第十二章)。

八、旅游文创纪念品设计系列评选大赛

自 2018 年起，松江开展了旅游文创纪念品设计系列评选大赛。

2019 年 11 月 1 日，第二届松江文创纪念品设计评选大赛颁奖仪式在朵云书院举行。大赛以松江 40 个文化符号为设计元素，历时三个月，共收到参赛作品 150 多件。经网上投票和评审，有 50 多件作品入选，其中 15 件作品分获等第奖和优秀奖。

2021 年 8 月，第四届松江文创纪念品设计评选大赛的主题是"快乐创享 人文之城"。经过两个月的征集，收到作品 103 件。及初步筛选，共有江南文化类、海派文化类和红色文化类共 30 件作品入围，并进行网上市民投票，最终评出 18 件获奖作品和一项"最具人气奖"作品。

九、佘山境界"寻根·问山"游记大赛

2021 年 8 月，上海佘山国家旅游度假区松江管委会、松江区文旅局、区文联共同举办了 2021 年佘山境界"寻根·问山"游记大赛。吸引了众多全国各地游客和本地市民深度游佘山、写佘山。通过邀请专业评委对参赛作品进行评审，最终评出 30 篇优秀作品。并将优秀作品汇编成册。

第十五章 旅游文创

在做旅游文化工作时,所做的工作和作品是否具有包含美学、具有艺术性,是衡量一个地区对外宣传品位高低的手段和标识。近 20 年来,松江旅游在这些方面进行了有益的探索和尝试。

第一节 旅游地图与手绘地图及明信片

一、旅游地图设计

地图,是人们生活中的"向导",是服务于人们出行、休闲、旅游、度假、购物、吃喝、娱乐、办事等的印刷品。随着社会经济的快速发展,地图需要不断地更新、重版。这里以当代《松江区旅游地图》为例,谈谈它的编制轨迹和设计。

《松江旅游交通地图》。如果将交通旅游地图的正式出版发行,作为一个地区旅游目的地宣传推广的一项举措,那么,1994 年 4 月,第一张《松江交通旅游地图》的出版发行,也许在上海各区县中是较早的一张。在这张由湖南地图出版社编制、出版,松江新华书店发行,印量 3 万张的地图上,县域图和城区图中标有旅游景区点共 12 处,旅游景区点和旅游企业广告 9 幅。这张《松江交通旅游地图》的面世,正值松江当代旅游刚起步的年代。1991 年初,松江有了第一家独立注册的旅行社——松江旅行社,这也可作为松江当代旅游业开始起步的标志。迄今正好走过 30 年。同年,在县商委成立了旅游办公室。之后,佘山脚下,似乎同时建起了上海西方旅游娱乐城(包括西游记迷宫、海底奇观、仿真火箭发射和太空探秘)、封神榜艺术宫、上海欧罗巴世界乐园、佘山客运索道等,松江旅游大门从此开启。1994 年 9 月,松江举办了"上海之根文化旅游节",作为"一区(县)一品"推出时,也标志着松江的旅游节庆活动从此也拉开了序幕。1995 年 6 月,国务院批准建立的佘山国家旅游度假区,是全国首批 12 个国家旅游度假区之一。这些,都是松江当代旅游初创时期值得纪念的事情。

相隔7年后的2001年6月，又有了第二版的《松江区交通旅游图》面世。在这张由上海市测绘院编制，松江区测绘管理办公室提供部分资料，中华地图学社出版、发行的地图中，区域图和城区图中标有旅游景区点共18处，旅游景区点和旅游企业广告12幅。这张新世纪初出版的地图，原先标注的佘山地区一些人造景点因已歇业而被删去，新增了许多新的景区点，如锦江水上漂流世界、蝴蝶园、百鸟园、佘山国家森林公园、佘山天文台、佘山天主教堂、小昆山九峰寺、伟盟生态林、西林寺、清真寺、上海影视乐园等。这也足征旅游市场的优胜劣汰。

2003年6月，第三版《松江区交通地图》面世。在这张由上海市测绘院编制，松江区文明办、区旅游委和松江报社提供部分资料，上海科学技术出版社出版、发行的地图中，因是以"交通"为主，故在区域图和城区图中对旅游景区点标注较少，仅为六七处，如月湖等。旅游景区点照片仅有3张和旅游企业广告2幅。但对松江旅游则专门配了一栏文字介绍。有意思的是该地图对"九峰十二山"的标高作了标注，这在一般的《交通旅游地图》中是很少见的。

2005年10月，第四版《松江区旅游交通地图》面世，这张由松江区规划管理局策划，上海市测绘院编制，中华地图学社出版、发行的地图中，首次将"旅游"放在了"交通"之前，并还专门设有一栏"松江区主要旅游景区（点）分布图"，在区域图和城区图中标有旅游景区点共28处，旅游景区点和旅游企业广告2幅。而佘山地区一些人造景点也因已歇业而从地图上抹去了。该年份前后，松江旅游正进入调整期。

时间又过了近8年，到了2013年5月，随着上海欢乐谷、上海辰山植物园等大型旅游项目的对外开放，松江旅游进入了大发展时期。松江区旅游委又策划了第五版《松江区商旅交通图》。这张由上海市测绘院编制，中华地图学社出版、发行的地图中，在区域图和城区图中标有旅游景区点共40处，旅游景区点和旅游酒店广告各10幅，共计20幅。地图展示了松江中山中路主要街区（谷阳路至西林路）商业繁华段的布点，发行量10万份。这张地图的策划设计，得到了市测绘院的赞扬。并获区外宣工作二等奖。该图之后又多次重印，深受游客的喜爱，成为宣传松江旅游正式出版物中的佼佼者。

以上5版《松江旅游交通地图》均为正式出版物。

二、手绘地图设计

除以上松江地图版本之外，在当代旅游发展中，松江旅游和其他部门还利用地图将其印制成宣传品，加强对外宣传。属非正式出版物。

2007年5月，松江旅游委运用手绘的艺术手法，设计绘制了《松江旅游导览图》，印量10000份，为赠阅品。图中对旅游景区点和旅游饭店共标志有88个点，深受市民喜爱。同年，世界特殊奥运会（"残奥会"）在上海召开，松江区执委会以这张手绘导览图为底本，编制了《二○○七上海世界特殊奥运会松江赛区服务图》。上海市旅游委也以其为底本，印制了分区旅游导览图中的《松江旅游导览图》。这张手绘导览图在松江区对外旅游宣传中起到了主要宣传品的作用，几经改版，笔者收藏的就有6个版本，且多次印刷，沿用至今。

2008年，为了迎接奥运会在北京召开，由松江区规划管理局策划，上海市测绘院编制了新版《松江区旅游交通地图》赠阅品。图中也选用了"中山中路（谷阳路至西林路）商业繁华段"的布点展示。

2009年，为了迎接2010世博会在上海召开，由松江区政府新闻办和新民晚报社区版联合策划，上海市测绘院编制的《松江区便民服务地图》赠阅品，突出了为市民和企业服务的宗旨，将道路、交通、旅游景点、大型酒店、医院、学校、市民服务中心等信息提供和展示给了广大市民和企业。

2020年8月，由松江区旅游公共服务中心策划、上海市测绘院编制的《松江区旅游全景全域地图》（赠阅品）印制发行，该地图突出了"五谷丰登"的全域旅游和文化设施的布点，成为最新的松江旅游文化地图。

三、明信片设计

1998年，为配合第二届"上海之根"文化旅游节，松江宣传文化部门经邮政部门发行了"上海之根"旅游风光邮资明信片一套10片。2001年，"松江方塔"的图案，上了邮资明信片，之后，有一段时间还将该邮资明信片制作成了部分景区的门票使用。2005年，松江宣传文化部门经邮政部门发行了"云间神韵"松江风光邮资明信片一套12片。同年，为了迎接2006年佘山国家旅游度假区建区十周年的庆祝，度假区经邮政部门发行了一套12片的小型邮资明信片，画面选取了度假区的12处景点。之外，各旅游景区和乡镇也纷纷制作了各具特色的明信片用于对外宣传。如2004年，天马赛车场的"赛车场风光"邮资明信片；2006年，上海方塔园的"露天博物馆"风光邮资明信片；上海影视乐园的"老电影海报"明信片；还有上海辰山植物园的"花卉"明信片；新浜镇的"荷花"明信片；车墩镇的"丝网版画"明信片等等，均为一套10片。

第二节 "松江风光"绘画创作

一、手绘"松江风光"扑克牌

松江区旅游委在刚成立的 2001 年，便选取了松江 108 个景区点和旅游饭店，用手绘的方法将图案印于扑克牌牌面上，此为第一版。10 年后的 2011 年，又选取了松江 108 个景区点和旅游饭店，用手绘的方法将图案印于扑克牌牌面上，此为第二版。用途为在推介会上赠送给旅行社及游客。

二、手绘景区导游图

2002 年 11 月，上海方塔园大型手绘导游图制作完成，张贴于公园大门入口处。之后，手绘导游图也在景区普遍使用，如佘山国家森林公园、新浜乡村游手绘导览手图、上海欢乐谷、浦南生态旅游手绘导览图、广富林文化遗址手绘导览图等。

三、"松江风景画"创作

2014 年，松江区商旅委特邀沪上四位画家乐震文、张培楚、张安朴和曹晓明来松创作"松江风景画"。经过现场采风、速写，四位画家以"松江二十四景"为题，创作了"松江风景画"20 幅。乐震文画了"佘山修篁"和"月湖沉璧"。张培楚画了"浦江烟渚"和"欢乐时光"。张安朴画了"华亭鹤影""鲈乡遗韵""斜塔初雪""方塔风铃""醉白清荷""邦克落照""英伦印象"和"天马追风"。曹晓明画了"西林梵音""泗泾古镇""三宅缘墨""海上寻梦""辰山秋韵""中央公园""云间学林"和"富林春晓"。松江美景留下了当代沪上知名画家的墨宝。

第三节 景区取名配楹联

文化旅游景区要彰显旅游文化。2000 年以来，松江区旅游部门在指导旅游景区的工作中，不断给旅游景区出谋划策。2000 年时，如某台资企业在建一旅游景区时，并没有将名称确定下来，拟以"伟盟生态林"为名，后建议他们用"青青旅游世界"为名，得到了他们的认同。2005 年，月湖雕塑公园在刚开张时以"月圆园艺术园"为名，读起来总感觉有点拗口，故建议他们改名为"月湖雕塑公园",2006年,景区接受了此建议,更改为了现用名。艾美酒店原本想用"上海佘山国际会议中心",这名字雷同的较多,故建议他们另取名,后定为上海佘山世茂艾美酒店。2009年6月,松江区旅游委出版了《峰泖行吟》一书,实际是提供给各景区,指导他们在景区中的亭、台、楼、阁、轩、廊等处配上楹联和书法作品,以增加文化内涵。

值得一提的是,2002年,方塔园天妃宫恢复文化内涵,继续弘扬妈祖文化。在宫内增加文化内涵时,得到了区领导的大力支持和帮助,邀请沪上两位女书画大师陈佩秋和周慧珺为方塔园天妃宫各书写了楹联,陈佩秋的楹联是"在水之湄作民父母,倪天之妹保我子孙";周慧珺的楹联是"水德配天海国慈帆并济,母仪称后桑榆俎豆重光"。园方将其刻制后悬挂于宫内的四根楠木柱上。2020年6月与2021年12月,两位大家相继驾鹤西去,但她们给松江的书体墨宝将永存云间。

方塔下的南墙上有赵朴初先生的墨宝"松江方塔"四个大字,而东墙上则是空白的。2003年,为充实文化内涵,园方请书法家刘兆麟老师书写了清代黄霆的竹枝诗:"巍巍楼阙梵王宫,金碧名蓝杳霭中。近海浮屠三十六,怎如方塔最玲珑",然后专赴苏州湘湖一砖瓦厂去定制金砖,将刘老师的书作刻制成砖雕,镶嵌在了东墙墙面上。

第十六章　阅读松江

松江是个文化之邦。古往今来，相对而言，文人较多，著书立说的也很多。就旅游书籍而言，在本书的上篇、中篇中已可见一斑。在当代旅游发展中，许多部门、单位和作者将编著旅游书籍或与旅游密切相关的书籍，当作一件很重要的事来看待。这也是松江旅游文化建设中很突出的一个方面。这一章中，笔者专门将近40年间（1982—2021）撰写的松江旅游书藉或与旅游密切相关的书籍，编著和出版情况作一不完全的汇总和介绍。共49册。

第一节　有关部门和个人出版的旅游书

1.《松江一日游》　何惠明著。上海文化出版社1982年12月出版。32开本，22页，13千字，定价0.12元，印数5000册。本书为"上海导游小丛书"之一，书内前置松江游览交通图和示意图。书中主要介绍了松江名胜古迹：醉白池、方塔园、唐经幢、夏墓、天马山与斜塔、佘山风光；松江特产：四鳃鲈、顾绣、松江布、缂丝、佘山兰笋和绿茶及黄桃、草场浜水红菱、黄浦钓蟹；松江著名碑刻：十鹿九回头、邦彦画像、急就章等。全书图文并茂。此书也成为了当代松江第一本旅游类的读物。

2.《松江风物》　松江县地方史志编纂委员会编，何惠明责编。1986年3月出版。前有编者所作的前言和松江名胜、古迹、遗址分布图及松江镇名胜古迹示意图。全书分为：历史沿革、文物古迹、风俗、历史人物、土特产品名录。书中集中反映了松江地区三泖九峰优美的自然风光、名人遗迹，唐宋元明清各代的古建筑、古园林，还有佛教、道教、伊斯兰教、天主教、耶稣教等遗址。

3.《松江旅游》　林晓明、韩夫荣、成江、胡水龙编著。学林出版社1989年4月出版。48开本，140页，95千字，定价1.65元，印数5000册。书内前置松江游览交通图，后置松江镇名胜古迹示意图。全书以古城概况、名胜导游、方物掇英、工交巡礼、服务便览、云间补遗6大板块，介绍了九峰三泖、方塔园、醉白池等松江现存的文物古迹遗址和旅游景区及服务等。由俞振飞题写书名，启功题词。

4.《松江文物胜迹志》 何惠明编著。华东师范大学出版社1991年11月出版。32开本，296页，250千字，定价4.9元，印数3000册。书内前置松江文物胜迹分布示意图和黑白照片59张。全书由松江历史，峰泖胜迹，古文化遗址，古建筑园林，英雄墓碑，遗址遗物，碑刻、书画、织锦，出土文物，文物普查，现代著名建筑，古树名木，旧志史料选辑，风土诗歌选录等12个板块组成，主要介绍了这方面的概况。本书的意义不仅在方志学上，更重要的在于文化旅游上。本书由吴云溥作序。

5.《云间揽胜》 陆景青、天蔚著。百家出版社1992年6月出版。32开本，77页，定价3.5元，印数4000册。本书主要为游览松江佘山九峰的导游类读物。

6.《松江九峰》 松江县政协文史委编。上海古籍出版社1995年9月出版。32开本，148页，102千字，定价5.5元，印数10000册。书内前置彩色照片18幅，后置松江佘山风景区示意图和佘山导游示意图。全书由九峰纵横谈、九峰胜景一览、九峰名人轶事、九峰掌故、松江史前文化遗址发现和发掘纪略、九峰特产、九峰诗文选7个板块共71篇文章组成。本书由时任松江县政协主席尹逢德作序。

7.《方塔风铃——松江风景》 松江区委宣传部编，宋庆斌主编。百花文艺出版社1999年9月出版。32开本，131页，90千字，定价12元，印数3000册。书内前置彩色照片12幅。本书在1998年第二届"上海之根文化旅游节"中新评出的"松江十二景"的基础上，对"十二景"的由来作了详细叙述。本书由时任松江区区委书记杜家毫作序。

8.《九州方圆》 陆景青著。香港语丝出版社2002年12月出版。32开本，180页，145千字，定价12元，印数3000册。为旅游散文集。作者多年来游走了十多个省市区，对各地的自然风光、风土人情作了较为客观的描述。全书分"蜀川篇""吴越篇""楚荆篇""燕赵篇""齐鲁篇""补白篇"六部分，有百余篇游记随笔。既有历险经验，又有闲情逸趣。全书文笔清新，篇章短小精致。本书由温世仁、王勉作序。

9.《九峰志》 松江区地方史志编纂委员会组稿，何惠明编著。上海辞书出版社2004年6月出版。32开本，323页，302千字，印数2000册，定价58元。全志分：概述、九峰地区史前文化、九峰胜迹、九峰开发建设、九峰名人、九峰诗歌、九峰传说、九峰土特产、附录等9个部分。志前有彩图，志中有大量串文图片，图文并茂、雅俗共赏。该志在记述时间上统合古今，记述内容上包罗万象，涵盖了九峰地区自然、经济、文化、社会等各方面的情况。该志不仅仅是一本旅游读物和知识教材，对开发建设佘山国家旅游度假区，发展松江旅游业，更具有重要参考价值。本志由时任松江区副区长房剑森作序。

10.《话说上海》（松江卷） 松江区史志办编，何惠明主编。上海文化出版社2010年3月出版。24开本，216页，定价60元。本书为"话说上海·世博会系列丛书"松江卷。全书以45篇文章叙述了松江的古与今，大部分文章属文化旅游范畴。书后还附有松江区文物保护单位一览表，松江区主要宾馆、饭店、度假村一览表等。

11.《载着史舟徜徉》（松江卷） 何惠明著。上海百家出版社2010年4月出版。16开本，168页，193千字，定价32元。本书为"上海世博人文地图丛书"松江卷。全书以旧地新旅、文化徜徉、往事如烟、都市寻踪、时尚生活、城市华章、古城旧闻7大板块，叙述了松江的古与今。其中大部分篇章属文化旅游范畴，是文化旅游的导游类书籍。

12.《上海之根松江》 中共松江区委宣传部编，杨峥等编著。上海文艺出版社2010年4月出版。32开本，160页，定价30元。本书以16个篇章介绍了松江的自然环境、历史沿革、经济纵横、文学艺术、城市发展、文物名迹、宗教文化、新城、工业区、佘山国家旅游度假区、五库农业园区、大学城、泰晤士小镇、广富林、新农村新社区、松江二十四景。在附录中有旅游饭店、商业网点、公交线路乘车指南和旅游导览图等。全书中、英文对照，图文并茂。

13.《寻根上海》 何惠明著。上海辞书出版社2011年3月出版。16开本，205页，240千字，定价30元。全书分历史之谜、山水人文、考古探源、古城印记、名胜古迹、风物之最、小镇深处7大板块，通过66篇文章记述了"寻根上海"，其中有42篇文章与松江有关。本书由熊月之作序。

14.《话说泗泾》 松江区泗泾镇编，钱明光责编。香港人民出版社2014年1月出版。20开本，124页，定价48元，印数3000册。本书分岁月回眸、梦里水乡、古镇音符、寻觅在古街新镇、转型中的制造业、商旅新姿、美食之地、民间传说、名人古镇传人多、非遗名录、泗泾十景共11个篇章记述了泗泾的今昔。全书图文并茂。其中，记叙旅游元素的篇幅较多。

15.《寻着荷花到新浜》 松江区新浜镇编，赵惠英主编，特邀编辑许平。上海文艺出版社2017年12月出版。16开本，270页，255千字，定价48元。本书为"荷香雅韵"系列之一，为散文、诗词、小说集。全书以荷为"媒"，记叙了新浜的荷花、乡村旅游资源和乡土人文气息。本书由著名作家叶辛作序。

16.《墨香新浜田》 松江区新浜镇编，赵惠英主编。上海人民美术出版社2018年7月出版。16开本，108页，定价360元（全套2册）。本书为"荷香雅韵"系列之二，为绘画、书法艺术集。全书以荷花为主题，用绘画、书法艺术展示了新浜的荷花、乡村旅游资源和乡土人文气息。

17.《光影芙蓉镇》 松江区新浜镇编，赵惠英主编。上海人民美术出版社2018年7月出版。16开本，108页，定价360元（全套2册）。本书为"荷香雅韵"系列之三，为摄影艺术集。全书以荷花为主题，用摄影艺术展示了新浜的荷花、新浜的人文生态及休闲乡旅。

第二节　旅游部门和个人出版的旅游书

18.《云间诗韵》 松江区旅游委编，薛锡祥著。上海文汇出版社2008年10月出版。16开本，220页，240千字，定价26元。印数5000册。本书为"上海之根文化系列丛书"之一，为现代诗歌集。作者为著名军旅作家、现代诗人、词人、文艺晚会及影视片撰稿人。曾有300余件作品在军内外获奖。全书共分七辑，有诗141首，涵盖和歌颂了松江所有景区（点）和主要历史文化典故。本书由上海著名作家赵丽宏作序。

19.《华亭笔会》 松江区旅游委编，娄建源责编。上海文汇出版社2008年12月出版。16开本，178页，240千字，定价24元。印数5000册。本书为"上海之根文化系列丛书"之二，为旅游散文集。全书共收集了记叙松江旅游的散文游记44篇，分四辑编排。既有上海的名作家，也有本地的作家。既来源于上海各大报刊登载的有关松江旅游的文章，又有2008年"我与松江旅游"散文征文获奖作品。本书由松江籍著名女作家罗洪先生在98岁高龄时，欣然作序。

20.《文化佘山》 上海佘山国家森林公园编，张建英主编。吉林音像出版社2009年1月出版。16开，94页，定价68元。印数2000册。本书对九峰十二山，从文化视角去观察其生态、历史、宗教、科学、休闲和企业文化。并简要地将历代名人与九峰的诗歌、散文及传说掌故介绍给读者。还刊有"吃、住、行、游、购"的指南。

21.《茸城影语》 松江区商旅委编，娄建源责编。上海文汇出版社2009年6月出版。16开本，180页，180千字（幅），定价38元。印数3000册。本书为"上海之根文化系列丛书"之三，为艺术摄影集。全书的艺术摄影作品选自2008年4月松江区委宣传部与上海市摄影家协会共同举办、松江区商旅委承办的"我与松江旅游"摄影大赛,共收到参展作品1456幅(组),从中选取142幅(组)获奖作品汇编成此册。主要反映了松江各旅游景区的美景和各处的人文景象。本书由上海市摄影家协会驻会副主席、秘书长王榕屏作序。

22.《峰泖行吟》 松江区商旅委编,陈鹏举主编。上海文汇出版社2009年6月出版。16开本,178页,160千字,定价24元。印数3000册。本书为"上海之根文化系列丛书"之四,为松江旅游风光诗词集。2008年重阳前一日,上海诗词学会一行47人,受松江区商旅委之邀,前来松江旅游景区采风。之后又有数人结伴来松重游,他们以"松江十二景"和相关景区为对象,由此创作了诗词271首,后割爱成集,计237首。本书由时任上海诗词学会名誉会长丁锡满作序。

23.《松江二十四景》(线装书,一函二册),松江区人民政府出品,王军主编,李文忠副主编,娄建源、许平编辑。西泠印社出版社2009年12月出版,16开本,129页,定价280元。印数3000册。本书是在薛锡祥作"松江二十四景诗"的基础上,配以书法、绘画、篆刻,以一景、一诗、一书、一画、一篆的表现形式来展示松江二十四景。由妙华题写书名及序文,诗文书法张勤,绘画者为唐西林、周洪声、王鹤泉、刘建民、吴立强,篆刻盛兰军、刘玉良、王英鹏、梁景惠。本书由丁锡满作序。

24.《自驾松江》 松江区商旅委编,娄建源责编,由爱驾网自驾频道、爱驾者编辑部策划设计。吉林教育出版社2009年12月出版,48开本(为口袋书),120页,11千字,定价15元,印数5000册。全书分松江印象、松江自驾游导航图、松江十大主题自驾游、餐饮住宿景区点资讯等4大板块,介绍了如何自驾松江。全书图文并茂。

25.《谷水联玉》 松江区商旅委编,丁锡满主编。上海文汇出版社2010年6月出版。16开本,286页,180千字,定价28元。印数3000册。本书为"上海之根文化系列丛书"之五,为松江旅游风景楹联书法集。2009年秋,上海市楹联学会一行30多人,受松江区商旅委之邀,前来松江旅游景区采风,他们以"松江二十四景"和相关景区为对象,由此创作了300多幅对楹联,割爱选取了291幅楹联汇成此书。市楹联学会的作家,很多都是沪上的书法大家,他们无私奉献,与松江书法协会一起,将手稿变成了一幅幅书法作品。本书由时任上海市楹联学会会长丁锡满作序。

26.《上海佘山国家旅游度假区志》 佘山国家旅游度假区编,许银章主编。上海辞书出版社2010年8月出版。16开本,357页,590千字,定价120元。本书为志书,前置12插页,全书共分十四章节,附录10篇,记录了佘山国家旅游度假区在2010年前的基本情况。

27.《松江闲游》 松江区商旅委编，娄建源责编。上海文汇出版社2011年9月出版。16开本，204页，180千字，定价30元，印数3000册。本书为"上海之根文化系列丛书"之六，为旅游资讯集。全书分美在松江、史记松江、松江概览、历史名人、民俗民风、旅游景区、文化特色、四季风情、交通及游线、饮食文化、休闲购物、宾馆饭店及旅行社等12大板块，在内容上展示了文化旅游和"吃、住、行、游、购、娱"的旅游六要素。

28.《松江就该这么玩》 松江区商旅委编，贾云峰编著。中国旅游出版社2011年1月出版，32开本，196页，100千字，定价20元，印数4000册。散文集。该书分：松江之世博、松江之故事、松江之奇人、松江之时尚4个板块，共35篇文章，讲述了松江的人和事。书后附有松江旅游导览图。本书由时任松江区商旅委主任李文忠题跋。

29.《松江导游词（2012版）》 松江区商旅委编，许银章主编，执编娄建源。上海文汇出版社2012年3月出版。16开本，258页，180千字，定价28元，印数5000册。本书是与《松江导游词（2001版）》相隔了10年后的新版。全书分佘山国家旅游度假区、松江老城区、松江新城区、浦南乡村旅游区、其他地区等5大板块，详细介绍了20家旅游景区的旅游观光项目，并提供了导游线路。

30.《追旅思》 娄建源著。上海文汇出版社2017年9月出版。16开本，290页，280千字，定价32元，印数3000册。本书内分四辑，由"旅途印记"35篇游记、"山骨水肤"14篇松江旅游文章、"华亭补遗"11篇松江历史文章、"灯下偶得"16篇散文，共76篇文章组成。本书由上海市文联原党组书记李伦新作序。

31.《大美佘山：好诗100首》 佘山国家旅游度假区编，宋国林主编。上海文汇出版社2017年11月出版。32开本，224页，115千字，定价58元。本书为诗集，是2017年举办的"人文松江·诗意佘山"活动中，以"大美佘山：好诗100首"全国征稿活动和"大美云间"接地创作活动为基础，遴选出90首诗作，又邀请10位著名诗人进行创作后编成此书。书内前置有18位诗词名家的赠言。

32.《上海松江民俗地图》 松江区旅游局编，欧粤著。同济大学出版社2018年10月出版。36开本，162页，134千字，定价45元，印数1.2万册。2020年第三次印刷。本书为"城市行走书系"之一。全书分春播希望、夏耘禾苗、秋收硕果、冬藏安康4个章节，记述了松江稻作文化和由此产生的岁时节庆、民风民俗。并附松江民俗文化不完全名录。全书中英文对照，图文并茂。本书由田兆元作序。

33.《上海松江山水地图》 松江区旅游局编，何惠明著。同济大学出版社2018年10月出版。36开本，162页，134千字，定价45元，印数1.2万册。2020年第三次印刷。本书为"城市行走书系"之二。全书分14个篇章，记述了松江山水风光的今昔及山水之间的古代人文故事。全书中英文对照，图文并茂。本书由复旦大学中国历史地理研究所教授、博导、所长张晓虹作序。

34.《诗情画意忆佘山》 佘山国家旅游度假区编，宋国林主编。上海文汇出版社2018年11月出版。32开本，160页，100千字，定价68元。本书为散文诗集，书内前置有以佘山为题的摄影、绘画图16帧。全书有散文诗40篇。

35.《上海松江建筑地图》 松江区旅游局编，黄婧著。同济大学出版社2019年9月出版。36开本，180页，149千字，定价45元，印数1.2万册。2020年第三次印刷。本书为"城市行走书系"之三。全书分府城、仓城、老成其余地区、佘山和小昆山地区、松江东部地区、松江新城6个区域，记述了松江主要建筑的今昔。并附有松江建筑名录。全书中英文对照，图文并茂。本书由张尚武作序。

36.《上海松江宗教地图》 松江区旅游局编，严俊、费水弟著。同济大学出版社2019年8月出版。36开本，162页，134千字，定价45元，印数1.2万册。2020年第三次印刷。本书为"城市行走书系"之四。全书分松江城区、西北片区、东北片区、南片区4个篇章，记述了松江境内寺、庙、宫、堂、院、殿五类宗教文化场所的过去和今日，并附松江宗教场所名录。全书中英文对照，图文并茂。本书由李天纲作序。

第三节　旅游部门编印的内部发行旅游书

37.《松江导游词（2001版）》 松江区旅游委编，柯益烈著。2001年印刷（内部印刷，赠阅）。32开本，217页，定价15元，印数3000册。书内前置彩色照片10幅。本书为当代松江旅游的第一本导游词，书中较为详细地介绍了松江当时的旅游景区（点）共18处，并设计提供了导游线路。

38.《松江风土民情》 松江区旅游委编，欧粤著。2002年3月印刷（内部印刷，赠阅）。48开本，134页，定价10元。印数2000册。本书为"松江旅游文化丛书"之一。全书分：岁时节庆、人生礼俗、衣食住行、社会风尚、稻作生产习俗5大板块，概要记述了松江人的风俗习惯、日常生活、价值观念和处世情怀等。

39.《松江名人轶事》 松江区旅游委编,范奕中著。2002年3月印刷(内部印刷,赠阅)。48开本,164页,定价10元。印数2000册。本书为"松江旅游文化丛书"之二。全书收集了古代和近代松江名人50位、现代和当代松江名人45位,简要叙述了他们的故事。

40.《话说方塔园》 上海方塔园、松江区方塔科博园管委会编,娄建源主编、许平执编。2002年9月印刷(内部印刷,赠阅)。48开本(口袋书),147页,印数2000册。本书为"松江旅游文化丛书"之三。书内前置照片21帧和名人题字2幅,后置清代嘉庆松江府城图和方塔园手绘导游图。全书分公园概况与设计、景点24处、民间传说12则、古诗词8首、历史遗址7处为叙述内容,为导游类书籍。

41.《饭店服务案例评析百例》 松江区商旅委编,娄建源编。2010年7月印刷(内部印刷,赠阅)。32开本,186页,印数3000册。本书收集了饭店服务中103个案例,并附有评析。是饭店员工服务培训的教材,成册后分发于各旅游接待饭店。

42.《松江旅游宝典》 松江区商旅委编,李文忠主编,娄建源执编。2010年8月印刷(内部印刷,赠阅)。16开本,192页,定价80元。印数5000册。本书是为了迎接上海"世博会"召开而编,书中以印象篇、人文篇、畅游篇、行走篇、美食篇、休闲篇、购物篇、资讯篇8大板块组成,介绍了松江的旅游要素。全书中、英文对照,图文并茂。主要安置于本区酒店的客房,供住店客人阅读了解松江旅游。

43.《美丽佘山》 上海佘山国家森林公园编,张建英主编。2014年1月印刷(内部印刷,赠阅)。大16开本,82页,印数2000册。本书为佘山国家森林公园建园20周年纪念册,以序、回眸二十载、畅想未来、佘山胜景、摄影作品和旅游导览图6个部分组成,用图文并茂的形式回顾了佘山之美、领导视察、历史沿革、景区建设、节庆活动、游客统计、资源建设、企业文化、规划、公园胜景等。

44.《松江旅游宝典》(2017年新版) 松江区旅游局编。2017年10月印刷(内部印刷,赠阅)。16开本,166页。本书为新版本。书中以泖田谷、科创谷、人文谷、欢乐谷、会务谷5大板块30个部分组成,介绍了松江的旅游要素。全书中英文对照,图文并茂。

45.《松江导游词(2017版)》 松江区旅游局编,金冬云主编。2017年11月印刷(内部印刷,赠阅)。18开本,260页,180千字,印数2000册。本书是与《松江导游词(2012版)》相隔5年后的再次新版。全书分佘山国家旅游度假区、松江新城风貌休闲区、松江历史文化旅游区、浦南乡村旅游休闲区和科技影都旅游休闲区5大板块，详细介绍了24家旅游景区的旅游观光项目。书中嵌入了24帧精美摄影和装饰图案，提供了导游线路。

46.《上海之根　乐游松江—松江旅游线路精选》 松江区旅游局编，2017年12月印刷（内部印刷，赠阅）。为2017年推出的旅游线路汇编。18开本，139页，印数2000册。全书分：十条深度游线路、九号线游松江和公交线路游松江3个部分，介绍了松江十条主题游和轻轨、公交站出站游等。

47.《上海之根　乐游松江》 松江区旅游局编，2018年印刷（内部印刷，赠阅）。为2017年"乐游松江"微信公众号开通后的文章汇编。18开本，234页，印数2000册。全书分：玩处——有山水园林、田园采摘、都市畅游、文化寻根；玩点——四季松江、美食松江、影视松江、活力松江；玩法——松江深度游、9号线游松江、公交线路游松江、慢行线路；玩讯——节庆活动等4大板块。全书由124篇文章组成。

48.《松江导游词（2021版）》 松江区旅游公共服务中心编，刘蓓莉主编，2021年6月印刷（内部印刷，赠阅）。18开本，320页，210千字，印数2000册。本书是与《松江导游词（2017版）》相隔4年的再次新版。全书分自然山水、历史人文、娱乐休闲、乡村民俗4大板块，详细介绍了29家旅游景区的旅游观光项目，其中有11家景区是首次入选此书。书中嵌入了217帧精美摄影，图文并茂，使阅读更加直观形象，还提供了导游线路。

49.《佘山境界·寻根·问山》 佘山国家旅游度假区松江管委会编。2021年11月印刷（内部印刷，赠阅）。32开本，136页。同年8月，上海佘山国家旅游度假区松江管委会、松江区文旅局、区文联共同举办了2021年佘山境界"寻根·问山"游记大赛，吸引了众多游客和市民游佘山和写佘山。通过邀请专业评委对参赛作品进行评审，最终评出30篇优秀作品，另有名家作品3篇，并将这33篇优秀作品汇编成此册。

在近40年中，松江编辑和出版了以上这49种（注：为不完全统计）旅游或与旅游密切相关的书籍，其中正式出版书籍达36种，也从一个侧面反映了松江旅游文化建设的成果。

第十七章　推介营销

2000年1月，松江区旅游委成立。松江旅游的对外宣传和推介、营销促销的意识也不断增强和加大。旅游推广与营销促销是一项双向的工作。松江的旅游资源要推介出去，就需要"走出去"宣传推广，以吸引更多的游客来松江旅游。同理，外省市的旅游资源也会推介到松江来，以吸引松江市民前去外省市旅游。

第一节　参加旅游交易会

2000年后，松江每年均组团外出参加各种展会。如国内旅交会、国际旅交会、上海国际旅游博览会是每年必须参加的展会。另外还参加了义乌全国旅游商品博览会、长三角南京推介会、无锡旅交会、苏州旅交会、浙江省旅交会、杭州旅交会、宁波旅游投资洽谈会、济南旅交会、青岛旅交会、长沙旅交会、嘉定自驾游旅交会等各种展会。通过设置展台，派发松江旅游宣传品开展旅游推广。

旅交会是各类旅游宣传品大比拼的舞台，为了吸引参会旅行社和当地市民的注意力，需自编并创新旅游宣传品的设计。于是，各种宣传松江旅游的手册、折页、手绘地图、旅游书籍、旅游扑克牌、旅游明信片和旅游MV光碟等纷纷亮相，使旅游宣传品能吸引更多的客户群和组织。

立足上海市中心，松江还参加了黄浦区南京路、虹口区四川路、静安区中山公园、徐汇区滨江大道等处的推介营销活动，以此吸引更多的市区市民来松江旅游度假。

2007年后，还首次走出国门，随上海旅游委参加了日、韩市场，新、马、泰市场及台湾地区的宣传推广、促销营销活动。

第二节 "走出去"推介活动

2005年以后,松江的旅游推介活动采取主动出击,组织区内相关景区、酒店和旅行社外出推介营销,去寻找新的客户群。在当地旅游部门的支持下,所到之处,召开以对方旅行社和媒体为主的推介会。或冒着酷暑或迎着严冬,在人群密集的商业区、停车场、社区、公园入口等处搭台设摊,向当地市民派发松江旅游宣传材料。几年来,足迹踏遍沪、浙、苏一市二省30多个周边地区。上海市区有:黄浦、徐汇、静安、虹口等地。浙江省有:嘉兴、海宁、海盐、湖州、杭州、绍兴、诸暨、嵊州、宁波、奉化、宁海、临海、温州、丽水等地。江苏省有:苏州、常州、无锡、镇江、扬州、南京、南通、盐城、泰州、昆山、常熟、太仓、宜兴等地。为"迎客来松"打下了基础。2018年后,松江曾2次赴长三角G60科创走廊8地市推介,所到城市有:苏州、嘉兴、湖州、宣城、芜湖、合肥、杭州、金华等地,走遍了8个地市。

同时,松江也接待了杭州社区、旅行社和媒体记者及诸暨旅行社、海盐旅游局、浙江丽水市领导、松阳县政府、山东枣庄市委领导的来松考察。

松江还与浙江丽水、淳安、上海虹口、辽宁庄河、云南西双版纳等地结为旅游合作城市。

第三节 "请进来"推广会

一、项目推广与节庆推广

凡有旅游项目落地或开张迎客,有新颖的旅游节庆活动内容推出,松江必将召开新闻发布会或媒体通报会。邀请全市及驻沪央媒及驻沪的外省市旅游记者来松。参观新的旅游项目,先睹为快。介绍新活动,将其作为新亮点。1994年召开了第一次旅游节新闻发布会,以后也就成了常态。

1998年的"上海之根——松江文化旅游节"新闻发布会上还有个小插曲值得一提并记录在此。主办方向社会公开征集"上联征下联"活动,给参会记者提供了一句上联"方塔点灯普照云间一览楼",以征下联。这是松江一句流传了百多年的民间传说,说的是上联中有五个地名,方塔、点灯寺、普照寺、云间(松江别称)、一览楼,要求也用五个地名应对为下联,中奖者可得奖金五千元。这样的互动引起了大家的兴趣,会后共征得应征下联160多条,其中记者答下联就有 68 人 79 条，可惜无一人中奖。这上联中的五个地名都是华亭（松江古称）在唐宋时期的地名，是否有"点灯寺"？无资料可查。原传说中的下联为"岳庙敲钟，声闻华亭九重峰"，如果没有五个地名的制约，这下联是对仗工整的。如有制约，这"敲钟""声闻"似乎不是地名，也就不算对答上了。

二、会务推广会

2009 年 12 月 16 日，"发现松江、发现资源——松江会务推广会"在位于佘山度假区北境的上海东方索菲特大酒店举行，全市有 30 多家会展公司出席了会议。2010 年 12 月 16 日，第二届"发现松江、发现资源——松江会务推广会"在松江区月湖雕塑公园月湖会馆举行。沪上知名会展公司、大型企业、新闻媒体、松江主要酒店宾馆负责人共 100 人参加了会议。会议通过播放会务推广宣传片、发放会务推广手册、主持人与嘉宾交流提问、台上台下互动等方式进行，同时在上海各大媒体刊出整版会务推广广告。通过会议使与会者对松江的会务资源有了更深的了解。之后，松江会务推广会就成了每年必开的会议。

松江区在进行产业结构调整时，注重加快发展第三产业，竭力推进松江会务产业的发展。根据松江区委、区府"大力发展会务会展产业，推进松江会务产业平台建设"和"松江要打造'会议谷（会议之都）'"的工作要求，松江区商旅委积极推进松江会务旅游，竭力打造松江作为会务旅游目的地城市，"会务谷"已成为松江旅游经济发展新的增长点。

第四节　推介接待与踩线考察

旅游推广与营销促销是一项双向的工作，既有松江组团去周边省市区开展旅游推介营销，又有外省市县来松江进行旅游推介营销。2005 年以来，有许多城市组团到松江来推介他们的旅游资源，松江方面也积极组织区内旅行社和媒体参加。先后有浙江丽水、松阳、淳安、建德、湖州、德清、长兴、嘉兴、南湖、海宁、海盐、平湖、加善、宁波江北、宁海、文成等地。江苏常熟、泰州、安徽泾县、休宁、宁国、山东枣庄（台儿庄）、沂水、重庆酉阳、辽宁庄河、云南西双版纳等地组团来松江推介营销。

之后，松江旅游部门也与区旅游协会旅行社分会一起，组团部分旅行社前往泾县、休宁、宁国、宁波江北区、宁海、台儿庄、沂水、盐城、泰州、南通、湖州、松阳、文成等地进行踩线考察，为松江市民带来新的旅游线路。

第五节 旅游主题活动

1. "新上海、老上海、古上海"经典旅游专线发车仪式 2000年10月17日，在松江区旅游委与全国旅行社五强之一的中旅集团精心策划下，"新上海、老上海、古上海"经典旅游专线正式开通，并举行了发车仪式。300多名来自天津、昆明、西安、青岛的老人们成为首批外地游客。新上海景观有夜上海、外滩及万国建筑博览、东方明珠电视塔、金茂大厦等标志性建筑；古上海"上海之根——松江"的景观有佘山百鸟苑、蝴蝶园、鹿园等景点；老上海景观为上海影视乐园。"新上海、老上海、古上海"旅游线路是松江的第一条旅游主题游线，专线试运行一年多来，已接待游客10多万人次。

2. "中华百团游松江"活动 2001年9月7日，在第三届上海之根文化旅游节前夕，在市旅委和相关旅行社的支持下，在浦东举行了"中华百团游松江"活动的发车仪式。

3. 松江各界人士看松江活动 2002年1月7日，在新城区中央公园东入口处，举行了松江各界人士看松江活动首发式。有松江各界组成的游客代表300多人参加了首发式。

4. "告别深坑之旅"活动 松江横山东侧原有"小横山"，后因长期采石，至1950年代末，山丘无存，变成直径约600米、深80多米的大坑。后四周建起围墙将深坑封闭了40多年。2005年后，松江区旅游委感觉这地方有利于开发旅游项目，曾组织全市旅游媒体记者来参观过深坑，希望给予宣传，能有项目在此落地。区委书记也陪同副市长来视察过。2007年，得知世茂集团有意开发原小横山采石深坑，将在此处沿悬崖峭壁建高星级酒店。在世茂集团接管前夕，松江区旅游委便会同春秋国旅举办了为期一周的特别游线"告别深坑之旅"一日游活动。伫立深坑边缘，俯视坑中绿水，深感震撼，心存悚悸，然后再登天马山主峰。2018年11月，"十年磨一剑"，在此坑悬崖绝壁上建成了世茂佘山洲际酒店。

5. "上海社区市民看松江"活动 2009年9月，松江商旅委与"上海旅游热线联盟"合作，在"上海旅游热线联盟"的积极组织下"上海社区市民看松江"启动仪式在佘山国家森林公园北大门举行。第一批组织有200多名市民分乘4辆旅行大巴车来松江佘山参加启动仪式，并游览了佘山地区的几个景区。之后，又组织了2批社区市民来松游览。佘山旅行社承接了此项活动的地接任务。

6."重走徐霞客上海古水道"活动　按当年徐霞客的记载，他是从佘山坐船西行，经辰山、天马山和小昆山，后横渡泖河，过章练塘后入嘉善。松江段为"14里"。2011年第一个"中国旅游日"后，松江商旅委的旅游人驾车从东佘山沿佘天昆公路行驶，贴着辰山市河、马山塘、横山塘这三条互为贯通的自然水道，再走永丰路、跨华田泾至泖河边，测得实为18公里。今日，此段水路沿途经过AAAA级佘山国家森林公园（东佘山园、西佘山园、天马山园和小昆山园）、AAAA级上海辰山植物园、天马乡村高尔夫俱乐部、天马世茂洲际酒店和世茂精灵之城主题乐园，还有青浦区的太阳岛（泖岛）旅游度假区、练塘古镇和AAAA级陈云纪念馆等，这段水路沿途有人文遗存、景区景点，山水秀美、林木茂盛、逶迤绵绵、风光旖旎。这水路可称为"霞客上海古水道"或"霞客西南万里行起始段"。2012年—2013年的"5·19"中国旅游日时，松江以百辆自行车骑游的方式，沿着当年徐霞客上海古水道重走了一遍。从东佘山出发，到青浦的寻梦园止。

7. 旅游"进社区、进学校、进企业"系列活动　2018年—2021年，松江开展了"旅游进社区、进学校、进企业"的"三进"活动。走进社区、学校、企业，向市民、学生和职工发放宣传折页，讲解松江的历史人文和旅游资源，组织他们去新开张的旅游景区广富林文化遗址和方塔园、醉白池等景区参观旅游。

8."放松去，享乐会"系列活动　2020年—2021年，松江开展了"放松去，享乐会"系列活动，此项活动以不同主题、不同形式的线上线下活动，让市民游客更直接地参与、了解松江文化旅游资源。活动内容包括出游防疫、安全和应急处理、文明旅游、读书分享、非遗文化体验、红色旅游、工业旅游、影视文化、模拟考古等。每年开展约10场活动。活动大多采取线上宣传+线下体验的形式开展，线上招募+线下体验，线下拍摄+线上直播。吸引了众多的老携幼、亲子游人群前来参加。同时，通过网上新媒体和电视直播，有乐游松江微信公众号、淘宝、头条、一直播、上海松江、松江报、松江有线台、全纪实旅游频道《四季上海》栏目、生活时尚频道、上海电视台、腾讯视频等，扩大了受众面和影响力。

2020年的活动有：5月17日的"松江文博旅游"线上对谈、6月20日的线下"端午民俗游园"活动、7月18日的"追寻松江红色记忆"线上直播、8月1日的"新浜荷花节"线上文旅资源直播分享和同日的松江文旅进徐汇日月光商场线上直播、10月1日的"当国庆遇上中秋——致敬抗疫逆行者"线下游园体验活动、10月25日的"重阳的陪伴"线下游园活动、《跟着进博游松江，打卡工业主题游线路》线上视频（片长7分6秒）发布、《走进松江，打卡人文之旅·千年文化探梦之旅》线上视频（片长6分49秒）发布、12月5日的"一座新城的成长"读书分享会手机直播等。

2021年的活动有：5月16日的"城市露天博物馆考古探秘——在松江遇见唐宋"、6月12日的"我们的节日——传承非遗　享乐端午"，还有松江红色之旅游线视频3部：《云间忠魂》（片长6分50秒）、《峥嵘岁月（上）》（片长5分58秒）、《峥嵘岁月（下）》（片长4分4秒），7月31日的"放松去　会美食"、9月19日的"城市露天博物馆，跟着考古去旅行——小小考古家　探秘远古上海"、10月31日和12月26日的"城市露天博物馆，跟着考古去旅行——相忘云水间　松江仓城"、11月27日的"人文松江　影视之都"线下拍摄体验活动等。

9. "建筑可阅读"系列活动　2020年—2021年，"建筑可阅读"活动在松江全面铺开，选取了13个地方23处优秀历史建筑和名人纪念地，它们是：佘山天主教堂、佘山天文台、秀道者塔、天马护珠塔、夏允彝夏完淳父子墓、广富林文化遗址、陈子龙墓、杜氏雕花楼、大仓桥、颐园、圆应塔、清真寺、唐经幢、云间第一楼、方塔园、陈化成祠、照壁、兴圣教寺塔、兰瑞堂、天妃宫、醉白池、李塔和泗泾马相伯故居等。组织中、小学生参观并讲解。

第十八章　主题游线

旅游游线是伴随着景区（点）的增多而来，景区（点）越多，游线也越多。一个地区的旅游资源，能串成一条或若干条游线，让游客在当地的游览时间自然延长，增加消费，这是当地旅游部门和旅游企业所希望的，故旅游部们会精心设计游线来进行推广，这也是当地旅游部门采用比较多的宣传推介方法。

在市场不断细分的今天，针对不同群体、不同的个人喜好，需要旅游部门设计一些游线，提供和服务于外埠旅行社和游客。当然，有了游线还远远不够，还要有主题游线或经典游线，而且是具有知名度的经典游线，并成为品牌，成为游人自觉地要加入的线路，这就是旅游资源的优势体现和线路设计的成功之处。

第一节　一日游线路

一、早期的两条一日游旅游线

松江在1980年代时，旅游景区（点）还不多，但在松江古城里还是能看得到"唐、宋、元、明、清，从古看到今"的风貌。有唐代的经幢、宋代的望仙桥、元代的清真寺、明代的大仓桥和清代的醉白池等。而醉白池和方塔园、西佘山及山顶上的圣母大殿经修葺后已对外开放。从醉白池到方塔园，从松江城区的这2个景区到西佘山，游线是既少又短，这是松江早期的两条旅游线。

到了1990年代，东、西佘山脚下及外青松公路南侧建起了6处旅游人造景区（点），它们是：封神榜艺术宫、西游记迷宫、海底奇观、太空探秘、欧罗巴世界乐园、佘山锦江水上漂流世界等。佘山国家森林公园东佘山园也对外开放了，园内增加了百鸟园、蝴蝶园、滑索道和连接东西佘山的索道，西佘山上的天文博物馆也已对外开放。松江当代旅游的起步在佘山掀起了第一波高潮。由于景区（点）扎堆在佘山山脚下，无需用游线来串线，旅游线路还是只有佘山与松江城区的 2 条。但游览时间延长了，可增加到二日游。到了 2001 年时，原东、西佘山脚下及南侧建起的 6 处旅游人造主题景区（点）和东佘山上的百鸟园等都因各种原因相继关闭和歇业。东佘山上的蝴蝶园、滑索道和连接东西佘山的厢式索道还在继续营业。真正的游线还是停留在原来的状况。

二、四条常规一日游旅游线

2005 年，松江的旅游景区（点）中的 6 处人造主题景区（点）的退出，景区（点）有了新的增加，总共有十多处。旅游线路已可分成四条线。一条是松江城区及周边，在醉白池和方塔园之后，增加了西林禅寺、大仓桥、跨塘桥、李塔景区、云间第一楼、唐经幢、清真寺、盛强影视基地等（其中后 4 处需事先预约）；第二条是松江城区东部和北部的上海影视乐园、上海青青旅游世界和大学城等相继建成并对外开放；第三条是佘山地区，对外开放的新景区有天马山园、小昆山园、天马乡村俱乐部和月湖雕塑公园等，佘山的游线稍有延伸；第四条是新桥、泗泾、九亭一线的农艺园，花卉园，高科技园区和泗泾古镇的史量才故居等。这是 2005 年时松江的四条常规一日游线。

三、五条松江"世博之旅"推荐线路

到了 2010 年春，松江的旅游景区又增加了上海欢乐谷和上海辰山植物园这两个大项目。为了迎接上海"世博会"的到来，松江便在游线上早早作了设计。松江作为上海历史与文化的发祥地，具有深厚的历史人文资源和自然山水生态资源，在 604.67 平方公里中，当时已散布着 20 多处旅游景区（点）。松江离上海世博园区仅 30 千米，可以与上海世博园区组成二日游，其中一日在松江游，并可住宿在松江。松江精选了山水自然景观、历史文化、生态休闲娱乐、城市建设形象和乡村观光等旅游资源共 9 处，推出了五条"世博之旅"推荐线路，适合各种人群的半日游和一日游。作为"迎世博"的前期宣传。

1. 游览佘山国家森林公园和月湖雕塑公园：上午游览 AAAA 级佘山国家森林公园西佘山园，有圣母大殿、秀道者塔等；参观全国科普教育基地天文博物馆和地震科普馆；下午游览 AAAA 级月湖雕塑公园，乘电瓶车游览欣赏园区春、夏、秋、冬风格迥异的四个主题区域，欣赏园区内 50 余件国际大师的雕刻作品，陶冶艺术情操。也可以去园区内的美术馆细细品味。

2. 游览上海欢乐谷：作为国内目前规模最大、投资最多、科技含量最高的主题乐园，一天时间可能很难玩得尽兴，但喜欢极限体验的游客可以用一天时间去体验几个大型游乐项目，喜欢宁静的游客可以花一天时间去细细地游览欢乐谷的 7 大主题景区。还可在大剧场观看演出后返回。

3. 游览辰山植物园和泰晤士小镇：上午漫游在世界同纬度植物种类最多的植物王国，探索植物的乐趣，欣赏大自然风情。有20个园区，3个大型温控棚；下午游览泰晤士小镇，可乘小火车绕小镇一圈，欣赏各式英伦建筑；也可以漫步在河边，喝喝咖啡，摄影留念；还可参观松江城市规划馆，了解松江发展变化。随后搭乘游船去陈家村采摘蔬果，吃农家菜。

4. 游览上海方塔园和醉白池公园：上午游览AAAA级上海方塔园。下午游览醉白池公园（上海五大古典园林之一），前者玲珑，后者精致。

5. 游览上海影视乐园和五库农业园区：上午游览上海影视乐园（全国工业旅游示范点），感受1930年代老上海风情，坐坐早已消失在南京路上的有轨电车。探索影视工业。下午游览五库农业园区，参观农业展示馆，体验蔬果采摘的乐趣。

第二节　主题旅游专线

旅游线路设计要有特色，要有主题。随着松江的旅游景区（点）越来越多，2006年时，松江就有了一日主题旅游专线，并对外推荐。

一、五条一日主题游旅游专线

一是松江古城历史文化游：AAAA级方塔园、醉白池、西林禅寺、大仓桥、跨塘桥、云间第一楼、唐经幢、清真寺等（其中后3处需事先预约），尽显历史文化底蕴。二是松江山水文化游：AAAA级佘山国家森林公园西佘山园（圣母大殿）、东佘山园、天马山园、小昆山园和月湖雕塑公园等，尽享旖旎山水风光。三是生态文化游：AAAA级佘山国家森林公园西佘山园、东佘山园、天马山园、小昆山园和上海青青旅游世界等，这些都是上海西郊的"绿肺"。四是影视文化游：上海影视乐园、松江博物馆、松江大学城（需事先预约）等，彰显文化之邦。五是2006年，松江区与青浦区合作推出的"轻（青浦）松（松江）山水文化游"线路：佘山国家森林公园西佘山园（佘山天主教堂、佘山天文博物馆、上海地震科普馆）—月湖雕塑公园—东方狐狸城—青浦朱家角—淀山湖大观园—奥特莱斯等。体现区域合作，资源共享。

二、七条一日、二日主题游专线

2007年5月，松江组合了一日游、二日游共七条主题游线。利用《松江旅游手册》《松江旅游手绘地图》等对外宣传推荐。

四条一日游主题游线

1. 松江"上海之根，都市新城"一日游线：方塔园—醉白池—清真寺、西林禅寺—松江新城规划展示馆—车游松江新城—车游松江大学城—中央公园。

2. 松江"山水文化游"一日游线：西佘山园（佘山天主教堂、佘山天文博物馆、地震科普馆）—东佘山园（奇石馆、滑索道、蝴蝶园）—月湖雕塑公园。

3. 松江"山林生态"一日游线：上海青青旅游世界—东佘山园（滑索道、蝴蝶园）—天马山公园（斜塔、上峰寺遗址）

4. 松江浦南乡村一日游线：叶榭华东花卉流通中心—五库农业休闲观光园（番茄农庄、格林葡萄农庄）—东方狐狸城。

三条二日游主题游线。

1. 松江"古上海—老上海—新上海"二日游线：上海影视乐园—方塔园—醉白池—西林禅寺或清真寺—云间第一桥（跨塘桥）—车游松江工业区和出口加工区—上海青青旅游世界。

2. 松江"休闲度假"二日游线：佘山国家森林公园西佘山园（佘山天主教堂、佘山天文博物馆）—东佘山园（滑索道、蝴蝶园）—天马山公园（斜塔、上峰寺遗址）—月湖雕塑公园——车游松江大学城—松江新城区——方塔园或醉白池—庙前街、长桥街、华亭老街。

3. "轻（青浦）松（松江）游"即山水文化、购物二日游线路：佘山国家森林公园西佘山园（佘山天主教堂、佘山天文博物馆、地震科普馆）—月湖雕塑公园—东方狐狸城—青浦朱家角—淀山湖大观园—奥特莱斯。

三、七条二日主题游专线

2009年，为了迎接上海世博会的到来，松江又设计了"迎世博"七条二日游主题旅游专线。每条游线都有一天是游上海世博园区，另一天是游松江。

一是佘山欢乐游：畅游上海欢乐谷7大主题景区。晚上，在欢乐谷大剧场观看大型演出。二是松江生态游：佘山国家森林公园—上海青青旅游世界。三是松江休闲度假游：月湖雕塑公园—泰晤士小镇。四是松江商务会议游：佘山国家旅游度假区内有五星级世茂佘山艾美酒店（原名），佘山黄河索菲特大酒店（原名，当时为五星待评），三星级森林宾馆和兰笋山庄，还有大众国际会议中心等。会议之余，可游览佘山国家森林公园、月湖雕塑公园、上海欢乐谷、上海天马车世界等景区。松江城区有五星级开元名都大酒店、四星级新晖豪生大酒店、三星级红楼宾馆和维也纳国际酒店、新沙龙国际会所等。会议之余，可游览方塔园、松江博物馆、醉白池、泰晤士小镇、松江大学城、松江新城区中央公园和思贤公园等。这是松江最早的商务会议游线。五是上海寻根游：方塔园、松江博物馆、醉白池、仓城历史风貌保护区、上海影视乐园、泗泾古镇、天马山斜塔、小昆山二陆草堂等。六是松江工农业观光游：农业：五厍农业休闲观光园（水上人家、世界名犬园、番茄农庄、格林葡萄园等）；工业：上海影视乐园、上海天马车世界等景区。七是松江科普修学游：佘山上海天文博物馆、上海地震科普馆等。

此线路设计曾获得上海市"世博"办公室颁发的"优秀创意奖"。

四、十二条松江一、二日主题游线

2012年8月，松江推出了12条一、二日主题游线，为一日游主题游线8条，二日游主题游线4条。

一日游主题游线8条：

一是历史文化游：佘山国家森林公园小昆山园—华亭老街（西林禅寺、清真寺）—醉白池公园—上海方塔园。二是时尚休闲游：泰晤士小镇（城市规划展示馆、松江美术馆）—车游松江大学城—中央公园—上海青青旅游世界。三是山水文化游：佘山国家森林公园西佘山园（佘山天主教堂、天文博物馆、佘山地震科普馆）—月湖雕塑公园—上海辰山植物园。四是动感体验游：上海欢乐谷—天马赛车场。五是山林生态游：佘山国家森林公园东佘山园—天马山园—上海辰山植物园。六是影视文化游：上海影视乐园—松江博物馆—程十发纪念馆。七是浦南乡村游：游线一：五厍现代农业休闲观光园区（番茄农庄、格林葡萄园）—浦江源温泉农庄。游线二：新浜荷花公社—森鲜馆—渔乐码头—雪浪湖度假村—东方狐狸城。八是泗泾古镇游：安方塔—马相伯故居—史量才故居—福田净寺—湖光山色船菜舫。

二日游主题游线4条：

一是山水生态休闲度假游：第一天：佘山国家森林公园西佘山园（佘山天主教堂、天文博物馆、佘山地震科普馆）—月湖雕塑公园，宿松江。第二天：泰晤士小镇—佘山国家森林公园天马山园—上海辰山植物园。二是"古上海—老上海—新上海"游线：第一天：方塔园—醉白池—清真寺或西林禅寺—车游松江新城区—大学城—中央公园。宿松江（夜游庙前街、长桥街、华亭老街、中山中路）。第二天：泰晤士小镇—仓城历史文化风貌区—上海影视乐园。三是乡村休闲度假游：游线一：第一天：五厍农业展示馆—五厍花卉基地。宿番茄农庄或格林农庄。第二天：浦江源温泉农庄—东方狐狸城。游线二：第一天：荷花公社—森鲜馆采摘—渔乐码头—宿雪浪湖度假村。第二天：渔乐码头垂钓——东方狐狸城购物。四是动感欢乐游：第一天：上海欢乐谷，宿佘山。第二天：天马赛车场（赛车体验）—上海青青旅游世界（彩弹射击、骑马）。

五、九条主题游线

到了 2016 年 10 月，松江在原有的 12 条一、二日游主题游线的基础上，调整为 9 条主题游线。

一是佘山欢乐游：上海欢乐谷、上海玛雅海滩水公园。二是山水生态游：佘山国家森林公园、上海辰山植物园。三是历史人文游：醉白池公园、上海方塔园、广富林遗址公园（在建）、松江博物馆、西林禅寺、清真寺、泗泾古镇、天马山园、小昆山园等。四是户外运动游：上海欢乐谷、天马赛车场、高尔夫球场。五是工农业体验游：上海影视乐园、五库现代农业休闲观光园区。六是休闲度假游：月湖雕塑公园、泰晤士小镇、雪浪湖、雅园、西部渔村、渔乐码头。七是科普修学游：松江大学城、佘山天文博物馆、佘山地震科普馆、佘山国家森林公园、会计博物馆、松江科技馆。八是会务体验游：主推 15 家商务度假酒店，他们是艾美、索菲特、开元、新晖、红楼、富悦、假日、立诗顿、宝隆、月湖会馆、大众、森林、兰笋、新桥绿地铂骊、雪浪湖。九是上海山水画游线：松江、青浦、金山三区合作，松江的山、青浦的水、金山的画（见下第三节）。

六、八条特色旅游线路

2017 年 8 月，松江在已有的 9 条主题游线基础上调整为 8 条特色旅游线路。

一是古上海文化寻根游：广富林文化遗址、华亭老街、仓城、府城、泗泾下塘三处历史文化风貌区等。二是都市近郊休闲度假游：佘山国家旅游度假区、松江大学城、泰晤士小镇城市休闲区、浦南乡村旅游休闲区等。三是"松江创造"工业游：G60 科创走廊规划展示厅、临港松江科技城、启迪漕河泾（中山）科技园、影视乐园、中饮巴比等。四是时尚运动游：佘山高尔夫、天马高尔夫、天马赛车场、玛雅海滩水公园、松江大学城体育中心等。五是影视文化游：上海影视乐园、松南郊野公园、华阳老街、胜强影视基地等。六是水上观光游：松江华亭湖、月湖雕塑公园、通波塘、辰山塘、上海欢乐谷等。七是宗教文化游：佘山天主教堂、天马山园、小昆山园、西林禅寺、清真寺等。八是科普修学游：辰山植物园、佘山天文博物馆、佘山地震科普馆、松江大学城等。

从以上的主题游线设计来看，游线上的景区（点）是在不断增加，线路的组合也在不断地调整，是朝着精品、经典方向而努力的。通过宣传推荐，主要是将松江的旅游资源、旅游产品介绍给外埠旅行社和游客。

第三节　跨区域旅游线

2007年，松江旅游委与青浦旅游局联手，打破地域界限，对区域旅游线路进行"打包"合作。

1. "轻（青浦）松（松江）游"即山水文化、购物二日游线　2007年，推出了松江与青浦跨区域合作的"轻松游"旅游线。即山水文化、购物二日游线。佘山国家森林公园西佘山园（佘山天主教堂、佘山天文博物馆、地震科普馆）—月湖雕塑公园—东方狐狸城—青浦朱家角—淀山湖大观园—奥特莱斯等。

2. 松、青、金"山水画"游线　2011年6月，松江、青浦、金山跨区域合作，推出了"山水画"游线。

游线一：松江佘山国家森林公园西佘山园：圣母大殿、苦路、天文博物馆、秀道者塔。青浦淀山湖、大观园、陈云纪念馆。金山中洪村（农民画村）、枫泾水乡古镇等。

游线二：松江佘山国家森林公园天马山园：斜塔、上峰寺遗址、青浦朱家角水乡古镇游、金山中洪村（农民画村）、枫泾酒事馆等。

游线三：青浦福泉山寻根游、青浦博物馆文化游、松江月湖雕塑公园艺术欣赏游、辰山植物园休闲游、金山枫泾水乡古镇体验游等。

游线四：金山东林寺宗教游、枫泾酒事馆工业游、松江上海影视乐园怀旧游、青浦奥特莱斯购物游等。

这30年来，松江旅游游线从早期的两条发展到今日的十多条。从一日游到二日游，从常规游线到主题游线和特色游线，是不断地扩展、丰富和多样。30多年来的实践和经验告诉我们，游线要冠于精品化、经典化，让游线叫得响，让人们记得住，使之成为松江的一张名片、一块招牌。在设计过程中也需要把握好这两个环节：一是游线设计推广后，市场的认同感如何？需要地接旅行社去实践，有实践案例，再带动外埠旅行社及自驾游去尝试，以取得实效。二是游线不宜推出太多，太多了就不易记住；也不必经常翻新样，要在一段时间里保持游线的稳定性，并将这游线做实做深，这有利于确立经典游线和提升品牌。

第十九章　旅游统计

随着当代旅游的兴起，旅游统计也应运而生。一个地区旅游业的发展，需要用旅游统计数字来佐证。松江的旅游统计早在1986年就有了，当时还是在佘山风景区时期，如1986年，全年佘山风景区的游客接待数为40万人次。1991年县旅游开发办成立之后，虽然统计数字较为简单或还存有残缺，但毕竟是有了数字，并逐步得到完善。初时仅对旅游景区接待人数作出统计，随着旅行社和旅游饭店的逐步增加，到了1990年代的中后期，又增加了对旅行社和旅游饭店的接待人数和营业收入的统计，之后还增加了旅游餐饮、旅游交通、旅游购物的人数消费收入统计。以上这六项统计便形成了旅游的总收入，也构成了整个旅游业的经济统计。

一、旅游接待人数

旅游接待人数是指被纳入旅游监测统计的旅游景区游客接待人数、旅游饭店接待人数这二者相加的总和。但并不是所有的旅游景区景点都是统计单位，至今，旅游景区被纳入旅游监测统计的单位也不超过20家。特别是在住宿业，仅监测统计星级饭店、具有80间客房以上的大型社会饭店和规模较大的经济型酒店。如全区有酒店、宾馆、旅馆500家，纳入监测统计的单位仅在20家左右。

这里，将松江历年来的旅游接待人数及总收入（后栏为佘山）汇成表二：

表二　松江旅游接待人数及总收入与佘山旅游接待人数及收入汇总表

年份	松江旅接人数（万人次）	旅游总收入（亿元）	佘山旅接人数（万人次）	旅游收入（亿元）
1991	210	（不详）		
1992	270	（92—96年 999.93）		
1993	165.8	（同上）		

（续表）

年份	松江旅接人数（万人次）	旅游总收入（亿元）	佘山旅接人数（万人次）	旅游收入（亿元）
1994	240（估数）	（同上）		
1995	322	1.65		
1996	254.26	1.7		
1997	276	2.1	131.07	0.36
1998	287	3.5	160.06	0.54
1999	291	3.66	192.43	0.49
2000	295	4.46	211.71	0.59
2001	281	5.31/9.15	117.25	0.46
2002	270.95	13.44	114	0.58
2003	257.19	11.98	115.58	0.77
2004	293.58	14.01	146.27	1.01
2005	300.04	16	157.64	0.89
2006	300.32	16.94	149.6	2.48
2007	308.52	22.41	161.64	2.67
2008	341.94	24	161.99	2.72
2009	536.21	32.78	289.56	（不详）
2010	801.88	50.1	491	9.7
2011	863.47	54	551.02	6.94
2012	888.11	58.85	505.74	9.92
2013	1139.86	68.8	606	8.73
2014	1389.51	74.8	665.95	9.16
2015	1420.73	77.8	736	9.95
2016	1502.48	84.65	874.34	10.77
2017	1606.8	92.5	884.47	13.25
2018	1827.03	110.01	1111.15	14.1
2019	2101.23	124.83	1211	16.8
2020	1121.38	106.06	836.14	11.58
2021	1651.76	126.46	1237	16.34

（注：2001年的9.15亿元为按2000年不变价的调整数）

自有数字统计以来可看出，松江从1991年的年接待游客人数210万到

2019年的年接待游客人数2101万,29年来整整增加了10倍之多。30年来,松江的旅游接待总人数为18436.25万人次,平均年接待人数为614.54万人次。从表二可见,佘山度假区的旅游接待人数几乎占到了全区旅游接待人数的一半及一半以上,度假区内的景区和住宿的营业收入也占有相当的比例。

1991年至2000年的10年中,松江旅游共接待游客2611万人次,平均年接待量为261.1万人次;2001年至2010年的10年中,松江旅游共接待游客3691.55万人次,平均年接待量为369.2万人次;2011年至2020年的10年中松江旅游共接待游客12133.7万人次,平均年接待量为1213.4万人次,增长幅度是较快的。

从以上数据可看出游客接待人数的最高年份:1991—2000年的最高年份是1995年,达到了322万人次。这时期也是佘山地区人造景区"风起云涌"的高峰时期,这322万人次的记录一直保持到2008年才被打破。2001—2010年的最高年份是2010年的801.88万人次,是因有了上海欢乐谷和上海辰山植物园这两大项目的对外开放。2011—2020年的最高年份是2019年的2101.23万人次,这一年,松江开始进入了全域旅游示范的时期。

2020—2021年因受新冠疫情的影响,松江的旅游接待人数也下降了不少,2020年的游客接待人数为1121.38万人次,与上年2101.23万人次相比下滑了近一半。2021年与上年相比有所回升,为1651.76万人次。

二、旅游景区营业收入例举

旅游景区的营业收入包括门票收入和景区的餐厅点心店、纪念品销售、饮料、游艺机、电瓶车和游船等收入。松江1991—2016年旅游景区营收情况如下:

表三

年份	旅游收入（亿元）	年份	旅游收入（亿元）	年份	旅游收入（亿元）	年份	旅游收入（亿元）
1991	0.08（估）	1998	0.11	2005	0.49	2012	6.41
1992	0.09（估）	1999	0.15	2006	0.93	2013	7.32
1993	0.07	2000	0.16	2007	1.65	2014	7.8
1994	0.09（估）	2001	0.19	2008	1.68	2015	7.9
1995	0.11	2002	0.42	2009	2.45	2016	8.38
1996	0.17	2003	0.40	2010	5.39		
1997	0.11	2004	0.44	2011	6.27		

(注:2017年后未作统计)

以上年份松江旅游景区的营业收入（门票和其它营业收入）是在不断增加、刷新的。以纳入旅游景区监测统计的景区为例，将十年为一个时间段，统计门票收入和其它营业收入：

1991年至2000年的10年中，松江旅游景区门票和营业收入为1.12亿元，平均年收入为0.11亿元；2001年至2010年的10年中，旅游景区门票和营业收入为14.04亿元，平均年收入为1.4亿元；2011年至2016年的六年中，旅游景区门票和营业收入为43.9亿元，平均年收入为7.32亿元（注：2017~2020年的数字不详）。

长期以来，松江的旅游景区有相当一部分是不收门票的。如AAAA级的佘山国家森林公园西佘山园和东佘山园、泰晤士小镇、天马赛车场、西部渔村、AAA级的浦江之首、博物馆、雪浪湖休闲园、五库现代农业观光园、众多的乡村旅游点等，2021年6月，新建不久的AAAA级广富林文化遗址也取消了大门票。

三、饭店营业收入与接待人数例举

旅游饭店纳入旅游监测统计的是旅游星级饭店、规模较大的且有会议设施的社会饭店和经济型酒店接待人数及营业收入。营业收入包括客房、餐厅、娱乐场所、健身康体设施和商场的收入等。以以下几个年份为例：

1998年，佘山地区建成开放的宾馆、度假村共12家，接待住宿游客18万人次。

2003年，纳入旅游监测统计的10家星级饭店接待27万人，收入为0.94亿元。

2004年，纳入旅游监测统计的12家星级饭店接待23.51万人，收入为1.11亿元。

2007年，纳入旅游监测统计的10家星级饭店，7家大型社会饭店，共接待人员数为40.5万人，收入为3.8亿元。

2015年，纳入旅游监测统计的7家星级饭店，6家大型社会饭店，6家经济型酒店，共接待人员数为98.73万人，收入为7.25亿元。

2016年，纳入旅游监测统计的7家星级饭店，6家大型社会饭店，6家经济型酒店，共接待人员数为96.07万人，收入为7.47亿元。

2021年，全区纳入旅游监测统计的旅游饭店共接待162.06万人。

四、松江打造"会务谷"接待数统计例举

2009年纳入监测的13家饭店接待人数36.4万人次，其中会务团队人数为

22万人次；

2010年1—10月纳入监测的17家主要饭店共接待总人数达99.59万人，其中会务团队4681个，平均每月468个，人数43.21万人，平均每月43210人；世博团队2525个，人数25.56万人。

2017年1—7月，纳入监测的20家主要饭店共接待总人数达69.77万人，其中会务团队2145个，平均每月306个，人数39.28万人，平均每月56114人；营业额30万元以上的会务团133个。

2019年9—11月，纳入监测的20家主要饭店共接待总人数达20.68万人，其中会务团队851个，平均每月284个，人数9.91万人，平均每月33033人；营业额30万元以上的会务团64个。

五、旅行社营业收入与接待人数例举

旅行社的营业收入包括组团和接待的收入。接待人数是自收自接的，以以下几个年份为例。

1999年12家旅行社共接待人数3.95万人。收入为0.22亿元。

2000年15家旅行社组团人数为5.53万人次，接待人数5.54万人。收入为0.3亿元。

2003年23家旅行社组团人数为15万人次，接待人数19.9万人。收入为1.01亿元。

2004年22家旅行社组团人数为18.11万人次，收入为1.77亿元。

2007年33家旅行社组团人数为36.6万人次，接待人数为50.5万人，收入为2.4亿元。

2015年43家旅行社组团人数为51.71万人次，收入为2.68亿元。

2016年43家旅行社组团人数为55.16万人次，接待人数44.81万人次。收入为4.16亿元。

2021年全区有66家旅行社，组团人数为12.34万人次。

六、乡村旅游接待数与营业收入例举

以2010年和2016年为例，2010年松江乡村旅游共接待游客50.56万人，占当年全区景区（点）总接待数699.91万人的7.22%；营业收入8599.9万元，占全区景区（点）总营业收入53906.13万元的15.95%。

表四　2010年松江浦南地区乡村旅游项目经营情况统计表

项目	五厍镇	泖港镇	叶榭镇	新浜镇	石湖荡镇	小计
接待人数（万人）	23.25	3.863	10.4478	2.8	10.2	50.5608
营业收入（万元）	1724	974.9	4145	542	1214	8599.9

2016年，松江乡村旅游纳入全区旅游统计的17家单位中占有3家，共接待游客101.32万人，占当年全区景区（点）总接待数1392.22万人的13.74%；营业收入10453.59万元，占全区景区（点）总营业收入82875.55万元的7.93%。

这里，有必要说说旅游统计所存在的问题。对以往的旅游统计方法，业内与业外一直存有异议。以游客接待人数为例，如一位游人坐公交车去某地旅游，游玩了3个景区，并住宿一晚上，就这一个人，他就被统计了5次（公交1次、景区3次、住宿1次），有4次属重复，为多头统计，不够严谨。还有在被纳入监测的饭店酒店宾馆住宿的人，不一定是旅游者，如都作为旅游人数统计，也就不科学了。以旅游收入为例，旅游交通和旅游购物的收入统计，这两项统计在还没有旅游统计之前就已纳入国民经济统计范围，只不过当时并不叫旅游统计。现在的旅游统计将交通、购物中的30%~40%的人员算作旅游消费人数，也不尽合理。旅游统计不是数字越大越好，数字大当然很好看，可与旅游营业收入捆绑在一起，算下来如果人均消费很低，反映出来的数字就很尴尬，这统计就失去意义了。故旅游统计也是存在着一些方法问题，在没有更好的方法出台前，也只能是当作一个不太科学的参考数罢了。

松江在2016年创建全国"全域旅游示范区"时，就明确了"建立科学的旅游统计系统，提升产业分析能力"的要求。原区旅游局、区统计局于2017年在上海地区率先开展了"全域旅游统计指标体系构建和分析方法研究"。依据国家旅游局《国家旅游及相关产业分类（2015）》的分类标准，结合全域旅游发展实际，考虑全域旅游统计的范围和数据的可获得性，既全面地将国民经济生产各部门因全域旅游的分类纳入核算标准，包括7大类——全域旅游出行、全域旅游住宿、全域旅游餐饮、全域旅游游览、全域旅游购物和全域旅游综合服务等，旨在为松江全域旅游统计工作改革创新提出一套解决方案。建立"区旅游局、区统计局主导推动＋专业研究团队科学研究＋市旅游局、市统计局直接指导＋松江重点区域实地抽样调查＋业内专家专业咨询"的机制，形成了科学规范的研究思路和研究方法。

松江做了全域旅游统计工作的新探索，争取为国家和上海市旅游统计改革探索、贡献基层的经验与举措。

第二十章　诗与远方（代结束语）

有人说："没有旅游的城市缺乏人气，没有资源的旅游缺乏灵气，没有文化的旅游缺乏底气。"此话有一定的道理。旅游需要底气、灵气、人气这"三气"。旅游离不开文化，文化是旅游的灵魂，旅游是文化的载体。文旅融合不失为一种较好的体制。这是经过多年来不断探索实践后的合理组合，可发挥更大的作用。

文化和旅游行政部门的组合，意味着文旅融合将会有新的发展空间和新的文旅亮点，"旅游+"和"+旅游"将成为常态，"以文塑旅，以旅彰文"，再加之全域旅游的示范推广，当代旅游将面临着在多个方面新的改变或新的提升。

"文旅融合"会让旅游这个载体的面更宽泛，原文化部门分管的文物建筑、歌舞演艺、戏曲剧种、文博考古、不可移动文物利用、民俗非遗、文学艺术等，都可为旅游所用，旅游元素也会有新的变化，进而提升旅游内涵的宽度和广度。文旅融合，还体现在文物的活化利用上，以前，文物部门强调的是保护，旅游部门要的是利用，两者是一对矛盾。其实，只要在保护的前提下，合理利用，也未必不可行。如古宅保护要有人气，其活化利用比空无一人、死气沉沉地关闭着要好很多，这就是"活化"利用，也可在"活化"上多有创新。

有人比喻，文旅融合，就是"诗和远方"。这"诗"将为去"远方"的旅游者提供审美情趣、欣赏角度和文学艺术，也是在为旅游者提升文化素养。在古时，能具备游历条件的人往往是家境殷实、有经济基础的文人墨客、秀才官吏，大多是在科举道路上的拼搏之人，并不是一般的农民、商人、工匠、士兵。古人在游历过程中，他们能书文、善赋诗、喜作画。也就是说都会吟诗作画、书文写景、借景叙情，将远方和诗有机地结合起来。这方面与古时相比，是有较大差距的。我们的确是要向先人们学习。那么，在当代，在旅游进入大众时代后，与古代相比，旅游的人群不同了，这"诗"在哪里？如果普通大众都会写文作诗，就不仅提升了旅游人的写作水平、审美情趣和欣赏角度，也让这"远方"更富有诗情画意了。

文旅融合，还应体现在旅游宣传会更有文化艺术色彩。我们的旅游宣传品，包括旅游书籍、旅游手册、旅游简介、旅游指南、旅游攻略、旅行向导等，应该要有一个大的转变，它的内容和形式将不再是原有的样式。其实，作为一个旅游人，想去一个地方旅游，并不是看了当地的旅游简介和攻略才去旅游的，而是想去这地方了，才会去关注这地方的旅游简介和攻略。他们关注的是有啥吸引点，有那些精彩处，也能让自己分享，而不是先去阅读那刻板的攻略和一尘不变的简介。旅游网上常有游客的游记发表，虽是图文并茂，可图多文少，也少有吸引点和精彩处，更少有自己的感想，可以说，是少有"诗"，这就是欠缺。所以，旅游的介绍形式应该改成一篇篇精彩的、千字文式的游记。也就是说，今后的旅游简介和攻略等，应该是短小精悍的游记。在游记中除了将景色描写的有诗情画意之外，还要有自己独特的细节观察描写和自己独处的感悟。这样，才能让大众分享。同样，旅游线路的推广也该如此。

如果说，2010 年代旅游业的教育重点是对旅游者进行文明旅游教育，那么，2020 年代旅游业的教育重点就是要让旅游者学会写游记、用游记和会欣赏"图文并茂的远方"，这"诗"就包括游记。正如已故百岁艺术家秦怡所言："要让人民有文化。"

另外，进入 2020 年代后，首先碰到了新冠疫情的爆发和蔓延，这比过去的"非典"、"SARS"都要严重得多，且持续的时间也长，使全世界的旅游业遭受了巨大的影响，几乎停摆。我国也不例外。上海是从境外游的关闭、提倡国内游，到跨省游的关闭、提倡市内游，再到"足不出户"到"网上游""云旅游"。这虽是视觉享受，也能开阔眼界，增长知识。但这仅是看了部旅游专题片而已，终究与"身临其境"不能同日而语。这毕竟不是真正的旅游，是困境下的无奈之举。故期待着疫情能早日消逝，让旅游业再显蓬勃生机。

写到这里，本书也将就此搁笔。总之，本书是供广大读者、特别是对松江旅游感兴趣的读者和旅游工作者了解松江旅游发展的一部参考性资料。今后的若干年，松江的旅游还将会有很大的发展，让我们共同期待松江当代旅游发展的 40 年、50 年……

起草于 2021 年 5 月 19 日中国旅游日
定稿于 2023 年 5 月 19 日中国旅游日
松江沈泾塘畔五时斋

注　释

注1：参见：张明华.上海6000年.上海人民出版社，2011年8月，第1版.P65.

注2：参见：胡震亨.海盐县图经.浙江古籍出版社，2009年9月，第1版.P1—5.

注3：参见：李海平.江南市镇旅游文化研究.浙江大学出版社，2008年5月，第1版.P6—7.

注4：参见：姚昆遗、贡小妹.旅游文化学.旅游教育出版社，2010年6月，第2版.

注5：参见：俞剑明.秦始皇筑高速公路.转引自：江南游报.2015年8月5日，第9版.

注6：参见：华夏纵横.卷七：东南形胜—浙江.历史沿革.华艺出版社，2001年，第1版.

注7：参见：朱岩.海盐嬴政二十五年.北京大学出版社，2010年10月，第1版.P13.

注8：参见：任向阳.云间风物诗歌集.上海文艺出版社，2009年2月，第1版.

注9：参见：施蛰存.云间语小录.文汇出版社，2000年5月，第1版.P7.

注10：参见：仲富兰.上海小史.上海书店出版社，2020年12月，第1版.P97—98.

注11：参见：周振鹤.上海历史地图集.上海人民出版社，1999年，12月版.

注12：参见：欧粤.黄浦江形成和变迁.原载：何惠明.茸城史录.汉语大词典出版社，2004年7月，第1版.P239—262.

注13、注16：参见：孙琴安.上海旅游文化史.上海人民出版社，2008年1月，第1版.

注14：参见：朱少伟."仙鹤之乡"知几多.转引自：新民晚报.2011年1月23日，B13版.

注15：参见：王健民.松江四鳃鲈杂谈.转引自：何惠明，主编.云间考述.汉语大词典出版社，2006年9月，第1版.P332—333.

注17：参见：陈从周.梓室余墨》.P341.

注18、注19：参见：陈馨.古塔处处忆此翁.新民晚报.2022年1月30日，16版.

注20：参见：何惠明.松江古代历史问题考述.原载：何惠明.云间考述.汉语大词典出版社，2006年9月，第1版.P10—13.

注21：参见：徐弘祖.徐霞客游记.卷二，上.浙游日记.上海古籍出版社，2007年10月，第1版.P94.

注22：参见：王永顺.董其昌史料.华东师范大学出版社，1991年12月，第1版.

注23：参见：孙炜.董其昌传.广西师范大学出版社，2020年9月，第1版.

注24：参见：王淑良.中国旅游史（上册）.旅游教育出版社，1998年12月，第1版.P373.

注25：参见：张叔通.佘山小志.1994年10月，P88.

注26：参见：华东师大历史研究所.松江明清进士传.百花文艺出版社，1999年9月，第1版.P1—2.

注27：参见：王健民.康熙两次到松江.原载：何惠明.云间考述.汉语大词典出版社，2006年9月，第1版.P321—325.

注28：参见：张绍民.牵着灵魂去旅行——与史上游记名家的心灵对话.西苑出版社，2012年7月，第1版.P167—168.

注29：参见：许平.明代松江名人文选.上海文艺出版社，2020年12月，第1版.

注30：参见：许平.清代松江名人文选.上海文艺出版社，2021年12月，第1版.

注31：参见：王永顺.雄冠华夏 松江的中国之最.妙韵出版社，2013年12月，第1版.P108—112.

注32：参见：周厚地.干山志.1994年10月.

注33：参见：徐慕时.松江名源与别称.原载：何惠明.茸城史录.汉语大词典出版社，2004年7月，第1版.P248—255.

注34、注36、注37：参见：徐界生.松江工匠.上海书画出版社，2021年6月，第1版.

注35：参见：松江县志.名菜名点.上海人民出版社，1991年8月，第1版.

注38：参见：欧粤.话说松江.汉语大词典出版社，2006年2月，第1版.P362—368.

注39：参见：陆军.松江人文大辞典：影视卷.上海辞书出版社，2022年12月，第1版.P120—123.

注40：参见：（英）威廉·R.葛骆.中国假日行.生活·读书·新知三联书店，2019年5月，第1版.P32—60.

注41：参见："程志强谈松江历史"公众号：侯绍裘组织景贤女中老师到石湖荡看古松.2022年11月15日，引：胡山源.文坛管窥·侯绍裘.

注42：参见：（英）威廉·R.葛骆.环沪漫记.生活·读书·新知三联书店，2018年5月，第1版.P69.

注43：参见："程志强谈松江历史"公众号.2022年11月11日。引：陈家庆.醉白池四首.1933年《新上海》第1辑.P9.

注44：参见：刘蓓莉.松江导游词.内部资料.第309—316页。2021年6月印刷。

注45：参见：欧粤.松江风俗志.岁时节日.上海文艺出版社，2007年4月，第1版.P225—240.

参 考 书 目

1. 吴履震著、钱沄录《五茸志逸》，1998年6月印刷。
2. 徐广明著《迈向新世纪的松江旅游业》。姚建平著《让古文化重放光彩》。原载《上海改革开放二十年（松江卷）》，《大事记》，上海科学普及出版社，1998年10月，第1版。
3. 林晓明主编《松江文物志》，上海人民美术出版社，2001年11月，第1版。
4. 齐民著《开发松江旅游业之我见》，原载2002年5月20日《松江史志资料》第2辑。
5.《松江县续志》大事记、卷二十三、二十四等。方志出版社，2007年5月，第1版。
6. 何惠明主编《华亭旧闻》，方志出版社，2008年11月，第1版。
7. 张汝皋主编《松江历史文化概述》，上海古籍出版社，2009年9月，第1版。
8. 张玮玲编著《枫泾史话》，上海文艺出版社，2010年3月，第1版。
9. 何惠明主编《松江地名资料》，上海辞书出版社，2010年4月，第1版。
10.《上海佘山国家旅游度假区志》，上海辞书出版社，2010年8月，第1版。
11. 何惠明主编《松江轶事》，方志出版社，2010年9月，第1版。
12. 玛世明主编《青浦旅游志》，今日出版社，2013年1月，第1版。
13. 何惠明、唐亚生编著《松江老地名与地方历史文化》，上海书店出版社，2016年1月，第1版。
14. 李季著《旅道—道尽文化旅游之魅》，中国旅游出版社，2021年8月，第1版。
15. 陆军主编《松江人文大辞典：文物博物馆·建筑·旅游卷》，上海辞书出版社，2022年11月，第1版。

后　记

　　2000年初，我转岗到旅游部门，为了解松江旅游，翻遍1991年版的《松江县志》，其中还没有旅游卷，想想也是，当时的松江还没有旅游业。松江的当代旅游业起步于1991年，也就是说，是在《松江县志》出版后，松江才开始有旅游业。好在《松江县志》中卷二十五《文物古迹》、卷二十六《九峰三泖》也是与古代松江旅游相关的资料记载，非常珍贵。到了2007年，《松江县续志》出版，专门设了卷二十三《旅游业》和卷二十四《佘山国家旅游度假区》。记载了1990年代至2005年间15年的旅游业的发展情况。

　　2007年，当我写了万余字的《初论松江旅游发展的阶段划分及特征》后，便有了新的想法，等我退休后，有时间了，要写一本关于松江旅游史志方面的书。可真到退休后，却想着要先多走些地方，将自己的"游记集"先写完。可横里生出个新冠疫情，让我居家三年不能远行，原先的计划被打乱了。待在家里，想想2021年是个很特殊的年份，是中国共产党建党100周年（1921—2021）、松江（华亭）建县1270周年（751—2021）、松江当代旅游发展30周年（1991—2021）的纪念之年，非常有意义！待在家里能不能做点有纪念意义的事？于是，便让我重拾起十多年前的想法。

　　2021年5月19日"中国旅游日"时，我便着手编写这本《云间游——松江旅游文化史》。这段时间的日日夜夜，断断续续、写写停停，在2022年5月19日时，将初稿完成了。后又进行了一年的修改、增删、补充，终于在2023年5月19日"中国旅游日"时改稿毕。在编写过程中，遇到的困难的确不少，主要是参考的资料很少，就是在读书阅文中看到与之有关的史料，那怕是一句两句的也悉心记录下来，东录一段、西摘一句，就这样拼接整理出来的。

　　书稿的整个框架结构为引言，上、中、下三个篇章共四十章。引言部分是全书的前置铺垫，主要从两个部分来叙述，一是介绍上海地区6000年来的地理变迁，讲述华亭的行政体制是"六析其境"的变化；对松江旅游历史作出一个阶段划分及特征归纳。二是介绍了何为旅游与旅行、何为文化旅游和旅游文化等。

　　上篇的十二章从新石器时代广富林文化时期人类的"集体迁徙"说起，这是松江古代旅游的萌芽阶段；从秦代的"驰道寻觅"到三国时期的"行猎嬉游"为松江古代旅游的雏形阶段；从"九峰三泖"的形成到三国两晋时期的"鹤鲈记忆"，再到唐宋时期的"经幢寺塔"，是为松江古代旅游的成形阶段；从唐宋元明清时期名人的"华亭留痕"到松江名人"近游远行"、从"园林山庄"到"康熙莅松"、从"两部《华亭百咏》的比较"到"旅途文化"等，是为古代松江旅游的鼎盛阶段。将松江古代旅游活动串成了一条主线。

中篇的八章由近代、现代部分的旅游活动组成。且是晚清的没落和民国的战乱时期，故将它定为是旅游的颓败、萧条阶段，这部分的资料记载不多，我是从寻找旅游要素和与旅游相关联的方面去入手的，如"食、住、行、游、购、娱"。故尝试从"昔日街景""名菜名点""名特土产""西风东渐""交通更替""松江闲游""名人寓松"和"游录散记"等八个章节来补上松江近代、现代旅游活动记载难寻的缺陷。

下篇的二十章是当代旅游发展部分。其中前40年中也存在着无旅游活动的资料记载和无旅游业的实际情况，是为当代旅游的复苏和起步阶段。1991年，松江有了真正意义上的旅游业，这是要重点记叙的部分，这30年来，经历了松江当代旅游的成形阶段和发展阶段。记录主要由两大块构成，一是当代旅游发展的总体概貌，二是旅游行业与旅游文化活动。以真实为本，记载曾经走过的路。以旅游业的结构元素为主线，叙述其中的旅游文化。

需要说明的是，在古代、近代和现代部分，写作的方法是记录了一些名人的个体或结伴旅行活动及一些旅游元素。而当代部分则没有延续之前的写法，是因旅游的现象发生了很大的变化，故是从旅游业和旅游业的分类来记录旅游工作和活动的。新中国成立后，旅游才有了政府的管理部门，旅游既是一项属事业管理的门类，又是一个新型的产业门类。故记录的旅游活动就变成了记录旅游行业发展了。

在编写过程中，我也有许多困惑和无所适从，如各篇章内容有交叉重叠之处如何来处理？文物建筑的介绍与景区文化的叙述该如何区分把握？同一景区的介绍多头出现该如何处理？以"方塔"为例：在叙述唐宋时期时的"方塔"时，偏重它的历史文化；在"古迹重生"章节里偏重它的修缮过程；在景区点介绍时则采用"详见某篇某章某节"，以减少重复；在"三十六景"中尽量用轻松的地口吻和诗歌的形式来引导人们去观赏。另外，景区要不要分类？乡村旅游的农庄算不算是景区景点？已歇业的景区和不再举办的节庆活动要不要记录？虽做了一些努力，就是去重复，去无关，去多头，突出侧重，但还会存在着一些重复出现、记载不全和文字枯燥乏味等瑕疵。

我对松江旅游文化的兴趣，缘于对旅游的热爱。毕竟在这岗位上工作了18

年，退休后因感情所在，还是多有关注。经过多年的实践、学习、思考、分析和自己对松江旅游的梳理，故斗胆地让自己来尝试编写此书。据我所知，此前还没有相关部门和作者从类似"旅游史志"的角度去写此内容，松江也还没有《松江旅游史》或《松江旅游志》问世。除了《佘山国家旅游度假区志》和一些有关旅游导览书籍之外，仅是大事记和新闻报道，专业的文章也很少见。故我以为，有些过往的事情如不及时记录下来，也就被人慢慢地淡忘了，这很可惜。也许若干年后还用得着。这也就是我写作《松江旅游文化史》的目的，以期对以后贤人们编写诸如此类书有点用处，作为一个地区的行业发展档案史料，发挥它"存史、育人、资政"的作用，有其现实意义。也是为抛砖引玉。

本书的写作得到了松江区政协副主席、文化和旅游局局长金冬云先生、副局长周文英女士的帮助。还要特别感谢原上海社科院孙琴安教授。2008 年 10 月，他将其大作《上海旅游文化史》赐我，给我以很大帮助，特别是他书中的古代旅游文化部分写到了华亭县、松江府，让我颇有收获并得益不少。还有我曾经的同事、现任市政府文创研究院研究员李萌博士、松江区政府办公室山文彩副主任、区文创研究院欧粤先生、区史志办原主任程志强博士、区文旅局沈艳、张之乐科长及马丽娟女士、佘山度假区张建英女士、松江林场场长徐萍女士、海盐文旅局王会霞科长等许多同志和朋友的关心帮助。还要特别感谢上海外经贸大学会展传媒学院姚昆遗教授和原松江区史志办主任何惠明先生，他们很热情地在百忙之中为本书写序。姚昆遗教授还对本书的结构、文字提出了修改建议，在此一并表示衷心的感谢！

唐代史学家刘知几对编纂史学的人提出了"三长"的要求。"三长"指才、学、识，"才"是收集、鉴别、运用史料的能力；"学"是渊博的知识；"识"是卓越的见识，要能够不屈从于权势，不受利禄的引诱，不为偏见所左右，公正无私地把应该记录的事情记录下来。明代人范嵩曾说过："修史要有三长，修志同样缺一不可。"清初的李绂也指出，修志者不但要有修志之才，还要有修志之"志"，没有坚韧不拔的志向，同样会一事无成。当然，才、学、识、志兼备，远不是人人都能做到的。虽然本书的写作有归为"史志类书"的愿望，但其格式规范和要求上还不是很严谨，只能算是松散的"记忆"而已，但我也深感自己才疏学浅，与古人的要求相差甚远。在写作中也会存有遗漏或不当、不妥之处，恳请各位方家和读者批评指正、谅解。

姜建源

2023 年 7 月 18 日